African Acronyms and Abbreviations

African Acronyms and Abbreviations

David E. Hall

A HANDBOOK

MANSELL

First published 1996 by
Mansell Publishing Limited, *A Cassell imprint*
Wellington House, 125 Strand, London
WC2R 0BB, England
215 Park Avenue South, New York,
NY 10003, USA

© David E. Hall 1996

All rights reserved. No part of this publication may be reproduced or transmitted in any form or by any means, electronic or mechanical, including photocopy, recording or any information storage or retrieval system, without permission in writing from the Publishers or their appointed agents.

British Library Cataloguing-in-Publication Data

Hall, David E.
   African Acronyms and Abbreviations: Handbook
   I. Title
   413.1

   ISBN 0-7201-2275-9

Library of Congress Cataloguing-in-Publication Data

Hall, David E.
   African Acronyms and abbreviations: a handbook / David E. Hall.
     p. cm.
   ISBN 0-7201-2275-9
   1. Africa—Acronyms. 2. Africa—Abbreviations. I. Title.
     DT2.H35 1996
     960′.0148—dc20   95-32078
                                               CIP

Printed and bound in Great Britain by Biddles Limited, Guildford and King's Lynn

In memoriam

Paul Ansah
Kamanzi Bimanyu
Patrick Kakwenzire
Malcolm Norris

Contents

Introduction
The Handbook

Introduction

The primary purpose of this dictionary is to elucidate abbreviations relating to African studies.

The scope of the work is the whole of Africa including North Africa (except Egypt) and the adjacent islands including those of the Western Indian Ocean, but excluding Madeira, Malta and St Helena. This geographical coverage is the same as that of *International African Bibliography* (Hans Zell Publishers, quarterly, edited by David Hall since 1980). The abbreviations listed range in time from the last century to the 1990s. Most relate to entities in Africa or are concerned directly with it: official and unofficial bodies, political parties, educational establishments, businesses, etc. A number of entities that do not specifically relate to Africa but which constantly recur in Africanist publications are also given: international aid organizations, missions and other bodies.

The dictionary has been designed to be as international in scope as possible. Equal attention has been paid to Francophone and Anglophone Africa and as much attention to Lusophone and Afrikaans abbreviations as the shortage of available source-material allowed. Many users have to read in a language that is not their first – or in the case of many Africans not even their second – and this has been borne in mind. So far as time permitted, cross-references have been made in the case of entities that have abbreviations and expanded forms in different languages.

When the country of origin of an abbreviation is known, this has been indicated (sometimes with a query).

So far as possible, the dictionary avoids abbreviations that have been created *ad hoc* for a particular piece of writing and do not have general acceptance, and also those many phantom abbreviations that are generated by mis-keyboarding.

Where it has seemed legitimate, signs in the middle of an abbreviation (-, /, &) have been omitted in the interests of clarity. Where they have been retained they are ignored in the alphabetical order. Accents have been omitted in the abbreviations but retained in the full forms.

With a few necessary exceptions, abbreviations are given in upper case. In practice, usage for many of them fluctuates between upper and lower case.

Given limitations of time, every effort has been made to ensure the accuracy of the dictionary, but reservations are discussed below.

Why is such a dictionary needed?

Most dictionaries of abbreviations and acronyms pay scant attention to Africa. Moreover, Anglophone dictionaries neglect the Francophone area, and Francophone dictionaries neglect the Anglophone area, and few pay much heed to the Lusophone area. In any case, abbreviations are now so many, and proliferating so fast, that Africa deserves a dictionary to itself.

Many monograph studies now provide

lists of abbreviations used, although these are not always very accurate. But many authors use abbreviations without giving their full name, either because they assume that the reader is familiar with them or because it does not occur to them that the full names are important. Sometimes the full names are given only in easily-missed footnotes or endnotes. In other instances, although the full names may be given early in a study, few readers can remember all of them or know where to refer to them later. The same abbreviation often has different meanings – up to as many as 16 on the evidence of this dictionary. A glance at any page will illustrate this. (Curious examples are BBB and CPSA.) Even within one country one abbreviation may represent different entities. For instance, the abbreviation NPP has been used by four apparently different political parties in Ghana. New abbreviations are constantly being created.

In studying a text, a reader may pass over an unfamiliar abbreviation and contrive to understand the gist of a passage, but the passage will have gone slightly out of focus. At times it may be vital to understand an abbreviation.

It would be an excellent principle if all books, and even long articles, were provided with accurate lists of abbreviations and their meanings.

The primary sources for the dictionary are the authority-files which the compiler has maintained over 15 years of work on *International African Bibliography*, greatly supplemented more recently with cullings from books, periodicals, news-magazines and a range of reference works.

The main difficulty in compilation has been the lack of authoritative source-material.

The scant concern of very many authors for accuracy in expanding abbreviations is alarming. Indeed they can be very cavalier in assuming that their readers know the full term represented by an abbreviation or that they, the authors, can guess it without checking. If the compiler of this dictionary has found expanded forms from two different sources, the chances are about equal that they will show a discrepancy between them. Such discrepancies frequently occur within the same work at a distance of a few pages. All this is the more astonishing in that in all but a very few cases, the official name of an entity is the full form, not the abbreviation.

The central problem of compilation has turned out to be the welter of conflicting information, not only in details such as apostrophes and prepositions, but in more serious discrepancies concerning the key words.

There are no certain sources of information. Reference works differ greatly in standards of accuracy (a glance at the standard of their French and Portuguese grammar and orthography is often enough to warn one). The only fairly certain source of information is a publication by the body concerned, and even then it is not unknown for such a publication to give two different interpretations of its own abbreviation.

Of the few large reference-works drawn upon by the compiler, three merit special attention for their fullness and general accuracy: Europa Publications' annual *Africa South of the Sahara* and *The World of Learning;* and the *Standard Encyclopaedia of Southern Africa* published by Nasou Ltd (1970-76).

Although every effort, therefore, has been made to make this work as accurate as possible it cannot claim to be completely authoritative. The full expansions of the abbreviations are in substance correct but may contain minor inaccuracies in detail. This is why the beginning of this introduction stresses that the dictionary's primary purpose is to elucidate abbreviations. It would be idle, too, to claim that it is exhaustive. However, it certainly lists the most constantly recurring abbreviations and a great many more besides. Much as it would be tempting to present it as a totally authoritative reference work, it is offered rather as a useful working tool for the reader simply puzzled by such abbreviations as ASPRO, BBC, EIER, GAN, ITMA, PSEMA, SMERT and UCAP.

Faced with a plethora of doubtful names and the need to put the work into a publishable form, the compiler has resorted to the following expedients:-

• where a single expanded form has been adopted by a clear majority of writers, improbable dissenting forms have been ignored;

• where there is more serious doubt as to the correct form, plausible alternatives have been added in brackets, thus: [*or* ...]; the word *alternatively* indicates a genuine alternative, usually a change of name preserving the same abbreviation (IFAN is a familiar example);

• where it has not been possible to discover even a tentative full name any information available has been noted in brackets as a gloss.

The compiler will continue to collect material to enlarge and refine this dictionary. It is too early to say whether a supplement will be published.

Grateful acknowledgement is made to the Centre of African Studies, University of London, for the use of equipment and much-needed encouragement; to Professor Jacques Vanderlinden for information on many organizations of the Belgian colonies and for very properly urging the compiler to investigate further; to M. Isidore Ralaingita for correcting some Malagasy and to Miss Veronica Higgs of Mansell Publishing for her much-valued, sound advice.

The Handbook

a

AA: (1) Acção Angolana para o Desenvolvimento; (2) African Affairs [published London]; (3) Agricultural Assistant [Zambia]; (4) Automobile Association [South Africa]; (5) Autoridades Administrativas [Mozambique]

AAA: (1) African Airlines Association = ACAA: Association des Compagnies Aériennes Africaines; (2) All Africa Agreement; (3) [glossed as: the Angolan Environmental Association]

AAAA: Arab and African Athletic Association

AAAEA: Association Africaine pour l'Alphabétisation et l'Éducation des Adultes = AALAE: African Association for Literacy and Adult Education

AAAID: Arab Authority for Agricultural Investment and Development

AAASA: Association for the Advancement of Agricultural Sciences in Africa = Association pour l'Avancement en Afrique des Sciences de l'Agriculture [based in Ethiopia]

AAAST: Association Africaine pour l'Avancement de la Science et de la Technologie

AAC: (1) African Accounting Association = CAC: Conseil Africain de la Comptabilité; (2) African Advisory Council [Botswana]; (3) Alexandra Action Committee [South Africa]; (4) All African Convention [South Africa]; (5) All Anglophone Conference [Cameroun]; (6) Anglo American Corporation [South Africa]; (7) Anti-Apartheid Conference

AACB: Association of African Central Banks = ABCA: Association des Banques Centrales Africaines

AACC: (1) African Agricultural Credit Commission; (2) All Africa Conference of Churches = CETA: Conférence des Églises de Toute l'Afrique; (3) Alta Autoridade contra a Corrupção [Mozambique]

AAD: Association of African Designers

AADA: Ada Agricultural Development Unit

AADFI: Association of African Development Finance Institutions = AIAFD: Association des Institutions Africaines de Financement du Développement

AAE: Association of African Economists

AAEC: Association of African Earthkeeping Churches

AAEJ: (1) American Association for Ethiopian Jewry; (2) Association des Anciens Élèves des Jésuites [Zaïre]

AAES: Association Africaine de l'Énergie Solaire

AAF: African Alternative Framework to Structural Adjustment. Cp. also AAF-SAP

AAFBA: Association Africaine pour la Fixation Biologique de l'Azote = AABNF

AAFC: Allied Armed Forces of the Community [i.e.. of ECOWAS]

AAF-SAP: African Alternative Framework to Structural Adjustment Programmes [cp. AAF and AA-SAP]

AAFU: All African Farmers Union

AAGS: Association of African Geological Services = ASGA: Association des

Services Géologiques Africains
AAHO: Afro-Asian Housing Organisation [based in Cairo]
AAI: (1) African-American Institute; (2) Association Agricole Indigène [Mali?]
AAIA: Afro-Arab Investment Authority
AAIB: Association Agricole Indigène de Baguineda [Mali]
AAIC: Afro-American Issues Center [Boston, Mass.]
AAITO: [glossed as: Association des organisations africaines de technologie industrielle]
AALAE: African Association for Literacy and Adult Education = AAAEA: Association Africaine pour l'Alphabétisation et la Formation des Adultes
AALC: African-American Labour Centre [based in Lomé]
AALCC: Asian-African Legal Consultative Commission
AALISS: Association of African Library and Information Studies Schools [projected]
AAM: Anti-Apartheid Movement [Great Britain]
AAMECD: Association of African and Malagasy Economic Co-operation and Development
AAN: Annuaire de l'Afrique du Nord [published Aix-en-Provence]
AANC: All-African National Convention
AANEA: Association of Administrators of Non-European Affairs of Southern Africa
AANL: Association d'Amitié Nigéro-Libyenne
AAOF: Archives de l'Afrique Occidentale Française
AAP: (1) Afrikanistische Arbeitspapiere [published in Germany]; (2) Association des Amis des Paysans [Madagascar]
AAPAM: African Association for Public Administration and Management
AAPC: (1) African Auxiliary Pioneer Corps; (2) All-African People's Conference
AAPF: All African Progressive Forces
AAPO: (1) All-African People's Organisation; (2) All Amhara People's Organisation [Ethiopia]
AAPS: (1) African Association of Political Science = Association Africaine de Science Politique; (2) All Africa Press Service [Nairobi]; (3) Anglican Adam Preaching Society
AAPSC: Afro-Asian Peoples Solidarity Conference
AAPSO: (1) Afro-Asian Peoples' Solidarity Organisation; (2) [glossed as: a Namibian political party]
AARDES: Association Algérienne pour la Recherche Démographique, Économique et Sociale
AARM: Archives de l'Alliance Réformée Mondiale
AARRO: Afro-Asian Rural Reconstruction Organisation [New Delhi]
AAS: African Academy of Sciences = Académie Africaine des Sciences [Nairobi]
AASA: (1) Association for Anthropology in Southern Africa; (2) [glossed as: African Association of South Angola]
AASAP: African Alternative to Structural Adjustment Programmes [cp. AAF, AFSAP and AAF-SAP]
AASE-EC: African Association of Science Editors – Ethiopian Chapter
AASM: Associated African States and Madagascar
AASNA: Association pour l'Application des Sciences Nucléaires en Afrique
AASU: All-African Students' Union
AAT: African-American Institute [Swaziland?]
AATA: African Association of Tax Administrators
AATG: ActionAid The Gambia
AATO: All-Africa Teachers' Organisation = OPAPE: Organisation Panafricaine de la Profession Enseignante
AATP: Arusha Appropriate Technology

A

Project
AATPO: Association of African Trade Promotion Organisations = AOAPC: Association des Organisations Africaines de Promotion Commerciale
AATUF: All-African Trade Union Federation
AAU: (1) Addis Ababa University [Ethiopia]; (2) Association of African Universities = AUA: Association des Universités Africaines
AAUCTU: All-African Union of Christian Trade Unions
AAWA: Afro-Asian Writers' Association = AEAA: Association des Écrivains Afro-Asiatiques
AAWC: All African Women's Conference
AAWORD: Association of African Women for Research and Development = AFARD: Association des Femmes Africaines pour la Recherche sur le Développement
AAWSA: Addis Ababa Water and Sewerage Authority [Ethiopia]
AB: (1) Afrikaner Broederbond [South Africa]; (2) Air Benin; (3) Air Botswana; (4) Parti des Abanyamajambere b'i Burundi
ABA: (1) Académie des Beaux-Arts [Zaïre]; (2) African Bar Association; (3) Amalgamated Banket Areas [Ghana]; (4) Auxiliaire du Bâtiment Aveyra [Gabon]
ABACED: Association des Bacheliers Chômeurs pour l'Emploi et le Développement [Senegal]
ABAKO: Alliance des Bakongo *or* Association des Bakongo pour l'Unification, l'Expansion et la Défense de la Langue Kikongo [Zaïre]
ABAO: Association des Banques de l'Afrique de l'Ouest = WABA: West African Banks Association
ABASCO: Ashanti, Brong-Ahafo and Sefwi Co-operative Organisation [Ghana]
ABAZI: Alliance des Bayanzi [Zaïre]
ABC: (1) African Banking Consortium [Nigeria]; (2) African Bible College; (3) African Bibliographic Center [*or* Centre]; (4) African Books Collective; (5) African Broadcasting Company [South Africa]; (6) Anambra Broadcasting Corporation [Nigeria]; (7) Audit Bureau of Circulations [South Africa]; (8) Compagnie Commerciale et Agricole d'Alimentation du Bas-Congo [Zaïre]
ABCA: Association des Banques Centrales Africaines = AACB: Association of African Central Banks
ABCC: Anti-Bop Co-ordinating Committee [South Africa]
ABCFM: American Board of Commissioners for Foreign Missions
ABCT: Association Belgo-Congolaise du Textile [Zaïre]
ABD: Action Blé-Diré [Mali]
ABECUL: Associação de Beneficência e Cultura de Luanda [Angola]
ABEDA: Arab Bank for Economic Development in Africa = BADEA: Banque Arabe pour le Développement Économique en Afrique
ABEP: Adult Basic Education Project [South Africa]
ABERC: Académie Berbère d'Échanges et de Recherches Culturels [Paris]
ABFMS: (1) American Baptist Foreign Mission Society; (2) American Board of Foreign Missionary Societies
ABGR: Archives de la Bibliothèque Générale à Rabat [Morocco]
ABIP: African Books in Print
ABIR: [a company active in Belgian Congo]
ABM: (1) Aktie Burgermag [South Africa]; (2) American Baptist Mission; (3) Association des Barreaux du Maroc
ABMU: American Baptist Missionary Union
ABN: (1) African Biosciences Network; (2) Autorité du Bassin du Niger = NBA: Niger Basin Authority
ABNEI: Association Belge des Négociants Exportateurs et Importateurs [Zaïre]

ABO: Aksie Bekommerde Ouers [South Africa]
ABP: (1) Agence Bénin-Presse; (2) Agence Burundaise de Presse
ABPR: African Book Publishing Record
ABRECSA: Alliance of Black Reformed Christians [or Churches] in South [or Southern] Africa
ABRIDA: [probably a Berber association in Saint-Ouen]
ABS: (1) Agricultural Bank of Sudan; (2) Association de Bienfaisance Sociale [Chad]
ABSA: (1) Amalgamated Banks of South Africa; (2) Associated Booksellers of South Africa
ABSALE: A Bibliography of South African Literature in English [South Africa]
ABU: Ahmadu Bello University [Nigeria]
ABUTH: Ahmadu Bello University Teaching Hospital [Nigeria]
ABWU: Amalgamated Black Workers Union [South Africa]
AC: (1) African Council [Botswana?]; (2) Asanteman Council [Ghana]
ACA: (1) Agence Centrafricaine d'Assurances [Central African Republic]; (2) Agence Coloniale Automobile [Zaïre]; (3) Agricultural Credit Agency [Tanzania]; (4) Alexandra Civic Association [South Africa]; (5) Associação Cívica Angolana
ACAA: Association des Compagnies Aériennes Africaines = AAA: African Airlines Association
ACACAB: Associação Casa de Arte e Cultura Afro-Brasileira
ACADOP: Agence Centrafricaine pour le Développement de l'Ouham-Pendé
ACAG: Anti-Censorship Action Group [South Africa]
ACAL: Annual Conference on African Linguistics [USA]
ACAN: Association des Clubs des Amis de la Nature [Cameroun]
ACAP: (1) Agence Camerounaise de Presse; (2) Agence Centrafricaine de Presse [Central African Republic]
ACARTSOD: African Centre for Applied Research and Training in Social Development = CAFRADES: Centre Africain de Recherche Appliquée et de Formation en Matière de Développement Social [UN agency based in Libya]
ACAS: (1) Amicale des Cadres de l'Animation du Sénégal; (2) Association of Concerned Africa Scholars
ACASA: Arts Council of the African Studies Association [USA]
ACAT: Africa Co-operative Action Trust
ACB: (1) African Continental Bank [Nigeria]; (2) Association des Commerçants Barundi; (3) Associations Culturelles Berbères [France]
ACBF: African Capacity Building Fund [or Foundation] [based in Harare]
ACBI: African Capacity Building Initiative [coordinated by the World Bank]
ACC: (1) Administrative Committee on Co-ordination; (2) Agricultural Credit Corporation [Nigeria]; (3) Asante Confederacy Council [Ghana]; (4) Association Cotonnière Coloniale
ACCE: African Council on Communication Education
ACCED: Actions Concertées de Coopération et d'Éducation au Développement [Canada]
ACCF: Agence Centrafricaine des Communications Fluviales or Agence Centrale Africaine des Communications de Fleuve [based in Central African Republic?]
ACCMBK: Association des Chrétiens (Congolais) de la Mission Baptiste du Kivu [Zaïre]
ACCOMPLISH: Action Committee for the Promotion of Local Initiative in Self-Help
ACCOSCA: African Confederation of

A 7

Cooperative Savings and Credit Associations
ACCT: Agence de Coopération Culturelle et Technique [Paris]
ACCTF: Agence de Coopération Culturelle et Technique des Pays Francophones
ACCWN: Agricultural Credit Corporation of Western Nigeria
ACD: Alliance Centriste et Démocrate [Algeria]
ACDC: Army Central Defence Committee [Ghana?]
ACDEP: Association of Church Development Projects [Ghana]
ACDESS: African Centre for Development and Strategic Studies [Nigeria]
ACDI: Agence Canadienne pour le [*or* de] Développement International = CIDA: Canadian International Development Agency
ACDL: Association for Constitutional Democracy in Liberia
ACDO: Assistant Community Development Officer
ACDP: African Christian Democratic Party [South Africa]
ACDRI: Advisory Committee for the Development of Research for Industry [South Africa]
ACDWU: African Commercial and Distributive Workers' Union [South Africa]
ACE: AIDS Committee on Education [Nigeria]
ACEA: (1) Association Canadienne des Études Africaines = CAAS: Canadian Association of African Studies; (2) Association des Caisses d'Épargne d'Afrique
ACEACCAM: Association des Conférences Épiscopales de l'Afrique Centrale et du Cameroun
ACEBA: Association of Baptist Churches in Exile
ACEC: Advisory Committee on Higher Education in the Colonies

ACECCT: Association des Conférences Épiscopales du Congo / République Centrafricaine / Tchad
ACEMA [glossed as: Euro-African Association of Agricultural Engineering (or Mechanisation) Centres]
ACEPOR: African Centre for Economic Policy Research
ACF: (1) Active Citizen Force [South Africa]; (2) African Christian Fellowship
ACFA: Anambra Cooperative Financing Agency [Nigeria]
ACFC: (1) Agro-Chemical and Food Company [Kenya]; (2) [glossed as: a French expatriate organisation, in Comoros]
ACFODE: Action for Development [Uganda]
ACFOM: Association des Citoyens Français d'Origine Malgache [Madagascar]
ACFRA-GABON: Assureurs Conseils Franco-Africains du Gabon
ACG: Archivo de la Casa de Guinea [Barcelona]
ACGS: Agricultural Credit Guarantee Scheme [Nigeria]
ACGSF: Agricultural Credit Guarantee Scheme Fund [Nigeria]
ACHAC: Association Connaissance de l'Histoire de l'Afrique Contemporaine
ACHIB: African Council of Hawkers and Informal Business [South Africa]
ACHM: Association Catholique des Hommes Mossi
ACHPR: (1) African Charter on Human and Peoples' Rights; (2) African Commission on Human and Peoples' Rights
ACI: (1) Action Catholique des Milieux Indépendants [Madagascar?]; (2) African Cultural Institute; (3) Agence Congolaise d'Information [Congo Republic]
ACIC: Société Coopérative d'Approvisionnement pour le

Commerce et l'Industrie au Congo [Zaïre]
ACIM: Association des Consommateurs de l'Île Maurice
ACIMCO: Association Culturelle des Intellectuels Malgaches Côtiers [Madagascar]
ACIMG: Archives du CIM à Genève
ACIS: Association pour la Coopération Islamique [Sénégal; etc.?]
ACJAB: Association Culturelle des Jeunes Africains du Burundi
ACJC: Association Chrétienne de la Jeunesse Côtière [Madagascar]
ACL: Agglomération [au] Chef Lieu [Algeria]
ACLA: Advisory Commission on Land Allocation [later: CLA] [South Africa]
ACLALS: Association for Commonwealth Language and Literary Studies
ACM: (1) Action Chrétienne de [*or* pour] Madagascar; (2) Aspects du Christianisme à Madagascar [periodical]; (3) Ateliers et Chantiers du Mali
ACMAF: Association des Classes Moyennes Africaines [Zaïre]
ACMB: Association des Classes Moyennes du Burundi
ACMS: African Centre for Monetary Studies = CAEM: Centre Africain d'Études Monétaires [Dakar]
ACN: Aksie Christelik Nasional = Action Christian National [Namibia]
ACNA: Association des Pays Africains Producteurs de Caoutchouc Naturel
ACNOA: Association des Comités Nationaux Olympiques d'Afrique = ANOCA: Association of National Olympic Committees of Africa
ACNS: Advisory Council for the Northern Sudan
ACO: (1) African Curriculum Organization; (2) Alexandra Civic Organisation [South Africa]
ACOA: American Committee on Africa
ACODA: Association for Cooperation and Development in Southern Africa
ACOOPELI: Association Coopérative des Eleveurs de l'Ituri [Zaïre]
ACORD: Agency for Cooperation and Research in Development
ACOSCA: African Confederation of Cooperative Savings and Credit Associations
ACP: (1) Action Congress Party [Ghana]; (2) African, Caribbean and Pacific = Afrique, Caraïbes, [et] Pacifique; (3) Agence Comores Presse; (4) Agence Congolaise de Presse
ACPA: Association pour la Promotion du Cinéma Africain [error for APAC?]
ACPED: Alliance Camerounaise pour le Progrès et l'Émancipation des Déshérités
ACR: Africa Contemporary Record
ACRA: Advisory Council on Religious Affairs [Nigeria]
ACRETAT: [an organisation concerned with transport in Congo Republic]
ACRL: Association des Chercheurs de la Revue Lusotopie [France]
ACRM: Anti-Corruption Revolutionary Movement [Sierra Leone]
ACROSS: Africa Committee for the Rehabilitation of the Southern Sudan *or* Africa Committee for Refugees from the Southern Sudan
ACS: (1) American Colonization Society; (2) American Cooperative School [Monrovia, Liberia]
ACSL: Army Command and Staff College [Nigeria]
ACSOG: Association of Civil Servants of Ghana
ACSTWU: African Civil Servants and Technical Workers' Union
ACSU: Agricultural Colleges Students' Union
ACT: (1) AIDS Counselling Trust [Zimbabwe]; (2) Association des Cinéastes Tunisiens
ACTA: Association Générale des Travailleurs Algériens
ACTEA: Association for Teacher Education in Africa
ACTIZA: Action Industrielle au Zaïre

A 9

ACTS: African Centre for Technology Studies [Nairobi]
ACTSTOP: Action Committee to Stop Evictions [South Africa]
ACTT: Autorité de Coordination du Transport de Transit [Zaïre]
ACTUS: Action pour l'Unité et le Socialisme [Chad]
ACTWUSA: Amalgamated Clothing and Textile Workers Union of South Africa
ACUNOR: Empresa Açucareira Norte [Angola]
ACUSA: Amalgamated Cleaners Union of South Africa
ACVO: Aksie Christelike Volkseie Onderwys [South Africa]
ACVV: Afrikaanse Christelike Vroue Vereniging [*or* Vrouevereniging] [South Africa]
ACWA: Adventist College of West Africa
AD: (1) Agricultural demonstrator; (2) Algerian Dinar = DA: Dinar Algérien; (3) Appellate Division [South Africa]; (4) [a political party in Angola]
ADA: (1) Agricultural Development Agency [Somalia]; (2) Assistant Director of Agriculture [Zambia]
ADAA: African Development Aid Association
ADAC: Detention Action Committee [South Africa, as given]
ADA/E: Assistant Director of Agriculture (Extension) [Zambia]
ADAF: (1) African Descendants Association Foundation [Ghana?]; (2) Arbeitskreis Deutscher Afrika-Forschungs- und Dokumentationsstellen
ADAK: Association Départementale des Agriculteurs de Kaolack [Sénégal]
ADAPES: Association des Anciens Élèves des Pères de Scheut [Zaïre]
ADB: (1) African Development Bank =BAD: Banque Africaine de Développement; (2) Agricultural Development Bank [Zambia]
ADBACI: Association pour le Développement de la Documentation, des Bibliothèques et Archives de la Côte d'Ivoire
ADBG: Agricultural Development Bank of Ghana
ADBZ: Agricultural Development Bank of Zambia
ADC: (1) Academic Development Centre [South Africa]; (2) Agricultural Development Corporation [Ghana, Kenya, Nigeria]; (3) Assemblée de Dieu au Congo; (4) Assistant District Commissioner [various countries]; (5) Associação dos Direitos Cívicos [Angola]; (6) Associação para o Desenvolvimento da Comunidade [Mozambique]; (7) Associated Development Corporation [Liberia]; (8) Association of District Councils [Mauritius?]; (9) [a Nigerian airline]
ADCFL: Association des Diplômés Chômeurs de la Faculté des Lettres et Sciences Humaines [Sénégal]
ADD: (1) Agricultural Development Division [Malawi]; (2) Alliance Démocratique Dahoméenne; (3) Alliance for Democracy and Development [Cameroun]
ADDHL: Association pour la Défense des Droits de l'Homme et des Libertés [Djibouti]
ADDO: Arusha Diocesan Development Office *or* Arusha Development Diocesan Organisation [Tanzania]
ADDP: (1) Ada District Development Project [Ethiopia]; (2) Animal Draught Development Programme [Zambia]
ADEBCO: Association of Baptist Churches in the Congo
ADEC: Association des Entrepreneurs du Congo [Zaïre]
ADECAF: Agence de Développement de la Zone Caféière [Central African Republic]
ADEENSUP: Association des Élèves de l'École Normale Supérieure [Mali]
ADEFM: Association pour le Développement des Échanges Franco-

Malgaches
ADEMA: Alliance pour la Démocratie au Mali
ADEMA-PASJ: Alliance pour la Démocratie au Mali – Parti Africain pour la Solidarité et la Justice
ADEMA-PPLSJ: Alliance pour la Démocratie au Mali – Parti Pan-africain pour la Liberté, la Solidarité et la Justice
ADEOPA: Association des Églises et Œuvres Protestants en Algérie
ADEQUA: Association des Entreprises de l'Équateur [Zaïre]
ADERE: [a political party in Gabon]
ADERWA: Association pour la Démocratie au Rwanda
ADES: Alliance pour la Démocratie et l'Émancipation Sociale [Burkina Faso]
ADF: (1) African Development Foundation [U.S.A.]; (2) African Development Fund = FAD: Fonds Africain de Développement; (3) Alliance of Democratic Forces [Ghana]; (4) Alliance pour la Démocratie et la Fédération [Burkina Faso]
ADFE: [glossed as: a French expatriate organisation, in Comoros]
ADH: Association pour les Droits de l'Homme [Djibouti]
ADHA: Associação dos Direitos Humanos de Angola
ADIACI: Association pour la [or de] Défense des Intérêts des Autochtones de la Côte d'Ivoire
ADIDE: Associations des Diplômés Initiateurs et Demandeurs d'Emplois [Mali]
ADILG: Autorité de Développement Intégré du Liptako Gourma. Cp. ADIRLG
ADIRLG: Autorité de Développement Intégré de la Région du Liptako Gourma. Cp. ADILG
ADJ: Association of Democratic Journalists [South Africa]
ADK: Afrikaans-Duitse Kultuurunie [South Africa]
ADL: (1) African Democratic League; (2) [Société de Gestion de l'] Aéroport de Libreville [Gabon]
ADM: (1) African Democratic Movement [South Africa]; (2) Alliance Démocratique de Madagascar
ADMADE: Administrative Management Design for Game Management Areas [Zambia]
ADMARC: Agricultural Development and Marketing Corporation [Malawi]
ADMS: Alluvial Diamond Mining Scheme [Sierra Leone]
ADN: Alliance pour le Développement National [Guinea]
ADO: Alassane Drahmane Ouattara [Côte d'Ivoire]
ADP: (1) Action for Development and Progress [Liberia?]; (2) African Democratic Party [Ciskei, South Africa]; (3) Agence Dahoméenne de Presse; (4) Agence Djiboutienne de Presse; (5) Agricultural Development Programmes [or Projects] [Nigeria]; (6) Alliance pour la Démocratie et le Progrès [Benin Republic, Central African Republic, Guinea]; (7) Assemblée des Députés du Peuple or Assemblée des Députés Populaires [Burkina Faso]
ADPC: Alliance Démocratique pour le Progrès du Cameroun
ADR: (1) Archives Départementales de la Réunion; (2) [glossed as Rural Development Agency, Sénégal]
ADRA: (1) Acção para o Desenvolvimento Rural e Ambiente [Angola]; (2) Adventist Development and Relief Agency
ADRAO: Association pour le Développement de la Riziculture en Afrique de l'Ouest = WARDA: West Africa Rice Development Association
ADRI: Action pour le Développement Rural Intégré [Rwanda]
ADRK: Association pour le Développement de la Région de Kaya

A

[Burkina Faso]
ADS: (1) Action Démocratique et Sociale [Chad]; (2) Alliance Démocratique Sénégalaise
ADSCI: Action Démocratique et Sociale de Côte d'Ivoire
ADU: Akere Dockworkers Union [Nigeria]
ADVR: Association des Victimes de la Répression [Mali]
ADWTGWU: Amalgamated Dockworkers Transport and General Workers Union [Nigeria]
ADWU: Asojoquan Dockworkers Union [Nigeria]
ADWU of N: Amalgamated Dockworkers Union of Nigeria and Cameroon
ADZK: Association pour le Développement de la Zone de Koungheul [Senegal]
AE: (1) African and Eastern Trading Corporation = AETC [Nigeria]; (2) Archivio Eritrea
AEA: (1) Agricultural Engineering Assistant [Zambia]; (2) Aliança Evangélica de Angola; (3) Asociación Española de Africanistas; (4) Associação dos Evangélicos de Angola; (5) Association des Éditeurs Africains
AEAA: Association des Écrivains Afro-Asiatiques = AAWA: Afro-Asian Writers' Association
AEAC: Association des Économistes d'Afrique Centrale
AEAM: Association of Evangelicals of Africa and Madagascar
AEAOC: Association des États de l'Afrique de l'Ouest et du Centre sur les Transports Maritimes
AEB: (1) Africa Evangelistic Band; (2) Association des Enseignants du Burundi
AEBK: Association des Églises Baptistes du Kivu [Zaïre]
AEC: (1) African Economic Community = CEA: Communauté Économique de l'Afrique; (2) All Ewe Conference; (3) Alternative Economic Committee; (4) Association des Étudiants Congolais [Congo Republic]; (5) Atomic Energy Corporation of South Africa
AECAWA: Association of Episcopal Conferences of Anglophone West Africa. Cp. AECEWA
AECEAN: Association des Étudiants et Anciens Étudiants du Centre d'Étude d'Afrique Noire [Bordeaux]
AECEWA: Association of Episcopal Conferences of English-speaking West Africa. Cp. AECAWA
AECI *or* **AE&CI:** African Explosives and Chemical Industries [South Africa]
AECZ *or* **AECZK:** Archives de l'ECZ [Kinshasa]
AECZMB: Archives de l'ECZ – Mbuji-Mayi
AED: Africa Economic Digest
AEDHF: Association pour l'Égalité des Droits entre les Hommes et les Femmes [Algeria]
AEDN: African Economic Development News [Kenya]
AEE: African Evangelistic Enterprise
AEEC: (1) Association des Églises Évangéliques Centrafricaines; (2) Association des Entreprises de l'Est du Congo [Zaïre]
AEEM: Association des Élèves et Étudiants du Mali
AEEMCI: Association des Élèves et Étudiants Musulmans de la Côte d'Ivoire
AEESL: Associação dos Estudantes do Ensino Secundário
AEF: (1) Africa Evangelical Fellowship [based in London, New Jersey and Ontario]; (2) Afrique Équatoriale Française = FEA: French Equatorial Africa
AEFD: Africa Economic and Financial Data
AEGIS: [glossed as: Réseau Européen de Centres d'Études Africaines *and* European Group of Centres of African Studies]
AEH: African Economic History [published Madison]

AEKAS *or* **A.E. Kas:** Association des Entreprises du Kasaï [Zaïre]
AEL: (1) Agricultural Enterprises Limited [Uganda]; (2) Associations of Evangelicals of Liberia
AELGA: Africa Emergency Locust / Grasshopper Assistance
AELIA: Association d'Études Linguistiques Interculturelles Africaines [Paris]
AEM: Association des Économistes Marocains [Morocco]
AEMAN: Association des Étudiants Musulmans d'Afrique du Nord
AEMC: Association des Étudiants Malgaches Côtiers [Madagascar]
AEMD: Association des Étudiants Musulmans de Dakar [Sénégal]
AEMNA: Association des Étudiants Musulmans Nord-Africains
AEMNAF: Association des Étudiants Musulmans Nord-Africains en France
AEMO: African Elected Members Organisation [Kenya]
AEN: [glossed as: Association of Niger Students]
AENA: Association des Étudiants Nord-Africains
AEOC: Association des Entreprises de l'Ouest du Congo [Zaïre]
AEOM: Association des Étudiants d'Origine Malgache [Madagascar]
AEP: Agroforestry Extension Project [Kenya]
AEPA: All Ethiopia Peasant Association
AEPB: Alliance des Églises Protestantes du Burundi
AEPRIMO: [glossed as: association of private sector companies]
AEPRP: African Economic Policy Reform Program [USAID]
AERAU: Association d'Étude et de Recherche sur l'Aménagement et l'Urbanisme [Morocco]
AERC: African Economic Research Consortium = CREA: Consortium pour la Recherche Économique en Afrique
AERLS: Agricultural Extension and Research and Liaison Services [Nigeria]
AES: (1) Association des Évolués de Stanleyville [Zaïre]; (2) Department of Agricultural Extension Services [Ibadan University]
AESA: Association pour l'Enseignement Social en Afrique
AESAG: Association of Eastern and Southern African Geographers
AESC: Architectural and Engineering Services Corporation [Ghana]
AESF: Association des Étudiants Sénégalais en France
AESHAN: Association pour l'Étude des Sciences Humaines en Afrique du Nord
AESMD: [an organisation of Malian students in Dakar]
AESME: Association des Étudiants et Stagiaires Mourides en Europe
AESMF: Association des Élèves et Scolaires Maliens en France
AESM-RDA: Association des Élèves et Scolaires Maliens de la République Démocratique Allemande
AESMUS: Association des Élèves et Scolaires Maliens d'Union Soviétique
AESTF: Association des Étudiants et Stagiaires Togolais en France
AET: (1) Aksie Eie Toekoms [South Africa]; (2) Association des Enfants du Tchad
AETC: African and Eastern Trading Corporation = AE [Nigeria]
AETFAT: Association pour l'Étude Taxonomique de la Flore d'Afrique Tropicale [*or* de l'Afrique Tropicale] = Association for the Taxonomic Study of Tropical African Flora
AETU: All Ethiopia Trade Union *or* All-Ethiopian Trade Union
AEU: Amalgamated Engineering Union [South Africa; Southern Rhodesia]
AEUL: Associação dos Estudantes da Universidade de Luanda [Angola]
AEV: Association des Étudiants Voltaïques [Burkina Faso]

A 13

AEVF: Association des Étudiants Voltaïques en France [Burkina Faso]
AEVO: Association des Étudiants Voltaïques de Ouagadougou [Burkina Faso]
AEW: Aksie Eie Woongebiede [South Africa]
AEY: Archives d'État, Yaoundé [Cameroun]
AF: Afrique Française [published Paris]
AFA: Apostolic Faith of Africa
AFAC: (1) Association de Fonctionnaires et Agents de la Colonie [Zaïre]; (2) Association des Femmes d'Affaires et Commerçantes du Sénégal
AFAC-RU: Syndicat Indépendant des Agents de l'Administration d'Afrique-Ruanda-Urundi
AFAGIS: Association des Femmes Administrateurs et Gestionnaires d'Institutions de Santé
AFAISE: Asa Fanabeazana ivelan'ny Sekoly [Madagascar]
AFAM: Ancient Free and Accepted Masons [Liberia]
AFARD: Association des Femmes Africaines pour la Recherche sur le Développement = AAWORD: Association of African Women for Research and Development
AFARESCO: Afro-Arab Educational, Cultural and Science Organisation
AFASPA: Association Française d'Amitié et de Solidarité avec les Peuples d'Afrique
AFAVO: Association des Femmes Africaines du Val d'Oise [France]
AFBTE: Association of Food, Beverages and Tobacco Employers [Nigeria?]
AFC: (1) African Forestry Commission; (2) Agricultural Finance Company [Zambia]; (3) Agricultural Finance Corporation [Kenya, Zimbabwe]; (4) Air Force Cross; (5) Alliance des Forces de Changement [Niger]; (6) [glossed as: African Football Federation]
AFCA: (1) Armed Forces Consultative Assembly [Nigeria]; (2) Association pour la Formation des Cadres en Afrique
AFCAC: African Civil Aviation Commission = CAFAC: Commission Africaine de l'Aviation Civile
AFCAS: African Commission on Agricultural Statistics
AFCM: African Commission on Human and Peoples' Rights
AFCR: American Friendship Committee for Rwandan Refugees
AFCRED: Accès des Femmes au Crédit [Zaire]
AFCWU: African Food and Canning Workers' Union [South Africa]
AFD: (1) Alliance des Forces pour la Démocratie [Djibouti]; (2) Association Femmes et Démocratie [Guinea]
AFDB or **AfDB:** African Development Bank
AFDC: Armed Forces Defence Committee[s]
AFDI: Agriculteurs Français et Développement International
AFECOZA: Association des Femmes Commerçantes du Zaïre
AFEJUZA: Association des Femmes Juristes du Zaïre
AFEMAKIN: Association des Femmes Maraîchères de Kinshasa
AFEMAM: Association Française pour l'Étude du Monde Arabe et Musulman
AFEMOZA: Association des Femmes Médecins Œuvrant au Zaïre
AFEN: Association des Femmes Éleveurs de Ngafani
AFER: (1) African Ecclesial Review [published Eldoret; only the abbreviation is used]; (2) Association des Femmes Entrepreneuses Rwandaises
AFES: Association des Femmes Exportatrices du Sénégal
AFESD: Arab Fund for Economic and Social Development = FADES: Fonds Arabe pour le Développement Économique et Social
AFET: Association of Farmers, Educators

and Traders [The Gambia]
AFEW: African Fund for Endangered Wildlife
AFFSD: Agriculture, Fisheries and Forestry Statistics Division [Zambia]
AFH: Agence Foncière d'Habitation *or* de l'Habitat [Algeria]
AFI: Association des Femmes Ivoiriennes
AFIS: (1) African Farm Improvement Scheme [Zambia]; (2) Amministrazione Fiduciaria Italiana della Somalia
AFL: (1) Acte Final de Lagos = FAL: Final Act of Lagos; (2) Armed Forces of Liberia; (3) Association des Français Libres [Côte d'Ivoire?]
AFLIFE: African Life Assurance Company Limited [South Africa]
AFM: (1) Apostolic Faith Mission [South Africa]; (2) [glossed as: Armed Forces Movement, Mozambique]
AFMEMP: Agroforestry Monitoring and Evaluation Methodology Programme [Kenya, Rwanda and Sudan]
AFMET: Agricultural Extension and Farm Management Training Project
AFMI: Association des Femmes Maliennes Immigrées [France]
AFN: Association des Femmes du Niger
AFNETA: Alley Farming Network for Tropical Africa
AFNP: Applied Food and Nutrition Programme [Lesotho]
AFORD: Alliance for Democracy *or* Alliance for the Restoration of Democracy [Malawi]
AFORS: Association pour la Formation au Sénégal
AFP: (1) African Film Productions; (2) Africana-FEP Publishers; (3) Agence France-Presse; (4) Association des Forces Progressistes [Guinea]
AFPRC: Armed Forces Provisional Ruling Council [The Gambia]
AFPU *or* **AfPU:** African Postal Union = Union Postale Africaine
AFRA: Association for Rural Advancement [South Africa]
AFRAA: African Airlines Association
AFRALTI: [glossed as: Instituto Superior Africano de Telecomunicaciones] [to be founded in Nairobi?]
AFRASEC: Afro-Asian Organisation for Economic Cooperation
AFRATC: African Air [*or* Airlines] Tariff Conference
AFRC: (1) Armed Forces Revolutionary Council [Ghana]; (2) Armed Forces Ruling Council [Nigeria]
AFR/CWR: Office of Central/West Africa Regional Affairs [USAID]
AFREC: Africa Regional Centre [of the United Bible Societies]
AFRENA: Agroforestry Research Networks for Africa [Kenya, etc.]
AFREPREN: African Energy Policy Research Network
AFRICA: Action for Resisting Invasion, Colonialism and Apartheid
AFRICABANK: Banque Belge d'Afrique
AFRICACULT: [glossed in Portuguese as: Conferência Intergovernamental sobre Políticas Culturais. A UNESCO/OAU conference]
AFRICAPLAST: Industrie Africaine des Plastiques [Congo Republic]
AFRICARE *or* **AFRICA-RE:** Africa Reinsurance Corporation
AFRICOM: [glossed as: Intergovernmental Conference on Communication Policies in Africa]
AFRICONCORDE: [a company in Belgian Congo]
AFRICUIR: Société Africaine des Cuirs et Dérivés [Zaïre]
AFRIDEX: Société Africaine d'Explosifs [Zaïre]
AFRIMAR: Société Africaine des Pêches Maritimes [Guinea]
AFRNET: African Feed Resources Research Network
AFRO: (1) Africa Regional Office [of the FAO]. In French = Bureau Régional pour l'Afrique; (2) African Regional Organisation [of the ICFTU]
AFSAAP: African Studies Association of

A

Australia and the Pacific
AFSAP: African Alternative to Structural Adjustment Programmes
AFSAR: Americans for South African Resistance
AFSAT: African Satellite
AFSUA: Association des Facultés des Sciences des Universités Africaines
AFTAG: Africa Technical Agriculture Division
AFTEN: [glossed as: Environment Division of the Technical Department for Africa, World Bank]
AFTU: African Federation of Trade Unions
AFTURD: Association des Femmes Tunisiennes pour la Recherche et le Développement
AFUR: African Farmers Union of Rhodesia
AFVP: Association Française des Volontaires du Progrès
AFWIC: African Women In Crisis
AG: (1) Action Group [Nigeria]; (2) Administrator General [Namibia]; (3) Assemblies of God [see also: AGN]; (4) Attorney General [Zimbabwe]
AGA: Aku General Assembly [Nigeria]
AGAR: Agence Gabonaise d'Assurance et de Réassurance
AGB: (1) Afrikaanse Gereformeerde Bond [South Africa]; (2) [Société d'] Alimentation Générale du Benin
AGC: (1) African Groundnut Council = CAA: Conseil Africain de l'Arachide [The Gambia, Mali, Niger, Nigeria, Senegal, Sudan]; (2) Ashanti Goldfields Corporation [Ghana]
AGCC: African Gold Coast Company
AGCD: Administration Générale pour [or de] la Coopération au Développement [Belgium]
AGCI: Assurances Générales de Côte d'Ivoire
AGEAP: Association Générale des Étudiants Africains de Paris
AGECF: African Guarantee and Economic Cooperation Fund
AGECO: Association des Géographes Congolais [Congo Republic]
AGEECI: Association Générale des Élèves et Étudiants de Côte d'Ivoire
AGEG: Association Générale des Étudiants du Gabon
AGENOR: [glossed as: Agence nationale pour la distribution de l'or et des autres métaux précieux, Algeria]
AGEPI: Association Guinéenne des Éditeurs de la Presse Indépendante [Guinea]
AGETIP: Agence d'Exécution des Travaux d'Intérêt Publique contre le Sous-Emploi [Senegal]
AGEV: Association Générale des Étudiants et Élèves Voltaïques
AGF: Association des Guinéens en France
AGG: Assurances Générales Gabonaises
AGHANA: Association of Ghanaians in North America
AGI: (1) Association of Ghana Industries; (2) Autorisation Globale d'Importation [Algeria]
AGM: [glossed as: Appui à la gestion du ministère de l'agriculture, de l'élevage et des forêts, Rwanda]
AGN: Assemblies of God Nigeria
AGP: (1) Agence Gabonaise de Presse; (2) Agence Guinéenne de Presse; (3) Anglo-Guinea Produce Company
AGPAOC: Association de Gestion des Ports de l'Afrique de l'Ouest et du Centre = PMAWCA: Port Management Association of West and Central Africa
AGRA: [a commercial farmers' cooperative in Namibia]
AGRACAM: Ateliers Graphiques du Cameroun
AGREP: Agricultural Recovery Programme
AGRHYMET: Centre Régional d'Agriculture, d'Hydrologie et de Météorologie [Niger]
AGRICOLUA: Coopérative Agricole et Commerciale de la Lulua [Zaïre]
AGRICOM: [glossed as Parastatal agricultural marketing board, Mozambique]
AGRICOR: Agricultural Development

Corporation [South Africa]
AGRIFOR: Société Forestière et Agricole du Mayumbe [Zaïre]
AGRIMA: [glossed as: Société Nationale de Matériel Agricole]
AGRIMAR: [firm dealing in seed-farms, Morocco]
AGRIPOG: Société Agricole de Port Gentil [Gabon]
AGRITEX: (1) Agricultural Extension Officers [Zimbabwe]; (2) Agricultural Extension Services [Zimbabwe]; (3) Agricultural Technical and Extension Services [Zimbabwe]
AGRIUMBE: Société Agricole du Mayumbe [Zaïre]
AGRO-ALFA: [glossed as: Empresa estatal maquinaria agrícola, Mozambique]
AGROGABON: Société de Développement de l'Agriculture et de l'Élevage au Gabon
AGRUNDI: Compagnie Agricole de l'Urundi
AGS: Assurances Générales Sénégalaises
AGSPWA: Association des Gestionnaires du Service Publique de la Wilaya d'Alger [Algeria]
AGT: Assemblée Générale des Travailleurs [Algeria]
AGTA: Association Générale des Travailleurs Algériens
AGUFI: Association des Agents de l'Union Minière et Filiales [Zaïre]
AGV: Amicale Gilbert Vieillard [Guinea]
AGWU: African General Workers Union
AHA: Animal Health Assistant [Kenya]
AHCM: Association of Home Countries of Migrants
AHCUG: Ad Hoc Committee on Union Government [Ghana?]
AHF: African [or Africa] Housing Fund [Kenya]
AHG: Assembly of Heads of Governments [OAU]
AHI: Afrikaanse Handelsinstituut [South Africa]
AHILA: Association for Health Information and Libraries in Africa
AHN: Arquivo Histórico Nacional de Cabo Verde [Cape Verde Islands]
AHRIM: Association des Hôteliers et Restaurateurs Île Maurice
AHSA: African Heritage Studies Association
AHSCP: African Household Survey Capability Programme
AHSTP: Arquivo Histórico de São Tomé e Príncipe
AHV: [glossed as: Archives Nationales de la Haute-Volta]
AI: (1) Affaires Indigènes [Morocco]; (2) Amnesty International [London-based]
AIA: (1) Aktueller Informationsdienst Afrika; (2) Association Internationale Africaine [Belgium]
AIADME: Association Islamique Internationale d'Aide et de Diffusion du Muridisme
AIAFD: Association des Institutions Africaines de Financement du Développement = AADFI: Association of African Development Finance Institutions
AIB: Agence d'Information du Burkina Faso
AIC: (1) African Independent Churches *alternatively*: African Indigenous Churches; (2) African Inland Church; (3) Association Indépendante du Congo; (4) Association Internationale du Congo
AICA: Association of Independent Churches of Africa *or* African Independent Churches Association
AICB: Association des Intérêts Coloniaux Belges [Burundi, Rwanda, Zaïre]
AICD: Agence Internationale Canadienne pour le Développement = CIDA: Canadian International Development Agency
AICDG: Archives de l'Institut Charles-de-Gaulle [Côte d'Ivoire?]
AICF: Action Internationale Contre la Faim
AICI: Association Interprofessionnelle de

la Côte d'Ivoire
AICM: African Independent Church Movements
AICS: African Independent Churches Service
AID: Agency for International Development = USAID: United States Agency for International Development
AIDB: Agriculture and Industry Development Bank
AIDBA: Association Internationale pour le Développement de la Documentation des Bibliothèques et des Archives en Afrique [in English: International Association for the Development of Documentation, Libraries and Archives in Africa]
AIDE: Association Ivoirienne des Dirigeants d'Entreprise [Côte d'Ivoire]
AIDF: African Industrial Development Fund
AIDR: Association Internationale de Développement Rural Outremer [Belgium]
AIDS: Acquired Immune Deficiency Syndrome = SIDA: Syndrome d'Immunodépression Acquise = VIGS
AIE: Authorities to Incur Expenditure [Kenya]
AIEDP: African Institute for Economic Development and Planning = IDEP: Institut Africain de Développement Économique et de Planification [Senegal]
AIF: Anti-Imperialist Front [Sudan]
AIFA: Communauté Assemblée Immaculée de la Foi Apostolique [Zaïre]
AIFJC: [glossed as: Asociación de Instituciones Francófonas de Formación en Periodismo y Comunicación] [based in Dakar]
AIFO: Amici di Raoul Follereau *or* Associazione Amici di Raoul Follereau *or* Associazione Italiana Amici di Raoul Follereau
AIGIST: Association des Ingénieurs Scologés Diplômés de l'Institut des Sciences de la Terre [as given] [Senegal]
AIH: Association Internationale pour l'Houphouétisme
AIM: (1) Africa Inland Mission; (2) Agência de Informação de Moçambique; (3) Agency for Industrial Mission [South Africa]
AIMF: Association Internationale des Maires et Responsables des Capitales et Métropoles Partiellement ou Entièrement Francophones
AIMO: (1) Affaires Indigènes et Main d'Œuvre [Belgian colonies]; (2) Associação Industrial de Moçambique
AIMS: (1) Agricultural Information Media Services [Ciskei, South Africa]; (2) American Institute for Maghreb Studies [Los Angeles]; (3) Azania Investment and Management Services
AIN: Association Islamique du Niger
AIO: African Insurance Organisation
AIP: Agence Ivoirienne de Presse
AIPC: Arab and Islamic Peoples' Congress
AIPEC: Association Islamique pour l'Édification Civilisationnelle
AIPLF: Association Internationale des Parlementaires de Langue Française
AIPO: African Intellectual Property Organisation
AIRZIM *or* **AirZim:** Air Zimbabwe Corporation
AIS: (1) Agricultural Information Service [Ghana]; (2) Akwa Ibom State [Nigeria] (3) Archaeological Information System [Kenya]
AISB: Association Intervillageoise de Sinthiou-Boubou
AISCO: Agricultural and Industrial Supplies Company [Tanzania]
AISE: Authority to Incur Supplementary Expenditure [Nigeria]
AISS: (1) Agencies Involved in Southern Sudan; (2) Association Internationale de Sécurité Sociale = ISSA: International Social Security Association

AITA: Association des Ingénieurs et Techniciens Africains
AITC: African Iraqi Trading Company
AITEC: African Information Technology Exhibitions and Conferences [United Kingdom]
AIVF: Aménagement Intégré des Vallées Forestières [Madagascar]
AJ: (1) Acting Judge [South Africa]; (2) See also below: AJ-MRDN; AJ-PADS
AJA: (1) Acting Judge of Appeal [South Africa; etc.?]; (2) Association des Journalistes Algériens; (3) Association des Juristes Africains = African Jurists' Association
AJAC: Association des Jeunes Agriculteurs de Casamance [Senegal]
AJAEDO: Association de Jeunes Agriculteurs et Éleveurs du Département Oussouye
AJAO: Association des Juristes de l'Afrique de l'Ouest
AJDP: (1) Association des Jeunes pour la Démocratie et le Progrès [Mali]; (2) Association des Jeunes pour le Développement de Pamandzi [Mayotte]
AJF: Association des Jeunes de Fandène [Senegal]
AJIM: Association des Journalistes de l'Île Maurice
AJL: Alliance pour la Justice et la Liberté [Algeria]
AJM: Association de la Jeunesse Mauritanienne
AJ-MRDN: And Jëf / Mouvement Révolutionnaire pour la Démocratie Nouvelle [Senegal]
AJMT: (1) Association de la Jeunesse Musulmane du Togo; (2) Associations des Jeunes Musulmans du Tchad
AJOPE: African Journal of Political Economy
AJ-PADS: And Jëf – Parti Africain pour la Démocratie et le Socialisme [Senegal]
AJPF: Association des Journalistes de la Presse Féminine
AJRA: Admiralty Jurisdiction Regulation Act [South Africa]
AJSA: Agricultural Journal of the Union of South Africa
AKB: Afrikaner-Kultuurbond *or* Afrikanerkultuurbond [South Africa]
AKFM: Antokon'ny Kongresin'ny Fahaleovantenan'i Madagasikara [given with very many variants] (Parti du Congrès pour l'Indépendance de Madagascar)
AKFM/F: AKFM/Fanavoazana
AKK: Arbeidskolonie-Kommissie [South Africa]
AKM: Antoko Kaominista Malagasy = PCM: Parti Communiste Malgache
AKP: Afrikanische, Karibische und Pazifische Staaten *alternatively* Afrika-Karibik-Pazifik = ACP: African, Caribbean and Pacific
AKPOL: Afrikaanse Kultuurvereniging van die Suid-Afrikaanse Polisie [South Africa]
AKS: (1) Apache Kids [Cape Town youth gang]; (2) Asante Kotoko Society [Ghana]
AKTUR: [glossed as: Action Front for the Retention of Turnhalle Principles, Namibia]
AKVV: Afrikaanse Kultuurvereniging Volk en Verdediging [South Africa]
AL: (1) Air Liberia; (2) Armée de Libération [Morocco and Mauritania]
ALA: African Literature Association
ALAC: (1) Adult Literacy and Advice Centre; (2) Atlas de l'Afrique Centrale
ALADAA: Asociación Latinoamericana de Estudios Afroasiáticos
ALARM: Agence pour la Lutte en Afrique contre les Ravageurs Migrants
ALASA: (1) African Language Association of Southern Africa = AVSA: Afrikatale-Vereniging van Suider-Afrika; (2) African Library Association of South Africa
ALB: (1) African Linguistic Bibliographies [published Bayreuth]; (2) Agricultural Lands Board [Zambia]
ALC: (1) Abeokuta Ladies' Club

[Nigeria]; (2) African Lakes Corporation [*or* Company] [Malawi and Zambia]; (3) African [*or* Africa] Liberation Committee [based in Dar es Salaam]; (4) African Literature Committee; (5) Africana Librarians Council [North America]

ALCAM: (1) Assemblée Législative du Cameroun; (2) Atlas Linguistique du Cameroun

ALCDWU: African Laundry, Cleaning and Dyeing Workers' Union [South Africa]

ALCNR: African Literature Committee of Northern Rhodesia

ALCOM: Aquaculture for Local Community Development

ALD: Algerian Dinar = DA: Dinar Algérien

ALDEP: Arable Lands Development Programme [Botswana]

ALDEV: African Land Development Board [Kenya]

ALDOC: Arab League Documentation and Information Centre [Tunisia]

ALEA: Accessions List, Eastern Africa [Library of Congress]

ALECSO: Arab League Educational, Cultural and Scientific Organisation [based in Tunis]

ALENA: Compañia Nacional de Colonización Africana [Equatorial Guinea; as given]

ALERT: All Africa Leprosy and Rehabilitation Training Centre

ALF: (1) Afar Liberation Front = FLA: Front de Libération Afar [Ethiopia]; (2) Africa Leadership Forum; (3) Azania Liberation Front [South Africa]

ALFA: Associação dos Liberais Federalistas Angolanos

ALIAZO: Alliance des Ressortissants de Zombo [Angola, Zaïre]

ALIMAG: [glossed as Magasin d'alimentation en gros]

ALIPAC: Association des Libraires et Papetiers du Cameroun

ALIPOST: Alimentation de la Poste [Zaïre]

ALM: (1) Armée de Libération Marocaine [*or* Armée de Libération du Maroc]; (2) Association des Libraires du Maroc

ALMO: African Livestock Marketing Organisation [Kenya]

ALN: Armée de Libération Nationale [Algeria; Chad?]

ALNG: Armée de Libération Nationale Guinéenne

ALNK: Armée de Libération Nationale du Kamerun

ALP: (1) Adult Learning Project [South Africa]; (2) Algerian Liberal Party = PLA: Parti Libéral Algérien

ALPS: (1) Armée de Libération des Peuples du Soudan = SPLA: Sudanese [*or* Sudan] People's Liberation Army [Sudan]; (2) Armée de Libération Populaire Sahraoui *alternatively* Armada Liberación Popular Sahara [Western Sahara]

ALRA: Agricultural Labour Relations Act [South Africa]

ALSP: Accelerated Land Servicing Programme [Botswana]

ALT: Assemblée Législative du Togo

ALTOUR: Société Nationale Algérienne de Tourisme et d'Hôtellerie

ALU: Association of Local Unions [Ghana]

ALUCAM: Compagnie Camerounaise de l'Aluminium

ALUCONGO: Société pour la Transformation de l'Aluminium et Autres Métaux du Congo

ALZ: Atlas Linguistique du Zaïre

AM: Action Madécasse [Madagascar]

AMA: (1) African Muslims Agency; (2) Agricultural Marketing Authority [Zimbabwe]; (3) American Missionary Association; (4) Association of Municipal Authorities [Mauritius?]

AMAC: [glossed as: Medical Aid to Central Africa]

AMACA: Association Mutuelle pour la Culture et les Arts [Niger]

AMACAM: Assurances Mutuelles Agricoles du Cameroun
AMAI: Association Mondiale de l'Appel à l'Islam [Libya]
AMANGOLA: Amigos do Manifesto Angolano
AMAO: Agricultural Management Association Officers [Botswana]
AMAP: Agence Malienne de Presse *or* Agence Malienne de Presse et de Publicité
AMAPROP: Anglo American Properties
AMAROC: [glossed as: Société spécialisée dans la commercialisation des produits phytosanitaires, Morocco]
AMASP: [glossed as: Mozambican Association of Friendship and Solidarity with Peoples]
AMATECI: Agence Mauritanienne de Télévision et de Cinéma
AMAWU: African Miners and Allied Workers' Union [South Africa]
AMB: Agricultural Marketing Board [Mauritius; Ghana?]
AMBM: American Mennonite Brethren Mission
AMC: (1) African Mining Consortium [Great Britain and Liberia; etc.?]; (2) Agricultural Marketing Committee [Zambia]; (3) Agricultural Marketing Corporation [Ethiopia]; (4) All-Mauritius Hindu Congress [as given]
AMCEN: African Ministerial Conference on Environment
AMCL: African Mining Company of Liberia
AMCOAL: Anglo American Coal Corporation
AMCOR: African Metals Corporation
AMCP: African Moderate [*or* Moderates] Congress Party [South Africa]
AMD: Alliance pour une Mauritanie Démocratique
AMDAC: [glossed as: Aid to Maternity Dispensaries of Central Africa]
AMDH: (1) Association Malienne des Droits de l'Homme; (2) Association Marocaine des Droits de l'Homme

AMDU: Associação Moçambicana para o Desenvolvimento Urbano
AME: (1) African Methodist Episcopal Church = AMEC: African Methodist Episcopal Church; (2) Alliance Missionnaire Évangélique
AMEA: Amalgamated Municipal Employees' Association [South Africa]
AMEC: (1) African Methodist Episcopal Church = AME Church; (2) American Methodist Episcopal Church
AMECEA: Association of the Members of the Episcopal Conferences [*or* Member Episcopal Conferences] in Eastern Africa
AMEG: Africa and Middle East Group
AMELEF: Association Malienne des Exportateurs de Légumes
AMERA: Association Malienne des Exportateurs de Ressources Animales
AMESA: Association for Mathematics Education for South Africa
AMEZ: African Methodist Episcopal Zion Church = AMEZC
AMEZC: African Methodist Episcopal Zion Church = AMEZ
AMF: (1) African Monetary Fund; (2) [glossed as: Association of Moroccans in France]
AMGN: Académie Militaire Georges Namoano
AMGOLD: Anglo American Gold Investment Company
AMH: Ampela Miray Hina [Madagascar]
AMHC: Animal Health Care Centre [Zimbabwe]
AMI: (1) Agence Mauritanienne de l'Information; (2) Assistance Médicale Indigène; (3) Assistants Médicaux Indigènes; (4) Assistência Médica Internacional [Portugal]
AMIC: Anglo American Industrial Corporation
AMIPRO: Association des Amis des Missions Protestantes [Zaïre]
AMIZA: Agence Maritime Internationale au Zaïre
AMK: Association des Mamans

Kinésithérapeutes
AML: Amis du Manifeste et de la Liberté [Algeria]
AMLIB: Association for Archivists and Manuscript Librarians [South Africa]
AMM: (1) Affaires Militaires Musulmanes [Niger]; (2) Aide Médicale aux Missions [Zaïre]
AMMB: Association of Medical Missions in Botswana
AMNUT: All-Muslim National Union of Tanganyika
AMO: Afrikanistische Monographien [published in Köln / Cologne]
AMOCO: American Oil Company
AMORSYCA: Association Monastique de Réflexion sur les Symbolismes dans les Cultures Africaines
AMOS: Atelier Métallurgique de l'Oued Smar [Algeria]
AMP: (1) African Muslim Party [South Africa]; (2) Agence Mauritanienne de Presse; (3) Amoco Madagascar Petroleum
AMPA: Agence Malienne de Presse et Promotion
AMPI: Agence Marocaine de Publicité et d'Information [Morocco]
AMREC: Association de Recherche et d'Échanges Culturels [as given]
AMREF: African Medical and Research Foundation
AMS: Agricultural Management Services [South Africa]
AMSA: Association Marocaine des Sciences Administratives
AMSAC: American Society of African Culture
AMSAL: Agroforestry and Mycorrhizal for Semi-arid Lands of East Africa [based in Kenya]
AMSOPT: [glossed as: the Malian national committee of the Inter-African Committee on Traditional Practices Affecting the Health of Women and Children]
AMU: (1) African Mathematical Union; (2) African Mineworkers' Union; (3) Arab Maghreb Union = UMA: Union du Maghreb Arabe
AMUCHMA: African Mathematical Union Commission on the History of Mathematics in Africa
AMWAC: American – West Africa Conference
AMWIC: Association of Media Women in Kenya
AMWU: African Mine Workers Union [South Africa]
AMWZ: Associated Mine Workers of Zimbabwe
AMZIM: Anglo American Corporation Zimbabwe
AN: (1) Assemblea Nazionale; also improperly construed as: Anna nolahay [Somalia]; (2) Assemblée Nationale
ANA: (1) Agence Nigérienne d'Assurances [Niger]; (2) Association of Nigerian Authors
ANAC: Agence Nationale de l'Aviation Civile [Congo Republic]
ANACONGO: [a company in Belgian Congo]
ANAD: Accord de Non-Agression et d'Assistance en Matière de Défense
ANADER: Agence Nationale d'Appui au Développement Rural [Côte d'Ivoire]
ANAE: [glossed as: institution dealing with the environment, Madagascar]
ANAF: Agence Nationale des Actualités Filmées [Algeria]
ANAFID: Association Nationale des Améliorations Foncières et du Drainage [as given, Morocco]
ANAI: African Network of Administrative Information
ANALIGE: Acción Nacional de Liberación de Guinea Ecuatorial
ANAM: Agence Nationale des Aérodromes et de la Météorologie [Côte d'Ivoire]
ANAMINT: Anglo American Investment Trust
ANAN: [glossed as: Francophone regional security force]

ANANGOLA: Associação dos Naturais de Angola *or* Associação Regional dos Naturais de Angola

ANAPS: Association Nationale des Artistes Plasticiens Sénégalais

ANAT: Agence Nationale pour l'Aménagement du Territoire [Algeria]

ANBU: Armée Nationale du Burundi

ANC: (1) African National Congress [South Africa, Tanzania]; (2) African National Council [Zimbabwe]; (3) Agence Nationale de l'Aviation Civile [Congo Republic]; (4) Alliance Nationale Camerounaise; (5) Archives Nationales du Cameroun; (6) Armée Nationale Congolaise [Zaïre]; (7) Assistant Native Commissioner [Zimbabwe]

ANCAM: Assemblée Nationale du Cameroun

ANCE: Association of Nigerian Co-operative Exporters

ANCI: Archives Nationales de Côte d'Ivoire

ANCIG: Association Nationale des Cinéastes Guinéens [Guinea]

ANCOZA: Association of Non-Government Organisations in Zanzibar [Tanzania]

ANCS *or* **ANC(S):** African National Council (Sithole)

ANCSA *or* **ANC(SA):** African National Congress (South Africa)

ANCWC *or* **ANC(WC):** African National Congress (Western Cape) [South Africa]

ANCWL *or* **ANC(WL):** African National Congress Women's League

ANCYL: African National Congress Youth League

AND: (1) Action Nationale pour le Développement [Guinea]; (2) Agence Nationale de Documentation [Zaïre]; (3) Alliance Nationale pour la Démocratie [Congo Republic]; (4) Armée Nationale Djiboutienne

ANDD: Alliance Nationale pour la Démocratie et le Développement [Chad]

ANDI: Alliance Nationale des Démocrates Indépendants [Algeria]

ANDP: Alliance Nigérienne pour la Démocratie et le Progrès [Niger]

ANEA: Associação Nacional dos Estudantes Angolanos

ANEB: Association Nationale des Étudiants Burkinabè

ANECA: Association Nationale des Étudiants Centrafricains

ANEN: African NGOs Environment Network

ANEP: Agence Nationale d'Édition et de Publicité [Algeria]

ANEPI: Association Nigérienne des Éditeurs de la Presse Indépendante Privée [Niger]

ANEZA: Association Nationale des Entreprises du Zaïre

ANF: (1) African National Front; (2) Archives Nationales Françaises

ANFNS: Alliance of National Forces for National Salvation [Sudan]

ANFPP: Agence de Formation et de Perfectionnement Professionnels [Gabon]

ANFRENA: Agência Nacional de Frete e Navegação [Mozambique]

ANG: Agência Noticiosa da Guiné [Guiné-Bissau]

ANGAP: [glossed as: private institution coordinating the management of parks and natural reserves in Madagascar]

ANGOL: [glossed as: Exploration subsidiary of PETRANGOLA, Angola]

ANGOP: Agência Angola Press

ANHI: [agency concerned with urban development in Morocco]

ANHV: Afrikaner Nasionale Helpmekaarvereniging [South Africa]

ANI: (1) Agence Nationale d'Immigration [Zaïre]; (2) Armée Nationale Intégrée [Chad?]

ANICL: Association of Nigeria Indigenous Conference Line

ANIM: Agence Nationale d'Information du Mali

ANK: Afrikaanse Nasionale Kultuurraad [South Africa]
ANLCA: American Negro Leadership Conference on Africa
ANLM: Afar National Liberation Movement [Ethiopia]
ANM: Archives Nationales du Mali
ANMC: Annual National Management Conference [of the Nigerian Institute of Management]
ANOCA: Association of National Olympic Committees of Africa = ACNOA: Association des Comités Nationaux Olympiques d'Afrique
ANP: (1) Agence Nigérienne de Presse [Niger]; (2) Alliance Nationale pour le Progrès [Guinea]; (3) Armée Nationale [et] Populaire [Algeria]; (4) Assemblée Nationale Populaire [Madagascar; etc.]; (5) Assembleia Nacional Popular [Guiné-Bissau; Cape Verde Islands?, São Tomé?]; (6) Association for National Progress [Nigeria]
ANPI: Association Nationale de la Presse Indépendante [Mauritania]
ANPP: All Nigerian People's Party
ANPPCAN: African Network for the Prevention and Protection against Child Abuse and Neglect
ANR: Assemblée Nationale Révolutionnaire [Benin]
ANRD: Alianza Nacional de Restauración Democrática [Equatorial Guinea]
ANRDGE: Alianza Nacional para la Restauración Democrática de Guinea Ecuatorial [Equatorial Guinea]
ANS: (1) Action National Settlement [Namibia]; (2) African National Settlement; (3) Afrikaanse Nasionale Studentebond; (4) Archives Nationales du Sénégal
ANSAV: Algemeen Nederlands Suid-Afrikaanse Vlaams Verbond [South Africa]
ANSB: Afrikaanse Nasionale Studentebond [South Africa]
ANSOM: Archives Nationales de France, Section Outre-Mer

ANSTI: African Network of Science and Technology Institutes *or* African Network of Scientific and Technological Institutions = RAIST: Réseau Africain d'Institutions de Science et de Technologie [Unesco; at Nairobi]
ANT: (1) Armées Nationales Tchadiennes; (2) Assemblée Nationale de la Transition = TNA: Transitional National Assembly [Sudan]; (3) Assemblée Nationale du Togo
ANTA: Agence Nationale d'Information Taratra' [Madagascar]
Anti-CAD: Anti-Coloured Affairs Department movement [South Africa]
Anti-PC: Anti-President's Council [South Africa]
Anti-SAIC: Anti-South African Indian Council (Campaign)
ANTUF: All Nigeria [*or* Nigerian] Trade Union Federation
ANV: Algemeen Nederlands Verbond [in Zuid-Afrika] [South Africa]
ANY: Archives Nationales de Yaoundé [Cameroun]
ANYL: African National Youth League [Zimbabwe]
AO: Africa Orientale
AOAPC: Association des Organisations Africaines de Promotion Commerciale = AATPO: Association of African Trade Promotion Organisations
AOATI: Association des Organisations Africaines de Technologie Industrielle = AAITO
AOC: Associated Overseas Countries [i.e. of the EEC]
AOCRS: African Organisation of Cartography and Remote Sensing
AOE: Africa Occidental Española
AOF: Afrique Occidentale Française = FWA: French West Africa
AOG: Assemblies of God
AOI: Africa Orientale Italiana
AOLF: Afa-Abo Oromo Liberation Front [Ethiopia]
AOMA: Association des Oulemas

Musulmans d'Algérie
AON: Ashland Oil (Nigeria) Company
AOPI: African Organisation of Intellectual Property
AOPO: African Oilseed Producers' Organisation
AOR: African Other Ranks [Ghana]
AOSARIO: [glossed as: Association des originaires du Sahara anciennement sous domination espagnole, Western Sahara]
AOSK: Association of Sisterhoods of Kenya
AOTA: Association Œcuménique de Théologiens Africains
AOW: African Organisation for Women [South Africa]
AP: (1) Action Progressiste [Mali?]; (2) African Petroleum [Nigeria]; (3) Afrikaner Party [South Africa]; (4) Assemblée Provinciale [Madagascar]; (5) Assembleia Popular [Mozambique]
APA: (1) African Purchase Areas = PA: Purchase Areas [Zimbabwe]; (2) Aliança dos Povos Angola [as given]; (3) Alufeyo Performing Arts [Malawi]; (4) Asmara Provincial Assembly [Eritrea]; (5) Association Pan-Africaine d'Anthropologie
APAC: Association for the Promotion of African Cinema and Third World Films in Europe. Cp. ACPA
APADEP: African Workers' Participation Development Programme = PADEP: Programme Africain pour le Développement de la Participation des Travailleurs
APAEM: Association des Parents et Amis des Étudiants Malgaches [Madagascar]
APAMM: Agency for Planning and Managing Madina [Tripoli, Libya]
APB: (1) Afrikaanse Pers Boekhandel; (2) Association of Professional Bodies [Ghana?]; (3) Association Professionnelle des Banques [Madagascar; cp. APBEF]
APBEF: (1) Association Professionnelle des Banques et des Établissements Financiers [Madagascar; cp. APB]; (2) Association Professionnelle des Banques et des Établissements Financiers du Sénégal; (3) Association Professionnelle des Banques et Établissements Financiers [Burkina Faso]
APBEFCI *or* **APBFCI:** Association Professionnelle des Banques et Établissements Financiers de Côte d'Ivoire
APC: (1) African Peoples Congress [Sierra Leone]; (2) Agricultural Public Corporation [Sudan]; (3) All-Party Conference [South Africa]; (4) All People's Congress [Ghana, Sierra Leone]; (5) Assemblée Populaire Communale [Algeria]; (6) Assistant Provincial Commissioner; (7) Anti-Pass Committee [South Africa; usually written A-PC]; (8) Société Anonyme d'Agriculture et de Plantations au Congo [Zaïre]
APCA: Cp. ACPA
APCM: American Presbyterian Congo Mission
APCON: Advertising Practitioners Council of Nigeria
APD: Aide Publique au Développement [France]
APDF: African [*or* Africa] Project Development Facility
APDK: Association for the Physically Disabled of Kenya
APDM: Agaw People's Democratic Movement [Ethiopia]
APDUSA: African People's Democratic Union of South Africa
APE: (1) Association des Parents d'Élèves [Chad]; (2) Association Panafricaine des Écrivains
APEC: Programme Arrière-Pays Économique de Kinshasa [Zaïre]
APECA: Aide et Protection de l'Enfance, Centre d'Apprentissage [La Réunion]
APECCAM: Association Professionnelle des Établissements de Crédit du Cameroun
APED: Alliance pour le Progrès et

l'Émancipation des Dépossédés [Cameroun]

APEEG: Association des Parents d'Élèves et d'Étudiants du Gabon

APEL: (1) Arrivée du Prochain Enfant à Lomé [Togo]; (2) Association pour l'Égalité devant la Loi entre les Hommes et les Femmes [Algeria]; (3) [a Tunisian NGO]

APELA: Association pour l'Étude des Littératures Africaines [Paris]

APEM: Association pour la Promotion de l'Entreprise à Madagascar

APF: Archives du Protectorat Français [Morocco]

APGB: Agricultural Projects Governing Board [Nigeria]

APHARZA: Association des Pharmaciens du Zaïre

API: (1) Action Progressiste Indépendante [Mali?]; (2) [glossed as: Agence nationale de la photographie de presse et d'information, Algeria]

APIC: (1) Alliance des Prolétaires Indépendants du Congo [Zaïre]; (2) Association du Personnel Indigène de la Colonie [Zaïre]; (3) Association du Personnel Indigène du Congo Belge et du Ruanda-Urundi

APICA: Association pour la Promotion des Initiatives Communautaires Africaines [Cameroun]

APIE: Agência do Parque Immobiliar de Estado [Mozambique]

APIPO: Amicale [or Association] des Postiers Indigènes de la Province Orientale [Zaïre]

APK: Afrikaanse Protestante Kerk [South Africa]

APL: Armée Populaire de Libération [Zaïre]

APLA: Azanian People's Liberation Army [South Africa]

APLP: Association pour la Productive [Burkina Faso]

APLS: Armée Populaire de Libération du Soudan = Sudanese [or Sudan] People's Liberation Army

APMEPU: Agricultural Project Monitoring Evaluation and Planning Unit [Nigeria]

APMEU: Agricultural Project Monitoring and Evaluation Unit [Nigeria]

APMHP: Association of Parents of Mentally Handicapped Persons [Botswana]

APN: Armée Populaire Nationale [Congo Republic]; (2) Assemblée Populaire Nationale [Algeria]

APNET: African Publishers' Network

APO: African Political Organisation [South Africa]; (2) Animal Production Officer [Botswana, Kenya]

APOI: Annuaire des Pays de l'Océan Indien

APP: (1) Action Politique et Propagande [France and Algeria]; (2) All Peoples Party [Ghana]; (3) All People's Party [Nigeria, Sierra Leone]; (4) Alliance Populaire Progressiste [Mauritania]; (5) Asmara Provincial Police [Eritrea]

APPA: African Petroleum Producers' Association *alternatively* Association des Producteurs de Pétrole Africains

APPC: Association des Producteurs de Café

APPCC: Agricultural Price Policy Coordinating Committee [Tanzania?]

APPER: Africa's Priority Programme for Economic Recovery [OAU] = PPREA

APPH: Association Professionnelle pour la Promotion Hévéïcole [Côte d'Ivoire]

APPS: (1) Agricultural and Pastoral Production Survey [Zambia]; (2) Association des Plasticiens Professionnels du Sénégal

APR: Agricultural Price / Policy Review [Tanzania?]

APRAD: Association des Professionnels Agréés en Douanes du Bénin

APREFA: Association pour la Promotion des Recherches et Études Foncières en Afrique

APRODEBA: Association des Progressistes et Démocrates Barundi de Gitega

APROSOMA: Association pour la

Promotion Sociale de la Masse [*or* des Masses] *or* Association pour le Progrès Social de la Masse [Ruanda-Urundi]

APRP: (1) All-Peoples' Republican Party [Ghana]; (2) Azanian People's Revolutionary Party [South Africa]

APRT: Association Professionnelle de Revendeuses de Tissus [Togo]

APRUE: Agence pour la Promotion et la Rationalisation de l'Utilisation de l'Énergie [Algeria]

APS: (1) Adabraka Progresssive Society [Ghana]; (2) Algérie Presse Service; (3) Association of Private Schools [South Africa]

APSG: Association pour le Socialisme du Gabon

APSU: St. Augustine's Past Students Union

APTU: African Postal and Telecommunications Union

APU: African Postal Union

APUA: Association Populaire pour l'Unité et l'Action [Algeria]

APV: Agence de Presse Voltaïque [Burkina Faso]

APVDP: Arusha Planning and Village Development Project [Tanzania]

APW: Assemblée Populaire de Wilaya [*or* des Wilayas] [Algeria]

APZL: Association des Professionels Zaïrois du Livre

AR: Ashanti Region [Ghana]

ARA: Administration for Refugee Affairs [Ethiopia]

ARAC: Action Rurale et Animation Coopérative [Togo]

ARADP: Accelerated Remote Area Development Programme *or* Accelerated Remote Area Dwellers Programme [Botswana]

ARAF: Association Régionale des Agriculteurs de Fatick [Senegal]

ARAG: Abortion Reform Action Group [South Africa]

ARAHWU: African Railway and Harbour Workers Union [South Africa]

ARAL: Analysis of Rock Art in Lesotho *or* Analysis Rock Art Lesotho

ARAP: Accelerated Rainfed Arable Programme [Botswana]

ARB: (1) Africa Research Bulletin [published Oxford]; (2) Africana Research Bulletin [published Fourah Bay, Sierra Leone]; (3) Agricultural Resources Board [Botswana]

ARBEF: Association Rwandaise pour le Bien-être Familial

ARC: (1) African Representative Council [Zambia]; (2) Assemblée Régionale Consultative [Morocco]; (3) Association de Recherche Culturelle [Morocco]; (4) Assurances et Réassurances du Congo [Congo Republic]

ARCAM: Assemblée Représentative du Cameroun

ARCB: Agence de Recouvrement des Créances Bancaires [Mauritania]

ARCCA: Agricultural Research Council of Central Africa

ARC-CNS: Alliance pour le Redressement du Cameroun par la Conférence Nationale Souveraine

ARCIK: African Resource Centre for Indigenous Knowledge

ARCIS: African Regional Centre for Information Science

ARCM: Agricultural Research Council of Malawi

ARCN: (1) Agricultural Research Council of Nigeria; (2) Association des Radio-Clubs du Niger

ARCOMA: Ateliers Régionaux de Construction du Matériel Agricole [Burkina Faso]

ARCON: Architects Registration Council of Nigeria

ARCP: Ashanti Region Cocoa Project [Ghana]

ARCT: Africa Regional Centre for Technology = CRAT: Centre Régional Africain de Technologie [Dakar]

ARCU: Arusha Region Cooperative Union [Tanzania]

ARCZ: Agricultural Research Council of Zambia

ARD: (1) African Research and Documentation; (2) Alliance pour le Renforcement de la Démocratie [Rwanda]; (3) Association Régionale de Développement

ARDA: Agricultural and Rural Development Authority [Zimbabwe]

ARDC: [glossed as: Alliance for the Respect for Democracy and the Constitution, Burkina Faso]

ARDM: [official archives of the Malagasy Republic]

ARDP: Accelerated Rural Development Programme [Botswana]

ARDRI: Agricultural and Rural Development Research Institute [Fort Hare, South Africa]

ARDU: (1) Ada Rural Development Unit [Ethiopia]; (2) Afar Revolutionary Democratic Union [Ethiopia]; (3) Arsi Rural Development Unit [Ethiopia]

AREBO: [glossed as: Association for the Regional and Economic Expansion of Bonoua, Côte d'Ivoire]

AREDETWA: Association pour le Relèvement des Batwa [Zaïre]

AREDOR: Association pour la Recherche et l'Exploitation de Diamants [*or* du Diamant] et de l'Or [Guinea]

AREMA: Andry [*or* Antoky] ny Revolosiona Malagasy (Avant-Garde de la Révolution Malgache)

ARES: Avant-garde pour le Redressement Économique et Social [Madagascar]

ARESAE *or* **ARESÆ:** Association Française pour le Développement de la Recherche Scientifique en Afrique de l'Est

ARESS: Association Réunionnaise d'Éducation Sanitaire et Sociale [La Réunion]

ARETRANS: [an organisation concerned with transport in Mali]

ARF: (1) Afar Revolutionary Forces [Eritrea]; (2) Agricultural Research Foundation [Kenya]

ARFUTS: Association Réunionnaise pour la Formation et l'Utilisation des Travailleurs Sociaux [La Réunion]

ARG: Anyidi Revolutionary Government [Sudan]

ARGS: Annual Report Geological Survey

ARIA: Assurance du Risque des Investissements en Afrique

ARIB: Africa Research and Information Bureau [London]

ARIC: Africa Research and Information Centre [London]

ARIPO: (1) African Regional Industrial Property Organisation; (2) African [*or* Africa] Regional Intellectual Property Organisation

ARLA: Armée Révolutionnaire pour la [*or* de] Libération de l'Azaouad [*or* de l'Azawad]

ARLNN *or* **ARLN:** Armée Révolutionnaire de Libération du Nord Niger [Niger]

ARM: (1) Africa Rights Monitor [section of each issue of the periodical "Africa today"]; (2) African Resistance Movement; (3) Armed Resistance Movement [South Africa]; (4) Armée Royale Marocaine

ARMAL: Associazione Rapporti Movimenti Africani di Liberazione

ARMAS: Armement des Mascareignes [La Réunion]

ARMB: Agricultural Rural Marketing Board [Zambia]

ARMMP: African Refugees and Migrants Monitoring Project [London]

ARMSCOR: Armaments Corporation of South Africa

ARMSTA: Alexandra, Randburg, Midrand, Sandton Taxi Association [South Africa]

ARMTI: Agricultural and Rural Management Training Institute [Nigeria]

ARNAB: African Research Net on Agricultural By-products

ARO: Assurances Réassurances Omnibranches [Madagascar]

AROD: Action pour la Révision de l'Ordre à Djibouti [a political movement; the name also relates to the Afar word "Arod" meaning "growth, progress"]

AROF: Association Réunionnaise d'Orientation Familiale

ARP: (1) Agence Rwandaise de Presse; (2) Alliance Rurale Progressiste [Zaïre]; (3) Amis du Rassemblement Populaire du Soudan Français; (4) Association pour la Renaissance du Pulaar au Sénégal; (5) Associazione Rwandese in Puglia [Rwanda and Italy]

ARPAC: Arquivo do Património Cultural [Mozambique]

ARPB: Association of Recognised Professional Bodies [Ghana]

ARPC: Africa Refugee Publishing Collective [London]

ARPLASEN: Association des Artistes Plasticiens Sénégalais

ARPON: Amélioration de la Riziculture Paysanne à l'Office du Niger [Mali]

ARPP: Adaptive Research Planning Programme [Zambia]

ARPS: Aborigines' Rights Protection Society [Ghana]

ARPT: Adaptive Research [and] Planning Team [Zambia]

ARR: Action de Rénovation Rurale [Congo Republic]

ARRU: Agence pour la Réhabilitation et la Rénovation Urbaine [Tunisia]

ARS: (1) Action Riz Sorgho-Gao [Mali]; (2) Archives de la République du Sénégal

ARSAN: Association pour la Promotion de la Recherche Scientifique en Afrique Noire

ARSC: Académie Royale des Sciences Coloniales [Belgian colonial]

ARSO: (1) African Regional Organisation for Standardisation = ORAN: Organisation Régionale Africaine de Normalisation; (2) Autorité pour l'Aménagement de la Région du Sud-Ouest [Côte d'Ivoire]

ARSOM: Académie Royale des Sciences d'Outre-Mer [Belgian]

ARSTM: Académie Régionale des Sciences et Techniques de la Mer [Côte d'Ivoire]

ART: (1) Agricultural Research Trust [Zimbabwe]; (2) Assemblée Représentative du Togo

ARTA: Autorité de la Route Transafricaine

ARTCF: Association Rwandaise de Travailleurs Chrétiens Femmes

ARTEMIS: Africa Real-Time Environmental Monitoring using Imaging Satellites

ARWTU: African Railway Workers Trade Union [Zambia]

AS: (1) Afrika Spectrum; (2) Agglomération Secondaire [Algeria]; (3) Agricultural Station [Ghana]

ASA: (1) African Students Association [South Africa]; (2) African Studies Association [USA]; (3) Artisan Staff Association [South Africa]

ASACACHIB: Association for the Study of African, Caribbean and Asian Culture and History in Britain

ASACE: Agence Sénégalaise d'Assurance pour le Commerce Extérieur

ASAF: Association de Solidarité des Africains en France

ASAIC: American-South African Investment Company

ASAILIS: Associate Member of South African Institute for Librarianship and Information Science [South Africa]

ASAL: (1) Agricultural Sector Adjustment Loan [Morocco]; (2) Arid and Semi-Arid Lands Development Programme [Kenya, Netherlands-funded]

ASAO: Agricultural Sector Adjustment Operation [Kenya]

ASAP: (1) All Schools for All People [South Africa]; (2) Association des Anciens Élèves des Pères Jésuites [Zaïre]

ASAPS: Anti-Slavery and Aborigines Protection Society

ASARECA: Association for Strengthening Agricultural Research in East and

Central Africa
ASAUK: African Studies Association of the United Kingdom
ASAWI: African Studies Association of the West Indies
ASB: Afrikaanse Studentebond *or* Afrikaner Studentebond [South Africa]
ASBL: Associations Sans But Lucratif [Zaïre]
ASC: (1) African Studies Centre *alternatively* Afrika-Studiecentrum [Leiden] = CEA: Centre des Études Africaines; (2) Agro-Services Corporation [Nigeria]; (3) Akan Studies Council [USA-based]; (4) Association pour le Sauvegarde du Coran [Tunisia]
ASCC: African Association for Cinema Cooperation
ASCJ: Amalgamated Society of Carpenters and Joiners
ASCOBIC: African Standing Conference on Bibliographic Control = CAPCB: Conférence Africaine Permanente sur le Contrôle Bibliographique
ASCOCAM: Association des Colons du Cameroun
ASCON: Administrative Staff College of Nigeria
ASD: Alliance pour la Social-Démocratie [Benin Republic]
ASDC: (1) Arab Sudanese Dairy Company [Sudan]; (2) Association Social-Démocrate du Cameroun
ASDEAR: Association pour le Développement et l'Animation Rurale [Tunisia]
ASDHOM: Association de Défense des Droits de l'Homme au Maroc
ASDI: Agence Suédoise pour le Développement International [this is also the Portuguese acronym] = SIDA: Swedish International Development Authority
ASDOC: Afrika Studie- en Dokumentatiecentrum = CEDAF: Centre d'Étude et de Documentation Africaines
ASDR: Alliance Sociale Démocrate Rwandaise
ASE: (1) Amalgamated Society of Engineers [South Africa]; (2) Association for Special Education [South Africa]
ASEA: Anglo-Spanish Employment Agency [Spanish Guinea, but based at Calabar]
ASEC: Association des Stagiaires et Étudiants Comoriens [Comoros]
ASECCAW: Association Socio-Économique Sportive et Culturelle des Agriculteurs du Walo [Senegal]
ASECNA: Agence pour la Sécurité de la Navigation Aérienne en Afrique et à Madagascar
ASERJ: Association Sénégalaise d'Études et de Recherches Juridiques
ASESP: African Social and Environmental Studies Programme
ASETF: Association des Stagiaires et Élèves Tchadiens en France
ASFAC: [an association of European civil servants and government officers in colonial Cameroun]
ASFECHEN: Association Sénégalaise des Femmes Chefs d'Entreprise
ASG: Air Service Gabon
ASGA: Association des Services Géologiques Africains = AAGS: Association of African Geological Surveys
ASGAEF: Archives de l'Ancien Secrétariat Général de l'Afrique Équatoriale Française [Brazzaville]
ASI: African Studies Institute [University of the Witwatersrand, South Africa]
ASIL: American Society of International Law
ASM: (1) Académie des Sciences de la Mer [Côte d'Ivoire]; (2) African Students' Movement; (3) African Study Monographs [published Kyoto]; (4) Association de Sauvegarde de la Médina [Tunisia]; (5) Association of Southern Muslims
ASMAI: Archivio Storico Ministero Africa Italiana

ASMAR: Association for the Study of Moroccan-American Relations
ASMP: Agricultural Sector Management Project [Kenya]
ASNSA: African States Neighbouring South Africa
ASO: Association des Scolaires de Ouagadougou [Burkina Faso]
ASODAGE: Asociación de Amigos de Guinea Ecuatorial
ASOK: Association of Sisterhoods of Kenya
ASP: (1) African Studies Program [University of Wisconsin-Madison]; (2) Afro-Shirazi Party [Zanzibar, Tanzania]
ASPAM: Association des Producteurs d'Agrumes du Maroc
ASPC: Agricultural Sector Planning Committee [Zambia]
ASPRO: Africa do Sul, Portugal, Rhodesia
ASPU: Afrikaanse Studentepers-Unie [South Africa]
ASR: African Studies Review
ASRC: Agricultural Services Rehabilitation Credit
ASRO: Atteridgeville-Saulsville Residents Organisation [South Africa]
ASRP: Agricultural Services Rehabilitation Project [Ghana]
ASS: (1) Afrique Subsaharienne = SSA: Sub-Saharan Africa; (2) La Sécurité Sénégalaise
ASSA: Association for Sociology in Southern Africa
ASSANEF: Association des Anciens Élèves des Frères des Écoles Chrétiennes [Zaïre]
ASSEBA: Association des Étudiants Bahutu [Burundi]
ASSECA: Association for the Educational and Cultural Advancement of Africans [*or* of African People of South Africa] [South Africa]
ASSECCI: Association Sénégalais des Critiques de Cinéma
ASSEKAT: Association des Entreprises du Katanga [Zaïre]

ASSET: Africa Sub-Saharan Economy and Trade
ASSI: Association of Small-Scale Industries [Ghana]
ASSO: [glossed as: Association Générale des Étudiants d'Algérie]
ASSOCOM: Association of Chambers of Commerce and Industry of South Africa = Vereniging van Kamers van Handel en Nywerheid van Suid-Afrika
ASSORB: Association des Originaires du Betsileo [Madagascar]
ASSORECO: Association des Ressortissants du Haut-Congo [Zaïre]
ASSP: African Social Studies Programme
AST: Action Sociale Tchadienne [Chad]
ASTEX: African Science and Technology Exchange
ASTI: Advanced School of Translators and Interpreters [Cameroun]
ASTSSA: Associated Scientific and Technical Societies of South Africa
ASU: (1) African Studies Unit [Leeds University]; (2) Afro-Shirazi Union [Tanzania]; (3) Arab Socialist Union [Libya]
ASUC: Agricultural Statistics Users Committee [Zambia]
ASUSA: African Student Union of South Africa
ASUTECH: Anambra State University of Technology [Nigeria]
ASUU: Academic Staff Union of Universities [Nigeria]
ASW: Amalgamated Society of Woodworkers [South Africa]
ASWA: Adventist Seminary of West Africa
ASWEA: Association of Social Work Education in Africa
ASYCUDA: [glossed as: computer unit working for ECOWAS]
ASYNB: Association des Syndicats du Benin
AT: Administrateur Territorial [Belgian colonies]
ATA: Africa Traveller Association *or* African Travel Association

ATAP: [an administrative post in Zaïre]

ATASA: African Teachers' Association of South Africa

ATB: (1) Arab Tunisian Bank; (2) Atelier Théâtre Burkinabè [Burkina Faso]

ATBEF: Association Togolaise de Bien-Être Familial

ATC: (1) Advanced Teachers' College [Nigeria]; (2) Agence Transcongolaise des Communications [Congo Republic]; (3) Air Tanzania Corporation

ATCAM: Assemblée Territoriale du Cameroun

ATCAR: [glossed as: Association of Chokwe from Congo (i.e. present-day Zaïre), Angola and Rhodesia]

ATCE: Agence Tunisienne de Communication Extérieure

ATCIC: Anglo-Transvaal Consolidated Investment Company

ATD: Aide à Toute Détresse

ATE: Assemblée des Travailleurs de l'Entreprise [Algeria]

ATEA: Association for Teacher Education in Africa

ATEC: Agence des Transports des États d'Afrique Centrale; (2) Agence Transéquatoriale des Communications [Central African Republic, Chad, Congo Republic, Gabon]

ATF: Asmara Textile Factory [Eritrea]

ATFD: Association Tunisienne des Femmes Démocrates

ATG: Afrikaanse Taalgenootskap [South Africa]

ATI: Anglo Transvaal Industries

ATIEA: Association of Theological Institutions in Eastern Africa [based in Nairobi]

ATIP: Agricultural Technology Improvement Project [Botswana]

ATISCA: Association of Theological Institutions in Southern and Central Africa

ATKV: Afrikaanse Taal- en Kultuurvereniging [South Africa]

ATLN: African Trypanotolerant Livestock Network

ATM: Avotry ny Tambanivohitra Malagasy [Madagascar]

ATMF: [glossed as: Association of Moroccan Workers in France]

ATMN: Amalgamated Tin Mines of Nigeria

ATMP: African Traditional Medical Practitioners [Nigeria]

ATMZ: Application de la Technologie Moderne au Zaïre

ATN: African Television Network [Madagascar]

ATO: (1) African Timber Organisation; (2) Amalgamated Teachers Organisation [Sierra Leone?]

ATOC: Assemblée Territoriale de l'Oubangui-Chari

ATOI: Alliance Touristique de l'Océan Indien

ATOLL: Asssociation of University Teachers of Literature and Language [Zimbabwe?]

ATOP: Agence Togolaise de Presse

ATP: (1) African Timber and Plywood Ltd. [Nigeria; Ghana?]; (2) Agence Tchadienne de Presse; (3) Agence Togolaise du Presse

ATR: Automobiles Transport Rapide [Algeria]

ATRCAD: African Training and Research Centre in Administration and Development = CAFRAD

ATRCW: African Training and Research Centre for Women

ATS: Asistencia Técnica Sanitaria [Equatorial Guinea]

ATT: (1) Amadou Toumani Touré [Mali]; (2) Assemblée Territoriale du Togo

ATTC: Advanced Teacher Training Colleges [Nigeria]

ATTS: Auto Trades Training School [Botswana]

ATU: (1) African Telecommunications Union; (2) Assemblée des Travailleurs de l'Unité [Algeria]

ATUC: (1) African Trade Union Confederation; (2) African Trade

Union Congress [Zimbabwe]
ATUS: Action Tchadienne pour l'Unité et le Socialisme
ATV: (1) Afrikaanse Taalvereniging [South Africa]; (2) Amateurs du Théâtre Voltaïque [Burkina Faso]; (3) Anambra Television [Nigeria]
ATWIU: [glossed as: textile trade union]
AUA: (1) Alemaya University of Agriculture [Ethiopia]; (2) Association des Universités Africaines = AAU: Association of African Universities; (3) Association of Urban Authorities = Association des Autorités Urbaines [Mauritius]
AUASG: Aberdeen University African Studies Group
AUBTW: Amalgamated Union of Building Trade Workers [of South Africa]
AUDECAM: Association Universitaire pour le Développement de l'Enseignement et de la Culture en Afrique et à Madagascar *or* Association Universitaire pour le Développement des Échanges Culturels avec l'Afrique et Madagascar [Paris]
AUDF: Afar Ummatah Demokrasiyyoh Focca [Eritrea]
AUEA: Associations d'Usagers des Eaux Agricoles [Morocco]
AUF: Abuja Unity Front [Nigeria]
AUMA: Association des Ulamâs Musulmans Algériens [*or* d'Algérie]
AUP: African Universities' Press
AUPELF: Association des Universités Partiellement ou Entièrement de Langue Française
AUR: Agence d'Urbanisme de La Réunion
AUT: Association of University Teachers [Zimbabwe; Nigeria?]
AUW: Ahfad University for Women
AUXELTRA BETON: Société Coloniale Auxiliaire d'Entreprises d'Électrification et de Travaux de Béton [Zaïre]
AUXILACS: Société Auxiliaire Industrielle et Financière des Grands-Lacs Africains

AUXIMMO: Société Auxiliaire Immobilière [Zaïre]
AUXIMOCAT: Auxiliaire Immobilière du Katanga [Zaïre]
AUXIMPORT: Société Générale Belge Auxiliaire d'Importation et d'Exportation
AV: (1) Afrikaner Volksfront = AVF; (2) Afrikaner Volksunie = Afrikaner People's Union [South Africa; cp. AVU]; (3) Afrikaner Volkswag [South Africa; cp. AVW]; (4) Alliance Voltaïque [Burkina Faso]; (5) Association Villageoise [Mali, Senegal, etc.?]
AVA: Awash Valley Authority [Ethiopia]
AVB: (1) Afrikaanse Verpleegbond [South Africa]; (2) Autorité pour l'Aménagement de la Vallée du Bandama [Côte d'Ivoire]
AVBOB: Afrikaanse Verbond Begrafnis-Onderneming Beperk [South Africa]
AVD: [glossed as: Village Development Associations]
AVF: Afrikaner Volksfront [South Africa]
AVHRR: Advanced Very High Resolution Radiometer
AVK: Afrikanervroue-Kenkrag [South Africa]
AVP: (1) Agence Voltaïque de Presse [Burkina Faso]; (2) Association des Volontaires de la Paix [Rwanda]
AVR: (1) Association des Victimes de la Répression [Guinea]; (2) [a Roman Catholic political movement in Madagascar]
AVS: Assisted Voluntary Scheme [South Africa]
AVSA: Afrikatale-Vereniging van Suider-Afrika = ALASA: African Language Association of Southern Africa
AVSTIG: Afrikanervryheidstigting *or* Afrikaner-Vryheidstigting [South Africa]
AVU: Afrikaner Volksunie [South Africa; cp. AV]
AVV: [Autorité des] Aménagements des Vallées des Volta

AVW: Afrikaner Volkswag [cp. AV]
AWAE: Association of West African Economists
AWAFC: American-West African Freight Conference
AWAM: Association of West African Merchants
AWAMC: Association of West African Museum Curators
AWB: Afrikaner Weerstandsbeweging [South Africa]
AWEPA: Association of European Parliamentarians for Southern Africa
AWEPAA: Association of West-European Parlamentarians for Action Against Apartheid
AWF: (1) African Wildlife Foundation [based in Washington]; (2) African Workers' Federation [Kenya]
AWMS: Annie Walsh Memorial Secondary School [Sierra Leone]
AWR: Africa World Review [published London]
AWSA: Associated Workers of South Africa
AWU: Abeokuta Women's Union [Nigeria]
AWUSA: Allied Workers' Union of South Africa
AYA: Asante [or Ashanti] Youth Association [Ghana]
AYB: African Youth Brigade [Ghana?]
AYC: (1) African Youth Command; (2) Ashanti Youth Command [Ghana]
AYCO: Alexandra Youth Congress [South Africa]
AYDAC: Agency for Youth Development and Co-operation [Nigeria]
AYO: (1) Anlo Youth Organisation [Ghana]; (2) Ashdown Youth Organisation [South Africa]
AYRC: Azanian Youth Revolutionary Council [South Africa]
AZACCO: Azanian Co-ordinating Committee [South Africa]
AZACTU: Azanian Confederation of Trade Unions [South Africa]
AZANLA: Azanian National Liberation Army [South Africa]
AZANYO: Azanian Youth Organisation [South Africa; cp. AZAYO]
AZANYU: Azanian National Youth Unity [South Africa]
AZAP: Agence Zaïre Presse
AZAPO: Azanian People's Organisation [South Africa]
AZASA: Assembly of Zionist and Apostolic Churches of South Africa
AZASCO: Azanian Students' Convention [South Africa]
AZASM: Azanian Students' Movement [South Africa]
AZASO: Azanian Students' Organisation [South Africa]
AZAYO: Azanian Youth Organisation [South Africa; cp. AZANYO]
AZSM: Association of Zimbabwean Spirit Mediums
AZTREC: Association of Zimbabwe [or Zimbabwean] Traditional Ecologists

b

BA: Bushman Alliance [Namibia]
BAAB: Bantu Affairs Administration Board [South Africa]
BAB: (1) Basler Afrika-Bibliographien; (2) Boissons Africaines de Brazzaville [Congo Republic]
BAC: (1) Basutoland African Congress; (2) Bloc Africain de Guinée [Guinea]; (3) Botswana Agricultural College
BACAZ: Banque Continentale Africaine [Zaïre]
BACI: (1) Banque Atlantique Côte d'Ivoire; (2) Bataillon Autonome de la Côte d'Ivoire
BAD: (1) Banque Africaine de Développement = BAFD = ADB: African Development Bank; (2) Banque Algérienne de Développement; (3) Department of Bantu Affairs and Development [South Africa]
BADA: Bor Area Development Activities
BADEA: Banque Arabe pour le Développement Économique en Afrique [or de l'Afrique] = ABEDA: Arab Bank for Economic Development in Africa
BADEAC: Banque de Développement des États de l'Afrique Centrale
BADR: (1) Banque Algérienne de Développement Rural; (2) Banque de l'Agriculture et du Développement Rural [Algeria]
BAE: Branche d'Activité Économique [Algeria]
BAFD: Banque Africaine de Développement = BAD
BAFROW: [glossed as: Foundation for Research on Women's Health, Productivity and the Environment, The Gambia]
BAG: Bloc Africain de Guinée [Guinea]
BAI: Book Aid International
BAKITA: Baraza la Kiswahili la Taifa [Tanzania]
BAKWATA: Baraza Kuu la Waislamu wa Tanzania (Supreme Council of Tanzanian Muslims)
BAL: Bechuanaland Abattoirs Limited
BALCED: Banque Arabe Libyenne du Commerce Extérieur et du Développement
BALIB: Banque Arabe-Libyenne-Burkinabè pour le Commerce et le Développement
BALIMA: Banque Arabe Libyo-Malienne
BALINEX: Banque Arabe Libyenne-Nigérienne pour le Commerce Extérieur [et le Développement]
BALM: Banque Arabe Libyenne-Mauritanienne pour le Commerce Extérieur et le Développement
BALS: Bachelor of Arts with Library Studies [Zambia]
BALTEX: Banque Arabe-Libyenne Togolaise du Commerce Extérieur
BALUBAKAT: Association des Baluba du Katanga [Zaïre]
BALUKTA: Baraza la Uendelezaji Kuran Tanzania [Tanzania]
BAM: (1) Bibliothèque Africaine et Malgache; (2) Bulletin de l'Académie Malgache; (3) Bureau des Affaires Musulmanes [Chad]
BAMA: Boiteko Agricultural Management Association [Botswana]

BAMB: Botswana Agricultural Marketing Board
BAMBAO: [glossed as: state-owned enterprise, Comoros]
BAMCWU: Black Allied Mining and Construction Workers Union [South Africa]
BAME: Bureau d'Analyses Macro-Économiques [Senegal]
BAMES: Banque Malgache d'Escompte et de Crédit [Madagascar]
BAMIS: Banque al-Baraka Mauritanienne Islamique
BAMITA: [a Muslim organisation, Tanzania]
BAMREL: Bureau Africain et Mauricien de Recherches et Études Législatives = African and Mauritian Bureau of Research and Legislative Studies
BAMS: Berean African Missionary Society
BAMTWU: Black Allied Mining and Tunnel Workers Union [South Africa]
BAN: (1) Build A Nation [Central African Federation]; (2) Bulletin de l'Afrique Noire
BANAFRIQUE: Union de [or des] Banques en Côte d'Ivoire
BANC: Bulawayo African National Congress [Zimbabwe]
BANCOBU: Banque Commerciale du Burundi
BANKORP: [glossed as: Bank Corporation of South Africa]
BANTA: Basutoland African National Teachers' Association
BANVA: British African National Voice Association [Zimbabwe]
BAO: (1) Banque de l'Afrique Occidentale; (2) Bureau d'Action Opérationnelle
BAP: Bureau Algérien des Pétroles
BAR: (1) Base Aérienne Révolutionnaire [Ouagadougou, Burkina Faso]; (2) Brong Ahafo Region [Ghana]
BARADEP: Brong-Ahafo Regional Agricultural Development Programme
BARAF: Bureau d'Aide à la Reconversion des Agents de la Fonction Publique
BARC: Bureau d'Affrètement Routier Centrafricain [Central African Republic]
BARDEC: Brong Ahafo Regional Development Corporation [Ghana]
BARDU: Bale Rural Development Unit [or Bale-Ada Rural Development Unit?] [Ethiopia]
BAREM: Bureau Algérien de Recherches et d'Exploitations Minières
BARIM: Bureau d'Achats pour la République Islamique de Mauritanie
BAS: Bulletin Administratif du Sénégal
BASA: Booksellers Association of Southern Africa
BASAC: Bauchi State Agricultural Supply Company [Nigeria]
BASE: Bureau Africain des Sciences de l'Éducation = African Bureau of Educational Sciences [Zaïre]
BASS: Bayreuth African Studies Series
BASU: Brong-Ahafo Students' Union [Ghana]
BAT: (1) Bellvillese Afrikaanse Toneelvereniging [South Africa]; (2) British American Tobacco
BATAL: Banque Tchado-Arabe-Libyenne pour le Commerce Extérieur
BATC: Bathurst Advisory Town Council
BATIMETAL: [glossed as: Entreprise nationale de bâtiments industrialisés, Algeria]
BATIPORT: [glossed as : Société Nationale d'Importation de Matériel pour le Bâtiment]
BAT(K): British American Tobacco (Kenya)
BATO: Britain-African Trade Organisation
BAU: Budget Administration Unit [Botswana]
BAWU: Black Allied Workers Union [South Africa]
BB: (1) Blanke Bouwerkersvakbond [South Africa]; (2) Brasserie du Bénin
BBA: (1) Banque Belgo-Africaine or Banque Belge d'Afrique; (2) Block

Buyers Allowance [Cameroun]
BBAB: [glossed as: Belgo-African Bank of Burundi]
BBAC: Border Business Action Committee [South Africa]
BBB: (1) Banjul, Bignona, Bissau; (2) Black But Beautiful Party [Nigeria]; (3) Blanke Bevrydingsbeweging [South Africa]
BBC: Botswana Bird Club
BBCI: Banque Burundaise pour le Commerce et l'Investissement
BBD: Banque Béninoise de Développement [Benin Republic]
BBM: Bakgatla Ba Mocha Tribal Authority [South Africa]
BBN: Botswana Business Newsletter
BBNA: Blue Book on Native Affairs [South Africa]
BBOM: Biographie Belge d'Outre-Mer
BBP: Bechuanaland Border Police
BBS: (1) Barbarians [Cape Town youth gang]; (2) Botswana Building Society
BBSAWS: Babiker Bedri Scientific Association for Women's Studies [Sudan]
BBV: Boerenbeschermingsvereeniging = ZABBV: Zuid-Afrikaansche Boerenbeschermingsvereeniging = FPA: Farmers Protection Association [South Africa]
BBWA: Bank of British West Africa
BBY: Béchir Ben Yahmed
BC: (1) Banco Central = BCGB: Banco Central da Guiné-Bissau; (2) Banque du Congo [Zaïre]; (3) Black Consciousness [South Africa]; (4) Bondelswarts Council [Namibia]; (5) Botswana Centre
BCA: (1) Banque Centrale d'Algérie; (2) Banque Commerciale Africaine [France]; (3) Banque de Crédit Agricole [Zaïre]; (4) Beira Corridor Authority; (5) Botswana College of Agriculture; (6) British Central Africa
BCAC: British Central Africa Company
BCAD: Banque de Crédit et de Développement [Central African Republic; as given]
BCADP: Bong County Agricultural Development Project [Liberia]
BCAF: Bulletin du Comité de l'Afrique Française
BCAS: Botswana Centre for Accountancy Studies
B-CAST: Botswana Cultural Activities Support Trust
BCAWU: (1) Brick, Clay and Allied Workers Union [South Africa]; (2) Building, Construction and Allied Workers' Union [South Africa]
BCB: (1) Banque Commerciale du Benin; (2) Banque de Crédit de Bujumbura [Burundi]; (3) Banque du Congo Belge [Zaïre]; (4) Biographie Coloniale Belge; (5) Botswana Cooperative Bank; (6) Bureau Congolais du Bois [Congo Republic]
BCC: (1) Bank of Credit and Commerce; (2) Banque Commerciale Congolaise [Congo Republic]; (3) Banque Commerciale du Congo [Zaïre]; (4) Basutoland Chamber of Commerce; (5) Black Consultative Council of Trade Unions [South Africa]; (6) Botswana Christian Council; (7) British Cotton Corporation; (8) Bureau Central de Coordination [Zaïre]
BCCAB: Bantu Congregational Church of the American Board
BCCB: Bukoba Coffee Control Board [Tanzania]
BCCC: Bank of Credit and Commerce Cameroon
BCCI: Botswana Chamber of Commerce and Industry
BCCO: Bureau pour la Création, le Contrôle et l'Orientation des Entreprises et Exploitations de l'État [Congo Republic]
BCCSA: Broadcasting Complaints Commission of South Africa
BCCU: Bugufi Coffee Cooperative Union [Tanzania]
BCCZ: Bank of Credit and Commerce Zimbabwe

BCD: (1) Banco de Crédito y de Desarrollo; (2) Banque Camerounaise de Développement; (3) Botswana Council for the Disabled

BCEA: Basic Conditions of Employment Act [South Africa]

BCEAC: Banque Centrale des États de l'Afrique Centrale

BCEAE: Banque Centrale des États de l'Afrique Équatoriale

BCEAEC: Banque Centrale des États de l'Afrique Équatoriale et du Cameroun

BCEAO: Banque Centrale des États de l'Afrique de l'Ouest

BCEHS or **BCEHSAOF:** Bulletin du Comité d'Études Historiques et Scientifiques de l'Afrique Occidentale Française

BCEOM: (1) Bureau Central d'Études pour les Équipements d'Outre-Mer or Bureau Central pour l'Équipement Outre-Mer [France]; (2) Bureau Central pour les Études Outre-Mer [Senegal?]; (3) [glossed as: Bureau d'études pour la gestion des adductions d'eau en milieu rural]

BCET: Bureau Central d'Études Techniques [Côte d'Ivoire]

BCG: Beira Corridor Group [Zimbabwe-registered]

BCGA: British Cotton Growing Association [Nigeria; etc.?]

BCGB: Banco Central de Guiné-Bissau

BCI: (1) Banque Centrafricaine d'Investissement [Central African Republic]; (2) Business Confidence Index [South Africa]

BCIM: Banque Commerciale et Industrielle de Madagascar or Banque pour le Commerce et l'Industrie de Madagascar

BCK: Compagnie du Chemin de Fer du Bas-Congo au Katanga [Zaïre] = BECEKA

BCL: (1) Bamangwato Concessions Limited; (2) Bureau de Coordination et de Liaison [Niger]

BCM: (1) Banque Centrale de Madagascar; (2) Banque Centrale de Mauritanie; (3) Banque Commerciale de Madagascar; (4) Banque Commerciale du Maroc; (5) Black Consciousness Movement [South Africa] [cp. BCMA]

BCMA: Black Consciousness Movement of Azania [South Africa] [cp. BCM]

BCN: Banco de Crédito Nacional [Guiné-Bissau]

BCNN: Broadcasting Company of Northern Nigeria

BCP: (1) Basotho Congress Party *formerly* Basutoland Congress Party; (2) Black Community Programmes; (3) Black Communities Project [South Africa]

BCPA: Bukoba Coffee Planters Association [Tanzania]

BCR: (1) Banque Commerciale du Rwanda; (2) Botswana Council of Refugees; (3) Bureau Central de Renseignements [a division of the OAS]; (4) Bureau Central du Recensement [Cameroun, Chad, Djibouti]

BCRDM: Banque Centrale de la République Démocratique de Madagascar

BCRG: Banque Centrale de la République de Guinée

BCRM: Banque Centrale de la République Malgache [Madagascar]

BCS: (1) Banque Commerciale du Sahel [Mali]; (2) Banque du Commerce Sénégalais or Banque Commerciale du Sénégal; (3) Bantu Co-operative Society; (4) Bataillon de Commandement et de Service [France and Djibouti]; (5) Brotherhood of the Cross and Star *also called* Christ's Universal Spiritual School of Practical Christianity [Nigeria]

BCSA: Botswana Civil Servants Association

BCSAEF: Bureau Central de Statistiques de l'Afrique Équatoriale Française

BCSD: Business Council for Sustainable Development

BCT: Border, Ciskei and Transkei [South Africa]
BCTD: Banque Tchadienne de Crédit et de Dépôts
BCU: (1) Bawku Cooperative Union [Ghana]; (2) Bondei Central Union [Tanzania]; (3) Botswana Cooperative Union; (4) Bugisu Cooperative Union [Uganda]
BCUF: Bakweri Cooperative Union of Farmers
BCV: Banco de Cabo Verde [Cape Verde Islands]
BCW: Botswana Council for Women
BCWUSA: Brushes and Cleaners Workers' Union of South Africa
BCZ: Banque Commerciale Zaïroise
BDA: Basotho Democratic Alliance [Lesotho]
BDAC: Banque de Développement d'Afrique Centrale
BDAE: Banque de Développement de l'Afrique de l'Est = East African Development Bank
BDAO: Banque de Développement de l'Afrique Orientale
BDC: (1) Bloc Démocratique Camerounais *or* Bloc des Démocrates Camerounais; (2) Botswana Development Corporation
BDD: Banque Dahoméenne du Développement
BDE: Bloc Démocratique Éburnéen [Côte d'Ivoire]
BDEAC: Banque de Développement des États de l'Afrique Centrale [*or* d'Afrique Centrale]
BDEEP: British Documents on the End of Empire Project
BDEGL: Banque de Développement des États des Grands Lacs [Burundi, Rwanda, Zaïre]
BDF: (1) Bophuthatswana Defence Force [South Africa]; (2) Botswana Defence Force
BDG: (1) Bloc Démocratique de Guinée-Bissau (2) Bloc Démocratique du Gorgol [Mauritania]; (3) Bloc Démocratique Gabonais
BDI: Bureau de Développement Industriel [Côte d'Ivoire]
BDIA: Bloc pour le Développement et l'Intégration Africaine [Mali]
BDKS: Blink Ding Kykers [Cape Town youth gang]
BDL: (1) Banque de Développement Local [Algeria]; (2) Brasseries du Logone [Chad]
BDM: (1) Banque de Développement du Mali; (2) Bloc Démocratique Malgache [Madagascar]
BDMO: Banque de Djibouti et du Moyen Orient
BDN: Botswana Daily News
BDO: Bushman Development Officer [Botswana]
BDP: (1) Banque du Peuple [Zaïre]; (2) Bechuanaland Democratic Party [Botswana]; (3) Bophuthatswana Democratic Party [South Africa]; (4) Botswana Democratic Party
BDPA: Bureau pour le Développement de la Production Agricole [France with branches in Africa]
BDPP: Benin Delta Peoples Party
BDRN: Banque de Développement de la République du Niger
BDRT: Bureau of Development Research and Training [University of Transkei, South Africa]
BDS: Bloc Démocratique Sénégalais
BDT: (1) Banque de Développement du Tchad [Chad]; (2) Bloc Démocratique Tchadien [Chad]
BDVC: Botswana Diamond Valuing Company
BDWA: Black Domestic Workers' Association [South Africa]
BDWU: Bakare Dockworkers Union [Nigeria]
BEA: (1) Banque Extérieure d'Algérie; (2) Bantu Education Act [South Africa]; (3) Blantyre and East Africa Company [Malawi; also written: B&EA]
BEABE *or* **Béabé:** Beira Anglo-Belgian Company [Mozambique]

BEAC: Banque des États de l'Afrique Centrale
BEADOC: British East Africa Disabled Officers' Colony [Kenya]
BEAM: Business Equipment and Manufacture [Nigeria]
BEAU: Bureau d'Études et de l'Aménagement Urbain *or* Bureau d'Études d'Aménagements Urbains [Zaïre]
BEC: (1) Bechuanaland Exploration Company [Botswana]; (2) Bureau Exécutif Central [Mali]; (3) Bureau National de l'Enseignement Catholique [Zaïre]
BECEKA: Compagnie du Chemin de Fer du Bas-Congo au Katanga [Zaïre] = BCK
BECIS: Bureau d'Études, de Conseils et d'Interventions au Sahel [Mali]
BED: (1) Bantu Education Department [South Africa]; (2) Bargery Electronic Dictionary
BEDAT: [glossed as: Bureau d'études et d'analyses des activités de transports, Algeria]
BEDCO: Basotho Enterprises Development Corporation [Lesotho]
BEDEMO: Banque de Djibouti et du Moyen Orient
BEDI: Bureau d'Études pour le Développement Intégré [Cameroun]
BEDU: Botswana [*or* Batswana] Enterprises Development Unit
BEF: Business Election Fund [South Africa]
BEID: Bureau d'Étude et d'Ingénierie pour le Développement [Zaïre]
BEIS: Bureau d'Études d'Infrastructures Sanitaires [Algeria]
BELACD: Bureau d'Études et de Liaison pour l'Action Caritative et le Développement [Chad]
BELBASE: Agence Belge de l'Est Africain
BELCOMA: Comptoir Belge-Congolais de Matériaux [Zaïre]
BELGAFRICA: Société Immobilière Belgo-Africaine
BELGIKAETAIN: Compagnie des Mines d'Étain de la Belgika [Zaïre]
BELGIKAOR: Mines d'Or de la Belgika *or* Mines d'Or Belgika [Zaïre]
BELIMINES: Société Bénino-Arabe-Libyenne des Mines
BELIPECHE: Société Bénino-Arabe-Libyenne de Pêche Maritime
BELPORT: Société Belgo-Portugaise pour l'Industrie et l'Agriculture de l'Angola
BELTEL: [glossed as: South African Public Videotex System]
BELTEXCO: Société Belge des Textiles au Congo [Zaïre]
BENSO: Buro vir Ekonomiese Navorsing en Staatsontwikkeling = Bureau for Economic Research and State Development
BEPC: Brevet d'Études du Premier Cycle [Francophone countries]
BEPES: Bureau d'Études Pédagogiques pour l'Enseignement Secondaire [Burundi?]
BEPI: Bureau Économique des Participations Industrielles *or* Bureau d'Études et de Participations Industrielles [Morocco]
BER: (1) Bureau d'Éducation Rurale [Burundi]; (2) Bureau for Economic Research [Stellenbosch University]
BEREG: Bureau d'Études, de Recherches et d'Engineering Générales [Algeria]
BERIM: Bureau d'Études et de Réalisation Industrielles et Minières [Algeria]
BERISCO: Bureau of Educational Research, Information Services and Consultancy [Kenya]
BERPS: Bureau d'Études et de Recherches pour la Promotion de la Santé, Kangu-Mayombe [Zaïre]
BESC: Built Environment Support Centre [South Africa]
BESG: Built Environment Support Group [South Africa]
BESL: British Empire Soldiers' League [South Africa]
BET: (1) Board of External Trade

[Tanzania]; (2) Borkou-Ennedi-Tibesti [Chad]
BETD: Basic Education Teacher Diploma [Namibia]
BETONCAM: [a company in Cameroun]
BETPA: Bureau d'Études Techniques des Productions [*or* Projets] Agricoles [Côte d'Ivoire]
BEWDA: Bawku East Woman's Development Association [Ghana]
BFBS: British and Foreign Bible Society
BFCIB: Banque pour le Financement du Commerce et des Investissements du Burkina
BFCM: Banque Financière et Commerciale Malgache [Madagascar]
BFCOI: Banque Française Commerciale Océan Indien
BFEM: Brevet de Fin d'Études Moyennes
BFG: Burkina Faso Government
BFK: Born Free Kids [Cape Town youth gang]
BFM: Board of Foreign Missions [USA]
BFP: (1) Basutoland Freedom Party [Lesotho]; (2) Bokkos Farm Project [Nigeria]; (3) Botswana Freedom Party
BFSJA: Bulletin de la Fédération des Sociétés Juives d'Algérie
BFTU: Botswana Federation of Trade Unions
BFV: Banky Fampandrosoana ny Varotra = BNC: Banque Nationale du Commerce [Madagascar]
BFW: Brot für die Welt
BFWA: Botswana Family Welfare Association
BG: Botswana Government
BGB: [glossed as: Bank of Guiné-Bissau]
BGC: Boletim Geral das Colónias [Portugal]
BGCE: Banque Guinéenne de Commerce Extérieur
BGD: Banque Gabonaise de Développement
BGF: Budget Général de Fonctionnement [Côte d'Ivoire]
BGGA: Botswana Girl Guides Association
BGI: Botswana Game Industries
BGL: Banque du Gabon et du Luxembourg
BGT: Boissons Gazeuses du Tchad [Chad]
BGU: Boletim Geral do Ultramar [Portugal]
BH: Broadcasting House [Ghana]
BHAWUSA: Black Health and Allied Workers' Union of South Africa
BHC: (1) Bank for Housing and Construction *or* Bank for Housing Construction [Ghana]; (2) Botswana Housing Corporation
BHN: Basic Human Needs
BHS: Banque de l'Habitat du Sénégal
BIA: (1) Bataillon d'Intervention Aéroporté; (2) Brigade d'Intervention Aéroportée
BIAC: Botswana Institute of Administration and Commerce
BIAG: Banque Internationale pour l'Afrique en Guinée
BIAM: Banque Industrielle de l'Afrique et de la Méditerranée
BIAN: Banque Industrielle de l'Afrique du Nord
BIAO: Banque Internationale pour l'Afrique Occidentale [*or* pour l'Afrique de l'Ouest]
BIAO-C: Banque Internationale pour l'Afrique Occidentale-Cameroun
BIAOCI: Banque Internationale pour l'Afrique de l'Ouest (Côte d'Ivoire)
BIAS: Bulletin of the Institute of African Studies [Ghana]
BIAT: Banque Internationale Africaine au Tchad *or* Banque Internationale pour l'Afrique au Tchad [Chad]
BIAZ: Banque Internationale pour l'Afrique au Zaïre
BIB: Banque Internationale du Burkina
BIC: (1) Banque pour l'Industrie et le Commerce [Comoros]; (2) Bantu Investment Corporation [South Africa]
BICE: (1) Banque Internationale de Coopération Économique; (2) Bureau International Catholique de l'Enfance
BICI: Banque Internationale pour le Commerce et l'Industrie du Niger

BICIA: Banque Internationale pour le Commerce, l'Industrie et l'Agriculture [Burkina Faso?]

BICIAB or **BICIA-B:** Banque Internationale pour le Commerce, l'Industrie et l'Agriculture du Burkina or Banque Internationale pour le Commerce, l'Industrie et l'Artisanat du Burkina

BICIC: Banque Internationale pour le Commerce et l'Industrie du Cameroun

BICICI: Banque Internationale pour le Commerce et l'Industrie de la Côte d'Ivoire

BICIG: Banque Internationale pour le Commerce et l'Industrie du Gabon

BICIGUI: Banque Internationale pour le Commerce et l'Industrie de la Guinée [Guinea]

BICIS: Banque Internationale pour le Commerce et l'Industrie du Sénégal

BICIT: Banque Internationale pour le Commerce et l'Industrie du Tchad

BICOT: [an agricultural organisation at Vom, Nigeria]

BID: Banque Islamique du Développement = IDB: Islamic Development Bank

BIDC: Banque Internationale pour le Développement du Congo [Congo Republic]

BIDI: Banque Ivoirienne de Développement Industriel

BIDOI: Banque d'Information et de Documentation pour l'Océan Indien

BIE: [glossed as: Bureau d'Intrants d'Élevage] [Mauritania; as given]

BIEA: British Institute in Eastern Africa

BIFAN: Bulletin de l'Institut Français d'Afrique Noire, later Bulletin de l'Institut Fondamental d'Afrique Noire

BIFAWU: Banking, Insurance, Finance and Assurance Workers' Union [South Africa]

BIFSA: Building Industries Federation of South Africa

BIG: (1) Banco Internacional da Guiné-Bissau; (2) Breastfeeding Information Group [Kenya]

BIHAEA: British Institute of History and Archaeology in East Africa [based in Nairobi]

BIIB: Bureau International d'Information sur le Burundi

BIK or **bik.:** Bikwele [currency, Equatorial Guinea; singular: ekwele]

BIL: Bureau Interafricain Linguistique

BIMA: Banque Internationale pour la Mauritanie

BIN: Bureau Ivoirien de Normalisation [Côte d'Ivoire]

BINEA: Bureau Ivoirien des Nouvelles Éditions Africaines

BIOT: British Indian Ocean Territory

BIP: Botswana Independence Party

BIPG: Banque Internationale pour le Gabon

BIPN: Banque Internationale pour le Niger

BIPT: Banque Ivoirienne pour le Développement des Postes et Télécommunications [Côte d'Ivoire]

BIR: Bétons Industriels «Révélation» [Zaïre]

BIRA: Bureau Interafricain des [or pour les] Ressources Animales = IBAR: International Bureau of Animal Resources

BIRD: Banque Internationale pour la Reconstruction et le Développement = IBRD: International Bank for Reconstruction and Development

BIS: (1) Basic Industry Strategy [Tanzania]; (2) Bureau Interafricain de [or des] Sols [Paris and Bangui]; (3) Bureau Interafricain des Sols et de l'Économie Rurale [Cameroun?; cp. BISER]

BISA: (1) Building Industry Staff Association [South Africa]; (2) Bureau Inter-africain de la Santé Animale = IBAH: Inter-African Bureau of Animal Health

BISE: Boletim de Informação Sócio-Económica [Guiné-Bissau]

BISER: Bureau Interafricain des Sols et de l'Économie Rurale. Cp. BIS
BISN: British India Steam Navigation Company Limited
BIT: Board of Internal Trade [Tanzania]
BITCO: Biashara Trading Company *or* Biashara Transport Company [Tanzania]
BITEJ: Bureau International du Tourisme et des Échanges pour les Jeunes [Zaïre]
BIV: Banque Internationale des Voltas
BIWU: Building Industries Workers' Union [South Africa]
BJR: Brigadas da Juventude Revolucionária
BK: (1) Banque de Kinshasa [Zaïre]; (2) British Kaffraria [South Africa]
BKA: Boere-Krisisaksie *or* Boere-Krisis-Aksie [South Africa]
BKDF: Border Kei Development Forum [South Africa]
BKF: Brong-Kyempem Federation
BL: (1) Biotechnology Laboratory [Tanzania]; (2) Brassseries de Léopoldville [Zaïre]
BLA: Black Local Authority [South Africa]
BLAC: Black Literature and Arts Congress [South Africa]
BLADD: Blantyre Agricultural Development Division [Malawi]
BLAGWU: Black Allied and General Workers Union [South Africa]
BLATU: Black Trade Union of Transnet [South Africa]
BLDC: Botswana Livestock Development Corporation
BLE: Bureau de Liaison avec les Entreprises [Cameroun]
BLFES: British Ladies' Female Emigration Society [United Kingdom and South Africa]
BLNS: Botswana Lesotho Namibia Swaziland
BLP: (1) Better Life Programme for Rural Women [Nigeria]; (2) Botswana Liberal Party
BLRDP: Better Life for Rural Dwellers Programme [Nigeria]
BLS: Botswana, Lesotho, Swaziland
BLT: Banque Libano-Togolaise
BM: (1) Banque Mondiale = World Bank = Banco Mundial; (2) Bataillon de Marche [Central African Republic?]; (3) Bolux Milling [Botswana]; (4) Brasseries du Maroc
BMA: (1) Bassa Ministers' Association; (2) British Military Administration [Eritrea, Somalia]
BMATT: British Military Advisory and Training Team [South Africa]
BMBWU: Bloemfontein Municipal Black Workers' Union [South Africa]
BMC: (1) Bong Mining Company [Liberia]; (2) Botswana Meat Commission
BMCD: Banque Malienne de Crédit et de Dépôts
BMCE: Banque Marocaine de [*or* du] Commerce Extérieur
BMCI: Banque Mauritanienne pour le Commerce International
BMD: (1) Banque Maghrébine de Développement; (2) Banque Mauritanienne de Développement
BMDP: Borno Music Documentation Project [Nigeria]
BMEP: Business Management Extension Programme [Botswana]
BMG: Berliner Missionsgesellschaft
BMM: (1) Baptist Mid Missions; (2) Brigades Mixtes Mobiles [Cameroun]
BMOA: Botswana Mill Owners' Association
BMOI: Banque Malgache de l'Océan Indien
BMOP: Bureau de la Main-d'Œuvre du Port [Togo]
BMP: Basutoland Mounted Police
BMR: (1) Brigades Mobiles Rurales [Congo Republic?]; (2) Bureau for Market Research [South Africa]
BMS: (1) Baptist Missionary Society; (2) Bataillon de Marche Somali [Djibouti]; (3) Bloc des Masses Sénégalaises; (4) Boilermakers' Society [South Africa?]

BMSC: Bantu Men's Social Centre
BMT: Bureau Marocain du Travail [Morocco]
BMW: (1) Berliner Missionswerk; (2) Bloemfonteinse Munisipale Werknemersvereniging [South Africa]
BMWU: Black Municipal [*or* Municipality] Workers' Union [South Africa]
BN: (1) Battalion [Ghana; as in 5BN: 5th. Battalion]; (2) Bibliothèque Nationale [Guinea, etc.]; (3) Brotherhood of Nigeria
BNA: (1) Banco Nacional de Angola; (2) Banque Nationale d'Algérie; (3) Blantyre Native Association [Malawi]; (4) Bloc Nigérien d'Action [Niger]; (5) Botswana National Archives; (6) Buea National Archives [Cameroun]
BNASS: Bureau National d'Animation du Secteur Socialiste [Algeria]
BNB: Blanke Nasionale Beweging [South Africa]
BNBV: Bureau National à la Protection et à la Gestion des Biens Vacants
BNC: (1) Banque Nationale du Commerce [Madagascar] = BFV: Banky Fampandrosoana ny Varotra; (2) Banque Nationale du Congo [Zaïre]; (3) Basutoland National Congress; (4) Bindura Nickel Corporation
BNCB: Bukoba Native Coffee Board [Tanzania]
BNCD: Banque Nationale Centrafricaine de Dépôts
BNCI: Banque Nationale pour le Commerce et l'Industrie [Congo Republic]
BNCI-OI: Banque Nationale de Crédit Industriel pour l'Océan Indien [Madagascar]
BNCR: Banque Nationale de Crédit Rural [Gabon]
BNCU: Bukoba Native Cooperative Union [Tanzania]
BND: Banque Nationale de Développement [Burkina Faso]
BNDA: (1) Banque Nationale de Développement Agricole [Mali]; (2) Banque Nationale pour le Développement Agricole [Côte d'Ivoire]
BNDB: Banque Nationale de Développement du Burkina
BNDC: Banque Nationale de Développement du Congo [Congo Republic]
BNDD: Banco Nacional de Depósito y Desarrollo [Equatorial Guinea]
BNDE: (1) Banque Nationale de Développement Économique [Burundi] *or* Banque Nationale pour le Développement Économique du Burundi; (2) Banque Nationale pour le Développement Économique [Morocco]
BNDP: Basilique Notre-Dame de la Paix [Côte d'Ivoire]
BNDR: Banque Nationale pour le Développement Rural = BTM: Bankin'ny Tantsaha Mpamokatra [Madagascar]
BNDS: Banque Nationale de Développement du Sénégal
BNE: (1) Budget National d'Équipement [Senegal?]; (2) Bureau National des Étudiants [Burkina Faso ?]
BNEC: Banque Nationale d'Épargne et de Crédit [Côte d'Ivoire]
BNEDER: Bureau National d'Études Rurales [Sétif, Algeria]
BNEF: Bureau National des Études Forestières [Algeria]
BNETD: Bureaux Nationaux d'Études Techniques et de Développement [Côte d'Ivoire]
BNF: Botswana National Front
BNG: Banco Nacional da Guiné-Bissau
BNI: (1) Bankin' ny Indostria (Banque Nationale de l'Industrie) [Madagascar]; (2) Bureau Ivoirien de Normalisation; (3) Bureau of National Investigation [*or* Investigations] [Ghana]
BNM: (1) Banque Nationale de Mauritanie; (2) Banque Nationale

Malgache de Développement [Madagascar]
BNP: (1) Basotho National Party [Lesotho]; (2) Basutoland National Party [Lesotho]
BNR: Banque Nationale du Rwanda
BNSTP: Banco Nacional de São Tomé e Príncipe
BNU: Banco Nacional Ultramarino [Portugal]
BNZ: Banque Nationale du Zaïre
BO: (1) Boletim Oficial; (2) Bulletin Officiel
BOA: Bank of Africa [Mali]
BOAD: Banque Ouest-Africaine de Développement = WADB: West African Development Bank
BOB: Bank of Botswana = Bank ya Botswana
BOC: Bulletin Officiel des Colonies
BOCCIM: Botswana Confederation of Commerce, Industry and Manpower
BOCOBS: Borno College of Basic Studies [Nigeria]
BOCOLIS: Borno College of Legal and Islamic Studies [Nigeria]
BOEI: Bulletin Officiel de l'État Indépendant du Congo
BOFESETE: [glossed as: Botswana federation of secondary school teachers]
BOG: Bank of Ghana
BOJA: Botswana Journalists' Association
BOLDU: Bole Language and Documentation Unit [Germany]
BOLESWA: Botswana Lesotho Swaziland
BOM: (1) Bank of Mauritius; (2) Bureau Organisation et Méthodes
BON: Broadcasting Organisation of Nigeria
BONAF: Bonneterie Africaine [Zaïre]
BOP: (1) Bevolkingsontwikkelingsprogram [South Africa] = PDB: Population Development Programme; (2) (usually written Bop) Bophuthatswana
BOPA: Botswana Press Agency
BOPHA: Botswana Professional Hunters Association
BOPP: Benso Oil Palm Plantation [Ghana]

BOPR: Bureau d'Organisation des Programmes Ruraux [Zaïre]
BOPROMA: Société des Bois et Produits du Mayumbe
BOPSA: Bibliography of Overseas Publications about South Africa
BOPTV: Bophuthatswana Television
BORM: Bulletin Officiel du Royaume Marocain
BOS: Bureau of Statistics [Tanzania]
BOSCA: Botswana Savings Cooperative Association
BOSS: Bureau of State Security [South Africa]
BOT: Bank of Tanzania
BOTFEP: Botswana Foundation for Education with Production
BOTNAM: [glossed as a proposed railway linking Zimbabwe, Zambia, Botswana and Namibia]
BOU: Bank of Uganda
BOUTRAKAS: Bourse du Travail du Kasai [Zaïre]
BP: (1) Bechuanaland Protectorate; (2) Benue-Plateau [Nigeria]; (3) Boîte Postale [various countries]; (4) British Petroleum; (5) Bureau Politique [Algeria]; (6) Burundi Populaire
BPA: (1) Banco Português do Atlantico; (2) Basutoland Progressive Association [Lesotho]; (3) Black Parents' Association [South Africa?]; (4) Bloc Populaire Africain; (5) Business Promotion Act [Ghana]
BPAL: Bechuanaland Protectorate Abattoirs Limited [Botswana]
BPATA: Bechuanaland Protectorate African Teachers Association
BPC: (1) Basic People's Congress [Libya?]; (2) Black People's Convention; (3) Botswana Power Corporation; (4) Bulk Purchasing Corporation [Nigeria]
BPD: Banco Popular de Desenvolvimento [Mozambique]
BPDO: Burji People's Democratic Organisation [Ethiopia]
BPEAR: Bureau for [the] Placement and

Education of African Refugees = BPERA
BPERA: Bureau pour le Placement et l'Éducation des Réfugiés en Afrique = BPEAR
BPETR: Bureau for the Placement, Education and Training of Refugees [Organisation of African Unity]
BPFP: Bechuanaland Protectorate Federal Party
BPI: Bureau de Projet Ituri [Zaïre]
BPITT: Bureau Permanent Interafricain pour la lutte contre Tsé Tsé et Trypanosomiase [Belgian colonial; at Léopoldville]
BPLM: Benishangul [*or* Benshangual] People's Liberation Movement [Ethiopia]
BPMC: Brega Petroleum Marketing Company [Libya, based in London]
BPMRU: Book Production and Material Resources Unit [The Gambia]
BPN: Bureau Politique National [Chad, Mali, Mauritania; Guinea?]
BPP: (1) Bechuanaland People's Party, *later*: Botswana People's Party; (2) Bordpak Premier Packaging [Nigeria]
BPPF: Botswana People's Progressive Front
BPPBG: Banque de Paris et des Pays-Bas-Gabon
BPR: Banques Populaires au Rwanda
BPS: (1) Bloc Populaire Sénégalais; (2) Bloc Progressiste du Sénégal *or* Bloc Progressiste Sénégalais; (3) Botswana Postal Services
BPSAAP: Baringo Pilot Semi-Arid Project [Kenya]
BPSCA: Bloc Populaire Sénégalais – Confédération Africaine
BPU: Botswana Progressive Union
BPWCB: Business and Professional Women's Clubs of Botswana
BPWU: Bechuanaland Protectorate Workers' Union
BR: (1) Basutoland Records; (2) Botswana Railways
Br: Birr [Ethiopian currency] = EB: Ethiopian Birr
BRA: (1) Barlow Rand Archives; (2) Boer Republican Army [South Africa]
BRACODI: Brasseries de Côte d'Ivoire *or* Brasseries de la Côte d'Ivoire
BRAKINA: Brasseries du Burkina Faso
BRALIMA: (1) Brasseries, Limonaderies et Malteries du Congo [Zaïre]; (2) Brasseries, Limonaderies et Malteries du Zaïre
BRALIRWA: [manufacturer of beer and soft drinks, Rwanda]
BRALUP: Bureau of Resource Assessment and Land Use Planning [University of Dar es Salaam]
BRAMALI: Brasseries du Mali
BRAMS: Bibliographie Réseau Anthropologique Maghreb Sahara [Aix-en-Provence and Paris]
BRANA: Brasserie Nationale [Zaïre]
BRANIGER: Brasseries du Niger [Niger]
BRASIMBA: Brasseries Simba [Zaïre]
BRASSEKAT: Brasserie [*or* Brasseries] du Katanga [Zaïre]
BRAVOLTA: Brasseries Voltaïques
BRB: Banque du Royaume du Burundi *alternatively* Banque de la République du Burundi
BRCS: Botswana Red Cross Society
BRD: Banque Rwandaise de Développement
BREDA: Bureau Régional de l'UNESCO pour l'Éducation en Afrique
BRET: Botswana Renewable Technology Project
BRGM: Bureau de Recherches Géologiques et Minières [France with branches in Africa]
BRICKAWU: Brick and Allied Workers Union [South Africa]
BRICONGO: [a finance company in Belgian Congo]
BRIDEC: Brigades Development Centre [Botswana]
BRIKIN: Tuilerie et Briqueterie de Kinshasa [Zaïre]
BRL: Boere Republikeinse Leër [South Africa]

BRM: Banque de la République du Mali
BRMA: Bureau des Recherches Minières de l'Algérie [French colonial]
BRP: (1) Budget Rationalization Programme [Kenya]; (2) Bureau de Recherches et de Pétrole [Algeria?]; (3) Bureau des Recherches Pétrolières [Congo Republic?]
BRPM: (1) Bureau de Recherches et de Participations Minières [Algeria, Morocco]
BRRI: Building and Road Research Institute [Ghana]
BRST: Botswana Roan Selection Trust
BRT: Bana ba Rona Trust [Botswana]
BRTV: Borno Radio and Television [Nigeria]
BSA: (1) Biney's Staff Association [Nigeria]; (2) British South Africa
BSAC or **BSACO** or **BSA Company:** British South Africa Company
BSAP: British South Africa Police
BSB: Boere-Saamwerk Beperk [South Africa]
BSD: (1) Banque Sénégalaise de Développement; (2) Bloc pour la Social-Démocratie [Benin Republic]
BSE: Biological Society of Ethiopia
BSF: Belgian Survival Fund
BSGAOF: Bulletin de la Société de Géographie de l'Afrique Occidentale Française
BSI: Budget Spécial d'Investissement [Côte d'Ivoire]
BSIE: Budget Spécial d'Investissement et d'Équipement [Côte d'Ivoire]
BSK: (1) Back Street Kids [Cape Town youth gang]; (2) Banque Sénégalo-Koweitienne
BSL: Black Star Line
BSO: Botswana Special Olympics
BSOAS: Bulletin of the School of Oriental and African Studies [London]
BSOASA: Building Society Officials' Association of South Africa
BSONG: Bureau de Suivi des Organisations Non-Gouvernementales
BSP: Boerestaat Party [South Africa]
BSPWD: Botswana Society of People With Disabilities
BSRS: Brigade Spéciale de Recherche et de Surveillance [Zaïre]
BSS: Black Students Society [South Africa]
BSSA: Bible Society of South Africa
BST: Banque Sénégalo-Tunisienne
BT: (1) Bloc Tchadien; (2) Boissons et Glacières du Tchad
BTA: (1) BaMangwato Tribal Authority; (2) Basotho Traders Association [Lesotho]; (3) Book Trade Association [South Africa]
BTAL: Banque Tchado-Arabo-Libyenne
BTC: (1) Barclay Training Centre [Liberia]; (2) Biotechnology Centre [Cameroun]; (3) Botswana Technology Centre; (4) Botswana Telecommunications Corporation; (5) Builsa Traditional Council [Ghana]
BTCD: Banque Tchadienne de Crédit et de Dépôts
BTCI: Banque Togolaise pour le Commerce et l'Industrie
BTD: (1) Banque Tchadienne de Développement; (2) Banque Togolaise de Développement
BTDT: Bloc des Travailleurs Démocrates Tchadiens
BTechC: Botswana Technology Centre
BTI: Board of Trade and Industry [South Africa]
BTK: Bourse du Travail du Katanga [Zaïre]
BTM: Bankin'ny Tantsaha Mpamokatra = BNDR: Banque Nationale pour le Développement Rural [Madagascar]
BTP: Bâtiment et Travaux Publics [Algeria]
BTS: (1) Bretagne Tanzanie Solidarité; (2) Brevet de Technicien Supérieur; (3) Britain-Tanzania Society
BTSL: Bendel Transport Service Limited [Nigeria]
BTTP: Botswana Theological Training Programme
BTU: (1) Bathurst Trade Union; (2)

Botswana Teachers' Union
BUA: Botswana Uniform Agency
BUC: Banque Unie de Crédit [Cameroun]
BUDC: Bathurst Urban District Council [The Gambia]
BUF: (1) Black Unity Front [South Africa?]; (2) Burundi Franc [usually written: BuF]
BUK: Bayero University, Kano [Nigeria]
BUMCO *or* **BUMICO:** Bureau Minier du Congo
BUMIFOM: Bureau Minier de la France d'Outre-Mer
BUMIGEB: Bureau des Mines et de la Géologie du Burkina
BUN: Biomass Users Network [Zimbabwe]
BUNASEM: Bureau National Semencier [Zaïre]
BUNEP: Bureau National d'Études des Projets [Rwanda]
BUPS: Bloc Unifié du Peuple Sénégalais
BURCIK: Burkina Faso Centre for Indigenous Knowledge = Centre Burkinabé de Recherche sur les Pratiques et Savoirs Paysans
BUREMI: Bureau des Mines [Niger]
BUS: Bureau Universitaire de Statistiques [Togo]
BUS-BLOC: Syndicat de la Busira
BUWA: Black University Workers' Association [South Africa]
BUZAT: Bureau Zaïrois de Traduction
BVA: Bourse des Valeurs d'Abidjan [Côte d'Ivoire]
BVB: Boere-Vryheidsbeweging = Boer Freedom Movement
BVI: Botswana Vaccine Institute
BVP: Blanke Volkstaat-Party [South Africa]
BWA: (1) Botswana Workcamps Association; (2) British West Africa
BWAST: Botswana Workforce and Skills Training
BWAZ: Budding Writers' Association of Zimbabwe
BWB: Boereweerstandsbeweging [South Africa]
BWDA: Bawku Women's Development Association [Ghana]
BWEA: British Women's Emigration Association [United Kingdom and South Africa]
BWI: Booker Washington Institute [Liberia]
BWIU: Building Workers' Industrial Union [South Africa?]
BWP: Black Workers' Project [South Africa]
BWU: (1) Biney's Workers Union [Nigeria]; (2) Blanke Werknemersunie [South Africa]; (3) Building Workers' Union [South Africa]
BYA: Builsa Youth Association [Ghana]
BYM: Bornu Youth Movement [Nigeria]
BYMS: Bathurst Young Muslims Society [The Gambia]
BYU: Border Youth Union
BZ: Banque du Zaïre
BZCE: Banque Zaïroise du Commerce Extérieur

C

C: Cedi [Ghana]
CA: (1) Catholic Association [Zimbabwe]; (2) Central Africa; (3) Christian Aid; (4) Communal Area [Zimbabwe]; (5) Conseil d'Administration [Madagascar]; (6) Constituent Assembly [Nigeria, South Africa]; (7) Convention Africaine [Senegal]
CAA: (1) Caisse Autonome d'Amortissement [Chad, Côte d'Ivoire]; (2) Capricorn Africa Association [Zambia / Zimbabwe?]; (3) Central African Airways = CAAC: Central African Airways Corporation; (4) Centre d'Apprentissage Agricole [Mali]; (5) Compagnie Africaine d'Assurances; (6) Compagnie Agricole d'Afrique = CADA [Zaïre]; (7) Conseil Africain de l'Arachide = AGC: African Groundnut Council
CAAA: (1) Central African Airways Authority; (2) Comprehensive Anti-Apartheid Act [USA]
CAAB: Central Advisory Angling Board [Kenya]
CAAC: (1) Central African Airways Corporation = CAA: Central African Airways; (2) Contemporary African Art Collection of Jean Pigozzi [Groningen]
CAAIC: Centre Algérien pour l'Art et l'Industrie Cinématographique [Algeria]
CAAR: Caisse Algérienne d'Assurance et de Réassurance [*or* d'Assurances et de Réassurances]
CAAS: Canadian Association of African Studies = ACEA: Association Canadienne des Études Africaines
CAAT: Compagnie Algérienne des Assurances Transports [Algeria]
CAAY: Civic Association of Angolan Youth
CAB: (1) Complaints Adjudication Board [South Africa]; (2) [glossed as: Brazzaville Athletic Club] [Congo Republic]
CABGOC *or* **Cabgoc:** Cabinda Gulf Oil Company [Angola]
CABRAM: Cabinet Ramaholimihaso [Madagascar]
CABS: (1) Central African Broadcasting Service [Zambia]; (2) Central African Building Society
CAC: (1) Caisse d'Action Coopérative [Mali]; (2) Centre d'Action Coopérative [Mali]; (3) Chantiers et Ateliers du Congo; (4) Christ Apostolic Church; (5) Coloured Advisory Council [South Africa]; (6) Comité Africain de Cinéastes; (7) Comité Amílcar Cabral [Angola]; (8) Comité d'Action et de Concertation [Chad]; (9) Compagnie Africaine Cooreman [Zaïre]; (10) Conseil Africain de [la] Comptabilité = AAC: African Accounting Association; (11) Corporate Affairs Commission [Nigeria]; (12) Crédit Agricole du Cameroun
CACAM: Caisse Algérienne de Crédit Agricole Mutuel
CACAOZA: Cacaoyères du Zaïre
CACC: Central Africa Christian Council
CACE: Centre for Adult and Continuing Education [South Africa]
CACEU: Central African Customs and Economic Union
CACG: Coopérative Agricole de

C

Comptabilité et de Gestion [Algeria]

CACI: Consortium des Agrumes et Plantes à Parfum de Côte d'Ivoire

CACMI: Comité Africain pour la Coordination des Moyens d'Information

CACP: (1) Caisse Algérienne de Compensation des Prix; (2) Centre d'Animation du Cinéma Populaire [Congo Republic?]

CACSS: Centre for African Conflict and Security Studies [London]

CACU: Central Association of Co-operative Unions [Zimbabwe]

CAD: (1) Caisse Algérienne de Développement; (2) Cape Archives Depot; (3) Central Archives Depot [South Africa]; (4) Coloured Affairs Department [South Africa]

CADA: Compagnie Agricole d'Afrique = CAA

CADAT: Caisse Algérienne d'Aménagement du Territoire

CADEBU: Caisse d'Épargne du Burundi

CADEC: Compagnie Africaine d'Entreprises Commerciales

CADECO: Caisse d'Épargne du Congo [Zaïre]

CADEF: Comité d'Action pour le Développement de Fogny

CADER: [glossed as: Security section of the MPR youth movement, Zaïre]

CADEZA: Caisse Générale d'Épargne du Zaïre

CADIB: Centre Africain de Documentation et d'Information en Matière de Brevets

CADICEC: Centre Africain des Dirigeants et Cadres d'Entreprises Chrétiens [Zaïre]

CADRE: Coopérative d'Achats des Détaillants Réunionnais

CADRW: Community Action for Disadvantaged Rural Women [Zambia]

CADU: Chilalo Agricultural Development Unit [Ethiopia]

CADULAC: Centre Agronomique de l'Université de Louvain au Congo [Zaïre]

CADZA: 34e Communauté Assemblée de Dieu au Zaïre

CAE: (1) Central African Empire; (2) Compagnie Africaine d'Élevages [Zaïre]

CAEC: Coopérative Agricole d'Exploitation en Commun [Algeria]

CAEE: Cellule d'Appui à l'Environnement des Entreprises [Senegal]

CAEK: Centre des Archives Ecclésiastiques Abbé Stefano Kaoze [Kinshasa, Zaïre]

CAEM: Centre Africain d'Études Monétaires = ACMS: African Centre for Monetary Studies

CAF: (1) Central African Federation; (2) Comité de l'Afrique Française; (3) Compagnie Africaine Française; (4) Confederation of African Football = Confédération Africaine de Football; (5) Convention Africaine [French West and Equatorial Africa]; (6) [a ministerial department in Mali]

CAFA: Committee for Academic Freedom in Africa

CAFAC: Commission Africaine de l'Aviation Civile = AFCAC: African Civil Aviation Commission

CAFAD: Corporation for Agricultural Finance and Development [Nigeria]

CAFANGOL: [glossed as Empresa de Benefício [or Rebenefício] e Exportação do Café de Angola]

CAFCO: Compagnie Congolaise des Cafés [Zaïre]

CAFDA: Cape Flats Distress Association [South Africa]

CAFECONGO: Comptoir de Vente des Cafés du Congo [Zaïre]

CAFEGAS: Compagnie de Plantations de Café et d'Exploitations Forestières

CAFEKIVU: Comptoir de Vente des Cafés Arabica du Kivu [Zaïre]

CAFIC: Compagnie Algérienne de Fabrication Industrielle de la

Chaussure
CAFM: Christian Action Faith Ministries [Ghana]
CAFN: Changing African Family – Nigeria
CAFOD: Catholic Fund for Overseas Development
CAFPD: Coalition of Alternative Forces for Peace and Development [Ethiopia]. Cp. CAFPDE
CAFPDE: Council of Alternative Forces for Peace and Democracy in Ethiopia. Cp. CAFPD
CAFRAD: Centre Africain de Formation et de Recherche = ATRCAD: African Training and Research Centre in Administration for Development [Morocco]
CAFRADES: Centre Africain de Recherche Appliquée et de Formation en Matière de Développement Social = ACARTSOD: African Centre for Applied Research and Training in Social Development
CAFRIA: Comptoirs Africains Antwerpia
CAFS: Centre for African Family Studies
CAFTA: Commission Africaine sur les Tarifs Aériens *or* Conférence Africaine des Tarifs Aériens
CAFU: Central African Film Unit
CAG: Comptroller and Auditor General [Tanzania]
CAHAC: Cape Areas Housing Action Committee *or* Cape Housing Action Committee [South Africa]
CAHBA: Cercle Âmadou Hampâté Bâ
CAHIS: Círculo Afro-Hispano
CAHRC: Commonwealth Africa Human Rights Conference [Harare, 1991]
CAI: (1) Caisse Autonome d'Investissement [Burkina Faso]; (2) Capricorn Africa Institute [Zambia / Zimbabwe?]
CAIE: (1) Caisse Algérienne d'Intervention Économique; (2) Conselho Angolano das Igrejas Evangélicas
CAIEM: Complexe Agro-Industriel de l'État de Montsumba [Congo Republic?]
CAIL: Complexo Agro-Industrial do Limpopo [Mozambique]
CAIS: Central Artificial Insemination Station [Kenya]
CAISTAB: (1) Caisse de Stabilisation et de Soutien des Prix des Productions Agricoles [Côte d'Ivoire]; (2) Caisse de Stabilisation et de Péréquation des Produits Agricoles [Central African Republic]
CAJ: Civic Associations of Johannesburg [South Africa]
CAJU: Empresa Nacional de Cajú [Mozambique]
CAL: Cape Action League [South Africa]
CALAHV: Cercle d'Activités Littéraires et Artistiques de la Haute-Volta
CALPOM: Comité d'Action pour la Libération des Prisonniers d'Opinion au Maroc
CALUSA: Cala University Students Association [South Africa]
CAM: (1) Cameroon Action Movement; (2) Cameroon Anglophone Movement; (3) Carte d'Assurance Maladie [Burundi]; (4) Comité d'Action Marocaine; (5) Comité d'Action Ministérielle [Burkina Faso]; (6) Comité d'Action Musulman = Muslim Action Committee [Mauritius]; (7) Comité d'Administration Ministérielle; (8) Communal Area Management [Botswana]; (9) Companhia dos Algodões de Moçambique
CAMA: Central African Monetary Area
CAMAD: Club des Amis de M.A. Djermakoye [Niger]
CAMAIR: Cameroon Airlines
CAMARTEC: Centre for Agricultural Mechanization [*or* Machinery] and Rural Technology [Tanzania]
CAMAS: Confederation of African Medical Associations = CASMA: Confédération des Associations et Sociétés Médicales d'Afrique

CAMATRANS: [glossed as: Delmas-Vieljeux Cameroun]
CAMCCUL: Cameroon Credit Cooperatives Union League
CAMD: Companies and Allied Matters Decree [Nigeria]
CAMDATO: Association des Originaires du Cameroun, du Dahomey et du Togo
CAMDEV: Cameroon Development Corporation = CDC
CAMEG: Centrale d'Achat des Médicaments Essentiels et Génériques [Burkina Faso]
CAMEL: Compagnie Algérienne de Méthane Liquide
CAMES: Conseil Africain et Malgache pour [or de] l'Enseignement Supérieur = African and Malagasy Council on Higher Education
CAMEZA: Câblerie et Métallurgie Zaïroise
CAMFECO: Cameroon Federalist Committee
CAMI: Coordination Commission of African Organisations in Mass Communication
CAMICO: Comptoir Automobile, du Matériel Industriel, du Cycle et de l'Outillage [Burkina Faso?]
CAMO: Common African and Mauritian Organisation
CAMOFI: Caisse Centrale de Mobilisation et de Financement [Burundi]
CAMP: (1) Centre d'Assistance pour la Motorisation des Pirogues; (2) Cooperative Africana Microfilm Project; (3) Cooperative Africana Microform Project
CAMPC: Centre Africain et Mauricien de Perfectionnement des Cadres à la Gestion des Affaires
CAMPFIRE: Communal Areas Management Programme for Indigenous Resources [Zimbabwe]
CAMPUS: Comité de Coopération avec l'Afrique et Madagascar pour la Promotion Universitaire et Scientifique [France]
CAMS: Commission pour l'Abolition des Mutilations Sexuelles [international]
CAMSHIPLINES: Cameroon Shipping Lines
CAMSUCO: Cameroon Sugar Company
CAN: (1) Christian Association of Nigeria; (2) Church Aid in Need [South Africa]; (3) Cocoa Association of Nigeria; (4) Computer Association of Nigeria; (5) Coupe d'Afrique des Nations [football]; (6) Courant d'Action Nationale [Cameroun; cp. CANC]
CANAMCO: Canada-Namibia Cooperation
CANC: Courant d'Action Nationale [du Cameroun??] [Cameroun; cp. CAN]
CANDIP: Centre d'Animation et de Diffusion Pédagogique [Zaïre]
CANJA: Cameroon Anglophone Journalists Association
CANSA: Cameroon Anglophone Students Association
CANU: Caprivi African National Union [Namibia]
CAO: Communauté de l'Afrique Orientale = EAC: East African Community
CAP: (1) Central Africa Party [Zambia, Zimbabwe]; (2) Certificat d'Aptitude Professionnelle; (3) Church Agricultural Project [South Africa]; (4) Community Arts Project [South Africa]; (5) Confédération Algérien du Patronat; (6) Coopérative Agricole de Production
CAPA: (1) Commonwealth Association of Polytechnics in Africa; (2) Compagnie Africaine de Produits Agricoles; (3) Council of Anglican Provinces of Africa
CAPAB: Cape Performing Arts Board = KRUIK: Kaaplandse Raad vir Uitvoerende Kunste [South Africa]
CAPACI: Comité d'Action Patriotique de la Côte d'Ivoire
CAPAE: Cellule d'Appui au Plan d'Action

Environnemental [Madagascar]
CAPAM: Coopérative Agricole de Production des Anciens Moudjahidine [Algeria]
CAPCB: Conférence Africaine Permanente sur le Contrôle Bibliographique = ASCOBIC: African Standing Conference on Bibliographic Control
CAPCO: Central African Power Corporation [Zimbabwe; etc.]
CAPCS: Coopératives Agricoles Polyvalentes Communales de Services [Algeria]
CAPE: Comptoir Africain des Produits de l'Équateur [Zaïre]
CAPEN: Centre d'Assistance et de Promotion de l'Entreprise Nationale [Côte d'Ivoire]
CAPER: Caisse d'Accession à la Propriété et à l'Exploitation Rurale *or* Caisse d'Accession à la Petite Exploitation Rurale [Algeria]
CAPJ: Centre d'Animation et de Promotion de la Jeunesse [Madagascar]
CAPLAM: Coopérative Agricole des Planteurs de la Mifi [Cameroun]
CAPLANOUN: Coopérative Agricole des Planteurs du Noun [Cameroun]
CAPME: Centre d'Assistance aux Petites et Moyennes Entreprises [Cameroun]
CAPR: Centre Artisanal de Promotion Rurale [Madagascar]
CAPRA: Coopérative Agricole de Production de la Révolution Agraire [Algeria]
CAPRAL-Nestlé: Compagnie Africaine de Préparations Alimentaires – Nestlé [Côte d'Ivoire etc.]
CAPSIM: Comité d'Action Politique et Sociale pour l'Indépendance de Madagascar
CAPTAC: (1) Conférence des Administrations des Postes et Télécommunications de l'Afrique Centrale; (2) [a parent-teachers association in Cameroun]
CAPTAEO [CAPTAO?]: Conférence des Administrations des Postes et Télécommunications de l'Afrique Occidentale
CAPU: Central African People's Union
CAR: (1) Cape Against Racism [South Africa]; (2) Central African Railway Company; (3) Central African Republic; (4) Centre d'Animation Rurale [Mali]; (5) Comité d'Action pour le Renouveau [Togo]
CARA: Christian Action by Radio in Africa
CARBOMOC: [glossed as: Empresa Nacional de Carvão de Moçambique]
CARD: (1) Campaign for Ada Rural Development [Ghana?]; (2) Center for Agriculture and Rural Development [Liberia]
CARDAN: Centre d'Analyse et de Recherche Documentaires pour l'Afrique Noire
CARDER: Centre d'Action Régionale pour le Développement Rural [Benin Republic]
CARE: Cooperative for American Relief Everywhere
CARFF: Centre Africain de Recherche et de Formation Féminine [of the Economic Commission for Africa]
CARHB: Comité de Coordination d'Aide aux Réfugiés Hutu du Burundi
CARI: Central Agriculture [*or* Agricultural] Research Institute [Liberia]
CARNA: Comité d'Action Révolutionnaire Nord-Africain
CARNOSYAMA: Cartel National des Organisations Syndicales de Madagascar
CARPAS: Cadre Africain de Référence pour les Programmes d'Ajustement Structurel
CART: Combined Agency Relief Team *or* Combined Agencies Relief Team *or* Combined Action Relief Team [Sudan]
CARTOZAIRE: Cartonnerie du Zaïre

CAS: (1) Capricorn Africa Society [East and Central Africa]; (2) Centre Administratif Spécialisé [French West Africa]; (3) Centre of African Studies [University of Edinburgh]

CASA: (1) Centre of Applied Statistics of Agriculture [in Ibadan]; (2) Conseil Africain des Sociologues et Anthropologues; (3) Crédit d'Ajustement Structurel pour l'Agriculture [Madagascar]; (4) Crédit d'Assistance à l'Agriculture [Madagascar]; (5) Culture in Another South Africa

CASAU: Comité d'Action pour la Sécurité et l'Aide d'Urgence [Chad?]

CASE: (1) Centre d'Animation Socio-Éducative [La Réunion]; (2) Community Agency for Social Enquiry [South Africa]

CASEP: Crédit d'Ajustement Structurel des Entreprises Publiques [Madagascar]

CASI: (1) Comité d'Action Sociale Israélite d'Alger [Algeria]; (2) Crédit d'Assistance à l'Industrie [Madagascar]; (3) Crédit d'Ajustement Structurel pour l'Industrie [Madagascar]

CASIN: Centre for Applied Studies in International Negotiations

CASIS: Consortium of African Schools of Information Science

CASL: Confédération Africaine de Syndicats Libres

CASL-FO: Confédération Africaine des Syndicats Libres – Force Ouvrière

CASMA: Confédération des Associations et Sociétés Médicales d'Afrique = CAMAS: Confederation of African Medical Associations

CASNB: Compagnie Agricole et Sucrière de Nosy Be [Madagascar]

CASPIC: Crédit d'Ajustement Structurel pour la Politique Industrielle et Commerciale [Madagascar; given with many variants]

CASS: Centre for Applied Social Sciences [University of Zimbabwe]

CASSAR: [a public enterprise in Algeria]

CAST: (1) Civic Association of the Southern Transvaal [South Africa]; (2) Consolidated African Selection Trust [Ghana]

CASTAFRICA: [glossed as: Conference of ministers of science and technology in Africa]

CASTME: Commonwealth Association of Science, Technology and Mathematics Educators

CASZ: Central African Shear Zone

CAT: (1) Coffee Authority of Tanzania; (2) Conseil Africain de Télédétection

CATA: (1) Cape African Teachers' Association [South Africa]; (2) Cashew Authority of Tanzania

CATAF: Centre d'Affectation des Travailleurs Agricoles et Forestiers

CATAPAW: Cape Association to Abolish Passes for African Women

CATC: Confédération Africaine des Travailleurs Croyants [various countries]

CATF: Catholic African Teachers' Federation of South Africa

CATHSOC: Catholic Students Society [South Africa]

CATMI: Cameroon Agricultural Tools Manufacturing Industry

CATU: Cape African Teachers' Union

CAU: (1) Catholic African Union [South Africa]; (2) Comité d'Action Universitaire [Algeria]; (3) Commission d'Aménagement [Urbain?] [Algeria]

CAUA: Communauté Chrétienne d'Auxiliaires pour l'Université Africaine

CAUE: [glossed as: housing-association in La Réunion]

CAVIS: Caisse d'Allocation Vieillesse Invalidité Survie *or* Caisse d'Assurance, Vieillesse, Invalidité et Survivants [Tunisia]

CAVN: Comité d'Aménagement de la Vallée du Niari [Congo Republic]

CAW: Commissions d'Agrément de Wilaya [Algeria]
CAWU: (1) Chemical and Allied Workers' Union [South Africa]; (2) Commercial and Allied Workers' Union [Zimbabwe?]; (3) Construction and Allied Workers' Union [South Africa]
CAWULE: Construction and Allied Workers Union of Lesotho
CAYC: Continental African Youth Command [Ghana?]
CAYCO *or* **CAYO:** Cape Youth Congress [South Africa]
CAZ: Conservative Alliance of Zimbabwe
CBA: (1) Cameroon Booksellers Association; (2) Convenção Baptista de Angola
CBAA: Current Bibliography on African Affairs [USA published]
CBAK: Christian Booksellers Association of Kenya
CBAN: Christian Booksellers Association of Nigeria
CBASA: Christian Booksellers Association of South Africa
CBAT: Christian Booksellers Association of Tanzania
CBAZ: Christian Booksellers Association of Zimbabwe
CBC: (1) Cameroon Baptist Convention; (2) Central Bank of Commerce [Tanzania]; (3) Chad Basin Commission = LCBC: Lake Chad Basin Commmission = CBLT: Commission du Bassin du Lac Tchad = CBT: Commission du Bassin du Tchad; (4) Consumer Buying Co-operative [Zambia]
CBCO: Société Coloniale Belge du Congo Oriental [Zaïre]
CBD: (1) Central Business District [various countries]; (2) Coffee Berry Disease [Kenya]
CBDA: Chad Basin Development Authority [Nigeria]
CBDH: Commission Béninoise des Droits de l'Homme [Benin Republic]
CBDO: Community-Based Development Organisations [South Africa]
CBE: Commercial Bank of Eritrea
CBFMB: Canadian Baptist Foreign Mission Board
CBFMS: (1) Canadian Baptist Foreign Mission Society; (2) Conservative Baptist Foreign Mission Society
CBG: Compagnie des Bauxites de Guinée
CBI: La Congolaise des Bois Imprégnés [Congo Republic]
CBK: (1) Central Bank of Kenya; (2) Communauté Baptiste au Kivu; (3) Compagnie de Chemin de Fer du Bas-Congo au Katanga [Zaïre]; (4) Central Bank of Kenya; (5) Cooperative Bank of Kenya
CBLT: Commission du Bassin du Lac Tchad = CBT: Commission du Bassin du Tchad = CBC: Chad Basin Commission = LCBC: Lake Chad Basin Commmission
CBM: (1) Church Brethren Mission; (2) Congo Balolo Mission; (3) Consultative Business Movement [South Africa]
CBMEC: Comité Belge de Mission Évangélique au Congo
CBMP: (1) Comptoir Burkinabè des Métaux Précieux; (2) Congo Balolo Mission Press
CBN: Central Bank of Nigeria [There have been 2 different banks of this name]
CBO: Cross-Border Operations [Sudan/Ethiopia?]
CBOMB: Canadian Baptist Overseas Mission Board
CBPU: Coloured Operative Bricklayers' and Plasterers' Trade Union
CBR: Centre for Basic Research [Uganda]
CBRDA: Chad Basin and Rural Development Authority [Nigeria]
CBS: (1) Central Bank of Seychelles; (2) Central Bureau of Statistics [various countries]; (3) Corner Boys [Cape Town youth gang]
CBT: Commission du Bassin du Tchad = CBLT: Commission du Bassin du Lac

C

Tchad = CBC: Chad Basin Commission = LCBC: Lake Chad Basin Commmission

CBTM: Compagnie Burkinabè pour la Transformation des Métaux [Burkina Faso]

CBWN: Co-operative Bank of Western Nigeria

CBWU: Construction and Building [Trades] Workers Union [Ghana]

CC: (1) Cape Corps (South Africa); (2) Chief Commissioner; (3) Civil Commissioner [South Africa]; (4) Comité Central [Mozambique]; (5) Conseil Constitutionnel [Algeria]; (6) Constitution Commission [Sudan?]; (7) Consultative Council [Eritrea]; (8) La Croix du Congo [Zaïre]

CCA: (1) Caisse Congolaise d'Amortissement; (2) Common Customs Area [Botswana, Lesotho, South Africa, Swaziland]; (3) Community Conservation Area [South Africa]; (4) Compagnie Congolaise d'Afrique [Zaïre]; (5) Contribution sur le Chiffre d'Affaires [Zaïre]

CCAA: Conseil Communal d'Animation d'Autogestion [Algeria]

CCAC: Compagnie Commerciale et Agricole de la Casamance

CCACZ: Christian Catholic Apostolic Church in Zion [South Africa]

CCAE: (1) Cellule de Coordination des Aides Extérieures [Madagascar]; (2) Conférence des Chefs d'État de l'Afrique Équatoriale

CCAEF: Compagnie Commerciale de l'Afrique Équatoriale Française

CCAIT: (1) Chambre de Commerce, d'Agriculture et d'Industrie du Togo; (2) Chambre de Commerce, de l'Agriculture et d'Industrie de la République du Tchad

CCAM: Chitukuko Cha Amai M'Malawi [*or* Chitukuko Cha Amayi m'Malawi]

CCAO: Chambre de Compensation de l'Afrique de l'Ouest = WACH: West African Clearing House

CCA-ONG: Comité de Coordination des Actions des Organisations Non-Gouvernementales [Mali?]

CCAP: Church of Central Africa Presbyterian

CCAR: (1) Centre Culturel Arthur Rimbaud [Djibouti]; (2) Church of Central Africa in Rhodesia [Zambia]; (3) Compagnie Camerounaise d'Assurances et de Réassurances

CCAST: Cameroon College of Arts, Science and Technology

CCATU: Coordinating Committee of African Trade Unions

CCAWUSA: Commercial, Catering and Allied Workers' Union of South Africa

CCB: (1) Christian Council of Botswana; (2) Civil Cooperation Bureau = Burgerlike Samewerkingsburo [South Africa]; (3) Compagnie du Commerce de Bandundu [Zaïre]; (4) Compagnie du Congo Belge [Zaïre]; (5) La Concorde des Citoyens du Burundi; (6) Coopératives des Commerçants du Burundi

CCBEF: Commission de Contrôle des Banques et Établissements Financiers [Madagascar]

CCC: (1) Calcaire – Chaux – Ciment [Zaïre; a division of Gécamines]; (2) Cape Chamber of Commerce [South Africa]; (3) Cape Coloured Corps [South Africa]; (4) Cape Town City Council; (5) Celestial Church of Christ [Nigeria]; (6) Central Co-operative Council [Ghana]; (7) Christian Catholic Church in Zion [South Africa]; (8) Comité Central de Crédit [Algeria]; (9) Comité Consultatif Constitutionnel [French West Africa]; (10) Comité Consultatif de Coordination [Congo Republic]; (11) Complexe Chimique Camerounais

CCCCF: Compagnie Commerciale de Colonisation du Congo Français [Congo Republic]

CCCCN: Comité de Coordination pour la Convocation d'une Conférence

Nationale [Central African Republic?]
CCCD: Programme for Combatting Childhood Communicable Diseases [Rwanda]
CCCE: (1) Caisse Centrale de Coopération Économique [France]; (2) Centre Congolais du Commerce Extérieur; (3) Council for Co-operation of Churches in Ethiopia
CCCHV: Coopérative Centrale de Consommation de Haute-Volta
CCCI: Compagnie du Congo pour le Commerce et l'Industrie [Zaïre]
CCCN: Committee for a Computerised Cataloguing Network [South Africa]
CCD: (1) Chama cha Demokrasia [Tanzania]; (2) Commission Consultative Départementale [Niger]
CCDAJSN: Commissão Cívica Democrática de Apoio à Junta de Salvação Nacional [Angola]
CCDE: Compagnie Camerounaise de Distribution de l'Énergie
CCDFG: Co-ordinating Committee of Democratic Forces of Ghana
CCDFP: Centre Communal de Développement et de Formation Permanente [Rwanda?]
CCDH: Comité Consultatif des Droits de l'Homme [Morocco]
CCDP: Chikwawa Cotton Development Project
CCE: (1) Centre for Civil Education [Ghana]; (2) Centre for Continuing Education; (3) Comité de Coordination et d'Exécution [Algeria]; (4) Constitutional Commission of Eritrea
CCEF: [glossed as: Economic and financial coordination committee, Madagascar]
CCEG: Conférence des Chefs d'État et de Gouvernement
CCEI: Caisse Commune d'Épargne et d'Investissement [Cameroun]
CCEM: Continental Charismatic Evangelistic Missions [Ghana]
CCER: Centre de Coordination et d'Exploitation du Renseignement [Chad]
CCF: (1) Centre Culturel Français; (2) Comissão de César Fogo [Mozambique]
CCFA: (1) Charismatic Churches Football Association [Ghana]; (2) Comptoir Commercial Franco-Africain
CCFAN: Conseil de Commandement des Forces Armées du Nord [Chad]
CCFAT *or* **CC-FAT:** Caretaker Council of the Football Association of Tanzania
CCFB: Child to Child Foundation of Botswana
CCFD: Comité Catholique contre la Faim et pour le Développement
CCFOM: Caisse Centrale de la France d'Outre Mer
CCFTC: Confédération Chrétienne Française des Travailleurs Croyants [France with branches in Africa]
CCG: (1) Caixa de Crédito da Guiné-Bissau; (2) Christian Council of Ghana
CCHA: Compagnie Commerciale Hollando-Africaine
CCHV: Coopérative de Consommation de Haute-Volta [Burkina Faso]
CCI: (1) Cape Chamber of Industries [South Africa]; (2) Chambers of Commerce and Industries [South Africa]; (3) Comptoir Commercial et Industriel [Zaïre]; (4) Crédit de la Côte d'Ivoire; (5) Crime Combatting and Investigation [South Africa]
CCIA: (1) Centre de Commerce International d'Abidjan [Côte d'Ivoire]; (2) Chambre de Commerce et d'Industrie d'Alger [Algeria]
CCIB: Chambre de Commerce, d'Agriculture et d'Industrie de la République du Bénin
CCID: Compagnie Comorienne d'Investissement et Développement
CCIM: Conseil des Communautés Israélites du Maroc [Morocco]
CCIMA: Chambre de Commerce, d'Industrie, des Mines et de l'Artisanat

C

[Central African Republic]
CCIR: [glossed as: Chamber of Commerce and Industry, La Réunion]
CCIZ: Centre Commercial International Zaïrois
CCJPZ: Catholic Commission for Justice and Peace in Zimbabwe
CCK: (1) Christian Council of Kenya; (2) Comptoir Commercial du Kivu J. Van Baelen [Zaïre]
CCL: (1) Centre de la Construction et du Logement de Cacavelli [Togo]; (2) Christian Council of Lesotho
CCLA: Comité de Coordination pour la Libération de l'Afrique
CCM: (1) Centre Cinématographique Marocain; (2) Chama Cha Mapinduzi; (3) Christian Council of Malawi; (4) Conselho Cristão de Moçambique; (5) Cooperative Contract Mining; (6) Coopérative de Crédit Mutuel
CCMG: Christian Churches Monitoring Group [Zambia]
CCN: (1) Christian Council of Nigeria; (2) Conseil Consultatif National [Algeria]; (3) Council of Churches of [or in] Namibia
CCNN: Cement Company of Northern Nigeria
CCNR: Conseil Consultatif National pour le Renouveau [Burkina Faso]
CCNT: Chief Commissioner of the Northern Territories [Ghana]
CCOE: Comité Central d'Organisation Électorale
CCP: (1) Compagnie Congolaise de Plantations [Zaïre]; (2) Compagnie de Commerce et de Plantations [Zaïre]; (3) Compagnie des Caoutchoucs du Pakidie [Côte d'Ivoire]; (4) Compte Courant Postal [Burundi]; (5) Convention People Party [Zambia]
CCPA: (1) Commissão Coordenadora dos Projectos Agrícolas; (2) Communauté Chrétienne des Prophètes Africains [Zaïre]
CCPD: Committee for Church Participation in Development [Ghana; etc.?]
CCPM: (1) Comissão Conjunta Político-Militar [Angola]; (2) Conférence des Commissions du Peuple Chargées des Secteurs Ministériels [Burkina Faso]
CCR: (1) Camphill Community Rankoromane [Botswana]; (2) Centre de Coopération Rurale [Congo Republic]; (3) Christian Council of Rhodesia; (4) Comité de Coordination pour les Refoulés [Zaïre]; (5) Compagnie Centrale de Réassurance [Algeria]; (6) Conseil Communal de la Révolution [Benin?]; (7) [glossed as: Council for the Command of the Revolution (of the SADR), Western Sahara]
CCRA: (1) Centre Coopératif de la Réforme Agraire [Algeria]; (2) Collectif Contre la Répression en Algérie; (3) Coopératives de Commercialisation de la Réforme Agraire [Algeria]
CCRNS: Command Council of the Revolution for National Salvation [Sudan]
CCS: (1) Centre for Computing Services [South Africa]; (2) Cercle Chrétien de la Santé [Madagascar?]
CCSA: (1) Cabinet Committee for Security Affairs [South Africa]; (2) Caisse Centrale des Sociétés Agricoles [Algeria]; (3) Christian Committee for Service in Algeria
CCSATU: Co-ordinating Council of South African Trade Unions
CCSC: Confédération Camerounaise des Syndicats Croyants
CCSCM: Comité de Coordination des Syndicats Confédérés de Madagascar
CCSL: Confédération Congolaise des Syndicats Libres
CCSLU: Customs Casual Shipping Labour Union [Nigeria]
CCSM: Confédération Chrétienne des Syndicats Malgaches = SEKRIMA [Madagascar]
CCSO: Compagnie Commerciale Sangha-

Oubangui [Congo Republic]
CCT: Christian Council of Tanzania
CCTA: Commission de Coopération Technique en Afrique au Sud du Sahara = Commission for Technical Cooperation in Africa
CCTS: Cartel Confédéral du Travail du Sénégal
CCTT: Congrès des Chefs Traditionnels du Togo
CCU: Chama cha Umma [Tanzania]
CCV: (1) Comptoir Congolais Velde [Zaïre]; (2) Contemporary Cultural Values [South Africa]; (3) Cotonnière de Cap Vert [Senegal]
CCW: (1) Chama cha Wananchi [Tanzania]; (2) Comité de Crédit de Wilaya [Algeria]
CCZ: Christian Council of Zambia
CD: (1) Campaign for Democracy [Nigeria]; (2) Cape Democrats [South Africa]; (3) Convergência Democrática [Guiné-Bissau]; (4) Customs Division [Tanzania]
CDA: (1) Capital Development Authority [Tanzania]; (2) Car Distributors and Assemblers [South Africa]; (3) Cattle Development Area [Zambia]; (4) Centre pour le Développement d'Andohatapenaka [Madagascar]; (5) Centro de Documentação e Informação do Sector Agrário [Mozambique]; (6) Christian Democratic Action for Social Justice [Namibia]; (7) Colonial Development Act; (8) Communal Development Area; (9) Community Development Assistant [The Gambia]; (10) Community Development Association [Nigeria]
CDAA: Churches Drought Action Africa
CDAA/E: Churches Drought Action Africa / Ethiopia
CDAA/JRP: Church Drought Action Africa / Joint Relief Partners = JRP: Joint Relief Partners
CDAC: Colonial Development Advisory Committee
CDARS: Commissariat au Développement de l'Agriculture des Régions Sahariennes
CDB: Cameroon Development Bank
CDC: (1) Caisse des Dépôts et Consignations; (2) Cameroon Development Corporation = CAMDEV; (3) Centres de Développement Communautaires [Mali]; (4) Colonial Development Corporation; (5) Comité de Défense des Droits Civiques [Guinea]; (6) Commonwealth Development Corporation; (7) Constitution Drafting Committee [Nigeria]; (8) Constitutional Drafting Commission [Ghana]; (9) Cotton Development Company [Ghana]
CDCWU: Cameroons Development Corporation Workers' Union
CDD: (1) Charter for Defending Democracy [Sudan]; (2) Commissaire de District [Zaïre]
CDDNT: Creuset Démocratique de Développement Nationaliste et Laïc [Mali]
CDDS: Catholic Diocesan Development Service [Kenya]
CDE: (1) Centro de Desarrollo de la Educación [Equatorial Guinea]; (2) Chemin de Fer Djibouto-Éthiopien; (3) [glossed as: construction company in Senegal]
CDEM: (1) Civic Development Movement [Sierra Leone]; (2) Coalition of Democratic Ethiopian Movements
CDES: Centre de Documentation Économique et Sociale [Algeria]
CDF: (1) Ciskei Defence Force [South Africa]; (2) Conference for a Democratic Future [South Africa]; (3) Congress for the Defence of the Faith; (4) Co-operatives Development Fund [Kenya]
CDG: Campaign for Democracy in Ghana
CDH: Centre pour le Développement de l'Horticulture [Senegal]
CDHA: Centre de Documentation

Historique sur l'Algérie
CDHR: Committee for the Defence of Human Rights [Nigeria]
CDI: (1) Centre de Développement Intégral [Zaïre]; (2) Courant des Démocrates Indépendants
CDM: (1) Camionagem de Maputo; (2) Companhia de Desenvolvimento Mineiro [Mozambique]; (3) Consolidated Diamond Mines [Namibia]
CDMH: Compte de Mobilisation de [or pour] l'Habitat [Côte d'Ivoire]
CDN: (1) Commission de Défense Nationale [Chad]; (2) Commission du Dialogue National [Algeria]
CDNUCC: Committee of Directors of Nigerian Universities Computing Centres
CDO: Civil Defence Organisation [Ghana]
CDOUA: Commission de Défense de l'Organisation de l'Unité Africaine
CDP: (1) Christian Democratic Party [Malawi, Namibia]; (2) Civil Democracy Party [Nigeria]; (3) Convention des Démocrates et Patriotes [Senegal]
CDPA: Convention Démocratique des Peuples Africains [Togo]
CDPAT: Convention Démocratique des Peuples Africains du Togo
CDPD: Chief Directorate Population Development [South Africa]
CDPN: Conserverie du Domaine Présidentiel de la N'Sele [Zaïre]
CDR: (1) Centre de Développement Rural; (2) Centre for Development Research [Tanzania?]; (3) Coalition pour la Défense de la République [Rwanda]; (4) Comités de Défense de la Révolution [Burkina Faso]; (5) Comités pour la Défense de la Révolution [Benin?]; (6) Committees for the Defence of the Revolution [Ghana]; (7) Conseil Démocratique Révolutionnaire *or* Conseil Démocratique de la Révolution [Chad]

CDRA: Commission Départementale de la Réforme Agraire [Algeria]
CDRIA: Centre de Développement Rural Intégré pour l'Afrique = CIRDAFRICA: Centre on Integrated Rural Development in Africa
CDRN: Comité de Défense de la Race Nègre
CDRU: Child Development Research Unit [University of Nairobi]
CDRY: Comité de Développement de la Région de Yako [Burkina Faso]
CDS: (1) Centre des Démocrates Sociaux [La Réunion]; (2) Centre for Democratic Studies [Nigeria]; (3) Centre for Development Studies [South Africa]; (4) Chief of Defence Staff [Ghana]; (5) Comité de Défense et de Sécurité [Chad?]; (6) Convention Démocratique et Sociale [Niger]
CDSA: Cement Distributors South Africa
CDSH: Centre de Documentation Sciences Humaines
CDT: (1) Community Development Trust [South Africa]; (2) Confédération Démocratique du Travail [Morocco]
CDTC: Confédération Dahoméenne des Travailleurs Croyants
CDTF: Community Development Trust Fund [Tanzania]
CDTM: Centre de Documentation Tunisie-Maghreb
CDU: (1) Cameroon Democratic Union; (2) Community Development Unit [Zambia]; (3) Congress of Democratic Unions [Lesotho]
CDW: Colonial Development and Welfare [British colonies]
CDZ: [a political organisation]
CE: (1) Conseil de l'Entente; (2) Consulaat Elmina
CEA: (1) Cahiers d'Études Africaines; (2) Centre d'Estudis Africans [Barcelona]; (3) Centre d'Études Administratives [La Réunion]; (4) Centre d'Études Africaines [Paris]; (5) Centre des Études Africaines [Leiden] = ASC: African Studies Centre / Afrika-

Studiecentrum; (6) Centro de Estudos Africanos [Lisboa, Maputo, Porto]; (7) Centro dos Estudos Africanos; (8) Collège d'Enseignement Agricole [Algeria, Togo]; (9) Comité d'État d'Administration [Benin?]; (10) Commission Économique pour l'Afrique = ECA: Economic Commission for Africa; (11) Commission Exécutive d'Arrondissement [Niger]; (12) Communauté Économique de l'Afrique = AEC: African Economic Community

CEAA: (1) Centro de Estudios de Africa y Asia [Mexico]; (2) Centro de Estudos Afro-Asiáticos [Brazil]

CEAC: (1) Colonial Economic Advisory Committee; (2) Cours d'Enseignement Agricole par Correspondance [Madagascar?]

CEADAM: Cercle Chrétien d'Étude et d'Action pour le Développement à Madagascar

CEAER: [glossed as: Energy Research and Application Centre of the National University of Rwanda]

CEAf: Centre d'Études Africaines

CEAMO: Centro de Estudios de Africa y Medio Oriente [Cuba]

CEAN: Centre d'Étude d'Afrique Noire [Bordeaux]

CEAO: (1) Centro de Estudos Afro-Orientais; (2) Communauté Économique de l'Afrique de l'Ouest = WAEC: West African Economic Community

CEAP: (1) Comissariado de Estado da Agricultura e Pecuária [Guiné-Bissau]; (2) Comité d'Entente et d'Action Politique = Komity Fiaraha Miasa [Madagascar]

CEARD: Cabinet d'Études d'Appui et de Recherches pour le Développement [Burkina Faso]

CEAS: Central Economic Advisory Service [South Africa]

CEAST: Conferência Episcopal de Angola e São Tomé

CEAT: Centre d'Études Africaines de Toulouse

CEB: (1) Cameroon Examinations Board; (2) Central Electricity Board [Mauritius]; (3) Communautés d'Enfants de Bourguiba [Tunisia]; (4) Communauté [or Compagnie] Électrique du Benin; (5) Comunidade Eclesial de Base

CEBA: Communauté Épiscopale Baptiste en Afrique [Zaïre]

CEBC: Commission d'Études des Bois Congolais [Zaïre]

CEBEV: Communauté Économique du Bétail et de la Viande du Conseil de l'Entente. Cp. CEBV

CEBV: Communauté Économique du Bétail et de la Viande. Cp. CEBEV

CEBZE: Communauté des Églises Baptistes du Zaïre Est

CEC: (1) Centrale des Enseignants Congolais [Zaïre]; (2) Centre Extra-Coutumier [Burundi, Zaïre]; (3) Coopératives d'Épargne et de Crédit [Burkina Faso]; (4) Crisis in Education Committee

CECA: (1) Communauté Évangélique au Centre de l'Afrique [Zaïre]; (2) Coopérative d'Études et d'Achats

CECAS: Conference of East and Central African States

CECEC: Committee for Economic Co-operation with Eastern Countries [Ghana?]

CECEP: Comissariado de Estado da Coordenação Económica e Plano [Guiné-Bissau]

CECOTRAD/ACORWA: Centrale d'Éducation et de Coopération des Travailleurs pour le Développement / Alliance Coopérative au Rwanda

CECP: Cellule d'Études et de Coordination des Programmes [Zaïre]

CECTAF: Centre d'Étude des Cultures Traditionnelles Africaines [Zaïre]

CECWS: Cooperative Education Centre (Women Section) [Tanzania]

C

CED: (1) Central Establishment Department [Tanzania]; (2) Civil Education Department [Kenya]; (3) Coordination des Étudiants de Dakar; (4) Corporation for Economic Development [South Africa]

CED: Civil Education Department [Kenya]

CEDA: (1) Caisse d'Équipement pour le Développement de l'Algérie; (2) Centrale Européenne de Documentation Africaine; (3) Centre d'Édition et de Diffusion Africaines [Abidjan]; (4) Centre d'Études et de Documentation sur l'Afrique [Paris]; (5) Commission des Engagements des Dépenses et Adjudication [Zaïre]; (6) [glossed as: Arabusta trial centres, Côte d'Ivoire]

CEDAC: Centre d'Études et de Documentation Archéologique, Carthage [Tunisia]

CEDAF: Centre d'Étude et de Documentation Africaines = ASDOC: Afrika Studie- en Dokumentatiecentrum [Brussels]

CEDAOM: Centre d'Études et de Documentation sur l'Afrique et l'Outre-Mer

CEDCA: Centre d'Études de Droit Comparé Africain [Zaïre]

CEDEAO: Communauté Économique des États de l'Afrique de l'Ouest = ECOWAS: Economic Community of West African States. In Spanish: Comunidade Económica dos Estados da Africa Occidental

CEDECO: Centre de Développement Communautaire

CEDESA: Centre de Documentation Économique et Sociale Africaine

CEDI: Centre Protestant d'Éditions et de Diffusion [Zaïre]

CEDIES: Centre d'Études, de Documentations et d'Informations Économiques et Sociales [Morocco]

CEDLA: Centre d'Études et de Documentation Législatives Africaines [Dakar, Senegal]

CEDOC: Centre de Documentation [Gabon]

CEDR: Comissariado de Estado de Desenvolvimento Rural [Guiné-Bissau]

CEDRAB: Centre d'Études, de Documentation et de Recherches Historiques 'Ahmed Baba' [Mali]

CEDRES: Centre d'Études, de Recherches Économiques et Sociales [Burkina Faso]

CEDUST: (1) Centre d'Études et de Documentation Universitaire Scientifique et Technique [University of Khartoum, Sudan]; (2) Centre de Documentation Universitaire, Scientifique et Technique [Guinea]

CEEA: (1) Conseil Européen des Études Africaines = ECAS: European Council on African Studies; (2) [glossed as: Centre of Afro-Asiatic Studies, Candido Mendes University, Brazil]

CEEAC: Communauté Économique des États de l'Afrique Centrale = ECSCA: Economic Community of the States of Central Africa. Cp. also: ECCAS, ECOCAS

CEEBA: Centre d'Études Ethnologiques de Bandundu

CEECA: Conférence des Évêques de l'Empire Centrafricaine

CEEMA: [glossed as equivalent to CFIAC: Comité pour la Formation des Ingénieurs en Afrique Centrale]

CEEMAT: Centre d'Étude et d'Expérimentation du Machinisme Agricole et Tropical [Montpellier]

CEEN: Comissariado de Estado da Educação Nacional [Guiné-Bissau]

CEET: Compagnie d'Eau et d'Électricité du Togo *or* Compagnie d'Énergie Électrique du Togo *or* Compagnie Énergie Électrique du Togo

CEF: Central Energy Fund [South Africa]

CEFA: Comité d'Études Franco-Africain [*or* Franco-Africaines]

CEFADER: [glossed as: Rural design,

coordination and support centre, Comoros]
CEFAKI: Chemins de Fer au Kivu [Zaïre]
CEFL: Christian Education Foundation of Liberia
CEFOD: Centre d'Étude et de Formation pour le Développement [Chad]
CEFORP: Centre de Formation et de Recherche en Matière de Population [Benin Republic]
CEG: (1) Collège d'Enseignement Général [various countries]; (2) Contribution Exceptionnelle de Guerre [French colonies?]
CEGEAC: Compagnie Générale d'Automobile et d'Aviation au Congo [Zaïre]
CEGET: Centre d'Études de Géographie Tropicale
CEGI: Compagnie d'Études Économiques et de Gestion Industrielle [Congo Republic]
CEGP: Centro de Estudos da Guiné Portuguesa
CEGUI: Compañia Española de Golfo de Guinea
CEHC: (1) Centro de Estudos de História Contemporânea [Guiné-Bissau]; (2) Comité d'Études du Haut Congo [Congo Republic]
CEHVN: Conférence Épiscopal de Haute-Volta et Niger
CEI: Casa dos Estudantes do Império [Mozambique]
CEIA: Comunidad de Españoles con Intereses en Africa
CEIB: Centre d'Embouche Industriel de Bétail *or* Centre d'Exploitation Industrielle du Bétail [Côte d'Ivoire]
CEIWU: Cape Explosives Industrial Workers' Union [South Africa]
CEL: (1) Centre d'Études Linguistiques – Sahr [Chad]; (2) Comité Executivo da Luta [Cape Verde Islands]
CELA: (1) Centre d'Études de Littérature Africaine [Zaïre]; (2) [a scheme for settling Portuguese colonists in Angola]

CELFAN: Centre d'Études sur la Littérature Francophone de l'Afrique du Nord / Center for the Study of the Francophone Literature of North Africa [Philadelphia]
CELHTO: Centre d'Études Linguistiques et Historiques par Tradition Orale [Niger]
CELLUCAM: Cellulose du Cameroun / Cellulose of Cameroon
CELMA: Centre d'Études Littéraires Maghrébines, Africaines et Antillaises [Bordeaux]
CELPAP: [glossed as: Entreprise nationale de cellulose et de papier, Algeria]
CELRIA: Centre d'Études des Littératures Romanes d'Inspiration Africaine [Zaïre]
CELSA: [an organisation in Congo Republic]
CELTA: Centre de Linguistique Théorique et Appliquée [Zaïre]
CELU: Confederation of Ethiopian Labour Unions
CELZA: Cultures et Élevages du Zaïre
CEM: (1) Caisse d'Épargne de Madagascar; (2) Cercle Franco-Malgache [Madagascar]; (3) Christian Extension Ministries; (4) Commission Exécutive Municipale [Niger]; (5) Communauté Économique Maghrébine; (6) Compagnie Équatoriale des Mines [Central African Republic?]; (7) Conférence Épiscopale de Madagascar; (8) Conferência Episcopal de Moçambique; (9) Congo Evangelistic Mission
CEMAC: Communauté Économique et Monétaire de l'Afrique Centrale
CEMAT: Centre d'Études Maghrébines à Tunis
CEME: Comité Épiscopal des Missions à l'Extérieur
CEMEL: Complexe Métallique d'Entreprise Lourde [Algeria]
CEMENCO: Liberia Cement Corporation
CEMMM: Centre d'Études sur les

Mouvements Migratoires Maghrébins [Morocco]

CEMO: Constituency Members' Elected Organisation [Kenya]

CEMUBAC: Centre Médical de l'Université de Bruxelles en Afrique Centrale *formerly* Centre pour les Études Médicales de l'Université de Bruxelles au Congo [Zaïre]

CEN: (1) Conseil Exécutif National [Zaïre; Benin?]; (2) [glossed as: national electoral commission in Togo]

CENACOF: Centre National de Coordination de la Formation au Développement [Zaïre]

CENADEC: Centre National de Développement des Entreprises Coopératives [Cameroun]

CENADEFOR: Centre National de Développement des Forêts [*or* de Développement Forestier] [Cameroun]

CENAFEJ: Centre National de Film pour Enfants et Jeunes [Benin Republic]

CENAGE *or* **CENAGES:** Centre National de Gestion [Congo Republic]

CENALA: Centre National de Linguistique Appliquée [Benin Republic]

CENAM: (1) Centre National d'Administration et de Magistrature [Cameroun?]; (2) Centre National de l'Artisanat Malgache

CENAPEC: Centre National de la Promotion des Entreprises Coopératives [Côte d'Ivoire?]

CENAR: Centre National d'Administration Routière [Congo Republic]

CENARBICA: Central African Regional Branch of the International Council on Archives

CENAREST: Centre National de la Recherche Scientifique et Technologique [Gabon]

CENE: Comissão Executiva Nacional de Emergência [*or* para a Emergência] [Mozambique]

CENEAP: Centre National d'Études et d'Analyses pour la Planification [Algeria]

CENEEMA: Centre d'Études et d'Expérimentation du Machinisme Agricole au Cameroun *or* Centre National pour l'Étude et l'Expérimentation du Machinisme Agricole [Cameroun]

CENER: Centre National d'Études et de Recherche *or* Centre National des Études et des Recherches [Cameroun]

CENERM: Centre for New Religious Movements

CENRADERU: Centre National de Recherche Appliquée au Développement Rural [Madagascar]

CENSAL: Centre for South African Literature [South Africa]

CENTRAMINES: Société Centrafricaine des Mines

CENTRAPALM: Société Centrafricaine des Palmiers [Central African Republic]

CENWARRAN: Compagnie Congolaise d'Entreposage et de Warrantage [Zaïre]

CEO: Chief Executive Officer

CEOPCU: Comissariado de Estado das Obras Públicas, Construção e Urbanismo *or* Comissariado de Estado de Obras Públicas, da Construção e do Urbanismo [Guiné-Bissau]

CEP: (1) Caixa Económica Postal; (2) Centre d'Études Pastorales [Zaïre]; (3) Certificat d'Études Primaires; (4) Certificat de Fin d'Études Primaires; (5) Certificat des Études Primaires; (6) Commission d'Enquête Parlementaire [Chad]; (7) [glossed as: popular education collectives, Mozambique]

CEPAC: Centre d'Études Politiques en Afrique Centrale [Zaïre]

CEPAS: Centre d'Études pour l'Action Sociale [Zaïre]

CEPAZE: Centre d'Échanges et Promotion des Artisans en Zones à Équiper

CEPC: Centre d'Exécution des

Programmes Communautaires [Zaïre]
CEPD: Certificat de Fin d'Études de l'Enseignement du Premier Degré
CEPE: (1) Certificat d'Études Primaires Élémentaires; (2) Certificat de Fin d'Études Primaires Élémentaires
CEPEA: Certificat d'Études Primaires Élémentaires [Chad]
CEPEC: Centre d'Éducation à [*or* pour] la Promotion Collective [Cameroun]
CEPEPE: Centre de Promotion pour l'Emploi et la Petite et Moyenne Entreprise [Benin Republic]
CEPER: Centre d'Édition et de Production pour l'Enseignement et la Recherche [Cameroun]
CEPEX: Centre de Promotion des Exportations [Tunisia]
CEPGL: Communauté Économique des Pays des Grands Lacs = Economic Community of the States of the Great Lakes
CEPI: Centre d'Études et de Promotion des Industries [Mali]
CEPLANUT: Centre National de Planification de Nutrition Humaine [Zaïre]
CEPMAE: Centre de Production de Manuels et d'Auxiliaires de l'Enseignement [Cameroun?]
CEPRAT: Cellule Planification Régionale et Aménagement du Territoire [Burundi]
CEPROLIZE: Centre d'Études et de Promotion de la Littérature Zaïroise Écrite [Zaïre]
CEPS: Customs, Excise and Preventive Services [Ghana]
CEPSA: Centre for Economic Policy for Southern Africa [SOAS, London]
CEPSE: Centre d'Exécution de Programmes Sociaux et Économiques [Zaïre]
CEPSI: Centre d'Étude des Problèmes Sociaux Indigènes *or* Centre d'Études Politiques et Sociales Indigènes [Belgian colonial]
CEPZA: Conseil [National] des Églises Protestantes du Zaïre
CER: (1) Centre d'Éducation Révolutionnaire; (2) Centre d'Enseignement Révolutionnaire [Guinea]; (3) Centre d'Expansion Rurale [Senegal]; (4) Committee for Education and Research [South Africa]; (5) Community Education Resources project [South Africa]
CERA: (1) Centre d'Études des Religions Africaines [Zaïre]; (2) Centre d'Études et de Recherches Africaines [Zaïre]; (3) Commission for Eritrean Refugee Affairs; (4) Commissioner of Eritrean Refugee Affairs; (5) Comptoir d'Équipement et de Réparation Automobile [Burkina Faso?]
CERACIM: [a company dealing in ceramic and cement manufacture in colonial Belgian Congo]
CERAF: Center for Economic Research on Africa [U.S.A.]
CERAG: Centre d'Études et de Recherches Agronomiques [Algeria]
CERAM: Centre d'Études et de Recherches Amazigh [Paris]
CERAO: Conférence Épiscopale Régionale de l'Afrique Occidentale Francophone
CERBHA: Centre d'Études et de Recherches en Biologie Humaine et Animale [Algeria]
CERCA: Conférence des Évêques de la République Centrafricaine
CERDA: Centre d'Études et de Recherche sur le Développement Régional, Annaba [Algeria]
CERDAC: Centre d'Études et de Recherches Documentaires sur l'Afrique Centrale [Zaïre]
CERDAS: Center for Research and Documentation for Africa South of the Sahara = Centre de Coordination des Recherches et de la Documentation en Sciences Sociales en Afrique Sub-Saharienne [Unesco in Zaïre]
CERDES: Centre de Recherche en Développement et Entraide Sociale

C 65

CERDO: Centre d'Études et de Recherche sur le Développement Régional, Oran [Algeria]

CERDOTOLA: Centre Régional de Recherche et de Documentation sur les Traditions Orales et pour le Développement des Langues Africaines *or* Centre Régional de Documentation sur les Traditions Orales et les Langues Africaines

CEREA: Centre de Regroupement Africain [Zaïre]

CERED: Centre d'Études et de Recherches Démographiques [Morocco]

CERER: Centre d'Études et de Recherches sur les Énergies Renouvelables

CERES: (1) Centre d'Études, de Recherches et d'Éducation Socialiste; (2) Centre d'Études et de Recherches Économiques et Sociales [Tunis]; (3) Centre de Recherches Socio-Religieuses [Burundi?]

CERET: Centre for Resource and Transformation [South Africa]

CERG: Comité de Estado da Região de Gabu [Guiné-Bissau]

CERICAM: Céramiques Industrielles du Cameroun

CERID: Cercle d'Études et de Recherches «Islam et Développement»

CERIGOI: Centre d'Études et de Recherches en Relations Internationales et Géopolitique de l'Océan Indien [La Réunion]

CERK: Centre d'Études et de Recherches de Kara

CERMAA: Centre d'Études et de Recherches sur le Monde Arabe et l'Afrique *or* Centre d'Étude sur les Relations entre le Monde Arabe et l'Afrique [Paris]

CERN: Comissariado de Estado dos Recursos Naturais [Guiné-Bissau]

CEROMDI: Centre d'Études et de Recherches Ottomanes, Morisques, de Documentation et d'Information [Tunisia]

CERP: (1) Centre d'Études, de Recherches et de Publications [Tunisia]; (2) Centre d'Expansion Rurale Polyvalent [Senegal]

CERPANA: Centre d'Études et de Recherches sur les Pays d'Afrique Noire Anglophones [Montpellier]

CERPOD: Centre d'Étude et de Recherche en Population et Développement [Mali]

CERSOI: Centre d'Études et de Recherches sur les Sociétés de l'Océan Indien

CERUKI: Centre de Recherches Universitaires au Kivu

CERVE: Centre d'Études sur les Ressources Végétales [Congo Republic]

CES: (1) Central, Eastern and Southern Provinces [Zambia]; (2) Centre d'Enseignement Supérieur [Congo Republic; cp. also: CESB; (3) Centre of Ethiopian Studies [London]; (4) Collège d'Enseignement Secondaire [Djibouti]; (5) Conseil Économique et Social; (6) Coordination des Élèves du Sénégal; (7) [glossed as: Economic and Social Council] [Algeria]; (8) [glossed as: secondary schools, Gabon]

CESA: Centro de Estudos sobre África [Lisboa]

CESAC: Comparative Education Study and Adaptation Centre [Nigeria]

CESAG: Centre Africain d'Études Supérieures en Gestion [Senegal]

CESAO: Centre d'Études Économiques et Sociales de l'Afrique Occidentale

CESAS: Comissariado de Estado da Saúde e Assuntos Sociais [Guiné-Bissau]

CESB: Centre d'Enseignement Supérieur de Brazzaville [Congo Republic; cp. also: CES]

CESEN: [glossed as: Italian energy consultants contracted by the Ethopian Ministry of Mines and Energy]

CESM: Conférence Épiscopale de

Sénégal-Mauritanie
CESSI: Centres d'Enseignement Supérieur des Soins Infirmiers [Angola, Cameroun, Senegal]
CESTARAF *alternatively* **Ce.St.Ar.Af.:** Centro Studi di Storia delle Arti Africane [Firenze / Florence]
CESTI: Centre d'Études des Sciences et Techniques de l'Information [Senegal]
CET: (1) Collèges d'Enseignement Technique; (2) Conférence Épiscopale du Tchad
CETA: (1) Centre d'Entraînement des Troupes Aéroportées [Zaïre]; (2) Conférence des Églises de Toute l'Afrique = AACC: All Africa Conference of Churches
CETAM: Centre d'Enseignement Technique Adapté à Mayotte
CETIC: Centre d'Élaboration et de Traitement de l'Information Commerciale [Algeria]
CETIMA: [glossed as: the Maghreb Centre for International Studies; renamed in 1994 as: CETIMAME]
CETIMAME: [glossed as the Maghreb and Mediterranean Centre for International Studies; *formerly*: CETIMA]
CETV: Complexe d'Éducation Télévisuelle de Bouaké [Côte d'Ivoire]
CEU: Catering Employees' Union [South Africa]
CEUM: Communauté Évangélique en Ubangi-Mongala
CEVADE: Centre d'Éducation et de Vulgarisation pour l'Auto-Développement
CEVO: Committee for Ethiopian Voluntary Organisations
CEW: Camp Extension Worker [Zambia]
CEWP: Consolidated Emergency Water Programme [Botswana]
CEZ: (1) Communauté Évangélique du Zaïre; (2) Conférence Épiscopale du Zaïre
CF: Citizen Force [South Africa]
CFA: (1) Cape Field Artillery [South Africa]; (2) Centre de Formation Agricole [Congo Republic]; (3) Chemins de Fer Algériens; (4) Colonies Françaises d'Afrique; (5) Commission for Administration [South Africa]; (6) Communal Forest Areas [Nigeria]; (7) Communauté Financière Africaine; (8) Compagnie Financière Africaine; (9) Compagnie Forestière Africaine [Congo Republic?]; (10) Coopération Financière en Afrique Centrale [Central Africa]; (11) Crédit Foncier Africain [Zaïre]
CFAC: Coopération Financière en Afrique Centrale
CfAN: Christ for All Nations
CFAO: Compagnie Française de l'Afrique Occidentale
CFAO-CI: Compagnie Française de l'Afrique Occidentale – Côte d'Ivoire
CFAV: Conseil des Forces Armées Voltaïques [Burkina Faso]
CFB: (1) Caminho de Ferro de Benguela [Angola]; (2) Cheshire Foundation of Botswana; (3) Commercial Farmers' Bureau [Zambia]; (4) Compagnie Franco-Belge de l'Afrique Équatoriale
CFBC: Compagnie Française du Bas-Congo
CFC: (1) Compagnie du Chemin de Fer du Congo [Zaïre]; (2) Convention des Forces du Changement [Gabon]; (3) Crédit Foncier du Cameroun
CFCA: Centre de Formation des Cadres de l'Alphabétisation
CFCC: Copperbelt Free Church Council [Zambia]
CFCF: Comité Français Contre la Faim
CFCI: Compagnie Française de la Côte d'Ivoire
CFCO: (1) Chemin de Fer Congo-Océan [Congo Republic]; (2) Compagnie Française du Congo Occidental [Congo Republic]
CFD: (1) Caisse Française de Développement; (2) Concertation des Forces Démocratiques [Central

C

African Republic]; (3) Confédération des Forces Démocratiques *or* Coordination des Forces Démocratiques [Senegal]; (4) Coordination des Forces Démocratiques [Burkina Faso]

CFDA: Communal First Development Areas [Botswana]

CFDC: [glossed as: United Force for Central African Democracy]

CFDT: Compagnie Française pour le Développement des Fibres Textiles [given with very many variants]; (2) Confédération Française Démocratique du Travail

CFE: (1) Chemin de Fer Franco-Éthiopien; (2) [a business enterprise in La Réunion]

CFEA: Comité Français des Études Africaines

CFE/FP: Certificat de Fin d'Études de la Formation Professionnelle

CFEPCES: Certificat de Fin d'Études du Premier Cycle de l'Enseignement Secondaire

CFG: Compagnie Forestière du Gabon

CFGG: Compagnie Forestière du Golfe de Guinée [Cameroun?]

CFGR: Cours par correspondance de Formation Générale pour Ruraux [Madagascar?]

CFHBC: Compagnie Française du Haut et [du] Bas Congo [Congo Republic]

CFHC: Compagnie Française du Haut-Congo [Congo Republic]

CFI: Compagnie Forestière de l'Indénié [Côte d'Ivoire]

CFIAC: Comité pour la Formation des Ingénieurs en Afrique Centrale [cp. CEEMA]

CFK: Compagnie du Chemin de Fer du Katanga [Zaïre]

CFL: Compagnie des Chemins de Fer des Grands Lacs [given with many variants]

CFLN: Comité Français de Libération Nationale

CFLU: Cape Federation of Labour Unions

CFM: (1) Caminhos de Ferro de Moçambique; (2) Chemin de Fer de Mayumbe [Zaïre]; (3) Compagnie Française des Mines; (4) Compagnies des Chemins de Fer du Maroc; (5) Council of Foreign Ministers

CFMK: Chemins de Fer Matadi-Kinshasa [Zaïre]

CFML: Chemin de Fer Matadi-Léopoldville [Zaïre]

CFMS: Caminhos de Ferro de Moçambique – Sul

CFMSBNA: Congregational Foreign Missionary Society of British North America

CFN: (1) Co-operative Federation of Nigeria; (2) Commission du Fleuve Niger = NRC: Niger River Commission = RNC: River Niger Commission

CFNR: Centre de Formation en Nutrition de Ruhengeri [Rwanda]

CFP: (1) Centre de Formation Polyvalente [Burundi]; (2) Compagnie Française des Pétroles; (3) Convention des Forces du Progrès [Burkina Faso]; (4) Courant des Forces Progressistes [Cameroun]

CFPA: (1) Centre de Formation et de Perfectionnement Administratif; (2) Centres de Formation Professionnelle d'Adultes [Benin Republic]

CFPC: Centre de Formation du Personnel Communal [Mauritius?]

CFPF: Centre de Formation Professionnelle Forestier [Madagascar]

CFPM: Centre de Formation du Personnel Municipal [Mauritius?]

CFPP: Centre de Formation Pédagogique Professionnelle [Senegal?]

CFPS: Centre de Formation Pédagogique Spéciale [Senegal?]

CFR: (1) Chemin de Fer de La Réunion; (2) Commander of the Federal Republic [Nigeria]

CFRA: Chemins de Fer sur Routes d'Algérie

CFRC: Centre de Formation et de Recherche Coopérative [Rwanda?]
CFS: (1) Consolidate Fund Services [Tanzania]; (2) Côte Française des Somalis [Djibouti]
CFSCDD: Community Forests and Soil Conservation Development Department [Ethiopia]
CFSO: Compagnie Forestière Sangha-Oubangui [Congo Republic]
CFT: Chemins de Fer du Togo
CFTC: (1) Commonwealth Fund for Technical Cooperation; (2) Confédération Française des Travailleurs Chrétiens; (3) Confédération Française des Travailleurs Chrétiens Camerounais
CFTP: Compagnie Franco Tunisienne des Pétroles
CFTU: (1) Cape Federation of Trade Unions [South Africa]; (2) Congress of Free Trade Unions [Ghana]
CFU: (1) Cameroons Federal Union; (2) Commercial Farmers' Union [Zimbabwe]
CFV: Comité des Forces Vives [Madagascar]
CFW: Christian Women's Fellowships [Botswana]
CG: (1) Comité de Gestion [Algeria]; (2) Consolidated Goldfields [South Africa]; (3) Consultative Group [Zambia]
CGA: (1) Cape Garrison Artillery [South Africa]; (2) Clove Growers' Association [Zanzibar, Tanzania]; (3) Coffee Growers' Association [Zimbabwe]; (4) Commission Géodésique Africaine
CGAT: (1) Confédération Générale Aéfienne du Travail [French Equatorial Africa]; (2) Confédération Générale Africaine du Travail [*or* des Travailleurs]
CGC: (1) Ciskeian General Council [South Africa]; (2) Compagnie Générale de la Chaussure [Algeria]
CGCE: (1) Centre Gabonais de Commerce Extérieur; (2) Comptoir Guinéen du Commerce Extérieur [Guinea]
CGCI: Comptoir Guinéen du Commerce Intérieur
CGCT: Confédération Générale Camerounaise du Travail
CGE: Compagnie Générale des Eaux [La Réunion]
CGEM: (1) Confédération Générale des Employeurs de Mauritanie; (2) Confédération Générale Économique Marocaine
CGH: Castle of Good Hope [South Africa]
CGIC: Credit Guarantee Insurance Corporation [South Africa]
CGM: Congo Gospel Mission
CGOEA: Confédération Générale des Opérateurs Économiques Algériens
CGOT: Compagnie Générale des Oléagineux Tropicaux
CGPPPGC: Caisse Générale de Péréquation des Prix des Produits de Grande Consommation [Côte d'Ivoire]
CGPS: Caisse Gabonaise de Prévoyance Sociale
CGR: Cape Government Railways [South Africa]
CGRAE: Caisse Générale de Retraite des Agents de l'État [Côte d'Ivoire]
CGRB: National Centre for Genetic Resources and Biotechnology [Nigeria]
CGS: Chief of General Staff [Nigeria]
CGT: (1) Confederação Geral do Trabalho; (2) Comité de Grève des Travailleurs [Madagascar]; (3) Confédération Générale du Travail [France with branches in Africa]
CGTA: (1) Compagnie Générale de Transports en Afrique [French colonial]; (2) Confederação Geral dos Trabalhadores Angolanos; (3) Confédération Générale des Travailleurs Africains
CGT-A: Confédération Générale du Travail – Afrique
CGTAE: Compagnie Générale des Transports en Afrique Équatoriale
CGTB: (1) Confédération Générale du

Travail du Burkina [*or* du Travail Burkinabè]; (2) Confédération Générale du Travail du Burundi
CGTC: Confédération Générale des Travailleurs Congolais [Zaïre]
CGTDS: Confédération Générale des Travailleurs Démocrates du Sénégal
CGT-FO: Confédération Générale du Travail – Force Ouvrière [France with branches in Africa]
CGTK: Confédération Générale du Travail Kamerunaise [Cameroun]
CGTM: (1) Confédération Générale des Travailleurs de Mauritanie; (2) Confédération Générale des Travailleurs Marocains [Morocco]
CGTR: (1) Confédération Générale du Travail de la Réunion; (2) Confédération Générale du Travail du Rwanda
CGTS: Confédération Générale des Travailleurs Sénégalais *or* Confédération Générale du Travail du Sénégal
CGTT: Confédération Générale des Travailleurs Tunisiens
CGTV: Commission pour la Gestion des Terroirs Villageois [Burkina Faso]
CGWU: Chemical and General Workers Union [South Africa]
CHA: (1) Cambridge History of Africa; (2) Central Housing Authority [Mauritius]; (3) Community Health Agents; (4) Controlled Hunting Area [Botswana]
CHACONA: Chantiers de Constructions Navales [Congo Republic?]
CHADEMA: Chama cha Demokrasia na Maendeleo
CHAFI: Club des Hommes d'Affaires Franco-Ivoiriens [Côte d'Ivoire]
CHAG: Christian Hospital Association of Ghana
CHAIDIS: Chaîne Africaine d'Importation et de Distribution au Sénégal
CHAK: Christian Health Association of Kenya
CHAKA: Christian Alliance for the Kingdom of Africa [Zambia]
CHAL: Christian Health Association of Liberia
CHAM: Christian Health Association of Malawi
CHAMATA: Chama cha Maendeleo ya Taifa [Tanzania]
CHANADO: Chantier Naval de N'Dolo [Zaïre]
CHANIC: Chantier Naval et Industriel du Congo [Zaïre]
CHB: Compte Hors Budget [Cameroun]
CHBC: Comité Hydrographique du Bassin du Congo [Zaïre]
CHCB: Companhia Hidroeléctrica de Cabora Bassa [Mozambique]
CHE: Christian Higher Education [as in: Potchefstroom University College for CHE] [South Africa]
CHEAAM: Centre des Hautes Études sur l'Afrique et l'Asie Modernes [Paris]
CHEAM: Centre des Hautes Études sur l'Afrique et l'Asie Modernes
CHED: Committee of Heads of Education Departments [South Africa]
CHEK: Council for Human Ecology – Kenya
CHIMINCO: Compagnie Chimique et Industrielle du Congo [Zaïre]
CHIPS: Continuous Household Integrated Programme of Surveys [Botswana]
CHISCI: Council for Promotion of Children's Science Publishing in Africa
CHIZ: Current Health Information in Zimbabwe
CHK: Centre Hospitalier de Kigali [Rwanda]
CHM: Chaîne Hôtelière Marhaba
CHOCOCAM: Chocolat du Cameroun *or* Chocolaterie-Confiserie Camerounaise
CHOGM: Commonwealth Heads of Government Meeting
CHP: Centre for Health Policy [South Africa]
CHRC: Committee for Human Rights in

Cameroon
CHRU: Commonwealth Human Rights Unit
CHU: Centre Hospitalo-Universitaire [various countries]
CHU-CO: Centre Hospitalo-Universitaire de Cocody [Côte d'Ivoire]
CHUMA: [glossed as: Islands' Fraternity and Unity Party, Comoros]
CHU-TRE: Centre Hospitalo-Universitaire de Treichville [Côte d'Ivoire]
CHU-YOP: Centre Hospitalo-Universitaire de Yopougon [Côte d'Ivoire]
CHW: Community Health Workers [Uganda]
CI: (1) Caritas Internationalis; (2) Christelike Instituut = Christian Institute of Southern Africa
CIAC: Compagnie Industrielle Africaine de Transformation du Caoutchouc [Cameroun]
CIAE: Conselho das Igrejas Angolanas Evangélicas
CIAF: Congrès International des Études Africaines = ICAS: International Congress of African Studies
CIAM: Centre d'Introduction, d'Adaptation et de Multiplication de Matériel Végétal, Vivrier et Fruitier [Gabon]
CIAME: Centre d'Importation et d'Approvisionnement en Médicaments Essentiels [Cameroun]
CIAN: Conseil des Investisseurs Français en Afrique Noire
CIAS: (1) Community of Independent African States; (2) Conference of Independent African States
CIB: (1) Campaign for Independent Broadcasting [South Africa]; (2) Capital Investments Board [Ghana]; (3) Castle Information Bureau [Ghana]; (4) Céramique Industrielle du Benin; (5) Compagnie Industrielle des Boissons [Zaïre]; (6) Complexe Industriel du Bois [Algeria]; (7) Société Congolaise Industrielle des Bois [Congo Republic]
CIBOPLANKA: Compagnie Industrielle des Bois et Plantations du Kasaï [Zaïre]
CIC: (1) Capital Issues Commission [or Committee] [Nigeria]; (2) Comptoir Israélo-Centrafricain; (3) Commercial Investment Corporation [Namibia]; (4) Conseil Ivoirien des Chargeurs [Côte d'Ivoire]; (5) Corporate Information Centre [Namibia]
CICA: (1) Centro de Investigação Científica Algodeira [Mozambique]; (2) Compagnie Industrielle et Commerciale Africaine [Benin Republic?]; (3) Compagnie Industrielle et Commerciale de l'Afrique; (4) Compagnie Ivoirienne de Comptoirs Africains [Côte d'Ivoire]; (5) Conférence Internationale des Contrôles d'Assurance des États Africains = ICASIS: International Conference of African States on Insurance Supervision; (6) Société Commerciale et Industrielle de la Côte d'Afrique
CICAM: Cotonnière Industrielle du Cameroun
CICARWS: Commission on Inter-Church Aid, Refugee and World Service
CICE: Centre Ivoirien du Commerce Extérieur [Côte d'Ivoire]
CICER: [a brewery, Guiné-Bissau]
CICES: Centre International du Commerce Extérieur du Sénégal
CICIBA: Centre International des Civilisations Bantu [Gabon]
CICLM: Co-ordination Internationale des Chercheurs sur les Littératures Maghrébines
CICM: Congrégation de l'Immaculée Cœur de Marie (Pères de Scheut)
CICO: Société des Ciments du Congo [Zaïre]
CICOMO: Companhia Industrial de Cordoarias de Moçambique
CICR: Comité International de la Croix-

Rouge = ICRC: International Committee of the Red Cross

CID: (1) Criminal Investigation Department [Tanzania]; (2) Criminal Investigation [*or* Investigations] Department [Ghana; Botswana?]; (3) Criminal Investigation Division

CIDA: Canadian International Development Agency = AICD: Agence Internationale Canadienne pour le Développement

CIDAC: Centro de Informação Amílcar Cabral [Lisbon]

CIDAF: Centro de Información y Documentación Africanas [Madrid]

CIDC: Consortium Inter Africain de Distribution Cinématographique *or* Consortium Interafricain pour la Distribution Cinématographique

CIDEP: Centre Interdisciplinaire pour le Développement et l'Éducation Permanente [Zaïre]

CIDES: (1) Centre d'Information et de Documentation Économique et Sociale [Niger]; (2) Comité d'Initiative pour la Défense de l'École Sénégalaise

CIDESA: Centre International de Documentation Économique et Sociale Africaine = International Centre for African Social and Economic Documentation

CIDMAA: Centre d'Information et de Documentation sur le Mozambique et l'Afrique Australe [Montréal]

CIDOULOU: Cimenterie Domaniale de Loutété [Congo Republic]

CIDST: Centre d'Information et de Documentation Scientifique et Technique [Madagascar]

CIDT: Compagnie Ivoirienne pour le [*or* de] Développement des Textiles *or* Compagnie Ivoirienne de Développement des Fibres Textiles

CIDV: Compagnie Ivoirienne pour le Développement des Cultures Vivrières

CIE: Conseils Indigènes d'Entreprise [Zaïre]

CIEAC: Conselho das Igrejas Evangélicas de Angola Central

CIEDOP: Centre Interdisciplinaire d'Études et de Documentation Politique [Zaïre]

CIEH: Comité Interafricain des Études Hydrauliques [*or* d'Études Hydrauliques]

CIEPAC: Centre International d'Éducation Permanente [*or* pour l'Éducation Permanente] et l'Aménagement Concerté [France and Senegal]

CIERAN: Centre Interdisciplinaire d'Études et de Recherches sur les Pays d'Afrique Noire

CIEREA: Conférence des Institutions d'Enseignement et de Recherche Économiques et de Gestion en Afrique

CIERRO: [glossed as: Inter-African centre of studies on rural radio, in Ouagadougu, Burkina Faso]

CIFA: Committee for Inland Fisheries of Africa

CIFCA: Centre International de Formation des Cadres [Côte d'Ivoire]

CIFEL: Companhia Industrial de Fundição e Laminagem [Mozambique]

CIFPPES: Centre Interprofessionnel de Formation et de Perfectionnement du Personnel d'Encadrement

CIG: Comité Interministériel de [la] Guerre [Algeria]

CIGB: Cartonnerie-Imprimerie Générale du Benin

CIGMA: Centre d'Information sur le Grand Maghreb [Grenoble]

CIH: (1) Comité Inter-africain de l'Habitat; (2) Crédit Immobilier et Hôtelier [Morocco]

CII: Comité Interministériel des Investissements [Senegal]

CIKO: Cameroon Indigenous Knowledge Organisation

CIL: Colonial Intelligence League [British]

CILCA: Comité International de Liaison du Corps pour l'Alimentation

CILSA: Comparative and International Law Journal of Southern Africa [pub-

lished Pretoria]
CILSS: (1) Comité Permanent Inter-états de Lutte contre la Sécheresse dans le Sahel; (2) Côte d'Ivoire Living Standards Survey
CILTADE: Centre International des Langues, Littératures et Traditions d'Afrique au Service du Développement
CIM: (1) Compagnie Commerciale, Industrielle et Minière; (2) Congo Inland Mission; (3) Conseil International Missionnaire; (4) [glossed as: Matola Industrial Company, Mozambique]
CIMA: (1) Centre Ivoirien du Machinisme Agricole [Côte d'Ivoire]; (2) Cimenterie Malgache; (3) Comité Inter-africain de la Mécanisation Agricole
CIMACOREM: Conférence Internationale Madagascar, Comores, La Réunion, Maurice
CIMADE: Comité Inter-Mouvement Auprès des Évacués
CIMANGOLA: Empresa de Cimento de Angola
CIMAO: Ciments de l'Afrique de l'Ouest
CIMAS: [glossed as a medical aid society in Zimbabwe]
CIMAT: Société Burkinabè des Ciments et Matériaux
CIMCO: Comptoir Immobilier Métropolitain et Colonial [Belgium and Africa]
CIMELTA: [a Madagascan firm]
CIMENCAM: Cimenteries du Cameroun
CIMENKAT: Ciments du Katanga [Zaïre]
CIMENKI: Cimenterie du Kivu *or* Ciments du Kivu [Zaïre]
CIMENTAF: Ciments Africains [Zaïre]
CIMENTAL: Cimenterie d'Albertville [Zaïre]
CIMER: Construction Individuelle de Maison Évolutive Rationalisée
CIMMYT: Centro Internacional de Mejoramiento de Maiz y Trigo = International Maize and Wheat Improvement Center [Mexico City]
CIMNOKI: Compagnie Immobilière du Nord du Kivu [Zaïre]
CIMS: Churches' Information Monitoring Service [Namibia; etc.?]
CIMSHABA: Ciments et Matériaux de Construction du Shaba [Zaïre]
CIMTOGO: Ciments du Togo
CINAFRIC: Société Africaine de Cinéma
CINAM: Compagnie d'Études Industrielles et d'Aménagement du Territoire
CINAT: Cimenterie Nationale [Zaïre]
CINESEAS: Cinéastes Sénégalais Associés
CIO: (1) Central Intelligence Organisation [Rhodesia and Zimbabwe]; (2) Central Investigations Organisation [Zimbabwe]; (3) Congress of Industrial Organisations [Liberia, South Africa]
CIP: (1) Cameroon Ideological Party; (2) Comité International Préparatoire; (3) Commodity Import Programme [Zimbabwe]; (4) Comptoir Ivoirien des Papiers; (5) Core Investment Programme [Mauritius]; (6) [glossed as: International Potato Centre, Rwanda]
CIPEA: Centre International pour l'Élevage en Afrique = ILCA: International Livestock Centre for Africa [in Addis Ababa]
CIPEC: Conseil Intergouvernemental de [*or* des] Pays Exportateurs de Cuivre
CIPF: Council for International Peoples Friendship
CIPIX: Commission Interministérielle des Programmes d'Importation et d'Exportation [Algeria]
CIPPA: Comité International Provisoire de Prévention Acridienne
CIPREL: [glossed as: Côte d'Ivoire's electricity company]
CIPROFILM: Centre Interafricain de Production de Films
CIPSA: Compañia Ibérica de Prospección S.A.

CIR: (1) Centro de Instrução Revolucionário [Angola]; (2) Commissioner for Inland Revenue [South Africa]

CIRAC: Comité International pour le Respect et l'Application de la Charte des Droits de l'Homme

CIRAD: Centre de Coopération Internationale en Recherche Agronomique pour le Développement [Montpellier, with branches in Africa]

CIRAOI: Centre Interdisciplinaire de Recherches Afro-Indian-Océaniques [La Réunion; as given]

CIRCA: Comité International de Recherches sur le Centre de l'Afrique

CIRCO: [glossed as: Circonscription urbaine des forces armées zaïroises pour la ville de Kinshasa, Zaïre]

CIRDAFRICA: Centre on Integrated Rural Development in Africa

CIREJ: Centre Ivoirien de Recherches et d'Études Juridiques [Côte d'Ivoire]

CIRES: Centre Ivoirien de Recherches Économiques et Sociales

CIRMF: Centre International de Recherches Médicales de Franceville [Gabon]

CIRSS: [glossed as: international centre of Saharo-Sahelian research at the International Institute, Paris]

CIRT: Centre Ivoirien de Recherches Technologiques [Côte d'Ivoire]

CIRVA: Circonscription Régionale de Vulgarisation Agricole [Madagascar]

CIS: (1) Crédit Immobilier Social [Côte d'Ivoire]; (2) Crime Intelligence Service [South Africa]; (3) [glossed as Centre of Information and Studies; Oran, French colonial]

CISDL: Comité d'Initiative pour un Syndicalisme Démocratique et de Lutte [Senegal]

CISIA: Comité International de Soutien aux Intellectuels Algériens

CISL: Confédération Internationale des Syndicats Libres = ICFTU: International Confederation of Free Trade Unions

CISTTT: Centre d'Information Scientifique et Technique et de Transferts Technologiques [Algeria]

CIT: Centre International de Trypanotolérance = ITC: International Trypanotolerance Centre [The Gambia]

CITA: (1) Centro de Informação e Turismo de Angola; (2) Companies Income Tax Act 1979 [Nigeria]

CITAS: Compagnie Industrielle et de Transport au Stanleypool [Zaïre]

CITEC: Compagnie de l'Industrie Textile Cotonnière [France]

CITM: Centro de Informação e Turismo de Moçambique

CIVCA: Compagnie Ivoirienne du Cinéma et l'Audio-visuel [Côte d'Ivoire]

CIVPOL or **CIVPOLS:** Civilian Police [UNO]

CIWW: Council of Industrial Workers of the Witwatersrand

CIZA: Société des Ciments du Zaïre

CJ: Chief Justice [various countries]

CJA: Conseil de la Jeunesse d'Afrique

CJAES: Comité Juif Algérien d'Études Sociales

CJAS: Canadian Journal of African Studies = RCEA: Revue Canadienne des Études Africaines

CJC: Collectif des Juristes Chômeurs [Senegal]

CJSS: Community Junior Secondary School [Botswana]

CJV: Christelike Jongeliedevereniging [South Africa]

CK: (1) Compagnie du Kasaï; (2) Compagnie du Katanga [Zaïre]

CKE: Compagnie du Kasaï et de l'Équateur [Zaïre]

CKGR: Central Kgalagadi [or Kalahari] Game Reserve [Botswana]

CL: (1) Communal Lands [Zimbabwe]; (2) Convention Libérale [Cameroun]

CLA: (1) Central Legislative Assembly [British East Africa]; (2) Ciskei

Legislative Assembly [South Africa]; (3) Commission on Land Allocation [South Africa]

CLAC: Coloured Local Affairs Committee [South Africa]

CLAD: Centre de Linguistique Appliquée de Dakar

CLADHO: Collectif Rwandais des Ligues et Associations des Droits de l'Homme

CLAIM: Christian Literature Association of Malawi

CLAMPRU: Comité de la Littérature de l'Alliance des Missions Protestantes du Ruanda-Urundi

CLAN: Children's Literature Association of Nigeria

CLAU: Commission Locale d'Aménagement et d'Urbanisme [La Réunion]

CLC: (1) Cameroon Liberal Congress; (2) Christian Literature Crusade; (3) Comité [or Conseil] pour la Libération du Congo-Kinshasa [Zaïre]

CLD: (1) Comité Local de Développement [Senegal]; (2) Conseils Locaux du Développement [Niger?]

CLE: (1) Centre de Littérature Évangélique [Yaoundé, Cameroun]; (2) Cercle du Livre Économique [Yaoundé, Cameroun]; (3) Coordination Laye Espoir [Senegal]

CLEC: Colonial Land and Emigration Commission [British]

CLIARD: Centre for Low Input Agricultural Research and Documentation [South Africa]

CLIDORC: Children's Literature Documentation and Research Centre [Nigeria]

CLIS: Certificate in Library Studies [Botswana]

CLNP: Comité de Liaison National Provisoire [Cameroun]

CLO: Civil Liberties Organisation [Nigeria]

CLORC Foundation: [glossed as: a human rights group in Nigeria]

CLOWU: Clothing Workers' Union [South Africa]

CLP: (1) Christian Liberation Party [Malawi?]; (2) Congress Liberation Party [Malawi]

CLPP: Coloured Labour Preference Policy [South Africa]

CLR: Convention des Libéraux Réformateurs

CLRM: Comités de Lutte contre la Répression au Maroc

CLRS: Centre for Legal Rural Studies [South Africa]

CLS: Crédit Lyonnais Sénégal

CLSMB: Cotton Lint and Seed Marketing Board [Kenya]

CLSTP: Comité [or Comissão] de Libertação de São Tomé e Príncipe

CM: Council of Ministers [OAU]

CMA: (1) Capital Markets Authority [Kenya]; (2) Christian and Missionary Alliance; (3) Code Maritime Algérien; (4) Common Monetary Area; (5) Coopérative du Matériel Agricole [Algeria]

CMAC: (1) Centre Mahorais d'Animation Culturelle [Mayotte]; (2) Conférence des Ministres Africains de la Culture

CMAN: Cement Manufacturing Association of Nigeria

CMB: (1) Cocoa Marketing Board [Ghana] [cp. also: COCOBOD]; (2) Coffee Marketing Board [Ethiopia, Uganda]; (3) Commodity Marketing Boards [Nigeria]; (4) Compagnie Maritime Belge; (5) Constitution-Making Body [South Africa]; (6) Cotton Marketing Board [Zimbabwe]

CMBT: Christian Medical Board of Tanzania

CMBU: Confederation of Metal and Building Unions [South Africa]

CMC: (1) Compagnie Malgache de Cabotage [Madagascar]; (2) Compagnie Maritime Camerounaise; (3) Compagnie Maritime Congolaise [Zaïre]; (4) Conseil de la Monnaie et du Crédit [Algeria]

CMCA: Commission de Médiation, de Conciliation et d'Arbitrage = Commission of Mediation, Conciliation and Arbitration [OAU]

CMCE: Centre Malien du Commerce Extérieur

CMCF: Compagnie Minière du Congo Français

CMCO: Complexe de Matériaux de Construction Oranais [Algeria]

CMD: (1) Centre for Management Development [Nigeria]; (2) Comité Militaire pour le Développement [Madagascar]; (3) Conseil Militaire de Développement [Madagascar]

CMDA: Cato Manor Development Association [South Africa]

CMDT: Compagnie Malienne pour le Développement des Textiles

CME: Council of Muslim Elders [Ghana?]

CMEAO: Conférence Ministérielle des États de l'Afrique de l'Ouest

CMEAOC: Conférence Ministérielle des États de l'Afrique de l'Ouest et du Centre

CMFC: Compagnies des Messageries Fluviales du Congo [Congo Republic]

CMG: (1) Comité Mixte Gabonais; (2) Companion of St. Michael and St. George [Commonwealth countries]

CMHV: Communauté Musulmane de Haute-Volta

CMI: (1) Challenger Mining International [Botswana]; (2) [glossed as: Military Insurrection Committee, Togo]

CMIAP: Comité Militaire Inter-armée Provisoire [Chad?]

CMIC: Central Mining and Investment Corporation

CMISOM: Centre Militaire d'Information et de Spécialisation pour l'Outre-Mer

CMJ: Société des Ciments Métalliques de Jadotville *or* Ciments Métallurgiques de Jadot [Zaïre]

CMKD: Consortium Maroco-Koweitien de Développement

CMLN: Comité Militaire de Libération Nationale [Mali]

CMM: Compagnie Marseillaise de Madagascar

CMN: (1) Compagnie Malgache de Navigation [Madagascar]; (2) Compagnie Malienne de Navigation; (3) Congo Mission News

CMO: Compagnie des Chemins de Fer du Maroc Oriental

CMOCS: Compagnie des Mécaniciens et d'Ouvriers Chauffeurs Sénégalais

CMOO: Compagnie Minière de l'Oubangui Oriental [Central African Republic]

CMP: Comité Militaire du Parti [Congo Republic]

CMPA: Centre de Modernisation des Productions Animales [Chad]

CMPP: Cooperative Members' Participation Programme (Zambia)

CMR: (1) Cape Mounted Riflemen [South Africa]; (2) Centre de Modernisation Rurale [Guinea?]; (3) Comité Militaire Révolutionnaire [Benin]; (4) Comité Militaire pour la Révolution [Benin]; (5) Comité National de la Révolution [Guinea]; (6) Commune Mixte Rurale [Cameroun]; (7) [glossed as: Regional military councils, Angola]

CMRA: Cato Manor Residents Association [South Africa]

CMRN: Comité Militaire de Redressement National [Central African Republic, Guinea, Mauritania]

CMRPN: Comité Militaire de Redressement pour le Progrès National [Burkina Faso] = MRPN

CMS: (1) Central Medical Stores [Tanzania]; (2) Church Missionary Society; (3) Conseil Militaire Suprême [Niger]

CMSGS: Church Missionary Society Grammar School [Nigeria]

CMSN: (1) Comité Militaire de Salut National [Mauritania]; (2) Comité Militaire pour le Salut National [Burundi]

CMTR: Compagnie Malienne de Transports Routiers

CMU: Council of Mining Unions [South Africa]
CMUN: Courant Mouvement d'Union Nationale [Cameroun]
CMUNSA: Colegio Mayor Universitario Nuestra Señora de Africa [Madrid]
CMUZC: Communauté Méthodiste Unie au Zaïre Central
CMV: (1) Centre de Mise en Valeur [Morocco]; (2) Comité Militaire de Vigilance; (3) Commandos de la Marche Verte
CMVF: Comissão Mista de Verificação e Fiscalização = Joint Verification and Monitoring Commission [Angola]
CMWDB: Cato Manor Welfare and Development Board [South Africa]
CMZ: Compagnie Maritime Zaïroise
CN: (1) Crédit du Niger [Niger]; (2) [glossed as: Compagnie Nationale de Navigation Intérieure, Gabon; cp. CNI]
CNA: (1) Central News Agency [South Africa]; (2) Centre National d'Alphabétisation [Algeria]; (3) Colonial Nursing Association; (4) Commission Nationale d'Agrément [Algeria]; (5) Commissioner for Native Affairs; (6) Compagnie Nationale d'Assurances [Cameroun, Côte d'Ivoire]; (7) Congolese National Army [Zaïre]
CNAAG: Centre National d'Astronomie, d'Astrophysique et de Géophysique [Algeria]
CNAC: Comité National pour l'Amnistie Politique [Madagascar]
CNAM: (1) Caisse Nationale d'Assurance Maladie [Tunisia]; (2) Centre National d'Art et Manufacture [Gabon]; (3) Conseil National d'Administration Ministérielle [Burkina Faso]; (4) [glossed as: Mozambican African National Congress; see: MANC / MANCO]
CNAN: Compagnie Nationale Algérienne de Navigation
CNAO: Centre National Avicole de Ouagadougou
CNAP: Centre National Anti-Pollution [Gabon]
CNAPS: (1) Caisse Nationale de la Prévoyance Sociale [Madagascar]; (2) Coordination Nationale des Artistes Plasticiens du Sénégal
CNAR: (1) Caisse Nationale d'Assurance et de Réassurance [Mali]; (2) Centre National d'Administration Routière [Congo Republic?]; (3) Comité National d'Accueil aux Réfugiés [Chad?]
CNAREP: Commission Nationale pour l'Assainissement et la Restructuration des Entreprises Publiques [Tunisia]
CNARM: Congrès National Africain de la Rhodésie Méridionale = SRANC: Southern Rhodesia African National Congress
CNAS: Caisse Nationale de Crédit Agricole [Senegal]
CNAT: Centre National d'Études et d'Animation de l'Entreprise des Travaux [Algeria]
CNAUR: Comité National d'Actions d'Urgence et de Réhabilitation [Mali]
CNAVS: Comité National d'Aide aux Victimes de la Sécheresse [Mali]
CNBF: Centre National des Bureaux de Fret [Côte d'Ivoire]
CNC: (1) Centre for National Culture [Ghana]; (2) Centre National du Cinéma [various countries]; (3) Chambre Nationale de Commerce [Algeria]; (4) Chief Native Commissioner [various countries]; (5) Comité National de Crédit; (6) Commission Nationale des Candidatures [Algeria]; (7) Conférence Nationale de Consensus [Algeria]; (8) Conseil National Consultatif [Chad?]; (9) Crédit National et Colonial [Belgium?]
CNCA: (1) Caisse Nationale de Crédit Agricole [Benin, Burkina Faso, Morocco, Niger, Togo]
CNCAB: Caisse Nationale de Crédit

Agricole du Burkina
CNCAS: Caisse Nationale de Crédit Agricole du Sénégal
CNCB: Centre National de la Cinématographie du Burkina
CNCC: Conseil National des Chargeurs du Cameroun
CNCDR: Caisse Nationale Congolaise de Développement Rural [Congo Republic]
CNCF: Comité National des Cadres à Former [Guinea]
CNCR: Caisse Nationale de Crédit Rural [Gabon]
CND: (1) Centre National de Documentation [Zaïre]; (2) Club Nation et Développement; (3) Comptoir National du Diamant [Central African Republic]; (4) Conseil National de Développement [Niger, Rwanda]: (5) Convention Nationale Dahoméenne; (6) [glossed as: secret police in Cameroun]
CNDA: [glossed as: National Democratic Convention of Angola]
CNDC: Ciskei National Development Corporation [South Africa]
CNDCL: Conseil National de Développement des Collectivités Locales
CNDFP: Confédération Nationale des Déflatés de la Fonction Publique [Guinea]
CNDH: Commission Nationale des Droits de l'Homme [Togo]
CNDI: Caisse Nationale des Dépôts et des Investissements [Burkina Faso]
CNDIH: Centro Nacional de Documentação e Investigação Histórica [Angola]
CNDM: Comité National de Directoire Militaire [Madagascar]
CNDPI: Centre National de Documentation de Presse et d'Information [Algeria]
CNDR: (1) Comité National de Défense de la Révolution [Mali]; (2) Comité National pour la [or de] Défense de la Révolution [Algeria] = PRS-CNDR
CNDRP: Centre National de Documentation et de Recherche en Pédagogie [Algeria]
CNDRS: Centre National de Documentation et de Recherche Scientifique [Comoros]
CNDS: Convention Nationale Démocratique et Sociale [Chad]
CNDST: Centre National de Documentation Scientifique et Technique [Senegal]
CNE: (1) Caisse Nationale d'Épargne [various countries]; (2) Centre National d'Expertise [Zaïre]; (3) Christian National Education [South Africa]; (4) [glossed as: National Electoral Council, Angola]
CNEA: (1) Centre National d'Équipement Agricole [Burkina Faso]; (2) Comité National d'Action de l'Eau et de l'Assainissement [Zaïre]
CNEAP: Centre National d'Études et d'Analyses pour la Planification [Algeria]
CNEC: (1) Centre National d'Entraînement Commando [Burkina Faso?]; (2) Christian Nationals' Evangelism Commission
CNECI: Caisse Nationale d'Épargne et de Crédit Immobilier [Zaïre]
CNECS: Commission Nationale d'Étude, de Concertation et de Suivi [Senegal?]
CNEH: Centre National des Études Historiques [Algiers]
CNEL: Caisse Nationale d'Épargne Logement [Algeria]
CNEP: Caisse Nationale d'Épargne et de Prévoyance [Algeria]
CNER: Centre National d'Étude et de Recherches Routières [Morocco]
CNERAT: Centre National d'Études et de Recherches pour l'Aménagement du Territoire [Algeria]
CNERATA: Centre National d'Études, de Recherches Appliquées et de Travaux d'Art [Algeria]
CNERIB: Centre National d'Études et de

Recherches Intégrées du Bâtiment [Algeria]
CNERTP: Centre National d'Essais et de Recherches des Travaux Publiques [Benin?]
CNERU: Centre National d'Étude et de Recherche en Urbanisme *or* Centre National d'Études et de Réalisation en Urbanisme *or* Centre National d'Études et de Recherches Appliquées en Urbanisme [Algeria]
CNES: (1) Conseil National des Employeurs du Sénégal; (2) Conseil National pour l'Étude Sociale [Algeria]
CNESOM: Conférence [*or* Confédération] Nationale des Élus Socialistes Originaires du Maghreb [France]
CNETU: Council of Non-European Trade Unions [South Africa]
CNF: (1) Cameroon National Federation; (2) Comité National des Femmes [Guinea?]; (3) Compagnie du Niger Français; (4) Compagnie Niger-France
CNFC: Centre National de Formation Catéchétique [Madagascar?]
CNFE: Conseil National des Foires et Exportations [Tunisia]
CNFPC: Centre National de Formation des Personnels Communaux [Mauritius?]
CNFS: Centre National de Formation Sociale [Togo]
CNFUPS: Confédération Nationale des Femmes UPS (Union Progressiste Sénégalaise)
CNFV: Conseil National des Forces Vives [Madagascar]
CNGS: Caisse Nationale de Garantie Sociale [Gabon]
CNGSE: Commission Nationale pour la Gestion Socialiste des Entreprises [Algeria]
CNI: (1) Commissariat National à l'Informatique [Algeria]; (2) Commission Nationale des Investissements [Burkina Faso?]; (3) Compagnie de Navigation Intérieure [Gabon; cp. CN]

CNIA: [glossed as: an agricultural company in N.W. colonial Madagascar]
CNID: Comité National d'Initiative Démocratique [Mali]
CNIDH: [an institute or organisation in Angola]
CNIP: Ciskei National Independence Party [South Africa]
CNJA: Conseil National de la Jeunesse et de l'Avenir [Morocco]
CNKI *or* **CNKi:** Comité National du Kivu [Zaïre]
CNL: (1) Commission Nationale de Linguistique [Benin Republic]; (2) Conseil [*or* Comité] National de Libération [Zaïre]; (3) Conseil National de Libération, Southern Sudan]
CNLCD: Comité National de Lutte Contre la Désertification [Burkina Faso]
CNLCI: Comité National pour la Libération de la Côte d'Ivoire
CNLGE: Cruzada Nacional de Liberación de la Guinea Ecuatorial
CNLPE: [glossed as: National Committee for the Fight Against the Practice of Excision, Burkina Faso]
CNM: Conseil National Malgache [Madagascar]
CNMA: Caisse Nationale de Mutualité Agricole [Algeria]
CNMF: Comité National pour les Musulmans Français
CNO: (1) Christelike Nasionale Onderwys [South Africa]; (2) Coordination Nationale de l'Opposition [Chad]
CNOE: Comité National d'Observation [*or* pour l'Observation] des Élections [Madagascar]
CNOU: Centre National des Œuvres Universitaires [Côte d'Ivoire]
CNP: (1) Cameroon National Party; (2) Ciskei National Party; (3) Comissão Nacional do Plano [Mozambique]; (4) Conseil National de Planification [Algeria]; (5) Conseil National du Patronat [Senegal]

CNPA: Centre National de Production Agricole [Guinea?]
CNPAR: [a training establishment in Ouagadougou, Burkina Faso]
CNPD: Conseil National Populaire du Développement [Madagascar]
CNPDV: Commission Nationale des Préretraités et Départs Volontaires [Guinea]
CNPF: Conseil National du Patronat Français [Madagascar?]
CNPG: Conseil National du Patronat Gabonais
CNPO: Coordination Nationale des Partis de l'Opposition [Cameroun]
CNPOA: Coordination Nationale des Partis de l'Opposition et Associations [Cameroun?]
CNPP: (1) Centre National de Perfectionnement Professionnel [Togo]; (2) Centre Neuro-Psycho-Pathologique [Zaïre?]; (3) Convention Nationale des Patriotes Progressistes [Burkina Faso]
CNPP-PSD: Convention Nationale des Patriotes Progressistes – Parti Social-Démocrate [Burkina Faso]
CNPPR: Conseil National Politique Provisoire de la République [Central African Republic]
CNPS: (1) Caisse Nationale de Prévoyance Sociale [Cameroun, Congo Republic, Côte d'Ivoire]; (2) Conseil National du Patronat Sénégalais
CNPV: Conseil National du Patronat Voltaïque
CNR: (1) Caisse Nationale de Réassurance [or Réassurances] [Cameroun]; (2) Comité National de la Révolution [Guinea]; (3) Comité [or Conseil] National de Redressement [Chad]; (4) Conseil National de la Résistance [France and Algeria]; (5) Conseil National de la Révolution [Algeria, Burkina Faso, Burundi, Congo Republic, Guinea; Benin?, Chad?, Côte d'Ivoire?]; (6) Conseil National pour le Renouveau [Burkina Faso]; (7) Conservatoire National de Région [La Réunion]; (8) [glossed as: National Reconciliation Council, Mali]
CNRA: (1) Centre National de Recherches Agronomiques [Senegal]; (2) Comité National de la Recherche Agronomique [Mali]; (3) Conseil National de la Révolution Algérienne
CNRC: Centre National du Registre du Commerce [Algeria]
CNREF: (1) Centre National de Recherches et Expérimentations Forestières [Algeria]; (2) Commission Nationale de Réforme de l'Éducation et de la Formation [Senegal]
CNRES: Commissariat National aux Recensements [or au Recensement] et Enquêtes Statistiques [Algeria]
CNRI: Centre National de Recherche et d'Investigation
CNRIT: Centre National de Recherches Industrielles et Technologiques [Madagascar]
CNRM: Comité National de Réforme et de Modernisation [Burundi?]
CNRO: Centre National de Recherches Océanographiques [Madagascar]
CNROP: Centre National de Recherche Océanographique et des Pêches [Mauritania]
CNRPS: Caisse Nationale de Retraite et de Prévention Sociale [Tunisia]
CNRS: Centre National de la Recherche Scientifique
CNRSH: Centre National de Recherches en Sciences Humaines [various Francophone countries]
CNRST: (1) Centre National de Recherche Scientifique et Technologique [Burkina Faso]; (2) Centre National de la Recherche Scientifique et Technologique [Mali]
CNRZA: Centre National de Recherches sur les Zones Arides [Algeria]
CNS: (1) Compagnie Nationale de Sécurité or Corps National de Sécurité [Algeria]; (2) Conférence Nationale Souveraine [various countries]; (3)

Council for Nuclear Safety [South Africa]; (4) Crédit National du Sénégal
CNSC: Comoros National Shipping Company
CNSEE: Centre National de la Statistique et des Études Économiques [Congo Republic]
CNSL: (1) Confédération Nationale des Syndicats Libres [Benin Republic]; (2) Conseil National des Syndicats Libres
CNSM: Confédération Nationale des Syndicats du Mali
CNSP: (1) Comissão Nacional de Salários e Preços [Mozambique?]; (2) Comité National de Salut Public [Mayotte]; (3) Comité National pour la Salvation Publique [Comoros]; (4) Coordination Nationale [or Coordonnateur National] des Structures Populaires
CNSPD: Comité National de Sursaut pour la Paix et le Développement [Chad]
CNSPR: Comité National de Gestion et de Suivi de Plan de Rétention [Côte d'Ivoire]
CNSS: Caisse Nationale de Sécurité Sociale [Gabon, Tunisia, etc.]
CNT: (1) Comité du Nord du Tchad; (2) Compagnie Nationale de Transport [Mauritius?]; (3) Conseil National de Transition [Algeria]
CNTA: Confederação Nacional dos Trabalhadores Angolanos
CNTB: Confédération Nationale des Travailleurs Burkinabè
CNTC: (1) Confédération Nationale des Travailleurs Chrétiens; (2) Conseil National des Travailleurs Camerounais
CNTCO: Compagnie de Navigation et des Transports Congo-Oubangui [Congo Republic]
CNTCS: Commission Nationale des Travailleurs Croyants du Sénégal
CNTG: (1) Confédération Nationale des Travailleurs Gabonais; (2) Confédération Nationale des Travailleurs Guinéens

CNTO: Compagnie de Navigation et de Transports Congo-Oubangui
CNTR: Compagnie Nationale des Transports Routiers [Central African Republic]
CNTS: Confédération Nationale des Travailleurs Sénégalais
CNTT: Confédération Nationale des Travailleurs du Togo [or Togolais]
CNTTA: Centre National de Traduction et de Terminologie Arabe [Algeria]
CNTV: Confédération Nationale des Travailleurs Voltaïques
CNU: (1) Cameroon National Union = UNC: Union Nationale Camerounaise; (2) Caucus for National Unity [Zambia]; (3) Conseil National d'Union [Chad]
CNURU: Commission des Nations Unies pour le Ruanda-Urundi
CNV: Cape Naval Volunteers [South Africa]
CNVC: Cape Native Voters' Convention [South Africa]
CO: (1) Colonial Office; (2) Cooperative Officer [Tanzania]
COA: Compagnies d'Ouvriers Auxiliaires [colonial North Africa]
COAGRICO: Coopérative Agricole et Commerciale Congolaise [Zaïre]
COAKA: Coalition Kasaïenne [Zaïre]
COBALCO: Compagnie Belge de Boucherie et d'Alimentation au Congo [Zaïre]
COBEGA: [glossed as: Société pour la fabrication au Congo Belge de boîtes métalliques et tous les articles en tôle émaillée, galvanisée ou en fer blanc]
COBELFRUIT: Compagnie Belge de Fruits Coloniaux
COBELKAT: Société de Colonisation Belge au Katanga [Zaïre]
COBELMIN or **COBELMINES:** Compagnie Belge d'Entreprises Minières or Compagnie Belgo-Congolaise d'Entreprises Minières
COBEMAG: Coopération Béninoise de Matériel Agricole [Benin Republic]

COBENAM: Compagnie Béninoise de Navigation Maritime
COBOCO: Congo-Bois et Contreplacage [Zaïre]
COBOMA: Société Congolaise des Grands Magasins «Au Bon Marché» [Zaïre]
COBOTA: Commission Boursière d'Antananarivo [Madagascar]
COBS: Cape Operative Bricklayers' Society
COC: (1) Church of the Creator [South Africa]; (2) Code of Conduct [Uganda]; (3) Comité d'Orientation et de Coordination [Mali]
COCAM: Contreplaques [*or* Contreplaqués] du Cameroun
COCAMO: Cooperation Canada-Mozambique
COCAN: Comité d'Organisation de la Coupe d'Afrique des Nations
COCLA: Coordinating Committee for the Liberation of Africa [OAU]
COCOBOD: Cocoa Marketing Board *or* Ghana Cocoa Board. See also: CMB, GCMB
COCOCAM: Comité de Coordination des Affaires Camerounaises
COCODA: Compagnie des Commerçants Africains du Dahomey
COCOSA: Coordinating Committee for South Africa
COD: (1) Coalition de l'Opposition Démocratique [Togo]; (2) Collectif de l'Opposition Démocratique [Togo]; (3) Congress of Democrats [South Africa]; (4) Coordination de l'Opposition Démocratique [Gabon]
CODAF: Compagnie d'Afrique pour l'Industrie et la Finance [Zaïre]
CODAIK: Compagnie de Développement Agro-pastoral Intégré de Kwango-Kwilu [Zaïre]
CODANAM: Compagnie Dahoméenne de Navigation Maritime
CODE: Canadian Organisation for Development through Education
CODENORD: Compagnie de Développement Rural du Nord [Zaïre]
CODESA: Convention for a Democratic South Africa
CODESRIA: Council for the Development of Social Science Research in Africa = Conseil pour le Développement de la Recherche Économique et Sociale en Afrique
CODEV: Société Commerce et Développement [Gabon]
CODEVI: Comité de Développement Villageois [Cameroun?]
CODIAM: Committee for the Development of Intellectual Investments in Africa and Madagascar
CODICE: CODESRIA Documentation and Information Centre
CODIM: Comité de Défense des Intérêts Malgaches
CODL: Conseil des Organisations de Développement de la Zone de Luozi [Zaïre]
CODO: Coligação Democrática de Oposição [São Tomé e Príncipe]
CODRO: Commissariat pour le Développement Rural de l'Oubangui [Central African Republic]
COE: Comité Operacional de Emergência [Mozambique]
COECCA: Common Organisation for Economic Cooperation in Central Africa = OCCEAC: Organisation Commune pour la Coopération Économique en Afrique Centrale
COEDF: Coalition of Ethiopian Democratic Forces
COEM: Comité Œcuménique d'Entr'aide au Maroc
COFA: Confiserie du Faso
COFEGES: Confédération des Groupements Économiques du Sénégal *or* Conseil Fédéral des Groupements Économiques Sénégalais
COFEL: Coopératives de Fruits et de Légumes [Algeria]
COFIMER: Compagnie Financière pour l'Outre-Mer
COFIMINES: Compagnie Financière Minière et Industrielle [Zaïre]

COFINCI: Compagnie Financière de la Côte d'Ivoire
COFITEX: Compagnie Marocaine de Filature et de Textile
COFOCO: Compagnie Foncière du Congo [Zaïre]
COFOKA: Compagnie Foncière du Katanga [Zaïre]
COFOLACS: Compagnie Foncière des Grands Lacs [Belgian colonies]
COFRANCO: Compagnie Coloniale Franco-Belge
COFREC: Committee for the On-Farm Research and Extension Linkage [Zimbabwe; as given]
COFRUCI: Coopérative Agricole de Production Bananière et Fruitière de Côte d'Ivoire
COG: (1) Committee of Generals [South Africa]; (2) Commonwealth Observer Group
COGE: Commissariat à l'Organisation et à la Gestion des Entreprises [Algeria]
COGEDRAT: Commissariat Général au Développement Régional et à l'Aménagement du Territoire [Tunisia]
COGEFES: Confection Générale de Fès [Morocco]
COGEHORE: Coopérative de Gestion des Hôtels et Restaurants
COGELIN: Société Congolaise d'Entreprises Électriques et Industrielles [Zaïre]
COGEMA: Compagnie Générale de [or des] Matières Nucléaires
COGENTAG: Comptoirs Généraux et Entreprises Agricoles en Afrique
COGEPAR: Conseils Gestion Participations [Zaïre]
COGER: Compagnie Gabon-Elf de Raffinage
COGERAF: Compagnie Générale d'Études et de Recherches pour l'Afrique
COGERCO: Comité de Gérance de la Caisse de Réserves Cotonnières *or* Comité de Gérance de la Réserve Cotonnière [Burundi]

COGES: Comité Gabonais d'Études Sociales et Économiques
COGETRA: Compagnie Générale de Travaux
COGIMO: Société Congolaise de Gestion Immobilière [Zaïre]
COGROPA: Comércio Grossista de Produtos Alimentares [Mozambique]
COGUISA: Colonizadora de la Guinea Continental S.A.
COI: (1) Commission de l'Océan Indien = IOC = Indian Ocean Commission; (2) Conserverie de l'Océan Indien
COIMO: Congresso Independente de Moçambique
COIN: Counter-Insurgency Unit = TIN: Teeninsurgensie Eenheid [South Africa]
COLA: Cost of Living Allowance [Nigeria]
COLAG: Citizens of Liberia Against Gambling
COLCOM: Central Co-operative Company Limited [Zimbabwe]
COLE: Commission on Lands and Environment [Tanzania]
COLEACP: Europe-Africa-Caribbean-Pacific Liaison Committee
COLECTRIC: Société Coloniale d'Électricité [Zaïre]
COLIDAP: Citizens of Liberia in Defense of Albert Porte
COLIMPEX: Société Coloniale d'Importation et d'Exportation [Zaïre]
COLINAV: Conférence de Lignes de Navigation Desservant la Côte Ouest Africaine
COLINCO: Société Coloniale Industrielle et Commerciale [Congo Republic]
COLO: Société de Colonisation Agricole du Mayumbe [as given]
COLOCOTON: Cotonnière Coloniale [Zaïre]
COLOMIN *or* **COLOMINES:** Société Coloniale Minière
COLONEX: Comptoir Colonial d'Importation et d'Exportation [Belgium]

C

COLOTABAC: Société Coloniale des Tabacs [Zaïre]
COM: (1) Chamber of Mines; (2) Council of Ministers [Ethiopia]
COMACICO: Compagnie Africaine de Cinéma Commercial *or* Compagnie Africaine Cinématographique Industrielle et Commerciale [France]
COMACO: Compagnie de Manutention et de Chalandage d'Owendo [Gabon]
COMACOP: Compagnie Mauritano-Coréenne de Pêche
COMAFFR: Comité de l'Afrique Française
COMAFRIQUE: (1) [glossed as: Société de fabrication de meubles, Mali]; (2) [an enterprise in Côte d'Ivoire]
COMAIR: Commercial Airways [South Africa]
COMAMETO: Compagnie Marocaine de Métaux et d'Entreprises
COMANAV: Compagnie Marocaine de Navigation
COMAPRAT: Comité Malien de Lutte contre les Pratiques Traditionnelles Néfastes [Mali]
COMARAN: Compagnie Maritime de l'Afrique Noire
COMARINE: Compagnie Marocaine d'Agences Maritimes
COMATEX: Compagnie Malienne des Textiles
COMAUNAM *or* **COMAU-NAM** *or* **COMMAUNAM:** Compagnie Mauritanienne de Navigation Maritime
COMBELGA: Compagnie [*or* Société Anonyme] Commerciale Belgo-Africaine
COMDEV: Commonwealth Development Corporation
COMEBA: Coopératives des Menuisiers Barundi
COMEDOR: Comité Permanent d'Études, de Développement, d'Organisation et d'Aménagement de l'Agglomération d'Alger
COMENA: Constructions Métalliques et Navales
COMESA: Common Market for Eastern and Southern Africa
COMET: Copper Mining Enterprise Trust [Zambia]
COMETRO: Commandant des Troupes Métropolitaines en Afrique Belge
COMEX: Institut National Algérien du Commerce Extérieur
COMFINA: Société Commerciale et Financière Africaine
COMIBU: Comité Islamique du Burundi
COMIC: Chamber of Mines Information Circular [South Africa]
COMIKI: Compagnie Minière de Kiere
COMILOG: Compagnie Minière de l'Ogooué [Gabon]
COMINA: Compagnie Minière d'Andriamena [Madagascar]
COMINAK: Compagnie Minière d'Akouta *or* Compagnie des Mines d'Akouta [Niger]
COMINCOR: Commercial and Industrial Corporation of Sierra Leone
COMINFO: Comissão Nacional de Informação
COMINGEM: Combinat Industriel de Gemena [Zaïre]
COMINIERE: Société Commerciale et Minière du Congo [Zaïre]
COMINOC: Compagnie Minière du Congo Occidental [Zaïre]
COMINOR: (1) Compagnie Minière du Nord de l'Ituri [Zaïre]; (2) Complexe Minière du Nord [Mauritania]
COMIPAC: [glossed as: fishing company, Mauritania]
COMIRA: Comité Militar de Resistência de Angola
COMISEC: Comité de Coordination Sectoriel (des CDR) [Burkina Faso]
COMIZA: Communauté Islamique au [*or* du] Zaïre
COMMAUNAM: [an organisation in Mauritania; cp. COMAUNAM]
COMOTEL: Société Comorienne de Tourisme et d'Hôtellerie
COMPANZI: Compagnie Immobilière du

Domaine de Panzi [Zaïre]
COMPOL: Comissão Nacional de Assuntos Policiais [Mozambique]
COMPRA: Combined Mitchells Plain Residents' Association
COMRO: Chamber of Mines Research Organisation [South Africa]
COMSANKU: Compagnie du Sankuru [Zaïre]
COMUELE: Société Commerciale et Minière de l'Uele [Zaïre]
COMUF: Compagnie des Mines d'Uranium de Franceville [Gabon]
COMYO: Council of Muslim Youth Organizations
CONA: Carmelo Owono Ndong Andeme [Equatorial Guinea]
CONACO: (1) Confédération Nationale des Associations Congolaises; (2) Convention Nationale Congolaise [Zaïre]
CONACPO: Conférence Nationale des Chefs de [or des] Partis de l'Opposition [Senegal]
CONAGRISAPAD: Comité National des Griots pour le Soutien de l'Action du Président Abdou Diouf [Senegal]
CONAKAT: Confédération des Associations du Katanga [Zaïre]
CONCP: Conferência das Organizações Nacionalistas das Colônias Portuguesas = Conférence des Organisations Nationalistes des Colonies Portugaises = Confederation of National Organisations of the Portuguese Colonies
CONDIFFA: Condition Féminine et Famille [Zaire]
CONELCO: Conseil des Églises Libres du Congo
CONEX: (1) Federal Department of Conservation and Extension [Central African Federation]; (2) Government Department of Conservation and Extension [Zimbabwe]
CONEXIFOR: Constructions Navales et Exploitations Forestières du Bas-Congo [Zaïre]

CONFABA: Conference on the Functional Aspects of Black Art
CONFEMEN: Conférence des Ministres de l'Éducation des Pays ayant en Commun l'Usage du Français *or* Conférence des Ministres de l'Éducation Nationale
CONFINDUS: Compagnie Financière et Industrielle [Zaïre]
CONGA: Comité de Organizações Não-Governamentais em Angola
CONGAD: Conseil des Organisations Non-Gouvernementales d'Appui au Développement [Senegal]
CONGAT: Conseil des Organismes Non-Gouvernementaux en Activité au Togo
CONGOCHIM: [a chemical and industrial company in Belgian Congo]
CONGOMA: Council for NGOs in Malawi
CONGOPALM: Coopérative des Producteurs et Exportateurs d'Huile de Palme du Congo Belge [Zaïre]
CONGORIENT: Société Industrielle et Minière du Congo Oriental [Zaïre]
CONICONGO: Usines J.-G. De Coninck et Fils, Congo [Zaïre]
CONIPRAT: [a committee, in Niger]
CONNAISSIDA: [derived from Connaissance-SIDA. An anti-AIDS organisation]
CONOSEL: [an organisation, Congo Republic]
CONS: Co-ordinator on National Security [Nigeria]
CONSAS: Constellation of Southern African States
CONSTROI: Empresa de Construção de Edificações [Angola]
CONTEX: Gestão Industrial de Têxteis e Confecções [Mozambique?]
CONTRALESA: Congress of Traditional Leaders in South Africa
COOCEC: Coopérative Centrale d'Épargne et de Crédit [Zaïre]
COOPEC: Coopérative d'Épargne et de Crédit [Zaïre]
COOPESA: Coopérative de la Solidarité

Africaine [Zaïre]
COOPMUT: Coopération et Mutualité = Department of Cooperation and Mutuality of the Ministry of Agriculture [Cameroun]
COOPRODUITS: Groupement Coopératif de Ventes Internationales des Produits du Burkina
COP: Congress of the People [South Africa]
COPAC: Coopérative de Production Agricole et de Consommation [Guinea?]
COPAL: Cocoa Producers' Alliance. Cp. CPA
COPAP: Commission Permanente de l'Administration Publique [Zaïre]
COPARCO: Société Congolaise de Parfumerie et de Cosmétiques
COPARTIM: [glossed as: national Moroccan handicrafts cooperatives centres]
COPE: (1) Congress of the People [South Africa?]; (2) Co-operative Planning and Education [South Africa]; (3) [an institute in Rabat, Morocco]
COPEC: Coopérative d'Épargne et de Crédit [Zaïre]
COPEMAR: Compagnie [or Société Congolaise] de Pêches Maritimes [Congo Republic]
COPHACO: Compagnie Générale de Produits Chimiques et Pharmaceutiques du Congo [Zaïre]
COPHC: Community Oriented Primary Health Care [Ethiopia?]
COPIMAR: [glossed as an independent cooperative offering managerial and commercial support, Rwanda]
COPNEUZA: Compagnie Industrielle de Pneumatiques au Zaïre
COPROFRUIT: Coopérative des Producteurs de Fruits du Bas-Congo [Zaïre]
COPRO-NIGER: Société Nationale de Commerce et de Production du Niger
COPRORIBU: Coopérative des Producteurs du Riz au Burundi

COPWE: Commission for Organising the Party of the Working People of Ethiopia [given with variants]
COR: (1) Calabar-Ogoja-Rivers [Nigeria]; (2) Commissioner of [or for] Refugees [Sudan]
CORA: Coopérative de la Réforme Agraire or Coopérative de la Révolution Agraire [Algeria]
CORAF: Congolaise de Raffinerie [Congo Republic]
CORDAC: [glossed as: Central Africa Broadcasting Company]
CORDE: Co-operation for Research, Development and Education [Botswana]
CORE: (1) Congress of Racial Equality; (2) Coopérative d'Écoulement or Coopérative Régionale d'Écoulement [Algeria]
COREB: Conférence des Ordinaires du Rwanda et du Burundi
COREM: Compagnie de Recherches et d'Exploitations Minières au Ruanda-Urundi
COREMO: Comité Revolucionário de Moçambique = MORECO: Mozambique Revolutionary Committee
COREN: Council of Registered Engineers of Nigeria
CORIF: Conseil de Réflexion sur l'Islam en France
CORPORTCHAD: Société des Transporteurs Tchadiens [as given]
COSAG: Concerned South Africans Group
COSAPAD: Comité de Soutien à l'Action du Président Abdou Diouf [Senegal]
COSAS: Congress of South African Students
COSATA: Cooperative Supplies Association of Tanzania
COSATU: Congress of South African Trade Unions
COSAW: Congress of South African Writers
COSAWR: Committee of South African

War Resisters
COSC: Cambridge Overseas School Certificate
COSCA: Collaborative Study of Cassava in Africa
COSEMA: Companhia de Serviços Marítimos [São Tomé e Príncipe]
COSENAM: Compagnie Sénégalaise de Navigation Maritime
COSEPRAT: [Senegalese Committee on Traditional Practices]
COSERU: Comité Secreto da Restauração [Mozambique]
COSG: Conscientious Objectors Support Group [South Africa]
COSIDER: [glossed as: Entreprise de construction pour la sidérurgie, Algeria]
COSISAL: [a firm in Senegal]
COSOMA: Comité de Solidarité de Madagascar
COSPROH: Compagnie Seychelloise de Promotion Hôtelière
COSSEUCJA: Conseil Supérieur des Sacrificateurs pour les Églises Unies de Jésus-Christ en Afrique
COSTRAR: Confédération Syndicale des Travailleurs du Rwanda
COSU: Coordination de l'Opposition Sénégalaise Unifiée [*or* Unie]
COSUMA: (1) Compagnie Sucrière Marocaine; (2) Conférence des Supérieurs Majeurs du Burundi et du Rwanda
COSUMAR: Compagnie Sucrière Marocaine et de Raffinage
COSUPEL: Commission Nationale de Contrôle et de Supervision des Élections [Niger]
COSYGA: Confédération Syndicale Gabonaise
COTAFOR: Compagnie Cotonnière de l'Afrique Orientale
COTANGA: Société Cotonnière du Tanganika [Zaïre]
COTEB: Complexe Textile du Bénin
COTEBU: Complexe Textile de Bujumbura [Burundi]
COTEDEP: Comité Technique Départemental [Niger?]
COTITEX: [glossed as: Entreprise nationale des industries textiles cotonnières, Algeria]
COTOLU: Cotonnière de Lualaba [Zaïre]
COTOMIB: Compagnie Togolaise des Mines du Benin
COTONA: La Cotonnière d'Antsirabe [Madagascar]
COTONAF: Société Française des Cotons Africains [Congo Republic; etc.?]
COTONANG: Companhia Geral dos Algodões de Angola
COTONCO: Compagnie Cotonnière Congolaise [Zaïre]
COTONEPO: Société Cotonnière du Nepoko [Zaïre]
COTONFRAN: Société Cotonnière Franco-Tchadienne
COTONNEC: [a company in Cameroun]
COTONTCHAD: Société Cotonnière du Tchad
COTOUBANGUI: Société Cotonnière du Haut-Oubangui
COTOUNA: Compagnie Cotonnière de l'Ouham-Nana
COTRAM: La Congolaise de Transport Maritime [Congo Republic]
COTU: Central Organisation of Trade Unions [Kenya]
COTUYAC: Société de Fabrication de Tuyaux en Asbeste-Ciment
COUD: Centre des Œuvres Universitaires de Dakar [Senegal]
COUVERTEX: [glossed as: Entreprise nationale de couvertures et textiles, Algeria]
COV: Companion of the Order of the Volta
COVEMI: Compagnie Voltaïque d'Exploitation Minière
COVENCO: Comptoir de Vente des Cotons du Congo [Zaïre]
COVIMA: [a company in Mauritania]
COVIT: Coordinator of Vetting, Investigations and Tribunals
COWA: Country Women's Association [Nigeria] [cp. COWAN]

COWAC: Continental – West Africa Conference
COWAN: Country Women's Association of Nigeria [cp. COWA]
COWAR: Committee of War Resistance [South Africa]
COWPZ: Catalyst Organisation for Women Progress in Zanzibar [Tanzania]
COZ: Credit Organisation of Zambia
CP: (1) Caixa Postal [Lusophone countries]; (2) Cape Province [South Africa]; (3) Central Province [Zambia]; (4) Centre Party [Zimbabwe]; (5) Centre Pastoral [Niger]; (6) Communist Party [various countries]; (7) Confederate Party [Zimbabwe]; (8) Conservative Party [South Africa] = KP: Konservatiewe Party; (9) Conservative Party [Uganda]; (10) Constitution Party [Zambia]
CPA: (1) Calicot Printed Association [Zaïre; cp. Colico Printers Association, *infra*; (2) Cape Provincial Administration [South Africa]; (3) Centre de Perfectionnement des Agents de l'Administration [Zaïre]; (4) Cocoa Producers' Alliance [Brazil, Cameroun, Côte d'Ivoire, Ghana, Nigeria, Togo; based in Lagos, cp. COPAL]; (5) Colico Printers Association [Zaïre?; cp. Calicot Printed Association, *supra*]; (6) Coloured People's Association; (7) Commonwealth Parliamentary Association; (8) Crédit Populaire d'Algérie
CPAB: Centre for Plant and Animal Biotechnology
CPAD: [glossed as: Preparatory committee for direct action, Angola]
CPAG: Commonwealth Peacekeeping Assistance Group [South Africa]
CPB: (1) Comissão Popular de Bairro [Angola?]; (2) Compagnie du Port de Bizerte [Tunisia]
CPC: (1) Cocoa Processing Company [Ghana]; (2) Cocoa Purchasing Company; (3) Coloured People's Congress [South Africa]; (4) Compagnie des Potases du Congo [Congo Republic]; (5) Congo Protestant Council; (6) Congrès Panafricain du Cameroun
CPCAT: Centre de Perfectionnement des Cadres de l'Administration du Travail
CPCCAF: Conférence Permanente des Compagnies Consulaires Africaines et Françaises
CPC(G)L: Central Properties Company (Ghana) Limited
CPCM: (1) Comité Permanent Consultatif du Maghreb [in English: PCCM: Permanent Consultative Committee of the Maghreb]
CPCMU: Central Province Cooperative Marketing Union [Zambia]
CPCS: Co-operatives Production Credit Scheme [Kenya]
CPCT: Caisse de Prêts aux Collectivités Territoriales [Niger]
CPD: (1) Cape Provincial Division [South Africa]; (2) Corporation for Public Deposits [South Africa]
CPDB: Ciskei People's Development Bank [South Africa]
CPDM: Cameroon People's Democratic Movement = RDPC: Rassemblement Démocratique du Peuple Camerounais
CPDS: Convergencia para la Democracia Social [Equatorial Guinea]
CPDZ: Connaissance et Pratique du Droit Zaïrois
CPE: (1) Certificate of Primary Education [various countries]; (2) [glossed as: Provincial Emergency Commission, Mozambique]
CPF: (1) Centre de Perfectionnement et de Formation [Burundi]; (2) Commission Paysans-Forêt [Côte d'Ivoire]
CPFC: Centre Panafricain de Formation Coopérative
CPG: Compagnie des Phosphates de Gafsa
CPGL: Communauté des Pays des Grands

Lacs [Burundi, Rwanda, Zaïre]
CPI: (1) Comité de Pilotage de l'Industrie [La Réunion]; (2) Commissioner of Public Investments [Tanzania]; (3) Conseil Phytosanitaire Interafricain = IAPSC: Inter-African Phytosanitary Commission [*or* Council]
CPK: Church of the Province of Kenya *or* Church Province of Kenya
CPKN: Compagnie Propriétaire du Kouilou-Niari [Gabon and Congo Republic]
CPL: Communist Party of Lesotho
CPLAR: Community Perspectives on Land and Agrarian Reform in South Africa
CPLS: Cape Provincial Library Service [South Africa]
CPM: (1) Commission du Peuple chargée du Secteur Ministériel [Burkina Faso]; (2) Coordination des Périmètres Maraîchers [Senegal]
CPMA: (1) Cape Province Municipal Association [South Africa]; (2) Committee on Parastatal Management Agreements [Tanzania]
CPN: Communist Party of Nigeria
CPNA: Cape Peninsula Native Association [South Africa]
CPNC: Cameroon People's National Convention
CPNU: Coloured People's National Union [South Africa]
CPO: Coloured People's Organisation
CPP: (1) Cameroon Peoples Party; (2) Commoners' People's Party [Nigeria]; (3) Convention People's Party [Ghana]
CPPC: Commission du Peuple pour la Prévention de la Corruption [Burkina Faso]
CPPE: [glossed as: Enterprise Further Training Centre, Benin Republic]
CPR: (1) Conseil Protestant du Rwanda; (2) Conseil Provincial Révolutionnaire [Benin?]; (3) Conseil Provisoire de la Révolution [Chad?]; (4) [glossed as: regional training centres, Morocco]
CPRC: Coloured Persons Representative Council [cp. CRC: Coloured Representative Council] [South Africa]
CPRP: Ciskei People's Rights Protection Party
CPS: (1) Civil Society Series [South Africa]; (2) Comité Permanent du Sud [Chad?]; (3) Communist Party of the Sudan; (4) Cour Populaire Suprême [Benin?]; (5) Current Population Survey [South Africa]
CPSA: (1) Church of the Province of South Africa; (2) Communist Party of South Africa, *later* SACP: South African Communist Party; (3) Conservative Party of South Africa
CPSC: Central Planning Supreme Council [Ethiopia]
CPSP: (1) Caisse de Péréquation et de Stabilisation des Prix [Senegal]; (2) Conseil Provisoire du [*or* de] Salut du Peuple [Burkina Faso]
CPSU: Cape Peninsula Students Union [South Africa]
CPTAFE: [glossed as: Co-ordinating body on traditional practices affecting the health of women and children, Guinea]
CPT(WP): Christian Professionals of Tanzania (Women Partnership)
CPVS: Coloured People's Vigilance Society
CPWAA: Cape Province Women's Agricultural Association [South Africa]
CPWU: Cameroons Plantation Workers' Union
CPZa: Communauté Presbytérienne du Zaïre
CR: (1) CELFAN review = Revue CELFAN; (2) Central Region [Ghana]; (3) Comités Révolutionnaires [Burkina Faso]; (4) Conseil Représentatif [Djibouti]; (5) Conseil Rural [Senegal]
CRA: (1) Cahiers des Religions Africaines [published Kinshasa]; (2) Cala Residents Association [South Africa]; (3) Centre de Recherches Africaines [Paris]; (4) Centre de Recherches Agricoles de Saint-Louis [Senegal]; (5)

Comité Régional d'Action [Chad?]; (6) Commission de Réforme Administrative [Zaïre]; (7) Coordination de la Résistance Armée [a Tuareg umbrella organisation]
CRAC: Centre Réunionnais d'Action Culturelle [La Réunion]
CRACCUS: Comité Régional d'Afrique Centrale pour la Conservation et l'Utilisation des Sols
CRACFI: Centre Régional Africain de Conception et de Fabrication Industrielle [based at Ibadan]
CRAD: Centres Régionaux d'Assistance au Développement
CRADAT: Centre Régional Africain d'Administration du Travail [Cameroun]
CRADORA: Cradock Residents Association [South Africa]
CRADOYA: Cradock Youth Association [South Africa]
CRAEIM: Centre Régional Africain pour les Études d'Ingéniérie et de Manufacture
CRAG: Centre National de Recherches et d'Application des Géosciences [Algeria]
CRAM: Collectivités Rurales Autochtones Modernisées [Madagascar]
CRAO: Centre de Recherches sur l'Afrique Orientale
CRAPE: Centre de Recherches Anthropologiques, Préhistoriques et Ethnographiques [*or* Ethnologiques] [Algeria]
CRAT: Centre Régional Africain de Technologie = ARCT: Africa Regional Centre for Technology
CRAU: Centre de Recherches en Architecture et Urbanisme [Algeria]
CRAVAT: Centre de Recherche Adaptive et de Vulgarisation Agricole de Tindo [Guinea]
CRBARDA: Cross River Basin and Rural Development Authority
CRBDA: Cross River Basin Development Authority
CRBT: Centre de Recherches sur les Ressources Biologiques Terrestres [Algeria]
CRC: (1) Coloured Representative Council [cp. CPRC]; (2) Community Resource Centres [South Africa]; (3) Constitution Review Committee [Nigeria]; (4) Constitutional Review Commission [Uganda]; (5) Croix-Rouge du Congo [Zaïre]; (6) [glossed as: Council for the Central African Revolution]
CRCAR: Comissão Reguladora do Comércio de Algodão em Rama [Portugal]
CRCFAA: Companhia Real dos Caminhos de Ferro Através da África
CRCI: Centre de Recherche et de Coopération Internationale [Morocco]
CRCP: Centre de Recherche sur les Coûts et la Productivité [Algeria]
CRCTP: Community Resource Centre Training Project [South Africa]
CRD: (1) Conseil Révolutionnaire du District [Benin?]; (2) Conseils Régionaux du Développement [Niger?]
CRDA: (1) Centre de Recherche et de Documentation Africaine; (2)Christian Relief and Development Association; (3) Commissariat Régional au Développement Agricole [Tunisia]
CRDB: Cooperative and Rural Development Bank [Tanzania]
CRDDP: Centres de Recherche et de [la] Documentation Pédagogique [Algeria]
CRDI: (1) Centre de Recherches pour le Développement International = IDRC: International Development Research Centre [Kenya]; (2) Centre Rural de Développement Intégral [Zaïre]
CRDS: Centre de Recherches et de Documentation du Sénégal
CRDTO: Centre Régional de Documentation pour la Tradition Orale [Niger]
CREA: (1) Centre de Recherche en

Économie Appliquée *or* Centre de Recherches en Économie Appliquées [Algeria]; (2) Centre de [*or* des] Recherches Économiques Appliquées [Senegal]; (3) Centre de Recherches et d'Études Anthropologiques [Cameroun]; (4) Consortium pour la Recherche Économique en Afrique = AERC: African Economic Research Consortium

CREAD: Centre de Recherche en Économie Appliquée pour le Développement [Algeria]

CREAO: Centre de Recherche et d'Étude sur les Pays d'Afrique Orientale

CREAT: Centre de Recherche de l'Élevage, Avetonou, Togo

CREDBELCO: Crédit Immobilier Belgo-Congolais [Zaïre]

CREDEC: Centre Régional de Recherche et de Documentation pour le Développement Culturel [Senegal]

CREDESA: Centre Régional pour le Développement et la Sécurité [Bénin Republic]

CREDICOM: Société de Crédit pour le Développement des Comores

CREDIF: Centre de Recherche, de Documentation et d'Information sur les Femmes [Morocco]

CREDILA: Centre de Recherches, d'Études et de Documentation sur les Institutions et la Législation Africaines [Senegal]

CREDU: Centre de Recherches, d'Échanges et de Documentation Universitaire *later* IFRA: Institut Français de Recherche en Afrique = Centre for Research, Documentation and University Exchange [Nairobi, Ibadan, etc.]

CREE: Comissão de Relações Económicas Externas [Mozambique?]

CREER: Centre de Recherche pour l'Exploitation de l'Énergie Renouvelable [Zaïre]

CREFOGA: Crédit Foncier du Gabon

CREFONCIER: Crédit Foncier Africain

CREGECO: Crédit Général du Congo [Zaïre]

CREID: Christian Research, Education, and Information for Democracy

CRENK: Centre Régional d'Études Nucléaires de Kinshasa

CRENO: Centre National d'Études et de Recherche en Énergie Renouvelable [Algeria]

CREP: Caisse Rurale d'Épargne et de Prêts [Côte d'Ivoire]

CREPAO: Centre de Recherche et d'Étude sur les Pays d'Afrique Orientale [Université de Pau]

CREPHY: Centre Régional de Formation Phytosanitaire [Cameroun?]

CREPLA: Centre Régional de [*or* pour la] Promotion du Livre en Afrique [UNESCO, in Cameroun]

CRES: (1) Centre Régional de l'Énergie Solaire; (2) Comité de Redressement Économique et Social [Madagascar]; (3) Conseil Révolutionnaire Économique et Social [Burkina Faso]

CRESAN: Crédit de Renforcement du Secteur de la Santé [Madagascar]

CRESED: Crédit de Renforcement du Secteur de l'Éducation [Madagascar]

CRESM: Centre de Recherches et d'Études sur les Sociétés Méditerranéennes

CREST: [a research centre, Sierra Leone]

CRET: (1) Centre de Recherche Écologique de Thiès [Senegal]; (2) Centre de Recherches sur les Espaces Tropicaux [Bordeaux]

CRETH: Centre de Recherches d'Études Techniques et de l'Habitat [Congo Republic]

CREVCAM: Crevettes du Cameroun

CRFEA: Christian Rural Fellowship of East Africa

CRFSA: Centre Régional de Formation Sucrière pour l'Afrique [Mauritius]

CRFTLA: Centre Régional de Formation aux Techniques des Levés Aérospatiaux *or* Centre Régional de Formation aux Technologies de Levés

Aériens = RECTAS: Regional Centre for Training in Aerospace Surveys [based at Nairobi]
CRG: Corporate Resources Group [Zimbabwe]
CRGM: Centre de Recherche Géologique et Minière [Zaïre]
CRGR: Centre de Recherche du Génie Rural
CRI: (1) Cellule de Restructuration Industrielle [Senegal]; (2) Commissions Régionales d'Investissements [Algeria]; (3) Crops [or Crop] Research Institute [Ghana]
CRIAA: Centre for Research, Information and Action for Development in Africa
CRIC: Community Research and Information Centre [South Africa]
CRID: Centre de Recherche International pour le Développement
CRIDE: Centre de Recherches Interdisciplinaires [or de Recherche Interdisciplinaire] pour le Développement de l'Éducation [Zaïre]
CRIDSET: Centre Régional d'Information et de Documentation Scientifiques sur la Biosphère en Écologie Tropicale [Cameroun?]
CRIG: Cocoa Research Institute of Ghana
CRIN: Cocoa Research Institute of Nigeria
CRIPT: Centre de Recherche et d'Initiation des Projets de Technologie [Congo Republic]
CRIR: Club des Intellectuels Rwandais [as given]
CRISP: Centre de Recherche et d'Information Socio-politiques [Brussels]; (2) Centre de Renseignements et d'Information Socio-Politiques
CRL: (1) Committee for the Revision of Laws [Sudan?]; (2) Conseil Révolutionnaire Local [Benin?]
CRLO: Community Relations Liaison Officers [Zimbabwe]
CRML: Christian Reformed Mission of Liberia

CRN: (1) Comité de Réconciliation Nationale [Togo; Mali?]; (2) Comité de Rénovation Nationale [Benin]; (3) Conseil de Réconciliation Nationale [Mali]
CRO: (1) Centre de la Recherche Océanographique [Côte d'Ivoire]; (2) Chief Regional Officer [Ghana]
CROA: Comptoirs Réunis de l'Ouest Africain
CRODT: Centre de Recherche Océanographique [or Recherches Océanographiques] de Dakar-Thiaroye [Senegal]
CRONGD-Bas-Zaïre: Conseil Régional des Organisations Non-Gouvernementales de Développement du Bas-Zaïre
CROP: Centre de Recherches Océanographiques et des Pêches [Algeria]
CRP: (1) Cercle des Républicains Progressistes [Rwanda]; (2) Cercle pour le Renouveau et le Progrès [Gabon]; (3) Conservative Republican Party [Cameroun]; (4) Constitutional Rights Project [Nigeria]
CRPA: Centre Régional de Promotion Agropastorale [Burkina Faso]
CRPAR: [a training establishment in Bobo-Dioulasso, Burkina Faso]
CRPGG: Comité Régional des Pêches du Golfe de Guinée
CRPO: Chief Regional Planning Officer [Zambia]
CRR: (1) Centre de Recherches Rizicoles de Djibelor [Senegal]; (2) Centre de Regroupement et de Réadaptation [French colonies]
CRS: (1) Catholic Relief Services [or Service]; (2) Communauté Région Sankuru [Zaïre]; (3) Cross River State [Nigeria]
CRS/GM: Catholic Relief Services / Gambia
CRSH: Centre de Recherche en Sciences Humaines [Zaïre]
CRSM: Charte de la Révolution Socialiste

Malagasy [Madagascar]
CRSP: Malawi / Michigan State University Bean / Cowpea Collaborative Research Support Program[me]
CRT: (1) Comité de la Route Transsaharienne; (2) Commodity Research Team [Zambia]
CRTG: Constitution of the Republic of The Gambia
CRTO: Centre Régional de Télédétection de Ouagadougou [Burkina Faso]
CRTV: Cameroon Radio Television = Office de Radiodiffusion Télévision Camerounaise
CRU: Congo-Ruanda-Urundi
CRUA: Comité Révolutionnaire d'Unité et d'Action [Algeria]
CRUPC: Comité Révolutionnaire de l'Union de Population du Cameroun
CS: (1) Centre de Santé [Rwanda]; (2) Comité Supérieur [a division of the OAS]
C&S: Cherubim and Seraphim [Nigeria]
CSA: (1) Cape State Archives [South Africa]; (2) Central Statistical Authority [Ethiopia]; (3) Civil Servants Association [Ghana]; (4) Commissariat à la Sécurité Alimentaire [Mauritania]; (5) Confederação Sindical Angolana; (6) Confédération Syndicale Africaine; (7) Conseil Scientifique pour l'Afrique au Sud du Sahara = CSASS = Scientific Council for Africa South of the Sahara; (8) Conseil Supérieur de l'Audiovisuel [La Réunion]; (9) [glossed as: High Council for Handicraft Trades, Benin Republic]
CSAC: Catholic Social Action Committee
CSAR: Central South African Railways
CSAS: Centre for Southern African Studies [University of the Western Cape; University of York]
CSASS: Conseil Scientifique pour l'Afrique au Sud du Sahara = CSA
CSATAU: Concession Stores and Allied Trades Assistants Union [South Africa]
CSAWU: Cleaning Services and Allied Workers Union [South Africa]
CSB: (1) Comité Solidarité-Burundi; (2) Confédération des Syndicats Burkinabè *or* Confédération Syndicale Burkinabè [Burkina Faso]
CSBS: Commercial and Savings Bank of Somalia
CSBZ: Cold Storage Board of Zambia
CSC: (1) Caisse de Stabilisation Cotonnière [Zaïre]; (2) Centres Secondaires de Commercialisation [Congo Republic]; (3) Christian Service Committee [Ghana]; (4) Christian Service Committee of the Churches of Malawi; (5) Civil Service Commission [Tanzania]; (6) Cold Storage Commission [Zimbabwe]; (7) Comissão de Supervisão e Controle [Mozambique, UNOMOZ]; (8) Compagnie Sucrière Congolaise [Zaïre]; (9) Confédération des Syndicats Chrétiens; (10) Confédération Syndicale Congolaise [Congo Republic]; (11) Conseil Supérieur des Colonies; (12) Council of Swaziland Churches
CSCC: Confédération des Syndicats Chrétiens du Congo [Zaïre]
CSCE: Conference on Security and Cooperation in Europe
CSCO: Caisse de Stabilisation Cotonnière [Zaïre]
CSCSA: Conference on Security and Cooperation in Southern Africa
CSD: (1) Centre for Science Development [South Africa]; (2) Child Survival and Development [Tanzania]; (3) Cocoa Services Division [Ghana]; (4) Convergence Sociale Démocrate; (5) Convergencia Social Democrática [Equatorial Guinea]
CSDDM: Comité de Soutien au Développement et à la Démocratie à Madagascar *or* Comité de Soutien à la Démocratie et au Développement de Madagascar

CSE: (1) Centre de Suivi Écologique [Senegal]; (2) Centre Social et Éducatif [Burundi]; (3) Comissão Sindical de Empresas
CSER: Centre for Social and Economic Research [Ahmadu Bello University, Nigeria]
CSFA: Conseil Supérieur des Forces Armées [Burkina Faso]
CSFP: Child Supplementary Feeding Programme [Zimbabwe]
CSFWU: Combined Small Factory Workers' Union [South Africa]
CSG: Comité Scientifique et de Gestion [i.e. of CERPOD]
CSHTF: Commission des Sources de l'Histoire Tunisienne en France
CSI: (1) Chief of Staff for Intelligence [South Africa?]; (2) Collectif des Syndicats Indépendants [Togo]; (3) Conseil Supérieur de l'Information [Algeria]
CSIR: (1) Council for Scientific and Industrial Research [Ghana]; (2) Council for Scientific and Industrial Research = SACSIR: South African Council for Scientific and Industrial Research
CSIRT: Conseil Scientifique Inter-africain pour la Recherche sur la Trypanosomiase = ISCTR: International Scientific Committee for Trypanosomiasis Research
CSIT: Chambre Syndicale des Imprimeurs de Tunis
CSK: Comité Spécial du Katanga [Zaïre]
CSL: (1) Confederazione Somala dei Lavoratori [Somalia]; (2) Conselho Superior da Luta [Cape Verde Islands]
CSLA: [glossed as: Supreme Council for Liberation of Angola]
CSLC: Confédération des Syndicats Libres du Congo
CSM: (1) Church of Scotland Mission; (2) Church of Sweden Mission; (3) Companhia Siderúrgica de Moçambique; (4) Conseil Supérieur de la Magistrature [Algeria, Mauritania];

(5) Conseil Supérieur Militaire [Chad]
CSNDP: Comité du Sursaut National pour la Démocratie et le Progrès [Chad] [cp. CSNPD]
CSNPD: Comité du Sursaut National pour la Paix et la Démocratie [Chad] [cp. CSNDP]
CSNRD: Consortium for the Study of Nigerian Rural Development [Michigan State University]
CSO: (1) Catholic Students' Organisation [Malawi]; (2) Central Selling Organisation; (3) Central Statistical Office [various countries]; (4) Central Statistics Office [various countries]; (5) Chief Secretary's Office [Nigeria]; (6) Colonial Secretary's Office [London]
CSON: Conseil Supérieur d'Orientation Nationale [Niger]
CSP: (1) Charcoal Stove Project [Zambia]; (2) Clinique de Santé Publique [Senegal]; (3) Code de Statut Personnel [Tunisia]; (4) Code du Statut Personnel [various countries]; (5) Comité de Salut Publique [Algeria]; (6) Conseil de Salut du Peuple [Burkina Faso]; (7) Conseil Sahélien des Pesticides; (8) Conseil Supérieur du Pays [Burundi]
CSPAF: Caisse de Stabilisation des Prix des Produits Agricoles et Forestiers [Congo Republic]
CSPC: Caisse de Stabilisation des Prix du Coton [Chad]
CSPD: Child Survival, Protection and Development Programme [Tanzania]
CSPHV: Caisse de Stabilisation des Prix de Haute-Volta [Burkina Faso]
CSPPA: Caisse de Stabilisation des Prix des Produits Agricoles [Burkina Faso]
CSPPN: Caisse de Stabilisation des Prix des Produits du Niger
CSPT: Compagnie Sénégalaise des Phosphates de Taïba
CSR: (1) Conference for the Second Republic [Malawi]; (2) Conseil Supérieur de la République [Congo Republic]; (3) Conseil Suprême de la

République [Burundi]; (4) Conseil Suprême de la Révolution [Chad, Madagascar]

CSRT: (1) Commodity and Specialist Research Teams [Zambia]; (2) Crop and Specialist Research Teams [Zambia]

CSS: (1) Caisse de Sécurité Sociale [Senegal]; (2) Central Statistical Service [*or* Services] [South Africa]; (3) Compagnie Sucrière Sénégalaise; (4) Council for the Southern Sudan

CSSA: Conseil Supérieur du Sport [*or* des Sports] en Afrique = SCSA: Supreme Council for Sport in Africa

CSSDC: Caisse Saharienne de Solidarité des Départements et des Communes [Algeria]

CSSDCA: Conference on Security, Stability, Development and Cooperation in Africa

CSSE: Compagnie Sénégalaise du Sud-Est

CSSL: Conservation Society of Sierra Leone

CSSP: Congregatio Spiritus Sancti

CSSPPA: Caisse de Stabilisation et de Soutien des Prix des Produits Agricoles [*or* des Productions Agricoles] [Côte d'Ivoire]

CST: (1) Compagnie São-Toméenne de Télécommunications [São Tomé e Príncipe]; (2) Confédération Sénégalaise du Travail; (3) Confédération Syndicale du Tchad; (4) Conseil Supérieur de [la] Transition [Chad]

CSTC: Centrale Syndicale des Travailleurs Camerounais [in English: Labour Confederation of Cameroon Workers]

CSTI: Centre for Scientific and Technical Information [South Africa]

CSTN: Centre des Sciences et de la Technologie Nucléaires [Algeria]

CSTR: Commission Scientifique Technique et de la Recherche = OUA/CSTR: Organisation de l'Unité Africaine / Commission Scientifique Technique et de la Recherche

CSTT: Confédération Syndicale des Travailleurs du Togo

CSU: (1) Central Service Unit [Zambia]; (2) Christian Social Union; (3) Congrès de la Somalie Unifiée = USC: United Somali Congress [Somalia]

CSV: Confédération Syndicale Voltaïque [Burkina Faso]

CSWR: Cultural Society for Women's Renaissance

CT: (1) Cape Town; (2) Centre TRICO [Zaïre]; (3) Commissão de Trabalhadores

CTA: (1) Cape Teachers' Association [South Africa]; (2) Central Transport Administration [Swaziland]; (3) Centre Technique de Coopération Agricole et Rurale = Technical Centre for Agricultural and Rural Cooperation [European Union and African, Caribbean and Pacific countries]; (4) Ciskei Territorial Authority [South Africa]

CTAC: Confédération des Travailleurs Africains Croyants

CTAP: Centre Technique d'Apprentissage Professionnel [Chad]

CTB: Central Tender Board [Botswana, Uganda]

CTC: (1) Cardiothoracic Centre [Korle-Bu, Accra]; (2) Ciskei Transport Corporation [South Africa]

CTCB: Compagnie de Transit et de Consignation du Bénin

CTCL: Cape Town City Libraries [South Africa]

CTEN: Council for Theological Education in Nigeria

CTFT: Centre Technique Forestier Tropical [France, with branches in Africa]

CTG: Confédération des Travailleurs de Guinée [Guinea]

CTI: Confederation of Tanzania Industries *or* Chamber of Tanzania Industrialists

CTICS: Centre Technique Industriel de la Canne et du Sucre [La Réunion]
CTLA: Central Transport Licensing Authority [Tanzania]
CTM: Compagnie Togolaise Maritime
CTMB: Compagnie Togolaise des Mines du Bénin
CTMC: Confédération des Travailleurs de Madagascar et des Comores
CTM-LN: Compagnie de Transports du Maroc – Lignes Nationales
CTMWA: Cape Town Municipal Workers Association [South Africa]
CTO: Central Transport Organisation [Botswana]
CTP: (1) Central Tanganyika Press; (2) Conseiller Technique Principal [Senegal]
CTPA: Cape Teachers' Professional Association [South Africa]
CTPE: Comité Technique des Paiements Extérieurs [Madagascar]
CTR: Centre Technique Régional [Côte d'Ivoire?]
CTRN: Comité Transitoire de Redressement National [Guinea]
CTRO: Compagnie de Transport Routier de l'Oubangui *or* Compagnies de Transports Routiers de l'Oubangui [Central African Republic]
CTS: (1) Cape Town Scorpions [a Cape Town youth gang]; (2) Community of Tiv Students [Nigeria]; (3) Compagnies Tchadiennes de Sécurité [Chad]
CTSP: Comité de Transition pour le Salut du Peuple *or* Comité Transitoire de Salut du Peuple [Mali]
CTT: (1) Coopérative des Transporteurs [*or* Transports] Tchadiens; (2) Correios, Telégrafos e Telefones [Mozambique]
CTTP: Contrôle Technique des Travaux Publics [Algeria]
CTU: Centre Technique Urbain [Côte d'Ivoire?]
CTUC: Cameroon Trade Union Congress
CTV: Cameroon Television

CTWG: Constitutional Technical Working Group [South Africa]
CU: (1) Christian Union [Nigeria?]; (2) Commercial Union [Zimbabwe]
CUC: (1) Cameroon Union Congress *or* Cameroon United Congress; (2) Centre Universitaire Congolais [Zaïre]; (3) Cuttington University College
CUDS: Centre Universitaire de Dschang [Cameroun]
CUEB: Coopérative Universitaire des Étudiants du Bénin
CUF: (1) Civic United Front [Tanzania]; (2) Companhia União Fabril [Portugal]
CULTENI: Cultures et Entreprises au Kivu [Zaïre]
CUM: Comité d'Unité Militaire [Guinea]
CUMA: (1) Coopérative d'Utilisation de Matériel Agricole [La Réunion]; (2) Coopératives d'Utilisation du Matériel Agricole [Algeria]
CUN: Courant d'Union Nationale [Cameroun]
CUNA: Credit Union National Association [Tanzania]
CUO: Centre Universitaire d'Orientation [Zaïre]
CUP: (1) Comité d'Unité de Production [Guinea?]; (2) Committee of University Principals [South Africa] = KUH: Komitee van Universiteitshoofde
CUPM: Comité d'Union du Peuple Malgache [Madagascar]
CURBZ: Church of Uganda, Rwanda, Burundi and Zaire
CURDES: Centre Universitaire de Recherche sur le Développement Économique et Social [Burundi]
CURER: Centre Universitaire de Recherches, d'Études et de Réalisations [Algeria]
CUSA: (1) Congregational Union of South Africa; (2) Council of Unions of South Africa; (3) Credit Union and Savings Associations [Zambia]
CUSPOD: Centre Universitaire de

Science Politique et de Développement [Gabon]
CUSS: (1) Centre Universitaire des Sciences de la Santé [Cameroun]; (2) [an institution in Gabon]
CUT: (1) Comité de l'Unité Togolaise (2) Confédération Unitaire du Travail [Togo]; (3) Cooperative Union of Tanganyika; (4) Cooperative Union of Tanzania
CVA: Centre de Vulgarisation Agricole [Zaïre; Benin Republic?]
CVC: Citizens Vetting Committee [Ghana]
CVCCEP: Commission de Vérification des Comptes et de Contrôle des Établissements Publics [Senegal]
CVD: Conseils Villageois de Développement [Niger?]
CVE: Cape Verdean Escudos
CVET: [formerly: Cape Town Community Video Resource Association] [South Africa]
CVI: Complexe de Véhicules Industriels
CVO: Christelik Volkseie Onderwys [South Africa]
CVR: Corps des Volontaires de la République [Zaïre]
CVRS: Centre Voltaïque de la Recherche Scientifique [Burkina Faso]
CVZ: Chemins de Fer Vicinaux du Zaïre
CWA: (1) Central Water Authority [Mauritius]; (2) College of West Africa [Liberia]; (3) Commonwealth West Africa
CWAS: Centre of West African Studies [Birmingham]
CWIU: (1) Chemical Workers' Industrial Union [South Africa]; (2) Commercial Workers' Industrial Union [South Africa]
CWMC: Central Witwatersrand Metropolitan Chamber [South Africa]
CWS: Church World Service
CWSK: Child Welfare Society of Kenya
CWTC: Central Water Transportation Company [Nigeria]
CWTUF: Central Workers Trade Unions Federation
CWU: (1) Cameroon[s] Welfare Union; (2) Chemical Workers' Union [South Africa]
CWUZ: Commercial Workers' Union of Zimbabwe
CYDEF: Cyrenaican Defence Force [Libya]
CYL: (1) Cameroons Youth League; (2) City Youth League [Zimbabwe]; (3) Congress of Youth League; (4) Congress Youth League [of the ANC]
CYO: (1) Catholic Youth Organisation [Ghana?]; (2) Committee on Youth Organisation [Ghana]
CZ: Cultures Zaïroises
CZI: Confederation of Zimbabwe Industries

d

D: Dalasi [Gambian currency]
DA: (1) Détachement Air [France]; (2) Development Area [Malawi]; (3) Dinar Algérien (4) District Administration [Botswana]; (5) District Administrator [Uganda]; (6) District Assembly [Ghana]; (7) [glossed as: Directorate of Handicraft Trades, Benin Republic]
DAAPCO: Damazin Agricultural and Animal Production Co.
DABCO: Domestic Appliances and Bicycle Company [Tanzania]
DABS: Department of Architecture and Buildings Services [Botswana]
DAC: (1) Daveyton Action Committee [South Africa]; (2) Démocratie Authentique du Cameroun; (3) Department of Arts and Culture [of the African National Congress]; (4) Development Assistance Committee; (5) Direction de l'Action Coopérative [Burkina Faso]
DAD: (1) Délégation Agricole de la Daira *or* Délégation de l'Agriculture de la Daïra [Algeria]; (2) Divisional Administration Department [Nigeria]
DAE: (1) Direction de l'Agriculture et de l'Élevage [Congo Republic]; (2) District Agricultural Engineer [Zambia]; (3) Donors to African Education
DAEC: Department of Agriculture and Environmental Conservation [Lebowa, South Africa]
DAES: Department of Agriculture and Extension Services [Ghana]
DAF: (1) Direction Administrative et Financière [Burkina Faso]; (2) [a ministerial department in Mali]
DAFCO: Dairy Farming Company
DAFS: Department of Agricultural Field Services [Botswana]
DAG: Democratic Alliance of Ghana
DAGP: Direction de l'Administration Générale des Projets [Zaïre]
DAHP: Department of Animal Health and Production [Botswana]
DAHS: Decentralized Animal Health Service [Kenya]
DAIPN: Domaine Agro-Industriel Présidentiel de la N'Sele [Zaïre]
DAIRIBORD: Dairy Marketing Board [Zimbabwe]:
DAKAR-MARINE: Société pour le Développement de l'Infrastructure de Chantiers Maritimes du Port de Dakar [Senegal]
DALDO: District Agriculture and Livestock Development Office [*or* Officer] [Tanzania]
DALRO: Dramatic, Artistic and Literary Rights Organisation [South Africa]
DAMI: Détachement d'Assistance Militaire d'Instruction [France and Rwanda]
DAN: Democratic Action for Namas [Namibia]
DANIDA: Danish International Development Agency *or* Danish Agency for International Development Aid
DANTAN: Denmark-Tanzania Society
DAO: (1) District Administrative Officer [Ghana]; (2) District Agricultural Officer [Botswana, Zambia]
DAP: (1) Director of Agricultural

Production [Tanzania]; (2) Dossier Administratif du Personnel [Zaïre]
DAPCB: Departed Asians' Property Custodian Board [Uganda]
DAPIT: Development and Application of Intermediate Technology [Ghana]
DAR: Department of Agricultural Research [Botswana, The Gambia, Malawi]
DARAW: Direction de l'Agriculture et de la Révolution Agraire de la Wilaya [Algeria]
DARE: [glossed as: later name of the Zimbabwe Revolutionary Council]
DARS: Demokratische Arabische Republik Sahara = RASD: République Arabe Sahraouie Démocratique [Western Sahara]
DARUSO: Dar es Salaam Students' Organisation
DAS: (1) Domaines Agricoles Socialistes [Algeria]; (2) [glossed as: Direction des Services Agricoles, Algeria]
DAT: (1) Direction de l'Aménagement du Territoire [Senegal?]; (2) Direction de l'Artisanat et du Tourisme [Mauritania]
DATAR: Direction de l'Aménagement du Territoire et de l'Action Régionale
DATCO: Ducor Air Transport Company [Liberia]
DAW: (1) Délégation Agricole de la Wilaya [Algeria]; (2) Directions de l'Agriculture à la Wilaya [Algeria]
DAWS: Development and Women's Studies Programme [Ghana?]
DBL: Delta Boatyard Limited [Nigeria]
DBLE: Demi-Brigade de la Légion Étrangère [France]
DBM: Development Bank of Mauritius
DBP: Décision du Bureau Politique [Zaïre]
DBS: Dirty Bastards [Cape Town youth gang]
DBSA: Development Bank of Southern Africa. Cp. SADB
DBZ: Development Bank of Zambia
DC: (1) Damara Council [Namibia]; (2) Development Certificate; (3) District Commissioner [various countries]; (4) District Council [Botswana, Mauritius]
DCA: (1) DanChurchAid; (2) Democratic Congress Alliance [The Gambia]; (3) Department of Civil Aviation [Botswana]
DCAN: [a trade union in Madagascar]
DCC: (1) Department of Commerce and Consumer Affairs [Botswana]; (2) Direction des Constructions et des Équipements Scolaires [Senegal?]; (3) Directorate of Covert Collection [South Africa]
DCCM: Disciples of Christ Congo Mission
DCDP: Department of Constitutional Development and Planning [South Africa]
DCE: District Chief Executive [Ghana]
DCGT: Direction Centrale des Grands Travaux [Côte d'Ivoire; cp. DCGTX]
DCGTX: (1) Direction Centrale des Grands Travaux [Côte d'Ivoire; cp. DCGT]; (2) Direction du Contrôle des Grands Travaux [Côte d'Ivoire]
DCLD: Durban and Coast Local Division
DCME: Domestic Coffee Marketing Enterprise [Ethiopia]
DCMP: Dépôt Central Médico-Pharmaceutique [Zaïre]
DCN: Delta Central du Niger
DCNC: Direction de la Cartographie Nationale et du Cadastre [Togo]
DCO: Dominion, Colonial and Overseas
DCP: Damara Christian Party [Namibia]
DCPF: Department of Crop Production and Forestry [Botswana]
DCRU: District Council Road Unit [Botswana]
DC/RY: District Commissioner / Railway District
DCSPP: Direction du Contrôle du Secteur Parapublic [Côte d'Ivoire]
DCSR: Direction de la Conservation du Sol et du Reboisement [Senegal?]
DCUH: Direction de la Construction de

D

l'Urbanisme et de l'Habitat [Congo Republic]
DCZ: Discount Company of Zimbabwe
DD: Défense de la Démocratie [Gabon]
DDA: (1) Dairy Development Agency [Ethiopia]; (2) Democráticos de Angola; (3) Department of Development Aid [South Africa]; (4) Direction Départementale de l'Agriculture [Algeria, La Réunion]
DDC: (1) District Development Committee [Kenya, Tanzania; Malawi?]; (2) District Development Corporation [Tanzania]; (3) District Development Council [Tanzania]; (4) Divisional Development Committee [The Gambia]
DDD: District Development Director [Tanzania]
DDE: Direction Départementale de l'Équipement [La Réunion]
DDF: Darfur Development Front
DDI: (1) Direction de la Dette et des Investissements [Senegal]; (2) Direction du Développement Industriel [Côte d'Ivoire?]
DDMS: Deputy Director of Medical Services [Swaziland]
DDNEAS: Deputy Director of Non-European Army Services [South Africa]
DDP: (1) District Development Plan [Botswana]; (2) District Development Programme [Zambia]
DDR: Departamento do Desenvolvimento Rural [Guiné-Bissau]
DDW: Diakonisches Werk
DE: Direction de l'Environnement [Guinea; Senegal?]
DEA: Division of Economic Affairs [Botswana]
DEBSWANA: De Beers Botswana Mining Company
DEC: (1) Damara Executive Council [Namibia]; (2) Department of Education and Culture [South Africa]; (3) Directions Exécutives Provisoires [Algeria]; (4) District Election Committees [Ghana]; (5) District Environment Committee [Uganda]; (6) District Executive Committee [Ghana?]; (7) [glossed as: Director of Examinations and Concours, Togo]
DED: (1) Deutscher Entwicklungsdienst [often written: ded]; (2) District Executive Director [Tanzania]
DEE: Direction de l'Enseignement Élémentaire [Senegal?]
DEFA: Defence and Aid Fund
DEFC: Direction des Eaux, Forêts et Chasses [Senegal?]
DEFINCO: Development Finance Company [Malawi]
DEIC: Dutch East India Company
DEJIMAS: [glossed as: Entreprise nationale de développement des industries d'articles de sport, de jouets et d'instruments de musique, Algeria]
DEJJ: Département Éducatif de la Jeunesse Juive [Morocco]
DELCO: Sierra Leone Development Company
DELGA: Degema Local Government Authority [Nigeria]
DELIMCO: [German-Liberian Mining Company (Bong Mines)]
DELTO: Département de Linguistique et de Tradition Orale [National University of Benin]
DEMALCOM: Defence Manpower Liaison Committee [South Africa]
DEMATT: Development of Malawi [*or* Malawian] Traders Trust
DEMCOP: Democratic Cooperative Party
DEMG: Departamento de Estudos da Mulher e do Género [Mozambique]
DEMR: Deutscher Evangelischer Missionsrat
DEMRH: Direction des Études du Milieu et de la Recherche Hydraulique [Algeria]
DEMS: Department of Electrical and Mechanical Services [Botswana]
DENIVA: Development Network of Indigenous Voluntary Associations [Uganda]

DEO: (1) District Education Officer [Swaziland?]; (2) District Environment Office [Kenya]

DEP: (1) Department of Economic Policy [i.e. of the ANC]; (2) Department of Environment Protection [Uganda]; (3) Direction des Études et de la Planification [Tunisia]

DEPA: (1) Departamento de Pesquisa Agrícola; (2) Departamento Experimental de Produção Agrícola [Guiné-Bissau]

DEPC: Direction des Études, Programmation et Contrôle [Burkina Faso]

DER: Direction de l'Équipement Rural [Senegal?]

DERG: [Provisional Military Administrative Council, Ethiopia]

DERRO: Développement Économique et Rural du Rif Occidental [Morocco]

DERU: Desert Ecological Research Unit [Namibia]

DERUDE: Department of Rural Development [Zimbabwe]

DES: (1) Défense de l'Environnement Camerounais; (2) Diplôme d'Études Supérieures; (3) Diplôme de fin d'Études Supérieures; (4) District Executive Secretary [Zambia]

DESCA: Development of a Science Culture in Africa

DESCOM: Detainees Support Committee [South Africa]

DESS: Diplôme d'Études Supérieures Spécialisées

DET: (1) Dahira des Étudiants Tidianes; (2) Department of Education and Training [South Africa]

DETA: Direcção de Exploração dos Transportes Aéreos [Mozambique]

DETMAR: Chef Détachement de la Marine à Mayotte

DETU: Democratic Teachers' Union [South Africa]

DEVPLAN: Ministry of Economic Affairs and Development Planning *or* Ministry of Planning [Tanzania]

DEVPOL: Statement of Development Policies [Malawi]

DEW: Detainees Education and Welfare [South Africa]

DF: (1) Democratic Front; (2) Destacamento Feminino [Mozambique]

DFA: (1) Development Fund for Africa; (2) Division of Financial Affairs [Botswana]

DFB: Deciduous Fruit Board

DFC: Development Finance Company [Nigeria]

DFCK: Development Finance Company [*or* Corporation] of Kenya

DFCU: Development Finance Company of Uganda

DFHQ: Defence Force Headquarters [South Africa]

DFI: (1) Development Finance Institution [Botswana]; (2) Development Finance Institutions [Nigeria]

DFIP: Direction des Forces d'Intervention de la Police [Madagascar]

DFLS: Democratic Front for the Liberation of Somalia

DFMS: (1) Dansk Forenet Sudan Mission; (2) Domestic and Foreign Missionary Society [USA]

DFR: Durban Functional Region [South Africa]

DFRRI: Directorate of Food, Roads and Rural Infrastructure [Nigeria; cp. DIFRRI]

DFSS: Democratic Front for the Salvation of Somalia

DG: Directeur Général [various countries]

DGA: (1) Directeur Général Adjoint [various countries]; (2) Durban Garrison Artillery [South Africa]

DGABD: Direction Générale des Archives Nationales, de la Bibliothèque Nationale et de la Documentation Gabonaise

DGB: Direction Générale du Budget

[Gabon]
DGBDE: Direction Générale de la Banque de Données de l'État [Madagascar]
DGCPT: Direction Générale de la Comptabilité Publique et du Trésor [Côte d'Ivoire]
DGDA: Direction Générale du Développement de l'Agriculture [Côte d'Ivoire?]
DGDS: Direction Générale pour la Documentation et la Sécurité [Algeria]
DGE: Dotation Globale d'Équipement
DGFB: Deutsche Gesellschaft der Freunde Botswanas
DGGP: Délégation Générale du Gouvernement pour la Privatisation [Madagascar]
DGID: Direction Générale de l'Information et de la Documentation [Madagascar]
DGIDIE: Direction Générale de l'Information et de la Documentation Intérieure[s] et Extérieure[s] [Madagascar]
DGIPE: Department of Government Investment and Public Enterprises [Kenya]
DGM: Direction de la Géologie et des Mines [Burkina Faso]
DGMOK: Direction Générale de la Maîtrise d'Ouvrage de la Kompienga [Burkina Faso]
DGP: Direction Générale du Plan [Madagascar]
DGPA: Direction Générale de la Production Agricole [Senegal]
DGPN: Direction Générale de la Police Nationale [Congo Republic]
DGPS: Délégation Générale de la Prévention et de la Sécurité [Algeria?]
DGRST: (1) Délégation Générale de la Recherche Scientifique et Technique [Cameroun]; (2) Direction Générale de la Recherche Scientifique et Technologique [Burkina Faso]
DGS: (1) Department of Geological Survey [Botswana]; (2) Direcção Geral de Segurança [Portugal and Portuguese colonies]
DGSN: Direction Générale de la Sûreté Nationale [Morocco]
DGT: (1) Délégation Générale du Tourisme [Cameroun]; (2) Direcção Geral do Turismo [Cape Verde Islands]
DGTC: Direction Générale des Grands Travaux du Cameroun
DGW: Department of Game and Wildlife [Ghana]
DH or **Dh:** (1) Dirham; (2) District Head [Nigeria]
DHAC: Durban Housing Action Committee [South Africa]
DHE: Domaine Hévéicole de l'État [Côte d'Ivoire]
DHL: [glossed as: private postal service in Sierra Leone]
DHP: Dormaa Healer Project [Ghana]
DHPS: Deutsche Höhere Privatschule [Windhoek, Namibia]
DHS: Demographic and Health Surveys [various countries]
DHT: District Health Team [Botswana]
DIA: (1) Defence Intelligence Agency [Nigeria]; (2) Department of Industrial Affairs [Botswana]; (3) Direction de l'Industrie et de l'Artisanat [Burkina Faso?]; (4) Documentation et Informations Africaines [Zaïre]; (5) Dutch Interchurch Aid
DIAMANG: Companhia de Diamantes de Angola
DIARWA: Dialogue avec les Amis du Rwanda
DIB: Department of Information and Broadcasting [Botswana]
DIC: (1) Démocratie Intégrale au Cameroun; (2) Direction des Investigations Criminelles [Senegal]; (3) Divestiture Implementation Committee [Ghana]
DICAD: Department of Interchurch Aid and Development [Ethiopian Orthodox Church]
DICOR: Diamond Corporation

DID: Parti de Défense des Institutions Démocratiques [Gabon]
DIDC: District Information and Documentation Centres [Kenya]
DIE: Défense des Intérêts Économiques [Benin]
DIEC: Directorate for International Economic Cooperation
DIEST: [Parti de la] Défense des Intérêts Économiques et Sociaux du Territoire [French Somaliland]
DIFOP: Direction de la Formation Permanente, de l'Action et de la Recherche Pédagogique [Togo]
DIFRRI: Directorate of Food, Roads and Rural Infrastructures [Nigeria; cp. DFRRI]
DIG: (1) Défense des Intérêts Gabonais; (2) Deputy Inspector-General of Police [Nigeria]
DIGS: Doornkloof Indigenous Garden Society [South Africa]
DIMAC: Distribuidora de Materiais de Construção [Mozambique]
DIMES: Democratic Integrated Municipal Employees' Society [South Africa]
DIMINCO: National Diamond Mining Company = NDMC [Sierra Leone]
DIMM: Department of Information and Mass Mobilisation [Uganda]
DIMO: Défense des Intérêts du Moyen-Ogoué [Gabon]
DINARTE: Direção Nacional de Arte [Angola]
DINAS: Direction Nationale de la Statistique [Djibouti]
DIP: (1) Department of Information and Publicity [i.e. of the ANC, South Africa]; (2) Direction de l'Instruction Publique [Tunisia]
DIPD: Department of Industrial Participatory Democracy [Zambia]
DIPROCHIM: [glossed as: Entreprise nationale d'approvisionnement et de distribution des produits chimiques, Algeria]
DIPROCI: Direction de la Production Cinématographique [Burkina Faso]
DIPSA: Democratic Initiative of the Portuguese in South Africa
DIR: Détachement d'Intervention Rapide
DIRDOC: Direction Générale d'Études et de la Documentation [Cameroun]
DIRE: Délégation à l'Insertion, à la Réinsertion et à l'Emploi [Senegal]
DIRN: Défense des Intérêts Régionaux et Nationaux [Gabon]
DISA: [glossed as: Directorate of Information and Security of Angola]
DISTRICH: [glossed as: Entreprise nationale de distribution de la chaussure et de maroquinerie, Algeria]
DISTRIMAC: [glossed as: Entreprise nationale de distribution des matériaux de construction, Algeria]
DISTRITEX: [glossed as: Entreprise nationale de distribution des produits textiles, Algeria]
DIVCO: Divisional Council of the Cape [South Africa]
DJF or **Djf:** Franc-Djibouti
DJP: [glossed as: Democratic Justice Party, Mauritania]
DKB: Deutsches Kolonialblatt
DKZ: Deutsche Kolonialzeitung
DLAHA: Department of Local Administration, Housing and Agriculture [South Africa]
DLC: (1) Desert Locust Committee [British East Africa]; (2) Droits et Libertés du Citoyen [Zaïre]
DLCO: Desert [and] Locust Control Organisation
DLCO-EA: Desert Locust Control Organisation for Eastern Africa
DLE/M: Détachement de la Légion Étrangère de Mayotte
DLI: Durban Light Infantry [South Africa]
DLIS: Diploma in Library Studies [Botswana]
DLS: (1) Department of Livestock Services [The Gambia]; (2) Desert Locust Survey [British East Africa]
DLSAC: Desert Locust Survey Advisory

Committee [British East Africa]
DLSS: Department of Labour and Social Security [Botswana]
DLUP: District Land Use Plan [Botswana]
DLUPU: District Land Use Planning Unit [Botswana]
DM: Directoire Militaire [Madagascar?]
DMA: Division du Machinisme Agricole [Mali]
DMB: (1) Dairy Marketing Board [Zimbabwe]; (2) Diamond Manufacturing Botswana
DMC: (1) Department of Marketing and Cooperatives [Zambia]; (2) Direction de la Mutualité Coopérative [Côte d'Ivoire]; (3) Direction de la Mutualité et de la Coopération
DMDA: Director of Manpower Development and Administration [Tanzania]
DMES: Durban Municipal Employees' Society
DMI: (1) Department of Military Intelligence [South Africa]; (2) Director of Military Intelligence [Ghana, South Africa]; (3) Directorate of Military Intelligence [Nigeria, South Africa]
DMO: District Medical Officer [Tanzania, Uganda]
DMOF: Direction de la Mobilisation et de l'Organisation des Femmes [Burkina Faso ?]
DMOI: Directorate of Military Operations and Intelligence [Ghana]
DMPCC: Direction des Marchés, Prix, et Crédits de Campagne [Zaïre]
DMPSA: Durban Municipal Professional Staff Association
DMR: (1) Democratic Movement for Reconstruction [Lesotho]; (2) Département du Monde Rural [Burkina Faso]; (3) Die Middellandse Regiment [South Africa]
DMS: Department of Meteorological Services [Botswana]
DMWU: Durban Municipal Workers' Union
DNA: [glossed as: National Directorate for Water Affairs, Mozambique]
DNACOOP: Direction Nationale de l'Action Coopérative [Mali?]
DNAE: Direction Nationale des Affaires Économiques [Mali]
DNAEA: [glossed as: National Directorate of Literacy and Adult Education]
DNAFLA: Direction Nationale de l'Alphabétisation Fonctionnelle et de la Linguistique Appliquée [Mali]
DNB: Démocratie Nationale du Burundi
DNC: (1) Direction Nationale de la Construction [Algeria]; (2) Direction Nationale de la Coopération [Mali?]; (3) Direction Nationale des Coopératives [Algeria]
DNE: (1) Department of National Education [South Africa]; (2) Direcção Nacional de Estatística [Mozambique]; (3) Direction Nationale d'Élevage [Mauritania]
DNEA: [glossed as: National Directorate of Adult Education]
DNEAS: Director of Non-European Army Services [South Africa]
DNEF: Direction Nationale des Eaux et Forêts [Benin Republic; Mali?]
DNESRS: Direction Nationale des Enseignements Supérieurs et de la Recherche Scientifique [Mali]
DNFE: Department of Non-Formal Education [Botswana]
DNHPD: Department of National Health and Population Development [South Africa]
DNI: Direction Nationale des Industries [Mali]
DNL: Director of Native Labour [South Africa]
DNP: (1) Department of National Parks [Uganda]; (2) Dikwankwetla National Party [South Africa]
DNPWM: Department of National Parks and Wildlife Management
DNSI: Direction Nationale de la

Statistique et de l'Informatique [Mali]
DNSP: (1) Direcção Nacional de Saúde Pública [Angola]; (2) Direction Nationale de la Santé Publique [Mali]
DNTC: Department of National Transport and Communications [Botswana]
DO: (1) District Officer [various countries]; (2) Divisional Officer [Nigeria]
DOA: (1) Department of Agriculture [various countries; (2) Deutsch-Ostafrika = GEA: German East Africa
DOAG: Deutsch-Ostafrikanische Gesellschaft = GEAC: German East Africa Company
DOAL: Deutsche Ost-Afrika-Linie
DOC: Department of Culture [Eritrea]
DOCC: Donaldson Orlando Cultural Club [Soweto, South Africa]
DO(D): District Officer (Development) [Botswana]
DOE: Department of Energy [Zambia]
DOF: Department of Forestry [Kenya]
DOG: Discours d'Orientations Générales [Burkina Faso]
DOI: Democratic Organisation for Independence = PDOIS: People's Democratic Organisation for Independence and Socialism [The Gambia]
DO(L): District Officer (Lands) [Botswana]
DOM: (1) Department of Mines [Botswana]; (2) [glossed as: Department of Organisation of the Masses of the MPLA, Angola]
DOMR: Direction de l'Organisation, de la Mobilisation et des Réserves [Congo Republic]
DOM-TOM: Départements d'Outre-Mer – Territoires d'Outre-Mer [France]
DONS: Department of National Security [South Africa]
DOP: (1) Department of Posts [Botswana]; (2) Directorate of Personnel [Botswana]; (3) Discours d'Orientation Politique [Burkina Faso]; (4) Dispositif Opérationnel de Protection [France and Algeria]
DOPAT: Department of Post and Telecommunication [Namibia]
DOR: Department of Roads [Botswana]
DOT: Department of Transport [South Africa]
DOWAL: Dock Workers Association of Liberia
DOWICO: Dodoma Wine Company [Tanzania]
DP: (1) Democratic Party [The Gambia, Kenya, Namibia, Seychelles, South Africa, Tanzania, Transkei, Uganda, Zambia, Zimbabwe: at least 3 parties have had this name and abbreviation in Zimbabwe]; (2) Démocratie et Progrès [Comoros]; (3) Demokratiese Party [South Africa] = Democratic Party; (4) Département Politique [of the FVR (Forces Vives Rasalama) [Madagascar]; (5) Dominion Party [Zimbabwe]
DPA: (1) Distributable Pool Accounts [Nigeria]; (2) Durban Publicity Association [South Africa]
DPAT: Direction de la Planification et de l'Aménagement du Territoire [Algeria]
DPB: Dairy Produce Board [Zambia]
DPBCG: Direction de la Programmation, de la Budgétisation et du Contrôle de Gestion [Côte d'Ivoire]
DPC: (1) Defence Planning Committee [South Africa?]; (2) Democratic People's Congress [Nigeria; Sierra Leone?]; (3) Direction de la Prévision et de la Conjoncture [Senegal?]; (4) District Plans Committee [Botswana]
DPCCN: Departamento de Prevenção e Combate às Calamidades Naturais [or Controlo das Calamidades Naturais] [Mozambique]
DPDA: Déclaration de Politique de Développement Agricole [Senegal]
DPLO: District Planning Office [Tanzania]
DPM: (1) Department of Personnel Management [Kenya]; (2) Deputy Prime Minister [Swaziland?]

DPN: (1) Democratic Party of Nigeria; (2) Direction des Parcs Nationaux

DPNC: Democratic Party of Nigeria and Cameroons

DPNFC: Direction des Parcs Nationaux des Réserves de Fauna et de la Chasse [Burkina Faso]

DPNRF: Direction Protection Nature Reboisement et Faune [Mauritania]

DPO: District Political Officer [Ghana?]

DPP: (1) Democratic People's Party [Sierra Leone, Zambia; South Africa?]; (2) Democratic Progressive Party [South Africa [Transkei]; (3) Développement Progrès Populaire; (4) Director of Public Prosecutions [Mauritius]

DPPC: Dépôt des Papiers Publics des Colonies

DPPHC: Dormaa Presbyterian Primary Health Care [Ghana]

DPPM: Département des Prix, Poids et Mesures [Cameroun]

DPPS: Department of Government Printing and Publishing Services [Botswana]

DPR: (1) Department of Prisons and Rehabilitation [Botswana]; (2) Directorate of Petroleum Resources [Nigeria]

DPRA: [glossed as: Department of Patrimony and Agrarian Reform, Madagascar]

DPRE: Direction de la Planification, des Ressources Humaines et des Études [Senegal?]

DPS: District Planning Study [Botswana]

DPSA: (1) Development Projects Study Agency [Ethiopia]; (2) Dikwankwetla Party of South Africa

DPSC: Detainees' Parents Support Committee [South Africa]

DPSEM: [glossed as: Provincial Directorate of Statistical Services for Mozambique]

DPSM: Directorate of Public Service Management [Botswana]

DPTH: Direction de la Promotion Touristique et Hôtelière [Burkina Faso]

DPU: (1) Dispositif de Protection Urbaine [Algeria]; (2) Droit de Préemption Urbain [La Réunion]

DPW: Department of Public Works [Ghana]

DRA: (1) Direction de la Recherche Agronomique [Benin Republic]; (2) Division de Recherche Agronomique [Mali]

DRB: (1) Développement Rural de Byumba [Rwanda]; (2) District Record Book [Ghana?]

DRC: (1) Danish Refugee Council; (2) Dutch Reformed Church; *alternatively* Dutch Reformed Churches = NGK: Nederduitse Gereformeerde Kerk [South Africa]

DRCI: Department of Rural and Cottage Industries [Ghana]

DRCM: Dutch Reformed Church Mission

DRCMP: Dutch Reformed Church Mission Press

DRCR: Direction des Routes et de la Circulation Routière [Morocco]

DRCU: Drought Relief Co-ordination Unit [Malawi]

DRE: District Roads Engineer [Botswana]

DRM: Direction de Renseignements Militaires [Congo Republic]

DRMC: [a religious group in South Africa]

DRN: Démocrates de la République Nouvelle [Cameroun]

DRP: (1) Democracy Research Project [Botswana]; (2) Democratic Reform Party [South Africa]; (3) Drought Relief Programme *or* Drought Relief and Recovery Programme [Botswana]

DRP/MEN: Direction de la Recherche et de la Planification / Ministère de l'Éducation Nationale [Senegal?]

DRPU: [an institute at Ile-Ife, Nigeria]

DRS: (1) Département de Renseignement et de Sécurité [Algeria]; (2) Service de la Défense et de la Restauration des Sols [Algeria]

DRSPR: Division de Recherches [*or* Département de la Recherche] sur les Systèmes de Production Rurale [Mali]

DRSS: Department of Research and Specialist Services [Zimbabwe]

DRST: Direction de la Recherche Scientifique et Technique [Senegal]

DRT: Department of Research and Training [Tanzania]

DRTC: Dodoma Regional Transport Company [Tanzania]

DRYC: Driefontein Rebuilders Youth Club [South Africa]

DS: District Secretary [Ghana]

DSA: (1) Die Suid-Afrikaan [South Africa]; (2) Direction de la Sécurité Alimentaire [Madagascar]; (3) Division de Statistiques Agricoles [Rwanda?]; (4) Division des Statistiques Agricoles [Zaïre]

DSAB: Dictionary of South African Biography

DSAG: Deutsch-Südafrikanische Gesellschaft

DSC: (1) Daveyton Students' Congress [South Africa]; (2) Delta Steel Company [Nigeria]; (3) Development Support Communications [Zambia]; (4) Don Sun Communications [Nigeria]

DSCN: Direction des Statistiques et de la Comptabilité Nationale [Algeria]

DSCPC: Don Stewart Christ Pentecostal Church

DSDC: Discharged Soldiers Demobilization Committees [South Africa]

DSF: Democratic Socialist Front

DSG: (1) Démocratie Socialiste de Guinée; (2) Diocesan School for Girls [South Africa]; (3) Direction des Services Généraux [Zaïre]

DSL: Department of Survey and Lands [Botswana]

DSM: (1) Dar es Salaam; (2) Directorate for Social Mobilisation [Nigeria]

DSMA: David Sheldrick Memorial Appeal [Kenya]

DSP: (1) Democratic Socialist Party [Zambia?]; (2) Destourien Socialist Party [Tunisia] = PSD: Parti Socialiste Destourien; (3) Direction de la Statistique et de la Prévision [Senegal]; (4) Division Spéciale Présidentielle [Zaïre]

DSRC: Development Studies and Research Centre [University of Khartoum, Sudan]

DSRG: Development Studies Research Group

DSRP: [glossed as: Democratic and Social Republican Party, Mauritania]

DSS: Dairy Settlement Scheme [Zambia]

DST: Direction de la Surveillance du Territoire [Côte d'Ivoire; Burkina Faso?; Morocco?]

DSTM: Direction des Services Techniques Municipaux [Congo Republic]

DSU: [glossed as: Democratic and Social Union, Mauritania]

DSUP: Department of Surveys and Urban Planning [Zanzibar]

DT: Dinars Tunisiens = TD: Tunisian Dinars

DTA: (1) Democratic Turnhalle Alliance [Namibia]; (2) Divisão dos Transportes Aéreos de Angola

DTAWU: Democratic Transport and Allied Workers' Union [South Africa]

DTC: Direção de Topografia e Cadastro [Guiné-Bissau]

DTD: Dekorasie [*or* Dekoratie] voor Trouwe Dienst [South Africa]

DTE: Department of Technical Education [Botswana]

DTI: (1) Department of Trade and Industry [South Africa]; (2) Deposit-Taking Institutions [as in DTI Act; South Africa]

DTLS: District Tuberculosis / Leprosy Supervisor [Uganda]

DTN: Daily Times of Nigeria

DTO: Departmental Training Officers [Nigeria]

DTP: Société Dragages et Travaux Publics

DTPN: Democratic Turnhalle Party of Namibia
DTRP: Department of Town and Regional Planning [Botswana]
DTTE: [glossed as: Service de la dette du Sénégal]
DUCAPA: Development Universal Church Africa Projects Association
DUF: Damara United Front [Namibia]
DUH: Direction de l'Urbanisme et de l'Habitat [Cameroun]
DUN: Dockworkers Union of Nigeria
DUP: (1) Democratic Unionist Party [Sudan]; (2) Democratic Unity Party [Ethiopia]
DUSO: Dar es Salaam University Students' Organisation
DUT: Diplôme Universitaire de Technologie [Côte d'Ivoire?]
DVA: Direction de la Vulgarisation Agricole [Madagascar]
DVD: Dekorasie vir Voortreflike Diens [South Africa]
DVO: District Veterinary Officer [Kenya]
DVP: [glossed as: Entreprise nationale de distribution des véhicules particuliers, cycles et motocycles, Algeria]
DVR: [glossed as: Van Riebeeck Decoration, South Africa]
DVRA: Duncan Village Residents Association [South Africa]
DVS: (1) Department of Veterinary Services [Botswana, Zimbabwe]; (2) Director of Veterinary Service [Nigeria]; (3) District Veterinary Services [Kenya]
DVTCS: Department of Veterinary and Tsetse Control Services [Zambia]
DW: Department of Wildlife [Somalia]
DWA: (1) Department of Water Affairs [Botswana]; (2) Domestic Workers Association [South Africa]
DWC: Development Works Corporation [Mauritius]
DWEP: (1) Domestic Workers and Employers Project [South Africa]; (2) Domestic Workers Education Project [South Africa]
DWM: Department of Wildlife Management [Sudan]
31st. DWM *or* **31DWM:** December 31st Women's Movement [Ghana]
DWNP: Department of Wildlife and National Parks [Botswana]
DWP: (1) Democratic Welfare Party [Nigeria]; (2) Democratic Workers' Party [South Africa]
DWU: Dock Workers Union [Kenya]
DWU of N: Dockworkers Union of Nigeria
DYLG: Democratic Youth League of Ghana

e

E: Emalangeni [Swazi monetary unit; singular: Lilangeni]

EA: (1) East Africa; (2) East African

EAA: (1) East African Airways = EAAC; (2) East Africa Association *or* East African Association

EAAC: East African Airways Corporation = EAA

EAACAAIF: East African Advisory Council on Agricultural, Animal, Industry and Forestry [British East Africa]

EAADP: Ekiti-Akoko Agricultural Development Project [Nigeria]

EAAFRC: East African Agricultural and Fisheries Research Council [British East Africa]

EAAFRO: East African Agricultural [*or* Agriculture] and Forestry Research Organisation [British East Africa]

EAB: (1) East African Breweries; (2) Executive Action Bureau [Liberia]

EABS: East African Building Society

EAC: (1) East African Community = CAO: Communauté de l'Afrique Orientale; (2) Economic Advisory Council [South Africa]; (3) Entreprise Algérienne de Cimenterie; (4) European Advisory Council [Botswana, Swaziland]; (5) Exploitations Agricoles Collectives [Algeria]

EACA: East Africa Christian Alliance

EACB: East African Currency Board [Tanzania]

EACG: Église de l'Alliance Chrétienne du Gabon

EACHS: East African Cargo Handling Services

EACM: East African Common Market

EACMR: East African Council for Medical Research [British East Africa]

EACROTANAL: Eastern African Centre for Research on Oral Traditions and African National Languages

EACSO: East African Common Services Organisation [British East Africa]

EADB: East African Development Bank = BDAE: Banque de Développement de l'Afrique de l'Est

EAE: Eritrean Agency for the Environment

EAEC: (1) East African Economic Community; (2) East African Examinations Council

EAEP: East African Educational Publishers [Nairobi]

EAF: Établissements Abdallah et Fils [Comoros]

EAFFRO: East African Freshwater Fisheries Research Organisation [British East Africa]

EAFRO: East African Agricultural and Forestry Research Organisation

EAGS: East African Groundnuts Scheme

EAHC: (1) East African Harbours Corporation; (2) East African High Commission [British East Africa]

EAI: Exploitations Agricoles Individuelles [Algeria]

EAIB: East Africa Industrial Board [British East Africa]

EAIC: East African Industrial Council [British East Africa]

EAIFRAC: East African Inland Fisheries Research Advisory Committee [British

East Africa]
EAIMR: East African Institute for Medical Research [British East Africa]
EAIMVBD: East African Institute of Malaria and Vector Borne Diseases [British East Africa]
EAIRB: East African Industrial Research Board [British East Africa]
EAIRO: East African Industrial Research Organisation [British East Africa]
EAITAC: East African Industries Technical Advisory Committee [British East Africa]
EAL: Ethiopian Air Lines
EALB: East African Literature Bureau
EALRC: East African Leprosy Research Centre [British East Africa]
EAM: Evangelical Association of Malawi
EAMA: États Africains et Malgache Associés
EAMAU: École Africaine et Mauricienne d'Architecture et d'Urbanisme
EAMD: East African Meteorological Department [British East Africa]
EAMFRO: East African Marine Fisheries Research Organisation [British East Africa]
EAMJ: East African Medical Journal
EAMRC: East African Medical Research Council [British East Africa]
EAMRDC: East African Mineral Resources Development Centre
EAMS: East African Medical Survey [British East Africa]
EAMU: East African Malaria Unit [British East Africa]
EANA: École d'Administration Nationale Appliquée [Senegal]
EANHS: East Africa [or African] Natural History Society
EANRRC: East African Natural Resources Research Council [British East Africa]
EANSL: East African National Shipping Line
EAOR: East African Oil Refineries
EAPA: East African Publicity Association [British East Africa]

EAPH: East Africa Publishing House *or* East African Publishing House
EAPT: East African Posts and Telecommunications
EAR: East African Railways Corporation
EARC: East African Railways Corporation
EAREC: East Africa Religious Education Committee
EARH: East African Railways and Harbours
EARHA: East African Railways and Harbours Administration
EARN: European Academic and Research Network
EAS: East African Standard
EASA: (1) East African Shipping Agency [Belgium and Mozambique]; (2) Engineers' Association of South Africa
EASC: East Africa Swahili Committee
EASD: East African Statistical Department [British East Africa]
EASE: East African Societies and Environment
EATAB: East African Timber Advisory Board [British East Africa]
EATCO: East African Tobacco Company
EATPS: Eastern Africa Technology Policy Studies Group
EATRO: East African Trypanosomiasis Research Organisation [British East Africa]
EATTA: East African Tourist Travel Association [British East Africa]
EATUC: East African Trade [or Trades] Union Congress
EATUSA: Electrical and Allied Trade Union of South Africa
EAURP: Eastern African Universities Research Project
EAUSSC: East African Universities Social Science Conference
EAVRI: East African Virus Research Institute [British East Africa]
EAVRO: East African Veterinary Research Organisation [British East Africa]
EAWL: East Africa Women's League

EAWS: East African Wildlife Society

EAWTU: Electrical and Allied Workers Trade Union [cp. EAWTUSA]

EAWTUSA: Electrical and Allied Workers Trade Union of South Africa [cp. EAWTU]

EAWU: Engineering and Allied Workers Union [South Africa]

EB: (1) Ethiopian Birrs = Br: Birr; (2) Executive Bureau [Sudan?]

EBAD: École des Bibliothécaires, Archivistes et Documentalistes [Senegal]

EBBF: Église Baptista Bas-Fleuve

EBC: (1) Electoral Boundaries Commission [Mauritius?]; (2) Enquête Budget Consommation [Côte d'Ivoire]

EBG: Ecobank Ghana

EBIM: Election Before Independence Movement [Sierra Leone?]

EBWA: Emang Basadi Women's Association [Botswana]

EC: Ethiopian Calendar

ECA: (1) Écoles Catholiques Associées [Chad]; (2) Economic Commission for Africa = UNECA: United Nations Economic Commission for Africa = CEA: Commission Économique pour l'Afrique des Nations Unies; (3) Empire Centrafricain; (4) Export Credit Agency

ECALP: Eastern Cape Adult Learning Project [South African]

ECAM: Enseignement Catholique au Maroc

ECAM-PLACAGES: Entreprise Camerounaise de Placages

ECAR: [Catholic Church in Madagascar]

ECARBICA: East and Central African Regional Branch of the International Council on Archives

ECAS: European Council on African Studies = CEEA: Conseil Européen des Études Africaines

ECASAAMA: European Campaign against South African Aggression on Mozambique and Angola

ECB: Encyclopédie du Congo Belge

ECBM: Entreprise de Construction du Barrage de Manantali [Mali]

ECC: (1) Economic Committee of the Cabinet [Tanzania]; (2) End Conscription Campaign [South Africa]

ECCAMS: Educational and Cultural Council of African and Malagasy States

ECCAS: Economic Community of Central African States = CEEAC: Communauté Économique des États de l'Afrique Centrale. Cp. ECOCAS

ECCO: Eastern Cape Civics Organisation [South Africa]

ECCSA: Education Co-ordinating Council of South Africa

ECD: (1) Eastern Cape Division [South Africa]; (2) Exchange Control Department [Nigeria]

ECDE: Entreprise des Ciments et Dérivés d'Ech-Chlef [Algeria]

ECE: (1) Entreprise de la Céramique Sanitaire – Est [Algeria]; (2) Evangelical Church of Eritrea

ECEA: Economic Community for Eastern Africa *or* Economic Community of East Africa

ECF: East Coast Fever [various countries]

ECGC: Empire Cotton Growing Corporation [United Kingdom with branches in Africa]

ECGD: Export Credits Guarantee Department [Nigeria?]

ECGLC: Economic Community of the Great Lakes Countries = CEPGL: Communauté Économique des Pays des Grands Lacs

ECHAT: [Amharic abbreviation for: United Oppressed Peoples Revolutionary Struggle, Ethiopia]

ECLAEA: East Cape Local Authorities Employees' Association [South Africa]

ECM: Episcopal Conference of Malawi

ECMC: Ethiopian Coffee Marketing Corporation

ECN: Electricity Corporation of Nigeria

ECO: Entreprise de la Céramique Sanitaire – Ouest [Algeria]

ECOCAS: Economic Community of Central African States = CEEAC: Communauté Économique des États de l'Afrique Centrale. Cp. ECCAS

ECOERSA: Ecumenical Co-ordination Office for Emergencies and Rehabilitation in East and Southern Africa

ECOM: Elections Commission [Liberia]

ECOME: Empresa de Construções Metálicos [Mozambique]

ECOMEX: Empresa do Comércio Externo

ECOMIN: Empresa do Comércio Interno

ECOMOG: (1) Economic Committee Monitoring Group; (2) ECOWAS Ceasefire Monitoring Group

ECOPA: [glossed as: Communist Party of Ethiopia]

ECO-RE: ECOWAS Reinsurance Corporation

ECOTEX: [glossed as: Entreprise nationale de confection textile et de la bonneterie, Algeria]

ECOTRA: [glossed as: Entreprise nationale pour l'exploitation des infrastructures commerciales de transports, Algeria]

ECOWAS: Economic Community of West African States = CEDEAO: Communauté Économique des États de l'Afrique de l'Ouest

ECPA: Comisión Económica para Africa = ECA: Economic Commission for Africa = UNECA: United Nations Economic Commission for Africa

ECPG: Eminent Church Persons Group [South Africa]

ECRAG: Entertainment Critics and Reviewers Association of Ghana

ECS: Ethiopian Catholic Secretariat

ECSCA: Economic Community of the States of Central Africa = CEEAC: Communauté Économique des États de l'Afrique Centrale

ECT: [a public enterprise in Algeria]

ECTU: Eastern Cape Teachers' Union

ECU: Eastern Cooperative Union [Zambia]

ECUP: Expanded Coal Utilisation Project [Botswana]

ECV: Entreprise de Céramique Vaisselle [Algeria]

ECWA: (1) Economic Community of West Africa = WAEC: West African Economic Community = CEAO: Communauté Économique de l'Afrique de l'Ouest; (2) Evangelical Churches of West Africa

ECZ: Église du Christ au Zaïre

EDAC: Equipa de Apoio à Autoconstruçao

EDAG: Ethiopian Democratic Action Group

EDASA: (1) Education for a Democratic South Africa; (2) Education for an Aware South Africa

EDB: Études et Documents Berbères

EDC: (1) Électricité de Cameroun; (2) Ethiopian Democratic Coalition

EDCRC: École de Droit Centre de Recherche par Correspondance [Congo Republic]

EDD: Électricité de Djibouti

EDDC: Ethiopian Domestic Distribution Corporation

EDEAC: [glossed as: Central African Customs and Economic Union]

EDECO: [glossed as: Département Économique et de la Coopération, a division of the OAU]

EDEMINES: [glossed as: Entreprise nationale de développement minier, Algeria]

EDESA: Economic Development for Equatorial and Southern Africa

EDEYO: Edendale Youth Organisation [South Africa]

EDF: (1) Électricité du Maroc [Morocco]; (2) Eritrean Democratic Front; (3) European Development Fund = FED: Fonds Européen de Développement; (4) Export Development Fund [Nigeria]

EDI: Economic Development Institute [University of Enugu, Nigeria]

EDIAFRIC: Éditions Africaines [France]

EDIC: [glossed as: Entreprise nationale de développement des industries chimiques, Algeria]
EDICESA: Ecumenical Documentation and Information Centre for East [*or* Eastern] and Southern Africa
EDICI: Entente des Indépendants de la Côte d'Ivoire
EDI-GABON: Société Européenne de Diamant d'Investissement au Gabon
EDIL: (1) Empresa Distribuidora Livreira [Angola]; (2) [glossed as: Entreprise nationale d'engineering et de développement des industries légères, Algeria]
EDIM: Éditions-Imprimeries du Mali
EDITOGO: Établissement National des Éditions du Togo
EDJA: Éditions Juridiques Africaines [Senegal]
EDL: Essential Drugs List [Nigeria]
EDM: (1) Electricidade de Moçambique; (2) Énergie du Mali; (3) Eritrean Democratic Movement; (4) Ethiopian Democratic Movement = EDMG
EDMG: Ethiopian Democratic Movement Group = EDM: Ethiopian Democratic Movement
EDMLE: Eritrean Democratic Movement for the Liberation of Eritrea
EDO: Ethiopian Democratic Organisation
EDORM: Ethiopian Democratic Officers Revolutionary Movement
EDP: (1) École Démocratique et Populaire [Burkina Faso?]; (2) Emergency Development Plan [Zambia]; (3) Essential Drug Programme [Tanzania]
EDRP: Economic Development Research Programme [Uganda]
EDS: (1) Enquête Démographie et Santé [Mali]; (2) Enquête Démographique et de Santé [Burundi]
EDSAC: Educational Sector Adjustment Credit [Ghana]
EDSECGEN: Education Secretaries General [Tanzania]
EDT: Études et Documents Tchadiens

EDU: (1) Ebira Development Union [Nigeria]; (2) Ethiopian Democratic Union
EDUP: Ethiopian Democratic Unity Party
EE: Empresa Estatal [Mozambique]
EEA: ESKOM Employees' Association [South Africa]
EEC: Ewe Evangelical Church
EECI: Énergie Électrique de [la] Côte d'Ivoire
EECMY: Ethiopian Evangelical Church Makane [*or* Makene *or* Mekane] Yesus
EEG: Église Évangélique du Gabon
EELPA: Ethiopian Electric Light and Power Authority *or* Ethiopian Electricity Authority
EEM: (1) Électricité et Eaux de Madagascar; (2) [Anglican Church in Madagascar]
EEMO: European Elected Members Organisation [Kenya]
EEOA: Eau et Électricité de l'Ouest Africain
EEPLA: Ethiopian Electric Light and Power Authority
EER: Énergie Électrique de La Réunion
EES: Etumo ljEhanano lja Suomi
EESG: Église Évangélique du Sud Gabon
EESL: Établissement d'Enseignement Supérieur des Lettres [Madagascar]
EESS: Établissement d'Enseignement Supérieur des Sciences [Université de Fianarantsoa, Madagascar]
EESSA: [part of the Université de Madagascar]
EESSS: [part of the Université de Madagascar]
EET: Église Évangélique du Togo
EETTA: Empresa Nacional de Transporte e Trabalho Aéreo
EEZ: Exclusive Economic Zone [SADC countries]
EFAO: Éléments Français d'Assistance Opérationelle
EFAP: Economic and Financial Adjustment Programme [Senegal]
EFB: Evangelical Fellowship of Botswana

E

EFEN: Equipe Féminine d'Éducation Nutritionnelle [Madagascar]
EFI: École de Formation des Instituteurs [Burundi]
EFK: Evangelical Fellowship of Kenya
EFLNA: Eritreans for Liberation in North America
EFORTOM: École de Formation des Officiers des Ressortissants des Territoires d'Outre-Mer [France]
EFP: Ethiopian Flora Project
EFR: Evangelical Fellowship of Rhodesia
EFSA: Ecumenical Foundation of Southern Africa [University of the Western Cape, South Africa]
EFTC: Ethiopian Freight Transport Corporation
EFU: Economic Farming Unit [South Africa?]
EFZ: Evangelical Fellowship of Zambia
EGA: (1) Électricité et Gaz d'Algérie; (2) Études Germano-Africaines [published Dakar]; (3) Sociedad Ecuato-Guineana de Aviación [Equatorial Guinea]; (4) [glossed as: a company, Mauritania]
EGAFRIK: Eaux Gazeuses et Frigorifères au Kivu [Zaïre]
EGEF: États Généraux de l'Éducation et de la Formation [Senegal?]
EGGAEF: Éditions du Gouvernement Général de l'Afrique Équatoriale Française
EGH: Elder of the Golden Heart [Kenya]
EGISCA: Empresa General de Industria y Comercio [Equatorial Guinea]
EGK: Entreprises Générales au Kivu [Zaïre]
EGL: Association pour l'Électrification de la Région des Grands Lacs *or* Énergie des Grands Lacs *or* Électricité des Grands Lacs [Zaïre / Rwanda / Burundi]
EGLE: Every Ghanaian Living Everywhere Party
EGSA: Établissement de Gestion de Services Aéroportuaires [Algeria]
EHE: Every Home Evangelism [Tanzania]
EHRCO: Ethiopian Human Rights Council
EI: Executive Instrument [Ghana]
EIAC: Eritrean Inter-Agency Agriculture [*or* Agricultural] Consortium
EIADP: Eastern Integrated Agricultural Development Project [Sierra Leone]
EIB: (1) École Ivoirienne de Bijouterie; (2) European Investment Bank [Ghana?]
EIBCV: Entreprise Industrielle de Bois de Construction Voltaïque
EIC: État Indépendant du Congo
EIER: École Inter-États d'Ingénieurs de l'Équipement Rural [Burkina Faso]
EIGS: Ethiopian Institute for Geological Surveys
EIJM: Eritrean Islamic Jihad Movement
EIMWUSA: Engineering Industrial and Mining Workers' Union of South Africa
EIP: Environment Investment Program [World Bank, Mauritius]
EIRESH: Équipe Interdisciplinaire de Recherches en Sciences Humaines [Morocco]
EISMV: École Inter-États des Sciences et Médecine Vétérinaires
EIWU: Engineering Industrial Workers Union [South Africa]
EJCSK: Église de Jésus-Christ sur la Terre par le Prophète Simon Kimbangu = IJCSK: Igreja de Jesus Cristo segundo Simão Kimbangu
EKL: Société Minière de l'Entre Kasaï et Luebo
ELAKAT: Compagnie d'Élevage et d'Alimentation du Katanga [Zaïre]
ELATEX: [glossed as: Entreprise nationale des industries textiles lainières, Algeria]
ELBC: [glossed as: The Voice of Peace, Harmony and Reconciliation, a broadcasting station, Liberia]
ELBLCTEU: East London and Border Liquor and Catering Trades Employees' Union [South Africa]
ELBS: [a Liberian broadcasting system]

ELC: (1) Education Liaison Committee [South Africa]; (2) Environmental Liaison Centre [Nairobi]; (3) Evangelical Lutheran Church

ELCC: Evangelical Lutheran Church of Cameroon

ELCIN: Evangelical Lutheran Church in Namibia

ELCK: Evangelical Lutheran Church in Kenya

ELCM: [glossed as: Catholic radio station in Liberia]

ELCSA: Evangelical Lutheran Church in Southern Africa

ELCT: Evangelical Lutheran Church in Tanzania

ELECTROGAZ: Société Nationale de Production, de Transport et de Distribution d'Électricité, d'Eau et de Gaz [Rwanda]

ELF: Eritrean Liberation Front

ELFCC: Eritrean Liberation Front – Central Command

ELFCL or **ELF-CL:** Eritrean Liberation Front – Central Leadership

ELFEA: Evangelical Literature Fellowship of East Africa

ELFPLF or **ELF-PLF:** Eritrean Liberation Front – People's [or Popular] Liberation Forces

ELFRC: Eritrean Liberation Front – Revolutionary Council

ELFSEREPCA: Société ELF de Recherches et d'Exploitation des Pétroles du Cameroun

ELFUO: Eritrean Liberation Front – United Organisation

ELGAKUN: Sarma-Congo pour l'Élevage et la Culture au Kundelungu [Zaïre]

ELGECO: Électro Générale du Congo [Zaïre]

ELGYMA: Société Jean van Gysel pour l'Élevage et la Culture au Mayumbe [Zaïre]

ELINAMO: Exército de Libertação de Moçambique [glossed as equivalent to EREPOMO]

ELIT: Élevages de l'Itumbwe [Zaïre]

ELITEX: Société des Dérivés Textiles [Zaïre]

ELKASAI: Société d'Élevage au Kasaï [Zaïre]

ELM: (1) East London Municipality [South Africa]; (2) Eritrean Liberation Movement

ELMTU: East London Meat Trade Union [South Africa]

ELMWU: East London Municipal Workers' Union [South Africa]

ELNA: Exército de Libertação Nacional de Angola

ELNR: [glossed as: LAMCO Broadcasting Station]

ELOC or **ELOK:** Evangelical Lutheran Ovambo-Kavango Church [Namibia]

ELP: (1) English Literacy Project [South Africa]; (2) Escravos-Lagos Pipeline [Nigeria]; (3) Exercito da Libertação do Portugal

ELPA: Ethiopian Light and Power Authority

ELPTU: East London Progressive Teachers' Union [South Africa]

ELSAKUM: Société Sarma-Congo pour l'Élevage et la Culture aux Kundelungu

ELTIC: English Language Teaching Information Centre [South Africa]

ELTV: [glossed as: a Liberian broadcasting station or Liberian state television]

ELVACULTUR: Société d'Entreprises et d'Investissement pour l'Élevage et la Culture [Zaïre]

ELVALUILU: Société d'Élevage de la Luilu [Zaïre]

ELWA: Eternal Love Winning Africa [Sudan Inland Mission radio station in Liberia]

EM: (1) Entente Mauritanienne; (2) Executive Mansion [Liberia]

EMA: (1) Eaux Minérales Algériennes = SNEMA; (2) École Marocaine d'Administration; (3) Ethiopian Mapping Agency [or Authority]

EMAB: Entreprise Malienne du Bois

EMAC: [glossed as: Entreprise nationale

des manufactures de chaussures et maroquinerie, Algeria]
EMAF: Entreprise Malienne de Fonderie
EMAIR: École des Mines de l'Aïr
EMAL: [glossed as: Entreprise des eaux minérales de l'Algérois, Algeria]
EMALEDH: [glossed as: Union of Marxist-Leninist Organisations of Ethiopia]
EMAMA: Entreprise Malienne de Maintenance
EMATEC: Empresa Abastecimento Técnico Material [Angola]
EMB: [a state enterprise in Mali]
EMBACI: Manufacture d'Emballage de la Côte d'Ivoire
EMCIBAN: Employés du Commerce, des Industries et des Banques [Senegal]
EMCOZ: Employers' Confederation of Zimbabwe
EMD or **EMDOA:** Evangelische Missionsgesellschaft für Deutsch-Ostafrika
EMDP: Ethiopian Medhin Democratic Party
EMG: (1) Environmental Monitoring Group [South Africa]; (2) État-Major Général [Algeria]
EMI: (1) École Mohammedia d'Ingénieurs [Morocco]; (2) Embu-Meru-Isiolo [Kenya]
EMIA: École Militaire Interarmes d'Atar [Mauritania]
EMIAC: École Militaire Inter-Armes du Cameroun
EMIB: [glossed as: Entreprise des eaux minérales de Batna, Algeria]
EMIFOR: [public enterprise in Algeria]
EMINSA: Empresa Minera del Sahara S.A.
EMIRON: Ethnic Minority Rights Organisation of Nigeria
EMIS: (1) Education[al] Management Information System; (2) Enquête sur la Mortalité Infantile au Sahel; (3) [glossed as: Entreprise des eaux minérales de Saïda, Algeria]
EMKMn: Entreprise Minière de Kisenge Manganèse [Zaïre]
EMMA: Empresa Moçambicana de Malhas [Mozambique]
EMML: Ethiopian Manuscript Microfilm Library
EMOCHA: Empresa Moçambicana de Chá
EMOSE: Empresa Moçambicana de Seguros
EMPA: Empresa Pública de Abastecimentos [Cape Verde Islands]
EMPROCAF: Entente Professionnelle des Producteurs de Café [Central African Republic?]
EMPROFAC: Empresa Nacional de Produtos Farmacêuticos [Cape Verde Islands]
EMPS: École Multinationale des Ingénieurs des Postes
EMPSA: Ecumenical Monitoring Programme in South Africa
EMS: (1) Electrical Materials Supplies [Nigeria]; (2) Expedited Mail Service [Botswana]
EMSAP: Economic Management and Social Action Programme [Madagascar]
EMSR: État-Major Spécial Révolutionnaire [Congo Republic?]
EMWP: Egyptian Master Water Plan
EMWU: European Mine Workers' Union [Zambia]
EMZ: Entreprises Minières du Zaïre [cp. EMZA]
EMZA: Entreprises Minières Zaïroises [cp. EMZ]
ENA: (1) École Nationale d'Administration [various countries]; (2) Enquête Nationale Agricole [Rwanda?]; (3) Ethiopian News Agency; (4) Étoile Nord-Africaine [Algeria; etc.?]
ENAC: (1) École de l'Aviation Civile [Niger]; (2) [glossed as: Entreprise nationale de canalisations, Algeria]
ENACOL: [glossed as: Cape Verdean oil company]
ENACOMO: Empresa Nacional de Exportação [Mozambique]

ENAD: [glossed as: Entreprise nationale des détergents et produits d'entretien, Algeria]

ENADITEX: Entreprise Nationale d'Approvisionnement et de Distribution des Produits Textiles [Algeria]

ENAES: École Nationale des Assistants et Éducateurs Sociaux

ENAF: Église des Noirs en Afrique [Zaïre]

ENAFEC: Entreprise Nationale des Fournitures Éducatives et Culturelles [Algeria]

ENAFOR: [glossed as: Entreprise nationale de forages, Algeria]

ENAG: Entreprise Nationale des Arts Graphiques [Algeria]

ENAGEO: [glossed as: Entreprise nationale de géophysique, Algeria]

ENAI: Étoile Nord-Africaine et Islamique [Algeria]

ENAL: Entreprise Nationale du Livre [Algeria]

ENAM: (1) École Nationale d'Administration et de Magistrature [Cameroun, Congo Republic]; (2) Entreprise Nationale de Métallurgie [Mali]

ENAMARBRE: Entreprise Nationale de Marbre [Algeria]

ENAMEP: Entreprise Nationale des Messageries de Presse [Algeria]

ENAP: (1) Édition Nationale de l'Armée Populaire [Algeria]; (2) Entreprise Nationale des Peintures [Algeria]; (3) École Nationale d'Administration Publique [Morocco]

ENAPAL: Entreprise Nationale d'Approvisionnement en Produits Alimentaires [Algeria]

ENAPHARM: [glossed as: Entreprise nationale d'approvisionnement en produits pharmaceutiques d'Alger, Algeria]

ENAQS: Entreprise Nationale d'Articles de Quincaillerie et de Serrurerie [Algeria]

ENAREC: Société Nouvelle des Entreprises de Récupération [Algeria]

ENARP: [glossed as: Entreprise nationale d'aménagement des réserves des parcs nationaux et de loisirs, Algeria]

ENAS: École Nationale d'Administration du Sénégal

ENASEL: Entreprise Nationale de Sel [Algeria]

ENASUCRE: Entreprise Nationale du Sucre [Algeria]

ENAT: Entente pour une Alternance Démocratique au Tchad

ENATB: Entreprise Nationale d'Ameublement et de Transformation du Bois [Algeria]

ENAVA: Entreprise Nationale des Verres et Abrasifs [Algeria]

ENAVI: Empresa Nacional de Avicultura [Cape Verde Islands]

ENC: (1) Eritrean National Council; (2) Mouvement Politique pour l'Évolution du Nord-Cameroun

ENCATEX: Empresa Nacional de Calçado e Têxteis [Mozambique]

ENCEL: Empresa Nacional de Construções Eléctricas [Angola]

ENCG: Entreprise Nationale des Corps Gras [Algeria]

ENCIME: Empresa Nacional de Cimento [Angola]

ENCO: Empresa Nacional de Combustíveis

ENCODIPA: Empresa Nacional de Comercialização e Distribuição de Produtos Agrícolas [Angola]

ENCOM: Entreprise Malienne de Construction et d'Outillage Mécanique

ENCOOP: Entente Coopérative [French West Africa]

ENCOPHARM: [glossed as: Entreprise nationale d'approvisionnement en produits pharmaceutiques de Constantine, Algeria]

ENCRB: École Nationale des Cadres Ruraux de Bambey

ENDA: (1) École Nationale d'Administration [Zaïre]; (2)

Environnement et Développement Africain *alternatively* Environnement Développement Action
ENDA-Zimbabwe: Environment and Development Activities – Zimbabwe
ENDC: Eastern Nigeria Development Corporation
ENDIAMA: Empresa Nacional de Diamantes de Angola
ENDMC: [glossed as: Entreprise nationale de développement et de recherche industrielle des matériaux de construction, Algeria]
ENDO: Ethiopian National Democratic Organisation
ENE: Empresa Nacional de Electricidade [Angola]
ENEA: École Nationale d'Économie Appliquée [Senegal]
ENEDIM: [glossed as: Entreprise nationale de développement des industries manufacturières, Algeria]
ENEE: [glossed as: National electric utility, Somalia]
ENEL: (1) Ente Nazionale per l'Energia Elettrica; (2) [glossed as: Entreprise nationale des industries électrotechniques, Algeria]
ENELCAM: [a hydro-electric project, Cameroun]
ENELCO: Énergie Électrique du Congo [Congo Republic]
ENELGUI: Entreprise Nationale d'Électricité de Guinée [Guinea]
ENEM: Entreprise Nationale d'Engineering Mécanique [Algeria]
ENEMA: Établissement National pour l'Exploration Météorologique et Aéronautique [Algeria]
ENEMEDI: Entreprise Nationale des Équipements et des Matériels Médicaux [Algeria]
ENEP: (1) École Nationale d'Éducation Préscolaire [Senegal?]; (2) Entreprise Nationale d'Engineering Pétrolier [Algeria]
ENEPAC: [glossed as: Entreprise nationale des emballages en papiers et cartons, Algeria]
ENERCA: [Société d'] Énergie Centrafricaine [Central African Republic]
ENERGE: [State-owned electricity board, Equatorial Guinea]
ENERIC: Entreprise Nationale d'Études et de Réalisations des Infrastructures Commerciales [Algeria]
ENERIM: Entreprise Nationale d'Édition de Revues d'Information et de Magazines Spécialisés [Algeria]
ENERIPT: Entreprise Nationale d'Études et de Réalisation des Infrastructures des Postes et Télécommunications [Algeria]
ENES: École Normale d'Enseignement Supérieur [Comoros]
ENESA: Entreprise Nationale d'Exploitation et de Sécurité Aéronautique [Algeria]
ENESIL: [glossed as: Entreprise nationale d'études et de traitement de l'information du secteur des industries légères, Algeria]
ENF: (1) Enquête Nationale sur la Fécondité [Rwanda?]; (2) Entreprise Nationale de Fonderie [Algeria]
ENFEVA: École Nationale de Formation et de Vulgarisation Agricole [Mauritania]
ENFOM: École Nationale de la France d'Outre-Mer
ENFVR: École Nationale de Formation et Vulgarisation Rurale [Mauritania]
ENG: Entreprise Nationale des Granulats [Algeria]
ENGEN: [glossed as a company dealing with petroleum refining and retail sales]
ENH: École Normale Hébraïque [Morocco]
ENHM: Empresa Nacional de Hidrocarbonetos de Moçambique
ENI: (1) École Nationale d'Informatique [Université de Fianarantsoa, Madagascar]; (2) École Nationale d'Ingénieurs [Mali]; (3) Écoles

Normales d'Instituteurs [Togo]; (4) Ente Nazionale Idrocarburi; (5) Ethiopian Nutrition Institute

ENIAL: [glossed as: Entreprise nationale de développement et de coordination des industries alimentaires, Algeria]

ENIE: Entreprise Nationale des Industries Électriques [Algeria]

ENIEM: Entreprise Nationale des Industries de l'Électroménager [Algeria]

ENIJE: Écoles Normales d'Institutrices de Jardins d'Enfants [Togo]

ENIP: [glossed as: Entreprise nationale de la pétrochimie, Algeria]

ENIPEC: Entreprise Nationale de l'Industrie des Peaux et Cuirs [Algeria]

ENIR: Entreprise Nationale d'Intervention et de Rénovation [Algeria]

ENITEC: Entreprise Nationale d'Installations Techniques [Algeria]

ENMGP: Entreprise Nationale de Menuiserie Générale et de Préfabriqué [Algeria]

ENMINSA: Empresa Nacional Minera del Sahara [Western Sahara]

ENMTP: Entreprise Nationale des Matériels de Travaux Publics [Algeria]

ENN3: École Normale Niveau 3 [Université de Fianarantsoa, Madagascar]

ENOF: [glossed as: Entreprise nationale des produits miniers non-ferreux et des substances utiles, Algeria]

ENOK: Eerste Nasionale Ontwikkelingskorporasie van Suidwes-Afrika = FNDC: First National Development Corporation of South West Africa

ENOPHARM: [glossed as: Entreprise nationale d'approvisionnement en produits pharmaceutiques d'Oran, Algeria]

ENORI: [glossed as: Entreprise nationale d'organisation et d'information du secteur de l'industrie lourde, Algeria]

ENPAR: Enquête Nationale sur la Population Active Rurale [Morocco]

ENPC: [glossed as: Entreprise nationale des plastiques et caoutchoucs, Algeria]

ENPEC: Entreprise Nationale des Produits de l'Électro-chimie [Algeria]

ENPMA: [a state enterprise producing tractors, Algeria]

ENPS: [glossed as: Enquête nationale sur la planification familiale, la fécondité et la santé de la population, Morocco]

ENRI: [glossed as: Entreprise de réalisations d'ouvrages industriels, Algeria]

ENS: École Normale Supérieure [various countries]

ENSA: (1) École Nationale Supérieure d'Agronomie [Côte d'Ivoire]; (2) Empresa Nacional de Seguros e Resseguros de Angola

ENSAC: École Normale Supérieure d'Afrique Centrale

ENSEA: École Nationale de Statistique et d'Économie Appliquée [Côte d'Ivoire]

ENSEPT: École Normale Supérieure d'Enseignement Professionel et Technique [Senegal?]

ENSET: École Nationale Supérieure de l'Enseignement Technique [Congo Republic]

ENSI: Entreprise Nationale des Systèmes Informatiques [Algeria]

ENSID: [glossed as: Entreprise d'engineering pour des ensembles sidérurgiques et métallurgiques, Algeria]

ENSP: (1) École Nationale Supérieure Polytechnique [Cameroun]; (2) Entreprise Nationale de Services aux Puits [Algeria]; (3) Étude Nationale Statistique de la Population [Algeria]

ENSPSS: École Nationale de Santé Publique et de Service Social [Chad]

ENSPT: École Nationale Supérieure des Postes et Télécommunications [Côte d'Ivoire]

ENSTP: École Nationale Supérieure des Travaux Publiques [Côte d'Ivoire]

ENSUP: École Normale Supérieure

[Bamako]
ENSUT: École Normale [*or* Nationale] Supérieure Universitaire de Technologie [Senegal]
ENT: Empresa Nacional de Turismo [Mozambique]
ENTC: Entreprise Nationale des Télécommunications [Algeria]
ENTEX: Empresa Têxteis de Angola
ENTMV: Entreprise Nationale de Transport Maritime de Voyageurs [Algeria]
ENTP: Entreprise Nationale des Travaux aux Puits [Algeria]
ENTRAT: Entreprise Nationale d'Accostage et de Transit
ENTREPON: Entreprises Congolaises [Zaïre] [as given]
ENTV: (1) Eastern Nigeria Television; (2) Entreprise Nationale de Télévision [Algeria]
EOC: (1) Educational Opportunities Council [South Africa]; (2) Ethiopian Orthodox Church
EOPEC: Ethiopian Oilseeds and Pulses Export Corporation
EORM: Ethiopian Officers' Revolutionary Movement
EP: (1) Eastern Province [Zambia]; (2) Espoir du Peuple Camerounais
EPA: (1) Ebira People's Association [Nigeria]; (2) Éditions Populaires de l'Armée [Algeria]; (3) Ethiopia Peasants' Association; (4) Extension Planning Area [Malawi]
EPAD *or* **EPADP:** Eastern Province Agricultural Development Project [Zambia]
EPAP: East Pokot Agricultural Project [Kenya]
EPAPB: Eastern Province Agricultural Produce Board [Zambia]
EPB: Exploitation du Port de Bujumbura [Burundi]
EPBK: Églises Protestantes Baptistes du Kivu
EPBTP: Entreprise Publique de Bâtiment et de Travaux Publics [Algeria]
EPC: (1) Environmental Protection Council [Ghana]; (2) Ewe Presbyterian Church
EPCL: Eleme Petrochemical Complex [Nigeria] [as given]
EPCMA: Eastern Province Cooperative Marketing Association [Zambia]
EPCV: Enquête Permanente sur les Conditions de Vie [Mauritanie]
EPD: (1) Enquête sur la Pression Démographique [et l'exode rural dans le Nord et l'Ouest du Cameroun]; (2) Eritreans for Peace and Democracy
EPDA: Ethiopian People's Democratic Alliance
EPDM: Ethiopian People's Democratic Movement
EPDRF: Ethiopian People's Democratic Revolutionary Front. Cp. EPRDF
EPDU: Ethiopian People's Democratic Union
EPDUO: Ethiopian People's Democratic Unity Organisation
EPE: Entreprises Publiques Économiques [Algeria]
EPEA: Entreprise de Production, et de Gestion de Distribution d'Eau de Annaba [Algeria]
EPEAL: Entreprise de Production, et de Gestion de Distribution d'Eau d'Alger [Algeria]
EPEC: Entreprise de Production, et de Gestion de Distribution d'Eau de Chlef [Algeria]
EPECO: Entreprise de Production, et de Gestion de Distribution d'Eau de Constantine [Algeria]
EPEM: Entreprise de Production, et de Gestion de Distribution d'Eau de Médéa [Algeria]
EPEOR: Entreprise de Production, et de Gestion de Distribution d'Eau d'Oran [Algeria]
EPES: Entreprise de Production, et de Gestion de Distribution d'Eau de Sétif [Algeria]
EPET: Entreprise de Production, et de Gestion de Distribution d'Eau de

Tiaret [Algeria]
EPETI: Entreprise de Production, et de Gestion de Distribution d'Eau de Tizi-Ouzou [Algeria]
EPG: (1) Eagle Party of Ghana; (2) Eminent Persons Group [Commonwealth and South Africa]
EPHARM: Ethiopian Pharmaceutical Manufacturing
EPHARMCOR or **EPHARMECOR:** Ethiopian Pharmaceutical and Medical Supplies Corporation
EPHE: École Pratique des Hautes Études
EPI: (1) Effort Populaire d'Investissement [Burkina Faso?]; (2) Expanded [or Extended] Programme on Immunisation
EPID: Extension and Project Implementation Department [Ethiopia]
EPK: Études et Plantations au Kivu [Zaïre]
EPL: Entreprises de Progrès Local [Cameroun?]
EPLA: (1) Eritrean People's Liberation Army; (2) Exército Popular de Libertação [Nacional] de Angola
EPLF: (1) Entreprise de Promotion du Logement Familial [Algeria]; (2) Eritrean People's Liberation Front; (3) Eritrean Popular Liberation Forces
EPN: Établissements Publics Nationaux [Côte d'Ivoire]
EPO: Évolution et Progrès de l'Ogooué [Gabon]
EPPG: Emergency Programme Planning Group [Ethiopia]
EPRA: Ethiopian Peoples' Revolutionary Army
EPRC: (1) Education Policy Review Commission [Uganda]; (2) Entreprise des Produits Rouges – Centre [Algeria]
EPRDF: Ethiopian People's Revolutionary Democratic Front [cp. EPDRF and FPDRPE]
EPRE: Entreprise des Produits Rouges – Est [Algeria]
EPRI: Équipe Pluridisciplinaire de Recherche sur l'Imaginaire [Faculté des Lettres, Aïn Chok, Morocco]
EPRO: Entreprise des Produits Rouges – Ouest [Algeria]
EPROKAT: Église Protestante du Katanga
EPRP: Ethiopian People's Revolutionary Party
EPRU: Études et Plantations au Ruanda-Urundi
EPS: (1) Emergency Powers [Zambia?]; (2) Eritrean Postage Service
EPSAT: Estimation of Precipitation by Satellite [Niger]
EPSFAWU: Eastern Province Sweet, Food and Allied Workers Union
EPT: École Polytechnique de Thiès [Senegal]
EPTEL: Empresa Pública de Telecomunicações [Angola]
EPTP: Entreprise Publique des Travaux Publics [Algeria]
EPTR: Entreprise Publique des Travaux Routiers [Algeria]
EPU: (1) Education Policy Unit [South Africa]; (2) Education Projects Unit [University of Natal]; (3) Employment Policy Unit [Botswana]; (4) Ensino Pre-Universitario [Mozambique]
EPZ: Export Processing Zone [various countries]
EQUIPESCA: [glossed as: Empresa Moçambicana de Apetrechamento da Indústria Pesqueira]
ER: Eastern Region [Ghana]
ERA: (1) Easy Reading for Adults Initiative [South Africa]; (2) Écoles Régionales d'Agriculture [Algeria]; (3) Équipe de Recherche Associée... ; (4) Eritrean Relief Association
ERAB: East Rand Administration Board [South Africa]
ERAC: (1) Entreprise Régionale d'Aménagement et de Construction [Morocco]; (2) Eritrean Relief Association in Canada
ERAI: Enseignement Rural et Artisanal Intégré [Rwanda]

ERAP: Entreprise de Recherches et d'Activités Pétrolières [Congo Republic?]
ERAPO: East Rand People's Organisation [South Africa]
ERAW(NM)U: Engine Room Ratings African Workers (Nigerian Marine) Union
ERB: Economic Research Bureau [Tanzania]
ERC: (1) Energy Research Council; (2) Ethiopian Research Council; (3) Export Rehabilitation Credit [Ghana]
ERCC: Entreprise des Ciments et Dérivés – Centre [Algeria]
ERCCS: Eritrean Red Cross and Red Crescent Society
ERCE: Entreprise des Ciments et Dérivés – Est [Algeria]
ERCO: Entreprise des Ciments et Dérivés – Ouest [Algeria]
ERCP: Eastern Region Cocoa Project
ERCS: Ethiopian Red Cross Society
ERD: Emergency Relief Desk [Ethiopia]
ERDB: Eastern Regional Development Board [Nigeria]
ERDC: Empire Resources Development Committee [Ghana?]
ERDIC: Entente Républicaine pour la Défense des Intérêts Communaux [Chad]
ERDM: Economic and Rural Development Management Project
ERDRAWU: Engine Room and Deck Ratings African Workers Union [Nigeria]
EREDEC: Eastern Regional Development Corporation [Ghana?]
EREM: Entreprise Nationale de Recherches Minières [Algeria]
EREPOMO: Cp. ELINAMO
ERFC: Eastern Regional Finance Corporation [Nigeria]
ERI: [glossed as: Entreprise nationale de réalisations industrielles, Algeria]
ERIAD: [glossed as: Entreprise des industries alimentaires céréalières et dérivés, Algeria]
ERIC: Educational Resource and Information Centre [South Africa]
ERIP: Education Resource and Information Project [South Africa]
ERJ: Empowering for Reconciliation and Justice [South Africa]
ERMB: Eastern Regional Marketing Board [Nigeria]
ERMWU: East Rand Municipal Workers' Union [South Africa]
ERNESA: Educational Research Network of Eastern and Southern Africa
ERP: (1) Economic Recovery Plan [The Gambia]; (2) Economic Recovery Programme [various countries]; (3) Economic Reform Programme; (4) Economic Rehabilitation Programme = PRE: Programa de Reabilitação Económica [Mozambique]
ERPAMAO: Études et Recherches sur le Patrimoine Musical d'Afrique Occidentale
ERPM: East Rand Proprietary Mines [South Africa]
ERRA: Eritrean Relief and Rehabilitation Association [or Agency]
ERRP: (1) Emergency Recovery and Reconstruction Project [Ethiopia]; (2) Eritrea's Recovery and Rehabilitation Project [Cp. RRPE]
ERS: Education Renewal Strategy [South Africa]
ERTEC: Société d'Études et de Réalisations Techniques
ESA: (1) École Supérieure d'Administration [Guinea]; (2) Eenheid vir Statistiese Analise = USA: Unit for Statistical Analysis
ESACC: École Supérieure Africaine des Cadres de Chemin de Fer [or des Chemins de Fer] [Congo Republic]
ESADB: Eastern and Southern African Development Bank
ESAF: Enhanced Structural Adjustment Facility [World Bank / IMF]
ESAM: (1) Enquête Sénégalaise Auprès des Ménages; (2) Evangelization Society [of] Africa Mission

ESAME: Eastern and Southern African Management Education [Tanzania]
ESAMI: Eastern and Southern African Management Institute [Tanzania]
ESAMRDC: Eastern and Southern African Mineral Resources Development Centre
ESANA: Ethiopian Students Association in North America
ESAP: (1) Economic and Social Action Programme [Tanzania]; (2) Economic Structural Adjustment Programme [Zimbabwe]
ESAPIRO: [glossed as = ORAPI: Organisation Régionale Africaine de la Propriété Industrielle; cp. ESARIPO]
ESARBICA: East and Southern Africa Regional Branch of the International Council on Archives
ESARIPO: [glossed as: Industrial property organisation for English-speaking Africa; cp. ESAPIRO]
ESATDB: Eastern and Southern African Trade and Development Bank
ESAURP: Eastern and Southern African Universities Research Programme
ESB: Ethnological Society Bulletin [Ethiopia]
ESC: (1) Economic and Social Committee; (2) Electoral Supervisory Commission [Mauritius?]; (3) Electricity Supply Commission = ESCOM [South Africa]; (4) Ethiopian Sugar Corporation
ESCA: École du Sacré-Cœur d'Antanimena [Madagascar]
ESCB: Entreprise Socialiste de Construction de Bâtiment [Algeria]
ESCO: Engineering Services Corporation [Zambia]
ESCOM: (1) Electricity Supply Commission = ESKOM = EVKOM: Elektrisiteitvoorsieningskommissie [South Africa]; (2) Electricity Supply Commission [Malawi]
ESDNC: Entreprise Socialiste pour le Développement National de la Construction [Algeria]

ESEZ: Église du Saint-Esprit au Zaïre, *formerly*: Mpeve ya Nlongo
ESF: (1) Economic Support Fund [Botswana]; (2) Enquête Sénégalaise sur la Fécondité
ESFIMA: Eau, Sol, Fertilisation, Irrigation, Machinisme Agricole [Burkina Faso]
ESG: (1) École Supérieure de Gestion [Morocco]; (2) Emergency Services Groups [South Africa]; (3) Ensino Secundario Geral [Mozambique]
ESGE: École Supérieure de Gestion des Entreprises [Senegal]
ESI: École des Sciences de l'Information [Rabat]
ESIALA: Eastern States Interim Assets and Liabilities Agency [Nigeria]
ESIJY: École Supérieure Internationale de Journalisme de Yaoundé [Cameroun]
ESINA: [glossed as: National Angolan Army of Intervention and Salvation]
ESIS: École Supérieure Internationale de Statistiques [Rwanda]
ESIT: École Supérieure des Industries Textiles [Mali]
ESKOM = ESCOM
ESLCE: Ethiopian School Leaving Certificate Examination
ESLSH: École Supérieure des Lettres et des Sciences Humaines [Burkina Faso]
ESM: (1) Equator Sawmills [Kenya]; (2) Ethiopian Student Movement
ESMAP: Energy Sector Management Assistance Programme
ESOCAM: Évolution Sociale Camerounaise
ESOP: Employee Share Ownership [South Africa]
ESP: Ethiopian Serategnoch Party *or* Etiopia Serategnotch Party
ESPC: Essential Services Protection Corps [South Africa]
ESPR: Étude sur les Systèmes de Production Rurales [Mali]
ESR: (1) Education for Self-Reliance [Tanzania]; (2) Educational Sector

Review
ESRFT: École Supérieure Roi Fahd de Traduction [Morocco]
ESSEC: (1) École Supérieure des Sciences Économiques [Burkina Faso]; (2) École Supérieure des Sciences Économiques et Commerciales [Cameroun]
ESSTI: École Supérieure des Sciences et Techniques de l'Information [Cameroun]
ESSTIC: École Supérieure des Sciences et Techniques de l'Information et de Communication [Cameroun]
ESTAS: English-Speaking Teachers' Associations [South Africa]
ESTC: Ethiopian Science and Technology Commission
ESTU: Executive Secretariat and Technical Unit [Kenya]
ESUNA: Ethiopian Student [or Students'] Union in North America
ET: Emmanuel Tettey Mensah [Ghana]
ETA: (1) Ethiopian Teachers Association; (2) Ethiopian Telecommunication Authority
ETAC: École Technique Administrative et Commerciale [Burundi]
ETB: Eastern Transvaal Boerekommando [South Africa]
ETC: (1) Eastern Transvaal Consolidated Mines [South Africa]; (2) Ethiopian Tourism Commission
ETEL: Eritrean Toilers' Emancipation League
ETERCO: Éternit du Congo [Zaïre]
ETFRUIT: [a state farm fruit and vegetable distribution agency, Ethiopia]
ETIMEX: Ethiopian Import and Export Corporation
ETIR: Escadron de Transport et d'Intervention Rapide [Burkina Faso?]
ETMA: Environment Training and Monitoring Programme for Africa [Sudan]
ETP: (1) Economic Transition Programme [Nigeria]; (2) [a transport company in Zambia]
ETSHER: École des Techniciens Supérieurs de l'Hydraulique et de l'Équipement Rural [Burkina Faso]
ETTERKIB: [glossed as: Entreprise nationale de montage industriel, Algeria]
ETU: Ethiopian Trade Union
ETUSA: Entreprise Publique de Transports Urbain et Suburbain d'Alger [Algeria]
EUA: Ewe Unionist Association
EUB: Evangelical United Brethren
EUBC: Evangelical United Brethren in Christ [cp. EUB]
EUDA: Église Universelle des Douze Apôtres
EUNC: Eritrean Unified National Council
EUROTRAG: Groupement Européen pour la Construction du Chemin de Fer Transgabonais
EUTA: Ethiopian University Teachers Association
EUTC: East Usambara Tea Company [Tanzania]
EV: Entente Voltaïque
EVDSA: Ethiopian Valleys Development Studies Authority
EVEA: Église de la Voie d'Évangile en Afrique [Zaïre]
EVKOM: Elektrisiteitvoorsienings- kommissie = ESCOM: Electricity Supply Commission [South Africa]
EVOL: Études Voltaïques [published Ouagadougou]
EWCMP: Early Warning and Crop Monitoring Programme [Tanzania?]
EWCO: Ethiopian Wildlife Conservation Organisation
EWDFA: Eritrean War Disabled Fighters' Association
EWF: Organisation of the Ethiopian World Federation
EWNHS: Ethiopian Wildlife and Natural History Society
EWSS: Ethiopian Weed Science Society
EWTC: Early Warning Technical

Committee [Botswana]
EWVA: Eritrean War Veterans Association
EWU: (1) Electricity Workers' Union [South Africa];
(2) Entertainment Workers' Union [South Africa]
EWWCA: Ethiopian Water Works Construction Authority
EXCHEM: West African Explosives and Chemicals [Liberia; etc.?]
EXCO: Executive Committee [i.e. of COSATU, South Africa]
EXFORKA: Exploitation Forestière au Kasaï [*or* du Kasaï] [Zaïre]
EXOBOIS: Comptoir Anversois des Bois Exotiques [Belgium and Africa]
EYB: Evil Young Bastards [Cape Town youth gang]
EYO: Eagles Youth Organisation [South Africa]

f

FA: (1) Forças Armadas [former Portuguese colonies]; (2) Freedom Alliance [South Africa]
FAA: Foreign Affairs Association [South Africa]
FAAC: Federal Account Allocation Committee [Nigeria]
FAAD: (1) Front Algérien d'Action Démocratique; (2) Front pour l'Authenticité Algérienne Démocratique
FAAR: [glossed as Rapid Action Assistance Force, France]
FAB: (1) Forces Armées Burundaises; (2) Forces Armées du Benin; (3) Forestry Association of Botswana; (4) Frankfurter Afrikanistische Blätter
FABC: Fellowship of Autonomous Baptist Churches
FABCOS: Federation for African Business and Consumer Services [South Africa]
FABUREAU: Société Africaine de Fabrication d'Articles de Bureau [Cameroun]
FAC: (1) Ferme Agro-Communale; (2) Fonds d'Action Conjoncturelle et d'Équilibre Régional; (3) Fonds d'Aide et de Coopération = Fund for Aid and Cooperation; (4) Forces Armées Comoriennes; (5) Forces Armées Congolaises [Congo Republic]; (6) Front d'Action Commune [Chad?]; (7) Institut des Fruits et Agrumes Coloniaux [Côte d'Ivoire]; (8) [glossed as: Allied Front for Change, Cameroun]
FACCO: Federation of African Chambers of Commerce
FACCP: [glossed as: African front against Portuguese colonialism]
FACE: Fonds d'Amortissement des Charges Électriques [La Réunion]
FACISS: Fédération Africaine des Ciné-Clubs au Sud du Sahara
FACP: Front d'Action Commune Provisoire [Chad?]
FACT: (1) Family AIDS Caring Trust; (2) Front d'Action Civique du Tchad
FACU: Federal Agricultural Co-ordinating Unit [Nigeria]
FAD: (1) Fonds Africain de Développement = ADF: African Development Fund; (2) Foundation for African Development [Uganda]; (3) Front d'Action Démocratique [Benin]
FADES: Fonds Arabe pour le Développement Économique et Social = AFESD: Arab Fund for Economic and Social Development
FADM: Forças Armadas de Defesa de Moçambique [Mozambique]
FADP: Funtua Agricultural Development Project [Nigeria]
FADSI: First African Diaspora Studies Institute
FADUTU: Fako Division Union of Trade Unions [Cameroun]
FADWUSA: Farm, Allied and Domestic Workers' Union of South Africa
FAEM: Fédération des Associations d'Étudiants de Madagascar
FAEN: Fundo de Apoio ao Empresariado Nacional [Mozambique]
FAF: (1) Financial Aid Fund [South Africa]; (2) Fraternité Algérienne en France; (3) Front de l'Algérie Française [Algeria]

FAFOD: Friends and Families of Detainees [South Africa]
FAGACE: Fonds Africain de Garantie et de Coopération Économique = African Guarantee and Economic Co-operation Fund
FAGR: Fondation Abbé Gervais Rutunganga [Rwanda]
FAHU: Fonds pour l'Amélioration de l'Habitat et de l'Urbanisme [Senegal?]
FAIACA: Fédération des Associations Islamiques d'Afrique, des Comores, et des Antilles [France]
FAIMCO: Fertilizer and Agricultural Input Marketing Company [Nigeria]
FAIMO: [public works programme, Cape Verde Islands]
FAIS: Fédération des Associations Islamiques du Sénégal
FAK: Federasie van Afrikaanse Kultuurvereniginge = Federation of Afrikaner Cultural Organisations
FAL: (1) Fábrica de Alimentados [Angola]; (2) Fibreboards Africa Ltd.; (3) Final Act of Lagos = AFL: Acte Final de Lagos; (4) Fonds d'Action Locale [La Réunion]
FALA: Forças Armadas de Libertação de Angola
FAM: (1) Frelimo Army of Mozambique; (2) Frente Anti-Macías [Equatorial Guinea]
FAMA: Fondation pour l'Assistance Mutuelle en Afrique
FAMAC: Fabrique Malienne d'Accumulateurs
FAMALBO: Fabrique Malienne de Boissons Gazeuzes
FAMIMA: [political movement in Madagascar]
FAMP: (1) Friends of Africa Mission Press; (2) Frontier Armed and Mounted Police [Cape Colony, South Africa]
FAN: (1) Forces Armées du Nord [Chad]; (2) Forest Administration of Nigeria [colonial]; (3) Forestry Association of Nigeria [current]

FANAF: Fédération des Sociétés d'Assurances de Droit National Africaines
FANT: Forces Armées Nationales Tchadiennes
FAP: (1) Financial Assistance Policy [Botswana]; (2) Forces Armées Populaires [Chad, Madagascar]; (3) Frente de Ação Patriótica [Mozambique]
FAPA: Ferme Agro-Pastorale d'Arrondissement [Guinea]
FAPLA: Forças Armadas Populares de Libertação de Angola
FAQ: Fair Average Quality [Tanzania (coffee)]
FAR: (1) Federation of Arab Republics; (2) Force d'Action Rapide [France]; (3) Forces Armées Royales [Morocco]; (4) Forces Armées Rwandaises; (5) Forum Africain pour la Reconstruction [Gabon]; (6) Front des Associations pour le Renouveau [Togo]
FARC: Food and Agricultural Research Council [Mauritius]
FARP: Forças Armadas Revolucionárias do Povo [Guiné-Bissau]
FARSTP: Forças Armadas Revolucionárias de São Tomé e Príncipe
FAS: Fonds d'Action Sociale [Algeria]
FASA: Fonds Arabe Spécial pour l'Afrique
FASAA: Fonds d'Assistance Arabe en Afrique
FASCO: Farmers Agricultural Supply Company [Nigeria]
FASCOM: Farmers' Service Company [Ghana]
FASEA: Fonds Arabe Spécial pour l'Aide Économique en Afrique = SAAFA: Special Arab Assistance [*or* Aid] Fund for Africa
FASME: Fédération Africaine des Syndicats des Mineurs et des Énergéticiens
FASOPLAST: Société des Plastiques du Faso [Burkina Faso]

F

FASOL: Fábricas Associadas de Óleos [Mozambique]
FASS: Faculty of Arts and Social Sciences [Ahmadu Bello University, Nigeria]
FAT: (1) Football Association of Tanzania; (2) Forces Armées du Tchad; (3) Forces Armées Togolaises
FATAA: Fonds d'Assistance Technique Arabe en Afrique
FATSA: Federation of Amateur Theatrical Societies of South Africa
FATSSA: Federation of Amateur Theatrical Societies of Southern Africa
FAV: Forces Armées Voltaïques
FAVDO: Federation [*or* Forum] of African Volunteer Development Organisations
FAWCDA: Forest and Wildlife Conservation and Development Authority [Ethiopia?]
FAWO: Film and Allied Workers Organisation of South Africa
FAWU: (1) Fako Agricultural Workers' Union [Cameroun]; (2) Food and Allied Workers' Union [South Africa]
FAZ: Forces Armées Zaïroises
FAZSOI: Forces Armées de la Zone Sud de l'Océan Indien
FBAWU: Federation of Bulawayo African Workers Union [Zimbabwe]
FBC: Fourah Bay College [Sierra Leone]
FBEI *or* **FBI:** Fonds du Bien-être Indigène
FBIS: Foreign Broadcasting Information Service [Uganda]
FBN: First Bank of Nigeria
FBS: Federal Broadcasting Service [Nigeria?]
FBu: Francs burundais
FBWU: Food and Beverage Workers Union [South Africa]
FBWUSA: Food, Beverage Workers' Union of South Africa
FC: (1) Facilitation Committee [Tanzania]; (2) Forestry Commission [Zimbabwe]; (3) Franc Comorien; (4) Front Commun [Burundi]
FCA: Foire Commerciale Africaine
FCAA: Federal Civil Aviation Authority [Nigeria]
FCAC: Federal Council of African Churches
FCC: (1) Federal Capital City [Nigeria]; (2) Federal Consultative Council of South African Railways and Harbours Staff Associations; (3) French Cultural Centre [Malawi]
FCD: (1) Fonds Communautaire de Développement [CEAO states]; (2) Fonds des Conventions de Développement [Zaïre]; (3) Front Congolais pour la Restauration de la Démocratie [*or* pour le Rétablissement de la Démocratie] [Zaïre]
FCDA: Federal Capital Development Authority [Nigeria]
FCDC: Fonds de Coopération de Développement et de Compensation
FCE: Fianarantsoa – Côte Est [Madagascar]
FCFA: Franc CFA [Franc de la Communauté Financière Africaine]
FCI: Federated Chamber of Industries = FNK: Federasie van Nywerheidkamers [South Africa]
FCIA: Fédération de Communautés Israélites d'Algérie
FCK: Facultés Catholiques de Kinshasa
FCMB: First City Merchant Bank [Nigeria]
FCN: Federal Convention of Namibia
FCOE: Federal College of Education [Nigeria]
FCSMR: Fonds Commun des Sociétés Mutuelles Rurales [Chad]
FCSP: Fonds Commun des Sociétés de Prévoyance [Togo?]
FCSU: Federation of Civil Service Unions = FSSC: Fédération des Syndicats du Service Civil [Mauritius]
FCT: (1) Federal Capital Territory [Nigeria]; (2) Société Franco-Centrafricaine des Tabacs; (3) Frontline Coordination Team [Uganda]
FCTA: Federal Capital Territory

Authority [Nigeria]
FCTVA: Fonds de Compensation de la Taxe à la Valeur Ajoutée [La Réunion]
FCU: Farmers' Co-operative Union [South Africa]
FCWU: (1) Food and Canning Workers' Union [South Africa]; (2) French Cameroons Welfare Union
FD: (1) Frente Democrática [Guiné-Bissau]; (2) Front Démocratique [Comoros, Djibouti]
FDA: (1) Forestry Development Authority [Liberia]; (2) Fórum Democrático Angolano
FDAC: Federal Department of Agricultural Co-operatives [Nigeria]
FDAPR: Fonds de Dotation pour l'Amélioration de la Productivité Rurale [Niger]
FDAR: Fonds de Développement et d'Action Rurale [Chad]
FDB: Fichier de Documentation Berbère
FDBV: Fonds de Développement du Bassin du Niger
FDC: (1) Folk Development Colleges; (2) Food Distribution Corporation [Ghana]; (3) Forces de Changement [Congo Republic]; (4) Forces Démocratiques du Changement [Rwanda]; (5) Frente Democrata Cristã [São Tomé e Príncipe]; (6) Front Démocratique Camerounais; (7) Front Démocratique Congolais [Zaïre]
FDEA: Femmes, Développement, Entreprise en Afrique
FDH: Frente Democrática de Huila [Angola]
FDIC: Front pour la Défense des Institutions Constitutionnelles [Morocco]
FDLD: Front Démocratique de Libération de Djibouti
FDLPCS: Federal Department of Livestock and Pest Control Services [Nigeria]
FDN: Forces Démocratiques Nigériennes
FDP: Federal Dominion Party [Zambia]
FDS: (1) Frente Democrática e Social [Guiné-Bissau]; (2) [glossed as: Forum for Democracy and Solidarity, Congo Republic]
FDT: Front Démocratique du Tchad
FDTTS: Federal Department of Trigonometrical and Topographical Survey [Central African Federation]
FDU: (1) Free Democrats' Union [Ghana]; (2) Front du Djihad et de l'Unité *or* Front du Djihad pour l'Unité [Algeria]
FDUC: Front Démocratique Uni pour le Changement [Mauritania]
FEA: (1) Fonds d'Équipement de l'Algérie; (2) French Equatorial Africa = AEF: Afrique Équatoriale Française
FEAC: (1) Federation of African Consultants = FECA: Fédération des Consultants Africains; (2) Foreign Exchange Allocation Committee
FEAL: Foreign Exchange Allocation License
FEANF: Fédération des Étudiants d'Afrique Noire en France
FEAS: Federation of Employers Associations of Seychelles
FEC: (1) Federal Executive Council [Nigeria]; (2) Fédération des Entreprises du Congo *or* Fédération d'Entreprises du Congo [Zaïre]
FECA: Fédération des Consultants Africains = FEAC: Federation of African Consultants
FECABA: Federation of East and Central African [Boxing?] Associations
FECAFOOT: Fédération Camerounaise de Football
FECC: Fédération des Églises Chrétiennes du Congo
FECI: Fédération Évangélique de Côte d'Ivoire
FED: Fonds Européen de Développement = EDF: European Development Fund
FEDACOL: Fédération des Associations des Colons *or* Fédération des Colons [Belgian colonies]
FEDCO: Federal Council of Teachers' Associations in South Africa

FEDCRAW: Federal Council of Retail and Allied Workers [South Africa]
FEDECO: Federal Electoral [*or* Election] Commission [Nigeria]
FEDEKA: Fédération des Associations Ethniques des Originaires du Kasaï [Zaïre]
FEDEMO: Federal Democratic Movement [Uganda]
FEDER: Fédération de l'Éducation et de la Recherche [Senegal?]
FEDERMAR: Fédération Maritime de la Côte d'Ivoire
FEDFOODS: [glossed as: Federale Voedsel Beperk (Federal Foods Limited), South Africa]
FEDHASA: Federated Hospitality Association of South Africa *or* Federated Hotel, Liquor and Catering Association of South Africa
FEDIBE: Fédération pour la Défense des Intérêts Belges à l'Étranger
FEDSAL: (1) Federation of Salaried Staff Associations of South Africa; (2) Federation of South African Labour Unions
FEDSAW: Federation of South African Women
FEDTRAW: Federation of Transvaal Women [South Africa]
FEE: Federation of Employers of Ethiopia
FEET: Fédération des Églises Évangéliques du Tchad
FEFATUSA: Federation of Free African Trades Unions of South Africa
FEG: Front des Écologistes Gabonais
FEGCE: Fonds d'Entraide et de Garantie du Conseil de l'Entente
FEGE: Fonds d'Entraide et de Garantie des Emprunts
FEICOM: Fonds Spécial d'Équipement et d'Investissement Inter-Communal [Cameroun]
FELCSA: Federation of Evangelical-Lutheran Churches in Southern Africa
FEM: (1) Fiangonana Episkopaly eto Madagasikara [glossed as: Église Anglicane Malgache, Madagascar]; (2) Foreign Exchange Market [Nigeria]
FEMA: Fédération des Élus Musulmans d'Algérie
FEMAGOMO: Fédération Malgache pour un Gouvernement Mondial
FEMC: Foreign Exchange Management Committee [Zambia]
FEME: Fédération des Églises et Missions Évangéliques [Burkina Faso]
FEMEC: Fédération des Églises et Missions Évangéliques du Cameroun
FEMNET: African Women Development and Communication Network
FEMP: Fédération des Étudiants Militants du Parti [Algeria]
FEN: Fédération de l'Éducation Nationale [Madagascar; Mali]
FENADEC: Fédération Nationale des Démocrates Convaincus
FENEC: Fédération Nationale des Éleveurs Centrafricains [Central African Republic]
FENES: Fédération Nationale des Enseignants Sénégalais [*or* du Sénégal]
FEP: Foundation for Education with Production [based in Botswana]
FEPA: Federal Environmental Protection Agency [Nigeria]
FEPACI: Fédération Panafricaine des Cinéastes
FEPAZA: Église de Fraternité d'Évangélisation de Pentecôte en Afrique et au Zaïre
FERBUBLANC: Fernandino-Bubi-Blancos [Equatorial Guinea]
FERP: Fonds d'Entretien et de Renouvellement du Palmier à Huile [Côte d'Ivoire]
FERPHOS: [glossed as: Entreprise nationale de fer et de phosphate, Algeria]
FERRANGOL: Empresa Nacional de Ferro de Angola
FERROVIAL: [glossed as: Entreprise nationale de construction de matériels

et équipements ferroviaires, Algeria]
FERTIMA: [a parastatal importing and distributing fertilisers, Morocco]
FES: (1) Fraternité Évangélique du Sénégal; (2) Front for Ebira Solidarity [Nigeria]
FESAC: Fondation d'Éducation Secondaire d'Afrique Centrale *or* Fondation [*or* Fédération] de l'Enseignement Supérieur en Afrique Centrale [based in Brazzaville]
FESCI: Fédération Estudiantine et Scolaire de Côte-d'Ivoire
FESD: Forestry Extension Services Division [Kenya]
FESM: Free Ethiopian Soldiers Movement
FESPACO: Festival Panafricain du Cinéma de Ouagadougou
FEST: Foundation for Education, Science and Technology = SOWT: Stigting vir Onderwys, Wetenskap en Tegnologie [South Africa]
FESTAC: Festival d'Art et Culture
FESYGA: Fédération Syndicale Gabonaise *or* Fédération des Syndicats Gabonais
FEWAC: Far East – West Africa Conference
FF: (1) Franc Français; (2) Freedom Front = VF: Vryheidsfront [South Africa]
FFAR: Front des Forces d'Action pour la République [Chad]
FFC: [glossed as: Côte d'Ivoire's football federation]
FFD: Front des Forces Démocratiques [Djibouti?]
FFF: (1) Federal Fighting Fund *also called* Federal Fighting Force [Zambia]; (2) Five Freedoms Forum [South Africa]
FFFLN: Fédération de France du Front de Libération Nationale [Algeria]
FFHC: Freedom From Hunger Campaign [The Gambia]
FFHC/AD: Freedom From Hunger Campaign Agricultural Rehabilitation
FFKM: Fiombonan'ny Fiangonana Kristiana Malagasy = Conseil Chrétien des Églises de Madagascar = Christian Council of Churches in Madagascar
FFL: Forces Françaises Libres
FFLGC: Forces Françaises Libres de Gold Coast
FFM: (1) Ny Fiangonana Frenjy Malagasy = Friends Malagasy Church [Madagascar]; (2) [glossed as: Confédération Malgache des Travailleurs, Madagascar]
FFMA: Friends' Foreign Mission Association
FFP: Front des Forces Populaires [Algeria?]
FFPM: Fiombonan'ny Fiangonana Protestanta eto Madagasikara = Fédération des Églises Protestantes à [*or* de] Madagascar = Federation of the Protestant Churches in Madagascar
FFS: Front des Forces Socialistes [Algeria]
FFSI: Fratelli Figli di San Giuseppe del Rwanda (Bayozefiti) [as given]
FFTM: Fivondronana Foko Tetaratany eto Madagasikara [Madagascar]
FFTRI: Fruit and Fruit Technology Research Institute [South Africa]
FFU: Field Force Unit [Tanzania]
FFW: Food For Work [various countries]
FFYP: First Five Year Plan [Tanzania]
FG: (1) Federal Government [Nigeria]; (2) Franc Guinéen [Guinea]
FGAC: Faith Gospel After Christ
FGBMFI: Full Gospel Businessmen's Fellowship International
FGC: (1) Fédération Générale du Congo; (2) Fondation Ganda-Congo [Zaïre]; (3) Full Gospel Church of God [South Africa]
FGCEI: Fonds de Garantie de Crédit [*or* des Crédits] aux Entreprises Ivoiriennes [Côte d'Ivoire]
FGCSP: Farmer Group and Community Support Project [Kenya]
FGEA: Fédération des Groupements

F

Économiques Africains [Senegal]
FGES: Fédération des Groupements Économiques Sénégalais
FGI: Front des Générations de l'Indépendance [Algeria]
FGM: Female Genital Mutilation
FGMB: Federal Grain Marketing Board [Zambia]
FGN: Federal Government of Nigeria
FGT: Fabrication des Gabions de Titao [Burkina Faso?]
FGTB-Congo: Fédération Générale des Travailleurs Belges / Section Congo
FGTK: Fédération Générale des Travailleurs du Kongo [Belgian Congo]
FHA: (1) Family Housing Association [South Africa]; (2) Federal Housing Authority [Nigeria, South Africa]
FHB: Félix Houphouët-Boigny [Côte d'Ivoire]
FHI: Food for the Hungry International
FHS: Family Health Survey [Swaziland]
FHSN: Fellow of the Historical Society of Nigeria
FHTJC: Faith Healing Temple of Jesus Christ
FHV: Foncière de Haute Volta [Burkina Faso]
FI: Farm Institutes [Zambia]
FIAA: Front Islamique Arabe de l'Azawad [or de l'Azaouad] [Mali]
FIAC: Fonds Ivoirien d'Aide [Côte d'Ivoire] [as given]
FIAMN: Fellow of the Institute of Administrative Management of Nigeria
FIAP: Festival International Africain de Paris
FIBA: Fondation Internationale du Banc d'Arguin [Mauritania]
FIBREX: Fábrica de Artigos de Fibras Sintéticas [Angola]
FIBS: Faisal Islamic Bank Sudan
FICJ: Festival International Ciné-Jeunesse [Morocco]
FIDA: (1) Federal Independent Democratic Alliance [South Africa];
(2) Fonds International de Développement Agricole
FIDA-Ghana: [glossed as: a legal aid centre]
FIDECO: Fishing Development Company [Seychelles]
FIDELCA: Fonds International de Développement des Langues et des Civilisations Africaines
FIDES: Fonds d'Investissement pour le Développement Économique et Social des Territoires d'Outre-mer
FIDOM: Fonds d'Investissement des Départements d'Outre-Mer [France]
FIES: Fondation Inter-africaine pour l'Échange des Scientifiques
FIFABE: [glossed as a parastatal, Madagascar]
FIGADI: Financière Gabonaise de Développement Immobilier
FIGADIM: Financière Gabonaise de Développement Immobilier et Mobilier
FIIB: Federal Investigations and Intelligence Bureau [Nigeria]
FIIR: Federal Institute of Industrial Research [Nigeria]
FIIRO: Federal Institute of Industrial Research, Oshodi [Nigeria]
FIKIN: Foire Internationale de Kinshasa [Zaïre]
FILTISAF: Filatures et Tissages Africains [Zaïre]
FIMA: Fioroli-Maroncelli [glossed as: principal transport agency in Stanley-Pool; colonial period]
FIMATS: Force d'Intervention du Ministère de l'Administration Territoriale et de la Sécurité [Burkina Faso?]
FINAF: Compagnie Financière Africaine
FINAGRICO: Société Financière de Produits Agricoles du Congo [Zaïre]
FINANCO: Société Financière Franco-Belge de Colonisation [Zaïre]
FINCO: First International Natura Corporation [Ghana?]
FINCOM: Finance Corporation of

Malawi
FINDECO: Finance Development Corporation *alternatively* Finance and Development Corporation [Zambia]
FINGUINEA: Sociedad Financiera de Guinea [Equatorial Guinea]
FINIBCO: Financière et Immobilière Belgo-Congolaise [Zaïre]
FINNIDA: Finnish International Development Agency
FINSIDER: [an Italian steel group once active in Liberia]
FIPA: Foreign Investment Protection Act
FIPIMA: Front Populaire Malgache [Madagascar]
FIPP: Fonds d'Intervention des Produits Pétroliers [Chad]
FIR: (1) Fonds d'Intervention Rurale [Chad]; (2) Fonds Inter-africain de Recherche; (3) Força de Intervenção Rápida [Mozambique]
FIRI: Fishing Industry Research Institute [South Africa]
FIRS: Federal Inland Revenue Service [Nigeria]
FIRST: Fonds d'Impulsion pour la Recherche Scientifique et Technologique, Senegal]
FIS: (1) Force d'Intervention Spéciale [Zaïre]; (2) Front Islamique du Salut = Islamic Front for Salvation
FISA: Fianakaviana Sambatra [Madagascar]
FISC: Farm Improvement with Soil Conservation
FISEMA: Firaisan'ny Sendikan'ny Mpiasan'i Madagasikara *or* Firaisana Sendikaly Malagasy= Fédération des Syndicats des Travailleurs Malgaches [Madagascar]
FISEMARE: [glossed as: Fédération des Travailleurs Malagasy Révolutionnaires, Madagascar]
FITC: Financial Institutions Training Centre [Nigeria]
FITEXHA: Fédération Ivoirienne des Industries du Textile et de l'Habillement [Côte d'Ivoire]
FITT: Farmer Innovation and Technology Testing Programme [The Gambia]
FITU: Federation of Independent Trade Unions [South Africa]
FIVMPAMA: Fivondronan'ny Mpandraharaha Malagasy [glossed as: Syndicat patronal, Madagascar]
FJKM: Fiangonan'i Jesosy Kristy eto Madagasikara [glossed as: Council of Christian Churches of Madagascar]
FKAR: Fiangonana Katolika Apostolika Romanina [glossed as: Église Catholique Malgache, Madagascar]
FKE: Federation of Kenya [*or* Kenyan] Employers
FKM: Ny Fiangonan'i Kristy eto Madagasikara [Madagascar]
FKS: Fire Kids [Cape Town youth gang]
FL: Forest Land [Zimbabwe]
FLA: Front de Libération Afar = ALF: Afar Liberation Front [Ethiopia]
FLAA: Front de Libération de l'Aïr et de l'Azawad [*or* de l'Azaouad] [Niger]
FLAM: Front de Libération des Africains de Mauritanie *later*: Forces de Libération Africaines de Mauritanie
FLAS: Family Life Association of Swaziland
FLASH: Faculté des Lettres, Arts et Sciences Humaines [Université Nationale du Benin]
FLCS: Front de Libération de la Côte des Somalis [Djibouti]
FLE: Front de Libération de l'Érythrée = ELF: Eritrean Liberation Front
FLEC: Frente de Libertação do Enclave de Cabinda; in French: Front de Libération de l'Enclave de Cabinda
FLERD: Front de Libération et de Réhabilitation du Dahomey
FLGC: Frente de Libertação da Guiné Portuguesa e Cabo Verde
FLIG: Front de Libération Issa et Gourgouré [Djibouti]
FLING: Frente de Luta pela Independência Nacional da Guiné-Bissau

F

FLM: Fiangonana Loterana eto Madagasikara [glossed as: Église Luthérienne Malgache, Madagascar]
FLN: (1) Front de Libération Nationale [Algeria; Mauritania?]; (2) Front de Libération Noire [Côte d'Ivoire?]
FLNC: Front de Libération Nationale du Congo [Zaïre]
FLNG: Front pour la Libération Nationale de Guinée
FLO: (1) Front de Libération des Oubanguiens *or* Front de Libération Oubanguienne [Central African Republic]; (2) Front de Libération Oromo = OLF: Oromo Liberation Front [Ethiopia]
FLPC: Front de Libération du Peuple Centrafricain
FLRSM: Front de Libération et du Rattachement du Sahara à la Mauritanie
FLS: (1) Flamingo Kids [Cape Town youth gang]; (2) Front Line States
FLSH: Faculté des Lettres et Sciences Humaines [Senegal?]
FLT: (1) Front de Libération du Tchad *alternatively* Front pour la Libération du Tchad = Front de Libération Nationale Tchadienne; (2) Front de Libération Temust [Niger]
FLU: Front pour la [*or* de] Libération et de l'Unité [Western Sahara]
FLUP: Forest Land Use Project [Niger]
FM: (1) Financial Mail [South Africa]; (2) Fivondronan'ny Mpanohitra [Madagascar]; (3) Franc Malien [Mali]
FMAWRRD: Federal Ministry of Agriculture, Water Resources and Rural Development
FMB: Farmers' Marketing Board [Malawi]
FMBN: Federal Mortgage Bank of Nigeria
FMBP: Federal Ministry of Budget and Planning [Nigeria]
FMCES: Female Middle Class Emigration Society [United Kingdom and South Africa]

FMD: [Faculté de Médecine, Dakar?]
FME: Federation of Municipal Employees [South Africa]
FMG: (1) Federal Military Government [Nigeria]; (2) Franc Malgache [Madagascar]
FMHAW: Federation of Municipality, Health and Allied Workers [South Africa]
FMI: Federated Motors Industry [Nigeria]
FMM: Fivondronan'ny Mpiasa Malagasy, *formerly:* Confédération des Travailleurs Malgaches [Madagascar]
FMNP: Federal Ministry of National Planning [Nigeria]
FMOHHS: Federal Ministry of Health and Human Services [Nigeria]
FMOI: Federal Ministry of Information [Nigeria]
FMP: Federation of Master Printers [Nigeria, Zimbabwe]
FMPW: Federasie van Mynproduksiewerkers [South Africa]
FMS: Finnish Missionary Society = Finska Missionssällskapet = Suomen Lähetysseura
FMST: Federal Ministry of Science and Technology [Nigeria]
FMU: (1) Federated Mining Union *or* Federation of Mining Unions [South Africa]; (2) Food Management Unit [Lesotho]
FN: (1) Front National [France, Gabon, La Réunion]; (2) Front Nationaliste [France and Algeria]
FNA: Fonds National d'Assainissement [Côte d'Ivoire]
FNACE: Fédération Nationale des Agents sous Contrat de l'État [Zaïre]
FNACMS: Fédération Nationale des Associations Culturelles Musulmanes du Sénégal
FNAG: Fédération Nationale des Associations Gestionnaires [Algeria?]
FNAH: Fonds National d'Amélioration de l'Habitat [Tunisia]
FNC: Front National du Chahid

[Algeria?]

FND: (1) Front National Démocratique [Mauritania]; (2) Fundo Nacional de Desenvolvimento

FNDC: First National Development Corporation of South West Africa = ENOK: Eerste Nasionale Ontwikkelingskorporasie van Suidwes-Afrika

FNDE: Fonds National de Développement et d'Équipement [Madagascar]

FNDP: First National Development Plan [Zambia, Zimbabwe]

FNDR: Front National pour la Défense de la Révolution [*or* de la Révolution Socialiste Malgache] [Madagascar]

FNDW: Federation of Nigerian Dockers

FNDWU: Federation of Nigerian Dockworkers Union

FNEC: Fédération Nationale des Étudiants Camerounais

FNECC: Fédération Nationale des Employés Commerciaux et Cadres [Zaïre]

FNETU: Federation of Non-European Trade Unions

FNEUPS: Fédération Nationale des Étudiants UPS (Union Progressiste Sénégalaise)

FNF: Front National Français [Algeria]

FNGEA: Fédération Nationale des Groupements Économiques Africains

FNGES: Fédération Nationale des Groupements Économiques Sénégalais

FNH: Fonds National d'Hydraulique [Côte d'Ivoire]

FNI: (1) Fonds National d'Investissement [Côte d'Ivoire, Niger]; (2) Front National Islamique = NIF: National Islamic Front [Sudan]

FNK: Federasie van Nywerheidkamers = FCI: Federated Chamber of Industries [South Africa]

FNLA: Frente Nacional de Libertação de Angola

FNLC: Front National de Libération du Congo

FNLG: Front National de Libération de la Guinée

FNLM: Front National de Libération Mauritanien

FNLT: Front National de Libération du Togo

FNM: Front National Malgache [Madagascar]

FNMA: Fabrique Nationale de Meubles et d'Articles Ménagers [Zaïre]

FNMCZ: Fédération Nationale des Modélistes et Couturières du Zaïre

FNOC: Fonds National pour l'Outillage des Colonies [France]

FNR: (1) Fonds National de Régulation [Côte d'Ivoire]; (2) Front National du Renouveau [*or* de Renouvellement] [Algeria]

FNRA: Fonds National de la Révolution Agraire [Algeria]

FNRSTP: Frente Nacional de Resistência de São Tomé e Príncipe

FNS: (1) Force Nationale de Sécurité *or* Forces Nationales de Sécurité [Djibouti]; (2) Front National Sénégalais; (3) Front National Solidarité [Zaïre]

FNSL: Front National du Salut de la Libye

FNSP: Fondation Nationale des Sciences Politiques [Mayotte]

FNT: Front National du Tchad *or* Front National Tchadien

FNTA: Federação Nacional dos Trabalhadores Angolanos

FNTT: Fédération Nationale des Travailleurs de la Terre [Algeria]

FNU: (1) Front National Uni [Comoros]; (2) Front National Unifié [Cameroun]

FNUAP: Fonds des Nations Unies pour la Population = Fundo das Nações Unidas para a População [cp. UNFPA: United Nations Fund for Population Activities]

FNUC: Front National pour l'Unification des Comores, *later*: Front National pour l'Unification des Comores – Union Comorienne [cp. FNUK]

FNUK: Front National Uni des Komoros = Comorian United National Front [cp. FNUC]

FNUK-UNIKOM: Front National pour l'Unification des Komoros – Union Comorienne. Cp. UNIKOM: Union des Komoriens

FNUP: Fonds National Unique de Péréquation [Madagascar]

FNWS: Federation of Nigerian Women's Societies

FO: (1) Force Ouvrière [France]; (2) Foreign Office [United Kingdom]

FOA: (1) Friends of Africa [South Africa]; (2) Friends of Ethiopia [as given. Perhaps: Friends of Abyssinia?]

FOBACEC: Federation of Building and Civil Engineering Contractors in Nigeria

FOC: Flag Officer Commanding [Nigeria]

FOCOM: Food and Commodities Production Group [Nigeria]

FOD: Front de l'Opposition Démocratique [Togo]

FODELICO: Forces Démocratiques pour la Libération du Congo [Zaïre]

FODEP: Forum [or Foundation] for Democratic Progress [Zambia]

FODIC: Fonds de Développement de l'Industrie Cinématographique [Cameroun]

FOFAN: Federation of Farmers' Associations of Nigeria

FOFATUSA: Federation of Free African Trade Unions of South Africa

FOFIFA: [glossed as: National centre of applied research for rural development, Madagascar]

FOFIPA: Foibe Filankevitrin'ny Mpampianatra [publishers of education texts, Madagascar]

FOGAPE: Fonds d'Aide et de Garantie [des Crédits] aux Petites et Moyennes Entreprises [Cameroun]

FOM: France d'Outre-Mer

FOMICO: Fédération des Ouvriers des Mines du Congo [Zaïre]

FOMULAC: Fondation Médicale de l'Université de Louvain au Congo *later* Fondation Médicale de l'Université de Louvain en Afrique Centrale [Zaïre]

FOMWAN: Federation of Muslim Women's Associations in Nigeria

FONADER: Fonds National de Développement Rural [Cameroun]

FONAMES: Fonds d'Assistance Médico-Sociale au Zaïre

FONCOBEL: Société Foncière Coloniale Belge

FONCOMA: Fonderie Coopérative Malienne

FONDAF: Fonderies Africaines [Zaïre]

FONGA: Fórum das ONGs Angolanas [Angola]

FONGS: (1) Fédération des Organisations Non-Gouvernementales du Sénégal; (2) Friends of Nairobi Greens [Kenya]

FONUS: Forces Novatrices de l'Union Sacrée [Zaïre]

FOP: Front of Opposition Parties

FOPADESC: Fondation Panafricaine pour le Développement Économique, Social et Culturel

FOPROLOS: Fonds Social pour la Promotion des Logements pour Salariés [Tunisia]

FOR: Federasie van Afrikaanse Onderwysersverenigings [South Africa] [as given]

FORAGRICO: Société Forestière et Agricole Coloniale [Zaïre]

FORAMA: (1) Société Financière d'Opérations de Recherches Industrielles, Agricoles et Minières en Afrique; (2) Société Forestière et Agricole du Maniema [Zaïre]

FORD: Forum for the Restoration of Democracy [Kenya]

FOREAMI: Fonds Reine Élisabeth pour l'Assistance Médicale aux Indigènes du Congo Belge

FORESCOM: (1) Société Forestière et Commerciale du Congo Belge; (2) Société Forestière et Commerciale du Congo [Zaïre]

FOREXI: Société pour la Réalisation des Forages d'Exploitation en Côte-d'Ivoire
FORMECU: Forestry Monitoring and Evaluation Co-ordinating Unit [Nigeria]
FORMINIERE: Société Internationale Forestière et Minière du Congo [Zaïre]
FOS: Federal Office of Statistics [Nigeria]
FOSA: Federation of Parents' Associations [South Africa]
FOSACO: Federation of South African Cultural Organisations [South Africa]
FOSATU: Federation of South African Trade Unions
FOSBUCRAA: Fosfatos de Bu-Craa [Western Sahara?]
FOSIDEC: Fonds de Solidarité et d'Intervention pour le Développement de la Communauté *or* Fonds de Solidarité, d'Intervention et de Développement Économique Communautaire [CEAO states]
FOSKOR: [glossed as: a South African industrial organisation]
FOSONAM: Foyer de Solidarité Nationale Mobutu Sese Seko de Kisangani [Zaïre]
FP: (1) Federal Party [South Africa]; (2) First Permanent [Tanzania]; (3) Force Publique; (4) Freedom Party [South Africa]; (5) Front Populaire [Burkina Faso, Comoros]; (6) [a political party in Djibouti]
FPA: (1) Farmers Protection Association = BBV: Boerenbeschermings-vereeniging = ZABBV: Zuid-Afrikaansche Boerenbeschermingsvereeniging [South Africa]; (2) Fabrique de Peintures en Afrique [Congo Republic]; (3) [glossed as collective agricultural units, Guinea]
FPAK: Family Planning Association of Kenya
FPAU: Family Planning Association of Uganda
FPC: (1) Food Production Corporation [Ghana]; (2) Four Powers Commission [Eritrea]; (3) Front Patriotique du Cameroun; (4) [glossed as a political group in Comoros]
FPD: (1) Frente para a Democracia [Angola]; (2) Front for the Prevention of Dictatorship [Ghana]
FPDD: Fertilizer Procurement and Distribution Division [Nigeria]
FPDRPE: Front Populaire Démocratique Révolutionnaire du Peuple Éthiopien. Cp. EPRDF: Ethiopian People's Revolutionary Democratic Front
FPI: Front Populaire Ivoirien [Côte d'Ivoire]
FPL: Forces Populaires de Libération [Chad?]
FPLA: Front Populaire de Libération de l'Azawad
FPLC: First Panel of Legal Consultants
FPLE: Front Populaire de Libération de l'Érythrée = EPLF: Eritrean People's Liberation Front
FPLM: Forças Populares de Libertação de Moçambique
FPLN: (1) Frente Patriótica de Libertação Nacional [Portuguese exiles; based in Algiers]; (2) Front Populaire pour la Libération du Niger
FPLP: Front Patriotique de Libération du Peuple [Cameroun]
FPLS: Front Patriotique de Libération du Sahara [Niger]
FPLT: (1) Front Populaire pour la [*or* de] Libération du Tchad; (2) Front Populaire de Libération du Tigré = TPLF
FPM: (1) Ny Fiangonana Ara-Pilazantsara eto Madagasikara = Evangelical Church of Madagascar; (2) Fonds de Prévoyance Militaire [Côte d'Ivoire]; (3) Front Populaire Malien
FPO: Front Patriotique Oubanguien [Central African Republic]
FPO-PT: Front Patriotique Oubanguien – Parti du Travail [Central African Republic]
FPP: [glossed as Patriotic Front for Progress, Central African Republic]

FPR: Front Patriotique Rwandais = RPF: Rwanda [etc.] Patriotic Front
FPS: Federal Public Service [Nigeria]
FPSNT: Front Populaire de Salut National du Togo
FPT: Front Patriotique Tchadien
FPU: Federation of Progressive Unions [Mauritius?]
FPUP: Front Populaire pour l'Unité et la Paix [Cameroun]
FPV: Front Progressiste Voltaïque [Burkina Faso]
FPZ: Fonderie de Plomb de Zellidja
FRA: (1) France-Réunion-Avenir [La Réunion]; (2) Frente de Resistência Angolana; (3) [a political party in Guinea]
FRAC: Franchise Action Council [*or* Committee] [South Africa]
FRAIN: Frente Revolucionária Africana para a Independência Nacional [das Colónias Portuguesas]
FRANCOREP: Société Franco-Congolaise de Reptile [Zaïre]
FRAR: Fonds Régionaux d'Aménagement Rural [Côte d'Ivoire]
FRB: Forces Reserve Battalion [Ghana]
FRCN: Federal Radio Corporation of Nigeria
FRD: (1) Food Resources Department [Botswana]; (2) Foundation for Research Development [South Africa]
FRDE: Front pour la Restauration du Droit et de l'Égalité [Djibouti]
FRECOMO: Frente Comúm de Moçambique
FREINA: [glossed as: African Independence Front, Mozambique]
FRELIFER: Frente de Liberación de Fernando Poo
FRELIGE: Frente de Liberación de Guinea Ecuatorial
FRELIMO: Frente de Libertação de Moçambique
FRELINAGE: Frente de Liberación del Pueblo Guineano [Equatorial Guinea; as given]
FRENAPO: Frente Nacional y Popular de Liberación de Guinea Ecuatorial
FRESDA: Frente Socialista Democrática de Angola
FRIN: Forestry Research Institute of Nigeria
FRMP: Forest Resources Management Project [Ghana]
FRN: (1) Federal Republic of Nigeria; (2) Federation of Rhodesia and Nyasaland; (3) Front pour le Redressement National [Comoros]
FRNSTP: Frente de Resistência Nacional de São Tomé e Príncipe
FRNSTP-R: Frente de Resistência Nacional de São Tomé e Príncipe – Renovada
FRODEB: Front pour la Démocratie au Burundi. [Cp. FRODEBU]
FRODEBU: Front pour la Démocratie au Burundi *or* Front Démocratique du Burundi. [Cp. FRODEB]
FROLIBABA: Front de Libération des Batékés et des Bagangoulous [Congo Republic]
FROLIDE: Front de Libération Démocratique [Burundi?]
FROLINA: Front de Libération Nationale [Burundi]
FROLINAT: Front de Libération Nationale [du Tchad]
FROLIZI: Front for the Liberation of Zimbabwe
FROLUDES: Front de Lutte pour la Démocratie Syndicale [Senegal]
FRON: Front National des Officiers Noirs [Mauritania]
FRONASA: Front for National Salvation [Uganda]
FRP: Federal Republican Party [Nigeria]
FRPD: Front de la Résistance Patriotique de Djibouti
FRS: Forces Républicaines de Sécurité [Madagascar]
FRSC: Federal Road Safety Commission [Nigeria]
FRU: Filiarasis Research Unit [British East Africa]
FRUD: Front pour la Restauration de

l'Unité et de la Démocratie [Djibouti]
FRUIDEM: Front de Résistance pour l'Unité, l'Indépendance et la Démocratie en Mauritanie
FRW *or* **FRw** *or* **FRwa:** Franc rwandais = RwF: Rwandan franc
FSA: (1) Fédération Sioniste Algérienne; (2) Front Socialiste Africain [Zaïre]
FSAILIS: Fellow of South African Institute for Librarianship and Information Science [South Africa]
FSARFC: Friends South African Relief Fund Committee
FSAS: Federal Schools of Arts and Science [Nigeria]
FSAW: Federation of South African Women
FSAWVC: Friends South African War Victims Committee
FSC: (1) Farm Service Central [*or* Centre] [Nigeria]; (2) Farmers' Service Centres [Ghana]; (3) Farmworkers' Support Committee [South Africa]; (4) Fédération des Syndicats du Cameroun; (5) Financial Services Company of Botswana
FSCC: Fédération des Syndicats des Corps Constitués [Mauritius]
FSE: Federation of Swaziland Employers
FSEP: Federation of Sudanese Employees and Professionals
FSH: Fonds de Soutien à l'Habitat [Côte d'Ivoire]
FSL: Fonds Social Linéa [Zaïre]
FSLC: First School Leaving Certificate
FSM: Fédération Sioniste du Maroc
FSN: (1) Fonds de Solidarité Nationale [Congo Republic?]; (2) Front du Salut National [Algeria?]; (3) Front Syndical National [Mauritius]
FSP: (1) Farmer Support Programmes [South Africa]; (2) Federal Solidarity Party [Nigeria]; (3) Forces de Sécurité Publique [Togo]; (4) Freedom Solidarity Party [Nigeria]
FSPLS: Free State Provincial Library Service = OFSPLS: Orange Free State Provincial Library Service = Vrystaatse Provinsiale Biblioteekdiens
FSPME: Fonds Spécial pour les Petites et Moyennes Entreprises [Côte d'Ivoire]
FSR: Farming Systems Research [Zimbabwe]
FSRU: Farming Systems Research Unit [Zimbabwe]
FSSAP: Faculté des Sciences Sociales, Administratives et Politiques [Kisangani University, Zaïre]
FSSC: Fédération des Syndicats du Service Civil = FCSU: Federation of Civil Service Unions [Mauritius]
FSSG: Freetown Secondary School for Girls [Sierra Leone]
FSSRP: Fertilizer Sub-Sector Reform Program
FST: Fédération Sioniste de Tunisie
FSTAU: Food Security Technical and Administrative Unit
FSU: Friends of the Soviet Union [South Africa?]
FSVCI: Fédération des Syndicats Voltaïques du Commerce et de l'Industrie
FSWTU: Federation of Sudanese Workers' Trades Unions [Sudan]
FSWU: Federation of Sudanese Workers' Unions [Sudan]
FTB: Fédération des Travailleurs du Burundi
FTC: Farmer [*or* Farmers'] Training Centre [Zambia]
FTCA: (1) Fédération Tunisienne des Cinéastes Amateurs; (2) Fonds Temporaire de Crédit Agricole [Zaïre]
FTCC: Fédération Tunisienne des Ciné-Clubs
FTCK: Faculté de Théologie Catholique de Kinshasa [Zaïre]
FTEC: Fédération des Travailleurs de l'Enseignement et de la Culture [Algeria]
FTF: Full-Time Force [South Africa]
FTHDP: Franco-Tanzanian Horticulture Development Project
FTK: Fikambanan'ny Tokan-trano Kristianina [Madagascar]

FTM: [glossed as: National Geographical Institute, Madagascar]
FTMTK: Fivondronan'ny Tanora Malagasy Tantsaha Katolika = Jeunesses Rurales Catholiques [Madagascar]
FTO: Female Training Officer [Zambia]
FTP: Female Training Programme [Zambia]
FTS: (1) Federal Theological Seminary of Southern Africa; (2) Fédération [*or* Front] des Travailleurs Socialistes [Mauritius]
FTSC: Fako Transport Shipping Lines [Cameroun]
FTTM: Firaisan'ny Tia Tanindrazana Mahaleotena [Madagascar]
FTU: Fédération des Travailleurs Unis [Mauritius]
FTUT: Federation of Trade Unions of Transnet [South Africa]
FU: Front Uni [Central African Republic]
FUA: Frente de Unidade Angolana
FUAA: Filmmakers United Against Apartheid [South Africa]
FUBA: Federated Union of Black Arts [South Africa]
FUBO: [glossed as: Angolan government special forces]
FUC: Front Uni du Cameroun
FUCA: Federal Union of Capricorn Africa
FUD: Front Unifié Démocratique [Benin?]
FUGN: Fédération des Unions des Groupements Naam [Burkina Faso?]
FUICO: Frente Única para a Independência na Communidade [Angola]
FULREAC: (1) Fondation de l'Université de Liège pour les Recherches Scientifiques au Congo Belge et au Ruanda-Urundi; (2) Fondation de l'Université de Liège pour la Recherche en Afrique Centrale
FUMO: Frente Unida de Moçambique *or* Frente Unida Moçambicana
FUMTP: Federal Urban Mass Transit Programme [Nigeria]
FUNA: Former Ugandan National Army
FUNIPAMO: Frente Unida para a Autonomia de Moçambique
FUO: Front Uni de l'Opposition [Djibouti]
FUOD: Front Uni de l'Opposition Djiboutienne
FURAM: Front Uni pour la Résistance Armée en Mauritanie
FUS: Front Uni du Sud [Chad?]
FUSMED: Fund for Small and Medium Enterprise Development [Ghana]
FUSSI: Funds for Small-Scale Industries [Nigeria]
FUTA: Federal University of Technology, Akure [Nigeria]
FUTM: Federal University of Technology, Minna [Nigeria]
FUTO: Federal University of Technology, Owerri [Nigeria]
FUTU: Federation of Ugandan Trade Unions
FUTY: Federal University of Technology, Yola [Nigeria]
FVB: Federale Volksbeleggings Beperk [South Africa]
FVO: Forces Vives de l'Opposition [Cameroun]
FVR: (1) Federale Vroueraad [South Africa]; (2) Forces Vives Rasalama [Madagascar]
FWA: French West Africa = AOF: Afrique Occidentale Française
FWACC: Federation of West African Chambers of Commerce
FWALA: Federation of West African Library Associations
FWCSA: Food Workers' Council of South Africa
FWE: Family Welfare Educator [Botswana]
FWI: Federation of Women's Institutes [Zambia]
FWIU: Furniture Workers' Industrial Union [South Africa?]
FWMBF: Food Workers Medical Benefit Fund [South Africa]

FWS: Federation of Welfare Societies [Zambia]
FYDP: Five-Year Development Plan

FYO: Federated Youth Organisation [Ghana?]
FZ: Franc Zone

g

GA: Government Agent [Ghana]
GAA: (1) German Agro-Action [Kenya?]; (2) Group Areas Act [South Africa]; (3) Guardas Auxiliares da Administração [Mozambique]
GAAS: Ghana Academy of Arts and Sciences
GABOA: Société Gabonaise d'Oxygène et d'Acétylène
GABOMA: Société Gabonaise de Grands Magasins
GABONTOUR: Centre de Promotion Touristique du Gabon
GABOREP: Société Gabonaise de Recherches Pétrolières
GAC: (1) Ghana Airways Corporation; (2) Gum Arabic Company [Sudan]
GADA: Group Areas Development Act [South Africa]
GADB: Group Areas Development Board [South Africa]
GADCVG: Grupo de Acção Democrática de Cabo Verde e da Guiné
GADP: Groupe d'Action Démocratique et Paysanne
GAFACOOPS: Ghana Federation of Agricultural Co-operatives
GAFNA: Gambia Food and Nutrition Association
GAG: Greenbelt Action Group [South Africa]
GAI: Groupement Agricole Indivisaire [Algeria]
GAL: (1) Ghana Academy of Learning; (2) Gioventù Araba del Littorio
GAM: Groupement d'Agriculteurs Modernes [Cameroun]
GAMCO: Gambian Artisans Marketing Co-operative
GAMCOTRAP: Gambian National Committee on Traditional Practices
GAME: Greytown Association of Municipal Employees [South Africa]
GAMEFA: Ghana-American Friendship Association
GAMNA: Gambia News Agency
GAMS: Groupe Femmes pour l'Abolition des Mutilations Sexuelles
GAMTAN: [a tannery, The Gambia]
GAN: Groupe Afrique Noire [Paris]
GANUPT: [the French equivalent of UNTAG]
GAP: (1) Groupe [*or* Groupement] d'Action Populaire [Burkina Faso]; (2) Groupe Agro-Pastoral [Zaïre]; (3) Groupement d'Action Politique; (4) Groupement des Aides Privées
GAPEX: General Agricultural Products Export Company [*or* Corporation] [Tanzania]
GAPVOD: Ghana Association of Private Volunteer Organisations in Development [*or* for Development]
GAPWUZ: General Agricultural and Plantation Workers' Union of Zimbabwe
GAQ: Good Average Quality [Tanzania; coffee]
GARD: Gambian Agricultural Research and Diversification Project
GARE: Gabinete de Redimensionamento Empresarial [Angola]
GAREP: Groupement Africain de Recherches Économiques et Politiques

GARY: Groupements d'Artisans Ruraux de Yatenga [Burkina Faso]
GAS: (1) Ghana Academy of Sciences; (2) Graduates in African Studies [University of London]
GASP: Groupe d'Action Sociale et Paysanne
GASU: Gaskiya African Staff Union [Nigeria]
GATT: Ghana Association of Travel and Tourist Agents
GATU: Gambia Amalgamated Trade Union
GAW: Ghana Association of Writers
GAWU: (1) Garment and Allied Workers Union [South Africa]; (2) General Agricultural Workers Union [Ghana]; cp. *infra*: Ghana Agricultural Workers Union; (3) General and Allied Workers Union [South Africa]; (4) Ghana Agricultural Workers Union; cp. *supra*: General Agricultural Workers Union; (5) Glass and Allied Workers Union [South Africa]
GAWW: Ghana Association on Women's Welfare
GAYC: Ga-Adangbe Youth Command
GB: Genuine Boys [Cape Town youth gang]
GBA: (1) Ghana Bar Association; (2) Ghana Booksellers Association; (3) Ghana Boxing Authority; (4) Grandes Boulangeries Africaines
GBC: (1) Ghana Bauxite Company; (2) Ghana Bishops' Conference; (3) Ghana Broadcasting Corporation
GBF: Government of Burkina Faso
GBM: Green Belt Movement [Kenya]
GBP: Guiné-Bissau pesos
GBPA: Ghana Book Publishers Association
GBUAF: Groupes Bibliques Universitaires d'Afrique Francophone
GBZ: Grindlays Bank Zaïre
GC: (1) Gantsicraft [Botswana]; (2) Gold Coast; (3) Gregorian Calendar [Ethiopia]
GCA: Global Coalition for Africa

GCAA: Ghana Civil Aviation Authority
GCACF: Gold Coast and Ashanti Cocoa Federation [Ghana]
GCARPS: Gold Coast Aborigines' Rights Protection Society [Ghana]
GCB: (1) Ghana Cocoa Board; (2) Ghana Commercial Bank; (3) Groupe Communiste Burkinabè [Burkina Faso]
GCC: Grace Community Church
GCCMB: Gold Coast Cocoa Marketing Board = CMB = COCOBOD
GCD: (1) Ghana Consolidated Diamonds; (2) Grahamstown Committee of Democrats
GCDB: Gambia Commercial and Development Bank
GCE: (1) General Certificate of Education [various countries]; (2) Groupe de Contact et d'Encadrement [Benin?]
GCEU: Gold Coast Exservicemen's Union [Ghana]
GCFA: Gold Coast Farmers' Association [Ghana]
GCFD: Gold Coast Forestry Department [Ghana]
GCHC: Ghana Cargo Handling Company
GCI: Government College Ibadan [Nigeria]
GCL: Ghana Confederation of Labour
GCM: (1) Générale des Carrières et des Mines = GECAMINES [Zaïre]; (2) Grande Confiserie du Mali
GCMA: Ghana Cooperative Marketing Association
GCMB: Ghana Cocoa Marketing Board (Cocobod). See also: COCOBOD and CMB
GCMG: Grand Cross of St. Michael and St. George
GCML: Great Commission Movement of Liberia
GCON: Grand Commander of the Order of the Niger
GCP: (1) Gambian Congress Party; (2) Ghana Congress Party
GCPA: [glossed as: Group for the Consideration of Peace in Angola]

GCR: (1) Générale Construction Réunion [La Réunion]; (2) Gold Coast Regiment; (3) Gold Coast Review

GCSDWU: General Contractors and Stevedoring and Dockworkers Union [Nigeria]

GCTC: Great Commission Movement, Staff Training Centre [Ghana]

GCTUC: Gold Coast Trade Union Congress *or* Gold Coast Trades Union Congress

GCUC: Ghana Church Union Committee

GD: (1) Garde au Drapeau [Algeria]; (2) Génération Démocratique [Algeria?]; (3) Grupo Dinamazidor [Mozambique]

GDA: (1) Government Development Areas [Zimbabwe]; (2) Groupe de Démographie Africaine [based in Paris]

GDAC: Gash Delta Agricultural Corporation [Sudan?]

GDC: (1) Gezira Dairy Cooperative [Sudan]; (2) Ghanzi District Council [Botswana]; (3) Gonja Development Corporation

GDF: Gaz de France

GDM: Ghana Democratic Movement

GDN: Gendarmerie Nationale [Zaïre]

GDO: Government Diamond Office [Sierra Leone]

GDP: (1) Gambia Democratic Party; (2) Groupe des Démocrates [et] Patriotes [Burkina Faso]

GDR: (1) Groupe de Recherche; (2) Groupe des Démocrates Révolutionnaires

GDSM: Groupement Démocratique et Social de Madagascar

GDTI: Groupe de Développement pour la Technologie Intermédiaire [based at Nairobi]

GE: Guinea Ecuatorial

GEA: German East Africa = DOA: Deutsch-Ostafrika

GEAC: German East Africa Company = Deutsch-Ostafrikanische Gesellschaft

GEACAM: General and Equitable Assurance Cameroon

GEB: Groupe d'Études Berbères [Paris]

GEC: (1) Groupe d'Études Communistes [various countries]; (2) Groupement d'Exploitation Cinématographique [Senegal]

GECAMINES: Générale des Carrières et des Mines = GCM [Zaïre]

GECICO: Entreprises de Génie Civil au Congo [Zaïre]

GECOMIN: Générale Congolaise des Minérais, later: GECAMINES

GECOMINES: Générale Congolaise des Mines [Zaïre]

GEDC: Ghanaian Enterprises [*or* Enterprise] Development Commission

GEF: Ghana Evangelical Fellowship

GEFCO: (1) General Foods Company [Tanzania]; (2) Griqualand Exploration and Finance Company [South Africa]

GEIS: General Export Incentive Scheme [South Africa]

GELC: German Evangelical Lutheran Church [Namibia]

GEM: (1) Garangaze Evangelical Mission; (2) Groupement des Entreprises à Madagascar *or* Groupement des Entrepreneurs Malgaches

GEMA: Gikuyu, Embu and Meru Association [Kenya]

GEMSA: [glossed as: Joint Spanish-Guinean Mining Company]

GEN: Groupement Ethnique du Nord [Benin]

GENCOR: General Mining Union Corporation Limited

GEND: Groupement Ethnique du Nord Dahomey

GENMIN: [glossed as: a company administering mines, South Africa]

GEOMINES: Compagnie Géologique et Minière des Ingénieurs et Industriels Belges *or* Compagnie Géologique et Minière des Ingénieurs Industriels [Zaïre]

GEORUANDA: Compagnie Géologique et Minière du Ruanda-Urundi

GEORWANDA: [mining-company of tin

and other metals, Rwanda]
GEP: Groupement d'Entraide Paysanne [Algeria]
GEPSA: [glossed as: Joint Spanish-Guinean Petroleum Company Limited]
GEPTEX: Gabinete de Estudos e Projectos Têxteis [Mozambique?]
GER: Groupe d'Études et de Recherches [Senegal]
GERCA: Groupement d'Études Rurales en Casamance [Senegal]
GERDAT: Groupement d'Étude et de Recherche pour le Développement de l'Agronomie Tropicale [France]
GERDDES: Groupe d'Études et de Recherches sur la Démocratie et le Développement Économique et Social
GEREA: Groupe d'Études et de Recherches en Économie Appliquée [Douala University, Cameroun]
GERLA: Groupe d'Études et de Recherches en Linguistique Africaine [Paris]
GERM: Groupe d'Études et de Recherches Maghrébines [Paris]
GERMO: Groupe d'Études et de Recherches Maghreb-Orient [Aix-en-Provence]
GEROJEP: Groupe d'Études et de Recherches des Organisations de Jeunesse et d'Éducation Populaire [Algeria]
GES: (1) Ghana Education Service; (2) Groupements Économiques du Sénégal
GET: (1) Ghana Educational Trust; (2) Groupe d'Études des Transports [Zaïre]
GETESA: Guinea Ecuatorial de Telecomunicaciones S.A.
GETRAM: Société Générale des Travaux Métalliques [Cameroun]
GFA: Ghana Football Association
GFAC: Groupement des Femmes d'Affaires du Cameroun
GFC: Ghana Film Corporation
GFCI: Groupement Foncier de la Côte d'Ivoire
GFDC: Ghana Food Distribution Corporation
GFE: Ghana Friends of the Earth
GFIC: Ghana Film Industry Corporation
GFMA: Ghana Farmers' Marketing Association
GFS: Ghana Fertility Survey
GFSA: Gold Fields of South Africa
GFSV: Gesellschaft der Freunde des Sahrauischen Volkes
GFU: Ghana Film Unit
GFWBF: General Factory Workers Benefit Fund [South Africa]
GG: (1) Gobernador General [Equatorial Guinea]; (2) Gouvernement Général; (3) Gouverneur Général [Belgian Congo]
GGADP: Ghanaian-German [*or* Ghana-German] Agricultural Development Project
GGAEF: Gouvernement Général de l'Afrique Équatoriale Française
GGDO: Government Gold and Diamond Office [Sierra Leone]
GGL: Guinness Ghana Limited
GGWEP: Ghana Guinea-Worm Eradication Programme
GGYC: Gold Coast Youth Conference [Ghana]
GH: Ghana
GHA: (1) Gambia Hotel Association; (2) General History of Africa [Unesco]; (3) Genootskap vir die Handhawing van Afrikaans [South Africa]; (4) Ghana Highway Authority
GHAIP: Ghana-Italian [*or* Ghanaian-Italian] Petroleum Company
GHALCA: Ghana League Clubs Association
GHAPOHA: Ghana Ports and Harbour Authority
GHAPSO: Ghana People's Solidarity Organisation
GHC: Grands Hôtels du Congo [Zaïre]
GHEA: Ghana Home Economics Association
GIA: Groupe Islamique [*or* Islamiste] Armé [Algeria]

G

GIBA: Groupement Interprofessionnel des Entreprises du Bénin
GIC: Ghana Investment Centre
GICAM: Groupement Interprofessionnel pour l'Étude et la Co-ordination des Intérêts Économiques au Cameroun
GIDA: (1) Ghana Irrigation Development Authority; (2) Groupement Interprofessionnel des Entreprises du Dahomey [Benin Republic]
GIDIS-CI: Groupement Interdisciplinaire en Sciences Sociales Côte-d'Ivoire
GIE: Groupements d'Intérêt Économique [Burkina Faso]; (2) Groupes d'Intérêts Économiques [Senegal]
GIEC: Groupement d'Intérêt Économique des Cinéastes [Senegal]
GIECI: Groupement Interprofessionnel des Entrepreneurs de Côte d'Ivoire
GIF: Gaborone International Fair [Botswana]
GIFOP: Gabinete de Informação e Formação da Opinião Pública [Mozambique]
GIGN: Groupe d'Intervention de la Gendarmerie Nationale [Djibouti]
GIHOC: Ghana Industrial Holding Corporation
GIJ: Ghana Institute of Journalism
GIK: [Afrikaans acronym: a joint operational committee, South Africa]
GIL: Gioventù Indigena del Littorio
GILLBT: Ghana Institute of Linguistics, Literacy and Bible Translation
GIMA: Ghanaian Chartered Institute of Marketing
GIMOI: Groupe d'Information Madagascar Océan Indien, *later:* Groupe Information Madagascar Océan Indien; (2) Groupe Interuniversitaire pour Madagascar et l'Océan Indien
GIMPA: Ghana Institute of Management and Public Administration
GINS: Gambia Information News Service
GIPA: Groupement Interprofessionnel de l'Automobile [Côte d'Ivoire]
GIPATO: [glossed as: Inter-occupational Craftsmen's Association of Togo]
GIPN: Groupe d'Intervention de la Police Nationale [Congo Republic]
GIRA: Groupe Indépendant pour la Réflexion [Central African Republic]
GIRCA: Groupement Interprofessionnel pour l'Étude et le Développement de l'Économie Centrafricaine [Central African Republic]
GIRT: Groupement des Indépendants et Ruraux Tchadiens *or* Groupement des Intendants Régionaux Tchadiens
GIS: (1) Geographical Information System [Namibia]; (2) Ghana Immigration Service; (3) Ghana Information Service; (4) Groupe d'Intervention Spéciale [Algeria]
GIT: (1) Gioventú Israelitica Tripolitana; (2) Guide des Services d'Information en Tunisie
GITO: Groupement Interprofessionel des Entreprises du Togo
GIWUSA: General Industries Workers' Union of South Africa
GJA: Ghana Journalists' Association
GJS: Ghana Journal of Science
GK: Gereformeerde Kerk [South Africa]
GKS: God's Kingdom Society
GKZ: Gouyomgbia Kongba Zézé [Central African Republic]
GLA: Ghana Library Association
GLB: Governor's Letter Book [Sierra Leone]
GLECS: Groupe Linguistique d'Études Chamito-Sémitiques
GLFF: Grande Loge Féminine Française [France, Madagascar, Mauritius, La Réunion; etc.?]
GLM: (1) Gambella Liberation Movement = GPLM: Gambella People's Liberation Movement [Ethiopia]; (2) Groupement Libéral de Madagascar
GLSS: Ghana Living Standards Survey
GLUP: Gursum Land Use Project [Ethiopia]
GM: (1) Gardes Mobiles [Algeria etc.]; (2) General Motors; (3) Groupement de Mutualité [Niger]

GMA: (1) Game Management Area [Zambia]; (2) Ghana Manufacturing Association; (3) Ghana Medical Association; (4) Grands Moulins d'Abidjan [Côte d'Ivoire]

GMB: (1) Grain Marketing Board [Zambia, Zimbabwe]; (2) Grands Moulins du Bénin; (3) Grands Moulins du Burkina *or* Grands Moulins Burkinabè; (4) Groundnut Marketing Board [Zambia]

GMC: (1) Gambia Muslim Congress; (2) General Motors Corporation = GM; (3) Gordon Memorial College

GMD: Grands Moulins de Dakar [Senegal]

GMD/ANCD: Groupement des Mamans Dentistes / Association Nationale des Chirurgiens Dentistes

GMDOA: Government Medical Doctors Association [Mauritius?]

GMDP: Gouvernement Malgache Démocratique et Provisoire en exil [Madagascar]

GME: Government Mining Engineer [South Africa]

GMI: (1) Groupement Mobile d'Intervention; (2) [a detention-centre, Cameroun]

GMM: Grands Moulins du Mali

GMNOA: Ghana Merchant Navy Officers' Association

GMP: (1) Générale Malienne de Peinture; (2) Gouvernement Militaire Provisoire [Burkina Faso]; (3) Grands Moulins de Paris; (4) Groupe Mobile de Police [Madagascar]

GMPR: Groupes Mobiles de Police Rurale [Algeria]

GMR: Great Manmade River [Libya]

GMS: (1) Ghana Medical Services; (2) Groupes Mobiles de Sécurité [Algeria]

GMSA: General Motors [of] South Africa

GMT: Grands Moulins du Tchad

GMU: Ghana Mineworkers Union. Cp. GMWU: Ghana Mine Workers Union

GMWU: (1) Ghana Mine Workers Union. Cp. GMU; (2) Government Manual Workers Union [Botswana]

GNA: (1) Gambian National Archives; (2) Gambian National Army; (3) Ghana National Archives; (4) Ghana News Agency

GNAG: Ghana National Association of Garages

GNAT: Ghana National Association of Teachers

GNCC: (1) Ghana National Commission on Children [Ghana]; (2) Ghana National Construction Corporation

GND: Germiston and District Association [as given; South Africa]

GNDU: Gambia Native Defensive Union

GNFC: Ghana National Farmers' Council

GNFPP: Ghana National Family Planning Programme

GNFU: Ghana National Farmers Union

GNIAR: Grémio Nacional dos Importadores de Algodão em Rama [Portugal]

GNL: (1) Guardian Newspapers Limited [Nigeria]; (2) Guinness Nigeria Limited

GNLB: Government Native Labour Bureau [South Africa]

GNP: (1) Gambia National Party; (2) Gesuiwerde Nasionale Party

GNPA: Ghana National Procurement Agency

GNPC: Ghana National Petroleum Corporation

GNPP: Great Nigeria People's Party

GNQ: Ghana Notes and Queries

GNRC: Ghana National Reconstruction Corps

GNTC: Ghana National Trading Corporation

GNTI: Good News Training Institute [Ghana]

GNU: (1) Gambia National Union; (2) Government of National Unity [South Africa]

GNUR: Government of National Unity and Reconstruction [South Africa]

GNYC: Ghana National Youth Council

GOB: Government of Botswana

GOC: (1) General Officer Commanding [Nigeria]; (2) General Officer Commanding the Armed Forces [Ghana]
GOCON: Gulf Oil Company of Nigeria
GOE: Government of Ethiopia
GOF: Grand Orient de France [France, Madagascar, Mauritius, La Réunion; etc.?]
GOFAT: Groupe des Officiers des Forces Armées Tchadiennes
GOG: Government of Ghana
GOIL: Ghana Oil Company
GOK: Government of Kenya
GOL: (1) Government of Lesotho; (2) Government of Liberia
GOM: (1) Government of Malawi; (2) Government of Mali
GOMB: (1) Gambia Oilseeds Marketing Board; (2) Groundnut Oilseeds Marketing Board [The Gambia]
GON: Government of Niger
GONEJ: Groupement des Œuvres Nationales d'Éducation et de Jeunesse
GONU: Government of National Unity [South Africa]
GOPDC: Ghana Oil Palm Development Corporation
GOPEC: Groupe Opérationnel Permanent d'Études et de Concentration [Senegal]
GOPPC: Ghana Oil Palm Plantation Corporation
GOPR: Groupement Opération Productivité Rizicole [Madagascar]
GOS: (1) Gambia Ornithological Society; (2) Government of Senegal; (3) Government of Sudan; (4) [Afrikaans acronym: a joint operational committee, South Africa]
GOTG *or* **GoTG:** Government of The Gambia
GOZ: (1) Government of Zaire; (2) Government of Zanzibar; (3) Government of Zimbabwe
GP: (1) Garde Présidentielle [Central African Republic]; (2) Government Printer [various countries]
GPA: Gambian Ports Authority

GPC: (1) General People's Committee [Libya. See also: GPCom]; (2) General People's Congress [Libya]; (3) Groupe des Progressistes du Cameroun
GPCom: General People's Committee [Libya. See also: GPC]
GPDF: Gurage People's Democratic Front [Ethiopia]
GPDO: Gedeo [*or* Gideo] People's Democratic Organisation [Ethiopia]
GPI: George Padmore Institute [London]
GPIE: [glossed as: Office for Foreign Investment Promotion, Mozambique]
GPL: Gabonaise de Peintures et de Lacques [Gabon]
GPLM: Gambella People's Liberation Movement = GLM: Gambella Liberation Movement [Ethiopia]
GPM: Ghana Patriotic Movement
GPMB: (1) Gambia Produce Marketing Board; (2) Groundnut Production Marketing Board [The Gambia]
GPMU: Groundnut Production Marketing Unit [Nigeria]
GPMV: Groupement Précoopératif de Mise en Valeur [Algeria]
GPNAL: Grand Prix National des Arts et Lettres [Burkina Faso]
GPP: (1) Gambia People's Party; (2) Ghana People's Party; (3) Groupement Professionel de l'Industrie du Pétrole du Sénégal
GPPA: Government Policy Planning and Administration [Ghana; degree course]
GPPEF: Groupements Professionnels du Patronat et des Entrepreneurs de Fianarantsoa [Madagascar]
GPPF: Ghana Progressive Popular Front
GPRA: Gouvernement Provisoire de la République Algérienne
GPRM: Government of the People's Republic of Mozambique
GPRTU: Ghana Private Road Transport Union
GPSC: Ghana [*or* Ghanaian] Peace and Solidarity Council
GPSN: Gabinete de Produção de Sementes do Niassa [Mozambique]

GPT: Graduated Personal Tax [Kenya]
GPTC: [transport company in The Gambia]
GPTF: Grain Purchase Task Force [Ethiopia]
GPTU: Ghana Private Transport Union
GR: Groupement Rural [Mali?]
GRA: (1) Genootskap van Regte Afrikaners [South Africa]; (2) Government Reserved Area; (3) Government Residential Area [Nigeria]; (4) Groupements Ruraux Associés [Mali?]
GRAAP: Groupement de Recherche et d'Appui pour l'Autopromotion Paysanne [Burkina Faso]
GRACA: Grahamstown Civic Association [South Africa]
GRAD: (1) Groupe de Recherches en Art Dramatique [Mali]; (2) Groupe de Réflexion pour le Développement de Madagascar
GRADAC: Grahamstown Democratic Action Committee
GRAE: Governo Revolucionário de Angola no Exílio *or* Governo Republicano Angolano no Exílio
GRAF: (1) Groupe de Recherche-Action-Formation [Senegal]; (2) Groupe de Recherches sur l'Afrique Francophone = Francophone Africa Research Group [Boston University]
GRANCOL: Grand Coalition [Liberia]
GRATIS: Ghana Regional Appropriate Technology Industrial Service
GRBC: General Association of Regular Baptist Churches
GRC: (1) Gambia Representative Committee; (2) Ghana Railway Corporation
GREFUL: Groupe d'Anthropologie Comparative des Sociétés Peules
GREHAS: Groupe Réunionnais d'Études sur l'Habitat Social [La Réunion]
GRELCO: Compagnie des Grands Élevages Congolais [Zaïre]
GREMAMO: Groupe de Recherches sur le Maghreb et le Moyen-Orient [Paris]

GREMAN: Groupe de Réflexion pour un Mali Nouveau
GRENARWA: Grenier National du Rwanda
GRESEN: Groupe de Rencontres et d'Échanges sur [*or* pour] un Sénégal Nouveau
GREU: Ghana Railway Enginemen's Union
GRIDE: Groupe de Recherches Dynamiques de l'Intégration et de la Désintégration en Afrique et dans les Rapports Internationaux
GRM: (1) Gouvernement de la République de Mali; (2) Grand Rite Malgache [Madagascar]
GRN: (1) Gouvernement du Renouveau National; (2) Gouvernement Renouveau National [Burkina Faso?]
GRPSM: Groupement Rural de Production et de Secours Mutuel [Mali]
GRTO: [a research-centre in Côte d'Ivoire]
GRVC: Groupement Révolutionnaire à Vocation Coopérative [Benin Republic]
GRZ: Government of the Republic of Zambia
GSA: (1) General Services Agency [Liberia]; (2) Ghana Science Association; (3) Government Servants Association [Mauritius?]; (4) Groupe Scolaire d'Astrida [Burundi]
GSB: (1) Genuine School Boys [Cape Town youth gang]; (2) Ghana Standards Board
GSC: (1) Ghana Seed Company; (2) Ghana Studies Council, *formerly:* ASC: Akan Studies Council [U.S.A. based]
GSD: Grain Storage Department [Tanzania?]
GSDR: Government of Somalia Democratic Republic
GSE: (1) Gestion Socialiste des Entreprises [Algeria]; (2) Ghana Stock Exchange
GSFNB: Geological Survey of the Gold

Coast Field Notebooks
GSIP: Groupement Spécial d'Interposition [Congo Republic]
GSK: Ga Shifimo Kpee
GSL: Greater Somali League *or* Greater Somalia League
GSM: Good Seed Mission [The Gambia]
GSMC: Ghana State Mining Corporation
GSN: Gouvernement de Salut National [Chad?]
GSPCC: Ghana State Paper Conversion Corporation
GSPR: [glossed as: Special Group for Presidential Protection] [Mozambique]
GSRP: Gambia Socialist Revolutionary Party
GST: Gbarnga School of Theology
GSU: (1) General Service Unit [Kenya, Uganda]; (2) Government Services Unit [Kenya?]
GSV: Groupe de Solidarité Voltaïque
GSWA: German South West Africa [Namibia]
GTA: (1) Ghana Tennis Association; (2) Ghana Timber Association; (3) Greater Accra Region [as given; Ghana]; (4) Groupement Togolais d'Assurances
GTB: Ghana Tourist Board
GTC: Gwelo Teachers College [Zimbabwe]
GTD: Group Textiles Division [Nigeria]
GTE: Gouvernement de Transition Éthiopien = TGE: Transitional Government of Ethiopia
GTF: [a public enterprise in Algeria]
GTFT: Groupement du Théâtre et du Folklore Togolais
GTMB: Ghana Timber Marketing Board
GTMC: Ghana Textiles Manufacturing Company
GTO: Government Tourist Office [Mauritius]
GTP: (1) Ghana Textile Printing; (2) [glossed as: Entreprise nationale de grands travaux pétroliers, Algeria]
GTPCWU: General Transport, Petroleum and Chemical Workers Union [Ghana]
GTTI: Gambia Technical Training Institute
GTU: Gezira Tenants Union [Sudan]
GTUC: Ghana Trades Union Congress
GTV: Gestion des Terroirs Villageois [Burkina Faso]
GTZ: Deutsche Gesellschaft für Technische Zusammenarbeit
GUC: Gambia Utilities Corporation
GUIALP: [an Algerian / Guiné-Bissau fishing-company]
GUIMAT: La Guinéenne-Marocaine des Transports [Guinea / Morocco]
GUINEXPORT: Société Guinéenne d'Exportation
GUINEXTEBANC: Banco Exterior de Guinea Ecuatorial y España
GUMO: Grupo Unido de Moçambique
GUNM: General Union of the Nuba Mountain. Cp. GUNMA
GUNMA: General Union of the Nuba Mountains Area. Cp. GUNM
GUNSA: Ghana United Nations Student Association
GUNT: Gouvernement d'Union Nationale de Transition *or* Gouvernement de l'Union Nationale en Transition *or* Gouvernement d'Union Nationale du Tchad [Chad; given with many variants]
GUP: Ghana Universities Press
GUSRWP: Gambia Underground Socialist Revolutionary Workers Party
GV: Groupement Villageois [Benin Republic ?]
GVAM: Gwembe Valley Agricultural Mission [Zambia]
GVC: Groupement à Vocation Coopérative [Côte d'Ivoire, Niger; Benin Republic?]
GVDC: Gwembe Valley Development Company [Zambia]
GVDP: Grupos de Vigilância e Defesa Popular [São Tomé e Príncipe?]
GVOC: Geoctroyeerde Vereenigde Oost-Indische Compagnie [South Africa]
GWF: General Workers' Federation [Mauritius]

GWIU: Garment Workers Industrial Union [South Africa]
GWSC: Ghana Water and Sewerage Corporation
GWU: (1) Gambia Workers Union; (2) Garment Workers' Union [South Africa]; (3) General Workers' Union [South Africa]
GWUSA: General Workers' Union of South Africa
GYP: (1) Ghana Young Pioneers; (2) Guelph / Yaounde Project
GYPM: Ghana Young Pioneer Movement

h

HAB: Horn of Africa Bulletin
HAC: Humanitarian Assistance Committee
HAD: Hanseatischer Afrika-Dienst
HADO: Hifadhi Ardhi Dodoma [Tanzania]
HADP: Humera Agricultural Development Project [Ethiopia]
HAE: Haute Autorité de l'État [Madagascar]
HAESA: Haimanote Abew Ethiopian Students Association
HALCO: [a consortium formed by Harvey Aluminum Company]
HALEL: History of African Literatures in European Languages
HAM: (1) Heart of Africa Mission; (2) Herbalists' Association of Malawi
HAN: Handball Association of Nigeria
HANGASH: Hayada Nabadgelyada Gaashaandhiga [Somali acronym for military intelligence]
HANSEA: [glossed as: Student Christian Movement of Ethiopia]
HARDA: Harari Relief and Development Association [Ethiopia]
HARTRAO: Hartebeesthoek Radio Astronomy Observatory [South Africa]
HARWU: Hotel and Restaurant Workers Union [South Africa]
HASHI: Hifadhi Ardhi Shinyanga [Tanzania]
HASIDA: Handicraft and Small Scale Industries Development Agency [Ethiopia?]
HASIM: [glossed as: an Islamic movement, Mauritania]
HASYMA: [glossed as: State agency for cotton development, Madagascar]
HATAB: Hotel and Tourism Association of Botswana
HAUM: Hollandsch-Afrikaansche Uitgevers-Maatschappij
HAV: Hommes Adultes Valides [Burundi]
HAWU: Health and Allied Workers Union [South Africa]
HB: Ha-Re-Eeng Basotho Party [Lesotho]
HBCTEU: Hotel, Bar and Catering Trades Employees' Union [South Africa]
HBO: Hoofdirektorat Bevolkings-ontwikkeling [South Africa]
HBS: Household Budget Survey [Tanzania]
HC: (1) High Command [of Umkhonto we Sizwe] [South Africa]; (2) High Commissioner [various countries]
HCAEF: Haut Commissariat de l'Afrique Équatoriale Française
HCB: (1) Hidroeléctrica de Cabora Bassa [Mozambique]; (2) Huileries du Congo Belge
HCC: Haute Cour Constitutionnelle [Madagascar]
HCDA: Horticultural Crops Development Authority [Kenya]
HCE: (1) Haut Comité d'État [Algeria]; (2) Haut Conseil d'État [Algeria]
HCR: (1) Haut Conseil de la République [Benin Republic, Gabon, Niger, Togo, Zaïre]; (2) High Commission[er] for Refugees = UNHCR: United Nations High Commissioner for Refugees
HCR/PT: Haut Conseil de la République

– Parlement Transitionnel [Zaïre]
HCS: Haut Conseil de Sécurité [Algeria]
HCT: High Commission Territories
HCU: Horticultural Cooperative Union [Kenya]
HDM: Hizbia Digale Mirifle [Somalia]
HDMS: Hizbia Digil-Mirifle Somali, *later*: Hizbia Dastur Mustaqil Somali [Somalia]
HEC: High [*or* Higher] Executive Council [Sudan]
HEO: Home Economics Officer [Zambia]
HEROSA: Human and Employees Rights Organisation of South Africa
HERP: Health and Education Rehabilitation Project
HEVECAM: Hévéa-Cameroun
HEVEGAB: Société de Développement de l'Hévéaculture au Gabon
HEWO: (1) Hansenians Eritrean Welfare Organisation; (2) Hansenians Ethiopian Welfare Organisation
HFCK: Housing Finance Company of Kenya
HGCV: História Geral de Cabo Verde [Cape Verde Islands]
HIAP: Handeni Integrated Agro-Forestry Project
HIDROMOC: Empresa Estatal de Hidráulica [Mozambique]
HIES: Household Income and Expenditure Survey [Botswana]
HIM: His Imperial Majesty [Ethiopia]
HIMA: Hifadhi Mazingira *or* Hifadhi Mazingira Iringa [Tanzania]
HJRA: Hôpital Joseph Ravoahangy Andrianavalona [Madagascar]
H-JRBDA: Hadejia-Jama'are River Basin Development Authority
HKI: Haut-Katanga Industriel [Zaïre]
HKLP: Honingklip [archaeological site, Transvaal]
HLCCAWU: Hotel, Liquor, Catering, Commercial and Allied Workers' Union [South Africa]
HLM: Habitation à Loyer Modéré [Algeria; etc.?]
HMC: Historical Monuments Commission [South Africa, Zimbabwe]
HMSAS: His Majesty's South African Ship
HND: Higher National Diploma [Nigeria]
HNDO: Hadiya National Democratic Organisation [Ethiopia]
HNP: (1) Herenigde Nasionale Party [South Africa]; (2) Herstigte Nasionale Party [South Africa]
HNP/V: Herenigde Nasionale of Volksparty [South Africa]
HOD: House of Delegates [South Africa]
HODIMA: Hoditra Malagasy [a factory treating leather, Madagascar]
HODS: Hands Off District Six [South Africa]
HOR: House of Representatives [Nigeria, South Africa]
HOSCO: Household Supplies Company [Tanzania]
HPC: High Potential Cereal highland zone [Ethiopia]
HPI: Heifer Project International [Uganda]
HPK: Huileries et Plantations du Kwango [Zaïre]
HPP: High Potential Perennial highland zone [Ethiopia]
HRA: Huileries et Raffineries Africaines
HRC: Human Rights Commission *or* Human Rights Committee [South Africa]
HRDC: Human Rights Documentation Centre [Namibia]
HRRC: Human Resources Research Centre [University of Zimbabwe]
HRW: Human Rights Watch [New York]
HSA: Hospital Staff Association [South Africa]
HSB: Holy-Spirit-Bewegung = HSM: Holy Spirit Movement [Uganda]
HSC: (1) High State Council = HCE: Haut Comité d'État [Algeria]; (2) Higher School Certificate
HSDU: Health Services Development Unit [South Africa]
HSE: Horticultural Society of Ethiopia

H

HSK: Helpmekaar Studiefondskantoor [South Africa]
HSM: Holy Spirit Movement [Uganda]
HSMC: Hides and Skins Marketing Corporation [Ethiopia]
HSMF: Holy Spirit Mobile Forces [Uganda]
HSP: Haute Société Protestante [Madagascar]
HSRC: Human Sciences Research Council = RGN: Raad vir Geesteswetenskaplike Navorsing [South Africa]
HSWU: Health Service Workers Union [Ghana]
HUDUKA: Huileries du Kasaï [Zaïre]
HUICOMA: Huilerie Cotonnière du Mali
HUILCA: Société des Huiles du Congo [Congo Republic]
HUILCO: Société Coloniale d'Huileries et de Raffinage [Zaïre]
HUILEVER: Compagnies Réunies des Huileries du Congo Belge et Savonneries Lever Frères [Zaïre]
HUILKA: Huilerie de Nkayi [Congo Republic]
HUILTINDA: Huileries de Tinda et de Gossamu [Zaïre]
HUILZA: Société d'Huilerie et de Raffinage du Zaïre
HUMARAS: Human Rights Association of Swaziland
HUMICI: Humus de Côte-d'Ivoire
HUMINS: Humanities Information System [South Africa]
HUOC: [a transport company in Zimbabwe]
HURIDOCS: Human Rights Information and Documentation Services [Zimbabwe]
HURIPEC: Human Rights and Peace Centre [Makerere Univ., Uganda]
HUZA: Human Settlements of Zambia
HWS: (1) Health Workers' Society [South Africa]; (2) Highlands Water Scheme [Lesotho]
HWU: Health Workers' Union [South Africa]
HYDROCONGO: Société Nationale de Recherches et d'Exploitation Pétrolière [Congo Republic]
HYPODAF: Crédit Hypothécaire d'Afrique

i

I See You: Industrial and Commercial [Workers'] Union = ICU = ICWU
IAA: (1) Institute on African Affairs; (2) International African Association
IAAS: Institute of African and Asian Studies [University of Khartoum]
IAB: (1) Institut Agricole de Bouaké; (2) International African Bibliography [published London]; (3) Inter-territorial Advisory Board [British East Africa]
IABAH: Inter-African Bureau of Animal Health = BISA: Bureau Interafricain de la Santé Animale. Cp. IBAH
IABSS: Intra-African Book Support Scheme
IAC: (1) Instituto de Astrofísica de Canarias [Tenerife]; (2) Inter-African Committee on Traditional Practices Affecting the Health of Women and Children
IACO: Inter-African Coffee Organisation
IAD: (1) Institut Africain pour le Développement; (2) Intermediate Archives Depot [South Africa]
IADP: Integrated Agricultural Development Projects [Sierra Leone]
IAE: (1) Institute of Adult Education [Tanzania]; (2) Intellectual Association of Eritreans
IAF: (1) Inter-African Force; (2) Internationales Afrikaforum
IAFE: International African Friends of Ethiopia
IAI: (1) Institut Africain d'Information [*or* d'Informatique]; (2) International African Institute = Institut Africain International [London]
IAMB: Institut Africain et Mauricien de Bilinguisme
IAMLO = OICMA: Organisation Internationale de Lutte contre le Criquet Migrateur Africain
IAMO: Inter African and Malagasy Organisation
IAMSEA: Institut Africain et Mauricien de Statistiques et d'Économie Appliquée
IANA: Institute of Administrators of Non-European Affairs [South Africa]
IANC: Independent African National Congress
IAO: Islam in Africa Organisation
IAP: (1) Industrial Arbitration Panel [Nigeria?]; (2) Islam in Africa Project
IAPA: Inter-African Public Administration
IAPSC: Inter-African Phytosanitary Commission [*or* Council] = CPI: Commission Phytosanitaire Interafricaine
IAR: (1) Institute for Agricultural Research [Nigeria]; (2) Institute of Agricultural Research [Ethiopia]
IARA: Islamic African Relief Agency
IART: Institute of Agricultural Research and Training [Nigeria]
IAS: (1) Industrial Aid Society; (2) Institute for African Studies [Zambia]; (3) Institute of African Studies [Ghana]
IASA: Instituto de Assistência Social de Angola
IASAR: Institute of African Studies, Arabic Records [Legon, Ghana]
IASB: International African Service Bureau
IAUL: Inter-African Union of Lawyers

IAV: Institut Agronomique et Vétérinaire Hassan II [Morocco]
IAWUSA: Insurance and Allied Workers Union of South Africa
IBA: (1) Independent Broadcasting Authority [South Africa]; (2) International Bauxite Association = Association Inter-Gouvernementale des Pays Producteurs de Bauxite
IBAC: International Bank of America Cameroon
IBAH: Inter-African Bureau of Animal Health = BISA: Bureau Inter-africain de la Santé Animale. Cp. IABAH
IBAR: International Bureau of Animal Resources = BIRA: Bureau Interafricain des [or pour les] Ressources Animales
IBAS: Indigenous Business Advisory Service [The Gambia]
IBB: Ibrahim Badamasi Babangida [Nigeria]
IBCAL: International Publishing Company Africa Ltd. [Zambia]
IBDA: Independent Book Distributors Association [South Africa]
IBDC: Indigenous Business Development Centre [Zimbabwe]
IBEA: Imperial British East Africa Company = IBEAC
IBEAC: Imperial British East Africa Company = IBEA
IBED: Inter-African Bureau on Epizootic Diseases
IBER: Industrie Béninoise de Refrigération
IBETEX: Industrie Béninoise du Textile [or des Textiles]
IBIIR: Independent Board of Inquiry into Informal Repression [South Africa]
IBK: Interuniversitêre Biblioteekkomitee = IULC: Inter-University Library Committee [South Africa]
IBLA: Institut des Belles Lettres Arabes [Tunisia]
IBOCO: Société Industrielle de Bois Congolais [Congo Republic]
IBP: Institute for Black Peoples
IBR: Institute for Black Research [South Africa]
IBRD: International Bank for Reconstruction and Development = BIRD: Banque Internationale pour la Reconstruction et le Développement
IBS: Industrial Bank of Sudan
IBTP: Institut des Bâtiments et Travaux Publics [Zaïre]
IBU: Ibadan Progressive Union
IBWA: International Bank for West Africa
IC: (1) Industrial Council [South Africa]; (2) Institutum Canarium
IC Act: Industrial Conciliation Act [Southern Rhodesia] = ICA
ICA: (1) Imprimerie Centrale d'Afrique [Congo Republic]; (2) Industrial Conciliation Act = IC Act, 1934 [Southern Rhodesia]; (3) Institut Culturel Africain [various countries]; (4) Institut Culturel Africain [Senegal] = African Cultural Institute; (5) Institut de Cardiologie d'Abidjan; (6) Institute of Cultural Affairs [Kenya, Zambia]; (7) Intensive Conservation Area [Zambia, Zimbabwe]
ICAB: [a company in Cameroun]
ICAD: Israeli and Central African Diamond Company
ICAIC: [a body concerned with cinema in Algeria; successor to ONCIC]
ICALEL: International Conference on African Literature and the English Language
ICAM: Institut Culturel Africain et Mauricien
ICAO: Institut Catholique pour l'Afrique de l'Ouest [based at Abidjan]
ICARA: International Conference on Assistance to Refugees in Africa
ICAS: International Congress of African Studies = CIAF: Congrès International des Études Africaines
ICASIS: International Conference of African States on Insurance Supervision = CICA: Conférence Internationale des Contrôles d'Assurance des États Africains
ICAT: Industrie Centrafricaine du Textile

ICC: (1) Industrial Co-operative Corporation [Ghana?]; (2) Industrial Co-ordination Committee [Nigeria]; (3) Interim Coordinating Committee [Ghana]
ICCA: Industrie Cotonnière Centrafricaine
ICCLA: International Committee on Christian Literature for Africa
ICCO: (1) Interchurch Coordination Committee for Development [*or* Development Projects]; (2) International Cocoa Organisation
ICCRDG: Institut Central de Coordination de la Recherche Scientifique et de la Documentation de Guinée
ICDA: (1) Interim Committee for a Democratic Alliance [Malawi]; (2) International Coalition for Development Action
ICDB: Islamic Co-operative Development Bank
ICDC: Industrial and Commercial Development Corporation, *formerly*: IDC: Industrial Development Corporation [Kenya]
ICEA: Insurance Company of East Africa
ICF: Islamic Charter Front
ICFA: Indigenous Commercial Farmers' Association [Zimbabwe]
ICFTU: International Confederation of Free Trade Unions = CISL: Confédération Internationale des Syndicats Libres
ICGC: International Central Gospel Church [Ghana]
ICGWU: Industrial and Commercial General Workers Union [Ghana?]
ICHDA: International Conference on the Human Dimension of Africa's Economic Recovery and Development
ICHS: Inter-African Committee for Hydraulic Studies
ICIL: Integrated Concrete Industries Limited [Tanzania]
ICIOS: International Conference on Indian Ocean Studies, Perth, 1979
ICIP *or* **ICIPE:** International Centre of Insect Physiology and Ecology [Nairobi]
ICL(D): Instituto Caboverdeano do Livro (e do Disco)
ICM: (1) Igreja de Cristo em Moçambique; (2) Instituto dos Cereais de Moçambique
ICN: [glossed as: National Cinema Institute, Mozambique]
ICO: International Coffee Organisation
ICOBA: Igbobi College Old Boys' Association [Nigeria]
ICODA: Industrie Cotonnière du Dahomey
ICODI: Industrie Cotonnière Ivoirienne [Côte d'Ivoire]
ICOMA: Industrie Cotonnière Marocaine
ICON: Investment Company of Nigeria
ICOPAL: [a firm in Senegal]
ICOT: Industrie Cotonnière de l'Oubangui et du Tchad [Central African Republic and Chad]
ICOTAF: Industrie Cotonnière Africaine [France]
ICOTAL: Industrie Cotonnière d'Algérie
ICR: International Committee of the Reconstruction [Senegal]
ICRAF: International Council for Research in [*or* on] Agroforestry [Nairobi]
ICRASAT: International Centre for Research on Agriculture in Semi-Arid Tropics
ICRC: International Committee of the Red Cross = CICR: Comité International de la Croix-Rouge
ICRHA: Interchurch Response for the Horn of Africa
ICRISAT: International Crop [*or* Crops] Research Institute for the Semi-Arid Tropics
ICRR: International Conference on Rwandan Refugees
ICS: (1) Imperial Cold Storage and Supply Company [South Africa]; (2) Industries Chimiques du Sénégal; (3) Institute of Cape Verdean Solidarity
ICSA: (1) Interim Common Services Agency [Nigeria]; (2) Islamic Council

of South Africa
ICSEAF: International Commission for the South East Atlantic Fisheries
ICSID: International Centre for Settlement of Investment Disputes
ICT: Institute for Contextual Theology [South Africa]
ICTA: Ivory Coast Travel Agency
ICU: (1) Industrial and Commercial Workers' Union [South Africa] = ICWU *known familiarly* as: I See You; (2) Industrial and Commercial Workers' Union = ICWU [Ghana]
ICUSA: Independent Cabin Crew of South Africa
ICWU: Industrial and Commercial Workers' Union = ICU [Ghana, South Africa]
ID: (1) Islamic Dinar; (2) Ivoire-Dimanche [published Côte d'Ivoire]
IDA: (1) Institute for Development Anthropology [Ghana?]; (2) International Development Association; (3) Irrigation Development Authority [Ghana]
IDAF: International Defence and Aid Fund for Southern Africa [United Kingdom based]
IDAMASA: Interdenominational African Ministers' Association [South Africa]
IDASA: Institute for a Democratic Alternative for South Africa = Instituut vir 'n Demokratiese Alternatief vir Suid-Afrika
IDATEX: Industrie Dahoméenne de Textile
IDB: (1) Industrial Development Bank; (2) Islamic Development Bank = BID: Banque Islamique du Développement
IDC: (1) Industrial Development Corporation [Ghana, South Africa]; (2) Industrial Development Corporation, later: ICDC: Industrial and Commercial Development Corporation [Kenya]; (3) Interdepartmental Committee [South Africa]; (4) Interim Development Committee [South Africa]
IDCC: Industrial Development Coordinating [*or* Coordination] Committee [Nigeria]
IDDA: Industrial Development Decade for Africa [UNO]
IDEA: (1) Institut d'Étude du Développement Africain; (2) Instituto de Estudios Africanos [Equatorial Guinea]
IDEALPA: Instituto de Desarrollo y Promoción Agrícola [Equatorial Guinea]
IDEFOR: Institut des Forêts [Côte d'Ivoire]
IDEP: (1) Institut Africain de Développement Économique et de Planification = African Institute for Economic Development and Planning [Senegal]; (2) Instituto de Estudios Políticos [Equatorial Guinea?]
IDERT: Institut d'Enseignement et de Recherches Tropicales
IDESSA: Institut des Savanes [Côte d'Ivoire]
IDF: Infrastructure Development Fund [Nigeria]
IDGC: Institut des Grandes Cultures [Algeria]
IDIL: Instituto Nacional de Desenvolvimento da Indústria Local [Mozambique?]
IDIS: Institute of Diplomacy and International Studies [Kenya]
IDM: (1) Institute of [*or* for] Development Management [Botswana/Lesotho/Swaziland]; (2) Institute of Development Management [Tanzania]
IDP: Independent Democratic Party [Liberia]
IDR: (1) Institut de Développement de La Réunion; (2) Institut de Développement Rural [Congo Republic]; (3) Institute of Development Research [Ethiopia]
IDRC: International Development Research Centre [Kenya]
IDREM: Institut de Documentation et de Recherche Maritime [Côte d'Ivoire]
IDS: (1) Institute for Development Studies [Kenya]; (2) Institute of

Development Studies [Tanzania]
IDSL: Integrated Data Services Ltd. [Nigeria]
IDT: Independent Development Trust [South Africa]
IDZ: Intensive Development Zone[s] [Zambia]
IEA: (1) Igreja Evangélica de Angola; (2) Imperial Ethiopian Army; (3) Information Économique Africaine [published Tunis]; (4) Italo-Eritrean Association
IEAF: Imperial Ethiopian Air Force
IEAOFT: Institut d'Émission de l'Afrique Occidentale Française et du Togo
IEBA: Igreja Evangélica Baptista de Angola
IEC: (1) Independent Electoral Commission [South Africa]; (2) Information, Education, Communication [Ethiopia?]; (3) Information, Éducation, Communication [Rwanda?]; (4) Institut d'Études Centrafricaines [Congo Republic]
IECA: Igreja Evangélica Congregacional de Angola
IEF: Industrial Environment Forum [South Africa]
IEG: Imperial Ethiopian Government
IEGF: Imperial Ethiopian Ground Forces
IEMS: Institute of Extra-Mural Studies [Lesotho]
IEMVT: (1) Institut d'Élevage et de Médecine Vétérinaire des Pays Tropicaux; (2) Institut d'Élevage et de Médecine Vétérinaire du Tchad
IEN: Imperial Ethiopian Navy
IENA: Igreja Evangélica do Norte de Angola
IEP: (1) Imperial Ethiopian Police; (2) Independent Eritrea Party
IEPALA: Instituto de Estudios Políticos para América Latina y Africa [Madrid]
IER: Institut d'Économie Rurale [Mali]
IERA: Igreja Evangélica Reformada de Angola
IES: (1) Institute of Environmental Studies [Khartoum, Sudan]; (2) Institute of Ethiopian Studies [Addis Ababa]
IESA: Igreja Evangélica do Sudoeste de Angola
IESB: Institut d'Enseignement Supérieur du Benin
IESE: Institut d'Études Sociales d'Élisabethville [Zaïre]
IEUA: Igreja Evangélica Unida de Angola
IEUP: Independent Eritrea United with Ethiopia Party
IEVZAC: Institut d'Enseignement Zootechnique et Vétérinaire d'Afrique Centrale
IF: Independence Front
IFA: Institut Facultaire des Sciences Agronomiques *or* Institut Facultaire d'Agronomie [Zaïre]
IFAA: Institute For African Alternatives [London]
IFAC: Institut Français de Recherches Fruitières Outre Mer [as given]
IFAD: International Fund for Agricultural Development
IFAI: Istituto Fascista dell'Africa Italiana
IFAN: Institut Français d'Afrique Noire, *later:* Institut Fondamental d'Afrique Noire; *later:* IFAN-CAD
IFAN-CAD: Institut Fondamental d'Afrique Noire – Cheikh Anta Diop
IFAS: Institut Français d'Afrique du Sud
IFB: Independent Forward Block [Mauritius]
IFC: (1) Industrial Finance Corporation [Zambia]; (2) Industrial Financing Corporation of South Africa; (3) Investment Facilitating Committee; (4) Islamic Front for the Constitution
IFCC: Institut Français pour le Café et le Cacao [*or* du Café et du Cacao] [branches in Africa]
IFCTU: International Federation of Christian Trade Unions
IFEM: Interbank Foreign Exchange Market [Nigeria]
IFID: Institut de Financement du Développement du Maghreb
IFK: Inades-Formation Kenya
IFLO: Islamic Front for the Liberation of

Oromia [*or* of the Oromo] = OILF: Oromo Islamic Liberation Front [Ethiopia]. In French: Front Islamique de Libération Oromo
IFMC: Inter-Faith Mediation Committee [Liberia]
IFORD: Institut de Formation et de Recherche Démographiques [ECA; based in Yaoundé]
IFP: (1) Independence Freedom Party [Botswana]; (2) Inkatha Freedom Party = IVP: Inkatha Vryheidsparty [South Africa]
IFRA: Institut Français de Recherche en Afrique = French Institute for Research in Africa; *formerly* CREDU [based in Nairobi and Ibadan]
IFS: Integrated Field Services [Botswana]
IFVC: Indigenous Fruits and Vegetables Crops Development Project [Kenya]
IG: Interim Government
IGADD: Inter-Governmental Authority on Drought and Desertification [*or* Drought and Development] [Djibouti, Ethiopia, Kenya, Somalia, Sudan, Uganda]
IGB: Institut Géographique Burkinabé [Burkina Faso]
IGC: (1) Institut Géographique du Congo [Zaïre]; (2) Inter-Governmental Council [a policy-making body for PANA]
IGCI: Institut de Géographie de Côte-d'Ivoire *or* Institut Géographique de la Côte d'Ivoire
IGE: Inspecteur Général d'État
IGF: Inspection Générale des Finances [Zaïre]
IGG: Inspector General of Government [Uganda]
IGNU: Interim Government of National Unity [Liberia]
IGP: (1) Inspector-General of Police [Ghana]; (2) Institut de Gestion du Portefeuille [Zaïre]
IGPM: Isa and Gedebursi People's Movement [Ethiopia]
IGRP: Inspection Générale des Regroupements de la Population [Algeria]
IGU: Ingessana General Union [Sudan]
IGZ: Institut Géographique du Zaïre
IHAAA: Institut d'Histoire, d'Art et d'Archéologie Africains [Côte d'Ivoire]
IHED: Institut des Hautes Études de Dakar
IHEOM: Institut des Hautes Études d'Outre-Mer
IHFR: Institut Hydrométéorologique de Formation et de Recherche [Algeria]
IHN: Instituut vir Historiese Navorsing = IHR: Institute for Historical Research [South Africa]
IHR: Institute for Historical Research = IHN: Instituut vir Historiese Navorsing [South Africa]
IIA: (1) Institut International Africain = IAI: International African Institute; (2) Istituto Italo-Africano [Rome]; (3) [an educational establishment in Yaoundé, Cameroun]
IIALC: International Institute of African Languages and Cultures *later* IAI: International African Institute
IIAP: Institut International d'Administration Publique [Cameroun?]
IIAT: Institut International d'Agriculture Tropicale = IITA: International Institute of [*or* for] Tropical Agriculture [Based at Ibadan etc.]
IIBR: International Institute for Black Research [United Kingdom]
IICA: Instituto de Investigação Científica de Angola
IICU: Independent Industrial and Commercial Workers' Union [South Africa]
IIE: (1) Institute for Industrial Education [South Africa?]; (2) Institute of International Education
IIRSD: Institut International de Recherche Scientifique pour le Développement
IIT: Institut Inter-africain du Travail
IITA: International Institute of [*or* for] Tropical Agriculture = IIAT: Institut International d'Agriculture Tropicale

[Based at Ibadan etc.]
IJAHS: International Journal of African Historical Studies
IJCSK: Igreja de Jesus Cristo segundo Simão Kimbangu = EJCSK: Église de Jésus-Christ sur la Terre par le Prophète Simon Kimbangu
IKAFI: Imprimerie Kacou Flock – Ivoire [Côte d'Ivoire]
IKT: Isan-Kerin-Taina [Madagascar]
ILA: Institut de Linguistique Appliquée [Côte d'Ivoire]
ILAC: Indian Local Affairs Committee [South Africa]
ILAM: International Library of African Music
ILC: Interim Leadership Committee [i.e. of the ANC] [South Africa]
ILCA: International Livestock Centre for Africa = CIPEA: Centre International pour l'Élevage en Afrique [Addis Ababa]
ILCAA: Institute for the Study of Languages and Cultures of Asia and Africa [Tokyo]
ILEP: [glossed as: International federation of associations fighting leprosy]
ILH: Imperial Light Horse [South Africa]
ILM: Islamic Liberation Movement [Sudan?]
ILN: Institut des Langues Nationales [Mauritania]
ILO: Intergroupe Libéral Oubanguien [Central African Republic]
ILP: Integrated Livestock Project = ILPP [Niger]
ILPP: Integrated Livestock Production Project = NILPP: Niger Integrated Livestock Production Project = ILP [Niger]
ILRAD: International Laboratory for Research on Animal Diseases = LIRV: Laboratoire International de Recherche Vétérinaire [Based at Nairobi]
ILTA: Image à Long Terme de l'Afrique au Sud du Sahara
IM: Immanuel Mission
IMA: (1) Indústria Moçambicana de Aço; (2) Interim Measures (and Local Government) Act [South Africa]
IMACY: Industrie Malienne du Cycle
IMADEFOLK: Institut Malgache des Arts Dramatiques et Folkloriques [Madagascar]
IMAFOR: Société Immobilière, Agricole et Forestière du Congo [Zaïre]
IMAPEC: [glossed as: Fishing industry complex, developed by Spain in Mauretania]
IMBEC: Importadora de Bens de Consumo [Mozambique]
IMBELCO: Imprimeries et Papeteries Belgo-Congolaises [Zaïre]
IMBISA: International Meeting of Bishops in Southern Africa
IMC: (1) Import Management Committee; (2) Independent Media Commission [South Africa]; (3) Indian and Malay Corps [South Africa]; (4) Institute of Management Consultants [Nigeria]; (5) Interim Management Committees [Ghana]
IMCA: Indo-Mauricien Catholic Association
IMCR: Instruction Morale, Civique et Religieuse [Mauritania]
IMDC: Inter-Ministerial Drought Committee [Botswana]
IMDS: Institute for Management and Development Studies [University of Transkei]
IMEC: Institut Marocain de l'Emballage et du Conditionnement [Morocco]
IMF: International Metalworkers' Federation
IMG: (1) Institut Mahatma Gandhi = MGI: Mahatma Gandhi Institute [Mauritius]; (2) Institute of Marketing [Ghana]
IMI: Institut Malgache d'Innovation [Madagascar]
IMIDOC: Institut Murundi d'Information et de Documentation [Burundi]
IML: (1) Independent Moslem League [Eritrea]; (2) Institute for Medical Literature [South Africa]
IMLT: Institute for Manpower Leadership and Training *or* Institute

for Management and Leadership [Namibia]

IMME: Industrie Métallurgique, Mécanique et Électronique [Algeria]

IMMOAF: Société Immobilière et Hypothécaire Africaine

IMMOCONGO: Compagnie Immobilière du Congo [Zaïre]

IMMOKASAI: [a company in Zaïre]

IMMOSTAN: Immobilière de Stanleyville [Zaïre]

IMMOZAIRE: Compagnie Immobilière du Zaïre

IMNZ: Institut des Musées Nationaux du Zaïre

IMOKI: Société Immobilière du Kivu [Zaïre]

IMP: Institut de Mathématiques et de Sciences Physiques [Burkina Faso]

IMPM: [glossed as: Institute of Medical Research and Medical Plant Studies] [Cameroun]

IMPORTANG: Empresa de Importação de Angola

IMPORTEX: Entreprise Nationale Import-Export [Guinea]

IMPORTIS: Société d'Importation de Textiles [Zaïre]

IMPRECO: Impressions de Textiles de la République Populaire du Congo

IMPRIGA: [glossed as: Imprimerie centrale d'Afrique, Gabon]

IMR: East African Institute for Medical Research = EAIMR

IMRAD: Institut Malien de la Recherche Action pour le Développement [Mali]

IMRS: Institut Mauritanien de Recherche Scientifique

IMS: (1) Independent Media Services [Kenya]; (2) Iron Moulders' Society of South Africa

IMSSA: Independent Mediation Service [*or* Services] of South Africa

IMST: Institut Maghrébin de la Science et de la Technologie

IMSU: Imo State University [Nigeria]

IMT: (1) Institut de Médecine Tropicale Prince Léopold [Antwerp]; (2) Institute of Management and Technology [Nigeria]; (2) Italian Medical Team [Ethiopia?]

IMTC: Imperial Motor Transport Corporation [Ethiopia?]

IMTPA: Institut de Médecine Tropicale Princesse Astrid [Zaïre]

IMUA: Igreja Metodista Unida em Angola

IMUCU: Iringa-Mufindi Cooperative Union [Tanzania]

IMVBD: East African Institute of Malaria and Vector-Borne Diseases = EAIMVBD

IMWU: Isipingo Municipal Workers' Union [South Africa]

INA: (1) Institut National des Arts [Senegal, Zaïre]; (2) Interim National Assembly

INAA: Institut National d'Archéologie et Arts [Tunisia]

INABU: Imprimerie Nationale du Burundi

INAC: Instituto Nacional da Cultura [Cape Verde Islands]

INADEP: Institut Africain d'Études Prospectives

INADER: Institut National de Développement Rural [Cameroun]

INADES: Institut Africain pour le Développement Économique et Social [Côte d'Ivoire]

INAF: Institut National de l'Arboriculture Fruitière [Algeria]

INAFEC: Institut Africain d'Éducation Cinématographique [Burkina Faso]

INALCO: Institut National des Langues et Civilisations Orientales [France]

INALD: Instituto Nacional Angolano do Livro e do Disco

INALWA: International Airlist West Africa

INANGO: [glossed as: Angolan Institute for Cooperation and Development]

INAPI: Institut Algérien de Normalisation et de Propriété Industrielle

INARES: Institut National de Recherches Scientifiques [Togo?]

INAU: Institut National d'Aménagement et d'Urbanisme [Morocco]

INBF: Imprimerie Nationale du Burkina Faso
INBTP: Institut National du Bâtiment et des Travaux Publics [Zaïre]
INC: (1) Institut National de Cartographie [Algeria]; (2) [glossed as: National institute for cooperatives, Cape Verde Islands]; (3) Instituto Nacional do Cinema [Mozambique]
INCC: Interim National Coordinating Committee [Ghana]
INCE: Issue Network in City and Environment [Kenya]
INCH: Institute for Contemporary History = INEG: Instituut vir Eietydse Geskiedenis [South Africa]
INCN: Institut National de Conservation de la Nature [Zaïre]
INDAG: Industrial and Agricultural Company [Nigeria]
INDE: Instituto Nacional do [*or* de] Desenvolvimento da Educação [Mozambique]
INDEBANK: Investment and Development Bank [Malawi]
INDECAM: Indépendants Camerounais
INDECO: Industrial Development Corporation [Zambia]
INDEFUND: Investment and Development Fund [Malawi]
INDER: [glossed as: Institute of Rural Development, Mozambique]
INDITEX: [glossed as: Entreprise nationale des textiles industriels, Algeria]
INDP: Interim National Development Plan [Zambia]
INDR: Institut National de Développement Rural [Senegal?]
INDRAP: Institut National de Documentation, de Recherche et d'Animation Pédagogique
INDUVE: Indústria Angolana de Óleos Vegetais [Angola]
INE: (1) Institut National d'Éducation [Burkina Faso]; (2) Instituto Nacional de Estatística [Angola]
INEAC: Institut National pour l'Etude Agronomique du Congo Belge [Zaïre]

INEADE: Institut National d'Études et d'Action pour le Développement de l'Éducation [Senegal?]
INEC: Interim National Electoral Commission [Ghana]
INEG: Instituut vir Eietydse Geskiedenis = INCH: Institute for Contemporary History [South Africa]
INEP: Instituto Nacional de Estudos e Pesquisa [Guiné-Bissau; cp. INER]
INER: Institut National d'Études et de Recherches [as given] [Guiné-Bissau; cp. INEP]
INERA: (1) Institut d'Études et des Recherches Agricoles [Burkina Faso?]; (2) Institut National pour l'Étude et la Recherche Agronomique [Zaïre; given with many variants]
INERGA: [glossed as: Entreprise nationale de réalisation d'infrastructures énergétiques, Algeria]
INFA: Institut National de Formation Agricole = INFAL [Togo]
INFAL: Institut National de Formation Agricole de Lomé = INFA
INFIND: Information pour Indigènes [Zaïre]
INFOGE: Instituto de Fomento de Guinea Ecuatorial
INFORCONGO: Office de l'Information et des Relations Publiques pour le Congo Belge et le Ruanda-Urundi
INFRE: Institut National pour la Formation et la Recherche en Éducation [Benin Republic]
INFTP: Institut National de Formation Technique et Professionnelle [Côte d'Ivoire]
ING: Interim National Government [Nigeria]
INI: Instituto Nacional de Industria
INIA: Instituto Nacional de Investigação Agronómica [Mozambique; Cape Verde?]
INITO: Initiative Togolaise
INJS: Institut National de la Jeunesse et des Sports [Côte d'Ivoire]
INL: Inspector of Native Labour [South Africa]

INLD: Instituto Nacional do Livro e do Disco [Mozambique]
INLEX: [glossed as a pharmaceutical factory, Uganda]
INM: (1) Imbokodvo National Movement [Swaziland]; (2) Inyandza National Movement [South Africa]
INMB: Indo-Nigerian Merchant Bank
INN: Imprimerie Nationale du Niger [Niger]
INOCSA: Interim National Olympic Committee of South Africa [South Africa]
INP: Insika National Party (KaNgwane); (2) Institut National Pédagogique [Zaïre]
INPED: [glossed as: Institut national de la productivité et du développement industriel, Algeria]
INPF: Independent National Patriotic Front = INPFL [Liberia]
INPFL: Independent National Patriotic Front of Liberia = INPF
INPP: (1) Institut National de Perfectionnement Permanent [Côte d'Ivoire]; (2) Institut National de Préparation Professionnelle [Zaïre]
INPROCAO: [an organisation dealing with the production, marketing and distribution of cocoa, Equatorial Guinea]
INPT: Institut National des Plantes à Tubercules [Togo]
INRA: (1) Institut National de la Recherche Agronomique [Paris]; (2) Institut National des Recherches en Agronomie [Algeria]; (3) Institute for [or of] Natural Resources in Africa [UNO]
INRAA: Institut National de la Recherche Agronomique d'Algérie [cp. INRA]
INRAN: Institut National de Recherche Agronomique du Niger [or Recherches Agronomiques au Niger]
INRAP: Institut National de Recherche et d'Action Pédagogique [Congo Republic?]
INRAT: Institut National de la Recherche Agronomique de Tunisie
INRD: Institut National de Recherches et de Documentation
INRDG: Institut National de Recherches et de Documentation de Guinée
INRS: Institut National pour la [or de] Recherche Scientifique [Rwanda]
INRST: Institut National de Recherche Scientifique et Technique [Tunisia]
INS: (1) Institut National de la Statistique [Zaïre]; (2) Institut National des Sports [Cameroun]
INSA: (1) Institute for Strategic Analysis [South Africa]; (2) [glossed as: Sahel Institute, Mali. Cp. INSAH]
INSAE: Institut National de la Statistique et de l'Analyse Économique [Benin Republic]
INSAH: Institut du Sahel [Mali. Cp. INSA]
INSD: Institut National de la Statistique et de la Démographie [Burkina Faso]
INSE: (1) Institut des Sciences de l'Éducation [Burkina Faso]; (2) Institut National des Sciences de l'Éducation [Chad, Togo]
INSEA: Institut National de Statistique et d'Économie Appliquée [Morocco]
INSEE: Institut National de la Statistique et des Études Économiques [France]
INSESO: Instituto Nacional de Seguridad Social [Equatorial Guinea]
INSET: (1) In-Service Education and Training; (2) Institut National Supérieur de l'Enseignement Technique [Côte d'Ivoire]
INSH: Institut National des Sciences Humaines [Chad]
INSP: Institut National de Santé Publique [Algeria, Côte d'Ivoire]
INSRE: Institut National de la Statistique et de la Recherche Économique [Madagascar]
INSS: Institut National de Sécurité Sociale [Burundi, Zaïre]
INSSED: Institut Supérieur des Sciences de l'Éducation [Congo Republic]
INSSEJAG: Institut Supérieur des Sciences Économiques, Juridiques, Administratives et de Gestion [Congo Republic]

INSSSA: Institut Supérieur des Sciences de la Santé [Congo Republic]
INT: Institut National du Travail [Algeria]
INTA: Institut National de Techniques Administratives [Burundi?]
INTELCAM: Télécommunications Internationales du Cameroun
INTELCI: Télécommunications Internationales de Côte-d'Ivoire
INTERACO: International Commerce for African Commodities [Côte d'Ivoire]
INTERBANQUE: Banque Intercontinentale du Gabon
INTERELECTRA: [glossed as: Empresa distribuidora de equipamento eléctrico e electrónico e componentes, Mozambique]
INTERFINA: Intertropical-Comfina [Zaïre]
INTERFOR: Société Internationale Forestière du Congo [Zaïre]
INTERFRANCA: [glossed as: Lojas francas de Moçambique]
INTERMAQUINA: [glossed as : Empresa de comércio externo de equipamentos industriais, Mozambique]
INTERMECANO: [glossed as: Empresa nacional de importação e exportação de veículos motorizados, Mozambique]
INTERMETAL: [glossed as: Empresa distribuidora e importadora de metais, Mozambique]
INTERQUIMICA: [glossed as: Empresa moçambicana de importação e exportação de productos químicos e plásticos, Mozambique]
INTRATA: International Trading and Credit Company of Tanganyika
INTSH: Institut National Tchadien pour les Sciences Humaines
INTSHU: Institut Togolais des Sciences Humaines
INTSHU-BN: Institut Togolais des Sciences Humaines – Bibliothèque Nationale
IOAN: UER de Langues et Civilisations de l'Inde, de l'Orient et de l'Afrique du Nord [Université de Paris III]

IOC: Indian Ocean Commission = COI: Commission de l'Océan Indien
IOFC: Indian Ocean Fishery Commission
IOGT: (1) Independent Order of Good Templars [Liberia]; (2) International Order of Good Templars [Liberia]
IOM: Indépendants d'Outre-Mer [French colonies]
IOMB: International Organisation of the Muslim Brotherhood
ION: Indian Ocean Newsletter [published in Paris; the French-language edition is LOI: Lettre de l'Océan Indien]
IOSS: International Orchestra Safari Sound [Tanzania]
IOTA: Institut d'Ophtalmologie Tropicale Africaine [*or* de l'Afrique] [Mali]
IOTO: Industrie des Oléagineux du Togo
IOTT: (1) Independent Order of True Templars; (2) International Order of True Templars
IOZOP *alternatively* **IOZP:** Indian Ocean Zone of Peace = OIZP: Océan Indien Zone de Paix
IP: (1) Ibambi Press; (2) Independence Party [Mauritius]; (3) Independent Party [South Africa]; (4) Islamic Party [South Africa]
IPA: Institute of Public Administration [various countries]
IPAL: Integrated Project on Arid Lands [Kenya]
IPAM: Institute of Public Administration and Management [Sierra Leone]
IPAR: Institut de Pédagogie Appliquée à Vocation Rurale [Cameroun?]
IPASA: Independent Publishers' Association of South Africa
IPC: (1) Institut Polytechnique de Conakry [Guinea]; (2) Integrated Programme for Commodities [Ethiopia?]; (3) Investment Promotion Centre [Kenya]
IPCI: Institut Pasteur de Côte-d'Ivoire
IPD: (1) Industrial Participatory Democracy [Zambia?]; (2) Institut Panafricain pour le Développement = PAID: Pan-African Institute for Development

IPD-AC: Institut Panafricain pour le Développement / Afrique Centrale
IPD-AOS: Institut Panafricain pour le Développement / Afrique de l'Ouest/Sahel
IPDR: Institut Pratique de Développement Rural [Niger?]
IPE: (1) Inspecção Provincial da Educação [Mozambique]; (2) Institut Pédagogique Évangélique
IPGAN or **IPGANC:** Institut Polytechnique Gamal Abdel Nasser de Conakry
IPGE: Idea Popular de la Guinea Ecuatorial
IPGP: Institut de Productivité et de Gestion Prévisionnelle [Mali?]
IPHAMETRA: Institut de Pharmacopée et de Médecine Traditionnelle [Gabon]
IPI: Institute of Production Innovation [Tanzania]
IPK: Islamic Party of Kenya
IPM: (1) Institut de Physique Météorologique [Senegal]; (2) Institut de Prévoyance-Maladie [Senegal?]
IPN: (1) Ideal Party of Nigeria; (2) Impôt Personnel Numérique [Central African Republic]; (3) Institut des Peuples Noirs [Burkina Faso]; (4) Institut Pédagogique National [Algeria, Rwanda, Zaïre; Benin Republic?, Togo?]
IPNCB: Institut des Parcs Nationaux du Congo Belge
IPNETP: Institut Pédagogique National de l'Enseignement Technique Professionnel [Côte d'Ivoire]
IPP: (1) Independent People's Party [Sierra Leone?]; (2) Industrial Productivity Promotions [Tanzania]
IPR: (1) Institut Polytechnique Rural [Mali]; (2) Institute for Planning Research = IBN: Instituut vir Beplanningsnavorsing [South Africa]; (3) Institute of Primate Research [Kenya]
IPRA: Indépendants Parti du Regroupement Africain [Burkina Faso]

IPRES: Institution de Prévoyance pour la Retraite du Sénégal or Institution de Prévoyance-Retraite du Sénégal
IPRI: Institut Panafricain de Relations Internationales [Geneva]
IPS: Industrial Promotion Services [Tanzania]
IPSI: Institut de Presse et des Sciences de l'Information [Tunisia]
IPT: Islamistes Progressistes Tunisiens
IRA: (1) Industrial Relations Act [Mauritius, Zambia]; (2) Institut de la Recherche Agronomique [Cameroun]; (3) Institute of Agriculture and Forestry Research [Cameroun]; (4) Institute of Resource Assessment [Tanzania]
IRAD: Institut de Recherches Appliquées du Dahomey
IRAF: (1) Institut de Recherche Agricole et Forestière [Cameroun?]; (2) Institut de Recherches Agronomiques et Forestières [Gabon]
IRAM: Institut de Recherches et d'Application des Méthodes de Développement
IRASA: Irish Republican Association of South Africa
IRAT: Institut de Recherches Agronomiques Tropicales [France, with branches in Africa]
IRAZ: Institut de Recherche Agronomique et Zootechnique or Institut de Recherches Agronomiques et Zootechniques
IRC: (1) Industrial Relations Commission [Mauritius?]; (2) Industrial Relations Court
IRCA: (1) Institut de Recherches Centrafricaines; (2) Institut de Recherches sur le Caoutchouc [Côte d'Ivoire]
IRCAM: Institut de Recherche du Cameroun or Institut de Recherches Scientifiques du Cameroun
IRCB: Institut Royal Colonial Belge
IRCC: Institut de Recherches du Café et du Cacao [or sur le Café et la Cacao] [Montepellier]

IRCL: Indwe Railway, Collieries and Land Company [South Africa]
IRCN: Industrial Research Council of Nigeria
IRCT: Institut de Recherches pour le Coton et les Textiles Exotiques [Montpellier with branches in Africa]
IRD: (1) Institute for Research Development [South Africa]; (2) Institute on Religion and Democracy; (3) Integrated Rural Development [Nigeria; Mali?]
IRDP: (1) Institute for Rural Development Planning [Tanzania]; (2) Integrated Rural Development Programme [Nigeria, Zambia]
IREMAM: Institut de Recherches et d'Études sur le Monde Arabe et Musulman [Aix-en-Provence]
IRES: Institut de Recherches Économiques et Sociales [Zaïre]
IRET: Institut de Recherches en Écologie Tropicale [Gabon]
IRF: Institut Raoul Follereau [Côte d'Ivoire]
IRFA: Institut de Recherches sur les Fruits et Agrumes [France, with branches in Africa]
IRGM: [glossed as: Institute of Geological Mining and Research, Cameroun]
IRHO: Institut de Recherches pour les [or des] Huiles et Oléagineux [France, with branches in Africa]
IRI: [glossed as: Institute for radio-isotopes, Niger]
IRIC: Institut des Relations Internationales du Cameroun
IRLCO-CSA: International Red Locust Control Organisation for Central and Southern Africa
IRMC: Institut de Recherche sur le Maghreb Contemporain [Rabat]
IRMPM: Institut de Recherche Médicale et des Études de Plantes Médicinales [Cameroun?]
IRP: Integrated Roads Project [Tanzania]
IRRC: Investor Responsibility Research Center [USA]
IRS: (1) Institut de Recherche Scientifique [Zaïre]; (2) Institute for Reformational Studies = Instituut vir Reformatoriese Studie [South Africa]; (3) Integrated Rural Survey [Kenya]
IRSAC: Institut pour la Recherche Scientifique en Afrique Centrale = IWOCA: Instituut voor Wetenschappelijk Onderzoek in Centraal-Afrika
IRSC: Institut de la Recherche Scientifique au Congo [Congo Republic]
IRSH: Institut de Recherches en Sciences Humaines [Gabon, Niger]
IRT: Institut de Recherches Technologiques [Gabon]
IRTISS: Institut de Recherche sur les Techniques, l'Industrie et le Sous-Sol [Cameroun?]
IRTO: Institut de Recherches du Togo
IRUSTAT: Institut Rundi des Statistiques
IRZ: Institut de Recherches Zootechniques = Institute of Zootechnical Research [Cameroun]
ISA: (1) Institut Supérieur d'Architecture [Zaïre]; (2) Internal Security Act [South Africa]
ISABU: Institut des Sciences Agronomiques du Burundi
ISAC: Industrial Sector Adjustment Credit
ISADAP: (1) Imo State Accelerated Development Area Programme [Nigeria]; (2) Imo State Agricultural Development Project [Nigeria]
ISAM: Institut Supérieur des Arts et Métiers [Zaïre]
ISANI: Inspecção dos Serviços Administrativos e dos Negócios Indígenas [Mozambique]
ISAP: (1) Index to South African Periodicals; (2) Industrial Sector Adjustment Programme [Ghana]; (3) Institut Supérieur des Arts Plastiques [Zaïre]
ISAR: Institut des Sciences Agronomiques du Rwanda
ISB: Institut de Sociologie de Rabat [Morocco]

ISC: (1) Institut Scientifique Chérifien [Morocco]; (2) Institut Supérieur de Commerce [Zaïre]
ISCOR: Iron and Steel Corporation *or* Iron and Steel Industrial Corporation [South Africa]
ISCTR *or* **ISCTRC:** International Scientific Committee for Trypanosomiasis Research [and Control] = CSIRT: Conseil Scientifique Inter-africain pour la Recherche sur la Trypanosomiase
ISD: Institute for Social Development [South Africa]
ISDR: Institut Supérieur de Développement Rural [Zaïre]
ISE: Institut des Sciences de l'Environnement [Université de Dakar]
ISEA: (1) Institut de Science Économique Appliquée [Senegal]; (2) Institut Supérieur d'Études Agronomiques *or* Institut Supérieur d'Enseignement Agricole [Zaïre]; (3) Institute for the Study of English in Africa [South Africa]
ISECA: Information Science Education Consortium for Africa
ISEFC: Institut Supérieur de l'Éducation et de la Formation Continue [Tunisia]
ISEN: Instituut vir Sosiale en Ekonomiese Navorsing = ISER (1) *or* (2)
ISEPS: Institut Supérieur d'Éducation Physique et Sportive [Congo Republic]
ISER: (1) Institute for Social and Economic Research [University of Durban-Westville; cp. ISEN]; (2) Institute of Social and Economic Research [South Africa: Rhodes University; cp. ISEN]
ISERI: Institut Supérieur d'Enseignement et de Recherche Islamique *or* Institut Supérieur d'Études et de Recherches Islamiques
ISERST: Institut Supérieur d'Études et de Recherches Scientifiques et Techniques [Djibouti]
ISES: Institut Supérieur d'Études Sociales [Zaïre]

ISF: Interim Strategic Framework [South Africa]
ISFP: Institut Supérieur des Finances Publiques [Rwanda]
ISFRA: Institut Supérieur de Formation et de Recherche Appliquée [Mali]
ISGP: Institut Supérieur de Gestion et de Planification [Algeria]
ISH: Institut des Sciences Humaines [Cameroun, Mali]
ISHA: Institut de Sciences Humaines d'Alger
ISHMN: Institut Supérieur d'Histoire du Mouvement National [Tunisia]
ISKEMUS: Inligsentrum vir Kinderlektuur en -Media / Information Centre for Children's Literature and Media [University of Stellenbosch]
ISLIMA: Industrie Sénégalaise de Linge de Maison
ISMA: Institute for the Study of Man in Africa [Johannesburg]
ISN: Institut Sénégalais de Normalisation
ISP: (1) Industrial Strategy Project; (2) Institut Supérieur Pédagogique; (3) Institut Supérieur Polytechnique [Burkina Faso]; (4) Instituto Superior Pedagógico [Mozambique]; (5) Islamic Socialist Party
ISRA: Institut Sénégalais de Recherches Agricoles
ISRI: Instituto Superior das Relações Internacionais [Mozambique]
ISS: (1) Institut Supérieur de Statistique [Zaïre]; (2) Institut Supérieur Scientifique [Mauritania]; (3) Italian State School [Addis Ababa]
ISSA: (1) Information Service of South Africa = Informationsstelle Südliches Afrika; (2) International Social Security Association = AISS: Association Internationale de Sécurité Sociale; (3) International Swahili Studies Association
ISSER: Institute of Statistical, Social and Economic Research [Ghana]
ISSS: Islam et Sociétés au Sud du Sahara
ISSTH: Institut Supérieur des Sciences et

Techniques Halieutiques [Mauritania]
ISSUP: Institute of [*or* for] Strategic Studies [University of Pretoria]
IST: Institut des Sciences de la Terre [Senegal?]
ISTA: (1) Institut Supérieur de Techniques Appliquées [Zaïre]; (2) Institut Supérieur de Théologie d'Antananarivo [Madagascar]
ISTEEBU: Institut des Statistiques et des Études Économiques du Burundi
ISTI: Institut des Sciences et Techniques de l'Information [Zaïre]
ISTM: Institut Supérieur des Techniques Médicales [Zaïre]
ISTP: Institut Supérieur Théologique Protestant [Zaïre?]
ISU: (1) Internal Security Unit [Sierra Leone]; (2) Internal Stability Unit [South Africa]
ITA: (1) Institut de Technologie Agricole [Algeria]; (2) Institut de Technologie Alimentaire [Senegal]
ITAB: Institut Technique Agricole du Burundi
ITAM: [glossed as: Société malgache (sacs de jute), Madagascar]
ITB: Institut Technique de Banque
ITC: (1) Imperial Tobacco Company [United Kingdom]; (2) International Trypanotolerance Centre = CIT: Centre International de Trypanotolérance
ITCABIC: Interterritorial Catholic Bishops' Conference
ITCG: Institut de Topographie et de Cartographie de Guinée
ITCZ: Inter-Tropical Convergence Zone
ITE: International Telephone Exchange [Tanzania]
ITEK: Institute of Teacher Education, Kyambogo [Uganda]
ITEMA: Industrie Textile du Mali
ITENCO-MARBREZA: Entreprise Italienne de Construction et de Marbrerie du Zaïre
ITF: Inter-Tropical Front
ITFP: Instituto Técnico de Formação Profissional [Guiné-Bissau]
ITG: Imperial Tobacco Group [United Kingdom]
ITIPAT: Institut pour la Technologie et l'Industrialisation des Produits Agricoles Tropicaux [Côte d'Ivoire]
ITM: (1) Islamic Trend Movement = MTI: Mouvement de la Tendance Islamique; (2) [glossed as: mining company active in Angola]
ITMA: (1) Companies Income Tax Management Act [Nigeria]; (2) Instituts de Technologie des Moyens Agricoles [Algeria]
ITMC: International Trading and Marketing Company [Nigeria]
ITOCY: Industrie Togolaise du Cycle et du Cyclomoteur
ITP: (1) Ilorin Talaka Parapo; (2) Industrie Togolaise des Plastiques
ITPK: [an educational institute founded by Jesuits, Zaïre]
ITSA: Institute of Transport in Southern Africa
ITT: (1) Impuzamiryango Tuzamuke Twese [Rwanda]; (2) Industrie Textile Togolaise
ITTP: Integrated Teacher Training Programme [Namibia]
ITTU: Intermediate Technology Transfer Units [Ghana]
ITU: Igbirra Tribal Union [Nigeria]
ITUC-NW: International Trade Union Committee of Negro Workers
ITV: (1) Imo Television [Nigeria]; (2) Independent Television [Tanzania]
ITWP: Independent True Whig Party [Liberia]
IUEF: International University Exchange Fund
IUIU: Islamic University in Uganda
IULC: (1) Independent United Labour Congress [Nigeria]; (2) Inter-University Library Committee = IBK: Interuniversitêre Biblioteekkomitee [South Africa]
IUSE: Institut Universitaire des Sciences de l'Éducation [Burundi]
IUT: Institut Universitaire de Technologie [Burkina Faso]

IVE: Institut Vétérinaire d'Éthiopie
IVOIREMBAL: [an enterprise in Côte d'Ivoire]
IVOIROUTILS: Société Ivoirienne de Fabrication d'Outils [Côte d'Ivoire]
IVOLCY: Industrie Voltaïque du Cycle
IVOSEP: [an enterprise in Côte d'Ivoire]
IVOTEX: Société Ivoirienne de Textiles [Côte d'Ivoire]
IVP: Inkatha Vryheidsparty = IFP: Inkatha Freedom Party
IVTB: Industrial and Vocational Training Board [Mauritius]
IVV: Institut de la Vigne et du Vin [Algeria]
IWA: Industrial Workers of Africa
IWAAS: Institute of West Asian and African Studies [Chinese Academy of Social Sciences]
IWACU: [glossed as: Centre de formation et de recherche coopérative, Rwanda]
IWF: Internationaler Währungsfonds = IMF: International Monetary Fund
IWOCA: Instituut voor Wetenschappelijk Onderzoek in Centraal-Afrika = IRSAC: Institut pour la Recherche Scientifique en Afrique Centrale
IYB: Inkatha Youth Brigade [South Africa]
IYL: Inyandza Youth League [South Africa]
IYO: Imbali Youth Organisation [South Africa]
IZ: Imvo Zabantsundu [newspaper; South Africa]
IZA: Informationszentrum Afrika [Bremen]
IZB: (1) Indo-Zambia Bank; (2) Industrie Zaïroise des Bois
IZCWDC: Interim Zonal Coordinating Workers Defence Committees [Ghana?]
IZG: Independent Zimbabwe Group

J

J: Judge of the Supreme Court [South Africa]
JA: (1) Jeune Afrique; (2) Judge of Appeal [South Africa]
JAA: (1) Jebel el Akhdar Authority [Libya]; (2) Joint Administrative Authority [Walvis Bay; a joint South African / Namibian authority]
JAAC: Juventude Africana Amílcar Cabral [Guiné-Bissau]
JAAfS: Japan Association for African Studies
JAAS: Journal of Asian and African Studies [Leiden]
JAATS: Johannesburgse Afrikaanse Amateur-Toneelspelers [South Africa]
JAC: (1) Jeunesse Agricole Catholique [Congo Republic]; (2) Jeunesse Agricole Chrétienne [Chad]; (3) Joint Action Committee [Nigeria]; (4) Joint Advisory Council
JACTU: Joint Action Committee of Trade Unions [Nigeria]
JAD: Jeunesse Agricole pour le Développement [Chad]
JADEPA: JAC Democratically Debating Party [Zambia?]
JAGS: Johannesburg Amateur Gymnastic Society [South Africa]
JAH: Journal of African History
JAL: Journal of African Law
JALA: Joint Acquisitions List of Africana
JALB: Jeunes Arabes de Lyon et sa Banlieue
JALL: Journal of African Languages and Linguistics [published Leiden]
JAM: Journalists Association of Malawi
JAMB: Joint Admission and Matriculation Board [Nigeria]

JANA: [a Libyan news-agency]
JAR: Jahrbuch für Afrikanisches Recht
JAS: (1) Journal of African Studies; (2) Journal of the African Society
JASPA: Jobs and Skills Programme for Africa
JATC: Junction Avenue Theatre Company [South Africa]
JATRE: Journal of African Traditional Religion [published Burbank]
JATS: Joint Air Training Scheme [South Africa]
JBDF: Ju/'hoan Bushman Development Foundation
JBFA: Johannesburg Bantu Football Association
JBMF: Johannesburg Bantu Music Festival
JC: (1) Jeunesse Camerounaise; (2) Junior Certificate [Botswana]
JCA: (1) Journées du Cinéma Africain [Montréal]; (2) [glossed as: Christian youth of Angola]
JCAFR: Joint Church Action for Famine Relief
JCAS: Journal of Contemporary African Studies
JCATU: Joint Council of African Trade Unions [South Africa]
JCC: (1) Johannesburg City Council; (2) Joint Co-ordinating Centre [South Africa]; (3) Joint Consultative Committees; (4) Journées Cinématographiques de Carthage [Tunisia]
JCD: John Chard Decoration [South Africa]
JCE: Johannesburg College of Education [South Africa]

JCI: Johannesburg Consolidated Investment Company [South Africa]
JCR: Joint Committee for Representation [Nigeria]
JDC: Jeunesse Démocratique Camerounaise [*or* Jeunesses Démocratiques du Cameroun]
JDG: Joint Distribution Group [South Africa]
JEA: Joint Executive Authority [South Africa]
JEAC: Junta de Exportação do [*or* de] Algodão Colonial [Portugal]
JEC: Joint Economic Committee [Mauritius]
JEDSP: Joint Essential Drugs Support Programme
JEEP: Joint Energy and Environment Projects
JEO: Jonglei Executive Organ
JEPPT: Jeunesse du Parti Progressiste Tchadien
JEPSS: Joint Ethiopian Pastoral Systems Study
JET: Journalist Environmental Association of Tanzania
JEUCAFRA: Jeunesse Camerounaise Française
JFJ: Jews for Justice [South Africa]
JFLN: Jeunesse du Front de Libération Nationale [Algeria]
JFM: June the Fourth Movement [Ghana]
JFNLA: Juventude da FNLA [Angola]
JFRONRN: Joint Fisheries Research Organisation of Northern Rhodesia and Nyasaland
JGU: Jewellers' and Goldsmiths' Union [South Africa]
JHC: Joint High Command [South Africa]
JHMC: Joint High Ministerial Commission [Eritrea / Ethiopia]
JHSN: Journal of the Historical Society of Nigeria
JHSSL: Journal of the Historical Society of Sierra Leone
JIB: Jos International Breweries [Nigeria]
JIC: Joint Intelligence Committee [South Africa]
JICA: Japan International Co-operation Agency
JICH: Journal of Imperial and Commonwealth History
JICO: Junta de Investigação Científica Ultramarina [Lisboa]
JICU: Jubilee Insurance Uganda [as given]
JINA: Jeunesse Nationaliste Malgache [Madagascar]
JINY: [a nationalist secret society, Madagascar]
JIOG: Joint International Observer Group [Malawi]
JIR: Jamaatou Ibadou Rahman *or* Jamâ'at 'ibâd ar Rahmân
JIRAMA: Jiro sy Rano Malagasy [Madagascar]
JIRDU: Jijiga Range Development Unit [Ethiopia]
JIT: Jonglei Investigation Team [Sudan]
JJ: Judges of the Supreme Court [South Africa]
JJ A: Judges of Appeal [South Africa]
JKC: John Kennedy College [Mauritius]
JKCAT: Jomo Kenyatta University College of Agriculture and Technology [Kenya; see also: JKUCAT]
JKIA: Jomo Kenyatta International Airport [Kenya]
JKS: Jesters [Cape Town youth gang]
JKUCAT: Jomo Kenyatta University College of Agricultural and Technology [Kenya; see also: JKCAT]
JLB: Joint Loan Boards [Kenya]
JLBS: Joint Loan Board Scheme [Kenya]
JLC: Joint Liaison Committee [South Africa]
JLD: [glossed as: Youth association for democracy and progress, Mali]
JLO: Joint Liaison Office [Ethiopia?]
JMAS: Journal of Modern African Studies
JMB: Joint Matriculation Board [South Africa]
JMC: (1) El-Jazaïr Musulmane et Contemporaine [Algeria]; (2) Joint Management Centre [South Africa]; (3) Joint Management Committee [South Africa]; (4) Joint Military

Commission [Angola, South Africa and Cuban military observers]; (5) Joint Military Council; (6) Joint Monitoring Commission [Namibia]
JMCDDI: Jeunesse du Mouvement Congolais pour la Démocratie et le Développement Intégral [Congo Republic]
JMCEU: Johannesburg Municipal Combined Employees' Union
JMEA: Johannesburg Municipal Employees' Association
JMJ: Joseph Modupe Johnson [Nigeria]
JMMC: Joint Military Monitoring Committee
JMNR: Jeunesse du Mouvement National de la Révolution *or* Jeunesse du Mouvement National Révolutionnaire [Congo Republic]
JMPLA: Juventude do Movimento Popular de Libertação de Angola
JMPR: Jeunesse du Mouvement Populaire de la Révolution [Zaïre]
JMRDP: Jebel Marra Rural Development Project [Sudan]
JMWU: Johannesburg Municipal Workers' Union
JMWWMU: Johannesburg Municipal Water Works Mechanics' Union
JN: Jeune Nation [Algeria]
JNI: Jama'atu Nasril Islam [Nigeria]
JNPN: Jeunesse Nationale Pierre Ngendendumwe [Burundi]
JNR: Jeunesse Nationale Rwagasore [Burundi]
JNSP: Joint Nutrition Support Programme [Tanzania; Ethiopia?]
JNT: Jeunesse Nord-Togo
JO: Journal Officiel [various countries]
JOAOF: Journal Officiel de l'Afrique Occidentale Française
JOC: Jeunesse Ouvrière Catholique [Burundi]
JOCI: Journal Officiel de la Côte d'Ivoire
JOCOTAN: Joint Council of Teachers' Associations in Natal
JOCV: Japanese Overseas Cooperation Volunteer
JODAC: Johannesburg Democratic Action Committee
JODS: Johannesburg Operatic and Dramatic Society [South Africa]
JOEA: Journal Officiel de l'État Algérien
JOG: Journal Officiel de la Guinée Française
JOHV: Journal Officiel de la République de Haute Volta
JOM: Journal Officiel de Madagascar
JOMC: Journal Officiel de Madagascar et des Comores
JORA: Journal Officiel de la République Algérienne Démocratique et Populaire
JORAC: Joint Rent Action Committee [South Africa]
JORAH: Journal of Religions and History [published Nigeria]
JORC: [glossed as: Établissements crédit, Cameroun]
JORCI: Journal Officiel de la République de Côte-d'Ivoire
JORD: Journal Officiel de la République de Djibouti
JORDM: Journal Officiel de la République Démocratique de Madagascar
JORF: Journal Officiel de la République Française
JORG: Journal Officiel de la République de Guinée
JORS: Journal Officiel de la République du Sénégal
JORT: Journal Officiel de la République du Togo
JP: (1) Judge President [South Africa]; (2) Justice Party [Ghana]
JPA: (1) Jeunesse Pionnière Agricole [Togo]; (2) Jeunesse pour l'Alternance [Senegal]
JPAC: Joint Presidents' Agricultural Committee [Zimbabwe]
JPC: (1) Joint Planning Committee [Nigeria]; (2) Joint Provincial Council [Ghana]; (3) Justice and Peace Convention [Kenya]
JPCM: Junta Provincial da Causa Monárquica [Angola]
JPERDP: [a University of Durham research-programme on the Jos

Plateau, Nigeria]
JPG: Jeunesse Patriotique de Guinée
JPL: Johannesburg Public Library
JPMC: Joint Political-Military Commission [Angola]
JPN: Jeunesse Pionnière Nationale [Central African Republic]
JPO: Joint Project Office [Ethiopia?]
JPR: (1) Jeunesse Patriotique Rwandaise; (2) Justice, Peace and Reconciliation [Zimbabwe]
JPS: Joint Planning Staff [South Africa]
JR: Joint Resolution [Liberia]
JRA: (1) Journal of Racial Affairs [published South Africa]; (2) Journal of Religion in Africa [published Leiden]
JRDA: Jeunesse de la Révolution Démocratique Africaine [Guinea]
JRDACI: Jeunesse du Rassemblement Démocratique Africain de Côte d'Ivoire
JRP: Joint Relief Partnership
JRPT: Jeunesse du Rassemblement du Peuple Togolais
JRR: (1) Jeunesse Révolutionnaire Rwagasore [Burundi]; (2) Journal of Race Relations [South Africa]
JRS: Jesuit Refugee Services *or* Jesuit Relief Services
JRSK: Joint Refugee Services of Kenya
JSA: Journal de la Société des Africanistes
JSAPF: Japan South Africa Parliamentary Friendship League
JSAS: Journal of Southern African Studies
JSC: (1) Joint Service Committees [South Africa]; (2) Joint Steering Committee [Ethiopia?]
JSCASC: James S. Coleman African Studies Center [Los Angeles]
JSD: Jeunesses Sociales Démocrates [Madagascar]
JSDA: Journal of Social Development in Africa
JSE: Johannesburg Stock Exchange [South Africa]
JSJ: Jews for Social Justice [South Africa]
JSMC: Joint Security Management Centre
JSMG: Joint Security Management Group [South Africa?]
JSS: Junior Secondary School [Ghana]
JSTT: Joint Services Training Team [Ghana]
JTC: Justice Training Centre [Namibia]
JTL: Assemblée de Jésus pour Toutes les Langues [Zaïre]
JTMEU: Johannesburg Transport and Municipal Employees' Union
JTSA: Journal of Theology for Southern Africa
JURA: Juventude Revolucionária de Angola
JUSRDA: Jeunesse de l'Union Soudanaise du Rassemblement Démocratique Africain [Mali]
JUTH: Jos University Teaching Hospital [Nigeria]
JUVENTO: Justice, Union, Vigilance, Éducation, Nationalisme, Ténacité, Optimisme [Togo]
JUWATA: Jumuiya ya Wafanyakazi [wa] Tanzania
JVC: Joint Verification Commission [Mozambique]
JVL: Établissements Jules van Lancker [Zaïre]
JVMC: Joint Verification and Monitoring Commission [Angola]
JWAC: Joint West Africa Committee [viz. of the British Chambers of Commerce of London, Liverpool and Manchester]
JWAL: Journal of West African languages [published USA]

k

K: Kwacha [Malawi, Zambia]
K£ *or* **£K**: Kenya pound[s]
KA: Kikuyu Association
KAAA: Kenya Amateur Athletics Association
KAB: Kaapse Argiefbewaarplek [South Africa]
KABIMITA: [glossed as: Livestock trading company, Tanzania]
KABO: [a private air company, Nigeria]
KACCIMA: Kano Chamber of Commerce, Mines and Agriculture [Nigeria]
KADA: Kassala Area Development Activities [Sudan]
KADCS: Kusasi Agricultural Development Cooperative Society [Ghana]
KADD: Kasungu Agricultural Development Division [Malawi]
KADS: Krugersdorp Amateur Dramatic Society [South Africa]
KADU: Kenya African Democratic Union
KAJ: [glossed as: Catholic Workers' Youth, Belgian Congo]
KALM: Kenya Association for Liturgical Music
KAM: Kenya [*or* Kenyan] Association of Manufacturers
KAMAHURU: Kamati ya Mwelekeo wa Vyama Huru [Tanzania]
KAMATA: Kampuni ya Mabasi ya Taifa [Tanzania]
KAMUS: Kamati ya Uajiri Serikalini [Tanzania]
KANU: Kenya African National Union
KAPE: Kenya African Preliminary Examination
KAR: King's African Rifles; *later*: Kenya African Rifles
KARA: Katutura Residents' Association [Namibia]
KARI: Kenya Agricultural Research Institute
KAS: Kenya Academy of Science
KASA: Kenya African Socialist Alliance
KASCO: Kano State Supply Company [Nigeria]
KASOAP: Kano State Oil and Allied Products [Nigeria]
KAT: Kaapstadse Afrikaanse Toneelvereniging [South Africa]
KATC: Kenya Accountant Technician Certificate
KATH: Komfo Anokye Teaching Hospital [Ghana]
KATO: (1) Katlehong Taxi Organisation; (2) Krugersdorpse Afrikaanse Toneelorganisasie [South Africa]
KAU: Kenya African Union
KAUW: Kenya Association of University Women
KAVS: Kenya Association for Voluntary Sterilization
KAWC: Kenya African Workers' Congress
KAYO: Kenya Association of Youth Organisations
KBBK: Kwafwana kwa Banamayo Bena Kristu [Zambia]
KBC: (1) Kenya Broadcasting Corporation; (2) Kubuta Banana Company
KBH: Kabarole Basic Health Project [Uganda]
KBNR: KwaZulu Bureau of Natural Resources [South Africa]
KBO: Kagera Basin Organization

KBP: Kopanang Basotho Party [Lesotho]
KBPWC: Kenya Business and Professional Women's Club
KBRC: Kafue Basin Research Committee [Zambia]
KBS: (1) Kenya Building Society [Kenya]; (2) Kenya Bureau of Standards; (3) Kenya Bus Service[s]
KBSA: Kenya Booksellers and Stationers Association
KC: Kagisong Centre [Botswana]
KCA: (1) Katlehong Civic Association; (2) Kikuyu Central Association
KCAL: Killie Campbell Africana Library [South Africa]
KCB: Kenya Commercial Bank
KCBAC: Kenya Christian Broadcasting Advisory Committee
KCC: Kenya Cooperative Creameries
KCCU: Kenya Crafts Cooperative Union
KCD: Kingsway Chemist Division [Nigeria]
KCFC: Kenya Chemical and Food Corporation [*or* Company]
KCGA: Kenya Coffee Growers' Association
KCHS: Kenya Cargo Handling Services
KCJ: Kenya Ceramic Jiko
KCMC: Kilimanjaro Christian Medical Centre [Tanzania]
KCMFS: Kusasi Cooperative Mixed Farmers Society [Ghana]
KCMG: Knight Commander of St. Michael and St. George
KCMS: Kenya Church Music Society
KCN: Kazuzu College of Nursing [Malawi]
KCO: Kenya Consumers' [*or* Consumer] Organisation
KCP: Kwena Concrete Products [Botswana]
KCPE: Kenya Certificate of Primary Education
KCPS: Kenya Contraceptive Prevalence Survey
KCPU: Kenyan Coffee Planters Union
KCS: Kalahari Conservation Society [Botswana]
KCSE: Kenya Certificate of Secondary Education
KCT: Kumasi College of Technology
KCTPF: Kenya Christian Teachers' Prayer Fellowship
KCU: Kagera Cooperative Union [Tanzania]
KD: Kaiser Matanzima [South Africa]
KDC: KwaZulu Development Corporation
KDEC: KwaZulu Department of Education and Culture
KDH: Kilifi District Hospital [Kenya]
KDHS: Kenya Demographic and Health Survey
KDL: Chemin de Fer Kinshasa–Dilolo–Lubumbashi [*or* Katanga – Dilolo – Léopoldville *or* Kinshasa – Dilolo – Lobito *or* Katanga–Dilolo–Lubumbashi] [Zaïre]
KEA: Kondoa Eroded Area [Tanzania]
KEC: Kenya Episcopal Conference
KEFI-PHCP: Kenya-Finland Primary Health Care Programme
KEFRI: Kenya Forestry Research Institute
KEI: Kenya Engineering Industries
KELGA: [glossed as: Ikwere-Etche Local Government Area, Nigeria]
KEMRI: Kenya Medical Research Institute
KEMRON: [an anti-AIDS drug developed in Kenya]
KENCOM: Kenya Commercial Bank
KENDA: Kenya National Democratic Alliance
KENFINCO: Kenya-Finland Cooperation
KENGO: Kenya Energy and Environment Organisations *or* Kenya Energy Non-Governmental Organisations *or* Kenya Energy and Environmental Non-Governmental Organisations
KEOSSA: [a committee of the South African Department of Foreign Affairs responsible for project aid to the "homelands"]
KEPA: Kenya Export Promotion Authority
KEPI: Kenya's Expanded Programme of Immunisation
KETA: Kenya External Trade [*or*

Trading] Authority
KFA: Kenya Farmers' Association
KFAED: Kuwait Fund for Arab Economic Development
KFC: (1) Kamujini Farmers Centre [Kenya]; (2) Kenya Film Corporation; (3) Kwazulu Finance Corporation *or* KwaZulu Finance and Investment Corporation [South Africa]
KFFHC: Kenya Freedom from Hunger Council [*or* Campaign]
KFL: Kenya Federation of Labour
KFMP: Kenya Forestry Master Plan
KFP: (1) Kamerun Freedom Party; (2) Kenya Fruit Processors
KFPTU: Kenya Federation of Progressive Trade Unions
KFRTU: Kenya Federation of Registered Trade Unions
KFS: (1) Kaffirslagters *alternatively* King Fighting Souls [Cape Town youth gang]; (2) Kenya Fertility Survey
KGGA: Kenya Girl Guides Association
KGGCU: Kenya Grain Growers' Co-operative Union
KGNP: Kalahari Gemsbok National Park [South Africa]
KHCF: Kenya Hospitals Christian Fellowship
KHE: Kenya Horticultural Exporters
KHV: King-Haute Volta [Burkina Faso]
KIA: Kenya Institute for Administration
KIDC: Kilimanjaro Industrial Development Project
KIE: (1) Kenya Industrial Estates; (2) Kenya Institute of Education
KIEC: Kurasini International Education Centre [Mozambique?]
KIFCO: Kibirigwi Irrigation Farmers' Cooperative Society [Kenya]
KIHERE: Kilombero Health Research Programme [Tanzania]
KIL: Kashim Ibrahim Library [Nigeria]
KILAMCO: Kilwa Ammonia Company [Tanzania]
KIM: (1) Kenya Independence Movement; (2) Komity Iombonan'ny Mpitolona [Madagascar]
KIMC: Kenya Institute of Mass Communication
KINEGI: Kilimanjaro Network for Gender [Tanzania]
KINETAIN: Mines d'Étain de Kindu [Zaïre]
KINOR: Mines d'Or de Kindu [Zaïre]
KINORETAIN: Mines d'Or et d'Étain de Kindu [Zaïre]
KIOF: Kenya Institute of Organic Farming
KIPO: Kenya Industrial Property Office
KIPOC: Korongoro Integrated People Oriented to Conservation [Tanzania]
KIRDI: Kenya Industrial Research and Development Institute
KISA: Kikuyu Independent Schools' Association [Kenya]
KISANGA: Société Commerciale, Agricole et Industrielle du Katanga [Zaïre]
KISS: Keep It Straight and Simple Party [South Africa]
KIWAKUKI: Kikundi cha Wanawake Kupambana na Ukimwi [Tanzania]
KJV: Kerkjeugvereniging [South Africa]
KKC: Know Kenya Course
KKEA: Kikuyu Karing'a Education[al] Association [*or* Authority] [Kenya]
KKS: Kamusi ya Kiswahili Sanifu
KLA: (1) Kenya Library Association; (2) KwaZulu Legislative Assembly [South Africa]
KLB: Kenya Literature Bureau
KLFA: Kenya Land and Freedom Army
KLGWU: Kenya Local Government Workers Union
KLP: Kenya Livestock Programme
KMA: Kumasi Metropolitan Assembly [Ghana]
KMAC: King's Medal for African Chiefs
KMAP *or* **K-MAP:** Kenya Management Assistance Programme
KMC: (1) Kariakoo Market Corporation [Kenya]; (2) Kenya Meat Commission; (3) Kenya Missionary Council
KMBS: Kentanda Mutual Building Society [Tanzania]
KMCWA: Kimberley Municipal Coloured Workers' Association [South Africa]
KMPA: Kenya Master Printers

Association
KMS: Kenya Museum Society
KMT: Kanisa la Mennonite Tanzania = TMC: Tanzania Mennonite Church
KMTCO: Kilimanjaro Machine Tools Company [Tanzania]
KMWA: Kenya Medical Women's Association
KMWU: Kimberley Municipal Workers' Union [South Africa]
KNA: (1) Kenya National Archives; (2) Kenya News Agency
KNAAS: Kenya National Academy for Advancement of Arts and Science
KNACP: Kenya National AIDS Control Programme
KNADS: Kenya National Archives and Documentation Service
KNARDA: Kano State Agricultural and Rural Development Authority [Nigeria]
KNAS: Kenya National Academy of Science
KNC: (1) Kamerun National Congress [Cameroun]; (2) Kenya National Congress; (3) Khartoum Nursing College
KNCCI: Kenya National Chamber of Commerce and Industry
KNCNGO: Kenya National Council of Non-Government Organisations
KNCSS: Kenya National Council of Social Services
KNCU: Kilimanjaro Native Cooperative Union [Tanzania]
KNDP: Kamerun National Democratic Party
KNEC: Kenya National Examinations Council
KNFC: Kenya National Federation of Cooperatives
KNFU: Kenya National Farmers' Union
KNH: Kenyatta National Hospital [Kenya]
KNPA: Kilimanjaro Native Planters Association [Tanzania]
KNRG: Kwame Nkrumah Revolutionary Guards [Ghana]
KNTC: Kenya National Trading Corporation
KNUGFRED: Kwame Nkrumah United Ghana for Revolutionary Democracy
KNUT: Kenya National Union of Teachers
KODESA = CODESA: Convention for a Democratic South Africa
KOJIMA: Koperativan'ny Jiafotsy Malagasy [Madagascar]
KOLA: Kenya Oral Literature Association
KOLUC: Koloniaal Universitair Centrum [Leuven]
KOMKOM: [glossed as: Communication committees, South Africa]
KOP: Klipfontein Organic Products [South Africa]
KORINACONGO: Compagnie de [or des] Placages et Contreplacages du Congo [Zaïre]
KOVSA: Kovsie Studente-Alliansie [South Africa]
KP: Konservatiewe Party = CP: Conservative Party [South Africa]
KPA: (1) Kenya Ports [or Port] Authority; (2) Kenya Publishers Association
KPC: (1) Kembata People's Congress [Ethiopia]; (2) Kenya Power Company
KPCA: Kenya Printers and Converters Association
KPCU: Kenya Planters' Cooperative Union
KPDU: Kaffa [or Kefa] People's Democratic Union [Ethiopia]
KPF: Kenya Patriotic Front
KPLC: Kenya Power and Lighting Company
KPM: Kono Progressive Movement [Sierra Leone]
KPP: Kamerun People's Party [Cameroun]
KPTC: Kenya Post[s] and Telecommunications Corporation
KPU: Kenya People's Union
KR: Kenya Railways
KRA: Koster Residents' Association [South Africa]
KRADD: Karonga Agricultural Development Division [Malawi]
KRARP: Kenyan Rural Access Roads Programme

KRC: (1) Kenya Railways [or Railway] Corporation; (2) Kenya Red Cross
KRDA: Kweneng Rural Development Association [Botswana]
KREDP: Kenya Renewable Energy Development Project
KREMU: Kenya Rangelands Ecological Monitoring Unit or Kenya Resource Monitoring Unit
KREP or **K-Rep:** Kenya Rural Enterprise Programme
KRM: Kenya Revolutionary Movement
KRO: Krugersdorp Residents Organisation [South Africa]
KRPC: Kaduna Refinery and Petrochemicals Company [Nigeria]
KRS: Keiskammahoek Rural Survey [South Africa]
KRTTI: Kakata Rural Teacher Training Institute [Liberia]
KRUIK: Kaaplandse Raad vir Uitvoerende Kunste = Cape Performing Arts Board [South Africa]
KRUM: Kamati ya Rais ya Upunguzaji Matumizi [Tanzania]
KS: Kamerun Society
Ks: Kenya shilling [or shillings] = KSh
KSCF: Kenya Students Christian Fellowship
KSF: Kano State Foundation [Nigeria]
KSh: Kenya shilling [or shillings] = Ks
KSHRCA: Kang Self-Help Resource Centre Association [Botswana]
KSI: Kgalagadi Soap Industry [Botswana]
KSIP: Kano State Investment and Properties Ltd.
KSWC: Khartoum Spinning and Weaving Company
KSZSA: Konferenz für Sicherheit und Zusammenarbeit im Südlichen Afrika
KTC: Kumasi Traditional Council [Ghana]
KTCS: Kirinyaga Timber Cooperative Society [Kenya]
KTDA: (1) Kenya Tea Development Authority; (2) Kenya Tourism Development Authority
KTDC: Kenya Tourist Development Corporation
KTL: Kaduna Textiles Limited
KTMCS: Kano Traders' Multipurpose Cooperative Society [Nigeria]
KTN: Kenya Television Network
KTWA: Kavirondo Taxpayers Welfare Association [Kenya]
KUFIUT: [glossed as: a paramilitary police force] [Namibia]
KUH: Komitee van Universiteitshoofde = CUP: Committee of University Principals [South Africa]
KULIMA: [glossed as: Organização para o desenvolvimento sócio-económico integrado, Mozambique]
KUNC: Kamerun United National Congress [Cameroun]
KUP: Kamerun United Party [Cameroun]
KUSCCO: Kenya Union of Savings and Credit Co-operatives
KUSU: Khartoum University Students Union
KVA: Kenya Veterinary Association
KVDA: Kerio Valley Development Authority [Kenya]
KVIP: Kumasi Ventilated Improved Pit-Latrine [Ghana]
KVNP: Kidepo Valley National Park [Uganda]
KWAHO: Kenya Water and Health Organisation
KWANACOCI: KwaZulu / Natal Chamber of Commerce and Industry [South Africa]
KWANGOMINES: Société Minière et Commerciale [presumably: du Kwango] [Zaïre]
KWAP: Kenya Woodfuel Agroforestry Programme
KWASA: KwaZulu Staff Association [South Africa]
KWATSADUZA or **Kwatsaduza:** [formed from the names of the townships: KwaThema/Tsakane/Duduza] [South Africa]
KWB: Koöperatiewe Wolmaatskappy Beperk [South Africa]
KWDP: Kenya Woodfuel and Agroforestry Programme or Kenya Woodfuel Development Programme

KWFT: Kenya Women's Finance Trust
KWIECO: Kilimanjaro Women I Economic Consultancy Organisation [as given] [Tanzania]
KWLG: Kenya Women Literature Group
KWS: (1) Kenya Wildlife Service [*or* Society]; (2) Kenya Women's Society
KWV: Ko-operatiewe Wijnbouers Vereniging *or* Koöperatiewe Wynbouers Vereeniging [South Africa]
KY: Kabaka Yekka [Uganda]
KYA: Kwahu Youth Association [Ghana]
KYAC: Kenya Youth Association Council
KYERECU: Kysla-Rungwe Cooperative Union [Tanzania]
Kz: Kwanza [Angola]
KZP: KwaZulu Police = ZP
KZT: KwaZulu Transport Company [South Africa]

1

L$: Liberian dollar
LA: (1) Legislative Assembly [Ghana]; (2) Liga Africana; (3) Local Authority [Botswana]
LAB: Land and Agricultural Bank [Zambia]
LA/BA: Live Aid / Band Aid
LAC: (1) Lebowa Agricultural Corporation [South Africa]; (2) Legal Assistance Centre [Namibia]; (3) Livestock Advisory Centre [Botswana]; (4) Logistics Advisory Centre [Southern Africa; a division of SADC]
LACE: Labour Activity Centre [Namibia]
LACITO: Laboratoire de Langues et Civilisations à Tradition Orale [Paris]
LACOED: Lagos State College of Education [Nigeria]
LACOM: Labour and Community Project [South Africa]
LACS: League of African Churches in Swaziland
LACTWU: Lesotho Amalgamated Clothing and Textile Workers Union
LADB: Lesotho Agricultural Development Bank
LADD: Lilongwe Agricultural Development Division [Malawi]
LADDH: Ligue Algérienne de [or pour] la Défense des Droits de l'Homme
LADH: Ligue Algérienne des Droits de l'Homme
LADP: Lafia Agricultural Development Project
LAFICO: Libyan Arab Foreign Investment Office
LAG: Labour History Group [as given] [South Africa]
LAGE: Lineas Aéreas de Guinea Ecuatorial
LAI: League Against Imperialism [The Gambia]
LAIC: Les Argiles Industrielles du Cameroun; (2) Libyan Arab Investment Company
LAM: Linhas Aéreas de Moçambique
LAMB: Lebowa Agricultural Marketing Board [South Africa]
LAMCO: Liberian American Swedish Minerals Company [or Corporation] or Liberian-American-Swedish Mining Company
LAMU: Land Area Management Units [Mauritius]
LANA: Laboratório Nacional de Antropologia
LAO: Ligue pour l'Avenir et l'Ordre [Djibouti]
LAP: Liberian Action Party
LAPAC: Langues et Parole en Afrique Centrale [Paris]
LAPC: Land and Agricultural Policy Centre
LAPCO: Laboratoire Pharmaceutique du Congo
LAPIS: Lesotho Agricultural Production and Institutional Support Project
LAR: League of African Rights
LART: Loans and Advances Realization Trust [Tanzania]
LAS: Lignes Aériennes des Seychelles
LASA: Lesotho Agricultural Sector Analysis Project
LASC: Local Authority Service Charge [Kenya]
LASTP: Linhas Aéreas de São Tomé e Príncipe
LASU: Lagos State University [Nigeria]

LAZ: Law Association of Zambia
LB: (1) Land Board [Botswana]; (2) Lesotho Bank
LBA: Licensed buying agent [Cameroun, Ghana]
LBDA: Lake Basin Development Authority [Kenya]
LBDI: Liberian Bank for Development and Investment
LBFC: Lesotho Building Finance Corporation
LBIDI: Liberian Bank for Industrial Development and Investment
LBKS: Last Born Kids [Cape Town youth gang]
LBMEC: Liberia [or Liberian] Baptist Missionary and Educational Convention
LBPB: Lusaka and Blantyre Publications Bureau
LBRP: Labour-Based Relief Programme [Botswana]
LBS: (1) Laughing Boys [Cape Town youth gang]; (2) Lover Boys [Cape Town youth gang]
LBT: Land Bank of Tanganyika
LBTC: Limpopo Basin Technical Committee
LBTP: Laboratoire du Bâtiment et des Travaux Publics [Côte d'Ivoire]
LBU: Ligne Budgétaire Unique [La Réunion]
LC: (1) Legislative Council [Zambia]; (2) Liberal Convention [Nigeria]
LCA: Liberian Christian Assemblies
LCADP: Lofa County Agriculture [or Agricultural] Development Project [Liberia]
LCBC: Lake Chad Basin Commission = CBLT: Commission du Bassin du Lac Tchad
LCC: (1) Liberian Cement Corporation; (2) Liberian Council of Churches; (3) Local Co-ordinating Centre [South Africa?]
LCCI: (1) Lagos Chamber of Commerce and Industry [Nigeria]; (2) Lesotho Chamber of Commerce and Industry
LCCN: Lutheran Church of Christ in Nigeria
LCD: Legislative Council Debates [Ghana]
LCDWU: Laundry, Cleaning and Dyeing Workers' Union [South Africa]
LCDWUSA: Laundering, Cleaning and Dyeing Workers' Union of South Africa
LCL: (1) Laiterie Coopérative de Lubumbashi [Zaïre]; (2) Lutheran Church in Liberia
LCNCC: Literature Committee of the Nyasaland Christian Council
LCP: League of Coloured Peoples [Ghana?]
LCRI: Lake Chad Research Institute [Nigeria]
LCS: Liberia Cartographic Service
LCT: Ligue Communiste des Travailleurs [Senegal]
LCTF: Lesotho Catholic Teachers Federation
LD: (1) Libyan dinars; (2) Ligue Démocratique [Senegal]
LDDEU: Laundry, Dry-cleaning and Dyeing Employees' Union [South Africa]
LDF: Lofa Defence Force [Liberia]
LDHC: Ligue des Droits de l'Homme et du Citoyen
LDHS: Liberia Demographic and Health Survey
LDHT: Ligue des Droits de l'Homme Tunisienne
LDIAS: Ligue des Diplômés des Instituts et Universités Arabes au Sénégal
LDMPT or **LD-MPT:** Ligue Démocratique – Mouvement pour le Parti du Travail [Senegal]
LDN: Loi sur le Domaine National
LDP: (1) Liberal Democratic Party [Cameroun, Tanzania]; (2) Livestock Development Project
LDRC: Local Dispute Resolution Committee [South Africa]
LDTC: Lesotho Distance Teaching Centre
LDU: Local Defence Units [Uganda]
Le: Leone [Sierra Leone]

LEA: Local Education Authority [Tanzania]
LEAP: Legal Education Action Project [South Africa]
LEC: (1) Lesotho Evangelical Church; (2) Liberia [*or* Liberian] Electricity Corporation
LECA: Lagos Ebira Community Association [Nigeria]
LECO: Librairie Évangélique au Congo
LECUSA: Lesotho Credit Union Scheme for Agriculture
LEDB: Lagos Executive Development Board
LEF: Liberian Evangelical Fellowship
LEFF: Liberia Evangelical Fundamental Fellowship
LEGCO: Legislative Council [various countries]
LEL: Liberian Enterprises Limited
LEM: Laboratoire d'Études Maritimes [Algeria]
LENA: Lesotho News Agency
LEOKADI: Société des Chemins de Fer de Léopoldville-Katanga-Dilolo [Zaïre]
LEP: Lesotho Educational Party
LEPRA: Leprosy Relief Association
LERSCO: Laboratoire d'Études et de Recherches Sociologiques sur la Classe Ouvrière [Burkina Faso?]
LES: Logements Évolutifs Sociaux [La Réunion]
LESOMA: Socialist League of Malawi
LETCO: Liberia Eastern Timber Corporation
LETS: Local Enterprise Task Committee [South Africa?]
LEYW: League of Educated Young Women
LEZA: (1) Levurerie du Zaïre; (2) Librairie Évangélique au Zaïre
LFA: Liga Federalista Angolana
LFADCIM: Ligue Française pour l'Accession aux Droits de Citoyen des Indigènes de Madagascar
LFF: Liberia [*or* Liberian] Frontier Force
LFLU: Liberian Federation of Labor Unions
LG: Local Government [Nigeria]
LGA: Local Government Area [Nigeria]
LGC: (1) Liberia Grand Coalition; (2) Liptako Gourma Community [Burkina Faso]
LGCSC: Local Government Civil Service Commission [Tanzania]
LGDH: Ligue Gabonaise des Droits de l'Homme
LGI: Légion de la Gendarmerie d'Intervention
LGL: Literacy Group Leader [Botswana]
LGLA: Local Government Loans Authority
LGLU: Libyan General Labour Union
LGNF: Local Government Negotiating Forum [South Africa]
LGSC: Local Government Service Commission [Mauritius?]
LGSW: Local Government and Social Welfare [Mauritius?]
LGTA: Liga Geral dos Trabalhadores Angolanos [*or* de Angola]
LGWU: (1) Libyan General Workers' Union; (2) Local Government Workers Union [Ghana]
LHA: Land Husbandry Act = NLHA: Native [*or* National] Land Husbandry Act [Zimbabwe]
LHC: Lancaster House Constitution [Zimbabwe]
LHDA: Lesotho Highlands Development Authority
LHM: Lesotho Handspun Mohair
LHR: Lawyers for Human Rights [South Africa]
LHS: Lagos Housing Scheme [Nigeria]
LHWP: Lesotho Highlands Water Project
LI: Legislative Instrument [Ghana]
LIAC: Liberian International American Corporation
LIAMCO: Libyan American Oil Co.
LIBINC: Liberia Industrial Corporation
LIBSUCO: Liberia Sugar Corporation
LIC/LIW: Low Intensity Conflict / Low Intensity Warfare [South Africa?]
LIDA: Livestock Development Authority [Tanzania]
LIDEP: Lushoto Integrated Development

L 183

Project
LIDHO: Ligue Ivoirienne des Droits de l'Homme
LIFEMO: Liga Feminina Moçambicana
LIFLA: Linguistique Formelle et Langues Africaines [France]
LIFZ: Liberia Industrial Free Zone
LIM: Livingstone Inland Mission
LIMA: [glossed as: Independent league of Angolan women]
LIMECU: Livestock Planning Monitoring and Coordination Unit [Nigeria]
LIMICO: Liberian Mining Company
LINA-CONGO: Lignes Nationales Aériennes du Congo
LINA: Liberian News Agency
LINMAC: Linhas Marítimas [Cape Verde Islands]
LINSU: Liberian National Student Union
LINTCO: Lint Company of Zambia
LIO: Liberian Iron Ore Company
LIPA: Liberia Institute of Public Administration
LIPAD: Ligue Patriotique [or Panafricaine] pour le Développement [Burkina Faso]
LIPCO: (1) Libyan General Petroleum Corporation; (2) [Furniture-manufacturing company in Liberia]
LIRDP: Luangwa Integrated Rural Development Project [Zambia]
LIRV: Laboratoire International de Recherche Vétérinaire = ILRAD: International Laboratory for Research on Animal Diseases [Based at Nairobi]
LIS: Libyan Intelligence Services
LISCO: Liberian Iron and Steel Corporation
LISDESA: Library and Information Services in Developing South Africa
LISSA: Low-Income Sub-Saharan Africa
LIWO: Library and Information Workers Organisation [South Africa]
LJSC: Legal and Judicial Service Commission [Mauritius?]
LK: La Luilaka [Zaïre]
LKM: [glossed as: Association des hommes catholiques à Madagascar]
LLA: (1) Lesotho Liberation Army; (2) Local Licensing Authority [Botswana]
LLB: Lekhotla La Bafo [Lesotho]
LLC: Lesotho Labour Congress
LLDP: Lilongwe Land Development Project [Malawi]
LLP: (1) Lesotho Labour Party; (2) Liberian Liberal Party
LM: (1) Liberal Movement [Nigeria]; (2) Lourenço Marques
LMA: Library Materials on Africa [published London]
LMB: (1) Lint Marketing Board [Uganda]; (2) Livestock Marketing Board [The Gambia]
LMC: (1) Liberia Mining Company; (2) Livestock Marketing Corporation; (3) Local Management Centre [South Africa]
LMDDH: Ligue Marocaine de la [or de] Défense des Droits de l'Homme [Morocco]
LMG: Labour Monitoring Group [South Africa]
LMMC: Livestock and Meat Marketing Corporation [Sudan]
LMN: Loyalists Movement of Nigeria
LMP: Lesotho Mounted Police
LMS: London Missionary Society
LMTS: [a bus company in Lagos]
LMW: League of Malawi Women
LMWU: Liberian Mine Workers Union
LMY: League of Malawi Youth
LN: Legislative Notice [Ghana]
LNA: Liga Nacional Africana [Angola]
LNC: Local Native Council
LNDC: Lesotho National Development Corporation
LNERV: Laboratoire National de l'Élevage et de Recherches Vétérinaires [Senegal]
LNG: Liberian National Guard
LNHC: Laboratoire National de l'Habitat et de la Construction [Algeria]
LNM: Le Nouveau Militant [Mauritius]
LNSL: Liberia National Shipping Line
LNTG: Liberian National Transitional Government
LNTPB: Laboratoire National des Travaux Publics et du Bâtiment

[Madagascar]
LO: Livestock Officer [Kenya]
LOAB: Littérature Orale Arabo-Berbère
LOC: Local Organising Committee [Nigerian football]
LOI: Lettre de l'Océan Indien [published in Paris; the English-language edition is ION: Indian Ocean Newsletter]
LONACI: Loterie Nationale de Côte d'Ivoire
LONRHO *or* **Lonrho:** London and Rhodesian Mining and Land Company
LOOBO: Lagos, Ogun, Oyo, Bendel, Ondo States
LOOOB: Lagos, Ondo, Oyo, Ogun, Bendel States [Nigeria]
LOSAN: List of South African Newspapers
LOTI: Loi d'Orientation des Transports Intérieurs
LOTICO: Lofa Timber Corporation [Liberia]
LOVCO: Liberia and Overseas Ventures
LP: (1) Labour Party [Liberia, Mauritius, Namibia, South Africa, Tanzania]; (2) Liberal Party [Namibia]
LPA: (1) Laboratoire Pharmaceutique Algérien; (2) Lagos Plan of Action = PLA: Plan d'Action de Lagos; (3) Liberian Printers Association; (4) Ligue Populaire Africaine [Djibouti]
LPAI: Ligue Populaire Africaine pour l'Indépendance [Djibouti]
LPAID: Ligue Populaire Africaine pour l'Indépendance de Djibouti
LPC: (1) Liberian [*or* Liberia] Peace Council; (2) Local Peace Committee [South Africa]; (3) Low Potential Cereal highland zone [Ethiopia]
LPDP: Lokitaung Pastoral Development Project [Kenya]
LPEE: Laboratoire Public d'Essais et d'Études [Morocco]
LPL: Liberal Party of Lesotho
LPMC: Liberian Produce Marketing Corporation
LPMS: Livestock Products Marketing Services
LPNPA: Laboratoire de Physique Nucléaire et de Physique Appliquée [Madagascar]
LPP: (1) Lebowa Peoples' Party; (2) Liberal Progressive Party [Eritrea; etc.]; (3) Liberian People's Party
LPPC: Liberian Palm Products Corporation
LPRC: Liberian Petroleum Refining Corporation
LPS: Local Preference Scheme [Botswana]
LPSA: Labour Party of South Africa
LPU: Livestock Policy Unit [of the International Livestock Centre for Africa]
LRA: Labour Relations Act [South Africa]
LRAA *or* **LR(A)A:** Labour Relations Amendment Act [South Africa]
LRAB: Labour Relations Amendment Bill [South Africa]
LRC: Legal Resources Centre [South Africa]
LRCP: Leventis Research Co-operation Programme
LRD: (1) Labour Research Department [The Gambia]; (2) Land Reform Decree [Uganda]
LRDP: Laikipia Rural Development Programme [Kenya]
LRF: Legal Resources Foundation [Zimbabwe]
LRPC: Liberian Rubber Processing Company
LRT: Legal Resources Trust [South Africa]
£S: Sudanese Pound
LSA: (1) Ladies of St. Anne [Lesotho]; (2) Liberian Studies Association
LSAC: Liberian Studies Association Conference
LSC: (1) Leather and Shoes Corporation [Ethiopia]; (2) Ligue du Souvenir Congolais [Zaïre]
LSCF: Large Scale Commercial Farming [*or* Farms] [Zimbabwe]
LSCFA: Large Scale Commercial Farming Areas [Zimbabwe]
LSCFS: Large Scale Commercial Farming Sector [Zimbabwe]

LSD: Life, Sport and Drama [newspaper, South Africa]
LSDPC: Lagos State Development Property Corporation
LSE: Lagos Stock Exchange [Nigeria]
LSG: Londense Sendinggenootskap = LMS: London Missionary Society
LSJ: Liberian Studies Journal
LSK: Law Society of Kenya
LSMB: Lint and Seed Marketing Board [Tanzania]
LSNA: Legon Society on National Affairs [Ghana]
LSR: Land Settlement Review
LSS: League of Sudanese Students
LSTC: Lagos State Transport Company [*or* Corporation]
LSU: Logements Sociaux Urbains [La Réunion]
LTA: Letlabhile Taxi Association [South Africa]
LTAB: Land Tenure Advisory Board [South Africa]
LTD *or* **Ltd:** Limited [Anglophone countries]
LTDH: (1) Ligue Tchadienne des Droits des Hommes; (2) Ligue Togolaise des Droits de l'Homme; (3) Ligue Tunisienne des Droits des Hommes [*or* Droits Humains]
LTI: (1) Lerotholi Technical Institute; (2) Lutheran Training Institute [Liberia]
LTP: Laboratoire des Travaux Publics [Algeria]
LTS: Logements Très Sociaux [La Réunion]
LTUEK: Labour Trade Union of East Africa
LTUK: Labour Trade Union of Kenya
LU: University of Liberia
LUBE: Lesotho Union of Bank Employees
LUCODEB: Lutte Contre la Désertification au Burkina Faso
LUCTE: Lesotho Union of Clothing and Textile Employees

LUDC: Lusaka Urban District Council
LUDF: Liberian United Defence Force
LUDRN: Ligue Universelle de Défense de la Race Nègre
LUF: Labour Unity Front *or* Labour United Front [Nigeria]
LUKA: L'Union Kwangolaise pour l'Indépendance et la Liberté [Zaïre] [as given]
LUM: (1) Department of Land Use and Mechanisation [UNISWA, Luyengo Campus, Swaziland]; (2) Luo United Movement
LUP: (1) Liberal Unionist Party [Eritrea]; (2) Liberian Unification Party
LUPAG: Land Use Planning Advisory Group [Botswana]
LUPRD: Land Use Planning and Regulatory Department [Ethiopia]
LUSAP: Luso-South African Party [South Africa]
LUTH: Lagos University College of Medicine and Teaching Hospital
LUTO: Laboratoire Universitaire de la Tradition Orale [Gabon]
LUTSPLAN: Land Use and Transport Strategy Plan [Johannesburg]
LVB: Land Valuation Board [Ghana]
LVIA: Associazione Internazionale Volontari Laici [as given]
LW: Lwei [Angolan unit of currency]
LWADD: Liwonde Agricultural Development Division [Malawi]
LWC: Little White Chapel
LWD: Louw Wepener Decoration [South Africa]
LWF/TCRS: Lutheran World Federation / Tanganyika Christian Refugee Service
LWM: Louw Wepener Medal [South Africa]
LWSC: Liberia Water and Sewer Corporation
LYM: Lagos Youth Movement

m

M: Maloti [official currency of Lesotho] [singular: Loti]
M£: Malawi pound
M-Plan: Mandela Plan
M-22: Mouvement du 22 février [Congo Republic]
MA: (1) Mapping Agency [Ethiopia]; (2) Marine Authority [Mauritius?]
MAA: (1) Mozambique African Association; (2) Musée d'Art et d'Archéologie [Madagascar]
MAAC: Manufacture d'Art et d'Artisanat du Congo
MAAG: Military Assistance Advisory Group [Ethiopia]
MAAIF: Ministry of Agriculture, Animal Industry and Fisheries [Uganda]
MAAO: Musée des Arts de l'Afrique et de l'Océanie
MAATEC: Mutuelle Assurance Algérienne des Travailleurs de l'Éducation et de la Culture
MAB: (1) Mauritius Association of Booksellers; (2) Minoterie-Aliments de Bétail *or* Minoterie, Aliments de Bétail, Boulangerie [Congo Republic]
MABC: Mauritius Broadcasting Corporation
MABECY: Manufacture Beninoise des Cycles
MABRF: Ministerio de Aguas, Bosques y Repoblación Forestal [Equatorial Guinea]
MABUCIG: Manufacture Burkinabè de Cigarettes [Burkina Faso]
MAC: (1) Malawi Action Committee; (2) Manufacture Africaine du Cycle; (3) Matabeleland AIDS Council [Zimbabwe]; (4) Military Advisory Committee [*or* Council] [Ghana]; (5) Mouvement Autonome Casamançais [*or* de Casamance *or* de la Casamance]; (6) Movimento Anti-Colonialista [former Portuguese colonies]
MACACI: Manufacture de Caoutchouc de Côte d'Ivoire
MACC: Manufacture d'Armes et de Cartouches Congolaises
MACNA: Mouvement d'Action Nationale [Cameroun]
MACR: Ministère de l'Art et de la Culture Révolutionnaire [Madagascar]
MACWUSA: Motor Assemblers and Components Workers Union of South Africa *or* Motor Assembly and Component Workers' Union of South Africa [given with many variants]
MADA: Mining Area Development Administration [Sierra Leone]
MADIA: Managing Agricultural Development in Africa
MADPRINT: Madagascar Print and Press Company
MADR: Ministère de l'Agriculture et du Développement Rural [Djibouti]
MADU: Mombasa African Democratic Union
MAELP: Madagascar Agricultural Export Liberalization Programme
MAESAO: Mission Archéologique et Ethnoarchéologique en Afrique de l'Ouest [Geneva]
MAETUR: Mission d'Aménagement et d'Équipement des Terrains Urbains et Ruraux [Cameroun]
MAFNR: Ministry of Agriculture,

Fisheries and Natural Resources [Mauritius]
MAFREMO: Malawi Freedom Movement
MAG: Mines Advisory Group [British-based; refers to anti-personnel mines]
MAGMA: [glossed as: Empresa nacional de minas, Mozambique]
MAGWU: Municipal and General Workers' Union of South Africa
MAGZI: Mission d'Aménagement et de Gestion des Zones Industrielles [Cameroun]
MAIA: Mouvement Algérien Islamique Armé
MAISCAM: Maïserie Camerounaise
MAJD: Mouvement Algérien pour la Justice et le Développement [*or* la Démocratie]
MALA: Malawi Library Association
MALD: Ministry of Agriculture and Livestock Development [Tanzania]
MALERID: Marxist-Leninist Revolutionary Organisation [Ethiopia]
MALIGAZ: Société Malienne de Gaz
MAM: Muslim Association in Malawi
MAMA: Mutuelle d'Assurances Malagasy [Madagascar]
MAMC: Mananga Agricultural Management Centre [Swaziland]
MAMMP: Malian Arabic Manuscript Microfilming Project [Yale University]
MAMSER: Mass Mobilisation for Social Justice, Self-Reliance and Economic Recovery
MAN: (1) Manufacturers Association of Nigeria; (2) Muslim Association of Nigeria
MANC: Mouvement d'Action Nationale Camerounaise [*or* du Cameroun]
MANC *or* **MANCO:** Mozambique African National Congress = CNAM
MANEB: Malawi National Examinations Board
MANIDEM: Manifeste pour la Démocratie [Cameroun]
MANLA: Malawi National Liberation Army
MANR: (1) Ministry of Agriculture and National Resources [Western State, Nigeria]; (2) Ministry of Agriculture and Natural Resources [Malawi, Federal Nigeria]
MANSA: Mande Studies Association = Association des Études Mande
MANSCI: Management of Science and Technology for Development in Africa
MANU: (1) Makonde African National Union; (2) Mozambique African National Union [based in Mombasa]
MANUCIA: Manufacture Béninoise des Cigarettes et Allumettes
MANUTABAC: Société de Manufacture de Tabacs et de Cigarettes [Zaïre]
MANUTECNICA: Empresa Nacional de Manutenção [Angola]
MAO: Mouvement Autonomiste de l'Ouest [Burkina Faso]
MAP: (1) Mouvement d'Action pour la Libération et le Panafricanisme [Cameroun]; (2) Muslim Association Party [Gold Coast]; (3) Maghreb Arabe Presse [Morocco]
MAPAM: Mouvement Populaire Africaine de Mauritanie
MAPP: Musical Action for People's Power [South Africa]
MAPPA: [glossed as: Broad Movement for Peace and Pluralism in Angola]
MAPRECO: Société pour l'Étude et Application de Matériaux Précontraints [Zaïre]
MAPROC: Manufacture Arabe des Produits de Cuir [Morocco]
MAPU: Movement for African People's Unity [London-based?]
MARA: (1) Ministère de l'Agriculture et de la Réforme Agraire [Algeria]; (2) Ministère de l'Agriculture et de la Révolution Agraire [Algeria]; (3) Ministère de l'Agriculture et des Ressources Animales [Guinea]
MARAN: Marine Reporters Association [Nigeria]
MARC: (1) Missions Advanced Research Centre; (2) Mouvement Armé de la Révolution Congolaise; (3) Mouvement d'Action pour la Résurrection du Congo [Zaïre]

MARIAMA: [glossed as: data-base at the Université de Nice to facilitate research in problems of pidginisation, creolisation and lexical diffusion in the region of the Sahel-Sahara]

MARIUN: Mano River Union = MRU

MARNET: Military Area Radio Network

MAROSEM: [a firm dealing in seeds. Morocco]

MARSAVCO: Margarinerie, Savonnerie, et Cosmétiques *or* Compagnie des Margarineries, Savons et Cosmétiques du Zaïre *or* Société des Margarineries et Savonneries Congolaises

MAS: (1) Messageries Automobiles du Sankuru [Zaïre]; (2) Mission d'Aménagement du Sénégal

MASA: (1) Marché des Arts [et] du Spectacle Africain [Côte d'Ivoire]; (2) Medical Association of South Africa; (3) Mines' African Staff Association [Zambia]

MASM: Mutuelle Accidents Scolaires de Madagascar

MAT: (1) Makonde Association of Tanganyika; (2) Mutuelle d'Aide aux Trépassés [Zaïre]

MATECO: Société de Construction de Matériel Colonial au Gaz Pauvre [as given]

MATERMACO: Matériel et Matériaux de Constructions [Zaïre]

MATI: Ministry of Agriculture Training Institute [Tanzania]

MATS: Military Academy and Training School [Ghana]

MAU: Maghreb Arab Union = UMA: Union du Maghreb Arabe

Mau Rs: Mauritian Rupees

MAUSOV: Mauritanienne-Soviétique des Ressources Maritimes

MAWD: Ministry of Agriculture and Water Development [Zambia]

MAWRD: (1) Ministry of Agriculture and Water Resources Development [Zimbabwe]; (2) Ministry of Agriculture, Water and Rural Development [Namibia]

MAWU: (1) Meme Agricultural Workers' Union [Cameroun?]; (2) Metal and Allied Workers Union [South Africa]

MAWUSA: Municipal and Allied Workers' Union of South Africa

MAZAL: Manufacture Zaïroise des Allumettes [Zaïre]

MBA: Master Builders' Association

MBC: (1) Malawi Broadcasting Corporation; (2) Mauritius Broadcasting Corporation; (3) Mission Baptiste Canadienne

MBECU: Mbeya Cooperative Union

MBK: (1) Mission Baptiste du Kivu [Zaïre]; (2) Mission du Bassin de la Karuzi [Burundi]

MBN: Mission Baptiste Norvégienne

MBP: Mokgatlho wa Badumedi mo Pitseng [Botswana]

MBPP: Middle Belt Peoples Party [Nigeria]

MBS: Mission Baptiste Suédoise

MBTC: Monrovia Bible Training Centre

MC: (1) Medical Committee [Cape Colony, South Africa]; (2) Melamet Commission [South Africa]

MCA: (1) Malawi College of Accountancy; (2) Mamelodi Civic Association [South Africa]; (3) Mauritius College of the Air; (4) Member of the Constituent Assembly [Nigeria]

MCAT: Ministère du Commerce, de l'Artisanat et du Tourisme

MCB: (1) Maize Control Board [Zambia, Zimbabwe]; (2) Malawi Censorship Board; (3) Mauritius Commercial Bank; (4) Mouvement Culturel Berbère *or* Mouvement pour la Culture Berbère [Algeria]

MCC: (1) Malawi Correspondence College; (2) Member of the Central Committee [Zambia]

MCCD: Ministry of Community and Cooperative Development [Zimbabwe]

MCCDWA: Ministry of Community, Cooperative Development and Women's Affairs [Zimbabwe]

MCCI: Mauritius Chamber of Commerce and Industry

MCDDI: Mouvement Congolais pour la

Démocratie et le Développement Intégral [Congo Republic]
MCDE: Malawi Colleges of Distance Education
MCDWAC: Ministry of Community Development, Women Affairs and Children [Tanzania]
MCF: (1) Missions Church Federation [Tanzania]; (2) Movement for Colonial Freedom [Britain]
MCFI: Mauritius Chemical and Fertilizers Industry
MCH: Mother and Child Health Care [Ethiopia?]
MCH/FP: Maternal and Child Health / Family Planning [Botswana]
MCI: Ministry of Commerce and Industry [Botswana]
MCK: Mountain Club of Kenya
MCL: Manufactures de Carreaux à [or de] Léopoldville
MCLN: Mouvement Centrafricain pour la [or de] Libération Nationale
MCN: Mouvement Congolais National [Zaïre]
MCP: (1) Malawi Congress Party; (2) Muslim Congress Party [The Gambia]
MCPE: Multinational Congress Party of Ethiopia
MCRA: Mouvement des Comités Révolutionnaires Algériens
MCSC: Mine Clearance Sub-Committee [Mozambique]
MCSN: Music Copyright Society of Nigeria
MCSS: (1) Ministry of Culture and Social Services [Kenya]; (2) Monrovia Consolidated School System
MCT: (1) Maize Commodity Team [Malawi]; (2) Malihai Clubs of Tanzania; (3) Manufacture de [or des] Cigarettes du Tchad; (4) Ministério do Comércio e Turismo [Guiné-Bissau]
MCU: (1) Mauritius Co-operative Union; (2) Mountain Club of Uganda
MCW: Ministry of Communications and Works [Tanzania]
MD: Monitor-Dienst Afrika
MDA: (1) Manicaland Development Association [Zimbabwe]; (2) Manyu Development Association [Cameroun]; (3) Mouvement pour la Démocratie en Algérie; (4) Movement for Democratic Alternative [Tanzania]; (5) Movimento Democrático Angolano
MDAWU: Meat Distributors and Allied Workers' Union [South Africa]
MDB: Marketing Development Bureau [Tanzania]
MDC: (1) Malawi Development Corporation; (2) Military Discipline Code [South Africa]; (3) Mouvement Démocratique Camerounais or Mouvement des Démocrates Camerounais; (4) Mouvement Démocrate Chrétien [Madagascar]; (5) Mwananchi Development Corporation [Tanzania]
MDCC: Musama Disco Christo Church
MDCM: Mouvement des Démocrates Chrétiens Malgaches [Madagascar]
MDD: (1) Mouvement Démocratique Dahoméen [or du Dahomey]; (2) Mouvement pour la Démocratie et le Développement [Chad]
MDF: Mid-West Democratic Front [Nigeria]
MDh: Moroccan dirhams
MDI: (1) Management Development Institute [The Gambia]; (2) Mouvement des Démocrates Indépendants [Mauritania]; (3) Mouvement pour la Démocratie et l'Indépendance [Central African Republic?]
MDIA: (1) Ministère du Développement Industriel et de l'Artisanat [Senegal]; (2) Movimento de Defesa dos Interesses de Angola
MDIA-PCN: [glossed as Movement for the Defence of Angolan Interests (Movimento de Defesa dos Interesses de Angola) – National Conscience Party]
MDITC: Mauritius Development Investment Trust Company
MDLP: Movimento Democrático de Libertação do Portugal

MDM: (1) Mass Democratic Movement [South Africa]
MDP: (1) Malawi Democratic Party; (2) Ministério do Desenvolvimento e Pescas [Guiné-Bissau]; (3) Mouvement Démocrate Progressiste [Burundi, Rwanda]; (4) Mouvement Démocratique Populaire [Comoros, Senegal]; (5) Mouvement Démocratique pour le Développement du Peuple [Cameroun]; (6) Mouvement des Démocrates Progressistes [Burkina Faso]; (7) Mouvement pour la Démocratie et le Progrès [Cameroun, Comoros]; (8) Movement for Democratic Process [Zambia]; (9) Movimento Democrático Portugués; (10) Mpongwe Development Project [Zambia]
MDPC: Mouvement des Paysans Camerounais
MDPS: Mouvement pour la Démocratie et le Progrès Social [Benin Republic]
MDPWU: Marine Daily-Paid Workers Union [Nigeria]
MDR: (1) Ministère du Développement Rural [Senegal?]; (2) Ministério de [or do] Desenvolvimento Rural [Guiné-Bissau]; (3) Mouvement Démocratique de la République [Cameroun]; (4) Mouvement Démocratique Républicain [Rwanda]; (5) Mouvement pour la Défense de la République = Movement for the Defence of the Republic [Cameroun]
MDRA: (1) Mouvement Démocratique de la Révolution Algérienne [or du Renouveau en Algérie or pour le Renouveau Algérien or pour le Renouveau en Algérie]; (2) [glossed as: Ministry of Rural Development, Guiné-Bissau]
MDRAC: Ministère du Développement Rural et l'Action Coopérative [Benin Republic]
MDRM: Mouvement Démocratique de la Rénovation Malgache [Madagascar]
MDR-PARMEHUTU: Parti du Mouvement pour l'Émancipation Hutu – Mouvement Démocratique Républicain [Rwanda]
MDRRA: Ministère du Développement Rural et de la Réforme Agraire [Madagascar]
MDRT: Mouvement Démocratique de la Rénovation Tchadienne
MDS: (1) Manufacturers Delivery Services [Nigeria]; (2) Les Moulins du Sahel [Niger]; (3) Mouvement des Démocrates Socialistes [Tunisia]; (4) Mouvement pour la Démocratie Sociale [Burkina Faso]
MDST: Mouvement pour la Démocratie et le Socialisme au Tchad or Mouvement pour la Démocratie et la Solidarité au Tchad
MDT: Mouvement Démocratique Tchadien
MDU: (1) Makoni District Union [Zimbabwe]; (2) Malawi Democratic Union; (3) Maritime and Dockworkers Union [Ghana]; (4) Movimento Democrático de Uige [Angola]
MDV: Mouvement Démocratique Voltaïque [Burkina Faso]
MDWU: Maritime and Dock Workers Union [Ghana]
MEA: Minister of External Affairs [Nigeria]
MEAAWU/MESAN: Marine Engineering Assistant and Allied Workers Union / Marine Engineering Staff [Nigeria]
MEBAM: Ministère de l'Enseignement de Base et de l'Alphabétisation de Masse [Burkina Faso]
MEC: (1) Maison des Étudiants Congolais; (2) Ministry of Education and Culture [Namibia]
MECANAGRO: [glossed as: Empresa de gestão e assistência técnica ao equipamento agrícola, Mozambique]
MECAS: Ministry of Education, Cultural Affairs and Sports [Sierra Leone]
MECCO: (1) ECCO-Mauritius; (2) Mwananchi Engineering & Construction Company [Tanzania]
MECELZA: Mécanique Électrique et Application au Zaïre
MECM: Methodist Episcopal Congo

Mission
MED: Mise en Défense [Burkina Faso]
MEDAC: Mouvement d'Évolution de l'Afrique Centrale *or* Mouvement pour l'Évolution Démocratique de l'Afrique Centrale [*or* en Afrique Centrale] [Central African Republic]
MEDETOM: [an organisation in La Réunion]
MEDI: Malawian Entrepreneurship Development Institute
MEDIA: Mauritius Export Development and Investment Authority
MEDLIG: Medical Libraries Interest Group
MEDS: Mission for Essential Drugs and Supplies [Kenya]
MEDUNSA: Medical University of Southern Africa
MEECI: Mouvement des Élèves et Étudiants de Côte d'Ivoire
MEEN: Mouvement des Élèves et Étudiants Noirs
MEF: (1) Mauritius Employers' Federation; (2) Ministère de l'Économie et des Finances [Côte d'Ivoire, Senegal]; (3) Ministère des Eaux et Forêts [Côte d'Ivoire]; (4) Ministério da Economia e Finanças [Guiné-Bissau]
MEFPC: [glossed as: Ministère Eaux, Forêt, Pêche, Chasse] [Central African Republic]
MEHS: Missão Etno-Histórica do Soyo [Angola]
MEISON *or* **ME'ISON:** Mälla Ityopya Sosialist Näqnaqé
MEJ: (1) Middle East Journal; (2) Mouvements Eucharistiques des Jeunes [Madagascar]
MELCI: Mission Évangélique Luthérienne en Côte d'Ivoire
MEM: Mission Évangélique du Maniema
MEMA: Modern Evangelistic Methods in Africa
MEMACO: Metal Marketing Corporation [Zambia]
MEMBOT: Macro-Economic Model of Botswana
MEMWR: Ministry of Mines, Energy and Water Resources [Eritrea; as given]
MEN: (1) Ministério da Educação Nacional [Guiné-Bissau]; (2) Ministère de l'Éducation Nationale [Congo Republic]
MENES: Ministry of Education, North Eastern State [Nigeria]
MENL: Mobil Exploration Nigeria Limited
MENR: Ministry of Energy and Natural Resources [Kenya]
MEOC: Mission Évangélique de l'Oubangui-Chari [Central African Republic]
MEOCAM: Mouvement d'Étudiants de l'Organisation Commune Africaine, Malgache et Mauricienne
MEP: (1) Missions Évangéliques de Paris = SMEP: Société des Missions Évangéliques de Paris; (2) [glossed as the Ministry of Economy and Planning, Madagascar]
MEPA: Missão Evangélica Pentecostal de Angola
MEPC: Malawi Export Promotion Council
MEPD: (1) Ministère de l'Enseignement du Premier Degré [Benin Republic]; (2) Ministry of Economic Planning and Development [Mauritius, Zimbabwe]
MEPP: Société Mauritanienne d'Entreposage de Produits Pétroliers
MEPROBA: Mouvement des Étudiants Progressistes Barundi
MEPZ: Mauritius Export Processing Zone
MEPZA: Mauritius Export Processing Zone Association
MEQH: Ministère de l'Équipement et de l'Habitat [Tunisia]
MER: Ministère de l'Économie Rurale [Congo Republic]
MERACO: Meat Rations Company
MERD: Ministry of Energy and Regional Development [Kenya]
MERG: Macroeconomic Research Group [University of the Western Cape, South Africa]

MERSE: (1) Ministère d'État chargé de la Réforme des Sociétés d'État [Côte d'Ivoire]; (2) Ministre d'État chargé de la Réforme des Sociétés d'État [Côte d'Ivoire]
MES: (1) Mauritius Examinations Syndicate; (2) Ministère de l'Enseignement Supérieur [Senegal?]; (3) Ministério do Equipamanto Social
MESA: Marine Engineering Staff Association [Nigeria]
MESAN: (1) Mouvement d'Émancipation Sociale de l'Afrique Noire; (2) Mouvement d'Évolution Sociale de l'Afrique Noire [Central African Republic]
MESIRES: Ministère de l'Enseignement Supérieur, de l'Informatique et de la Recherche Scientifique [Cameroun]
MESRES: Ministère de l'Enseignement Supérieur et de la Recherche Scientifique [Cameroun]
MET: Ministère de l'Environnement et du Tourisme [Togo]
METALKAT: Société Métallurgique du Katanga [Zaïre]
METANGOL: [glossed as: Empresa Angolana de Embalagens]
METANOF: [glossed as: Entreprise nationale de métallurgie et de transformation de métaux non-ferreux, Algeria]
METFP: Ministère de l'Enseignement Technique et de la Formation Professionnelle [Côte d'Ivoire?]
MEU: Mission Évangélique de l'Ubangi
MEWAC: Mediterranean – West Africa Conference
MEWATA: Medical Women Association of Tanzania
MEWUSA: Metal and Electrical Workers' Union of South Africa
MF: (1) Malian Franc = FM: Franc Malien; (2) Minority Front [South Africa]
MFA: (1) Ministry of Foreign Affairs [Eritrea]; (2) Moca Farmer's Association; (3) Movimento das Forças Armadas [Portugal]; (4) Multifibre Arrangement
MFACR: Ministry of Foreign Affairs and Commonwealth Relations [Nigeria]
MFAE: Ministère des Finances et des Affaires Économiques [Senegal]
MFAI: Mouvement des Forces Arabes et Islamiques [or Arabo-Islamiques] [Algeria]
MFC: Messageries Fluviales de la Cuvette Congolaise
MFDC: Mouvement des Forces Démocratiques de [or de la] Casamance [Senegal]
MFDP: (1) Malawi Fisheries Development Project; (2) Ministry of Finance and Development Planning [Botswana]
MFEP: Ministry of Finance and Economic Planning [Nigeria]
MFEPD: Ministry of Finance, Economic Planning and Development [Zimbabwe]
MFF: Mashonaland Field Force
MFHE: Mahber Fikri Hager Ertra [Eritrea]
MFIS: Masraf Faisal al-Islami – Sénégal
MFJ: Movement for Freedom and Justice [Ghana]
MFM: (1) Meals for Millions [Kenya; etc.?]; (2) [French name: Mouvement pour le Pouvoir Prolétarien; *later:* Mouvement pour le Progrès de Madagascar]; (3) Mpitolona ho any Fanjakan'ny Madinika [Madagascar]
MFN: Mouvement de Force Nationale
MFNP: Murchison Falls National Park [Uganda]
MFP: (1) Malawi Financial Post; (2) Marematlou [or Marema-Tlou] Freedom Party [Lesotho. See also: MTFP]; (3) Ministère de la Fonction Publique [Côte d'Ivoire]; (4) Minority Front Party [South Africa]
MFPD: Ministry of Finance and Development Planning
MFPDS: Movimento de Formação do Partido Democrático Socialista [Angola]
MFRO: East African Marine Fisheries

M

Research Organisation = EAMFRO
MFSU: Marine Floating Staff Union [Nigeria]
MFT: Mission For Today
MFTU: Mauritius Federation of Trade Unions
MFUA: Mouvements et Fronts Unifiés de l'Azawad [or de l'Azaouad] [Mali]
MGA: Missão Geográfica de Angola
MGBDP: Malawi-German Beekeeping Development Project
MGC: Mesurado Group of Companies [Liberia]
MGF: Malagasy franc = FMG: Franc Malgache
MGI: Mahatma Gandhi Institute = IMG: Institut Mahatma Gandhi [Mauritius]
MGL: Minière des Grands Lacs [Zaïre?]
MGP: Mountain Gorilla Project [Rwanda]
MGS: Mongels [as given; Mongrels?] [Cape Town youth gang]
MGTO: Mauritius Government Tourist Office
MGWUSA: Municipal and General Workers' Union of South Africa
MHC: (1) Malawi Housing Corporation; (2) Mauritius Housing Corporation
MHE: Ministère de l'Hydraulique et de l'Environnement [Niger]
MHO: Métallurgie d'Hoboken Overpelt [Zaïre]
MI: Military Intelligence [Ghana, South Africa]
MIA: Mouvement Islamique Armé or Mouvement Islamiste d'Algérie or Mouvement Islamique Algérien
MIAM: Manufacture Ivoirienne d'Articles de Ménage [Côte d'Ivoire]
MIB: Mission d'Immigration des Banyarwanda [Zaïre]
MIBA: [Société] Minière de Bakwanga [Zaïre]
MIBEKA: Minière du BECEKA [Zaïre]
MIC: (1) Federal Ministry of Information and Culture [Nigeria]; (2) Ministry of Commerce [Kenya]
MICA: (1) Marché International du Cinéma Africain de Ouagadougou; (2) Ministère de l'Industrie, du Commerce et de l'Artisanat [Guinea]
MICAT: Ministry of Information, Cultural Affairs and Tourism [Liberia]
MICE-MIVET: Manufacture Ivoirienne de Confection Enfantine et Manufacture Ivoirienne de Vêtements [Côte d'Ivoire]
MICEP: Ministério da Coordenação Económica e Plano [Guiné-Bissau]
MICERN: [glossed as: Regional microbiology centres, at Nairobi]
MICI: Manufacture d'Imprimerie et de Cartonnage Ivoirienne
MICR: [Unités] Militaires Indigènes Coloniaux Rapatriables [French colonies]
MICT: Ministry of Information, Culture and Tourism [Liberia]
MICUMA: Société des Mines de Cuivre de Mauritanie
MICWU: Motor Industries [or Industry] Combined Workers Union [South Africa]
MID: MacCarthy Island Division [The Gambia]
MIDCOR: Mining Investment and Development Corporation [Malawi]
MIDEMA: Minoterie de Matadi [Zaïre]
MIDENO: Mission de Développement de la Province du Nord-Ouest [Cameroun]
MIDEP: Ministério do Desenvolvimento Económico e Plano [Guiné-Bissau]
MIDEVIV: Mission de Développement des Cultures Vivrières [or : Vivrières, Maraîchères et Fruitières] [Cameroun]
MIDP: Machakos Integrated Development Programme [Kenya]
MIE: (1) Mauritius Institute of Education; (2) Ministério de Indústria e Energia [Mozambique?]
MIEM: Ministère de l'Industrie, de l'Énergie et des Mines [Madagascar]
MIEUSA: Motor Industry Employees' Union of South Africa
MIFAN: Mémoires de l'Institut Français d'Afrique Noire
MIFED: [glossed as: International Movement of Democratic Women,

based in Côte d'Ivoire]
MIFERGUI: Société des Mines de Fer de Guinée
MIFERMA: [Société Anonyme des] Mines de Fer de Mauritanie
MIFERSO: Mines de Fer du Sénégal Oriental
MIG: Manyu Investment Group [Cameroun]
MIGA: Multilateral Investment Guarantee Agency
MIJEUMA: [glossed as: a ministry, partially concerned with cooperatives, Rwanda]
MIJEUNE: Ministère de la Jeunesse et de Coopération [Rwanda]
MIL: Ministère des Industries Légères [Algeria]
MILACS: Compagnie Minière des Grands Lacs Africains [Zaïre]
MILCOM: Military Committee [South Africa]
MILISTAN: [a private firm specialising in military contracts, South Africa]
MILUBA: Société Minière du Lualaba
MIM: (1) Malawi Institute of Management; (2) Mauritius Institute of Management
MIME: Mouvement Islamique des Mourides en Europe
MIN: (1) Management in Nigeria [published in Nigeria]; (2) Mouvement pour l'Ijtihad National [Algeria?]
MINACO: Minoterie Nationale Congolaise [Zaïre]
MINAFOR: Compagnie Minière de l'Afrique Orientale [*or* en Afrique Orientale]
MINAGRI: Ministère de l'Agriculture [Cameroun, Rwanda]
MINAT: Ministère de l'Administration Territoriale [Cameroun?]
MINCOBEL: Compagnie Minière du Congo Belge [Zaïre]
MINCOMM: Ministère du Commerce, des Transports et du Tourisme [Djibouti]
MINDECO: Mining [and] Development Corporation [Zambia]

MINDIC: Ministère du Développement Industriel et Commercial [Cameroun]
MINEDUC: Ministère de l'Éducation [Cameroun]
MINEPIA: [glossed as: Provincial Service of Livestock, Fisheries and Animal Industries] [Cameroun]
MINEPRISEC: Ministère de l'Enseignement Primaire et Secondaire [Rwanda]
MINERGA: Compagnie Minière de l'Urega
MINERGA-C: Compagnie Minière Congolaise de l'Urega [Zaïre]
MINESUDKAT: Société d'Exploitation des Mines du Sud Katanga [Zaïre]
MINETAIN: Société des Mines d'Étain du Ruanda-Urundi
MINFI: Ministère des Finances [Cameroun]
MINFOC: Ministère de l'Information et de la Culture = Ministry of Information and Culture [Cameroun]
MINICOM: Ministère du Commerce [Rwanda]
MINICORU: Ministère du Congo Belge et du Ruanda-Urundi
MINIERELAC: Compagnie Minière des Grands-Lacs Africains
MINIFOP: Ministère de la Fonction Publique [Rwanda]
MINIMART: [glossed as: Ministère de l'Industrie et de l'Artisanat] [Rwanda]
MININTER: Ministère de l'Intérieur [Rwanda]
MINIPAT: Ministère du Plan et de l'Aménagement du Territoire [Cameroun]
MINIPLAN: Ministère du Plan [Rwanda]
MINISANTE: Ministère de la Santé Publique [Rwanda]
MINISAPASO: [glossed as: Ministry of Public Health and Social Affairs, Rwanda]
MINITRAPE: Ministère des Travaux Publics, de l'Énergie et de l'Eau [Rwanda]
MINOC: Minoterie Continentale [Zaïre]
MINOKI: Minoterie du Kivu [Zaïre]

MINORCO: Minerals and Resources Corporation Limited [South Africa?]
MINOTKAT: Société Africaine des Minoteries du Katanga [Zaïre]
MINPAT: Ministère du Plan et de l'Aménagement du Territoire [Cameroun]
MINSAP: Ministério da Saúde Pública
MINTEK: [glossed as: Council for Mineral Technology, South Africa]
MINUAR: Mission des Nations Unies au Rwanda
MINURSO: [glossed as: Mission for the Referendum in the Western Sahara. In French: Mission des Nations Unies pour l'Organisation d'un Référendum au Sahara Occidental]
MIO: Mozambique Information Office [London]
MIOB: Mission de l'OUA au Burundi
MIOME: Mombasa Institute of Moslem Education
MIPROBU: Mission de Protection et d'Observation pour le Rétablissement de la Confiance au Burundi
MIR: (1) Management Information Report [Tanzania]; (2) Military Intelligence Report [South Africa?]; (3) Mouvement Intérieur de Résistance [Burkina Faso?]; (4) Mouvement pour l'Indépendance de la Réunion
MIRDP: Moyamba Integrated Rural Development Project
MIRIVILA: Minoterie, Rizeries et Vivres de la Lowa [Zaïre]
MIRUDI: Compagnie Minière au Ruanda-Urundi
MISA: (1) Media Institute of Southern Africa [based in Windhoek]; (2) Motor Industry Staff Association [South Africa]
MISC: Moi International Sports Centre [Kenya]
MISOES: Mission Socio-Économique du fleuve Sénégal
MISR: Makerere Institute of Social Research [Uganda]
MIST: Ministry of Industries, Science and Technology [Ghana]

MIT: (1) Ministério do Informação e Turismo [São Tomé e Príncipe]; (2) Ministry of Information and Tourism [The Gambia]
MITC: Manzini Industrial Training Centre
MITCO: Malawi International Transport Company
MITICO: [glossed as: Forest committees, Zimbabwe]
MJ: Ministério da Justiça [Guiné-Bissau]
MJA: Mouvement des Journalistes Algériens
MJC: (1) Maisons des Jeunes et de la Culture [Burkina Faso, La Réunion]; (2) Muslim Judicial Council [South Africa]
MJD: Mouvement de la Jeunesse Djiboutienne
MJL: Mouvement pour la Justice et les Libertés [Cameroun]
MJT: Mouvement de la Jeunesse Tchadienne
MJUPS: Mouvement des Jeunes UPS (Union Progressiste Sénégalaise)
MK: (1) Malawi Kwacha; (2) Umkhonto we Sizwe [South Africa]
MKM: Miaramila Katolika Malagasy [Madagascar]
ML: (1) Metical [Mozambique currency; see also: MT]; (2) Moslem League [Eritrea]
MLA: (1) Member of the Legislative Assembly [Ghana, Mauritius, South Africa]; (2) Moramanga – Lac Alaotra [Madagascar]
MLARR: Ministry of Lands, Agriculture and Rural Resettlement [Zimbabwe]
MLAWD: Ministry of Lands, Agriculture and Water Development [Zimbabwe]
MLC: (1) Mauritius Labour Congress; (2) Mauritius Leasing Corporation; (3) Member of the Legislative Council [Ghana?]
MLD: (1) Ministry of Livestock Development [Kenya?]; (2) Mouvement de Libération de Djibouti
MLF: Malawi Liberation Front
MLG: Ministry of Local Government [Kenya]

MLGCV *or* **MLGICV:** Mouvement de Libération de la Guinée "Portugaise" et les Îles du Cap Vert [Based in Dakar]
MLGL: Ministry of Local Government and Lands [Botswana]
MLGLH: Ministry of Local Government, Lands and Housing [Botswana]
MLGRUD: Ministry of Local Government, Rural and Urban Development [Zimbabwe]
MLGSW: Ministry of Local Government and Social Welfare [Mauritius?]
MLGTP: Ministry of Local Government and Town Planning [Zimbabwe]
MLHA: Ministry of Labour and Home Affairs [Botswana]
MLICV: Mouvement de Libération des Îles du Cap Vert [Based in Dakar]
MLLT: Marxist-Leninist League of Tigray
MLMD: Ministry of Labour and Manpower Development [Tanzania]
MLMPSW: Ministry of Labour, Manpower Planning and Social Welfare [Zimbabwe]
MLN: (1) Mouvement Africain de Libération Nationale [Burkina Faso]; (2) Mouvement de Libération Nationale [Benin Republic, Burkina Faso etc.?]; (3) Mission Libre Norvégienne
MLNC: Mouvement de Libération Nationale Centrafricaine
MLNR: Ministry of Lands and Natural Resources [Zambia]
MLP: Mauritius Labour Party
MLPC: Mouvement de Libération du Peuple Centrafricain
MLRO: Marxist-Leninist Revolutionary Organisation [Ethiopia]
MLRR: Ministry of Lands, Resettlement and Rehabilitation [Namibia]
MLRRD: Ministry of Lands, Resettlement and Rural Development [Zimbabwe]
MLS: (1) Movement for the Liberation of Saguia el-Hamra and Oued ed-Dahab [Western Sahara]; (2) Mission Libre Suédoise

MLSA: Mines Local Staff Association [Zambia]
MLSO: Mali Livestock II – Sahel Occidental
MLSTP: Movimento de Libertação de São Tomé e Príncipe
MLSTP-PSD: Movimento de Libertação de São Tomé e Príncipe – Partido Social-Democrata [*or* Social-Democrático]
MLWP: Moslem League of Western Province [Eritrea]
MM: Mouvement Mahorais
MMA: Mauritius Marine Authority
MMC: Maseru Municipal Council [Lesotho]
MMCC: Mission Méthodiste du Congo Central
MMCZ: Mineral Marketing Corporation of Zimbabwe
MMD: Movement for Multi-party Democracy [Zambia]
MMET: Ministère chargé de la Modernisation de l'État et de la Technologie [Senegal]
MMF: Malawi Mudzi Fund
MMFA: Mauritius Freeport Authority
MMG: Mouvement [Comité] Mixte Gabonais
MMIA: Murtala Mohammed International Airport [Nigeria]
MMM: Mouvement Militant Mauricien [Mauritius]
MMMSP: Mouvement Militant Mauricien Socialiste-Progressiste [*or* Social-Progressiste]
MMMT: Mangu'la Mechanical and Machine Tools Company [Tanzania]
MMR: Ministry of Marine Resources [Eritrea]
MMRWA: Ministry of Mineral Resources and Water Affairs [Botswana]
MMS: Methodist Missionary Society = WMMS: Wesleyan Methodist Missionary Society
MMSC: Mission Méthodiste du Sud-Congo
MMSM: Mouvement Militant pour le Socialisme Malagasy [*or* Malgache]

M

[Madagascar]
MMU: Mozambique Makonde Union
MMWRC: Mahale Mountains Wildlife Research Centre
MNA: (1) Malawi National Archives; (2) Minister of Native Affairs [South Africa]; (3) Mouvement Nationaliste [*or* National] Algérien
MNC: (1) Mbandzeni National Convention [Swaziland?]; (2) Mouvement National Congolais [Zaïre]
MNC/K: Mouvement National Congolais, aile Kalonji [Zaïre]
MNC/L: Mouvement National Congolais, aile Lumumba
MNCPE: Multinational Congress Party of Ethiopia
MNC-R: Mouvement National Congolais – Rénové
MND: (1) Mouvement National Démocratique [Guinea but based in France; Mauritania; Western Sahara?]; (2) Mouvement National Djiboutien; (3) Movement of Nationalists and Dynamos [Nigeria]. Cp. MONAD
MNDD: Mouvement National pour la Démocratie et le Développement [Benin Republic]
MNDID: Mouvement National Djiboutien pour l'Instauration de la Démocratie
MNDP: Malawi National Democratic Party
MNE: Ministério dos Negócios Estrangeiros [Cape Verde Islands]
M-NET: Electronic Media Network [South Africa]
MNHN: Musée National d'Histoire Naturelle
MNI: Mouvement de la Nahda Islamique [Algeria]
MNKS: Midnight Kids [Cape Town youth gang]
MNLGE: Movimiento Nacional de Liberación de la Guinea Ecuatorial [Equatorial Guinea]
MNLT: Mouvement National de Libération du Tchad
MNP: (1) Mouvement National des Pionniers [Burkina Faso?]; (2) Mouvement National Patriotique [Chad]; (3) Multiparty Negotiating Process [South Africa]
MNR: (1) Mouvement National de la Résistance du Togo; (2) Mouvement National de la Révolution [Congo Republic]; (3) Mouvement National pour le Renouveau [Burkina Faso]; (4) Movimento Nacional da Resistência de Moçambique = RENAMO: Resistência Nacional Moçambicana; in English: Mozambique National Resistance
MNRCS: Mouvement National pour la Révolution Culturelle et Sociale [Chad]
MNRT: Mouvement National pour la Révolution Togolaise
MNSD: Mouvement National pour une [*or* pour la] Société de Développement [Niger]
MNSD-Nassara: Mouvement National pour une Société de Développement – Nassara [Niger]
MNUR: Mouvement National pour l'Union et la Réconciliation [Zaïre]
MO5: Mouvement Patriotique du 5 Octobre [Togo]
MOA *or* **MoA:** Ministry of Agriculture [various countries]
MOBEKO: Maatschappij tot Onderzoek, Beheer en Belegging van Koloniale Ondernemingen [Belgium]
MOCAF: Motte Cordonnier Afrique [Central African Republic]
MOCAM: Mouvement contre l'Apartheidisation de la Mauritanie
MOCARGO: Empresa Moçambicana de Cargas
MOCSS: Ministry of Culture and Social Sciences [Kenya]
MOD: (1) Mareehan-Ogadeeni-Dulbahante [Somalia]; (2) Ministry of Defence [Ghana]
MODEFEN: Mouvement pour la Défense des Droits de la Femme Noire *or* Mouvement de Défense de la Femme

Noire [France]
MOE: Ministry of Education [various countries]
MOERD: Ministry of Energy and Regional Development [Kenya]
MOF: Ministry of Finance [Tanzania, etc.]
MOGPAFIS: Mogadishu Pan-African Film Symposium [Somalia]
MOH: (1) Medical Officer of Health [various countries]; (2) Ministry of Health [various countries]
MOI: [Département] Main d'Œuvre Indigène [Zaïre]
MOIC: Ministry of Information and Culture [Eritrea]
MOI/S: Main-d'Œuvre Indigène / Spécialisée [Zaïre]
MOJA: Movement for Justice in Africa [Liberia]
MOJA-G: Movement for Justice in Africa – The Gambia
MOLD: Ministry of Livestock Development [Kenya]
MOLICA: Mouvement de Libération pour le Cabinda [Angola]
MOLIDE: Mouvement Liberté et Démocratie [Congo Republic]
MOLIFUGE: Movimiento de Liberación y Futuro de Guinea Ecuatorial
MOLIMO: Mozambique Liberation Movement
MOLINACO: Mouvement de la [or pour la] Libération Nationale des Comores
MONAD: Movement of Nationalists and Dynamos [Nigeria; cp. MND]
MONALIGE: Movimiento Nacional de Liberación de Guinea Ecuatorial
MONAMO: Movimento Nacionalista Moçambicano
MONAP: Mozambique Nordic Agricultural Programme
MONAS: Movement on National Affairs [Ghana]
MONASA: [glossed as: Mozambique Organisation of AIDS Associations]
MONAUMO: [glossed as: Mozambique African National Union Movement]
MONDEP: Ministry of National Development and Economic Planning [Sierra Leone]
MONESTO: Mouvement National des Étudiants et Stagiaires Togolais
MONIMA: Madagasikara Otronin'ny Malagasy (Mouvement National pour l'Indépendance de Madagascar)
MONIPAMO: [glossed as: National Movement for Peaceful Mozambican Independence]
MONRDEP: Ministry of Natural Resources Development and Environmental Protection [Ethiopia]
MONT: Mouvement de l'Opposition Nationale Tunisienne
MONUOR: Mission d'Observation des Nations Unies Ouganda-Rwanda = UNOMUR: United Nations Observer Mission Uganda-Rwanda
MOOC: Master of the Orphan Chamber
MOPAD: Movement for Peace and Democracy [Ghana?]
MOPAP: Ministère de la Mobilisation, Propagande et Animation Politique [Zaïre]
MOPAPA: Ministry of Presidential Affairs and Public Administration [Botswana]
MOPCU: Ministério das Obras Públicas, Construção e Urbanismo *or* Ministério de Obras Públicas, da Construção e do Urbanismo [Guiné-Bissau]
MOPND: Ministry of Planning and National Development [Kenya]
MOPROCO: Morogoro Oil Processing Company [Tanzania]
MOPUA: Movimento Popular de Unidade Angolana
MORAK: Mines d'Or d'Akjoujt [Mauritania]
MORECO: Mozambique Revolutionary Council = COREMO: Comité Revolucionário de Moçambique
MOREHOB: Mouvement de Résistance "les Hommes Bleus" *or* Mouvement Révolutionnaire des Hommes Bleus [Western Sahara]
MORENA: (1) Mouvement de Redressement National [Gabon]; (2)

Mouvement de Rénovation Nationale [Madagascar]
MOSA: Machinery and Occupational Safety Act [South Africa]
MOSAIC: Mozambique Solidarity Action Interim Committee
MOSANAT: Mouvement pour le Salut National du Tchad [Chad]
MOSOP: Movement for the Survival of the Ogoni People [Nigeria]
MOST: Ministry of Science and Technology [Nigeria]
MOTH: Memorable Order of Tin Hats [South Africa]
MOTI: Ministry of Trade and Industry [Eritrea]
MOTNA: Museum of Traditional Nigerian Architecture
MOTORAGRI: Société pour [le Développement de] la Motorisation de l'Agriculture [Côte d'Ivoire]
MOTS: Ministry of Trade and Shipping [Mauritius]
MOU or **MoU:** Memorandum of Understanding [Nigeria]
MOURAD: Mouvement pour la Rénovation et l'Action Démocratique [Comoros]
MOV: Member of the Order of Volta
MOW: Ministry of Works [Sierra Leone?]
MOWD: Ministry of Water Development [Kenya]
MP: (1) Malawi Police; (2) Malthouse Press [Nigeria]; (3) Member of Parliament [various countries]; (4) Merit Party [South Africa]; (5) Mission Press; (6) Mouvement Populaire [Morocco]; (7) Mouvement Progressiste or Mouvement Progressif [Cameroun]; (8) Multi-racial Party [Zambia]; (9) Mwangaza Party [Comoros]
MP13: Mouvement Populaire Treize [Algeria]
MPA: (1) Malawi Printers Association; (2) Marine and Ports Affairs [Eritrea]; (3) Masters in Public Administration [Ghana]; (4) Mission Presbytérienne Américaine = American Presbyterian Mission; (5) Mouvement Populaire Africain; (6) Mouvement Populaire de l'Azaouad [or de l'Azawad]
MPAA: Movimento Popular Africano de Angola
MPAEF: Ministère de la Production Animale, des Eaux et Forêts [Madagascar]
MPAIAC: Movimiento para la Autodeterminación e Independencia del Archipiélago Canario
MPAM: (1) Master Printers Association of Malawi; (2) Mouvement Populaire des Africains de Mauritanie
MPARA: [glossed as the Ministry of Agriculture and Agrarian Reform, Madagascar]
MPAS: Mouvement des Paysans Sénégalais
MPAT: Ministère de la Planification et de l'Aménagement du Territoire [Algeria]
MPB: Mouvement Progressiste du Burundi
MPC: (1) Mid-West People's Congress [Nigeria]; (2) Ministère du Plan et de la Coopération [Senegal]; (3) Mouvement Patriotique Camerounais; (4) Mouvement Patriotique du Congo [Congo Republic]; (5) Mouvement pour la Communauté [Algeria]; (6) Multi-Party Conference [Namibia]
MPD: (1) Institute of Multi Party Democracy [South Africa]; (2) Movimento para [a] Democracia [Cape Verde Islands]; (3) [a political group in Comoros]
MPDC: Mouvement Populaire des Démocrates Constitutionnels or Mouvement Populaire Démocratique Constitutionnel [Morocco]
MPEA: (1) Mouvement Populaire d'Éducation Africaine [Burkina Faso?]; (2) Mouvement Populaire de l'Évolution Africaine [Burkina Faso]
MPED: Ministry of Planning and Economic Development [Uganda]
MPF: Mission Protestante Française [Madagascar; etc.?]
MPI: Ministère du Plan et de l'Industrie

[Côte d'Ivoire]
MPIA: Movimento para a Independência de Angola
MPIGE: Movimiento Pro-Independencia de Guinea Ecuatorial
MPJ: Mouvement Panafricain de la Jeunesse [based in Alger]
MPJS: Ministère de la Population, de la Jeunesse et des Sports [Madagascar]
MPL: Mouvement Populaire de Libération [Djibouti]
MPLA: (1) Mouvement Populaire pour la [or de] Libération de l'Azaouad [or l'Azawad] [Mali and Niger?]; (2) Movimento Popular de Libertação de Angola. [In French: Mouvement Populaire de Libération de l'Angola]
M-Plan: Mandela Plan
MPLA-PT: Movimento Popular de Libertação de Angola – Partido do Trabalho
MPLD: Mouvement Populaire pour la Libération de Djibouti
MPLO: Mouvement Populaire pour la Lutte Ouvrière [Mali]
MPLT: Mouvement Populaire pour la Libération du Tchad *or* Mouvement pour la Libération du Tchad
MPM: Mouvement Populaire Mahorais [Mayotte]
MPMF: Malawi Police Mobile Force
MPN: (1) Ministère de la Protection de la Nature [Senegal?]; (2) Mobil Producing Nigeria; (3) Mouvement Patriotique National
MPND: Ministry of Planning and National Development [Kenya]
MPNF: Multi-Party Negotiating Forum [South Africa]
MPNG: Ministry of Planning and National Guidance [Zambia]
MPNP: Multiparty Negotiation Process [South Africa]
MPP: (1) Mauritanian People's Party = PPM: Parti du Peuple Mauritanien; (2) Mid-West People's Party [Nigeria]; (3) Minimum Package Programmes [Ethiopia]; (4) Mmabatho People's Party [Namibia]

MPR: (1) Mauritanian Party for Renewal = PMR: Parti Mauritanien pour le Renouveau; (2) Milice Populaire de la Révolution [Chad]; (3) Mouvement Populaire de la Révolution [Zaïre]; (4) Mouvement Populaire pour le Renouveau [Zaïre]; (5) Mouvement pour la Paix et la Réconciliation [Djibouti]; (6) Mouvement pour le Progrès de la République [Cameroun]
MPRA: Mouvement pour le Renouveau Algérien *or* Mouvement Populaire pour le Renouveau Algérien
MPS: (1) Magasins Pilotes Socialistes [Algeria]; (2) Mouvement Patriotique du Salut [Chad]; (3) Mouvement Populaire du Salut [Chad]; (4) Mouvement Populaire Sénégalais
MPSC: Mitchell's Plain Student Congress [South Africa]. Cp.MSC
MPSSL: Maritime Protection Services of Sierra Leone
MPT: (1) Mmegi Publishing Trust [Botswana]; (2) Mouvement Populaire Tchadien; (3) Mouvement Populaire Togolais; (4) Mouvement pour le Parti du Travail [Senegal]
MPV: Mouvement Progressiste de la Volta
MPW: Morija Printing Works
MR: (1) Mauritian rupee; (2) Mounted Rifles [South Africa]
MRA: (1) Malawi Railway Archives; (2) Mgwali Residents' Association [South Africa]; (3) Mission de Réforme Administrative [Chad]; (4) Mouvement de Renaissance Africaine [Côte d'Ivoire?]
MRAC: Musée Royal de l'Afrique Centrale [Tervuren]
MRAOC: Mission Régionale pour l'Afrique de l'Ouest et du Centre
MRB: (1) Monthly Regional Bulletin [periodical]; (2) Mouvement Rural du Burundi
MRC: (1) Medical Research Centre [Kenya]; (2) Medical Research Council [South Africa]
MRCB: Musée Royal du Congo Belge [Tervuren, Belgium]

MRCN: Medical Research Council of Nigeria
MRD: (1) Ministry of Rural Development [Zambia]; (2) Mouvement de la Rénovation du Dahomey
MRE/CODEV: Ministère des Relations Extérieures / Coopération et Développement [Senegal?]
MRF: (1) Matabeleland Relief Force; (2) Mouvement pour la République Fédérale [Chad]
MRG: Mouvement des Radicaux de Gauche [La Réunion]
MRGM: Mouvement des Radicaux de Gauche à Mayotte
MRI: (1) Mouvement du Renouveau Islamique [Tunisia]; (2) Mouvement pour la Renaissance Islamique [Algeria]
MRIS: Ministry of Rural Information Services [Zambia]
MRL: Movimento Revolucionário de Libertação [Angola]
MRM: (1) Movement for the Redemption of Liberian Moslems; (2) Mozambique Resistance Movement = RENAMO: Resistência Nacional Moçambicana
MRN: (1) Ministério dos Recursos Naturais [Guiné-Bissau]; (2) Mouvement de Regroupement National [Togo?]
MRND: (1) Mouvement Révolutionnaire National pour le Développement [Rwanda]; (2) Mouvement Révolutionnaire pour la Nouvelle Démocratie [Senegal]
MRNDD: Mouvement Républicain National pour la Démocratie et le Développement [Rwanda]
MRNE: Ministère des Ressources Naturelles et de l'Élevage [Mali]
MRO: Manhyia Record Office [Ghana]
MRP: (1) Manantali Resettlement Project = PRM: Projet pour la Réinstallation des Populations de Manantali [Mali]; (2) Mouvement pour la Réconciliation et la Paix [Djibouti]; (3) Mouvement Républicain Populaire [Cameroun; etc.?]; (4) Mouvement Résurrection Patrie [Algeria]; (5) Multi-Racial Party [Zambia]
MRPN: Comité Militaire de Redressement pour le Progrès National = CMRPN
MRPP: Movimento para a Reconstrução do Partido do Proletariado
MRS: Mouvement Républicain Sénégalais
MRSM: Mouvement du Renouveau Social Malgache [Madagascar]
MRSPP: Mission de Réhabilitation du Service Public et Parapublic [Cameroun]
MRT: Mouvement Révolutionnaire Tchadien
MRU: Mano River Union = UFM: Union du Fleuve Mano. See also: MARIUN
MRV: Mouvement du [or de] Regroupement Voltaïque [Burkina Faso]
MS: Mishahara Serikalini [Tanzania]
MSA: (1) Mauritius Sports Association; (2) Mauritius Sugar Authority; (3) Middelburg Steel and Alloys [South Africa]; (4) Mouvement Social pour l'Authenticité [Algeria?]; (5) Mouvement Socialiste Africain [French West and Equatorial Africa]; (6) [a political party in Guinea]
MSACP: Mouvement de Solidarité avec l'Afrique, les Caraïbes et le Pacific
MSAS: Ministério da Saúde e Assuntos Sociais [Guiné-Bissau]
MSAT: Mutuelle Sénégalaise d'Assurances des Transporteurs
MSBD: Morija Sesuto Book Depot
MSC: (1) Mamprusi State Council [Ghana]; (2) Missionnaires du Sacré-Cœur; (3) Mitchell's Plain Student Congress [South Africa]. Cp. MPSC
MSCA: Mamprusi State Council Archives [Ghana]
MSD: (1) Mouvement pour le Socialisme et la Démocratie [Senegal]; (2) Mouvement Seychellois pour la Démocratie
MSDIS: Mouvement Socialiste pour la Défense des Intérêts du Soudan [Mali?]

MSEM: Mouvement Social pour l'Émancipation Malgache [Madagascar]
MSF: Médecins Sans Frontières [France]
MSFAWU: Municipal State, Farm and Allied Workers' Union [South Africa]
MSFCD: Ministry of State Farms and Coffee Development [Ethiopia]
MSFD: Ministry of State Farm [*or* Farms] Development [Ethiopia]
MSG: Movimiento Socialista Guineano [Equatorial Guinea]
MSI: Mouvement pour la Société Islamique
MSIRI: Mauritius Sugar Industry Research Institute
MSLP: Malawi Socialist Labour Party
MSM: (1) Mid-West State Movement [Nigeria]; (2) Mouvement Social du Maniéma [Zaïre]; (3) Mouvement Social Malgache [Madagascar]; (4) Mouvement Socialiste Mauricien = Mauritian Socialist Movement; (5) Mouvement Socialiste Militant [Mauritius]
MSMS: Mine Safety Management System [South Africa]
MSN: (1) Mouvement Socialiste Nigérien [Niger]; (2) Mozambique Support Network
MSND: Mouvement Social pour la Nouvelle Démocratie [Cameroun]
MSO: Muslim Women's Sisters Organisation [Nigeria]
MSOA: Mine Surface Officials' Association of South Africa
MSOP: Mutuelle de Secours et Orphelinat de la Police [Madagascar]
MSORP: Michael Scott Oral Records Project [Namibia]
MSP: (1) Ministère de la Santé Publique [Mali, Tunisia]; (2) Ministério da Saúde Pública
MSPA: Mauritius Sugar Producers Association
MSPCA: Mauritius Society for the Prevention of Cruelty to Animals
MSR: Mouvement du Salut [*or* pour le Salut] et de la Reconstruction [Djibouti]

MSS: (1) Mauritius Sugar Syndicate; (2) Muslim Students' Society [Nigeria]
MSU: Mouvement Socialiste Unifié [Senegal?]
MSUP: Mouvement pour la Solidarité, l'Union et le Progrès [Benin Republic]
MSUS: Mouvement Socialiste d'Union Sénégalaise
MSVC: Mouvement de Soutien aux Victimes Civiles [Djibouti]
MT: (1) Metical [Mozambique currency. See also: ML]; (2) Ministère du Tourisme [Côte d'Ivoire, Senegal]; (3) Mission de l'Évêque Taylor; (4) Municipal Treasurer [Mauritius?]
MTA: (1) Mahber Teatre Asmara [Eritrea]; (2) Metropolitan Transport Area [South Africa]
MTAB: Metropolitan Transport Advisory Board [South Africa]
MTADP: Medium Term Agricultural Development Programme [Ghana]
MTC: (1) Mauritius Turf Club; (2) Military Trading Corporation [Sudan]; (3) Mouvement Travailliste Chrétien [Madagascar]
MTCA: Ministry of Tourism and Cultural Affairs [Sierra Leone]
MTD: (1) Mouvement des Travaillistes Démocrates [Mauritius]; (2) Mouvement des Travaillistes Dissidents [Mauritius]; (3) Mouvement Togolais pour la Démocratie
MTE: Ministère du Tourisme et de l'Environnement [Chad]
MTEP: Medium Term Economic Programme [Nigeria]
MTFP: Marema Tlou Freedom Party [Lesotho; see also: MFP]
MTI: (1) Ministry of Trade and Industry [Nigeria]; (2) Mouvement de la Tendance Islamique
MTIT: Ministry of Trade, Industry and Tourism [Malawi]
MTLD: Mouvement pour le Triomphe des Libertés Démocratiques [Algeria]
MTNRE: Ministry of Tourism, Natural Resources and Environment

[Tanzania?]
MTP: (1) Manufacture Togolaise des Plastiques; (2) Marema-tlou Party [Lesotho]; (3) Metropolitan Transport Planning [South Africa]; (4) [glossed as the Ministry of Public Works, Madagascar]
MTPA: Mauritius Tax Payers Association
MTPCUH: Ministère de Travaux Publics, Construction, Urbanisme, Habitat [Congo Republic]
MTPHU: Ministère des Travaux Publics, de l'Habitat et de l'Urbanisme [Senegal?]
MTRT: Ministère du Transport, du Ravitaillement et du Tourisme [Madagascar]
MTS: (1) Mauritius Telecommunication Services; (2) Mobile Telecommunications Services [Nigeria]
MTT: Ministério dos Transportes e Turismo [Guiné-Bissau]
MTTAT: Ministry of Technical Training and Applied Technology [Kenya]
MTUC: Mauritius Trade Union Council
MTW: Ministry of Tourism and Wildlife [Uganda]
MTWU: Mechanical Transport Workers Union
MTWUSA: Motor Transport Workers' Union of South Africa
MU: Mishahara ya Umma [Tanzania]
MUA: Mouvements Unifiés de l'Azawad
MUASA: Makerere University Academic Staff Association [Uganda]
MUB: Mouvement pour l'Unité Basonge
MUC: Mouvement d'Union Camerounaise
MUCAST: Murtala College of Arts, Science and Technology [Nigeria]
MUCCOR: Ministers United for Christian Co-Responsibility [South Africa]
MUCF: [glossed as: French cultural and university mission, Morocco]
MUCODEC: Mutuelles Congolaises d'É-pargne et de Crédit [Congo Republic]
MUD: Mouvement pour l'Unité et la Démocratie [Djibouti]
MUDAR: Movimento de Unidade Democrática Angolano [as given]
MUDESPA: Mutuelle pour le Développement Économique et Social de la Préfecture d'Aboisso [Côte d'Ivoire]
MUDH: Ministry of Urban Development and Housing [Ethiopia; etc.?]
MUH: Ministère de l'Urbanisme et de l'Habitat [Guinea; Senegal?]
MUHC: Mission d'Urbanisme et d'Habitat au Congo [Congo Republic]
MUHE: Ministère de l'Urbanisme, de l'Habitat et de l'Équipement [Senegal?]
MUJE: Mechanics' Unions' Joint Executive [South Africa]
MULEIDE: Associação Mulher Lei e Desenvolvimento [Mozambique]
MULPOC: Multinational Programming and Operational Centres
MULTIMAYUMBE: Multiplex du Mayumbe [Zaïre]
MUM: Movimento de Unidade Municipalista [Angola]
MUN: (1) Mineworkers' Union of Namibia; (2) Movimiento de Unión Nacional [Equatorial Guinea]
MUNGE: Movimiento de Unión Nacional de Guinea Ecuatorial
MUP: Mouvement d'Union Populaire *or* Mouvement d'Unité Populaire *or* Mouvement de l'Unité Populaire [Tunisia]
MUSA: Movimento para a Unidade Socialista em Angola
MUSCCO: Malawi Union of Savings and Credit Cooperatives
MUSLIG: Music Libraries Interest Group [South Africa]
MUSON: Musical Society of Nigeria
MUWATA: Muuango [*or* Muungano] wa Wanafunzi wa Tanzania
MUZ: Mineworkers' Union of Zambia
MVOA: Matatu Vehicle Owners Association [Kenya]
MW: Munisipale Werknemersvereniging [South Africa]

MWASA: Media Workers Association of South Africa
MWC: Ministry of Works and Communications [Botswana]
MWDWU: Mid-West Dockworkers Union [Nigeria]
MWF: Militant Workers Front [Ghana?]
MWP: Mass Workers' Party [South Africa]
MWT: Marxist Workerist Tendency *or* Marxist Workers Tendency [South Africa]
MWTC: Ministry of Works, Transport and Communication [Botswana]
MWU: (1) Mine Workers Union [Liberia]; (2) Mine Workers' Union [Zambia]; (3) Mine Workers' Union *or* Mineworkers' Union = Mynwerkersunie [South Africa]
MWUSA: Municipal Workers Union of South Africa
MYC: Muslim Youth Congress [Ghana?]
MYM: Muslim Youth Movement [South Africa]
MYP: Malawi Young Pioneers
MYS: Ministry of Youth and Sports [Liberia]
MYW: Maendeleo ya Wanawake = MYWO [Kenya]
MYWO: Maendeleo ya Wanawake Organisation = MYW [Kenya]
MZADD: Mzuzu Agricultural Development Division [Malawi]
MZL: Middle Zone League [Nigeria]
MZWP: Matabeleland Zambezi Water Project [Zimbabwe]

n

N: Naira [Nigeria]

N$: Namibian dollar

NA: (1) National Archives [various countries]; (2) National Assembly [South Africa]; (3) Native Administration [Nigeria, Sierra Leone]; (4) Native Authority [Nigeria; Cameroun?, Ghana?]; (5) New Africa [periodical]; (6) Notes Africaines

NAA: Nigerian Airports Authority

NAAC: Nigeria Association of Aladura Churches

NAACP: National Association for the Advancement of Colored People

NAAM: National Association for the Advancement of Muslims [Uganda]

NAAMSA: National Association of Automobile Manufacturers of South Africa

NAAS: Nordic Association of African Studies

NAAWU: National Automobile and Allied Workers Union [South Africa]

NAB: (1) Native Advisory Board; (2) Nigerian Agricultural Bank

NABAIT: National Advisory Board for Apprenticeship and Industrial Training [Botswana]

NABANTUKOP: Natal Bantu Cooperative Advisory Council [South Africa]

NABIC: National Building and Investment Corporation [Namibia]

NABSO: Namibian Black Students' Organisation

NAC: (1) National Accelerator Centre [South Africa]; (2) National Action Committee [Zimbabwe]; (3) National Action Council [South Africa]; (4) National African Company; (5) National Agricultural Company [Tanzania]; (6) National Air Charters [Zambia]; (7) Native Advisory Council [Botswana]; (8) Native Affairs Commission [or Committee] [South Africa]; (9) Nyasaland African Congress [Malawi]; (10) Nyasaland Asian Convention [Malawi]

NACAC: Nyasaland Associated Chamber of Agriculture and Commerce

NACAE: National Advisory Council for Adult Education [South Africa]

NACB: Nigerian Agricultural and Cooperative Bank

NACC: National Children's Commission [Ethiopia?]

NACCIMA: Nigerian Association of Chambers of Commerce, Industries, Mines and Agriculture [given with many variants]

NACCUN: National Association of Co-operative Credit Unions of Nigeria

NACE: Native Affairs Committee of Enquiry [Zimbabwe]

NACEC: National Consciousness and Enlightenment Committees [Nigeria]

NACGRAB: National Centre for Genetic Resources and Biotechnology [Nigeria]

NACHU: National Co-operative [or Co-operatives] Housing Union [Kenya]

NACLI: National Advisory Council for Libraries and Information [South Africa]

NACMO: National Agricultural Cooperative Marketing Organisation [Nigeria]

NACOC: National African Chambers of

Commerce [South Africa?]
NACOS: Namibian Council of Students
NACOSA: National AIDS Convention of South Africa
NACP: (1) National Accounts Capability Programme; (2) National AIDS Control Programme [Tanzania, Uganda, Zimbabwe]
NACPE: National Advisory Council for Physical Education [South Africa]
NACSSA: National Association of Co-operative Societies of South Africa
NACTU: National Council of Trade Unions [South Africa]
NAD: (1) National Alliance for Democracy [Sudan]; (2) Native Affairs Department [South Africa]
NADA: (1) National Democratic Alliance [Zambia]; (2) Native Affairs Department annual [Zimbabwe]
NADC: National Association of Democratic Students [Nigeria?]
NADD: Ngabu Agricultural Development Division [Malawi]
NADECO: (1) National Democratic Coalition [Nigeria]; (2) National Development Company [Ghana]
NADEL: National Association of Democratic Lawyers [South Africa]
NADS: Namibisch Deutsche Stiftung [Namibia]
NAE: National Archives Enugu [Nigeria]
NAEBLA: Natal Association of Employees of Black Local Authorities [South Africa]
NAEC: Naledi Adult Education Centre [Botswana]
NAES: Nyankpala Agricultural Experiment Station [Ghana]
NAF: Nigerian Air Force
NAFAR: National Festival of Arts and Culture [Ghana]
NAFAU: (1) National Food and Agricultural Workers Union [Namibia?]; (2) Namibia Food and Allied Union
NAFCO: National Agricultural and Food Corporation [Tanzania]
NAFCOC: National African Chamber of Commerce *or* National African Federated Chamber of Commerce
NAFCON: National Fertilizer Company of Nigeria
NAFCREP: National Food Crop Credit Programme [Tanzania]
NAFORD: National Front for the Restoration of Democracy [Sierra Leone]
NAFPP: National Accelerated Food Production Programme [*or* Plan *or* Project] [Nigeria]
NAFREF: National Flood Relief Fund [Nigeria]
NAFTAL: [glossed as: Entreprise nationale de commercialisation et de distribution de produits pétroliers, Algeria]
NAFTEC: [glossed as: Entreprise nationale de raffinage des produits pétroliers, Algeria]
NAFTI: National Film and Television Institute [Ghana]
NAFU: National African Farmers' Union
NAG: National Archives of Ghana
NAGCC: National Archives of Ghana, Cape Coast
NAGK: National Archives of Ghana, Kumase
NAHCO: Nigerian Aviation Handling Company
NAHV: Nieuwe Afrikaansche Handels-Vennootschap [*or* Vereeniging [Zaïre]
NAI: (1) National Archives Ibadan [Nigeria]; (2) National Arts Initiative [South Africa]; (3) Nordiska Afrikainstitutet = SIAS: Scandinavian Institute of African Studies
NAIC: National Agricultural Insurance Scheme [Nigeria]
NAICO: New African Information and Communication Order
NAIO: New African Information Order
NAIS: National Artificial Insemination Services [Zambia]
NAK: National Archives – Kaduna [Nigeria]
NAL: (1) National Alliance of Liberals [Ghana]; (2) Nigerian Acceptances

Limited
NALDA: National Agricultural Land Development Authority [Nigeria]
NALEDI: National Labour and Economic Development Institute [South Africa]
NALERP: National Agriculture and Livestock Extension Rehabilitation Project [Tanzania?]
NALN: Nasionale Afrikaanse Letterkundigemuseum en Navorsingsinstituut [South Africa]
NALRC: National Arid Lands Research Centre [Kenya]
NALRM: National Agricultural and Livestock Research Masterplan [Tanzania]
NAM: (1) National Archives of Malawi; (2) Non-Aligned Movement; (3) North Africa Mission; (4) North Angola Mission
NAMBC: Namibian Broadcasting Corporation
NAMBOARD: National Agricultural Marketing Board [Zambia]
NAMCOR: National Petroleum Corporation of Namibia
NAMDA: National Medical and Dental Association [South Africa]
NAMPA: Namibian Press Association
NAMPOL: Namibian [or Namibia] Police
NAMSO: Namibian Students' Organisation
NAMW: Nigerian Association of Media Women
NAN: (1) National Archives of Namibia; (2) News Agency of Nigeria
NANAU: National Allied Unions [Namibia]
NANC: Nyasaland African National Congress [Malawi]
NANGOF: Namibia [or Namibian] Non-Governmental Organisation Forum
NANGOS: Namibia Association of Non-Governmental Organisations
NANNM: National Association of Nigerian Nurses and Midwives
NANS: (1) National Alliance for the National Salvation [Sudan]; (2) National Association of Nigerian Students
NANSO: Namibian National Students Organisation
NANTU: Namibia[n] National Teachers Union
NAO: Native Administration Ordinance [Ghana]
NAOC: Nigerian Agip Oil Company
NAP: (1) National Action Party [Sierra Leone]; (2) National Advance Party [Nigeria]; (3) National Alliance Party [Seychelles]; (4) New Agricultural Policy = NPA: Nouvelle Politique Agricole [Senegal]; (5) Nigeria Advance Party or Nigerian Advance Party or Nigerian Advanced Party; (6) Nouvelle Agence de Presse [Congo Republic?]
NAPAC: Natal Performing Arts Council = NARUK: Natalse Raad vir Uitvoerende Kunste [South Africa]
NAPATA: National Party of Tanzania
NAPAWU: National Post Office and Allied Workers Union [South Africa]
NAPB: National Agricultural Products Board [Tanzania]
NAPCO: (1) National Pharmaceutical Company [Tanzania]; (2) [glossed as: Groundnuts, ginger and chillies producing subsidiary of the Sierra Leone Produce Marketing Board]
NAPDO: Namibia African People's Democratic Organisation
NAPF: Native Authority Police Force [Nigeria]
NAPIMS: National Petroleum Investment Management Services [Nigeria]
NAPO: Natives Adultery Punishment Ordinance [Zimbabwe]
NAPRECA: Natural Products Research Network for East and Central Africa
NAPRI: National Animal Production [and] Research Institute [Nigeria]
NAPTOSA: National Association of Professional Teachers of South Africa
NAPWU: Namibian Public Workers' Union
NAR: National Archives of Rhodesia

NARCO: National Ranching Corporation [Tanzania]
NARD: Nigerian Association of Resident Doctors
NARDA: New African Research & Development Agency
NAREM: National Register of Manuscripts [South Africa]
NAREP: National Register of Photographs [South Africa]
NARICT: National Research Institute for Chemical Technology [Nigeria]
NARO: National Agricultural Research Organisation [Uganda]
NARP: National Agricultural Research Plan [Kenya]
NARS: National Agricultural Research Service [Ghana]
NARUK: Natalse Raad vir Uitvoerende Kunste = NAPAC: Natal Performing Arts Council [South Africa]
NAS: (1) National Alliance for Salvation [Sudan]; (2) Network of Angolan Scholars
NASA: (1) National Agricultural Settlement Authority [Libya]; (2) National Security Agency
NASACO: National Shipping Agencies Company
NASASA: National Stokvel Association of South Africa
NASCOC: National Student Co-ordinating Committee
NASE: Nigerian Army School of Education
NASEM: Namibian Student Education Movement
NASMON: National Association of State Movements in Nigeria
NASO: Network of African Scientific Organisations
NASOU: Nasionale Opvoedkundige Uitgewery Beperk [South Africa]
NASS: National Agriculture Survey Sample [The Gambia]
NASSEP: National Sample Survey Evaluation Programme [Kenya]
NASSI: Nigerian Association of Small-Scale Industrialists
NASSO: National Association of Socialist Students Organisations [Ghana]
NASTLIC: National Science and Technology Library and Information Centre [Ghana]
NAT: Nominated African Territories
NATCO: National Tobacco Company [Zambia]
NATEX: National Textile Corporation
NATIS: National Information Service [Zambia]
NATMIRC: National Marine Information and Research Centre [Namibia]
NATRACO: National Transport Corporation
NATU: Natal African Teachers' Union
NATUC: National African Trade Union Congress [Zimbabwe]
NAU: Natal Agricultural Union [South Africa]
NAVIQUE: [glossed as: Empresa moçambicana de navegação]
NAWIB: National Association of Women in Business [Nigeria]
NAWUSA: National and Allied Workers' Union of South Africa
NAYO: National Youth Organisation
NAZ: National Archives of Zimbabwe
NBA: (1) Nigerian Bar Association; (2) Niger Basin Authority = ABN: Autorité du Bassin du Niger
NBAA: National Board of Accountants and Auditors [Tanzania]
NBAB: New Brighton Advisory Board [South Africa]
NBAWU: National Baking and Allied Workers' Union [South Africa]
NBBC: Nigerian Boxing Board of Control
NBBF: Nigerian Basketball Federation
NBC: (1) Namibian Broadcasting Corporation; (2) National Bank of Commerce [Tanzania]; (3) Native Baptist Church [Cameroun]; (4) Nigerian Broadcasting Corporation; (5) Northern Baptist Convention
NBCB: National Board for Community Banks [Nigeria]

NBCI: Nigerian Bank for Commerce and Industry
NBDC: National Book Development Councils [projected]
NBDP: North Bank Development Programme [The Gambia]
NBE: National Bank of Ethiopia
NBF: National Bargaining Forum [South Africa]
NBFE: Namibian Business Forum on the Environment
NBI: (1) National Botanical Institute [South Africa]; (2) National Bureau of Investigation [Liberia]
NBIU: Natal Baking Industrial Union [South Africa]
NBK: Nouvelle Banque de Kinshasa [Zaïre]
NBL: Nigerian Breweries Limited
NBP: National Bean Programme [Malawi]
NBRI: National Building Research Institute [South Africa]
NBRRI: Nigerian Building and Road Research Institute
NBS: (1) National Beef Scheme [Zambia]; (2) Nigerian Broadcasting Service; (3) Nigerian Building Society
NBSA: Nigerian Booksellers and Stationers Association
NBSC: Nyaya Bus Service Company [Kenya]
NBSPSWU: Nigerian Boardship Port Security Workers Union
NBSSI: National Board of [*or* for] Small-Scale Industries [Ghana]
NBTE: National Board for Technical Education [Nigeria]
NC: (1) National Council; (2) Native Commissioner [South Africa, Zimbabwe]; (3) New Cedi [Ghana]
NCA: (1) Namibia Constituent Assembly; (2) National Constituent Assembly [Lesotho]; (3) National Council of Agriculture [Nigeria]; (4) Ngorongoro Conservation Area [Tanzania]; (5) Norwegian Church Aid
NCAA: Ngorongoro Conservation Area Authority [Tanzania]
NCADP: Nimba County Agriculture Development Project [Liberia]
NCAM: National Centre for Agricultural Mechanization [Nigeria]
NCAR: National Committee Against Removals [South Africa]
NCA/SP: Norwegian Church Aid / Sudan Programme
NCAW: National Council of African Women [South Africa]
NCB: National Cooperative Bank [Tanzania]
NCBF: Namibian Children's Book Forum
NCBWA: National Congress of British West Africa
NCC: (1) Nairobi City Council [Kenya]; (2) Namibian Communications Centre; (3) National Commission for the Constitution; (4) National Conference of Churches [South Africa]; (5) National Constitutional Conference [Nigeria]; (6) National Construction Corporation [of Kenya]; (7) National Consultative Council *or* National Consultative Committee [Uganda]; (8) National Consultative Council [Malawi]; (9) National Consumers Council [Mauritius]; (10) National Convention Committee [South Africa]; (11) National Co-ordinating Committee [South Africa]; (12) National Curriculum Centre [Swaziland?]; (13) Nigerian Coal Corporation; (14) Nigerian Constitutional Conference; (15) Notre Cause Commune [Benin Republic]; (16) Nyasaland Chamber of Commerce; (17) [a body that gave out "Highlife awards" in 1990, Ghana]
NCCE: National Commission for Colleges of Education [Nigeria]
NCCI: Nigerian Chamber of Commerce and Industry
NCCK: (1) National Christian Council of Kenya; (2) National Council of Churches of Kenya
NCCM: Nchanga Consolidated Copper Mines [Zambia]

NCCO: National Cold Chain Company [Tanzania]
NCCOP: National Co-ordination Committee of Opposition Parties [Cameroun]
NCCP: National Committee for Central Planning [Ethiopia]
NCCR: (1) National Committee for Constitutional Reform [Tanzania]; (2) National Convention for Construction and Reform [Tanzania]; (3) New Cape Central Railway [South Africa]
NCCSL: National Council of the Colony of Sierra Leone
NCCSS: National Council of Culture and Social Services [Kenya]
NCD: (1) National Cartographic Directorate [Somalia]; (2) National Commission for [*or* on] Democracy [Ghana]; (3) Northern Cape Division
NCDB: National Co-operative and Development Bank [Tanzania]
NCDC: National Cooperative Development Corporation [Kenya]
NCDD: National Council for the Defence of Democracy
NCDP: (1) Namibia Christian Democratic Party = Namibias Christliche Demokratische Partei; (2) National Commission for Development Planning [Zambia; Botswana?]; (3) Ngorongoro Conservation and Development Project [Tanzania]
NCE: (1) National Certificate of Education [Nigeria]; (2) National Commission on Education [Botswana]; (3) Nigeria Certificate in Education
NCE/CC: Nigeria Certificate in Education, by Correspondence
NCEMA: National Centre for Economic Management and Administration [Nigeria]
NCEW: National Confederation of Eritrean Workers
NCF: Nigerian Conservation Foundation
NCFGL: National Consultative Forum of Ghana Labour
NCFOA: National Certified Fishing Officers' Association [South Africa]
NCFS: National Catholic Federation of Students [South Africa]
NCGW: National Council of Ghana Women
NCHC: Nigerian Cargo Handling Company
NCHS: National Centre for Health Statistics [Malawi]
NCI: Natal Chamber of Industries
NCIR: National Council on Intergovernmental Relations [Nigeria]
NCISN: National Co-operative Insurance Society of Nigeria
NCIWU: National Commercial and Industrial Workers' Union [Zambia]
NCM: (1) National Co-ordinating Mechanism [South Africa]; (2) National Council of Ministers [Nigeria]
NCMB: Nigerian Central Marketing Board
NCNC: (1) National Council of Nigeria and the Cameroons; (2) National Council for [*or* of] Nigerian Citizens *or* National Convention of Nigerian Citizens
NCNDS: National Council of Nigerian Dockers and Seamen
NCNW: National Council of Negro Women [Senegal, Casamance]
NCOS: Natal Coal Owners' Society [South Africa]
NCP: (1) National Congress Party [Libya]; (2) National Conservative Party [South Africa]; (3) National Convention Party [The Gambia, Ghana]; (4) Nigeria Corrective Party; (5) Nyasaland Constitutional Party [Malawi]
NCPB: National Cereals and Produce Board [Kenya]
NCPD: (1) National Civic Centre for Participation in Development [Cameroun?]; (2) National Council for [*or* of *or* on] Population Development [Kenya]
NCPI: National Consumer Price Index

[Tanzania]
NCPOA: [glossed as: National coordination of opposition parties and associations] [Cameroun]
NCR: National Council for Research [Khartoum]
NCRC: [glossed as: National committee on the rights of the child] [South Africa]
NCRDP: Nimba County Rural Development Project [Liberia]
NCRE: National Cereals Research and Extension Project [Cameroun]
NCRI: National Cereals Research Institute [Nigeria]
NCS: (1) National Conservation Strategy [Botswana]; (2) National Council of States [Nigeria]; (3) Naughty Cats [Cape Town youth gang]; (4) Nigerian Customs Service
NCSL: National Council of Sierra Leone
NCSPD: National Civic Service for Participation in Development [Cameroun?]
NCSR: National Council for Scientific Research [Zambia]
NCST: (1) National Council for Science and Technology [Kenya]; (2) Nigerian Council for Science and Technology
NCSU: Nigeria Civil Service Union
NCTP: National Committee on Traditional Practices affecting the Health of Women and Children [Tanzania]
NCTPE: National Committee on Traditional Practices in Ethiopia
NCTUN: National Council of Trade Unions of [or in] Nigeria
NCU: Northern Cooperative Union [Zambia]
NCUD: Nigerian Computer Users' Directory
NCVV: Natalse Christelike Vrouevereniging [South Africa]
NCW: (1) National Commission for Women [Nigeria]; (2) Nigerian Cultural Week
NCWD: (1) National Council on Women and Development [or in Development] [Ghana]; (2) National Council on Women in Development [Nigeria]
NCWK: National Council of Women of Kenya
NCWS: National Council of Women's Societies [Nigeria]
NCZ: Nitrogen Chemicals of Zambia
NDA: (1) National Democratic Alliance [Sierra Leone, Sudan]; (2) Niger Dams Authority [Nigeria]; (3) Notre Dame des Apôtres
NDAC or **NDACO:** Nairobi District African Congress [Kenya]
NDB: National Development Bank [Botswana]
NDC: (1) National Defence Committee [or Council] [Ghana]; (2) National Defence Council [Nigeria]; (3) National Democratic Congress [Ghana]; (4) National Development Campaign [Ethiopia]; (5) National Development Commission [Ghana?]; (6) National Development Corporation [Tanzania]; (7) Native Discharge Certificate [South Africa]; (8) New Democratic Congress [Ghana]; (9) Niger Delta Congress [Nigeria]
NDCA: National Development Credit Agency [Tanzania]
NDCPS: National Dialogue Conference on the Political System [Sudan]
NDD: Native Development Department [Zimbabwe]
NDDC: National District Development Conference [Botswana]
NDDT: Njombe District Development Trust [Tanzania]
NDE: National Directorate of [or for] Employment [Nigeria]
N-DEPOT: National Democratic Party of Tanzania
NDF: (1) Namibian Defence Force; (2) National Democratic Forum [Sudan]; (3) National Democratic Front [Ghana?]; (4) Native Development Fund [South Africa]
NDH: National Discount House [South Africa]

NDHRO: National Democratic Human Rights Organisation [Kenya]
NDHS: Nigeria Demographic and Health Survey
NDIC: Nigeria [*or* Nigerian] Deposit Insurance Corporation
NDL: National Distributors Limited [Tanzania]
NDLB: National Dock Labour Board [Nigeria]
NDLEA: National Drug Law Enforcement Agency [Nigeria]
NDM: (1) National Democratic Movement [South Africa]; (2) New Democratic Movement [Ghana; South Africa?]
NDMC: National Diamond Mining Company [*or* Corporation] = DIMINCO
NDMF: National Development and Management Foundation of South Africa
NDP: (1) National Democratic Party [Cameroun, Kenya, Lesotho, Sierra Leone, Zimbabwe; Zambia?]; (2) National Democratic Programme [Eritrea]; (3) National Development Party [Nigeria]; (4) National Development Plan; (5) New Democratic Party [Seychelles]
NDPC: National Development Planning Commission
NDPL: National Democratic Party of Liberia
NDR: National Democratic Revolution [Ethiopia]
NDRP: National Democratic Revolution Programme [Ethiopia]
NDSC: National Defence and Security Council [Nigeria]
NDT: Namibia Development Trust
NDTGWU: Nigerian Dockers Transport and General Workers Union
NDU: (1) National Democratic Union [Zimbabwe]; (2) National Development Unit [Mauritius]
NDUP: National Democratic Unity Party [Namibia]

NE: Nigerian English
NEA: (1) Nouvelles Éditions Africaines; (2) Nova Editorial Angolana
NEACA: National Expert Advisory Committee on AIDS [Nigeria]
NEAD: Non-European Affairs Department [South Africa]
NEAP: National Environmental Action Plan [Uganda]
NEAS: Non-European Army Services [*or* Armed Services] [South Africa]
NEA-TOGO: Nouvelles Éditions Africaines du Togo
NEB: National Energy Board [Ghana?]
NEC: (1) Namibian Engineering Corporation; (2) National Economic Council [Nigeria]; (3) National Electoral Commission [Ghana, Nigeria]; (4) National Electricity Corporation [Sudan]; (5) National Energy Council [Zambia]; (6) National Executive Committee [Malawi, South Africa, Tanzania, Uganda]; (7) National Executive Council [Malawi, Nigeria]; (8) Native Economic Commission [South Africa]
NECA: Nigerian Employers Consultative Association
NECB: North East Coast Bantu
NECC: National Education Crisis Committee; *later*: National Education Coordinating Committee [South Africa]
NECCO: Nigerian Engineering and Construction Company
NECEP: National Ecumenical Civic Education Programme [Kenya]
NECO: National Engineering Corporation [*or* Company] [Tanzania]
NECSSS: National English Curriculum for the Junior / Senior Secondary School [Nigeria]
NECZAM: National Educational Company of Zambia
NED: (1) Natal Education Department [South Africa]; (2) Nyasaland Education Department
NEDC: National Economic Development

Council [Mauritius]
NEDCO: National Estates and Design Company [Tanzania]
NEF: (1) National Economic Forum [South Africa]; (2) National Employees Forum [South Africa]
NEHAWU: National Education, Health and Allied Workers' Union [South Africa]
NEIDA: Network of Educational Innovations for Development in Africa
NELCI: National Electric Côte d'Ivoire [as given]
NELF: National Electricity Forum [South Africa]
NELIMO: Núcleo de Estudo de Línguas Moçambicanas
NELM: National English Literary Museum [South Africa]
NEM: (1) New Era Movement [Nigeria]; (2) Normative Economic Model [South Africa]; (3) Núcleo de Estudos da Mulher [Mozambique]; (4) [glossed as: an electrical firm, Tanzania]
NEMA: National Environmental Management Authority [Uganda]
NEMIC: (1) National Economic Monitoring and Implementation Committee [Zambia]; (2) National Employment, Manpower and Incomes Council [Botswana]
NEMP-E: National Environmental Management Plan – Eritrea
NEMU: National Election Monitoring Unit [Kenya]
NENF: National Economic Negotiating Forum [South Africa]
NEP: (1) New Eritrea Party; (2) Nigeria Emancipation Party; (3) Normative Economic Plan [South Africa]; (4) North Eastern Province [Kenya]
NEPA: (1) National Electric Power Authority [Nigeria]; (2) Northern Elements Progressive Association [Nigeria]
NEPB: Nigerian Enterprises Promotion Board
NEPC: Nigerian Export Promotion Council
NEPD: Nigerian Enterprises Promotion Decree
NEPI: National Education Policy Investigation [South Africa]
NEPIP: New Eritrea Pro-Italia Party
NEPRU: Namibian [or National] Economic Policy Research Unit
NEPU: Northern Elements Progressive Union [or People's Union] [Nigeria]
NEPZA: Nigerian Export Processing Zone Authority
NERA: National Emergency Relief Agency [Nigeria]
NERC: (1) National Economic Recovery Committee [Ghana]; (2) National Economic Review Committee [Ghana]; (3) Nigeria Educational Research Council
NERDC: Nigerian Educational Research and Development Council
NERDU: North Eastern Range Development Unit [Ethiopia]
NERFUND: National Economic Reconstruction Fund [Zimbabwe]
NERMIC: Research Unit for New Religious Movements and Independent Churches [South Africa]
NERP: New Economic Recovery Programme [Zambia]
NES: (1) National Employment Service [Ghana?]; (2) National Environment Secretariat [Kenya]; (3) Nigerian Economic Society; (4) North Eastern State [Nigeria]
NESAM: Núcleo dos [or de] Estudantes Secundários Africanos de Moçambique
NESP: National Economic Survival Programme [Tanzania]
NEST: New Era School Trust [or Schools Trust] [South Africa]
NET: Nigerian External Telecommunications [Limited]
NETC: National Education Technology Centre [Nigeria]
NETCO: National Engineering and Technical Company [Nigeria]
NETF: National Education and Training Forum [South Africa]

NETTHA: North East Transvaal Tinyanga and Herbalists Association [South Africa]
NETUF: Non European Trade Union Federation
NEUF: Non-European United Front [South Africa]
NEUM: Non-European Unity Movement [South Africa]
NEUSA: (1) National Education Union of South Africa; (2) National Ethiopian University Student Association
NEW: Nigerian Economy Watch
NEXIM: Nigerian Export Import Bank
NF: (1) National Forum [South Africa]; (2) National Front [Sudan]; (3) Compagnie Niger France
NFA: (1) Natal Field Artillery [South Africa]; (2) Nigeria [or Nigerian] Football Association; (3) Nigerian Forest Authority
NFAZ: National Farmers' Association of Zimbabwe
NFBW: National Federation of Black Workers [South Africa?]
NFC: (1) National Finance Corporation [South Africa]; (2) National Forum Committee [South Africa]; (3) New Forces Congress; (4) Nigerian Film Corporation
NFD: Northern Frontier District [Ethiopia, Kenya]
NFDLF: Northern Frontier District Liberation Front [Kenya]
NFDP: Northern Frontier Democratic Party
NFEC: National Force for the Eradication of Corruption [Liberia]
NFIF: National Farm Irrigation Fund [Zimbabwe]
NFIS: National Farming Information Services [Zambia]
NFL: (1) National Professional Football League [South Africa]; (2) Northern Federation of Labour [Nigeria]
NFLC: Native Farm Labour Committee [South Africa]
NFLP: National Fertiliser Loan Programme [Zambia]
NFLS: National Front for the Liberation of Sudan
NFNC: National Food and Nutrition Council [or Commission] [Zambia]
NFNS: National Food and Nutrition Secretariat [Kenya]
NFP: (1) National Federal Party [South Africa]; (2) National Front of Parties
NFPO: National Front of Professional Organisations
NFS: (1) National Food Strategy [Botswana]; (2) Nigerian Field Society
NFSL: National Front for the Salvation of Libya
NFZ: (1) National Front of Zimbabwe; (2) News from Zambia
NGA: (1) Native Growers Association [Tanzania]; (2) New Generation Alliance [Ghana]
NGC: National Gas Corporation or Nigerian Gas Company
NGCMC: Nigerian Gas Cylinder Manufacturing Company
NGEP: Northern Grid Extension Project
NGGA: Non-Governmental Grassroots Agencies [Nigeria]
NGK: Nederduitse Gereformeerde Kerk = DRC: Dutch Reformed Church
NGKA: Nederduitse Gereformeerde Kerkargief [South Africa]
NGO-CC: Non-Governmental Organisations Coordinating Committee [Zambia]
NGOMAT: Ngoni-Matengo Cooperative Marketing Union [Tanzania]
NGP: (1) New Generation Party [Nigeria]; (2) New Ghana Party
NGR: (1) Nasionale Gesonds Raad [South Africa]; (2) Natal Government Railways [South Africa]
NGSH: National Gathering for the Salvation of the Homeland
NGU: Nigerian Goldsmiths Union
NGWASOREP: Ngwane Socialist Revolutionary Party [Swaziland]
NGWUSA: National General Workers Union of South Africa
NHC: (1) National High Command [viz. of Umkhonto we Sizwe] [South

Africa]; (2) National House of Chiefs [Ghana]; (3) National Housing Corporation [Kenya, Tanzania]; (4) Nouvelles Huileries Congolaises [Zaïre]
NHCC: National Housing and Construction Corporation [Uganda]
NHF: (1) National Health Forum [South Africa]; (2) National Housing Forum [South Africa]
NHI: National Health Institute [Botswana]
NHK: Nederduitsche Hervormde Kerk
NHLMAC: National High Level Manpower Allocation Committee [Tanzania]
NHLRRWU: National Hotel, Liquor, Restaurant and Retail Workers' Union [South Africa]
NHPC: National Housing and Planning Commission [South Africa]
NHS: National Health Service [South Africa]
NHSV: Nederduitsch Hervormde Sustersvereniging [South Africa]
NIA: (1) National Intelligence Agency [Nigeria]; (2) Nigerian Institute of Architects
NIADP: Northern Integrated Agricultural Development Project
NIALS: Nigerian Institute of Advanced Legal Studies
NIB: (1) National Investment Bank [Ghana]; (2) National Irrigation Board [Kenya]; (3) Nigeria International Bank; (4) Nigerian Institute of Bankers
NIBATT: Nigerian Battalion
NIBDO: Namibian International Business Development Organisation
NIBMAR: No Independence Before Majority [African] Rule
NIC: (1) Natal Indian Congress [South Africa]; (2) National Industrial Council; (3) National Insurance Corporation [Tanzania]; (4) National Interim Council [Sierra Leone]; (5) National Investigations Committee [Ghana]; (6) National Investment Corporation [Liberia]

NICE: National Insurance Corporation of Eritrea
NICISEMI: National Industrial Council for the Iron, Steel, Engineering and Metallurgical Industry [South Africa]
NICISEMISA: National Industrial Council for the Iron, Steel, Engineering and Metallurgical Industries Staff Association [South Africa]
NICO: National Insurance Company [Malawi]
NICOL: National Insurance Corporation of Liberia
NICON: National Insurance Corporation of Nigeria
NICRO: National Institute of [or for] Crime Prevention and Rehabilitation of Offenders [South Africa]
NICWU: National Industrial and Commercial Workers' Union [South Africa]
NID: Namibia Institute for Democracy
NIDB: Nigerian Industrial Development Bank
NIDC: National Industrial Development Corporation
NIDCS: National Industrial Development Corporation of Swaziland
NIDEF: National Irrigation Development Fund [Zambia]
NIE: National Intelligence Estimate [South Africa?]
NIEC: National Import and Export Corporation [Zambia]
NIED: National Institute for Educational Development [Namibia]
NIEP: National Institute of Economic Policy [South Africa]
NIF: National Islamic Front [Sudan]
NIFETEP: Nigerian Festivals of Television Programmes
NIFFR: National Institute for Freshwater Fisheries Research
NIFOR: Nigerian Institute of Oil Palm Research
NIFTA: Nouvelle Industrie de Filature et Tissage d'Algérie
NIGELEC: Société Nigérienne

d'Électricité [Niger]
NIGERCEM: Nigerian Cement Company
NIGERTOUR: Société Nigérienne pour le Développement du Tourisme et l'Hôtellerie [Niger]
NIHORT: Nigerian Institute for Horticultural Research [Nigeria]
NIIA: Nigerian Institute of International Affairs
NIIB: National Intelligence Interpretation Branch [South Africa]
NILALA: Núcleo Ibérico, Latino-Americano e Luso-Africano
NILPP: Niger Integrated Livestock Production Project = ILPP: Integrated Livestock Production Project [Niger]
NIM: Nigerian Institute of Management
NIMCO: Nimba Mining Company [Liberia]
NIMR: National Institute for [*or* of] Medical Research [Nigeria, Tanzania]
NIO: Natal Indian Organisation
NIOC: National Iron Ore Company [Liberia]
NIOMA: [a research institute in Nigeria]
NIOMR: Nigerian Institute for Oceanography and Marine Research
NIP: (1) Namibia [*or* Namibian] Independence Party; (2) National Independence Party [Ghana, Lesotho, Nigeria]; (3) National Institute of Productivity [Tanzania]; (4) New Industrial Policy = NPI: Nouvelle Politique Industrielle [Senegal]; (5) Nutrition Intervention Programme [Ethiopia]
NIPA: National Institute for Public Administration [Zambia]
NIPC: National Investment and Properties Company [Nigeria]
NIPOST: [a postal service in Nigeria]
NIPR: (1) National Institute of [*or* for] Personnel Research [South Africa]; (2) Nigerian Institute of Public Relations
NIPRD: National Institute of Pharmaceutical Research and Development [Nigeria]
NIPSS: National Institute for Policy and Strategic Studies [Nigeria]
NIR: National Institute of Development Research and Documentation [Botswana]
NIS: National Intelligence Service [South Africa]
NISA: Nilo-Saharan: Linguistic Analyses and Documentation [published Hamburg]
NISER: (1) Namibian Institute for Social and Economic Research; (2) Nigerian Institute of Social and Economic Research
NISOPEN: Nigerian Society for the Protection of the Environment
NISP: Nigerian Integrated Science Project
NISPRI: Nigerian Stores Products Research Institute
NISS: National Intelligence and Security Service [Liberia]
NISTCOL: National In-Service Training Colleges [Zambia]
NISWU: Natal Iron and Steel Workers Union
NITA: Nyasaland Indian Traders' Association
NITEL: Nigerian Telecommunications
NITEX: Société Nigérienne des Textiles
NITF: Namibia International Trade Fair
NITR: (1) Nigerian Institute of [*or* for] Trypanosomiasis Research; (2) [an agricultural organisation at Vom, Nigeria]
NITRA: Niger-Transit
NITTEC: National Industrial Training and Technical Education Council [Botswana]
NIU: National Intelligence Unit [Mauritius]
NIVR: [an agricultural organisation at Vom, Nigeria]
NIWA: Namibian Information Workers' Association
NIWR: National Institute for Water Research [South Africa]
NIYAMCO: Nigerian Yeast Manufacturing Company Limited
NJC: National Junior Certificate

NJE: Native Juveniles Employment Act [Zimbabwe]
NJESS: Nigerian Journal of Economics and Social Studies
NJIC: National Joint Industrial Council [Nigeria]
NJMC: National Joint Management Centre [South Africa]
NJMS: National Joint Managagement System [South Africa?]
NJO: Native Jurisdiction Ordinance [Ghana?]
NJOLUMA: Njombe, Ludewa and Makete Cooperative Union [Tanzania]
NKDP: North [or Northern] Kamerun Democratic Party [Cameroun]
NKw: New Kwanza [Angola]
NKZ: [glossed as New Kwanza] [Angola]
NLA: (1) Natal Legislative Assembly [South Africa]; (2) National Licensing Authority [Botswana]; (3) Natives Land Act [South Africa]; (4) Nigerian Library Association
NLAC: National Libraries Advisory Council [South Africa]
NLB: Naughty Little Bastards [Cape Town youth gang]
NLC: (1) National Labour Congress [Nigeria] [cp. *infra* Nigerian Labour Congress]; (2) National Land Committee [South Africa]; (3) National Liberation Committee [South Africa]; (4) National Liberation Council [Ghana]; (5) Natives Land Commission [South Africa]; (6) Nigerian Labour Congress [cp. *supra* National Labour Congress]
NLCC: Natal Land and Colonisation Company
NLCD: National Liberation Council Decree [Ghana]
NLCP: Namibian Languages Competency Programme
NLCTEU: Natal Liquor and Catering Trades Employees' Union
NLCWW: Nigeria Labour Congress Women's Wing
NLD: National League for Democracy [Tanzania]
NLDB: Nigerian Local Development Board
NLDK: National League of the Disabled of Kenya
NLDP: National Liberation Democratic Party [Nyasaland]
NLDS: National Library and Documentation Services [Zimbabwe]
NLF: National Liberation Front [South Africa]
NLHA: Native Land Husbandry Act = LHA: Land Husbandry Act [Southern Rhodesia]
NLL: National Liberation League [South Africa]
NLM: (1) National Liberation Movement [Ghana]; (2) New Liberal Movement [Nigeria]
NLNG: Nigeria Liquified National [Natural?] Gas
NLP: (1) National Labour Party [Sierra Leone]; (2) National Learning Project [South Africa]; (3) National Liberation Party [The Gambia]; (4) National Literacy Programme [Botswana]; (5) Nigeria [or Nigerian] Labour Party
NLPD: (1) National Livestock Project Development [Nigeria]; (2) National Livestock Project Division [Nigeria]
NLPN: National Literacy Programme in Namibia
NLR: Nigerian Law Reports
NLS: National Library Service [Botswana]
NLSA: National Land Settlement Authority [Ethiopia]
NMA: (1) Nigerian Maritime Authority; (2) Nigerian Medical Association; (3) Nigerian Moneylenders' Association; (4) Nyasaland Merchants' Association
NMAA: National Museum of African Art [USA]
NMAWU: Nigerian Marine African Workers Union
NMB: (1) National Manpower Board [Nigeria]; (2) National Merchant Bank [Zimbabwe]
NMC: (1) Natal Medical Council [South Africa]; (2) National Manpower Commission [South Africa]; (3)

National Milling Corporation [Tanzania]; (4) National Monuments Council [South Africa]; (5) National Muslim Council [Liberia]; (6) Native Military Corps [South Africa]
NMCC: Nuba Mountains Cotton Corporation [Sudan]
NMD: Nouveau Militant Dimanche [Mauritius]
NMDAC: National Manpower Development Council [Tanzania]
NMDC: Nigerian Metallurgical Development Centre
NMGS: Nigerian Mining and Geosciences Society
NMLIG: Natal Medical Libraries Interest Group [South Africa]
NMO: Native Marriages Ordinance [Zimbabwe]
NMOG: Neutral Military Observer Group
NMP: (1) National Maize Project [Tanzania]; (2) National Mobilisation Programme [Ghana]
NMPM: National Moslem Party of Massawa
NMR: Natal Mounted Rifles
NMS: (1) National Management System [*or* Service] [South Africa]; (2) National Manpower Survey; (3) National Migration Survey; (4) Norwegian Missionary Society = Norske Misjonsselskap
NMSA: National Meteorological Services Agency [Ethiopia]
NMTUF: Nigerian Maritime Trade Union Federation
NMWU: Nigerian Maritime Workers Union
NNA: Nigerian National Alliance
NNAC: Natal Native Affairs Commission [South Africa]
NNAK: (1) National Nurses Association of Kenya; (2) Nigerian National Archives [Kaduna]
NNC: (1) Namibian National Congress; (2) Natal Native Congress [South Africa]; (3) Natal Native Contingent [South Africa]; (4) Native National Congress [South Africa]; (5) Nigerian National Congress
NNCCI: Namibia National Chamber of Commerce and Industry
NNCWA: Nigeria National Co-operative Wholesale Association
NNDC: (1) New Nigeria [*or* Nigerian] Development Company; (2) Northern Nigeria Development Corporation
NNDFN: Nyae Nyae Development Foundation of Namibia
NNDP: (1) Namibia National Democratic Party; (2) Nigerian National Democratic Party
NNF: Namibia National Front
NNFC: Nyae Nyae Farmer's Cooperative [Namibia]
NNFL: Nigerian National Federation of Labour
NNIL: (1) New Nigerian Investment Limited; (2) Northern Nigeria Investments Limited
NNIP: Namibian National Independence Party
NNLC: (1) Natal Natives Land Committee [South Africa]; (2) Ngwane National Liberatory Congress [Swaziland]
NNLP: Ngwane National Liberatory Party [Lesotho]
NNMA: Nigerian National Merit Award
NNMC: (1) Natal Native Medical Council; (2) Nigerian Newspring Manufacturing Company
NNOC: Nigerian National Oil Corporation
NNPC: (1) Nigerian National Petroleum Corporation [*or* Company]; (2) Northern Nigerian Publishing Corporation
NNRI: National Nutrition Research Institute [South Africa]
NNSC: Nigerian National Supply Company
NNSL: Nigerian National Shipping Line [*or* Lines]
NNTU: Namibia National Trade Union
NNTV: National Network Television [South Africa]
NNUP: New National Umma Party

NNV: Natal Naval Volunteers [South Africa]
NO: Nuwe Orde vir Suid-Afrika
NOAA: National Oceanic and Atmosphere Administration
NOAS: National Open Apprenticeship Scheme [Nigeria]
NOC: (1) National Oil Corporation [Libya?]; (2) Nigerian [*or* Nigeria] Olympic Committee
NOCS: National Oil Company of Sudan
NOCSA: National Olympic Committee of South Africa [South Africa]
NOF: National Opposition Front [Tanzania]
NOLCHEM: National Oil and Chemical Marketing Company [Nigeria]
NOM: National Orientation Movement [Nigeria]
NOMADEP: [a scheme for pastoralists]
NOPL: National Oil Palm Limited [Ghana]
NORAD: Norwegian Development Assistance Agency = Norsk Utviklingshjelp
NORLA: Northern Region Literature Agency [Nigeria]
NORRIP: Northern Regional [*or* Region] Rural Integrated Programme [Ghana]
NOSA: National Occupational Safety Association [South Africa]
NOSC: National Olympic and Sports Congress [South Africa]
NOSEBRIMA: Nouvelle Société d'Exploitation des Briqueteries du Mali
NOSOCO: [Senegal-based textile division of Compagnie Niger-France]
NOSWA: Nama Organisation for South West Africa [Namibia]
NOTAP: National Office for Technology Acquisition and Promotion [Nigeria]
NOTU: National Organisation of Trade Unions [Uganda]
NOU: Natalse Onderwysersunie [South Africa]
NOVIP: Netherlands Organisation for International Development Cooperation
NOW: Natal Organisation of Women [South Africa]
NP: (1) National Party [Zambia]; (2) National Party *alternatively* Nasionale Party [South Africa]; (3) Nigerian Ports; (4) Northern Province [Zambia]
NPA: (1) Natal Provincial Administration [South Africa]; (2) National Peace Accord [South Africa]; (3) National Port Authority [Liberia]; (4) National Power Authority [Sierra Leone] [improperly construed as: No Power Available]; (5) National Procurement Agency [Ghana]; (6) Nigerian Ports Authority; (7) Nigerian Publishers Association; (8) Nouvelle Politique Agricole; in English: NAP: New Agricultural Policy [Senegal]
NPAC&AWU: Nigerian Ports Authority Craftsmen and Allied Workers Union
NPAETU: Nigerian Ports Authority Engineering Technical Union
NPAFGTGWU: Nigerian Ports Authority Firemen, Greasers, Technical and General Workers Union
NPAN: Newspaper Proprietors Association of Nigeria
NPAWU: Nigerian Ports Authority Workers Union
NPB: Nasionale Pers Beperk [South Africa]
NPC: (1) Natal Portland Cement [South Africa]; (2) National Planning Commission [Namibia]; (3) National Planning Committee [South Africa]; (4) National Population Commission [Nigeria]; (5) National Population Committee [Sudan]; (6) National Price Commission [Tanzania]; (7) National Priorities Committee [South Africa]; (8) National Productivity Centre [Nigeria]; (9) National Productivity Council [Tanzania]; (10) Nigerian People's Congress; (11) Northern People's Congress [Cameroun, Nigeria] [in Hausa: Jam'iyyar Mutanen Arewa]
NPD: (1) Natal Provincial Division; (2) National Party for Democracy

NPDC: Nigerian Petroleum Development Corporation [*or* Company]
NPDMC: National Property Development and Management Corporation [Tanzania]
NPDP: National Physical Development Plan [Malawi]
NPE: National Policy on Education [Nigeria]
NPEC: National Primary Education Commission [Nigeria]
NPF: (1) National Patriotic Front [Namibia]; (2) National Pensions Fund [Mauritius]; (3) National Police Force [Liberia]; (4) National Provident Fund [Nigeria, Tanzania]; (5) Nigerian Police Force; (6) Northern Progressive Front [Nigeria]
NPFL: National Patriotic Front of Liberia
NPG: Nile Provisional Government [Sudan]
NPGA: Nigerian Professional Golfers Association
NPI: Nouvelle Politique Industrielle; in English: NIP: New Industrial Policy [Senegal]
NPKF: National Peacekeeping Force *or* National Peace Keeping Force [South Africa]
NPLF: National People's Liberation Front [Namibia]
NPLRT: Non-Performing Loans Recovery Trust [Uganda]
NPLS: Natal Provincial Library Service [South Africa]
NPM: (1) National Party of Massawa; (2) Nigerian Paper Mill
NPMB: National Produce Marketing Board [Cameroun]
NPN: National Party of Nigeria
NPNC: National Place Names Committee [South Africa]
NPNP: National Party of Nigerian People
NPOI: National Public Organisation for Industrialisation [Libya?]
NPP: (1) Namibia Peace Plan; (2) Namibia People's Party; (3) National Patriotic Party [Ghana, Liberia]; (4) National People's Party [South Africa]; (5) National Peoples Party [Ghana]; (6) National Progress Party [Zambia]; (7) National Progressive Party [Namibia]; (8) New Patriotic Party [Ghana]; (9) New Progressive Party [Nigeria]; (10) Ngomalungundu People's Party [South Africa]; (11) Nigerian People's Party; (12) Northern People's Party [Ghana]
NPPC: (1) National Pay and Productivity Council [Mauritius]; (2) Nigerian Printing and Publishing Company
NPPHC: National Progressive Primary Health Care [South Africa?]
NPPP: Northern Peoples Progressive Party
NPRA: (1) National Patriotic Reconstruction Assembly [Liberia]; (2) Nigerian Printers Association
NPRC: (1) National Peace and Reconciliation Conference [Ethiopia]; (2) National Provisional Ruling Council [Sierra Leone]; (3) Nigerian Petroleum Refining Company
NPRL: National Physical Research Laboratory [South Africa]
NPS: National Pension Scheme [Mauritius]
NPSA: Nigerian Political Science Association
NPSI: National Public Safety Institute [Liberia]
NPSL: National Professional Football League [South Africa]
NPSP: National People's Salvation Party [Zambia]
NPSS: National Party of the Subjects of the Sultan of Zanzibar [Tanzania]
NPSWA: National Party of South West Africa [Namibia]
NPTAN: National Parents / Teachers Association of Nigeria
NPTEU: Natal Passenger Transport Employees' Union
NPU: (1) National People's Union [Zimbabwe]; (2) National Press Union

N

[South Africa]; (3) Newspaper Press Union [South Africa]
NPUD: National Party for Unity and Democracy [Mauritania]
NPWA: Northern Power and Water Authority [Botswana]
NPWS: National Parks and Wildlife Service [Zambia]
NR: (1) National Reconciliation; (2) Northern Region [Ghana]
NRA: (1) National Reconstruction Alliance [Tanzania]; (2) National Resistance Army [Uganda]; (3) Natives' Representative Act [South Africa]
NRAC: Northern Rhodesia African Congress
NRAMTU: Northern Rhodesia African Mineworkers' Trade Union
NRAMU: Northern Rhodesia African Mine Workers' Union
NRANC: Northern Rhodesia African National Congress
NRARWTU: Northern Rhodesia African Railway Workers Trade Union
NRB: (1) National Remuneration Board [Mauritius]; (2) Natural Resources Board [Zambia, Zimbabwe]
NRBDA: Niger River Basin Development Authority [Nigeria]
NRC: (1) National Redemption Council [Ghana]; (2) National Reformation Council [Sierra Leone]; (3) National Refugee Commission [Somalia]; (4) National Republican Convention [Nigeria]; (5) National Research Council [Ghana]; (6) National Resistance Council [Uganda]; (7) Native Recruiting Corporation [South Africa]; (8) Natives' Representative Council [South Africa]; (9) Niger River Commission = RNC: River Niger Commission = CFN: Commission du Fleuve Niger; (10) Nigerian Railway Corporation *or* Nigerian Railway Company *or* Nigerian Railways Corporation; (11) Norwegian Refugee Council

NRCC: Natural Resources Conservation Council [Nigeria]
NRCD: National Redemption Council Decree [Ghana]
NRCRI: National Root Crops Research Institute [Nigeria]
NRDAC: National Regional Development Advisory Council [South Africa]
NRDB: Northern Regional Development Board [Nigeria]
NRDC: (1) National Rural Development Council [Ethiopia]; (2) Northern Region Development Corporation
NRDCCPSC: National Revolutionary Development Council [*or* Campaign] and Central Planning Supreme Council [Ethiopia]
NRDP: National Rural Development Programme [*or* Progress *or* Plan] [Malawi]
NREC: Natural Resources and Environment Commission [Ethiopia]
NRFA: Non-Racial Franchise Association [South Africa]
NRG: Northern Rhodesia Government
NRHC: National Road Haulage Company [Tanzania]
NRI: (1) National Resources Institute [Mauritius]; (2) New Rhodesia Investments
NRICT: National Research Institute for Chemical Technology [Nigeria]
NRIH: National Research Institute of Health [Ethiopia]
NRIMS: National Research Institute for Mathematical Sciences [South Africa]
NRIND: National Research Institute for Nutritional Diseases [South Africa]
NRIOD: National Research Institute for Occupational Diseases [South Africa]
NRL: Niger Range and Livestock Project
NRM: (1) National Resistance Movement [Uganda]; (2) National Resistance Movement = RENAMO: Resistência Nacional Moçambicana
NRMB: Northern Regional Marketing Board [Nigeria]
NRMU: Northern Rhodesia

Mineworkers' Union
NRMWU: Northern Rhodesian Mine Workers' Union
NRNJPB: Northern Rhodesia and Nyasaland Joint Publications Bureau
NRO: (1) Nicht-Regierungsorganisationen = NGO: Non-Government[al] Organisations
NRP: New Republic Party [South Africa]
NRPB: Northern Rhodesia Publications Bureau
NRRC: National Range Research Centre
NRS: Natural Resources Services [Botswana]
NRSA: Nigerian Rural Sociological Association
NRSO: National Road Safety Organisation [South Africa]
NRST: Non-Resident Shareholders Tax [Namibia]
NRT: (1) Nasionale Raad van Trustees [South Africa]; (2) Niger River Transport
NRTUC: Northern Rhodesia Trade Union Congress
NRTV: Northern Region Television [Nigeria]
NRZ: National Railways of Zimbabwe
NSA: (1) Natal Society of Arts [South Africa]; (2) Natal Stationers Association; (3) National Security Act [Sudan]; (4) National Security Agency [Liberia]; (5) Nigerian Science Association
NSAM 295: National Security Action Memorandum 295
NSAW: Nederlands-Suid-Afrikaanse Werkgemeenskap [South Africa]
NSAWU: Nigerian Stevedoring African Workers Union
NSC: (1) National Security Council [Sudan, Zaïre; Ghana?]; (2) National Security Court [Somalia]; (3) National Service Corps [Ghana]; (4) National Sports Commission [Nigeria]; (5) National Sports Council [Tanzania; Ghana?]; (6) National Statutory Council; (7) National Steel Council [Nigeria]; (8) Negotiating Sub-Committee [Ghana]; (9) Niger Soap Company
NSCB: National Savings and Credit Bank [Zambia]
NSCC: New Sudan Council of Churches
NSCKN: Nouvelle Société Commerciale du Kouilou-Niari
NSCM: National Seed Company of Malawi
NSDA: Nigerian Steel Development Authority
NSDWU: Nigerian Stevedores and Dockworkers Union
NSE: (1) Nakambala Sugar Estate [Zambia]; (2) National State of Emergency [South Africa?]; (3) Nigerian Society of Engineers; (4) Nigerian Stock Exchange
NSF: (1) National Science Foundation; (2) National Students Federation [South Africa]
NSHR: National Society for Human Rights [Namibia]
NSIC: National Small Industries Corporation [Tanzania]
NSIEU: Natal Sugar Industry Employees' Union [South Africa]
NSL: National Soccer League [South Africa]
NSLF: Native Services Levy Fund [South Africa]
NSM: (1) National Servicemen [South Africa?]; (2) North Sankuru Mission
NSMS: National Security Management System [South Africa]
NSN: Nilo-Saharan Newsletter [published Bayreuth]
NSO: (1) National Statistical Office [Malawi]; (2) Nigerian Security Organisation
NSP: (1) National Seoposengwe Party [Bophuthatswana]; (2) National Service Programme [Eritrea]; (3) National Settlement Policy [Botswana]; (4) Nigerian Socialist Party
NSPE: Nouvelle Société de Presse et d'Édition [Madagascar]
NSPMC: Nigerian Security Printing and

Minting Company
NSPP: Nigeria Society for Plant Protection
NSPRI: Nigerian Stored Products Research Institute
NSR: National Salvation Revolution [Sudan]
NSRAIEU: National Sugar Refining and Allied Industries Employees' Union [South Africa]
NSRCC: National Salvation Revolution Command Council [Sudan]
NSRCN: National Science Research Council of Nigeria
NSRI: National Sea Rescue Institute of South Africa
NSS: (1) National Security Service [Ghana, Somalia]; (2) National Service Scheme [Ghana?]; (3) Nedbank Staff Society [South Africa]
NSSA: National Sample Survey of Agriculture [Malawi]
NSSF: National Social Security Fund [Kenya]
NSTDA: National Science and Technical Development Agency [Nigeria]
NSU: Nasionale Sementwerkers Unie [South Africa]
NSUDP: Nigeria State [*or* States] Urban Development Programme
NSWP: Nigerian Socialist Working Party
NT: Northern Territories [Ghana]
NTA: (1) Natal Teachers' Association; (2) National Teachers Association [Liberia]; (3) Nigerian Television Authority
NTAWUSA: National Transport and Allied Workers' Union of South Africa
NTB: (1) National Training Board [South Africa]; (2) Native Tobacco Board [Malawi]; (3) Nigerian Tourist Board
NTC: (1) National Trading Corporation [The Gambia; Uganda?]; (2) National Transport Commission [South Africa]; (3) National Transport Corporation [Tanzania; Mauritius?]; (4) Nigerian Tobacco Company; (5) Northern Territories Constabulary [Ghana]; (6) Northern Territories Council [Ghana]

NTCS: National Textile Corporation of Swaziland
NTDA: New Town Development Authority [Nigeria]
NTF: (1) Native Trust Fund [South Africa]; (2) Nigeria Trust Fund
NTK: Nice Time Kids [Cape Town youth gang]
NTM: (1) New Tribes Mission; (2) Nigerian Textile Mills
NTMA: National Textile Manufacturers' Association [South Africa]
NTO: (1) National Theatre Organisation [South Africa, Zimbabwe]; (2) National Tour Operators [Ethiopia]
NTOA: National Transport Owners Asssociation
NTR: Northern Territories Report [Ghana]
NTS: Natal Teachers' Society
NTTC: National Teacher Training Council [Ghana?]
NTU: Namibia Trade Union
NTUC: (1) Namibia Trade Union Council; (2) National Trade Union Council [Mauritius]; (3) Nigerian Trade Union Congress
NTUF: (1) National Teachers' Unity Forum [South Africa]; (2) Nigeria Trade Union Federation
NTV: Nigerian Television
NTZDC: Nyayo Tea Zones Development Corporation [Kenya?]
NU: University of Natal [South Africa]
NUBAW: National Union of Brick and Allied Workers [South Africa]
NUBEGW: National Union of Building, Engineering and General Workers [Zambia]
NUBRA: National Unit for Bird Ringing Administration [South Africa]
NUC: (1) National Universities Commission [Nigeria]; (2) Njala University College [Sierra Leone]
NUCIW: National Union of Commercial and Industrial Workers [Zambia]
NUCOR: Nuclear Development Corporation of South Africa *or* Nuclear Energy Corporation [South

Africa]
NUCW: (1) Nation Union of Cameroon Workers; (2) National Union of Clothing Workers [South Africa]
NUDA: Nigerian Universities Dissertation Abstracts
NUDAW: National Union of Distributive and Allied Workers [South Africa]
NUDIE: National Union of Dairy Industry Employees [South Africa]
NUDO: National Unity Democratic Organisation [Namibia]
NUDO-PP: Nudo-Progressive Party Jo'Horongo of Namibia
NUDW: National Union of Distributive Workers [South Africa]
NUEIAW: National Union of Engineering, Industrial and Allied Workers Union [South Africa]
NUEP: National Union of Eritrean Peasants
NUEUS: National Union of Ethiopian University Students
NUEW: (1) National Union of Eritrean Women [cp. NUEWmn]; (2) National Union of Eritrean Workers
NUEWmn: National Union of Eritrean Women [cp. NUEW]
NUEYS: National Union of Eritrean Youth and Students
NUF: (1) National Union of Farmworkers [South Africa]; (2) National United Front [Somalia]
NUFAW: National Union of Furniture and Allied Workers of South Africa
NUFFIC: [glossed as: Netherlands Organisation for International Cooperation in Higher Education]
NUFPAW: National Union of Forestry, Plantation and Allied Workers [South Africa]
NUFS: National United Front of Somalia
NUFW: (1) National Union of Foodworkers [South Africa]; (2) National Union of Furniture Workers [South Africa]
NUGS: National Union of Ghana [or Ghanaian] Students
NUGSE: National Union of Ghanaian Students in Europe
NUGW: National Union of Garment Workers [South Africa]
NUJ: Nigerian Union of Journalists
NUL: National University of Lesotho
NULCDW: National Union of Laundry, Cleaning and Dyeing Workers [South Africa]
NULGE: Nigeria [or National] Union of Local Government Employees [Nigeria]
NULW: National Union of Leather Workers [South Africa]
NUM: (1) National Union of Mineworkers [South Africa]; (2) National Unity Movement [Sierra Leone]; (3) New Unity Movement [South Africa]
NUMARWOSA: National Union of Motor [or Motor Assembly] and Rubber Workers of South Africa
NUMEIST: National Urban Mobility, Employment and Income Survey of Tanganyika
NUMSA: National Union of Metalworkers of South Africa or National Union of Metal and Allied Workers Union [South Africa]
NUNS: National Union of Nigerian Students
NUNW: National Union of Namibian Workers
NUOBMP: National Union of Operative Biscuit Makers and Packers of South Africa
NUP: (1) National Union Party [Nigeria]; (2) National Unionist Party [Sudan]
NUPENG: Nigerian Union of Petroleum Engineers or National Union of Petroleum and Gas Workers or National Union of Petroleum and Natural Gas [Nigeria]
NUPI: National Urban Planning Institute [Ethiopia?]
NUPJ: National Union of Private Journalists [Cameroun]
NUPSW: (1) National Union of Public Service Workers [South Africa]; (2) National Union of Public Services

Workers [Zambia]
NUR: Nigeria Union of Railwaymen
NURAHS: National Union of Railway and Harbour Servants [South Africa]
NURP: Northern Uganda Reconstruction Programme [funded by the World Bank]
NURU: Nutrition Rehabilitation Unit [Kenya]
NUS: National Union of Seamen [Ghana]
NUSAS: National Union of South African Students
NUSAW: National Union of Steel and Allied Workers [South Africa]
NUSC: Nigerian Union of Ship Cleaners
NUsh: New Ugandan shillings
NUSMRE: National Union of Sugar Milling and Refining Employees [South Africa]
NUSO: Nairobi University Students Organisation [Kenya]
NUSS: National Union of Sierra Leone Students
NUSU: National Union of Ugandan Students
NUT: Nigerian Union of Teachers
NUTA: (1) National Union of Tanganyika Workers [cp. NUTW]; (2) National Union of Tanzanian Workers
NUTAW: National Union of Tobacco and Allied Workers [South Africa]
NUTW: (1) National Union of Tanganyika Workers; (2) National Union of Textile Workers [South Africa]
NUWCC: National Unemployed Workers Coordinating Committee [South Africa]
NUWSAW: National Union of Wine, Spirits and Allied Workers [South Africa]
NUYO: National Union of Youth Organisations
NV: New Vanguard [Nigeria]
NVCC: National Villagisation Coordination Committee [Ethiopia]
NVHV: Nasionale Vroue-Helpmekaarvereniging [South Africa]
NVP: Nasionale Vroue Party [South Africa]
NVR: Nyasaland Volunteer Reserve [Malawi]
NVRI: National Veterinary Research Institute [Nigeria]
NVTC: National Vocational Training Centre [Tanzania]
NVV: Natalse Vrouevereniging [South Africa]
NWBP: Northwestern Bee Products [Zambia]
NWC: (1) National War College [Nigeria]; (2) National Working Committee; (3) Nigerian [*or* Nigeria] Workers Council
NWCA: North West Cooperative Association [Cameroun]
NWDTU: North Western Districts Teachers Union
NWF: Nigeria [*or* Nigerian] Weightlifting Federation
NWICO: New World Information and Communication Order
NWLG: National Women's Lobby Group [Zambia]
NWMP: National Water Master Plan [Botswana]
NWP: (1) Nigerian Women's Party; (2) North West Province [Cameroun]; (3) North-Western Province [Zambia]
NWRC: National Water Resources Commission [Ethiopia]
NWU: Nigerian Women's Union
NWUSA: National Workers Union of South Africa
NWV: Namibia Women's Voice
NYA: Northern Youth Association [Ghana]
NYASA: New York African Studies Association
NYC: (1) National Youth Council [Ghana]; (2) Nigerian Youth Congress
NYM: (1) National Youth Movement [Nigeria]; (2) Nigerian Youth Movement
NYO: Natal Youth Organisation
NYOC: National Youth Organising Commission [Ghana?]
NYS: National Youth Service [Comoros,

Kenya]
NYSC: National Youth Service Corps [Nigeria]
NYTC: National Youth Training Center [Liberia]
NZ: Nouveau Zaïre [currency]
NZASM: Nederlandsche Zuid-Afrikaansche Spoorweg Maatschappij [South Africa]
NZAT: Nederduitsch Zuid-Afrikaansch Tijdschrift [South Africa]
NZAV: Nederlands Zuid-Afrikaanse Vereniging [South Africa]

O

OA: Opération Arachide [Mali]
OAA: (1) Office des Actualités Algériennes; (2) Organisation des Assurances Africaines = AIO: African Insurance Organisation
OAARR: Organisation Afro-Asiatique pour la Reconstruction Rurale = AARRO: Afro-Asian Rural Reconstruction Organisation
OAATU: Organisation of All African Trades Unions
OAB: Organisation Africaine des Pays Producteurs et Exportateurs de Bois *or* Organisation des Pays Africains Producteurs et Exportateurs du Bois *or* Organisation Africaine du Bois
OAC: (1) Organisation Animiste Camerounaise; (2) Organisation for African Community [Ghana?]
OACT: Organisation Africaine de Cartographie et de Télédétection = AOCRS: African Organisation of Cartography and Remote Sensing
OACV: Opération Arachides et Cultures Vivrières [Mali]
OAD: Office de l'Aménagement du Delta [Senegal]
OADP: Organisation de l'Action Démocratique Populaire *or* Organisation de l'Action Démocratique et Populaire *or* Organisation d'Action Démocratique et Populaire [Morocco]
OAE: (1) Office d'Approvisionnement de l'État [Benin Republic?]; (2) Organisation für Afrikanische Einheit = OAU: Organisation of African Unity
OAI: Organisation pour l'Action Islamique [periodical, Senegal]
OAIC: (1) Office Algérien Interprofessionnel des Céréales; (2) Organisation of African Independent Churches
OALF: Oromo Abo Liberation Front [Ethiopia]
OAMCAF: Organisation Africaine et Malgache [*or* Mauricienne] du Café
OAMCE: Organisation Africaine et Malgache pour la [*or* de] Coopération Économique
OAMES: Œuvre Malienne d'Aide à l'Enfance du Sahel
OAMPI: Office Africain et Malgache de la Propriété Industrielle [based at Yaoundé]
OAMS: Opération Avicole du Mali Sotuba
OAMV: Office d'Aménagement et de Mise en Valeur [Algeria]
OAN: (1) Océanie Afrique Noire [New York]; (2) Organisation for the Advancement of Nigerians
OAP: Office Algérien des Pêches
OAPEC: (1) Organisation of African Petroleum Exporting Countries; (2) Organisation of Arab Petroleum Exporting Countries = OPAEP: Organisation des Pays Arabes Exportateurs de Pétrole
OAPF: Opération Aménagement et Production Forestière [Mali]
OAPI: Organisation Africaine de la Propriété Intellectuelle [based in Yaoundé]
OAPU: Otan-Ayegbaju Progressive Union [Nigeria]

OARS: Opération Aménagement et Reboisement Sikasso [Mali]
OAS: (1) Office of African Studies [American University in Cairo]; (2) Organisation Armée Secrète *or* Organisation de l'Armée Secrète [France/Algeria]
OASSSA: Organisation for [*or* of] Appropriate Social Services in South Africa
OATUU: Organisation of African Trade Union Unity = OUSA
OAU: (1) Obafemi Awolowo University [Nigeria]; (2) Organisation of African Unity = OUA: Organisation de l'Unité Africaine
OAUF: Organisation of African Unity Forces
OAU/STRC: Organisation of African Unity / Scientific, Technical and Research Commission = OUA/CSTR: Organisation de l'Unité Africaine / Commission Scientifique Technique et de la Recherche [based at Lagos]
OAW: Organisation of Angolan Women = OMA: Organização da Mulher Angolana
OB: Ossewa-Brandwag [South Africa]
OBA: Office Béninois des Arts
OBAC: Organisation of Blind Afric-Caribbeans
OBAE: Office des Bois de l'Afrique Équatoriale [Gabon]
OBAEF: Office des Bois de l'Afrique Équatoriale Française
OBAR: Office Béninois d'Aménagement Rural
OBECI: Office Béninois du Cinéma
OBEMAP: Office Béninois des Manutentions Portuaires
OBEMINES: Office Béninois des Mines [Benin Republic]
OBETAIL: Office de Commercialisation du Bétail
OBK: (1) Office des Bauxites de Kindia; (2) Organisation pour l'Aménagement du Bassin de Kagera *or* Organisation pour l'Aménagement et le Développement du Bassin de la Rivière Kagera [Burundi, Rwanda, Tanzania, Uganda]
OBU: Offshore Banking Unit [Mauritius]
OC: Officer Commanding [various countries]
OCA: (1) Office de Commercialisation Agricole [Guinea, Senegal]; (2) [glossed as: Cultural organisation of Angolans]; (3) [glossed as: Communist organisation of Angola]
OCAB: [joint organisation of growers of pineapples and bananas, Côte d'Ivoire]
OCAD: Office de Commercialisation Agricole du Dahomey
OCAF: Office des Cités Africaines [Urundi]
OCAM: (1) Organisation Commune Africaine et Malgache; (2) Organisation Commune Africaine et Mauricienne
OCAMM: Organisation Commune Africaine, Malgache et Mauricienne
OCAS: (1) Office de Commercialisation Agricole du Sénégal; (2) Oxford Centre for African Studies
OCATOUR: Office National Centrafricain du Tourisme [Central African Republic]
OCB: (1) Organisation Camerounaise de la Banane *or* Office Camerounaise de Bananes; (2) Office Congolais des [*or* du] Bois [Congo Republic]
OCBN: (1) Office de la Commission Benin-Niger; (2) Organisation Commune Bénin-Niger des Chemins de Fer et des Transports
OCBO: Orphans' Community Based Organisation [Uganda]
OCC: (1) Office du Café et du Cacao [Congo Republic]; (2) Omdurman Cultural Club
OCCEAC: Organisation Commune pour la Coopération Économique en Afrique Centrale = COECCA: Common Organisation for Economic Cooperation in Central Africa
OCCGE: Organisation de Coordination et de Coopération pour la Lutte Contre les Grandes Endémies *or* Organisation

pour la Coordination et la Coopération dans la Lutte contre les Grandes Endémies

OCCGEAC: Organisation de Coordination et de Coopération pour la Lutte Contre les Grandes Endémies en Afrique Centrale

OCCZIM: Organisation of Collective Cooperatives of [*or* in] Zimbabwe

OCDN: Organisation Commune Dahomey-Niger des Chemins de Fer et des Transports

OCDR: Organising Committee for the Defence of the Revolution [Ghana]

OCE: (1) Office de Commercialisation et d'Exportation [Morocco]; (2) Office du Commerce Extérieur [Morocco?]

OCEAC: Organisation de Coordination pour la lutte contre les Endémies en Afrique Centrale [Yaoundé]

OCF: Office Congolais des Forêts [Congo Republic]

OCFLN: Organisation Civile du Front de Libération Nationale [Algeria]

OCFSAC: Organisation pour la Conservation de la Faune Sauvage en Afrique Centrale

OCGE: Oficina para la Cooperación con Guinea Ecuatorial

OCH: Office Congolais d'Habitat [*or* de l'Habitat] [Congo Republic]

OCI: Organisation de la Conférence Islamique = OIC: Organisation of Islamic Conference

OCIBEC: Office Commercial et Industriel de la Belgique et du Congo [Zaïre]

OCIBU: Office des Cultures Industrielles [*or* Indigènes] du Burundi

OCINAM: Office Cinématographique du Mali *or* Office Cinématographique National du Mali

OCIR: Office des Cultures Industrielles du Rwanda

OCIRU: (1) Office des Cafés Indigènes du Ruanda-Urundi; (2) Office des Cultures Industrielles du Ruanda-Urundi

OCLA: Organisation Commune de Lutte Anti-acridienne [West Africa]

OCLALAV: Organisation Commune de Lutte Anti-acridienne et de Lutte Anti-aviaire [West Africa]

OCLAV: Organisation Commune de Lutte Anti-aviaire [West Africa]

OCM: Office Central de Mécanographie [Côte-d'Ivoire]

OCMC: Office Congolais des Matériaux de Construction

OCO: Office Congolais de l'Okoumé

OCORA: Office de Coopération Radiophonique [France]

OCP: (1) Office Chérifien des [*or* de] Phosphates [Morocco]; (2) Office de Coordination du Secteur Privé [Algeria]; (3) Onchocerciasis Control Programme = Programme de Lutte contre l'Onchocercose; (4) Organisme Central de Planification [Madagascar]

OCPA: Office de Commercialisation des Produits Agricoles [Côte-d'Ivoire]

OCPS: Opération Coup de Poing Santé

OCPT: Office Congolais des Postes et Télécommunications [Zaïre]

OCPV: Office d'Aide à la Commercialisation des Produits Vivriers [Côte d'Ivoire]

OCRA: Organisation Clandestine de la Révolution Algérienne

OCRS: Organisation Commune des Régions Sahariennes

OCSAF: Organisation pour la Coopération Industrielle entre la France et l'Afrique du Sud

OCT: (1) Office Congolais du Tabac [*or* des Tabacs] [Congo Republic]; (2) Office des Céréales Tunisien; (3) Office du Commerce Tunisien

OCTK: Office Central du Travail du Katanga [Zaïre]

OCTRA: Office de [*or* du] Chemin de Fer Transgabonais *or* Office des Chemins de Fer du Trans-Gabonais

OCV: Office des Cultures Vivrières [Congo Republic]

OCYAK: Orthodox Christian Youth Association of Kenya

OD: Ordinary Diploma [Nigeria]

ODAI: Opération de Développement

Agricole Intégré
ODAT: Organisation de Défense Anti-Terroriste [Morocco]
ODC: Office Douanier Colonial [Belgium]
ODECO: Office de Développement de la Coopérative [Morocco]
ODEF: Office de Développement et d'Exploitation des Forêts *or* Office National de Développement et Exploitation des Ressources Forestières [Togo]
ODEM: Opération de Développement de l'Élevage Mopti [Mali] [cp. ODERM]
ODERM: Opération de Développement de l'Élevage dans la Région de Mopti [Mali] [cp. ODEM]
ODHS: Ondo State Demographic and Health Surveys [Nigeria]
ODI: (1) Office du Développement Industriel [Morocco]; (2) Overseas Development Institute [London]
ODIB: Opération de Développement Intégré de Baguineda [Mali]
ODIMO: Office [*or* Opération] de Développement Intégré du Mali-Ouest
ODINAM: Organisation pour la Défense des Intérêts des Négro-Africains de Mauritanie
ODIPAC: Office de Développement Intégré des Productions Arachidières et Céréalières [*or* de Production Arachidière et Céréalière] [Mali]
ODNRI: Overseas Development Natural Resources Institute [Tanzania?]
ODP: Organização de Defesa Popular [Angola]
ODP/MT: Organisation pour la Démocratie Populaire / Mouvement du Travail [Burkina Faso] [improperly construed as: Office de Distribution du Pain / Mange et Tais-toi]
ODR: Opération de Développement Rural [Mali]
ODRIK: Office de Développement Rural et Industriel de Kouroussa [Guinea]
ODT: Office de Développement du Tourisme
ODTA: Organisation pour le Développement du Tourisme Africain [Paris]
ODTC: Ox Draught Training Centre [Zambia]
OEBST: [glossed as: Édifice en bois sous tôle, La Réunion]
OEMS: Opération Élevage Mali-Sud
OEOA: Office for Emergency Operations in Africa
OEOE: Office of Emergency Operations in Ethiopia [a UN agency]
OEPGL: [glossed as: Energy organisation of the Great Lakes countries]
OEPT: [glossed as: Equatorial office of posts and telecommunications]
OERS: Organisation des États Riverains du fleuve Sénégal [Guinea, Mali, Mauritania, Senegal]
OEU: Organisation for Ebira Unity [Nigeria]
OFALAC: Office Algérien d'Action Économique et Touristique, *later*: Office Algérien d'Action Commerciale
OFAMO: Office Algérien de la Main-d'Œuvre
OFARES: [glossed as: Office d'aménagement et de restructuration de la zone Hamma-Hussein-Dey d'Alger]
OFCOM: Office de Commercialisation [Burkina Faso]
OFECAO: Organisation des Femmes Entrepreneurs et Commerçantes de l'Afrique de l'Ouest
OFEDES: Office des Eaux du Sous-sol [Niger]
OFI: (1) Operation Feed Your Industries [Ghana] [cp. OFYI]; (2) Organisation de la Femme Istiqlalienne [Morocco]
OFIA: Office de la Foire Internationale d'Alger
OFIDA: Office des Douanes et Accises [Zaïre]
OFIMA: Office Maritime Tangérois
OFIRAC: [glossed as: Office d'intervention et de régulation d'opérations d'aménagement sur la Casbah d'Alger]
OFLA: Office des Fruits et Légumes d'Algérie
OFMC: Office Forestier et Minier du

Congo [Zaïre]
OFN: Operation Feed the Nation [Nigeria]
OFNACER: Office National des Céréales [Burkina Faso]
OFNACOM: Office National de [*or* du] Commerce [Congo Republic]
OFNAR: Office National des Routes [Chad]
OFNC: (1) Office National des Carrières [Chad]; (2) Overseas Fellowship of Nigerian Christians
OFPF: Office de la Formation Professionnelle et de l'Emploi [Tunisia]
OFPS: Options Fondamentales pour la Planification Socialiste
OFR: Order of the Federal Republic of Nigeria
OFRB: Organisation des Femmes Révolutionnaires du Benin
OFRDPC: Organisation des Femmes du Rassemblement Démocratique du Peuple Camerounais [*or* des Peuples Camerounais]
OFS: Orange Free State = OVS: Oranje-Vrystaat [South Africa]
OFSATA: Orange Free State African Teachers' Association [South Africa]
OFSIT: Orange Free State Investment Trust [South Africa]
OFSLS: Orange Free State Library Service [South Africa]
OFSNCWA: Orange Free State Native and Coloured Women's Association [South Africa]
OFSPLS: Orange Free State Provincial Library Service = FSPLS: Free State Provincial Library Service = Vrystaatse Provinsiale Biblioteekdiens [South Africa]
OFSTA: Orange Free State Teachers' Association = OVSOV: Oranje Vrystaatse Onderwysersvereniging [South Africa]
OFY: Operation Feed Yourself [Ghana]
OFYI: Operation Feed Your Industries [Ghana] [cp. OFI]
OGAPROV: Office Gabonais d'Amélioration et de Production de Viande
OGAR: Omnium Gabonais d'Assurances et de Réassurances
OGDH: Organisation Guinéenne pour la Défense des Droits de l'Homme
OGEDEP: Office de Gestion de la Dette Publique [Zaïre]
OGEFREM: Office de Gestion du Fret Maritime [Zaïre]
OGIL: Open General Import Licence [Zimbabwe]
OGL: (1) Open General Licence [Ghana]; (2) Open General Licensing [Tanzania, Uganda]
OGMA: Oficinas Gerais de Material Aeronáutico [Angola]
OGPI: Office Public de Gestion Immobilière [Algeria]
OGRS: Organisation des Générations pour la Révolution Scientifique [Algeria]
OGS: Office of the Government Statistician
OHCS: Office of the Head of Civil Service [Ghana]
OHLM: Office des Habitations à Loyer Modéré
OHTV: Organisatie van Hollandse Taalvrienden [South Africa]
OHV: Opération Haute Vallée [Mali]
OIA: Organisation of Islam in Africa
OIAC: Organisation Interafricaine du Café
OIC: (1) Office Ivoirien des Chargeurs [Côte d'Ivoire]; (2) Organisation of Islamic Conference = Organisation der Islamischen Konferenz = OCI: Organisation de la Conférence Islamique; (3) Organisation Internationale du Café
OICMA: Organisation Internationale de Lutte contre le Criquet Migrateur Africain = IAMLO [various countries]
OID: [glossed as: Integrated Development Operation] [La Réunion]
OIDC: Outer Islands Development Corporation [Mauritius?]
OIETA: Office Inter-États du Tourisme Africain
OIF: Oromo Islamic Front [Ethiopia]

OIK: Organisation der Islamischen Konferenz = OIC: Organisation of Islamic Conference
OILF: Oromo Islamic Liberation Front = IFLO: Islamic Front for the Liberation of Oromia [or of the Oromo]
OIP: Ovambo Independent Party [Namibia]
OIRPCBRU: Office de l'Information et des Relations Publiques pour le Congo Belge et le Ruanda Urundi
OISSU: Office Ivoirien des Sports Scolaires et Universitaires [Côte d'Ivoire]
OITH: [glossed as: Ivoirian Office of Tourism and Hotels]
OIU: Omdurman Islamic University [Sudan]
OIZP: Océan Indien Zone de Paix = IOZOP: Indian Ocean Zone of Peace
OJAL: Organisation des Jeunes Algériens Libres
OJC: Organisation de [la] Jeunesse Comorienne
OJM: [glossed as: a Mozambique youth organisation]
OJRB: Organisation de la Jeunesse Révolutionnaire du Benin
OJRDPC: Organisation des Jeunes du Rassemblement Démocratique du Peuple Camerounais
OK: One Kamerun [Cameroun]
OK Jazz: [the name derives from the Oscar Kashama Bar in Kinshasa]
OKADA: [a private air company in Nigeria]
OKIMO: Office des Mines d'Or de Kilo-Moto [Zaïre]
OLA: Organisation de Lutte Anti-Aviaire [various countries]
OLAFRIC: [glossed as: Compagnie Huilière Africaine, Chad]
OLANI: Office du Lait du Niger [Niger]
OLAT: Opération Locale d'Aménagement de Terroir de Simambry [La Réunion]
OLF: Oromo Liberation Front [Ethiopia]
OLGA: Orhionmwon Local Government Area [Nigeria]
OLS: Operation Lifeline Sudan
OLTFI: Organisation de Libération du Tchad du Fascisme et de l'Impérialisme
OM: (1) Organisation des Masses; (2) Outre-Mer
OMA: Organização da Mulher Angolana
OMATA: Onitsha Market Traders Association [Nigeria]
OMBEVI: Office Malien du Bétail et de la Viande [Mali]
OMC: (1) Office Mauritanien des Céréales; (2) Oilseeds Marketing Company [Sudan]
OMDH: Organisation Marocaine des Droits de l'Homme
OMDTA: Office Municipal Du Troisième Age [La Réunion]
OMGE: Organización de la Mujer de Guinea Ecuatorial
OMI: Oblates of Mary Immaculate
OMIPRA: Opération Militaire de Production Agricole [Madagascar]
OMK: Opération Mil Kaarta [Mali]
OMM: (1) Opération Mil Mopti [Mali]; (2) Organização da Mulher Moçambicana
OMMSA: Organisation for Museums, Monuments and Sites in Africa
OMNIS: Office Militaire National pour les Industries Stratégiques [Madagascar]
OMOCI: Office de la Main-d'Œuvre de Côte-d'Ivoire
OMR: Organisation Militaire Révolutionnaire [Burkina Faso]
OMS: Office Municipal des Sports [La Réunion]
OMSTEP: Organização da Mulher de São Tomé e Príncipe
OMTL: Office Municipal du Temps Libre [La Réunion]
OMV: [a public enterprise in Algeria]
OMVA: Office de la Mise en Valeur Agricole [Morocco?]
OMVFS: Organisation de Mise en Valeur du Fleuve Sénégal
OMVG: Organisation de Mise en Valeur du Fleuve Gambie
OMVS: Organisation pour la Mise en

Valeur du Fleuve Sénégal
OMVSD: Office de Mise en Valeur du Sategui-Deressia [Chad]
OMVVM: Office de la Mise en Valeur de la Vallée de la Medjerda [Tunisia]
ON: Office du Niger [Mali]
ONA: (1) Office National d'Artisanat [Morocco]; (2) Omnium Nord-Africain [Morocco]
ONAA: [National organisation of Algerian lawyers]
ONAAPH: Office National d'Appareillages et d'Accessoires pour Personnes Handicapées [Algeria]
ONAB: (1) Office National des Aliments du Bétail [Algeria]; (2) Office National du Bois [Bénin]
ONAC: Office National des Anciens Combattants [Côte d'Ivoire]; (2) Office National du Commerce Extérieur [Burkina Faso]
ONACER: Office National des Céréales [Zaïre]
ONACI: Office National du Cinéma [Congo Republic]
ONACO: Office National Algérien de Commercialisation *or* Office National de Commercialisation
ONADEC: Office National du Développement de l'Élevage [Togo?]
ONADEF: [a national forestry development office in Cameroun]
ONADEP: Oyo North Agricultural Development Project [Nigeria]
ONADER: (1) Office National de Promotion Rurale [Côte d'Ivoire]; (2) Opération Nationale pour le Développement de la Riziculture [Guinea]
ONAF: Office National des Abattoirs Frigorifiques [Togo?]
ONAFEX: Office National des Foires et Expositions [Algeria]
ONAFITEX: Office National des Fibres Textiles du Zaïre
ONAH: Office National des Hydrocarbons [Guinea]
ONAHA: Office National des Aménagements Hydro-Agricoles *or* Office National de l'Hydraulique et des Aménagements [Niger]
ONAKO: Organisation Nationale du Kouilou [Congo Republic?]
ONALAIT: Office National du Lait et des Produits Laitiers [Algeria]
ONALFA: Office National de l'Alfa [Algeria]
ONAMA: Office National du Matériel Agricole [Algeria]
ONAMHYD: Office National du Matériel Hydraulique [Algeria]
ONAMO: Office National de la Main d'Œuvre [Algeria]
ONAPARCS: Office National d'Aménagement des Parcs Zoologiques et des Réserves Naturelles [Algeria]
ONAPHARM: Office Nationale de Pharmacie [Cameroun]
ONAPO: (1) Office National de la Population [Rwanda]; (2) Office National des Produits Oléicoles [Algeria]
ONAREF: Office National de la Recherche Forestière *or* Office National pour la Régénération des Forêts [Cameroun]
ONAREM: Office National des Recherches et Exploitation Minières *or* Office National des Ressources Minières [Niger]
ONAREST: Office National de la Recherche Scientifique et Technique
ONAT: (1) Office d'Aménagement des Terroirs [as given; Burkina Faso]; (2) Office National Algérien du Tourisme
ONATA: Office National de l'Artisanat Traditionnel [Algeria]
ONATHO: Office National du Tourisme et de l'Hôtellerie [Benin Republic]
ONATOUR: Office de la Tourbe du Burundi
ONATRA: Office National des Transports [Zaïre]
ONATRACOM: Office National des Transports en Commun [Rwanda]
ONB: (1) Office National des Bois [Gabon]; (2) Office National du Bois [Burundi]

ONBAH: Office National des Barrages et de l'Aménagement Hydraulique [Burkina Faso]
ONBI: Office National des Barrages et d'Irrigation [Burkina Faso]
ONC: (1) Office National des Céréales [Chad]; (2) Office National de Céréales [Benin Republic]; (3) Office National du Café [Zaïre]; (4) Office National du Commerce [Burundi]
ONCAD: Office National de Coopération et d'Assistance au Développement [Senegal]
ONCCP: Office of the National Committee for Central Planning [Ethiopia]
ONCFG: Office National des Chemins de Fer de Guinée
ONCFM: Office National des Chemins de Fer Marocains
ONCIC: Office National pour le Commerce et l'Industrie Cinématographiques [Algeria]
ONCN: Office National de Construction Navale [Algeria]
ONCPA: Office National de [*or* de la] Commercialisation des Produits Agricoles [Congo Republic]
ONCPB: Office National de Commercialisation des Produits de Base [Cameroun]
ONCS: Office National Catholique des Moyens de Communications Sociales [Burundi]
ONCV: Office National de Commercialisation des Produits Vino-Viticoles [*or* Viti-vinicoles] *or* Office National de la Commercialisation du Vin [Algeria]
OND: (1) Office National du Diamant [Central African Republic]; (2) Ordinary National Diploma [Nigeria]
ONDA: (1) Office National des Droits d'Auteur [Zaïre]; (2) Office National du Droit d'Auteur [Algeria]
ONDE: Office National de [*or* pour le] Développement de l'Élevage [Zaïre]
ONDH: Observatoire National pour les Droits de l'Homme [Algeria]
ONDR: Office National de Développement Rural [Chad]
ONDY: Opération NDama Yanfolila [Mali]
ONE: (1) Office National de l'Électricité [Morocco]; (2) [glossed as: National Office for the Environment, Madagascar]
ONEA: Office National de l'Eau et de l'Assainissement [Burkina Faso]
ONED: Office National des Eaux de Djibouti
ONEP: (1) Office National d'Édition et de Presse [Niger]; (2) Office National de l'Eau Potable [Morocco]
ONEPI: Office National d'Édition, de Presse et d'Imprimerie [Benin Republic]
ONERA: Office National d'Exploitation des Ressources Animales [Burkina Faso]
ONERSOL: Office [National] de l'Énergie Solaire [Niger]
ONES: Office National des Équipements Sportifs [Cameroun?]
ONEX: Office National des Substances Explosives [Algeria]
ONF: Office National des Forêts [Central African Republic, La Réunion]
ONFP: (1) Office National de Formation Professionnelle [Côte-d'Ivoire]; (2) Office National du Planning Familial et de la Famille [Tunisia]
ONG: Organisations Non-Gouvernementales = Organizações Não-Governamentais = NGO: Non-Government[al] Organisations
ONI: Office National de l'Irrigation [*or* des Irrigations] [Morocco]
ONICL: Office National Interprofessionnel des Céréales et Légumineuses [Morocco]
ONIS: Office National de l'Industrie Socialiste [Algeria]
ONIVEG: Office National d'Importation de Viande en Gros *or* Office National d'Importation et de Vente de Viande en Gros [Congo Republic]
ONJ: Organização Nacional dos

Jornalistas [Mozambique]
ONJAMA: [an organisation for increasing food supply in Masasi. From the first letters of the Swahili for: "Eliminate hunger in Masasi"]
ONL: Office National du Logement [Burundi, Zaïre]
ONLF: (1) Ogaden [*or* Ogadeni] National Liberation Front [Ethiopia]; (2) Oromo National Liberation Front [Ethiopia]
ONLP: Office National des Librairies Populaires [Congo Republic]
ONM: (1) Office National de la Main-d'œuvre [Mali]; (2) Office National de Modernisation [Central African Republic]
ONO: Office National de l'Okoumé [Congo Republic]
ONORGE: Organización Nacional de la Oposición de Guinea Ecuatorial en el Exilio
ONP: (1) Office National de Pêche [Zaïre]; (2) Office National de Pharmacie [Benin Republic?]; (3) Office National des Pêches [Morocco?, Togo?]; (4) Office National des Ports [Algeria]; (5) Office National des Postes [Côte d'Ivoire]; (6) [glossed as: Mozambican Teachers' Organisation]
ONPC: Office National des Ports du Cameroun
ONPD: Office National de Participation au Développement [Cameroun?]
ONPI: Office National de la Propriété Industrielle [Algeria]
ONPP: Office National des Produits Pharmaceutiques [Morocco?]
ONPPC: Office Nigérien [*or* National] des Produits Pharmaceutiques et Chimiques [Niger]
ONPR: Office National de Promotion Rurale [Côte d'Ivoire]
ONPT: Office National des Postes et Télécommonications [Congo Republic?]
ONPTZ: Office National des Postes et Télécommunications du Zaïre

ONPV: Office National des Produits Vivriers [Zaïre]
ONRA: Office National de la Réforme Agraire [Algeria]
ONRD: Office National de la Recherche et du Développement [Zaïre]
ONRS: (1) Office National de la Recherche Scientifique [Algeria]; (2) Organisme National de la Recherche Scientifique [Algeria]
ONS: (1) Office National des Sports [Côte d'Ivoire]; (2) Office National des Statistiques [Algeria]; (3) Office National du Sucre [Zaïre]
ONSL: Organisation Nationale des Syndicats Libres [Burkina Faso]
ONT: (1) Office National des Télécommunications [Côte d'Ivoire]; (2) Office National des Transports [Algeria]; (3) Office National du Tourisme [Burundi, Central African Republic, Côte-d'Ivoire, Niger]
ONTA: Office National du Tourisme et de l'Artisanat [Djibouti]
ONTE: Office National des Travaux Éducatifs [Algeria]
ONTF: Office National des Travaux Forestiers [Algeria]
ONTS: Office National du Thé et du Sucre [Morocco]
ONTT: (1) Office National de Tourisme Tunisien; (2) Office National Togolais du Tourisme
ONUC: Opération des Nations Unies au Congo = UNOC: United Nations Operation in the Congo
ONUDI: Organisation des Nations Unies pour le Développement Industriel
ONUMOZ: Operação das Nações Unidas em Moçambique = Opération des Nations Unies en Mozambique = UNOMOZ: United Nations Operation in Mozambique
ONUSOM: Opération des Nations Unies en Somalie = UNOSOM: United Nations Mission in Somalia
ONUVER: [glossed as: a UNO mission to Eritrea]
OON: Officer of the Niger [?Officer of the

Order of the Niger?] [Nigeria]
OOV: Officer of the Order of Volta [Ghana]
OP: (1) Office of the President [Botswana]; (2) Opération Puits [Mali]
OPA: (1) Organisation Politique et Administrative *or* Organisation Politico-Administrative [Algeria]; (2) Organização dos Pioneiros Angolanos
OPAEP: Organisation des Pays Arabes Exportateurs de Pétrole = OAPEC: Organisation of Arab Petroleum Exporting Countries
OPAM: Office des Produits Agricoles du Mali
OPAPE: Organisation Panafricaine de la Profession Enseignante = AATO: All-Africa Teachers' Organisation
OPAT: Office des Produits Agricoles du Togo
OPC: (1) Office of the President and Cabinet [Malawi]; (2) Ovamboland People's Congress [Namibia]
OPDO: Oromo People's Democratic Organisation [Ethiopia]
OPDS: Operative Painters' and Decorators' Society
OPEI: Office [*or* Office National] de Promotion de l'Entreprise Ivoirienne [Côte d'Ivoire]
OPEN: (1) Œuvre pour la Protection de l'Enfance Noire [Zaïre]; (2) Office de Promotion de l'Entreprise Nigérienne [Niger]
OPEV: Office de Promotion des Entreprises Voltaïques [*or* de l'Entreprise Voltaïque] [Burkina Faso]
OPEX: Operational Experts
OPEZ: Office de Promotion des Petites et Moyennes Entreprises Zaïroises
OPF: Organisation Panafricaine des Femmes = PAWO: Pan African Women's Organisation
OPGI: Office de Promotion et de Gestion Immobilière [Algeria]
OPJ: Officier de [la] Police Judiciaire [Zaïre]
OPLF: Oromo People's Liberation Front [Ethiopia]

OPM: (1) Office of the Prime Minister [South Africa]; (2) Opération Pêche [de] Mopti [Mali]
OPMA: Office de Petite Motorisation Agricole [Congo Republic?]
OPNBB: Opération Parc National de la Boucle du Baoulé [Mali]
OPO: Ovamboland People's Organisation [Namibia]
OPP: Oriental Progressive Party [Nigeria]
OPPN: Original People's Party of Namibia
OPPOSA: Organisation for the Protection of Property Owners in South Africa
OPR: (1) Opération Productivité Rizicole [Madagascar]; (2) Organisation du Peuple Rodriguais [Mauritius]
OPRA: Overseas Publishers Representatives Association [South Africa]
OPRAG: Office des Ports et Rades du Gabon
OPROVIA: Office pour la Promotion, la Vente et l'Importation des Produits Agricoles [Rwanda]
OPS: (1) Office of Public Safety; (2) Opération Production Semence [Mali]; (3) Opération Protection Semences
OPSCR: Opération Protection des Semences et Conservation des Récoltes [Mali]
OPSTEP: Organização dos Pioneiros de São Tomé e Príncipe
OPT: Office des Postes et Télécommunications [Côte d'Ivoire, Djibouti, Niger, Senegal]
OPU: Office des Publications Universitaires [Algeria]
OPV: (1) [glossed as the parastatal responsible for drug import and distribution in Cameroun]; (2) [glossed as: Veterinary Drug Store in Cameroun]; (3) [glossed as: Voluntary Police Organization in Mozambique; cp. OPVDC]
OPVDC: Organização Provincial de Voluntários de Defesa Civil [Mozambique]
OPVN: Office des Produits Vivriers du

Niger
OPYRWA: Office du Pyrèthre au Rwanda
OR: (1) Office des Routes [Zaïre]; (2) Organisations Rurales [as in Fonds d'OR"] [Cameroun]
ORA: Oromo Relief Association [Ethiopia]
ORAF: Organisation de la Résistance de l'Afrique du Nord [Algeria]
ORAIHOB: Office de Réalisation de l'Aérogare de l'Aérodrome International d'Alger Houari-Boumediene
ORAN: Organisation Régionale Africaine de Normalisation = ARSO: African Regional Organisation for Standardisation
ORANA: Organisme de Recherches sur l'Alimentation et la Nutrition Africaines [Senegal; given with many variants]
ORAP: Organisation of Rural Associations for Progress [Zimbabwe]
ORAPI: Organisation Régionale Africaine de la Propriété Industrielle
ORC: (1) Office of the Revenue Commissioner [Ghana]; (2) Orange River Colony [South Africa]
ORD: (1) Offices Régionaux de Développement [Burkina Faso, Central African Republic]; (2) Opération de Développement Rural [Madagascar]; (3) Opposition Républicaine et Démocratique [Cameroun?]; (4) Organisation Rurale de Développement; (5) Organisme Régional de Développement [Burkina Faso]
ORES: Opération de Réhabilitation des Établissements Scolaires [Senegal?]
ORIAPA: [glossed as: Centre d'accueil et d'hébergement temporaire de personnes âgées, La Réunion]
ORINFOR: Office d'Information du Rwanda [as given; ?Office Rwandais de l'Information]
ORM: Opération Riz Mopti [Mali]
ORMVA: Office Régional de Mise en Valeur Agricole [Morocco]

ORMVAH: Office Régional de Mise en Valeur Agricole de Haouz [Morocco]
ORO: Organisation Renseignements Opérations [a division of the OAS]
OROLAIT: Office Régional Ouest du Lait [Algeria]
ORP: Organisation de la Résistance Populaire [Algeria]
ORPV: Office Régional de Production et de Promotion Vivrière [Togo]
ORS: Opération Riz-Ségou [Mali]
ORSLO: [something medical in Madagascar]
ORSOM: Office de la Recherche Scientifique d'Outre-Mer [France]
ORSTOM: Office de la Recherche Scientifique et Technique Outre-Mer
ORT: (1) Organisation for Rehabilitation through Training [Israeli organisation active in Ethiopia]; (2) Organisation Révolutionnaire des Travailleurs [Algeria]
ORTB: Office de [la] Radiodiffusion et de Télévision du Bénin
ORTM: (1) Office de Radiodiffusion et Télévision de Mauritanie; (2) Office de Radiodiffusion et Télévision du Mali
ORTN: Office de Radiodiffusion-Télévision du Niger
ORTPN: Office Rwandais du Tourisme et des Parcs Nationaux
ORTS: Office de Radiodiffusion-Télévision du Sénégal
ORU: Oral Roberts University
OS: (1) Operational Service [Tanzania]; (2) Organisation Secrète [Algeria]; (3) Organisation Spéciale [Algeria]; (4) Organisme Stockeur
OSA: (1) Office Sénégalais de l'Artisanat; (2) Omnibus Services Authority [Ghana]
OSALE: Organisation of South Africans for Liberation Education
OSALL: Organisation of South African Law Libraries
OSBC: Ondo State Broadcasting Corporation [Nigeria]
OSC: Oxen Supply Centre [Zambia]
OSCFER: Office of the State Committee

for Foreign Economic Relations [Ethiopia?]
OSCIP: Office National pour l'Orientation, le Suivi, et la Coordination de l'Investissement Privé [Algeria]
OSE: (1) Œuvre de Secours aux Enfants [North Africa]; (2) Organisation Socialiste des Entreprises [Algeria]
OSER: Office de Sécurité Routière [Côte d'Ivoire]
OSHE: Office pour le [*or* de] Soutien de l'Habitat Économique [Côte d'Ivoire]
OSP: (1) Office des Semences et des Plants [Côte d'Ivoire]; (2) Office of the State President [South Africa]; (3) [glossed as: an institution in Algeria]
OSPAA: Organisation de Solidarité des Peuples Afro-Asiatiques
OSPAAAL: Organización de Solidaridad de los Pueblos de Africa, Asia y América Latina [Cuba-based]
OSPAAL: Organisation de Solidarité des Peuples Afro-Asiatiques en Lutte
OSRO: Office for Special Relief Operations
OSRP: Office de Stabilisation et de Régulation des Prix [Mali]
OSS: (1) Observatoire du Sahara et du Sahel; (2) Orchestra Safari Sound [Tanzania]
OSSCA: One Stop Service Centre for Agriculture [Botswana]
OSSREA: Organization for Social Science Research in Eastern Africa
OST: (1) Organisation Socialiste des Travailleurs [Senegal]; (2) Organisation Socialiste du Travail [Algeria]
OSTC: Organisation des Syndicats des Travailleurs Camerounais
OSTIE: Organisation Sanitaire Tananarivienne Inter-Entreprise [Madagascar]
OST-PT: Organisation Socialiste des Travailleurs – Parti des Travailleurs [Algeria]
OSTV: Ondo State Television Service [Nigeria]

OSU: Ogun State University [Nigeria]
OSUA: Ondo State University, Ado-Ekiti [Nigeria]
OSUKA: Empresa Açucareira Centro [Angola] [as given]
OSUSC: Office of Schools and University Sports Competition [Cameroun?]
OTABO: Oral Traditions Association of Botswana
OTASA: Oral Traditions Association of Southern Africa
OTB: Office du Thé du Burundi
OTC: (1) Office du Tourisme Colonial [Brussels]; (2) [glossed as: a private transport company in East Africa]
OTCC: Office des Transports en Commun au Congo
OTCZ: Office des Transports en Commun du Zaïre
OTEF: Office Tchadien d'Études Ferroviaires
OTER: Opération des Travaux d'Équipement Rural [Mali]
OTESF: Organisation des Travailleurs et Étudiants Sénégalais en France
OTM: Organização dos Trabalhadores de Moçambique
OTP: Office Togolais des Phosphates
OTRABU: Office des Transports du Burundi
OTRACO: (1) Office d'Exploitation des Transports Coloniaux [Zaïre; see also: OTRACOL]; (2): Office des Transports en Commun [Burundi]
OTRACOL: Office d'Exploitation des Transports Coloniaux [see also: OTRACO]
OTRAFORM: Office des Travaux d'Application de la Formation Professionnelle [Algeria]
OTRAG: Orbital Transport und Raketen Gesellschaft [Germany and Zaïre]
OTRAKA: Office Central du Travail du Katanga [Zaïre]
OTS: (1) Opération Thé Sikasso [Mali]; (2) Overseas Telecommunications Service [Mauritius?]
OTTEEFP: Office des Travailleurs Tunisiens à l'Étranger de l'Emploi et

de la Formation Professionnelle
OTTU: Organisation of Tanzania Trade Unions
OTU: Office des Transports Urbains [Côte d'Ivoire]
OU: Opposition Unie [Comoros]
OUA: (1) Organisation de l'Unité Africaine = Organizzazione per l'Unità Africana = Organização de Unidade Africana = OAU: Organisation of African Unity; (2) Organisation of the Union of Artisans [Mauritius]
OUA/CSTR: Organisation de l'Unité Africaine / Commission Scientifique, Technique et de la Recherche = OAU/STRC: Organisation of African Unity / Scientific, Technical and Research Commission
OUG: Online Users Group = SAOUG: South African Online Users Group
OUP: Oxford University Press
OUSA: Organisation pour l'Unité [*or* de l'Unité] Syndicale Africaine = OATUU
OVAPAM: Office de Valorisation Agricole et Pastorale du Mutara
OVAPIRU: Office pour la Valorisation des Produits des Cultures et Élevages Indigènes du Ruanda-Urundi
OVDB: Orange Vaal Development Board [South Africa]
OVGWU: Orange-Vaal General Workers Union [South Africa]
OVIBAR: Office pour la Valorisation Industrielle de la Banane Rwandaise
OVS: (1) Opération Vallée du Sénégal [Mali]; (2) Oranje-Vrystaat = OFS: Orange Free State [South Africa]
OVSL: Organisation Voltaïque des Syndicats Libres [Burkina Faso]
OVSOV: Oranje Vrystaatse Onderwysersvereniging = OFSTA: Orange Free State Teachers' Association [South Africa]
OVSTM: Opération Vallée du fleuve Sénégal, Terenkollé et lac Magui [Mali]
OVV: Oranje-Vrouevereniging [South Africa]
OWDA: [an organisation concerned with the Ogaden] [Ethiopia]
OWS: Okomu Wildlife Sanctuary [Nigeria]
OWU: Optical Workers' Union [South Africa]
OXFAM: [formerly: Oxford Committee for Famine Relief]
OZAC: Office Zaïrois de Contrôle
OZACAF: Office Zaïrois du [*or* de] Café
OZACI: Organisation des Cinéastes Zaïrois
OZI: Opérations Zonales Intégrées [Gabon]
OZL: Opération Zone Lacustre [Mali]
OZRT: Office Zaïrois de Radiodiffusion et de Télévision

P

P: Pula [Botswana currency]
PA: (1) Peasant Association [Ethiopia]; (2) Purchase Areas = APA: African Purchase Areas [Zimbabwe]
PAA: (1) Pan-African Association of Anthropologists; (2) Pentecostal Assemblies of Africa; (3) Port Autonome d'Abidjan [Côte d'Ivoire]
PAAERD: Programme of Action for African Economic Recovery and Development = UNPAAERD: United Nations Programme of Action for African Economic Recovery and Development = PANUREDA: Programme d'Action des Nations Unies pour le Redressement [*or* la Récupération] Économique et le Développement de l'Afrique
PAAF: Projet d'Appui à l'Animation Féminine [Mali]
PAB: [glossed as: South African Breweries]
PAC: (1) Pan Africanist Congress [of Azania]; (2) Parliamentary Accounts Committee [Tanzania]; (3) Partnership Africa-Canada; (4) Presidential Advisory Commission [*or* Committee] [Nigeria]; (5) Programme Agricole Complémentaire [Zaïre]; (6) Programme d'Actions Commerciales [Côte d'Ivoire]; (7) Province d'Afrique Centrale; (8) Public Accounts Commission [*or* Committee] [Uganda]; (9) Public Accounts Committee [Botswana]; (10) Public Affairs Committee [Malawi]
PACIA: Partido Angolano Conservador da Identidade Africana
PACLA: Pan-African Christian Leadership Assembly
PACOFS: Performing Arts Council of the Orange Free State [South Africa]
PACSA: (1) Pietermaritzburg Agency for Christian Social Awareness [South Africa]; (2) Programme d'Atténuation des Coûts Sociaux de l'Ajustement [Niger]
PACT: (1) Performing Arts Council of the Transvaal [South Africa]; (2) Private Agencies Collaborating Together; (3) [glossed as: Association pour la protection, l'amélioration, la conservation et la transformation de l'habitat, La Réunion]
PAD: (1) Parti d'Action pour la Démocratie [Togo]; (2) Port Autonome de Dakar [Senegal]
PADA: Organisation for Peace and Appropriate Development for the Horn of Africa [Netherlands]
PADC: Plateau Agricultural Development Corporation [Nigeria]
PADELU: Parti Démocratique Lumumbiste [Zaïre]
PADEM: Programme Africain d'Enquêtes Ménages
PADEMO: Partido Democrático de Moçambique
PADEP: (1) Peasant Agriculture Development [Extension] Programme [Ethiopia]; (2) Programme Africain pour le Développement de la Participation des Travailleurs = APADEP: African Workers' Participation Development Programme

PADER: Parti Démocratique Rwandais
PADESM: Parti des Déshérités de Madagascar
PADHA: [glossed as: Angolan Alliance and Hamista Party]
PADIS: Pan-African Documentation and Information Service [*or* System] = SPDI: Système Panafricain de Documentation et d'Information
PADP: (1) Peasant Agricultural Development Programme [Ethiopia]; (2) Plateau Agricultural Development Projects [Nigeria]
PADS: (1) Parti Africain pour la Démocratie et le Socialisme [Senegal]; (2) Parti Algérien de la Démocratie et du Socialisme [Algeria]; (3) Parti de l'Avant-garde Démocratique et Social [Morocco]
PAE: (1) Plan d'Action Environnementale [Madagascar]; (2) Programa de Acção Económica [Mozambique?]; (3) Programas de Ajuste Estructural [general, in Spanish-language texts]; (4) Programas de Ajuste Estrutural [Mozambique; also general in Portuguese-language texts]; (5) Projet Agro-Écologie [Burkina Faso and Mali]; (6) Provincial Agricultural Engineer [Zambia]
PAE/S: Parti Africain Écologiste du Sénégal
PAF: (1) Plan d'Action Foncière [La Réunion]; (2) Projet Agro-Forestier [Burkina Faso]
PAFATU: Pan-African Federation of Agricultural Trade
PAFES: Pan-African Fellowship of Evangelical Students
PAFMECA: Pan-African Freedom Movement for [*or* of] East and Central Africa
PAFMECSA: Pan-African Freedom Movement for [*or* of] East, Central and Southern Africa
PAFSAT: Promotion of Adapted Farming Systems Based on Animal Traction [Cameroun]
PAG: (1) Programa de Acção do Governo [Angola]; (2) Projet Agricole de Gitarama [Rwanda?]
PAGD: [glossed as: organisme sénégalais responsable des autorisations de décaissement, de vérifications de pièces justificatives, etc.]
PAGE: Programme d'Assistance à la Gestion Économique [Central African Republic]
PAGI: Programme d'Amélioration de la Grande Irrigation [Morocco]
PAGP: Pan-African Gospel Publishers. Cp. PGP
PAGR: Programme d'Appui aux Groupements Ruraux [Mali]
PAGS: Parti de l'Avant-Garde Socialiste [Algeria]
PAHC: Parti Algérien pour l'Homme Capital
PAI: (1) Parti Africain de l'Indépendance [Burkina Faso]; (2) Parti Africain de l'Indépendance [Senegal] = PAI-Sénégal; (3) Partido Africano da Independência e da União dos Povos da Guiné [Guiné-Bissau]; (4) Partido Angolano Independente; (5) Polizia dell'Africa Italiana
PAIC: Popular Arab Islamic Conference [Sudan?]
PAICV: Partido Africano da Independência de Cabo Verde
PAID: Pan-African Institute for Development = IPD: Institut Panafricain pour le Développement
PAID-ESA: PAID/East and Southern Africa
PAID-WA: PAID/West Africa
PAIG: Partido Africano da Independência da Guiné [Guiné-Bissau]
PAIGC: Partido Africano da Independência da Guiné e do Cabo Verde
PAI-LIPAD: Parti Africain de l'Indépendance – Ligue Panafricaine pour le Développement [Burkina Faso?]. Cp. LIPAD
PAIM: Parti Africain pour l'Indépendance des Masses [Senegal]
PAIP: Parti Africain pour l'Indépendance

du Peuple [Senegal]

PAIPA: Programme d'Actions pour l'Intensification de la Production Agricole [Algeria?]

PAIPCE: Programme d'Aide à l'Initiative Privée et à la Création d'Emploi [Niger]

PAIS: Project Analysis and Implementation Section [Zambia]

PAI-Sénégal: Parti Africain de l'Indépendance du Sénégal

PAJOCA: [glossed as: Alliance Party of Young Workers and Peasants of Angola]

PAJP: Parti Algérien pour la Justice et le Progrès

PAJSSA: Ports Authority Junior Supervisory Staff Association [Nigeria]

PAJU: Pan-African Union of Journalists [based in Accra]

PAK: Projet Agricole de Kibuye [Switzerland and Rwanda]

PAL: (1) Parti de l'Alliance Libérale [Cameroun]; (2) Partido Angolano Liberal; (3) Plan d'Action de Lagos = LPA: Lagos Plan of Action; (4) Progressive Alliance of Liberia [*or* Liberians]

PALIPEHUTU: Parti pour la Libération du Peuple Hutu. Cp. PLPH [Burundi]

PALMEVEA *or* **PALMEVEAS:** Palmiers et Hévéas du Gabon

PALMEZA: Palmeraies du Zaïre

PALMINDUSTRIE: Société de Transformation Industrielle du Palmier à Huile [Côte d'Ivoire]

PALMO: Partido Liberal e Democrático de Moçambique

PALMT: Programme d'Ajustement à Moyen et Long Termes [Senegal; etc.?]

PALOP: Países Africanos de Língua Oficial Portuguesa = Pays Africains de Langue Officielle Portugaise

PALU: Parti Lumumbiste Unifié [Zaïre]

PAM: (1) Pan-Africanist Movement [South Africa]; (2) Programme Against Malnutrition [Zambia]; (3) Programme Agricole Minimum [Zaïre]; (4) Programme Alimentaire Mondial = WFP: World Food Program[me]

PAMEZ: [glossed as: Projet de développement maritime artisanal dans la région de Ziguinchor, Senegal]

PAMM: Parti de l'Algérie Musulmane et Moderne

PAMSCAA: Programme of Action and Measures to Address the Social Cost of Adjustment

PAMSCAD: Programme of Action to Mitigate the Social Costs of Adjustment [given with many minor variants] [Ghana]

PAN: (1) Parti de l'Alliance Nationale [Mauritius?]; (2) Parti de l'Avant-Garde Nationale [Mauritania]; (3) Peugeot Automobile Nigeria Limited *or* Peugeot Automobile of Nigeria

PANA: Pan-African News Agency

PANAFTEL: Pan-African Telecommunications

PANAMA: Parti Nationaliste [*or* National] Malgache [Madagascar]

PANDECA: Partido Nacional para la Democracia, el Desarrollo y la Educación Cívica [Equatorial Guinea]

PANESA: [glossed as: Réseau sur les fourrages de l'Afrique de l'Est et de l'Afrique Australe]

PANEVA: Communauté Panier d'Évangélisation [Zaïre]

PANGIS: Pan African Network for a Geological Information System

PANIZA: Usine de Panification au Zaïre

PANUREDA: Programme d'Action des Nations Unies pour le Redressement [*or* la Récupération] Économique et le Développement de l'Afrique = UNPAAERD: United Nations Programme of Action for African Economic Recovery and Development = PAAERD: Programme of Action for African Economic Recovery and Development

PANYMO: Pan-African Youth Movement

PAO: Provincial Agricultural Officer [Zambia]

PAP: (1) Parti d'Action Paysanne; (2)

Parti de l'Action du Peuple [Cameroun]; (3) Peoples Action Party [Cameroun]; (4) People's Action Party [Ghana]; (5) People's Alliance Party [Nigeria]; (6) Programme Anti-Pénuries [Algeria]; (7) Projet Agro-Pastoral [Rwanda]
PAPOMO: Partido Popular de Moçambique
PAPSCA: Programme for the Alleviation of Poverty and the Social Costs of Adjustment [Kenya]
PAPU: Pan-African Postal Union = UPAP: Union Panafricaine des Postes
PARC: Pan-African Rinderpest Campaign
PARDIC: Public Administration Restructuring and Decentralisation Implementation Committee [Ghana]
PARERWA: Parti Républicain Rwandais
PARI: [glossed as: a political party or movement in Gabon]
PARMEHUTU: Parti du Mouvement de l'Émancipation Hutu [Burundi, Rwanda]
PARSEM: Projet d'Appui à la Rénovation du Système Éducatif Mauritanien
PARSOCILIBRE: Parti Socialiste Libre du Burundi
PAS: (1) Parti d'Action Socialiste [Senegal]; (2) Program of African Studies [Northwestern University, USA]; (3) Programme d'Ajustement Structurel = SAP: Structural Adjustment Programme
PASA: (1) Programme d'Ajustement Structurel du Secteur Agricole [Mauritania]; (2) Psychological Association of South Africa; (3) Publishers Association of South Africa
PASAGE: Programmes d'Actions Sociales et d'Appui à la Gestion Économique [Madagascar]
PASE: Programme d'Ajustement Sectoriel de l'Énergie [Côte d'Ivoire]
PASO: Pan-Africanist Students' Organisation [South Africa]
PASOCO: Parti Socialiste des Comores
PASP: Port Autonome de San Pedro [Côte d'Ivoire]
PASU: (1) Pan-African Socialist Union [Zimbabwe]; (2) Programme d'Action Sociale d'Urgence [Benin Republic]
PAT: Permanent Arbitration Tribunal [Mauritius]
PATA: Publishers Association of Tanzania
PATECORE: Projet Aménagement des Terroirs et Conservation des Ressources dans le Plateau Central [Burkina Faso]
PATH: Programme in Appropriate Technology for Health [Nigeria]
PATU: Pan-African Telecommunications Union = UPAT: Union Panafricaine des Télécommunications
PAU: Plan d'Aménagement Urbain [Tunisia]
PAW: Pentecostal Assemblies of the World
PAWA: Pan African Writers Association
PAWC: Pan-African Workers Congress
PAWO: Pan African Women's Organisation = OPF: Organisation Panafricaine des Femmes
PAYE: Pay As You Earn [Nigeria]
PAZA: Press Association of Zambia
PAZF: Pays Africains de la Zone Franc
PBA: Produce Buying Agency [Ghana]
PBAN: Professional Boxing Association of Nigeria
PBC: Produce Buying Company [Ghana]
PBD: Produce Buying Division [Ghana Cocoa Marketing Board]
PBFM: Presbyterian Board for Foreign Missions
PBKG: Pretoria Boere Kommando Groep *or* Pretoria Boerekommandogroep
PBLB: Publications Bureau, Lusaka and Blantyre
PBN: People's Bank of Nigeria
PBNRN: Publications Bureau of Northern Rhodesia and Nyasaland
PBU: Patriotic Benefit Union [Somalia?]
PBZ: Peoples [*or* People's] Bank of Zanzibar [Tanzania]
PC: (1) Paramount Chief; (2) Parents Committee [Namibia]; (3) Parti

Communiste [various countries]; (4) Parti de Conservation [Burundi]; (5) People's Committee [Libya?]; (6) Presidential Council [Malawi]; (7) President's Council [South Africa]; (8) Primary Certificate; (9) Provincial Commissioner [Kenya; Ghana?; Tanzania?]

PCA: (1) Parti Communiste Algérien; (2) Partido Comunista Angolano; (3) Pharmacie Centrale Algérienne; (4) Poste de Contrôle Administratif [Chad, Congo Republic, Gabon]; (5) Presbyterian Church of Africa; (6) Prevention of Corruption Act [Zimbabwe]

PCAF: Publications du Comité de l'Afrique Française

PCAS: Programmes Compensatoires des Ajustements Structurels [Madagascar]

PCB: (1) Parti Communiste du Bénin [Benin Republic]; (2) Publications Control Board [South Africa]

PCC: (1) People's Caretaker Council [Zimbabwe]; (2) Pietermaritzburg Chamber of Commerce; (3) Political Consultative Conference [Namibia]; (4) Public Complaints Commission [Nigeria]

PCCE: Policy Committee on City Environment [Kenya]

PCCH: Princess Christian Cottage Hospital [Sierra Leone]

PCCI: Pietermaritzburg Chamber of Commerce and Industry

PCCM: Permanent Consultative Committee of the Maghreb = CPCM: Comité Permanent Consultatif du Maghreb

PCD: (1) Parti Chrétien Démocrate [Rwanda]; (2) Parti Communiste Dahoméen; (3) Partido Cristão Democrata = PCDA: Partido Cristão Democrata de Angola; (4) Plans Communaux de Développement [Algeria]; (5) Presidential Commission on Dialogue [Malawi]; (6) [glossed as: Democratic Convergence Party, São Tomé e Príncipe]

PCDA: Partido Cristão Democrata de Angola = PCD: Partido Cristão Democrata

PCDC: Professional Committee for Democratic Change [Kenya]

PCD-GR: Partido de Convergência Democrática – Grupo de Reflexão [São Tomé e Príncipe]

PCDP: Parti Comorien pour la Démocratie et le Progrès

PCEA: Presbyterian Church of East Africa

PCEHS: Publications du Comité d'Études Historiques et Scientifiques de l'Afrique Occidentale Française

PCEO: Presidential Commission on Economic Opportunities [Botswana]

PCG: Président du Conseil de Gouvernement [Djibouti]

PCI: Pietermaritzburg Chamber of Industry [South Africa]

PCIM: Parti du Congrès de l'Indépendance de Madagascar = AKFM

PCLI: (1) Parti de la Convergence pour les Libertés et l'Intégration [Burkina Faso]; (2) Permanent Committee for the Location of Industries [South Africa]

PCM: (1) Parti Communiste Malgache = AKM: Antoko Kaominista Malagasy; (2) Parti Communiste Marocain

PCMH: Princess Christian Maternity Hospital [Sierra Leone]

PCMU: Provincial Cooperative Marketing Union [Zambia]

PCN: Partido de Convenção Nacional [Mozambique]

PCO: (1) Planning Commission Office [Ethiopia]; (2) Projet Centre Ouest [Côte d'Ivoire]

PCP: (1) People's Convention Party [Kenya, Nigeria, Tanzania]; (2) [glossed as: a current Ghanaian political party]

PCPMC: Public Cotton Production and Marketing Corporation [Sudan]

PCR: (1) Parti Communiste Réunionnais; (2) Programme de Consolidation et de

Relance [Mauritania]; (3) Programme to Combat Racism [World Council of Churches]
PCRB: Parti Communiste Révolutionnaire Burkinabè
PCRIP: Presidential Commission on the Review of the Incomes Policy [Botswana]
PCRM: Parti Communiste de la Région de Madagascar
PCRV: Parti Communiste Révolutionnaire Voltaïque
PCSA: Presbyterian Church of Southern Africa
PCSD: Partido de la Convergencia Social Demócrata [Equatorial Guinea]
PCT: (1) Parti Communiste Tchadien; (2) Parti Communiste Togolais; (3) Parti Communiste Tunisien; (4) Parti Congolais du Travail
PCU: Provincial Cooperative Unions [Zambia]
PCV: (1) Parti Chrétien du Vakinankaratra [Madagascar]; (2) Peace Corps Volunteer
PD: Planning Division [Zambia]
PDA: (1) Parti Démocratique Africain [Gabon]; (2) Partido Democrático Angolano; (3) Popular Democratic Alliance [Nigeria]; (4) Pragmatic Democratic Alliance [Tanzania]; (5) Preventive Detention Act [Ghana]
PDAU: Plan Directeur d'Aménagement et d'Urbanisme [Algeria]
PDB: Population Development Programme [South Africa] = BOP: Bevolkingsontwikkelingsprogram
PDC: (1) Parti Démocrate Chrétien [Burundi, Madagascar, Rwanda]; (2) Parti Démocratique Chrétien [Ruanda-Urundi; Rwanda]; (3) Parti Démocratique Congolais [Congo Republic?]; (4) Parti Démocratique Constitutionnel [Morocco]; (5) Parti Démocratique du Cameroun; (6) Parti des Démocrates Camerounais; (7) People's Defence Committees [Ghana]; (8) People's Democratic Congress [Zambia]; (9) Provincial Development Committee [Zambia]
PDCI: Parti Démocratique de Côte-d'Ivoire
PDCI-RDA: Parti Démocratique de Côte-d'Ivoire – Rassemblement Démocratique Africain
PDCM: Parti Démocrate Chrétien de Madagascar
PDD: (1) Parti Démocratique Dahoméen; (2) Parti pour la Démocratie et le Développement [Mali]; (3) Presidential Detail Department [Ghana]
PDDIA: Programme de la Décennie du Développement Industriel pour l'Afrique
PDES: Plan de Développement Économique et Social [Niger; Senegal?]
PDESO: Projet de Développement de l'Élevage au Sénégal Oriental
PDF: (1) Parti des Fourmis [Cameroun]; (2) Popular Defence Force *alternatively* People's Defence Force [Sudan]
PDG: (1) Parti Démocratique de Guinée; (2) Parti Démocratique Gabonais; (3) Président Délégué Général [various countries]; (4) Président Directeur Général [Madagascar]
PDG: Président du Conseil d'Administration [Madagascar]
PDGA: Président Directeur Général Adjoint [Madagascar]
PDGE: Partido Democrático de Guinea Ecuatorial
PDG-RDA: Parti Démocratique de Guinée – Rassemblement Démocratique Africain
PDI: (1) Parti Démocratique de l'Indépendance *or* Parti Démocratique d'Indépendence *or* Parti de la Démocratie et de l'Indépendance [Morocco]; (2) Parti Démocratique Islamique [Rwanda]
PDJ: Parti Démocratique pour la Justice [Mali]
PDJTB: Parti des Jeunes Travailleurs du Burundi
PDLA: (1) [glossed as: Angolan Liberal

Democratic Party]; (2) [glossed as: Liberal and Democratic Party]
PDM: (1) Parti Démocratique Malgache; (2) Parti Démocratique Mauritanien
PDN-BA: Partido Democrático NTO – BAKO Angola
PDO: People's Democratic Organisation [Ethiopia]
PDOIS: People's Democratic Organisation for Independence and Socialism [The Gambia] = DOI: Democratic Organisation for Independence
PDP: (1) Parti Démocratique pour le Progrès [Mali]; (2) Parti pour la Démocratie et le Progrès [Mali]; (3) Partido del Progreso [de Guinea Ecuatorial]; (4) Partido Democrático do Progresso [Guiné-Bissau]; (5) People's Democratic Party [The Gambia, Sierra Leone, Sudan, Tanzania]; (6) Population Development Programme [South Africa]; (7) Programa dos Distritos Prioritários [Mozambique?]; (8) Programme de Développement Rural
PDPA: [glossed as: Democratic Pacifist Party of Angola]
PDP-ANA: [glossed as: Democratic Party for Progress – National Angolan Alliance]
PDR: (1) Parti Démocrate Rural [Burundi]; (2) Parti Démocratique Progressif [Algeria]; (3) Parti pour la Démocratie et le Renouveau [Togo]; (4) Programmes de Développement Rural [Djibouti]; (5) Projet de Développement Rural [Congo Republic]
PDRAR: Programme de Développement Régional et d'Animation Rurale
PDRE: People's Democratic Republic of Ethiopia
PDRHG: Projet de Développement Rural de la Haute-Guinée [Guinea]
PDRI: Programme de Développement Rural Intégré [Niger]
PDS: (1) Parti Démocratique Sénégalais; (2) Parti Démocratique Soudanais [Mali]
PDSC: Parti Démocrate [*or* Démocratique] et Social Chrétien [Zaïre]
PDSCO: Parti Démocratique et Socialiste Congolais [Zaïre]
PDSF: Public Debt Service Fund [Botswana]
PDS-R: Parti Démocratique du Sénégal-Rénovation [*or* Renouveau]
PDU-RDA: Parti Démocratique Uni – Rassemblement Démocratique Africain
PDU: (1) Parti Dahoméen de l'Unité *or* Parti Dahoméen Unifié [Benin Republic]; (2) Parti Démocratique Unifié [Burkina Faso]; (3) Parti des Démocrates pour l'Unité [Togo]; (4) Plan de Déplacement Urbain [La Réunion]; (5) Project Development Unit; (6) Projet de Développement Urbain [Cameroun]
PDV: (1) Parti Démocratique Voltaïque [Burkina Faso]; (2) Programme de Départ Volontaire [Benin Republic]
PDV-RDA: Parti Démocratique Voltaïque – Rassemblement Démocratique Africain [Burkina Faso]
PE: Port Elizabeth [South Africa]
PEA: (1) People's Educational Association [Ghana, Sierra Leone]; (2) Portuguese East Africa
PEAS: Portuguese East Africa Society
PEASA: Post Office Employees' Association of South Africa
PEBCO: Port Elizabeth Black Civic Organisation [South Africa]
PEBWU: Port Elizabeth Bus Workers' Union [South Africa]
PEC: Parti pour l'Évolution des Comores
PECAM: [glossed as: a company in Cameroun]
PECC: Port Elizabeth City Council [South Africa]
PECO: Parti Écologiste [Rwanda]
PECOC: Port Elizabeth Chamber of Commerce [South Africa]
PECTA: Programmes des Emplois et des Compétences Techniques pour

l'Afrique
PEDF: Productive Employment Development Fund [Botswana]
PEER: Public Economic Emergency Regulation [Sierra Leone]
PEF: Petroleum Equalisation Fund [Nigeria]
PEG: Parti des Écologistes de Guinée
PEI: Parti Écologiste pour l'Intégration [Mali]
PEICWU: Port Elizabeth Industrial and Commercial Workers' Union
PEIFA: Plantations et Exploitations Industrielles et Forestières Africaines [Zaïre]
PEK: Plantations et Élevage [*or* Élevages] de Kitobola
PELIMO: Peoples Liberation Movement
PEM: Port Elizabeth Municipality [South Africa]
PEMARCO: Société de Pêche Maritime au Congo [*or* du Congo] [Zaïre]
PEMARZA: Pêcherie Maritime Zaïroise [*or* du Zaïre]
PEMC: Politique Économique Maghrébine Commune
PEMEA: Port Elizabeth Municipal Employees' Association
PEMS: Paris Evangelical Missionary Society = SMEP: Société des Missions Évangéliques de Paris
PEMU: Public Enterprise Monitoring Unit [Swaziland]
PENA: Public Enterprises National Authority [Tanzania]
PENATA: Peninsula African Teachers' Association [South Africa]
PENAZA: Peintures Nationales du Zaïre
PENCE: Projet d'Élevage du Niger Centre-Est *or* Projet de Développement de l'Élevage au Niger Centre-Est
PENGASSAN: Petroleum and Natural Gas Senior Staff Association of Nigeria
PEOPA: Port Elizabeth Operative Plumbers' Association [South Africa]
PEP: (1) Parti d'Émancipation Populaire [Burundi]; (2) Parti Écologiste pour le Progrès [Burkina Faso]
PEPU: Protectorate Educational Progressive Union [Sierra Leone?]
PERA: Program for the Economic Recovery of Africa
PERD: Public Enterprise Reform and Divestiture Secretariat [Uganda]
PESC: Pre-Entry Science Course [Botswana]
PESCANGOLA: Empresa de Pesca de Angola
PESCAVE: Empresa Caboverdiana de Pescas [Cape Verde Islands]
PESCOM: [glossed as: Empresa moçambicana de importação e exportação de produtos pesqueiros]
PET: People's Experimental Theatre [South Africa]
PETOSSA: Port Elizabeth Tramway Officials and Salaried Staff Association [South Africa]
PETRANGOL: Companhia de Petróleos de Angola *or* Fina Petróleos de Angola
PETROCI: Société Nationale d'Opérations Pétrolières de la Côte d'Ivoire *or* Société pour le Développement Pétrolier en Côte d'Ivoire
PETROCONGO: Société Anonyme des Pétroles au Congo [Zaïre]
PETROMINAS: Empresa Nacional de Pesquisas e Exploração Petrolíferas e Mineiras [Guiné-Bissau]
PETROMOC: Empresa Nacional Petróleos de Moçambique
PETU: Port Elizabeth Teachers Union [South Africa]
PETV: Programme d'Éducation Télévisuelle
PEUL: Projet d'Environnement de Louga [as given] [Senegal]
PEV: Programme Élargi de Vaccination
PEWC: Public Electricity and Water Corporation
PEYCO: Port Elizabeth Youth Congress [South Africa]
PF-ZAPU: Patriotic Front – Zimbabwe African People's Union
PF: (1) Patriotic Front [Zimbabwe]; (2) Permanent Force [South Africa]; (3)

Président du Faso
PFA: (1) Parti de la Fédération Africaine [French West and Equatorial Africa]; (2) Parti Fédéraliste Africaine; (2) Price Fixing Authority [Nigeria]
PFC: Pioneer Food Cannery
PFCI: Société Pêche et Froid de Côte d'Ivoire
PFD: Popular Front for Democracy [Lesotho]
PFDJ: People's Front for Democracy and Justice [Eritrea]
PFE: Plan-Formation-Emploi [Mauritania]
PFF: Promotion Féminine et Familiale [Congo Republic]
PFN: People's Front of Nigeria
PFNSP: Presses de la Fondation Nationale des Sciences Politiques
PFP: (1) Partnership for Productivity; (2) Policy Framework Paper [Tanzania?]; (3) Popular Front Party [Ghana]; (4) Progressive Federal Party [South Africa]
PG: (1) Presidential Guard [Rwanda]; (2) Prison Graduate [Ghana?]; (3) [Guiné-Bissau pesos]
PGA: Parti du Groupement Africain [Burkina Faso?]
PGCI: Parti Gabonais du Centre Indépendant
PGDLIS: Postgraduate Diploma in Library Studies [Botswana]
PGDPA: Post-Graduate Diploma in Public Administration [Nigeria]
PGE: (1) Parti Guinéen des Écologistes [Guinea]; (2) Provisional Government of Eritrea
PGGDC: Pressure Group of Ghana in Defence of the Constitution
PGI: (1) Programme Général des Importations [Senegal]; (2) Programme Général [or Global] d'Importation [Algeria]
PGP: (1) Pan-African Gospel Publishers [cp. PAGP]; (2) Parti Gabonais du Progrès; (3) Parti Guinéen Populaire [Guinea]; (4) Parti Guinéen pour le Progrès [or du Progrès]
PGRA: Parti Guinéen pour la Renaissance Africaine
PGRC: Plant Genetic Resources Centre [Ethiopia]
PGRC/E: Plant Genetic Resources Centre / Ethiopia
PGT: Parti Guinéen du Travail
PGTD: Parti Guinéen du Travail et de la Démocratie [Guinea]
PGUD: Parti Guinéen de l'Unité et de la Démocratie
PHAM: Private Hospital Association of Malawi
PHARMAPRO: Pharmacie d'Approvisionnement [Mali]
PHCI: Plantations et Huileries de Côte d'Ivoire
PHCIMMA: Port Harcourt Chambers of Commerce, Industries, Mines and Agriculture [Nigeria]
PHF: Provincial Health Funds [Cameroun]
PHFCT: Permanent Housing Finance Company of Tanzania
PHP: People's Heritage Party [Ghana]
PHRC: Port Harcourt Refinery Company
PI: Parti de l'Istiqlal [Morocco]
PIB: (1) Pig Industry Board [Zimbabwe]; (2) Prices and Incomes Board [Ghana]
PIBU: Parti pour l'Indépendance du Burundi
PIC: (1) Polícia de Investigação Criminal [Mozambique]; (2) Policy Implementation Committee [Ghana]; (3) Projecto Integrado de Caboxanque
PICK: Party of Independent Candidates of Kenya
PICOGERNA: Programme Intégré de Conservation et de Gestion des Ressources Naturelles [Senegal]
PID: (1) Produce Inspection Division [Ghana?]; (2) Provision pour Investissements Diversifiés [Gabon]; (3) Public Investment Department [Tanzania]
PIDE: Polícia Internacional para a Defesa do Estado [Portugal; given with variants]
PIDSA: Population Information and Documentation System for Africa

PIK: Presse et Information Kimbanguiste [Zaïre]
PILCAM: Société Camerounaise de Fabrication de Piles Électriques
PIM: Providence Industrial Mission [Malawi]
PIMO: Progrès des Intérêts du Moyen-Ogoué
PIN: Peace In Natal
PINE: Parti Indépendant du Niger-Est
PIO: Principal Investigation Officer[s] [Uganda]
PIP: People's Improvement Party [Nigeria]; (2) Programme d'Investissement Prioritaire *or* Programme d'Investissement Public Prioritaire [Zaïre]; (3) Progressive Independent Party [South Africa]; (4) Public Investment Programme [Ghana, Kenya, Madagascar, Seychelles, Zambia; Nigeria?]; (5) Public Investments Programme [Comoros]; (6) [glossed as: Integrated Project of Podor, Senegal]
PIRSA: Psychological Institute of the Republic of South Africa
PIRSS: [glossed as: a computerised index of research projects] [Zimbabwe]
PISAL: Periodicals in Southern African Libraries
PIT: (1) Parti de l'Indépendance et du Travail = PIT-S [Senegal]; (2) Parti Ivoirien des Travailleurs; (3) Presidential Implementational Team [Tanzania]
PITA: Personal Income Tax (Lagos) Act 1961 [Nigeria]
PIT-S: Parti de l'Indépendance et du Travail – Sénégal = PIT: Parti de l'Indépendance et du Travail
PJM: Parti de la Justice Mauritanienne
PJRA: Police Junior Ranks Association
PJTC: Permanent Joint Technical Commission
PK: Parti Koulamiste [Chad?]
PKAAK: [glossed as: Permanente Kommission zur Arabisch-Afrikanischen Gipfelkonferenz]
PKM: Parti des Kadihine de Mauritanie
PKS: (1) Panorama Kids [Cape Town youth gang]; (2) Pipe Killers [Cape Town youth gang]
PL: Parti Libéral [Burundi, Rwanda]
PLA: (1) Parti Libéral Algérien [in English: ALP: Algerian Liberal Party; (2) People's Liberation Army [Tanzania]
PLACONGO: Société des Placages du Congo
PLAE: Projet Lutte Anti-Érosive dans la zone Mali Sud
PLAN: (1) Palm Line Agencies, Nigeria; (2) People's Liberation Army of Namibia
PLANACT: [glossed as: "a non-profit urban development agency that works for civic associations, trade unions and liberation movements in the areas of local government, housing, land and services", in South Africa]
PLANCO: Plantations du Congo Oriental [Zaïre]
PLANKOTILI: Plantations de Kotili, Cattebeke et Van Nieuwerburgh [Zaïre]
PLANTADEM: Société des Plantations de Dembia [Zaïre]
PLANTELKA: Plantations et Élevage du Bas-Kasaï [Zaïre]
PLARUK: Plantations du Ruki [Zaïre]
PLATANGA: Plantations du Tanganyka [Zaïre]
PLATARUNDI: Commerce et Plantations au Ruanda-Urundi
PLC: (1) Parti de Libération Congolais *or* Parti de Libération du Congo [Congo Republic]; (2) Plantations Lever au Congo [Zaïre]
PLCTEU: Pretoria Liquor and Catering Trades Employees' Union [South Africa]
PLD: (1) Parti Libéral-Démocrate [Cameroun, Gabon]; (2) Parti Libéral Démocratique [Guinea, Mali]; (3) [glossed as: Liberal Democratic Party, in Angola]
PLE: Primary Leaving Examination [Uganda]

PLEJ: Parti pour la Liberté, l'Égalité et la Justice [Mauritania]
PLF: (1) Peoples' Liberation Forces; (2) Popular Liberation Forces [Ethiopia]
PLG: Parti Libéral de Guinée
PLHDWU: Port Louis Harbour and Docks Workers Union [Mauritius]
PLI: Parti de la Libération Islamique [Palestine, Tunisia, etc.]
PLM: Parti Libéral Malien
PLN: Parti Libéral National [Guinea]
PLO: Presidential Liaison Officer [Nigeria]
PLP: (1) Parti Libéral du Peuple [Gabon]; (2) Parti Libéral [et] Progressiste [Morocco]; (3) Parti pour la Libération du Peuple [Senegal]; (4) People's Liberation Party [Nigeria, Zambia]
PLPH or **PALIPEHUTU:** Parti pour la Libération du Peuple Hutu [Burundi]
PLS: Parti de Libération et du Socialisme [Morocco?, Western Sahara?]
PLSE: Port Louis Stock Exchange [Mauritius]
PLT: Permanent Labour Tribunal [Tanzania]
PLUA: Partido da Luta Unida dos Africanos de Angola
PLZ: Plantations Lever au Zaïre
PM: (1) Parti Mauricien [Mauritius]; (2) Phuthadikobo Museum [Botswana]; (3) Pretoria Minutes [South Africa]
PMA: (1) Partido Monárquico de Angola; (2) Portugaliæ Monumenta Africana; (3) Entreprise Nationale de Production de Matériel Agricole [or des Matériels Agricoles] [Algeria]
PMAC: Provisional Military Administrative Council [Ethiopia]
PMAEA: Port Management Association of East Africa
PMAESA: Port Management Association of Eastern and Southern Africa
PMAWCA: Port Management Association of West and Central Africa = AGPAOC: Association de Gestion des Ports de l'Afrique de l'Ouest et du Centre
PMB: Produce Marketing Board [Uganda]; (2) Private Mail Bag [Nigeria]
PMC: (1) Parti Malgache Chrétien [Madagascar]; (2) Permanent Mandates Commission [League of Nations]; (3) Political Military Council [of the ANC, South Africa]
PMD: Parti Malien pour le Développement
PMDA: Popular Movement for Democratic Action [Somalia]
PMF: Police Mobile Force [Malawi]
PMFJ: People's Movement for Freedom and Justice [Ghana]
PMFSR: Prime Minister's Fund for Self Reliance [Tanzania]
PMG: Provisional Military Government [Ethiopia]
PMGSE: Provisional Military Government of Socialist Ethiopia
PMH: (1) Princess Marina Hospital; (2) [glossed as: Entreprise nationale de production des matériels hydrauliques, Algeria]
PMI: (1) Centre de Protection Maternelle et Infantile [Cameroun]; (2) Protection Maternelle et Infantile [Mali?]
PMK: Prytanée Militaire de Kadiogo [Burkina Faso]
PMKO: Projet Maïs Kasaï Oriental [Zaïre]
PMM: Pro Merito Medal [South Africa]
PMN: Police Militaire Nationale [Chad]
PMND: Passports, Migration and Nationality Department [Sudan]
PMO: (1) Prime Minister's Office [Tanzania]; (2) [glossed as: Entreprise nationale de production des machines-outils, Algeria]
PMP: (1) Parti du Mouvement Populaire [Djibouti]; (2) Parti Malien pour le Progrès; (3) Petits et Moyens Partis; (4) Pretoria Metal Pressings; (5) Projet de Promotion de la Mécanisation Paysanne [Côte d'Ivoire]
PMPS: Parti Malien pour le Progrès Social [Mali]
PMR: Parti Mauritanien du Renouveau [in English: MPR: Mauritanian Party

for Renewal]
PMRD: Parti Malien pour la Révolution et la Démocratie [Mali]
PMS: Paris Missionary Society
PMSC: Politico-Military Strategy Commission [South Africa]
PMSD: Parti Mauricien Social-Démocrate
PMT: Police Militaire Territoriale [Chad]
PMU: (1) Plan de Modernisation Urbaine [Algeria]; (2) Police Mobile Unit [Botswana; Lesotho?]; (3) Provincial Marketing Union [Zambia]
PMW: Paarl Munisipale Werknemersvereniging [South Africa]
PN: (1) Parti National pour la Réalisation du Plan des Réformes [as given; Morocco]; (2) [glossed as: National Party, Congo Republic]
PNA: (1) Parc National Albert [Zaïre]; (2) Parti National Africain [Chad]; (3) Parti National Algérien; (4) Partido Nacional Africano [Angola]
PNAT: Plan National d'Aménagement du Territoire [Senegal?]
PNBEF: Programme National de Bien-Etre Familial [Togo]
PNC: (1) People's National Convention [Ghana]; (2) Plan National du Crédit [Algeria]
PND: (1) Parti des Nationalistes Dahoméens [or du Dahomey]; (2) Parti National Démocrate [Morocco]; (3) Parti National Démocratique [Djibouti]; (4) Parti National Djiboutien; (5) Parti National pour le Développement [Guinea]
PNDA: [glossed as: National Democratic Party of Angola]
PNDC: Provisional National Defence Council [Ghana]
PNDCL: Provisional National Defence Council Law [Ghana]
PNDD: (1) Parti National pour la Démocratie et le Développement [Benin Republic]; (2) Parti National pour le Développement et la Démocratie [Guinea]
PNDOI: Parti Nouveau Démocrate de l'Océan Indien [Madagascar]
PNDR: Programme of the National Democratic Revolution
PNDS: Parti Nigérien pour la Démocratie et le Socialisme [Niger]
PNE: Programme National Engrais [Zaïre]
PNEA: [glossed as: Angolan National Ecological Party]
PNER: [glossed as: a national programme for rural electrification, Morocco]
PNG: Parc National de la Garamba
PNGT: Programme National de Gestion des Terroirs [Burkina Faso]
PNGTV: Programme National de Gestion des Terroirs Villageois [Burkina Faso]
PNK: Parc National de la Kagera
PNM: Programme National Maïs [Zaïre]
PNP: (1) Parti National du Progrès [or pour le Progrès] [Cameroun]; (2) Parti National du Progrès [Zaïre]; (3) Party of National Patronage [Nigeria]; (4) People's National Party [Ghana, Sierra Leone]
PNPF: Programme National de Pisciculture Familiale [Zaïre]
PNR: Programme National Riz [Zaïre]
PNRLR: Programme National de Résorption des Logements Rudimentaires [Tunisia]
PNS: Projet Nord Shaba [Zaïre]
PNSD: Parti National pour la Solidarité et le Développement [Algeria]
PNSO: Progressive National Student's Organisation [South Africa]
PNT: Parti National du Travail [Benin Republic]
PNUD: (1) Parti Nigérien pour l'Unité et la Démocratie [Niger]; (2) Programme des Nations-Unies pour le Développement = UNDP: United Nations Development Program[me]
PNV: (1) Parc National des Virunga [Zaïre]; (2) Parc National des Volcans [Rwanda]; (3) Parti National Voltaïque [Burkina Faso]
PNVA: Projet National de Vulgarisation Agricole [Guinea]
PNYC: Provisional National Youth Committee [South Africa]

PO: People's Organisation [Zambia]
POA: (1) Persone Operanti in Africa; (2) Public Order Act [Mauritius]
POB: Post Office Box [various countries]
POC: (1) Parliamentary Parastatal Organisations Accounts Committee [Tanzania]; (2) Plataforma de Oposición Conjunta [Equatorial Guinea]
POCT: Parti Ouvrier Communiste Tunisien
POE: Party of the Working Peoples of Ethiopia
POEU: Post Office Employees Union [Ghana?]
POGR: President's Own Guard Regiment [Ghana]
POLISARIO: Frente Popular para la Liberación de Seguia el-Hamra y Río de Oro [Western Sahara]
POLSTU: Political Students' Organisation [South Africa?]
POMOA: Provisional Office for [or of] Mass Organisation [or Organisational] Affairs [Ethiopia]
PON: Partido Operario Nacionalista [Angola]
POP: Parti Ouvrier et Paysan du Congo [Zaïre]
POPC: Parti des Ouvriers et Paysans Camerounais
POPCRU: Police and Prisons Civil Rights Union [South Africa]
POPEG: Palm Oil Producers Employers' Group [Ghana]
POPINAFRICA or **POPIN-Africa:** Population Information Network for Africa
POQO (Pure): [glossed as: underground political movement linked to Pan-Africanist Congress, Namibia]
PORSPI: Policy Research and Strategic Planning Institute [Ghana]
POS: Plan d'Occupation des Sols [La Réunion]
POSB: Post Office Savings Bank [various countries]
POTWA: Post and Telecommunications Workers Association [South Africa]
POUC: Parti Ouvrier Unifié du Cameroun
POYA: Popular Youth Association [Ghana?]
PP: (1) Parti du Peuple [Burundi, Zaïre]; (2) Partido del Progreso = PPGE [Equatorial Guinea]; (3) Progress Party [Ghana]; (4) Progressive Party [South Africa, Tanzania, Uganda]
PPA: (1) Parti du Peuple Algérien or Parti Populaire Algérien; (2) People's Progressive Alliance [The Gambia]; (3) Progressive Parties Alliance or Progressive People's Alliance [Nigeria]
PPAG: Parti Progressiste Africain de Guinée
PPA-MTLD: Parti du Peuple Algérien – Mouvement pour le Triomphe des Libertés Démocratiques
PPASA: Planned Parenthood Association of South Africa
PPAWU: Paper, Printing and Allied Workers Union [South Africa]
PPAZ: Planned Parenthood Association of Zambia
PPC: (1) Parti Populaire Congolais; (2) Parti Progressiste Camerounais; (3) Parti Progressiste Congolais [Congo Republic]; (4) Petroleum Promotion Council [Ghana?]; (5) Pretoria Portland Cement [South Africa]; (6) Protection and Preservation Commission [Lesotho]
PPCI: Parti Progressiste de la Côte-d'Ivoire
PPCSCA: Permanent Presidential Commission on Soil Conservation and Afforestation [Kenya]
PPD: (1) Parti Populaire Djiboutien; (2) Parti Progressiste Dahoméen [Benin Republic]; (3) Parti Progressiste Démocratique [Algeria]; (4) Programme Populaire de Développement [Burkina Faso?]; (5) Projet Prospection de Dabola [Guinea]
PPDD: (1) Parti Populaire pour la Démocratie et le Développement au Togo; (2) Popular Party for Democracy and Development [Ghana]
PPEAN: Printing and Publishing

Employers Association of Nigeria
PPELD: Parti Populaire pour l'Évolution de la Liberté et de la Démocratie [Cameroun]
PPER: Programme de Pré-électrification Rurale [Morocco]
PPF: (1) People's Popular Front [Ghana]; (2) Popular Police Force [Sudan]
PPG: (1) Parti du Peuple de Guinée; (2) Parti du Progrès Gabonais; (3) Parti Progressiste de Guinée; (4) Périmètre-Pilote du Gorgol [Mauritania]
PPGE: Partido del Progreso de Guinea Ecuatorial = PP: Partido del Progreso
PPHC: Progressive Primary Health Care [South Africa]
PPI: Plano Prospectivo Indicativo [Mozambique]
PPIB: Productivity, Prices and Income Board [Nigeria]
PPIC: Pilot Project Implementation Committee [Ghana]
PPJR: Parti Progressiste de la Jeunesse Rwandaise
PPK: (1) Parti du Peuple Kabyle; (2) Parti Progressiste Katangais
PPLFCRM: Partido de Progresso Liberal Federal das Comunidades Religiosas de Moçambique
PPM: (1) Parti du Peuple Mauritanien; in English: Mauritanian People's Party; (2) Parti Populaire Malgache [Madagascar]; (3) Pharmacie Populaire du Mali; (4) Programme for the Prevention of Malnutrition [Zambia]
PPMC: Pipeline and Products Marketing Company [Nigeria]
PPMED: Policy Planning, Monitoring and Evaluation Department [Ghana]
PPMS: Pipeline and Products Marketing Company [Nigeria]
PPMU: Programming, Planning and Monitoring Unit [The Gambia]
PPN/RDA: Parti Progressiste Nigérien – Rassemblement Démocratique Africain
PPN: (1) Parti Progressiste Nigérien [Niger]; (2) People's Party of Nigeria

PPOC: Parliamentary Parastatal Organisations Committee [Tanzania]
PPP: (1) People's Participation Project [Zambia]; (2) People's Patriotic Party [Nigeria]; (3) People's Popular Party [Ghana]; (4) People's Progressive Party, *formerly* Protectorate People's Party [The Gambia]; (5) People's Progressive Party [Liberia, South Africa (Bophuthatswana), Sudan]; (6) Popular Progressist Party [Mauritius]; (7) Progressive People's Party [Nigeria, Sierra Leone, South Africa, Sudan]; (8) Progressive People's Party [Liberia; cp. People's Progressive Party *supra*]; (9) Protectorate People's Party, *later* People's Progressive Party [The Gambia]; (10) [glossed as: People's Progressive Party, Mauritania]
PPPM: Partido de Progresso Popular de Moçambique
PPREA = APPER: Africa's Priority Programme for Economic Recovery
PPRI: (1) Plant Protection and Research Institute [Zimbabwe]; (2) Programme Prioritaire Régional Intégré [Morocco]
PPRLF: Pump-Priming Revolving Loan Fund [Zimbabwe]
PPS: (1) Parti de la Prospérité et de la Solidarité [Mali]; (2) Parti du Progrès et du Socialisme *or* Parti pour le Progrès et le Socialisme [Morocco]; (3) Parti Populaire Sénégalais; (4) Parti Progressiste Soudanais [Mali]; (5) Protectorate Peoples Society [The Gambia]
PPSA: People's Party of South Africa
PPT: (1) Parti Progressiste Tchadien [Chad]; (2) Petroleum Profits Tax [Nigeria]
PPU: (1) Projects Preparation Unit [Sudan]; (2) Provincial Planning Unit [Zambia]
PPV: Parti Progressiste Voltaïque [Burkina Faso]
PPWAWU: Paper, Printing, Wood and Allied Workers' Union [South Africa]
PR: (1) Parti de la Réconciliation [Burundi]; (2) Parti Républicain [La

Réunion; Algeria?]; (3) Partido de Reunificación [Equatorial Guinea]
PRA: (1) Parti du Rassemblement Africain; (2) Parti du Regroupement Africain [French West and Equatorial Africa]; (3) Parti du Renouveau Algérien; (4) Participatory Rural Appraisal [Kenya]; (5) Partido Reformista de Angola; (6) People's Republic of Angola; (7) Plan Régional Africain; (8) Pouvoir Révolutionnaire d'Arrondissement [Guinea]
PRAAL: Programme d'Autosuffisance Alimentaire [Zaïre]
PRAAPNS: Projecto de Revisão de Alguns Aspectos da Política Nacional de Saúde [Mozambique]
PRAESA: Project for the Study of Alternative Education in South Africa
PRAG: Public Relations Association of Ghana
PRA-R: Parti du Rassemblement Africain Rénovation
PRA-S: Parti du Regroupement Africain – Sénégal
PRB: Pay Research Bureau [Mauritius]
PRC: (1) Parti Révolutionnaire Centrafricain [Central African Republic]; (2) People's Redemption Council [Liberia]; (3) Pouvoir Révolutionnaire Central [Guinea]; (4) Prime de Rendement Collectif [Algeria]; (5) Provisional Ruling Council [Nigeria]
PRCI: Parti Républicain de la Côte d'Ivoire
PRD: (1) Parti de Renouveau Démocratique [Bénin]; (2) Parti de [*or* du] Renouveau Démocratique [Djibouti]; (3) Parti de Républicain du Dahomey [*or* Dahoméen]; (4) Partido de Renovação e Desenvolvimento [Guiné-Bissau]; (5) [glossed as: Democratic Renewal Party, Angola]
PRDA: [a political party, Mali]
PRDM: Parti pour le Rassemblement Démocratique des Mahorais [Mayotte]
PRDPC: Petroleum Refining and Distribution Project Credit

PRDS: Parti Républicain Démocratique et Social [Mauritania]
PRE: (1) Programa de Reabilitação Económica [Mozambique]; (2) Programa de Recuperação Económica [Angola]
PREF: (1) Plan de Redressement Économique et Financier; in English: EFRP: Economic and Financial Recovery Plan [Senegal]; (2) Programme de Redressement Économique et Financier [Mauritania]
PREFAB: [a company in Cameroun]
PREFTEC: Programme de Renforcement de la Formation Technique [Madagascar]
PRELOG: People's Revolutionary League of Ghana
PREMA: [glossed as: a programme of conservation for African museums]
PRES: Programa de Reabilitação Económica e Social [Mozambique]
PRESCOBEL: Presse Coloniale Belge
PREVINOBA: Projet de Reboisement Villageois au Nord-Ouest du Bassin Arachidier [Senegal]
PRG: (1) Parti Républicain de Guinée; (2) Présidence de la République de Guinée
PRGP: Parti Rénové des Guinéens Patriotes
PRI: Prime de Rendement Individuel [Algeria]
PRIC: Pioneer Rural Industries Centre [Botswana]
PRIDE: Programme Régional Intégré de Développement des Échanges [La Réunion]
PRIFAS: Programme de Recherches Internationales sur les Fléaux Acridiens in Situ
PRI-FENADEC: Partis des Républicains Indépendants – Fédération Nationale des Démocrates Convaincus [Zaïre]
PRINT: Programme Intermédiaire de Réhabilitation Économique [Zaïre]
PRIWELPRO: Prisoners' Welfare Programme [South Africa]
PRKS: Plantations Réunies Kisenge-

Selenge [Zaïre]
PRL: (1) Parti Républicain de la Liberté [Mali / Burkina Faso]; (2) Pouvoirs Révolutionnaires Locaux [Guinea]
PRLG: Peoples Revolutionary League of Ghana
PRM: (1) Parti du Regroupement Mauritanien; (2) Parti Républicain Malgache [Madagascar]; (3) Partido Revolucionario de Moçambique; (4) People's Republic of Mozambique; (5) Peoples Revolutionary Movement [South Africa]; (6) Polícia da República de Moçambique [Mozambique]; (7) Projet pour la Réinstallation des Populations de Manantali = MRP: Manantali Resettlement Project; (8) [glossed as: Rádio clube de Moçambique]
PRMA: Parti de la Renaissance Maghrébine Algérienne
PRMC: Programme de Restructuration du Marché Céréalier [Mali]
PRN: (1) Parti des Réformes Nationales [Morocco]; (2) Parti du Regroupement National [Burkina Faso, Guinea]
PRNM: Parti de la Renaissance Nationale Mauritanienne
PRO: (1) Projet Rural du Ouaddaï [Chad]; (2) Public Records Office [London]; (3) Public Relations Officer [Liberia]
PROBELCO: Société des Produits Belges aux Colonies [Zaïre]
PROCAR: Projet de Développement de la Production et Commercialisation Agricoles Régionales [USAID]
PROCONGO: Société des Produits et Matériaux au Congo [Zaïre]
PRODA: (1) Products Development Agency; (2) Project Development Agency [Nigeria]
PRODDER: Programme for Development Research [Southern Africa]
PRODEBO: Projet de Développement de l'Élevage Bovin [Togo]
PRODEL: Société Frigorifique des Produits des Éleveurs Tchadiens
PRODERMA: Projet de Développement Agricole Intégré de la Région Maritime [Togo]
PROFED: Projet Femmes et Développement [Mali]
PROFORGE: Projecto de Formação em Gestão Económica [Mozambique]
PROFRIGO or **PROFRICO:** Compagnie des Produits et Frigorifères du Congo [Zaïre]
PRO-MA: Produits et Matériaux au Congo [Zaïre]
PROMAR: Promotion des Activités Économiques en Milieu Rural [Morocco]
PROMATEL: Société Zaïroise de Production de Matériel Électrique
PROMETAL: [glossed as: Entreprise nationale de produits métalliques utilitaires, Algeria]
PRO-MO: Progetto Mondialità
PROMOGABON: Agence Nationale de Promotion de la Petite et Moyenne Entreprise or Agence de Promotion des Petites et Moyennes Entreprises [Gabon]
PROMOFEM: Promotion de la Femme [Madagascar]
PRONAM: Programme National Manioc [Zaïre]
PROSEMOC: [glossed as: a livestock development project in Togo]
PROSI: (1) Public Relations Office of the Sugar Industry [Mauritius]; (2) Public Relations Officer of the Sugar Industry [Mauritius]
PROSIDER: [glossed as: Entreprise nationale de promotion des produits sidérurgiques, Algeria]
PROSORIGAU: Progrès Social de la Rive Gauche [Zaïre]
PRP: (1) Parti de la Révolution Populaire [Zaïre]; (2) Parti pour la Réconciliation du Peuple [Burundi]; (3) Parti pour le Renouveau et le Progrès [Guinea]; (4) Parti Républicain du Progrès [Central African Republic?]; (5) Parti Républicain Progressiste [Algeria]; (6) Parti Révolutionnaire du Peuple

[Zaïre]; (7) Parti Royaliste Parlementaire [Burundi]; (8) Partido Revolucionario Progresivo [Western Sahara?]; (9) People's Redemption Party [Nigeria]; (10) Peoples Revolutionary Party [Ghana]; (11) Pouvoir Révolutionnaire Provincial [Burkina Faso]; (12) Progressive Reform Party [South Africa?]

PRPA: Partido de Reunificação do Povo Angolano

PRPB: Parti de la Révolution Populaire du Bénin [Benin Republic]

PRPC: (1) Parastatal Reform Policy Committee [Kenya]; (2) Parti Républicain du Peuple Camerounais

PRR: Pouvoir Révolutionnaire Régional [Guinea]

PRRC: Pudulogong Resource and Rehabilitation Centre [Botswana]

PRRRS: Parti Républicain, Radical et Radical Socialiste

PRS: (1) Parti de la Révolution Socialiste [Algeria; cp. Parti pour la Révolution Socialiste, *infra*]; (2) Parti du Regroupement Soudanais [Mali?]; (3) Parti pour la Révolution Socialiste [Algeria; cp. Parti de la Révolution Socialiste, *supra*]; (4) Parti Radical Socialiste [Central African Republic?]; (5) Partido da Renovação Social [Guiné-Bissau]; (6) [glossed as: Social Renewal Party, Angola]

PRSB: Parti de la Révolution Socialiste du Benin

PRS-CNDR: Parti de la Révolution Socialiste – Comité National pour la [*or* de] Défense de la Révolution = CNDR: Comité National pour la [*or* de] Défense de la Révolution [Algeria]

PRSNT: Parti Républicain pour la Salvation Nationale du Tchad

PS: (1) Parti Socialiste [Cameroun, Guinea]; (2) Parti Socialiste [La Réunion]; (3) Parti Socialiste = PSS: Parti Socialiste Sénégalais [Senegal]; (4) Principal Secretary [Ghana]

PSA: (1) Parti Socialiste Autonome [Cameroun]; (2) Parti Solidaire Africain [Zaïre]; (3) Populêre Studente-Alliansie [South Africa]; (4) Public Servants' Association of South Africa

PSAAWA: Public Service Artisan and Allied Workers' Association [South Africa]

PSAGE: Partido Socialista Africano de Guinea Ecuatorial

PSAILIS: Professional Member of South African Institute for Librarianship and Information Science

PSAP: (1) Priority Social Action Plan [Tanzania]; (2) Priority Social Action Programme [Tanzania]

PSAS: Parti Sénégalais d'Action Socialiste [*or* d'Action Sociale]

PSB: Parti Socialiste Burkinabè

PSBA: Parti Arabe Socialiste du Baas en Algérie

PSC: (1) Parti Socialiste Camerounais [*or* du Cameroun]; (2) Police Service Commission [Mauritius?]; (3) Private Sector Council on Urbanisation [South Africa]; (4) Public Service Commission [Ghana, Kenya, Malawi, Mauritius, South Africa, Uganda]

PSCA: [glossed as: Angolan Solidarity and Consciousness Party]

PSD: (1) Parti Social Démocrate [Algeria, Bénin, Gabon, Rwanda]; (2) Parti Social Démocrate [*or* Démocratique] [Madagascar]; (3) Parti Socialiste Démocratique [Algeria, Cameroun, Mali, Morocco]; (4) Parti Socialiste Destourien = DSP [Tunisia]; (5) Partido Social Demócrata [Equatorial Guinea]; (6) Partido Social Democrata = PSDA: Partido Social Democrata de Angola; (7) Plant Science Division [of the International Livestock Centre for Africa]

PSDA: Partido Social Democrata de Angola = PSD: Partido Social Democrata

PSDC: (1) Parti Social Démocrate Camerounais; (2) Parti Social Démocrate [*or* Démocratique] Congolais [Congo Republic]; (3) Parti

Social Démocrate des Comores
PSDG: Parti Social Démocrate de Guinée
PSDM: Parti Socialiste et Démocratique du Mali
PSDMC: [a political party in Madagascar]
PSDN: Parti Social Démocrate Nigérien [Niger]
PSDS: Programme of Solidarity and Development in the Sahel
PSDUNCR: Partido Socialista Democrático de Unificação Nacional Contra-Revolucionária [Angola]
PSEMA: Parti Social d'Éducation [or d'Émancipation] des Masses Africaines [Burkina Faso]
PSEP: Provincial Secretary, Eastern Province
PSFR: Parti Socialiste-Fédération de La Réunion
PSG: Parti Socialiste Gabonais
PSGE: Partido Socialista de Guinea Ecuatorial
PSI: Parti Socialiste Ivoirien
PSIG: Pietermaritzburg Security Interest Group
PSIT: Parti Socialiste Indépendant du Tchad
PSJT: Parti Science, Justice et Travail [Algeria?]
PSK: Parti Socialiste Koulamalliste [Chad]
PSL: (1) Parti Social Libéral [Algeria, Tunisia]; (2) Public Servants' League of South Africa *or* Public Service League
PSLE: Primary School Leaving Examination [Botswana]
PSM: (1) Parti Socialiste Malgache; (2) Parti Socialiste Malien; (3) Parti Socialiste Mauricien
PSN: (1) Parti du Salut National [Comoros]; (2) Pharmaceutical Society of Nigeria
PSP: (1) Parti de la Solidarité du Peuple [Cameroun]; (2) Parti Social Paysan [Madagascar]; (3) Parti Social pour le Progrès [Tunisia]; (4) Parti Soudanais du Progrès [Mali]; (5) People's Socialist Party [Mauritius]; (6) People's Solidarity Party [Nigeria]; (7) Permanent Secretary to the President [Botswana]; (8) Pharmacie de la Santé Publique [Côte d'Ivoire]; (9) Polícia de Segurança Pública [Mozambique]
PSPPA: Poverty and Social Policy Program for Africa
PSR: (1) Parti Socialiste Rwandais; (2) Projet Santé Rurale [Mali]
PSRC: Public Service Review Commission [Zimbabwe]
PSRI: Population Studies and Research Institute [Kenya]
PSRT: Parti Socialiste Révolutionnaire du Togo
PSS: (1) Parti de la Solidarité Sénégalaise; (2) Parti Socialiste Sénégalais = PS: Parti Socialiste
PSSA: Private Secondary Schools Authority [Mauritius]
PST: (1) Parti Social du Travail [Algeria; cp. *infra*]; (2) Parti Socialiste des Travailleurs [Algeria; cp. *supra*]; (3) Parti Socialiste du Tchad *or* Parti Socialiste Tchadien
PSU: Parti Socialiste Unifié [Cameroun]
PSWU: Public Services Workers' Union [Ghana]
PSZ: (1) Parti Socialiste Zaïrois; (2) Projets Sucriers au Zaïre
PT: (1) Parlement de Transition [Zaïre]; (2) Parti des Travailleurs [Algeria?]; (3) Parti Travailliste [Mauritius]; (4) Partido de Trabalho [Angola]
PTA: (1) Preferential Trade Agreement = ZEP: Zone d'Échanges Préférentiels; (2) Preferential Trade Area; (3) Pungutsha Tribal Authority [South Africa]
PTASA: Postal and Telegraph Association of South Africa
PTB: (1) Parti des Travailleurs Barundi; (2) Parti du Travail du Burkina
PTC: (1) Parti Travailliste Camerounais; (2) People's Trading Centre [*or* Company] [Malawi]; (3) Posts and Telecommunication College [Zambia]; (4) Posts and Telecommunications Corporation [Zimbabwe]; (5) Public

Transport Corporation [Ethiopia]
PTDF: Petroleum Technology Development Fund [Nigeria]
PTE: Permis Temporaire d'Exploitation [Côte d'Ivoire]
PTF: Part-Time Force [South Africa?]
PTFSR: Presidential Trust Fund for Self Reliance [Tanzania]
PTH: Primary Teachers Higher [Zimbabwe]
PTI: Petroleum Training Institute [Nigeria]
PTL: (1) Praise The Lord *alternatively* People That Love [Liberia]; (2) Primary Teachers Lower [Zimbabwe]; (3) Progressive Teachers' League [South Africa]
PTOM: Pays et Territoires d'Outre-Mer
PTP: (1) Parti Togolais du Progrès; (2) Political Transition Programme [Nigeria]
PTR: Parti du Travail et du Renouveau [Mali]
PTROBG: Personeelvereniging van die Transvaalse Raad vir Ontwikkeling van Buitestedelike Gebiede [South Africa]
PTSA: (1) Parent-Teacher-Student Association [South Africa]; (2) Partido Trabalhista de Salvação Angolana
PTTC: Primary Teacher Training College [Botswana]
PTU: (1) Patriotic Teachers' Union; (2) Progressive Teachers' Union [South Africa]
PTUC: Patriotic Trade Unionists Congress
PTV: Parti de Travail Voltaïque *or* Parti Travailliste Voltaïque [Burkina Faso]
PTWU: Posts and Telecommunications Workers' Union [Ghana]
PTWUSA: Professional Transport Workers' Union of South Africa
PU for CHE: Potchefstroom University for Christian Higher Education = PUCHE [South Africa]
PUA: Partido da Unidade Angolana
PUAID: Parti de l'Union Arabe Islamique Démocratique *or* Parti pour l'Unité Arabe, l'Islam et la Démocratie [Algeria]
PUB: Presses Universitaires de Brazzaville [Congo Republic]
PUC: (1) Parti de l'Unité Congolaise [Zaïre]; (2) Public Utilities Corporation [Seychelles]
PUCHE: Potchefstroom University for Christian Higher Education [South Africa] = PU for CHE. In Afrikaans: PUCHO
PUCHO: see: PUCHE
PUD: (1) Parti pour l'Unité [*or* l'Union] et le Développement [Guinea]; (2) Plan d'Urbanisme Directeur *or* Plan Urbain de Développement [Algeria]; (3) Plan d'Urbanisme Directeur [La Réunion]
PUDEMO: People's United Democratic Movement [Swaziland]
PUDP: [a political party in Mali]
PUFCI: Parti de l'Union Française de Côte d'Ivoire
PUIC: Parti pour l'Unité et l'Indépendance des Comores
PUL: Press Union of Liberia
PUM: (1) Parti de l'Unité Marocaine; (2) Patriotic Unity Movement [Namibia]
PUN: Partido Único Nacional [Equatorial Guinea]
PUNA: Parti de l'Unité Nationale *or* Parti de l'Unité Nationale Africaine [Zaïre]
PUNG: Parti de l'Unité Nationale Guinéenne
PUNGA: Parti d'Union Nationale Gabonaise
PUNS: Partido de la Unión Nacional Saharaui [Western Sahara]
PUNT: Partido Único Nacional de [*or* de los] Trabajadores [Equatorial Guinea]
PUP: (1) Parti de l'Unité du Peuple [Gabon]; (2) Parti de l'Unité et du Progrès [Guinea]; (3) Parti de l'Unité Populaire [Algeria, Tunisia]
PUPA: Partido da União Popular Angolana
PUPM: Parti pour l'Unité et la Prospérité [Mali]
PUR: Parti de l'Union des Républicains

later: Fivondronana Manjakavahoaka [Madagascar]
PUSD: Partido Unido Social Democrático [Guiné-Bissau]
PUSF: Planification et Utilisation des Sols et Forêts [Niger]
PUSN: Parti de l'Unité et de Solidarité Nationale [Morocco]
PUST: Pan-African Union for Science and Technology
PUT: Parti de l'Unité Togolaise
PUTA: Pretoria United Taxi Association [South Africa]
PUTCO: Public Utility [and] Transport Corporation [South Africa]
PUWU: Public Utility Workers' Union [Ghana]
PUZ: Presses Universitaires du Zaïre
PV: Protected Village [Zimbabwe]
PVA: Party Vanguard Activists [Ghana]
PVDC: Parti Vert pour la Démocratie au Cameroun
PVI: Pelegano Village Industries [Botswana]
PVKV: Pretoriase Vakbond vir die Kleinhandel Vleisbedryf [South Africa]
PVP: [glossed as: Entreprise nationale de production de véhicules particuliers, Algeria]
PVPPT: Pitsane Village Production Project Trust [Botswana]
PVT: Parti Vert du Travail [Zaïre]
PWAS: Public Welfare Assistance Scheme [Zambia]
PWAWU: Paper, Wood and Allied Workers Union [South Africa]
PWD: Public Works Department [various countries]
PWF: Patriotic Women's Front
PWO: Popular Women's Organisation
PWP: People's Welfare Party [Nigeria]
PWPA: Professors World Peace Academy [based in Nairobi]
PWPE: Party of the Working Peoples of Ethiopia
PWU: Plantation Workers Union [Mauritius]
PWV: (1) Pretoria-Witwatersrand-Vaal *alternatively* Pretoria-Witwatersrand-Vereeniging [both interpretations are widely used]
PYM: Pan-African Youth Movement
PYO: Patriotic Youth Organisation
PZ: (1) Paterson-Zochonis [Nigeria]; (2) Pétrozaïre

q

QDC: Qwaqwa Development Corporation [South Africa]
QEC: Queen Elizabeth College [Mauritius?]
QENP: Queen Elizabeth National Park [Uganda]
QIM: Qua Iboe Mission
QKF: Quellen zur Khoisan-Forschung [published Hamburg]
QLA: Qwaqwa Legislative Assembly [South Africa]
QMWU: Queenstown Munisipale Werknemers Unie (Nie-Politiek) [South Africa]
QONR: Queen's Own Nigerian Regiment
QTA: Qwaqwa Trading Association [South Africa]

r

R: (1) Rand [South Africa]; (2) Rupee [Mauritius]
R$: Rhodesian dollar
RA: (1) Resettlement Area [Zimbabwe]; (2) Révolution Africaine [Algeria]
RABI: Rassemblement Algérien Boumediéniste Islamique
RAC: (1) Régiment d'Artillerie Coloniale; (2) Royal African Company; (3) Royal African Corps; (4) Rural Advice Centre [South Africa]
RACAM: Rassemblement Camerounais
RACHADE: Rassemblement pour le Changement et la Démocratie [Comoros]
RAD: (1) Remote Area Development [Botswana]; (2) Remote Area Dwellers [Botswana]
RADAR: Rassemblement des Démocrates pour l'Avenir de La Réunion
RADC: Revolutionary Administrative and Development Committee
RADDES: Rassemblement Démocratique pour le Développement Économique et Social [Burundi]
RADDHO: Rencontre Africaine pour la Défense des Droits de l'Homme [Senegal]
RADECO: Rassemblement des Démocrates du Congo [Zaïre]
RADER: (1) Rassemblement Démocratique Ruandais; (2) Rassemblement Démocratique Rwandais
RADI: Revue Africaine de Droit International
RADO: Remote Area Development Officer [Botswana]
RADP: (1) Remote Area Development Programme [Botswana]; (2) République Algérienne Démocratique et Populaire
RAES: Rural Afforestation Extension Scheme [Kenya]
RAF: (1) Recherche-Action-Formation [Senegal]; (2) Réforme Agraire et Foncière [Burkina Faso]
RAG: Referees Association of Ghana
RAI: Rassemblement Arabe et Islamique [or Arabo-Islamique] [Algeria]
RAIC: Research and Inventory Sub-Committee [i.e. of NAWAM] [Nigeria]
RAIMAZ: Records, Archives and Information Management Association of Zimbabwe
RAIS: Rassemblement des Artistes, Intellectuels et Scientifiques [Algeria]
RAIST: (1) Réseau Africain d'Institutions de Science et de Technologie = ANSTI: African Network of Science and Technology Institutes [Unesco; at Nairobi]; (2) Réseau Africain d'Institutions Scientifiques et Technologiques [Cameroun?]
RAL: Research in African Literatures [U.S.A.]
RALDO: Regional Agriculture and Livestock Development Office [Tanzania?]
RALP: Restatement of African Law Project
RAM: Royal Air Maroc
RAMO: Revista de Africa y Medio Oriente [Cuba]
RAMS: Rural Assessment and Manpower Surveys [Mauritania]
RAMTA: Réseau d'Analyse du Marché du Travail en Afrique

RAN: Régie du Chemin de Fer Abidjan-Niger *or* Régie Abidjan-Niger
RANA: Rhodesia and Nyasaland Airways
RANDFORUM: Research and Development Forum for Science-led Development in Africa
RAP: (1) Rassemblement d'Action pour la Patrie [Cameroun]; (2) Rhodesian Action Party; (3) Rights Accumulation Programme; (4) Rural Afforestation Project [Zimbabwe]
RAPE: Review of African Political Economy [later acronym: ROAPE]
RAPECA *or* **RAPECAM:** Rassemblement du Peuple Camerounais
RAPS: Repertory Amateur Players Society [South Africa]
RAR: Rhodesian African Rifles
RARO: Reddingsdaadbond-Amateur-Rolprent-Organisasie [South Africa]
RAS: República da Africa do Sul = République d'Afrique du Sud
RASB: Réseau Africain des Sciences Biologiques
RASCOM: Regional African Satellite Communications System
RASD: République Arabe Sahraouie Démocratique [Western Sahara]
RASDS: Regional Advisory Service in Demographic Statistics [a division of ECA]
RASJEP: Revue Algérienne des Sciences Juridiques, Économiques et Politiques
RASS: Relief Association of Southern Sudan
RAT: (1) Représentant de l'Autorité Tutélaire [Zaïre]; (2) Résident Absent Temporaire [Algeria]; (3) Revue Africaine de Théologie [published Kinshasa]
RATB: Régie Autonome des Transports de Brazzaville
RATC: Régie Autonome des Transports Urbains de Casablanca
RATIS: Regional Appropriate Technology Information Service
RAU: (1) Rand Afrikaans University *alternatively* Randse Afrikaanse Universiteit [South Africa]; (2) Rhodesian Agricultural Union [Zimbabwe]
RAVINAR: Régie de Ravitaillement des Navires = RRN [Benin Republic?]
RAWU: (1) Railway African Workers' Trade Union [Zambia]; (2) Railway African Workers' Union [Zimbabwe]; (3) Retail and Allied Workers Union [South Africa]
RAWU(CT): Retail and Allied Workers Union (Cape Town) [South Africa]
RB: (1) Radio Botswana; (2) Republic of Botswana; (3) Réseau Bonaparte [Algeria]; (4) Rural Bank
RBAWU: [a trade union in Southern Rhodesia]
RBC: Rhodesia Broadcasting Corporation
RBDA: River Basin [*or* Basins] Development Authority [*or* Authorities] [Nigeria]
RBDP: Rehoboth Bevryde Demokratiese Party [Namibia]
RBEU: Richards Bay Employees' Union [South Africa]
RBM: Reserve Bank of Malawi
RBRDA: River Basin and Rural Development Authorities [Nigeria]
RBVA: Rhodesian Bantu Voters Association
RC: (1) Regional Commissioner [Ghana?]; (2) Regional Congress [sc. of COSATU] [South Africa]; (3) Resident Commissioner [Botswana, Zimbabwe]; (4) Resistance Councils [Uganda]; (5) Revolutionary Committee [Libya?]; (6) Revolutionary Council [South Africa]
RCA: République Centrafricaine
RCB: Radio Congo Belge [Zaïre]
RCBA: Radio Congo Belge pour les Africains
RCBC: Rhodesian Congo Border Concession Company
RCBI: Radio Congo Belge pour les Indigènes
RCC: (1) Regional Coordinating Committee [*or* Council] [Ghana]; (2) Revolutionary Command Council [Libya, Sudan]; (3) Royal College Curepipe

RCCNS: Revolutionary Command Council [*or* Revolution Command Council] for National Salvation [Sudan]

RCD: (1) Rassemblement Constitutionnel Démocratique [Algeria, Tunisia]; (2) Rassemblement pour la Culture et la Démocratie [Algeria]; (3) Renseignements Coloniaux et Documents

RCEA: Revue Canadienne des Études Africaines = CJAS: Canadian Journal of African Studies

RCFM: Régie du Chemin de Fer du Mali *or* Régie des Chemins de Fer du Mali

RCFS: Régie des Chemins de Fer du Sénégal

RCI: République de Côte-d'Ivoire

RCM: (1) Rassemblement Chrétien Malgache *or* Rassemblement Chrétien de Madagascar [Cadoux]; (2) Roan Consolidated Mines [Zambia]

RCMS: [glossed as: Church Missionary Society (Ruanda Mission)]

RCO: Research Communications Officer [Zambia]

RCP: (1) Régiment de Chasseurs Parachutistes [France]; (2) Royal College Port Louis

RCR: Rassemblement Camerounais pour la République

RCS: Registrar of Co-operative Societies [Sierra Leone]

RCTAA: Réseau des Centres de Technologie Appropriée en Afrique

RCTD: Road Customs Transit Document [PTA countries]

RCTU: Restaurant and Catering Trade Union [South Africa]

RCU: (1) Rent Control Unit [Ghana]; (2) Ruvuma Cooperative Union

RCVV: Rhodesiese Christelike Vrouevereniging

RD: Roads Department [Botswana]

RDA: (1) Rassemblement Démocratique Africain [French West and Equatorial Africa; currently still in Burkina Faso]; (2) Regional Development Association [South Africa]; (3) Regroupement Démocratique Afar [Djibouti]; (4) Rural Development Area [The Gambia]; (5) Ruvuma Development Association [Tanzania]

RDAC: Regional Development Advisory Committee [South Africa]

RDB: Reddingsdaadbond [South Africa]

RDC: (1) Rassemblement Démocratique Centrafricain; (2) Regional Defence Committees [Ghana]; (3) Regional Development Corporation [Ghana]; (4) République Démocratique du Congo; (5) Rural Development Centre [Namibia]; (6) Rural Development Corporation [Zambia]; (7) Rural Development Council [Botswana]

RDCA: Renseignements et Documents Publiés par le Comité de l'Afrique Française

RDCD: Rural Development Coordination Division [Botswana]

RDD: (1) Rassemblement Démocratique Dahoméen; (2) Rassemblement Démocratique pour le Développement [Guinea]; (3) Rassemblement pour la Démocratie et le Développement [Congo Republic]; (4) Regional Development Director [Tanzania]; (5) Regroupement Démocratique Dahoméen [Benin Republic]; (6) République de Djibouti

RDF: (1) Rapid Deployment Force [USA]; (2) Regional Development Fund [Tanzania]; (3) Rural Development Fund [Ghana]

RDI: Rural Development Institute [Liberia]

RDL: Rassemblement des Démocrates Libéraux [Zaïre]

RDLGE: Rassemblement Démocratique pour la Libération de la Guinée Équatoriale *alternatively* Reunión Democrática para la Liberación de Guinea Ecuatorial

RDLK: Rassemblement Démocratique du Lac du Kwango et Kwilu [Zaïre]

RDL-Vivoten: Rassemblement des Démocrates Libéraux pour la Reconstruction Nationale [as given]

[Benin Republic]
RDM: (1) Rand Daily Mail; (2) Realistic Democratic Movement [Nigeria]; (3) République Démocratique Malgache [or de Madagascar]
RDN: [glossed as: Radio broadcasting service in Guiné-Bissau]
RDNU: [glossed as: Rally for Democracy and National Unity, Mauritania]
RDOT: [glossed as: Regiment for the Operational Defence of the Territory, Central African Republic]
RDP: (1) Radical Democratic Party [Sierra Leone?]; (2) Rassemblement Démocratique Paysan [Burundi]; (3) Rassemblement pour la Démocratie et le Progrès [Chad, Mali]; (4) Reconstruction and Development Programme [South Africa]; (5) Révolution Démocratique et Populaire [Burkina Faso]; (6) Rural Development Project [The Gambia, Malawi]
RDPC: (1) Rassemblement Démocratique du Peuple Camerounais = CPDM: Cameroon People's Democratic Movement; (2) Rassemblement Démocratique du Peuple Comorien
RDPP: [given as: Chama cha Kurejesha Haki za Demokrasia] [Tanzania]
RDPS: Rassemblement pour la Démocratie et le Progrès Social [Congo Republic]
RDP-TS: Rassemblement pour la Démocratie Populaire – Thomas Sankara [Burkina Faso]
RDR: (1) Rassemblement des Démocrates [or Rassemblement Démocratique] pour la République [Zaïre]; (2) Rassemblement des Républicains [Côte d'Ivoire]; (3) [a political party in Comoros]
RDRC: Regional Dispute Resolution Committee [South Africa]
RDS: Rassemblement Démocratique Sénégalais
RDSB: Rural Development Studies Bureau [Zambia]
RDT: (1) Rassemblement Démocratique du Tchad; (2) Rassemblement pour la Démocratie et le Travail or Rassemblement Démocratique pour le Travail [Mali]
RDTAP: Rehoboth Democratic Turnhalle Alliance Party [Namibia]
RDU: (1) Rassemblement pour la Démocratie et l'Unité or Rassemblement Démocratique pour l'Unité [Mauritania]; (2) Rural Development Unit [Botswana]
RE: Rural Electrification [Botswana]
REAAA: Royal East African Automobile Association [British East Africa]
REAC: Reconstituted European Advisory Council [Swaziland?]
READ: Read, Educate And Develop
REAL: Rural Evangelism Association of Liberia
REALSIDER: [glossed as: Entreprise nationale de réalisation des travaux sidérurgiques et métallurgiques, Algeria]
REC: (1) Regional Executive Committee [i.e. of NANSO] [Namibia]; (2) Regional Executive Committee [i.e. of COSATU] [South Africa]; (2) Returned Exiles Committee [South Africa]
RECC: Rural Extension Coordinating Committee [Botswana]
RECIDAK: Rencontres Cinématographiques de Dakar [Senegal]
RECO: Rassemblement Congolais
RECTAS: Regional Centre for Training in Aerospace Surveys = CRFTLA: Centre Régional de Formation aux Techniques des Levés Aérospatiaux
REDACI: [glossed as: an information network in Côte d'Ivoire]
REDEMI: Régie d'Exploitation et de Développement des Mines [Rwanda]
REDETAR: Régie Départementale des Travaux Agricoles et Ruraux [La Réunion]
REDOCAM: [glossed as: an information network in Cameroun]
REDSO/ESA: Regional Economic

R

Development Services Office / Eastern and Southern Africa
REDSO/WA: Regional Economic Development Services Office, West Africa
REGIDESO: (1) Régie de Distribution d'Eau et d'Électricité du Congo Belge et du Ruanda-Urundi; (2) Régie de Distribution d'Eau [Zaïre]; (3) Régie de Production et de Distribution d'Eau et d'Électricité [Burundi]
REGIFERCAM: Régie Nationale des Chemins de Fer du Cameroun
REIST: Rural Extension In-Service Training [Zambia]
RELO: Research Extension Liaison Officer [Zambia]
REM: Rassemblement des Écologistes pour le Mutualisme [Senegal]
REMINA: Société Belge de Recherches Minières en Afrique
RENAICAM: Renaissance Camerounaise
RENAMO: Resistência Nacional Moçambicana = MNR: Movimento Nacional da Resistência de Moçambique = RNM: Resistência Nacional de Moçambique; in English: Mozambique National Resistance
RENEASA: Rhizobium Ecology Network of East and Southern Africa
REO: Regional Education Officer [Tanzania]
REP: Régiment Étranger de Parachutistes [France]
REPCO: Régie des Plantations de la Colonie [Zaïre]
RESA: Research in Education for South Africa [London]
RESADOC: Réseau Sahélien de Documentation et d'Information Scientifiques et Techniques [West African Sahel and Chad]
RESEP: Régiment de Sécurité Présidentiel[le] [Madagascar]
REST: Relief Society of Tigray
RESWA: Research for Women in Agriculture [Tanzania]
RETCO: Regional Transport Companies [*or* Corporation] [Tanzania]

RETSEF: Regroupement des Travailleurs Sénégalais en France
REU: Railway Engineers Union [Ghana]
REWA: Revolutionary Ethiopian Women's Association
REYA: Revolutionary Ethiopian Youth Association
RF: (1) Republican Front [Zimbabwe]; (2) Rhodesian Front [Zimbabwe]
RFC: Rural Finance Corporation [South Africa]
RFCS: Rural Farmers Credit Scheme [Uganda]
RFDP: Rehoboth Free Democratic Party [Namibia]
RFEPA: Revue Française d'Études Politiques Africaines
RFF: (1) Radio Farm Forum [Zambia]; (2) Rhodes Fruit Farms [South Africa]
RFIC: République Fédérale Islamique des Comores
RFM: Regroupement Fédéral de Madagascar
RFMA: Rassemblement Franco-Musulman Algérien
RFN: Regroupement des Forces Nationales [Cameroun]
RFNU: Rhodesian Farmers National Union
RFO: Société Nationale de Radio-Télévision Française d'Outre-Mer
RFP: (1) Rassemblement des Forces Patriotiques [Chad]; (2) Regroupement des Forces Patriotiques [Cameroun]
RFPP: Rapid Food Production Programme [Nigeria]
RFU: Rugby Football Union [South Africa]
RFV: Recherche-Formation-Vulgarisation [Mauritania]
RG: (1) Renseignements Généraux [Algeria]; (2) Renseignements Généraux = SRG: Service des Renseignements Généraux [Morocco]; (3) Résident Général
RGADP: Research Group on African Development Perspectives [Bremen]
RGB-MB: Resistência da Guiné-Bissau –

Movimento Bafata [Guiné-Bissau]
RGD: Rassemblement Guinéen pour le Développement [Guinea]
RGE: Regroupement des Guinéens de l'Extérieur
RGN: Raad vir Geesteswetenskaplike Navorsing = HSRC: Human Sciences Research Council [South Africa]
RGPH: Recensement Général de la Population et de l'Habitat [Algeria]
RGR: Rassemblement des Gauches Républicains [Gabon]
RGT: (1) Rassemblement Guinéen pour le Travail; (2) Régie Gabonaise du Tabac
RH: Rhodesian Herald
RHC: Rent and Housing Committees [Ghana]
RHD: Regional Health Department [Ethiopia?]
RHM: Revue d'Histoire Maghrébine [published Tunis]
RHOANGLO: Rhodesian Anglo American Limited
RI: Republican Intelligence [South Africa?]
RIA: Roberts International Airport *alternatively* Robertsfield International Airport [Liberia]
RIAOM: Régiment Inter-Armées Outre-Mer [France]
RIC: Reconstruction Import Credit [World Bank]
RICAF: Rassemblement des Intellectuels et Cadres de Fianarantsoa [Madagascar]
RICE: Research and Information Centre on Eritrea [Rome]
RICLAC: Research Institute for Comparative Literature – Africa / Caribbean [Canada]
RICSA: Research Institute on Christianity in South Africa
RICU: Reformed Industrial and Commercial Workers' Union
RIDEP: Regional Integrated Development Programme [*or* Project] *or* Rural Integrated Development Programme [*or* Project] [Tanzania]
RIDP: (1) Regional Industrial Development Programme [South Africa]; (2) Rural Industrial Development Programme [Kenya]
RIDS: Rural Income Distribution Survey [Botswana]
RIESLOP: Reunião Internacional sobre Estatísticas Sociais dos Países de Língua Oficial Portuguesa
RIIC: Rural Industries Innovation Centre [Botswana]
RIM: (1) République Islamique de Mauritanie; (2) [glossed as: Marine Infantry Regiment, France]
RIN: Rassemblement de l'Impératif National [*or* des Impératifs Nationaux] [Benin Republic]
RINDRA: [glossed as: a political organisation in Madagascar]
RINI: Riz du Niger [Niger]
RIO: (1) Research Institute of Oromia [London]; (2) Rural Industrial Officer
RIP: Rural Industries Promotions = RIP(B) [Botswana]
RIP(B): Rural Industries Promotions Company (Botswana) = RIP
RIPS: Regional Institute for Population Studies [Ghana]
RIR: Rassemblement des Indépendants Républicains [Madagascar]
RIS: Rural Information Services [Zambia]
RISCO *formerly* **RISCOM:** Rhodesian Iron and Steel Company
RIT: Régiment Interarmes Togolais
RITES: Rail India Technical and Economic Services [activity in Nigeria]
RIVLEC: [glossed as: a Rivers State steel mill, Nigeria]
RIVOC: Rivers Vegetable Oil Company [Nigeria]
RJP: Rassemblement pour la Justice et le Progrès [Mali]
RJPEM: Revue Juridique, Politique et Économique du Maroc
RJT: Rassemblement des Jeunes Togolais
RLB: Rhodesia Literature Bureau
RLDF: Royal Lesotho Defence Force
RLI: (1) Rand Light Infantry [South Africa]; (2) Rhodes Livingstone Institute [Zambia]

RLISR: Rhodes-Livingstone Institute for Social Research [Zambia]
RM: (1) République du Mali; (2) Resident Magistrate [South Africa]
RMA: (1) Rand Monetary Agreement; (2) Rand Monetary Area
RMAOF: Revue Militaire de l'Afrique Occidentale Française
RMC: (1) Release Mandela Committee [South Africa]; (2) Revenue Mobilisation Commission [Nigeria]
RME: Résidents Monnaie Étrangère [Zaïre]
RMGWA: Rhodesia Mine and General Workers' Association
RML: Régiment de Marche du Levant
RMP: Rhodesia Mission Press
RMPDC: Regroupement des Médecins, Pharmaciens, Chirurgiens-Dentistes Chômeurs
RMPM: Rassemblement Mahorais pour la République
RMPS: Rural Milk Production Scheme [Zambia]
RMRDC: Raw Materials Research and Development Council [Nigeria]
RMS: Rhenish Mission Society = Rheinische Missionsgesellschaft
RN: Route Nationale [various countries]
RNA: (1) Rassemblement National Algérien; (2) Registered Nurses Association [Ghana?]
RNB: Rassemblement National des Bûcherons [Gabon]
RNC: (1) Radio Nationale Congolaise [Zaïre]; (2) Rassemblement National Constitutionnel [Algeria]; (3) River Niger Commission = NRC: Niger River Commission = CFN: Commission du Fleuve Niger; (4) Royal Niger Company
RNCFM: Régie Nationale des Chemins de Fers Malgaches
RNCV: Rádio Nacional de Cabo Verde [Cape Verde Islands]
RND: (1) Rassemblement National Démocratique [Senegal]; (2) Rassemblement National pour la Démocratie [Algeria, Benin Republic]; (3) Révolution Nationale Démocratique [Algeria]
RNDD: Rassemblement National pour la Démocratie et le Développement [Cameroun]
RNDP: Rassemblement National Démocratique Populaire *or* Rassemblement National pour la Démocratie et le Progrès *or* Rassemblement National Démocratique et Populaire [Chad]
RNET: Régie Nationale des Eaux du Togo
RNFL: Rhodesia National Football League
RNFU: Rhodesia National Farmers Union
RNI: Rassemblement National Indépendant [*or* des Indépendants] [Morocco]
RNLB: Rhodesia Native Labour Bureau
RNLSC: Rhodesian Native Labour Supply Commission
RNM: (1) Radiodiffusion Nationale de Mauritanie; (2) Rassemblement National Malgache [Madagascar]; (3) Resistência Nacional de Moçambique = RENAMO: Resistência Nacional Moçambicana
RNP: (1) Rassemblement National pour le Progrès [Guinea]; (2) Régie Nationale des Palmeraies; (3) Rhodesia National Party [Zimbabwe]
RNPC: Régie Nationale des Palmeraies du Congo [Congo Republic]
RNT: (1) Radio [*or* Radiodiffusion] Nationale Tchadienne; (2) Rassemblement Nationaliste Tchadien
RNTTP: Régie Nationale des Transports et des Travaux Publics [Congo Republic?]
ROAPE: Review of African Political Economy [former acronym: RAPE]
ROB: Republic of Botswana
ROC: Regroupement des Officiers Communistes [Burkina Faso]
ROFREC: Regional On-Farm Research and Extension Linkage [Zimbabwe]
R&OFSU: Rand and Orange Free State

Undertaking [South Africa]
ROG: Société Rougier Océan Gabon
ROP: Refined Oil Products [Zambia]
ROSCA: Rotating Savings and Credit Association
ROSO: [glossed as a parastatal, Madagascar]
ROSTA: Regional Office of Science and Technology in Africa *or* Regional Office for Science and Technology for Africa = Bureau Régional pour la Science et la Technologie en Afrique [Unesco; at Nairobi]
ROSTS: Regular Officers Special Training School [Ghana]
RP: (1) Reform Party; (2) Republican Party [Namibia, Nigeria; South Africa?]; (3) Rhodesia Party *or* Rhodesian Party; (4) Rôle Pénal [Zaïre]
RPA: (1) Rassemblement Populaire Africain [Burundi]; (2) Ratepayers Association *or* Bathurst Ratepayers Association [The Gambia]; (3) República Popular de Angola; (4) Résident Présent en Algérie; (5) Rwanda Patriotic Army
RPAID: Regional Pan African Institute for Development [Cameroun]
RPB: Rassemblement du Peuple Burundais *or* Rassemblement Populaire du Burundi
RPC: (1) Rassemblement du Peuple Camerounais; (2) Régiment de Parachutistes Coloniaux [France]; (3) République Populaire du Congo [Congo Republic]
RPCS: Rural Primary Cooperative Society [Tanzania]
RPD: Rassemblement pour la Paix et le Développement [Guinea]
RPDI: Rassemblement pour le Progrès et le Développement Intégral [Mali]
RPDWUN: Railway & Ports & Dockworkers Union of Nigeria
RPF: (1) Rassemblement du Peuple Français; (2) Rwanda [*or* Rwandan *or* Rwandese] Patriotic Front = FPR: Front Patriotique Rwandais
RPFB: Rolling Plan and Forward Budget [Tanzania]
RPG: Rassemblement du Peuple de Guinée *or* Rassemblement Populaire Guinéen [Guinea]
RPI: Rassemblement Populaire pour l'Indépendance [Djibouti]
RPL: Rassemblement Progrès et Liberté [Mauritius]
RPLO: Regional Planning Office [Tanzania?]
RPM: (1) Rassemblement Populaire Malgache [Madagascar]; (2) République Populaire du Mozambique
RPN: (1) Rassemblement Patriotique National [Algeria]; (2) Reformers Party of Nigeria; (3) Republican Party of Nigeria
RPO: Regional Planning Officer [Zambia]
RPP: (1) Rassemblement Populaire pour le Progrès [Djibouti]; (2) Release Political Prisoners [Kenya]
RPPP: Rassemblement Populaire Pour le Progrès [Djibouti]
RPPT: Regroupement des Partis Politiques du Tchad
RPR: Rassemblement pour la République [France, Mayotte and La Réunion]; (2) Rassemblement pour la République [Mali]
RPRC: Rassemblement Populaire pour la Reconstruction de la Centrafrique [Central African Republic]
RPSD: (1) Rassemblement du Peuple Seychellois pour la Démocratie; (2) [Glossed as: a political group in Madagascar]
RPST: Rassemblement des Partis Socialistes Tchadiens
RPT: (1) Rassemblement du Peuple Tchadien; (2) Rassemblement du Peuple Togolais
RPTCSU: Railway and Ports Transport Clerical Staff Union [Nigeria]
RPTSU: Railway and Ports Transport Staff Union [Nigeria]
RPWU: Railway and Port Workers Union [Ghana?]
RPWUN: Railway and Ports Workers Union of Nigeria

R

RRA: Rapid Rural Appraisal [Tanzania?]
RRAEA: Rhodesia Railways African Employees' Association
RRAWU: Rhodesia Railways African Workers' Union
RRC: (1) Relief and Rehabilitation Commission [Ethiopia]; (2) Rural Reconstruction Centre [Zambia]; (3) Rural Resource Centre [Botswana?]
RRIN: Rubber Research Institute of Nigeria
RRM: Rural Road Maintenance [Tanzania?]
RRN: Régie de Ravitaillement des Navires = RAVINAR [Benin Republic?]
RRPE: Recovery and Rehabilitation Programme for Eritrea. [Cp. ERRP]
RRR: Repatriation, Resettlement and Reconstruction Committee [Namibia]
RRWF: Rwandese Refugees Welfare Foundation
Rs: Rupees [Mauritius]
RSA: (1) Radio South Africa; (2) Republic of South Africa = Republiek van Suid-Afrika
RSAK: Religious Superiors' Association of Kenya
RSANB: Retrospective South African National Bibliography
RSAPA: Reuter South African Press Agency
RSC: (1) Regional Security Court [Somalia]; (2) Regional Services Council [South Africa]
RSCS: Rural Savings and Credit Societies [Tanzania]
RSCU: Regional Soil Conservation Unit [Kenya]
RSD: (1) Ramotswa Society for the Deaf [Botswana]; (2) Rassemblement des Socialistes et des Démocrates [La Réunion]
RSDG: Rassemblement Social Démocrate Gabonais
RSE: Rassegna di Studi Etiopici [published Rome]
RSF: (1) Revenue Sharing Formula [i.e. of SACU]; (2) Revenue Stabilisation Fund [Botswana]
RSL: Republic of Somaliland
RSLMF: Royal Sierra Leone Military Forces; *later*: Republic of Sierra Leone Military Forces
RSP: Rassemblement Socialiste Progressiste *or* Rassemblement des Socialistes Progressistes [Tunisia]
RSSU: Railway Station Staff Union [Nigeria]
RST: (1) Rhodesian Selection Trust [Zambia]; (2) Roan Selection Trust [at least in Zambia]
RSTA: Régie Syndicale des Transports Algérois
RSTCA: Regional Sugarcane Training Centre for Africa
RSUST: Rivers State University of Science and Technology [Nigeria]
RTA: (1) Radiodiffusion Télévision Algérienne *or* Radio-Télévision Algérienne; (2) Road Transport Authority [Ethiopia]
RTB: Rassemblement des Travailleurs Barundi
RTC: (1) Régiment de Tirailleurs Coloniaux; (2) Regional Trading Company [*or* Centre] [Tanzania]; (3) Revue Tunisienne de Communication; (4) River Transport Corporation [Sudan]; (5) Road Transport Corporation [Sierra Leone]; (6) Roads Training Centre [Botswana]
RTD: (1) Radio Tanzania Dar es Salaam; (2) Radiodiffusion-Télévision de Djibouti; (3) Rassemblement pour le Triomphe de la Démocratie [Comoros]; (4) Rassemblement Travailliste pour la Démocratie [Rwanda]
RTEAWU: Radio, Television, Electronic and Allied Workers' Union [South Africa]
RTG: (1) Radio-Télévision Gabon *or* Radiodiffusion-Télévision Gabonaise; (2) Radiodiffusion-Télévision Guinéenne [Guinea]
RTGE: [glossed as Radio-Television of Equatorial Guinea]

RTLG: [glossed as: a private radio-television station in Gabon]
RTLM: Radio-Télévision Libre des Mille Collines [Rwanda]
RTM: (1) Radio et Télévision Malgaches; (2) Radio-Télévision Malienne; (3) Radiodiffusion-Télévision Marocaine; (4) Rassemblement des Travaillistes Mauriciens; (5) Rassemblement Malien pour le Travail; (6) Revue du Tiers Monde
RTNB: Radiodiffusion et Télévision Nationale du Burundi
RTNC: Radiodiffusion-Télévision Nationale Congolaise [Zaïre]
RTNM: Radiodiffusion Télévision de la Nouvelle Marche [Togo?]
RTO: Road Transport Operation [Sudan]
RTPA: Régie des Transports de la Province de l'Atlantique [Benin Republic]
RTPC: Rural Trade and Production Centres [Kenya]
RTS: Radio-Television Seychelles
RTTCP: Regional Tsetse and Trypanosomiasis Control Programme
RTU: Road Transport Unit [Sudan]
RTUC: Reformed Trade Union Congress [Zambia]
RTZ: Rio Tinto Zinc
RU: (1) Rhodes University [South Africa]; (2) Ruanda-Urundi
RUA: Resistência Unida Angolana
RUBADA: Rufiji Basin Development Authority [Tanzania]
RUBWA: Rhodes University Black Workers' Association [South Africa]
RUCB: Royale Union Coloniale Belge, Fédération des Cercles Coloniaux
RUDT: Rassemblement pour l'Unité et la Démocratie Tchadienne [Chad]
RUF: Revolutionary United Front [Sierra Leone]
RUFAST: Recueil à l'Usage des Fonctionnaires et Agents du Service Territorial [Belgian colonies]
RUM: Rassemblement pour l'Unité Nationale [Cameroun]
RUMOSA: Republican Unity Movement of South Africa
RUN: Rassemblement pour l'Unité Nationale [Cameroun]
RUP: (1) Rassemblement pour l'Unité et le Progrès [Mali]; (2) Riemvasmaak United Party [Namibia]
RURCON: Rural Development Counsellors for Christian Churches in Africa [United Kingdom based]
RURECU: Rukwa Regional Co-operative Union [Tanzania]
RVA: Régie des Voies Aériennes [Zaïre]
RVF: Régie des Voies Fluviales [Zaïre]
RVGP: Rift Valley Geothermal Project
RVM: Régie des Voies Maritimes [Zaïre]
RVOG: Radio Voice of the Gospel [Ethiopia]
RVOL: Recherches Voltaïques [Burkina Faso]
RVP: (1) Rehoboth-Volksparty [Namibia]; (2) Rift Valley Province [Kenya]
RVWSP: Rural Village Water Supply Programme [Botswana]
RW: Revolutionary Watchdogs [South Africa]
RWAFF: Royal West African Frontier Force
RWEPA: Regional Wood Energy Programme for Africa [Kenya]
RwF: Rwandan franc = FRW: Franc rwandais
RWM: Rural Women's Movement [South Africa]
RWS: Rural Water Supply Division [Namibia]
RWU: Railway Workers Union [Ghana, Nigeria]
RWUZ: Railway Workers Union of Zambia
RYLL: Research in Yoruba Language and Literature [a periodical]

S

S: Spoorbond [South Africa]
£S: Sudanese Pound
6S or Six-S: Se Servir de la Saison Sèche en Savane et au Sahel
SA: (1) Société Anonyme; (2) Société des Africanistes; (3) South Africa; (4) South African
SA3 = SAAA: Southern African Association of Archaeologists
SAA: (1) Sasakawa Africa Association [Tokyo]; (2) Senior Agricultural Assistant [Zambia]; (3) Social Affairs Authority [Eritrea]; (4) Société Algérienne d'Assurance [*or* d'Assurances]; (5) South African Airways; (6) South African Artillery; (7) Syndicat Agricole Africain [Côte d'Ivoire]
SAAA: (1) South African Association of Arts; (2) Southern African Association of Archaeologists = SA3
SAAAS: South African Association for the Advancement of Science
SAAAU: South African Amateur Athletic Association
SAAB: Syndicat des Agents d'Administration du Burundi
SAAC: South African Aviation Corps
SAACC: Southern African Aid Coordination Conference
SAAEAU: South African Aviation Engineering and Allied Union
SAAEO: South African Association of Employees' Organisations
SAAF: South African Air Force = SALM: Suid-Afrikaanse Lugmag
SAAFA: Special Arab Assistance [*or* Aid] Fund for Africa = FASEA: Fonds Arabe Spécial pour l'Aide Économique en Afrique
SAAFEA: South African Airways Flight Engineers' Association
SAAGU: South African Amateur Gymnastic Union
SAAK: Société Auxiliaire Agricole du Kivu [Zaïre]
SAAM: South African Associations of Mediators
SAAME: South African Association of Municipal Employees (Non-Political)
SAAN: South African Associated Newspapers
SAAO: South African Astronomical Observatory
SAARB: South African African Rugby Board
SAASC: Soviet Afro-Asian Solidarity Committee
SAASSPER: South African Association for Sport Science, Physical Education and Recreation
SAATA: Structural Adjustment Advisory Teams for Africa
SAATVE: South African Association for Technical and Vocational Education
SAAU: South African Agricultural Union
SAAWU: South African Allied Workers' Union
SAB: (1) Sector Autónomo de Bissau [Guiné-Bissau]; (2) Société Africaine des Bois [Cameroun]; (3) Société Anonyme Belge; (4) Société Anonyme Belge pour le Commerce du Haut-Congo [Zaïre]; (5) Société des Allumettes du Bénin; (6) Soda Ash Botswana; (7) South African Breweries; (8) Suid-Afrikaanse Biblioteek = SAL: South African Library

SABA: South African Black Alliance
SABAP: Southern African Bird Atlas Project
SABC: (1) Société Anonyme de [*or* des] Brasseries du Cameroun; (2) South African Broadcasting Corporation = SAUK: Suid-Afrikaanse Uitsaaikorporasie
SABCTV: South Africa, Bophuthatswana, Ciskei, Transkei and Venda
SABEC: (1) Société Anonyme Belge d'Exploitation Coloniale [Zaïre]; (2) Southern African Book Exchange Centre
SABFA: South African Bantu Football Association
SABFT: Southern African Book Fair Trust
SABIB: A South African Bibliography [published 1910]; (2) A South African Bibliography to the year 1925
SABINET: South African Bibliographic [*or* Bibliographical] and Information Network
SABISWSWS: South African Boilermakers', Iron and Steel Workers', Shipbuilders' and Welders' Society
SABITA: South African Bitumen Association
SABL: South African Labour Bulletin
SABLI: Société Agro-Animale Bénino-Arabe-Libyenne. Cp. SABLY
SABLY: Société Agro Animale Benino-Libyenne. Cp. SABLI
SABMAWU: South African Black Municipal and Allied Workers' Union
SABMS: South African Baptist Missionary Society
SABOA: South African Bus Operators' Association
SABRA: South African Bureau of Racial Affairs
SABRAP: Société d'Aménagement du Bras de la Plaine [La Réunion]
SABS: (1) South African Boilermakers' Society *or* South African Boilermakers, Iron and Steelworkers, Shipbuilders and Welders Society; (2) South African Bureau of Standards
SABSA: South African Broadcasting Staff Association
SABSWA: South African Black Social Workers Association
SABTA: (1) South African Book Trade Association; (2) South African Black Taxi[s] Association
SABV: (1) Suid-Afrikaanse Biblioteekvereniging = SALA; (2) Suid-Afrikaanse Bybelvereniging
SABW: Suid-Afrikaanse Biografiese Woordebook
SAC: (1) Saturday Afternoon Club [Liberia]; (2) Société Africaine de Culture = Society of African Culture; (3) South African Constabulary; (4) Sudan [*or* Sudanese] African Congress
SACA: Smallholder Agricultural Credit Administration [Malawi]
SACBC: Southern African Catholic Bishops' Conference
SACC: (1) South Africa Conciliation Committee; (2) South African Cape Corps; (3) South African Christian Council; (4) South African Council of Churches = SARK: Suid-Afrikaanse Raad van Kerke
SACCAIM: Southern African Climate Change: Analysis Interpretation and Modelling
SACCAR: Southern African Centre for Cooperation in Agricultural Research
SACCAWU: South African Commercial, Catering and Allied Workers' Union
SACCB: Société Anonyme de Cultures au Congo Belge
SACCC: South African Council of Christian Churches
SACCIMF: South African Coordinating Council of the International Metalworkers' Federation
SACCOLA: South African Consultative Committee on Labour Affairs *or* South African Employers Consultative Committee on Labour Affairs
SACD: Société Anonyme des Cultures de Diakandapé
SACDNU: Sudan African Closed

Districts National Union
SACDT: Southern African Computerised Data Text
SACEM: (1) Société d'Auteurs, Compositeurs, Éditeurs et Musiciens [Zaïre]; (2) Société des Auteurs, Compositeurs, Éditeurs de Musique [Burkina Faso?]
SACGA: South African Cane Growers' Association
SACHED: South African Council for Higher Education
SACI: Société Africaine de Commerce International [based at Bissau]
SACL: South African Confederation of Labour. See also: SACLA
SACLA: (1) South Africa Christian Leadership Assembly; (2) South African Confederation of Labour. See also: SACL
SACMP: South African Corps of Military Police
SACO: Société Africaine de Cacao [Côte d'Ivoire]
SACOB: South African Chamber of Business
SACOD: South African Congress of Democrats
SACOFIL: Sociedade Agrícola e Comercial de Santa Filomena [Cape Verde Islands]
SACOL: South African Confederation of Labour
SACOMINKA: Société Agricole Commerciale et Industrielle du Kasaï [Zaïre]
SACOS: (1) South African Council of Sport [*or* Sports]; (2) State Assurance Corporation of Seychelles
SACP: (1) South African Communist Party = SAKP: Suid-Afrikaanse Kommunistiese Party, *formerly*: CPSA: Communist Party of South Africa; (2) Southern African Council of Priests
SACPA: South African Cement Producers Association
SACPAC: South African Co-ordinating Performing Arts Council
SACPC: South African Coloured People's Congress [South Africa]
SACPO: South African Coloured People's Organisation
SACRFB: South African Coloured Rugby Football Board
SACRUC: South African Canvas and Ropemakers' Union (Cape)
SACS: (1) South African College High School; (2) South African College Schools; (3) South African Colonisation Society; (4) Supervised Agricultural Credit Scheme [Nigeria]
SACSIR: South African Council for Scientific and Industrial Research = CSIR: Council for Scientific and Industrial Research
SACTA: Société Camerounaise des Tabacs
SACTU: South African Congress of Trade Unions
SACTWU: (1) South African Clothing and Textile Workers' Union; (2) South African Council of Transport Workers [as given]
SACU: (1) South African Customs Union; (2) Southern African Customs Union
SACUA: Southern African Customs Union Agreement
SACUC: Swaziland Agricultural College and University Centre
SACWU: (1) South African Chemical Workers Union; (2) South African Clothing Workers' Union
SADA: Société Anonyme pour le Développement de l'Industrie de l'Aluminium de Tougué-Dabola
SADAP: Southern Africa Development Analysis Project
SADB: see: DBSA: Development Bank of Southern Africa
SADC: Southern African Development Community
SADCC: Southern African Development Co-ordination Conference
SADECO: Seychelles Agricultural Development Company
SADEM: Société Africaine des Eaux Minérales [Côte d'Ivoire]
SADER: Société pour l'Adduction et la Distribution de l'Eau à La Réunion

SADEVO: Société d'Aménagement de Développement de la Vallée de l'Ouémé

SADEX: Southern Africa Development Information / Documentation Exchange

SADF: South African Defence Force = SAW: Suid-Afrikaanse Weermag

SADIAMIL: Société Africaine pour le Développement des Industries Alimentaires à Base de Mil et Sorgo

SADIMEX: [glossed as: savons, détergents ménagers, Mali]

SADK: Suid-Afrikaans-Duitse Kultuurvereniging = Südafrikanisch-Deutsche Kulturvereinigung

SADR: Sahrawi Arab Democratic Republic = RASD: République Arabe Sahraouie Démocratique [Western Sahara]

SADRA: Southern African Development [and] Research Association

SADT: South African Development Trust

SADTA: South African Dance Teachers' Association

SADTU: South African Democratic Teachers Union

SADWA: South African Domestic Workers' Association

SADWU: (1) South African Diamond Workers' Union; (2) South African Domestic Workers Union

SAE: Société de l'Afrique Équatoriale

SAEB: Société d'Approvisionnement des Entreprises du Bâtiment [Burkina Faso?]

SAEC: (1) Société Abidjanaise d'Expansion Chimique [Côte d'Ivoire]; (2) Société Africaine d'Édition et de Commerce [Guinea]; (3) South African Engineering Corps [*or* Engineer Corps]

SAED: (1) Société d'Aménagement et d'Exploitation du Delta *or* Société d'Aménagement et d'Exploitation des Terres du Delta du Fleuve Sénégal et des Vallées du Fleuve Sénégal et de la Falémé [given with innumuberable other variants]; (2) [glossed as: Société d'Études et de Développement, Burkina Faso]

SAEDFA: South African Engine Drivers' and Firemen's Association

SAEIS: South African Energy Information System

SAEP: South African Education Programme

SAER: Société des Anciens Établissements Robioglio [Zaïre]

SAERT: South African Economic Research and Training Project

SAES: Syndicat Autonome des Enseignants du Supérieur; *later:* Syndicat Autonome de l'Enseignement Supérieur [Senegal]

SAET: Staff Association for Employees of Transnet [South Africa]

SAEWA: South African Electrical Workers' Association

SAF: (1) Service de l'Agriculture et des Forêts [Djibouti]; (2) Somali Air Force; (3) South Africa Foundation; (4) Structural Adjustment Facility

SAFA: (1) Société Africaine Forestière et Agricole, later SAFACAM [Cameroun]; (2) Société Agricole et Forestière Africaine [Central African Republic?]; (3) Société Arabe du Fer et de l'Acier

SAFAC: [glossed as: a Senegalese enterprise created by Société Africaine de Pneumatiques]

SAFACAM: Société Africaine Forestière et Agricole du Cameroun, *formerly* SAFA

SAFARI: (1) South African Fundamental Atomic Reactor Installation; (2) Southern African Fire-Atmosphere Research Initiative

SAFARRIV: Société Africaine d'Assurances et de Réassurances en République de Côte d'Ivoire

SAFAWU: South African Farm and Allied Workers' Union

SAFCA: (1) Société Africaine de Crédit Automobile [Côte d'Ivoire]; (2) South African Society of Composers, Authors and Music Publishers

SAFCO: South African Fertilizer Company
SAF/CO: Sauvegarde et Aménagement Forestiers / Côte-Ouest [Madagascar]
SAFCOP: Société Africaine de Commercialisation de la Pêche [Senegal]
SAFE: Sudan-American Foundation for Education
SAFEL: Société Africaine d'Élevage [Congo Republic]
SAFELEC: Société Africaine d'Électricité [Burkina Faso?]
SAFEMA: South African Federation of Engineering and Metallurgic [or Metallurgical] Associations
SAFF: Sekoly Ambaratonga Faharoa Fototra [Madagascar]
SAFFAS: South African Federation of Funeral Assurance Companies
SAF/FJKM: Sehatr'Asa Fampandrosoana/Fiangonan'i Jesosy Kristy eto Madagasikara [Madagascar]
SAFGRAD: Semi-Arid Food Grain Research and Development
SAFI: [glossed as: import-firm in Burkina Faso]
SAFIA: Société Agricole, Forestière et Industrielle pour l'Afrique
SAFICA: Société Africaine de Fabrication et d'Impression de Cahiers [Côte d'Ivoire]
SAFIE: Société Africaine d'Import-Export
SAFIR: Société Algéro-Française d'Ingénieur et de la Réalisation [as given]
SAFIT: South African Trust Fund
SAFMA: South African Folk Music Association
SAFMARINE: South African Marine Corporation
SAFN: South African Foundation News
SAFNETU: South African Federation of Non-European Trade Unions
SAFRICALE: Société Africaine d'Études et de Cultures Tropicales [Zaïre]
SAFRICAS: Société Africaine de Construction
SAFT: Société d'Affrètement Maritime du Togo
SAFTA: (1) South Africa Trade Association; (2) South African Federation of Teachers' Associations
SAFTO: South African Foreign Trade Organisation
SAFTTA: South African Film and Television Technicians' Association
SAFTU: (1) South African Federation of Trade Unions; (2) South African Film and Theatre Union
SAFUES: South African Federation of University Engineering Students
SAG: Schweizerische Afrika-Gesellschaft = SSEA: Société Suisse d'Études Africaines
SAGA: (1) Société Anonyme Gérance et d'Armement [French colonial]; (2) South African Geological Association
SAGAL: Sociedade Agrícola Algodoeira
SAGB: Société d'Alimentation Générale du Benin
SAGC: Société de Grande Comore [Comoros]
SAGE: Service de l'Administration Générale et de l'Équipement [Senegal]
SAGECO: Société Abidjanaise de Gérance et d'Exploitation Commerciale [Côte d'Ivoire]
SAGIP: Société Africaine de Gestion, d'Investissements et de Participations [Zaïre]
SAGJ: South African Geographical Journal = Suid-Afrikaanse Geografiese Tydskrif
SAGM: South Africa General Mission
SAGMC: South African General Missionary Conference
SAGS: South African Geographical Society = Suid-Afrikaanse Geografiese Vereniging
SAGU: South African Gymnastic Union
SAGUKIR: Société Agricole de Gungu-Kirwa [Zaïre]
SAGWU: South African Garment Workers' Union
SAHA: South African Heavy Artillery
SAHEIU: South African Hairdressers Employees' Industrial Union

SAHM: Studies in African Health and Medicine
SAHSSO: South African Health and Social Services Organisation
SAHWCO: South African Health Workers Congress
SAIBI: Suid-Afrikaanse Instituut vir Biblioteek- en Inligtingwese = SAILIS: South African Institute for Librarianship and Information Science
SAIBO: Société Anonyme Industrielle du Bas-Ogooué
SAIC: (1) South African Indian Congress; (2) South African Indian Council
SAICA: South African Institute of Chartered Accountants
SAICEM: Southern African Industry Conference on Environmental Management
SAIE: South African Indian English
SAIF: South African Industrial Federation
SAIG: Société Agro-Industrielle Guinéenne
SAIIA: South African Institute of International Affairs
SAILIS: South African Institute for Librarianship and Information Science = SAIBI: Suid-Afrikaanse Instituut vir Biblioteek- en Inligtingwese
SAIMM: South African Institute of Mining and Metallurgy
SAIMR: South African Institute for Medical Research
SAIO: Société Agricole et Industrielle de l'Ogooué [Gabon]
SAIRD: Société Arabe et Internationale de la Raffinerie de Djibouti
SAIRR: South African Institute of Race Relations
SAIS: (1) Società Agricola Italo-Somala; (2) Southern African Interlending Scheme = Suider-Afrikaanse Interleningskema
SAISWA: South African Iron and Steel Workers Association
SAITEX: South Africa International Trade Exhibition
SAIU: South African Industrial Union
SAIWU: South African Integrated Workers' Union
SAJA: South African Jockeys' Association
SAJBD: South African Jewish Board of Deputies
SAJE: South African Journal of Economics
SAJHR: South African Journal on Human Rights
SAJHS: Sudanic Africa: a Journal of Historical Sources
SAJOE: South African Journal of Economics
SAJS: South African Journal of Sociology
SAKP: Suid-Afrikaanse Kommunistiese Party = SACP: South African Communist Party
SAKU: Suid-Afrikaanse Karweierswerknemersunie
SAL: (1) South African Library = SAB: Suid-Afrikaanse Biblioteek; (2) Structural Adjustment Loan [various countries]; (3) Suid-Afrikaanse Leer
SALA: South African Library Association = SABV: Suid-Afrikaanse Biblioteekvereniging
SALB: (1) South African Labour Bulletin; (2) South African Library for the Blind
SALC: (1) South African Labour Commission; (2) South African Law Commission
SALCI: Société des Ananas de Côte-d'Ivoire
SALDCDU: South African Laundry, Dry-Cleaning and Dyeing Workers' Union
SALDRU: Southern Africa Labour and Development Research Unit
SALDTA: South African Long Distance Taxi Association
SALF: (1) Somali [and] Abo Liberation Front [Ethiopia]; (2) Sudan African Liberation Front [Sudan]
SALINTO: Société des Salines du Togo
SALJ: South African Law Journal [published Cape Town]
SALM: Suid-Afrikaanse Lugmag = SAAF: South African Air Force
SALP: South African Labour Party
SALS: (1) South African Library Service;

(2) South African Literature Society
SALSTAFF *or* **SALSTAFFS:** Salaried Staff Association [South Africa]
SALT: Société Agricole Logone-Tchad
SAM: (1) Serviço de Assistência Médica [Angola]; (2) Société Africaine des Mines [Central African Republic?]
SAMA: (1) South African Manufacturers' Association; (2) Southern African Museums Association; (3) South African Musicians' Alliance
SAMAB: (1) South African Museums Association Bulletin; (2) Syndicat Autonome des Magistrats Burkinabè
SAMACO: Save Malawi Committee
SAMAD: South African Motor Assemblers and Distributors
SAMALIDA: Société Arabe Mauritano-Libyenne de Développement Agricole
SAMANGOKY: [glossed as: company trading in the lower Mangoky River region, Madagascar]
SAMARC: South African Machine Readable Cataloguing
SAMAV: Syndicat Autonome de la Magistrature Voltaïque
SAMCA: Southern African Map Collectors Association
SAMCOR: (1) South African Mining Corporation; (2) South African Motor Company [*or* Corporation]
SAMDC: South African Medical and Dental Council
SAME: Stanger Association of Municipal Employees [South Africa]
SAMEA: South African Municipal Employees' Association
SAMEEU: South African Metal and Engineering Employees' Union
SAMELA: Société des Ateliers Métalliques et d'Entreprises de Laon-Afrique [Côte d'Ivoire]
SAMER: Société d'Armement et de Manutention de la Mer Rouge [Djibouti; etc.?]
SAMEU: South African Mine Employees' Union
SAMFU: Save My Future Conservation Society [Liberia]

SAMIA: Société Arabe des Industries Métallurgiques Mauritano-Koweïtienne
SAMIR: Société Anonyme Marocaine pour l'Industrie du Raffinage
SAMJ: South African Medical Journal
SAMMA: Société d'Acconage et de Manutention en Mauritanie
SAMNS: South African Military Nursing Service
SAMO: Somali Afrikans Muki Organisation
SAMOA: Société Agence Maritime de l'Ouest Africain Cameroun
SAMPA: South African Marine Pilots' Association
SAMR: (1) South African Medical Record; (2) South African Mounted Riflemen
SAMRO: South African Music Rights Organisation
SAMS: South African Missionary Society
SAMU: Service d'Aide Médicale d'Urgence [Côte d'Ivoire]
SAMUAP: South African Musicians' Union and Associated Professions
SAMWU: (1) South African Mineworkers [*or* Mine Workers] Union; (2) South African Municipal Workers Union
SAN: (1) Science Association of Nigeria; (2) Senior Advocate of Nigeria; (3) Société Alimentaire de la Nomba [Gabon]; (4) South African Navy = SAV: Suid-Afrikaanse Vloot
SANA: (1) South African Native Association; (2) South African Nurses [*or* Nursing] Association
SANAC: South African Native Affairs Commission
SANAE: South African National Antarctic Expedition
SANB: South African National Bibliography = Suid-Afrikaanse Nasionale Bibliografie
SANC: (1) South African Native Congress; (2) South African Nursing Council
SANCA: (1) South African National Civic Association; (2) South African National Council on Alcoholism

SANCAR: South African National Committee for Antarctic Research
SANCO: South African National Civic Organisation
SANDF: South African National Defence Force
SANDON: Southern African Non-Government[al] Development Organisations Network
SANECISMWU: South African Non-European Confederation of Iron, Steel and Metal Workers Union
SANEL: South African National Epilepsy League
SANF: South African Naval Forces
SANFA: South African National Football Association
SANH: Student Advocates for Negro History [U.S.A.]
SANJ: South African Nursing Journal
SANLAM: South African National Life Assurance Company = Suid-Afrikaanse Lewensassuransie Maatskappy
SANLC: South African Native Labour Corps [or Contingent]
SANNC: South African Native National Congress. Cp. NNC: Native National Congress
SANR: South African Nursing Record
SANROC: South African Non-Racial Olympic Committee
SANRU: Santé Rurale [Zaïre]
SANSCO: South African National Students' Congress
SANT: South African Native Trust
SANTA: South African National Tuberculosis Association
SANTAM: South African National Trust and Assurance Company = Suid-Afrikaanse Nasionale Trust Maatskappy
SANU: Sudan [or Sudanese] African National Union
SAO: Southwark African Organisation [London]
SAOMS: South African Operative Masons' Society
SAONIC: Section Algérienne de l'Office National Interprofessionnel des Céréales
SAOU: Suid-Afrikaanse Onderwysersunie [South Africa]
SAOUG: South African Online Users Group
SAP: (1) Serviços de Acção Psicológica [Mozambique]; (2) Seychelles Agence de Presse; (3) Social Action Plan [Zambia?]; (4) Société Africaine de Pneumatiques [Burkina Faso with branches elsewhere]; (5) Société Africaine de Prévoyance [Cameroun?, Central African Republic?]; (6) Société Agricole de Prévoyance [Algeria]; (7) Société Algérienne de Prévoyance; (8) South African Party = Suid-Afrikaanse Party; (9) South African Police = Suid-Afrikaanse Polisie; (10) Structural Adjustment Programme = PAS: Programme d'Ajustement Structurel; (11) Sudan African Parties; (12) Système d'Alerte Précoce [Mali]
SAPA: (1) South African Press Association; (2) South African Psychological Association; (3) South African Publishers Association
SAPAC: Société Africaine pour la Promotion Artistique et Culturelle [Benin Republic?]
SAPAL: Société Africaine de Produits Alimentaires
SAPAWU: South African Plastic and Allied Workers' Union
SAPCHIM: Société Africaine de Produits Chimiques et Industriels [Zaïre]
SAPCO: (1) Société d'Aménagement de la Petite Côte; (2) Sudanese African People's Congress
SAPDC: South African Pharmaceutical and Drug Company
SAPE: Société des Ambianceurs et des Personnes Élégantes [presumably a facetious derivation from the French slang "sape"] [Brazzaville, Congo Republic]
SAPEC: (1) Plantations et Entreprises Coloniales [Zaïre]; (2) Service de l'Animation et de la Planification

Économiques [Algeria]; (3) Société Agricole de Prévoyance et de Commercialisation [Algeria]
SAPEM: Southern Africa Political and Economic Monthly
SAPES: Southern Africa Political Economy Series
SAPET: Syndicat des Artisans et Petites Entreprises de Tananarive [Madagascar]
SAPH: Société Africaine des Plantations d'Hévéas [Côte d'Ivoire]
SAPINA: Society for African Philosophy In America
SAPL: South African Public Library = Suid-Afrikaanse Openbare Biblioteek
SAPOA: South African Property Owners' Association
SAPONET: South African Post Office Packet Switching Data Transmission Network
SAPPHO: Southern Africa Printing and Publishing House
SAPPI: South African Pulp and Paper Industries
SAPRO: Société Africaine pour la Promotion des Ventes [Zaïre]
SAPS: South African Police Service
SAPSA: South African Political Studies Association
SAPSE: South African Post-Secondary Education Information System
SAPT: South African Posts and Telecommunications
SAPTA: [glossed as: Entreprise Nationale des Ponts et Travaux d'Arts, Algeria]
SAPV: Suid-Afrikaanse Posvereniging
SAPY: Société Anonyme des Plantations d'Yolo [Zaïre]
SAR: (1) Section d'Amélioration Rurale [Algeria]; (2) Société Africaine de Raffinage [Senegal]; (3) South African Railways = SAS: Suid-Afrikaanse Spoorweë; (4) South African Republic = RSA: Republic of South Africa
SARA: South African Rugby Association
SARARA: Southern African Rock Art Research Association
SARB: (1) South African Reserve Bank = Suid-Afrikaanse Reserwebank; (2) South African Rugby Board
SARCCUS: Southern African Regional Commission for the Conservation and Utilisation of the Soil
SARCIK: South African Resource Centre for Indigenous Knowledge
SARCM: South African Church Railway Mission
SARDA: Sokoto [State] Agricultural and Rural Development Authority
SARDC: Southern African Research and Documentation Centre [Harare]
SARDIUS: Southern African Research, Documentation and Information User Service
SAREC: Swedish Agency for Research Cooperation with Developing Countries
SARF: Southern Africa Relief Fund
SARFU: South African Rugby Football Union
SARH: South African Railways and Harbours
SARHEU: South African Railways and Harbours Employees' Union
SARHWU: South African Railways and Harbours Workers' Union
SARIPS: Southern Africa Regional Institute for Policy Studies
SARIS: South African Retrospective Information Service
SARK: Suid-Afrikaanse Raad van Kerke = SACC: South African Council of Churches
SARL: (1) Sociedade Anônima de Responsabilidade Limitada [Lusophone countries]; (2) Société à Responsabilité Limitée [Francophone countries]
SARM: Service d'Action et de Renseignements Militaires [Zaïre]
SARMA: Société Anonyme pour la Revente d'Articles en Masse [Zaïre] [as given]
SARP: Southern African Research Program [Yale University]
SARRAL: South African Recording Rights Association Limited

SARRED: Southern Africa Refugees, Returnees and Displaced Persons
SARS: Southern African Research Service
SARTOC: Southern African Regional Tourism Council
SARU: South African Rugby Union
SARUC: Société Auxiliaire de la Royale Union Coloniale Belge *or* Société Auxiliaire de l'Union Royale Belge pour le Congo et les Pays d'Outre-Mer
SAS: (1) Section d'Action Spéciale [a division of the OAS]; (2) Sections Administratives Spécialisées [France and Algeria]; (3) South African Ship; (4) Special Agricultural Scheme [Ghana]; (5) Special Air Service [South Africa]; (6) Suid-Afrikaanse Spoorweë = SAR: South African Railways
SASA: (1) South African Sugar Association; (2) = SASOV: Suid-Afrikaanse Sosiologievereniging
SASAQS: Southern African Society of Aquatic Scientists
SASBANK: South African Savings and Credit Bank *alternatively* Suid-Afrikaanse Spaar- en Voorskotbank
SASBO: South African Society of Bank Officials
SASCAR: South African Scientific Committee for Antarctic Research
SASCO: South African Students' Congress
SASDI: South African Selective Dissemination of Information Service
SASDU: South African Scooter Drivers Union
SASES: Standard African Site Enumeration System
SASF: South African Soccer Federation
SASF-PL: South African Soccer Federation – Professional League
SAS&H: Suid-Afrikaanse Spoorweë en Hawens [= SARH?]
SASI: Sayyida Salme Institute [London]
SASID: Southern African Studies Information Database
SASJ: Southern African Society of Journalists
SASKIA: Afrikaanse Studentevereniging [Netherlands and South Africa; *formerly* SASVIA]
SASM: South African Students' Movement
SASMA: South African Sugar Millers' Association
SASO: South African Students' Organisation
SASOL: (1) Suid-Afrikaanse Steenkol- en Oliekorporasie; (2) Suid-Afrikaanse Steenkool- Olie- en Gaskorporasie = South African Coal, Oil and Gas Corporation
SASOV: Suid-Afrikaanse Sosiologievereniging = SASA
SASP: Southern African Student Programme
SASPR: South African Society for Psychical Research
SASPU: South African Students Press Union
SASQUA: South African Society for Quaternary Research
SAST: South African Standard Time
SASTA: South African Sugar Technologists' Association
SASTAWU: South African Scooter, Transport and Allied Workers' Union
SASVIA: [later: SASKIA]
SAT: (1) Société Abidjanaise de Torréfaction; (2) Société Auto Transport [Tunisia]; (3) Swiss African Trading Company; (4) Syndicat Autonome du Tchad
SATA: (1) Société Africaine de Transit et d'Affrètement [Cameroun]; (2) South African Teachers' Association; (3) [glossed as: a transport company in Brazzaville, Congo Republic]
SATA: Southern African Telecommunications Administration
SATAGABON: Société Africaine de Transit et d'Affrètement Gabon
SATALM: Société Agricole Togolaise Arabe Libyenne Mixte
SATARI: Southern Africa Training and Research Initiative
SATAWU: South African Textile and Allied Workers' Union

SATBEL: Suid-Afrikaanse Teaterbelange Beperk
SATBVC: South Africa – Transkei – Bophuthatswana – Venda – Ciskei
SATC: South African Teachers' Council
SATCC: Southern Africa Transport and Communications Commission [given with many variants]
SATEC: (1) Société d'Aide Technique et Commerciale; (2) Société d'Aide Technique et de Coopération
SATEP: South African Team for Employment Promotion [*or* Production]
SATH: South African Transport and Harbours
SATIS: South Africa The Imprisoned Society
SATJUS: Syndicat Autonome de Travailleurs de la Justice [Senegal?]
SATLC: South African Trades and Labour Council
SATMACI: Société d'Assistance Technique pour la Modernisation Agricole en Côte-d'Ivoire
SATMAR: South African Torbanite Mining and Refining Company
SATNA: South African Trained Nurses' Association
SATOA: South African Technical Officials' Association
SATOUR: South African Tourism Board *or* South African Tourist Corporation
SATP: Syndicat Autonome des Travaux Publics
SATS: South African Transport Services
SATSWA: [a meeting of regional authorities to discuss development in and around Bophuthatswana]
SATT: Société Algérienne des Transports Tropicaux
SATU: South African Typographical Union
SATUC: South African Trade Union Council [*or* Congress]
SATUCC: Southern Africa Trade Union Coordination Council
SATV: South African Television
SATWU: (1) South African Tin Workers Union; (2) South African Transport Workers' Union
SAU: Sections Administratives Urbaines [Algeria]
SAUF: South African United Front
SAUG: Société Aurifère de Guinée [Guinea]
SAUJ: South African Union of Journalists
SAUK: Suid-Afrikaanse Uitsaaikorporasie = SABC: South African Broadcasting Corporation
SAUNICAT: South African Union Catalogue of Monographs Held in South African Libraries
SAUSSC: Southern African Universities Social Sciences Conference
SAV: Suid-Afrikaanse Vloot = SAN: South African Navy
SAVCC: Société Voltaïque du Cycle et Cyclomoteur
SAVCO: Savonneries Congolaises [Zaïre]
SAVCONGO: see: SAVONCONGO
SAVES: South African Voluntary Euthanasia Society
SAVESAN: Save the Kalahari San [USA]
SAVF: Suid-Afrikaanse Vrouefederasie
SAVINKAS: Savonnerie Industrielle du Kasaï [Zaïre]
SAVONCONGO *or* **SAVCONGO:** Savonnerie du Congo [Congo Republic]
SAVPV: Suid-Afrikaanse Voetplaatpersoneelvereniging
SAW: Suid-Afrikaanse Weermag = SADF: South African Defence Force
SAWAU: South African Women's Agricultural Union
SAWCDFC: South African Women's and Children's Distress Fund Committee
SAWCO: Sarmcol Workers Co-operative [South Africa]
SAWFA: South African Wine-Farmers' Association
SAWIC: South African Water Information Centre
SAWTRI: South African Wool Textile Research Institute
SAWU: South African Woodworkers' Union

SAX: South African Expansion Committee
SAYCO: South African Youth Congress
SAYO: Saulsville/Atteridgeville Youth Organisation [South Africa]
SAYRC *or* **SAYRCO:** South African Youth Revolutionary Council
SAYSVU: Suid-Afrikaanse Yster-, Staal- en Verwantenywerhede Unie
SB: Special Branch [Mauritius?]
SBA: Sudan Bar Association
SBAC: Société des Tabacs, Cigares et Cigarettes J. Bastos de l'Afrique Centrale
SBC: (1) Seychelles Broadcasting Corporation; (2) Société des Boissons des Cataractes [Zaïre]
SBCP: Société Burkinabè des Cuirs et Peaux
SBD: Société de Bauxite de Dabola
SBDC: Small Business Development Corporation [South Africa]
SBEE: Société Béninoise d'Électricité et d'Eau
SBF: Société Burundaise de Financement
SBK: (1) Snowball Kids [Cape Town youth gang]; (2) Société des Brasseries de Kinshasa [Zaïre]
SBMC: Société Burkinabè de Manufacture du Cuir
SBMT: Société Belge de Médecine Tropicale
SBPT: Société Béninoise pour la Promotion du Tourisme
SBS: (1) Société Béninoise de Sidérurgie; (2) Swaziland Broadcasting Service
SBWA: Standard Bank of West Africa
SC: (1) School Certificate [Mauritius]; (2) Senior Commissioner [Kenya?]; (3) Soccer Party [South Africa]; (4) Société Coopérative
SCA: (1) Société Coloniale Anversoise; (2) Soweto Civic Association [South Africa]; (3) Syndicats des Cheminots Africains
SCAA: Special Committee Against Apartheid
SCADIA: Société Centrafricaine du Diamant [Central African Republic]
SCAER: Société de Crédit Agricole et d'Équipement Rural [Mali]
SCAFIT: Société Commerciale, Agricole, Forestière et Industrielle de la Tshuapa [Zaïre]
SCAM: (1) Société de Colonisation Agricole au Mayumbe [Zaïre]; (2) Société des Cultures et Industries Agricoles au Mayumbe [Zaïre]
SCAN: Syndicat des Cheminots d'Abidjan-Niger
SCAPA: Sociedade de Comercialização e Apoio à Pesca Artesanal [Cape Verde Islands]
SCAR: Scientific Committee for Antarctica Research
SCAS: [glossed as: State Secretariat for Social Action, Mozambique]
SCAUL: Standing Conference of African University Libraries
SCAULWA: Standing Conference of African University Libraries, Western Area
SCB: (1) Société Camerounaise de Banque; (2) Société Coloniale de Bambao [Comoros and Mayotte]; (3) Société des Ciments du Benin; (4) State Commercial Bank [Mauritius]; (5) Syndicat Chrétien du Burundi
SCBCL-C: Société Commerciale de Banque Crédit Lyonnais – Cameroun
SCBET: Société Commerciale du Borkou-Ennedi-Tibesti
SCBK: Société Congolaise des Brasseries Kronenbourg [Congo Republic]
SCBO: Société Congolaise des Bois de Ouesso [Congo Republic]
SCC: (1) Seychelles Chamber of Commerce; (2) Sudan Council of Churches; (3) Swaziland Conference of Churches
SCCI: (1) Serviços de Centralização e Coordenação de Informações [Mozambique] = SCCIM ; (2) Seychelles Chamber of Commerce and Industry; (3) Société pour le Compoundage en Côte d'Ivoire
SCCIM: Serviços de Centralização e Coordenação de Informações

S 283

[Mozambique] = SCCI
SCCJC: Soul-Cleansing Clinic of Jesus Christ [Liberia]
SCCMI: Société de Crédit aux Classes Moyennes et à l'Industrie [Zaïre]
SCCSA: Soweto City Council Staff Association [South Africa]
SCD: Société des Ciments du Dahomey
S&CD: Social and Community Development [Botswana]
SCDM: Société Camerounaise de Métallurgie
SCDP: Société Camerounaise des Dépôts Pétroliers
SCE: (1) Société Camerounaise d'Équipement [Cameroun]; (2) Société Chérifienne d'Engrais
SCEAM: Symposium des Conférences Épiscopales d'Afrique et de Madagascar = SECAM: Symposium of Episcopal Conferences of Africa and Madagascar
SCECSAL: Standing Conference of Eastern, Central and Southern African Librarians
SCED: Société Centrafricaine d'Exploitation Diamantifère
SCEI: Société Centrale d'Échanges Internationaux [Congo Republic?]
SCF: (1) Save the Children Fund; (2) Société de Commerce et de Financement [Guinea]
SCFB: Société des Chemins de Fer du Burkina
SCFM: Special Commonwealth Fund for Mozambique
SCGB: Société des Caoutchoucs de Grand Bereby [Côte d'Ivoire] [cp. SOGB]
SCGI: Société Congolaise des Gaz Industriels [Congo Republic]
SCGWTUF: Sudan Central Government Workers' Trade Union Federation
SCH: Société Comorienne des Hydrocarbures
SCI: Swaziland Chemical Industries
SCIAO: [Commercial and Industrial Society of West Africa]
SCIDA: Société de Céramique Industrielle [Benin Republic]
SCIEB: Syndicat des Commerçants Importateurs et Exportateurs du Benin
SCIEC: Syndicat des Commerçants Importateurs-Exportateurs du Cameroun
SCIG: School and Children's Interest Group [South Africa]
SCIMPEX: Syndicat des Commerçants Importateurs et Exportateurs [various countries]
SCIMPEXNI: Syndicat des Commerçants Importateurs et Exportateurs du Niger [Niger]
SCIMPEXTO: Syndicat des Commerçants Importateurs et Exportateurs de la République Togolaise
SCINFOMA: Service Cinématographique du Ministère de l'Information du Mali
SCIP: (1) Smallholder Coffee Improvement Project [Kenya]; (2) South Chad Irrigation Project [Nigeria]
SCK: Slice Corner Kids = SCKS [Cape Town youth gang]
SCKN: Société Commerciale du Kouilou-Niari
SCKN-Congo: Société Commerciale du Kouilou-Niari-Congo
SCKS: Slice Corner Kids = SCK [Cape Town youth gang]
SCM: (1) Société Camerounaise de Minoterie; (2) Student Christian Movement [Nigeria?]
SCMB: State Cocoa Marketing Board [Ghana]
SCN: Société des Conserveries du Noun [Cameroun]
SCNF: Société Commerciale du Niger Français
SCO: (1) Service Civique Obligatoire [Zaïre]; (2) Société des Ciments d'Onigbolo [Benin Republic]
SCOA: Société Commerciale de l'Ouest Africain
SCODI: Société de Conserves de Côte d'Ivoire [as given]
SCOL: Société Coopérative de Construction de Logements

SCOLMA: Standing Conference on Library Materials on Africa
SCOMB: Société Coopérative Ouvrière Meubles et Bâtiments [Burkina Faso?]
SCOPO: Standing Committee on Parastatal Organisations [Tanzania]
SCOT: Swaziland College of Technology
SCOTH: Société Coopérative Ouvrière Taillerie et Habillement [Burkina Faso?]
SCOVA: Sudan Council of Voluntary Agencies
SCP: (1) Société Commerciale Pétrozaïre [Zaïre]; (2) Sudanese [*or* Sudan] Communist Party
SCPARL: Société Congolaise Par Actions à Responsabilité Limitée [Zaïre]
SCPCE: Société des Chèques Postaux et de la Caisse d'Épargne [Mali]
SCPS: Société Congolaise des Pétroles Shell [Zaïre]
SCR: (1) Société Camerounaise de Recouvrement; (2) Swedish Church Relief
SCRL: Société Congolaise à Responsabilité Limitée [Zaïre]
SCRP: Soil Conservation Research Project [Ethiopia]
SCS: (1) Secteur Centre Sud-Kaolack [Senegal]; (2) Société Camerounaise de Sacherie; (3) Solidarity Canada-Sahel; (4) Supreme Council of State
SCSA: Supreme Council for Sport [*or* Sports] in Africa = CSSA: Conseil Supérieur du Sport en Afrique
SCSEU: Sudanese Craftsmen and Small Enterprises Union [Sudan]
SCSP: Service du Contrôle des Semences et des Plants [Morocco]
SCT: (1) Société Camerounaise des [*or* de] Tabacs; (2) Société Congolaise de Transit; (3) Société Cotonnière Transocéanique [Senegal]
SCTA: Société Camerounaise de Transport et d'Affrètement
SCTP: Société Commerciale de Transformation du Papier [Cameroun]
SCTTOI: Société Commerciale de Transport Transatlantique Océan Indien
SCUSA: Standing Committee on University Studies on Africa [United Kingdom]
SD: (1) Social Democrats [Sudan?]; (2) Survey Department [The Gambia, Sudan]
SDA: (1) Seventh Day Adventists; (2) Somali Democratic Alliance; (3) Somali Democratic Army
SDAR: Schéma de Développement et d'Aménagement Régional [Morocco]
SDAU: Schéma Directeur d'Aménagement et d'Urbanisme [Cameroun, La Réunion]
SDAUA: Schéma Directeur de l'Aire Urbaine d'Agadir [Morocco]
SDAVW: Staatsdiensambag- en Verwante Werkersvereniging [South Africa]
SDB: (1) Société Dahoméenne de Banque; (2) Somali Development Bank
SDC: (1) Settlement Development Committee; (2) Socialist Democratic Congress; (3) Sudan Development Corporation
SDDP: Smallholder Dairy Development Project [Zambia]
SDECE: Service de Documentation Extérieure et de Contre-Espionnage
SDEE: Société Dahoméenne d'Électricité
S/DEP: Sous-Direction des Études et de la Programmation [Algeria]
SDEPROS: [glossed as: firm dealing in potatoes, Morocco]
SDF: (1) Seaward Defence Force [South Africa]; (2) Social Democratic Federation [South Africa]; (3) Social Democratic Front [Ghana]; (4) Social Democratic Front [Cameroun; in French: Front Social Démocratique]
SDG: Sudan Democratic Gazette
SDID: Société de Développement International Desjardins
SDLF: Somali Democratic Liberation Front
SDM: (1) Social Democratic Movement [Somalia]; (2) Somali Democratic Movement [Somalia]
SDMC: State Diamond Marketing

Corporation [Ghana?]
SDN: Société de Développement du Niger
SDP: (1) Seychelles Democratic Party; (2) Social-Democrat Party [Zambia; cp. Social Democratic Party, *infra*]; (3) Social Democratic Party [Kenya, Madagascar, Nigeria, Tanzania, Zambia]; (4) Social Democratic Party = PSM: Parti Socialiste Malgache [Madagascar]; (5) Sustainable Dar es Salaam Project [Tanzania]; (6) Swaziland Democratic Party
SDPT: Sahel Development Planning Team [Mali]
SDPU: [glossed as: Socialist and Democratic People's Union, Mauritania]
SDRA: Société pour le Développement de la Riviera Africaine [Côte d'Ivoire]
SDRN: Schéma Directeur Routier National [Morocco]
SDRR: Schéma Directeur Routier Régional [Morocco]
SDRS: Société de Développement Rizicole au Sénégal *or* Société de Développement de la Riziculture au Sénégal
SDS: (1) Service de Documentation et de Sécurité [Djibouti]; (2) Students for a Democratic Society [Namibia]
SDSF: Somali Democratic Salvation Front
SDTS: Syndicat Démocratique des Techniciens du Sénégal
SDU: (1) Self-Defence Unit [South Africa]; (2) Settlers' Descendants Union [Sierra Leone]; (3) Somali Democratic Union
SDUP: Sociale Démocratie pour l'Unité et le Progrès [Mali]
SEA: (1) Secretaria de Estado do Algodão [Mozambique?]; (2) Société d'Entreprises Africaines; (3) Standard Enumeration Area [Zambia]
SEAC: Soweto Electricity Advice Centre [South Africa]
SEADZ: South Eastern Agricultural Development Zone [Ethiopia]
SEAF: [glossed as: OAU special emergency fund for drought and famine in Africa]
SEALS: Special Emergency Loan Scheme [as given]
SEAO: Société d'Études de l'Afrique Orientale
SEAS: Secretariado do Estado de Assuntos Sociais [Angola?]
SEAWU: Steel, Engineering and Allied Workers Union. Cp. SEAWUSA [South Africa]
SEAWUSA: Steel, Engineering and Allied Workers' Union of South Africa. Cp. SEAWU
SEB: (1) Sociology Ethnology Bulletin [Ethiopia]; (2) State Education Board [Nigeria]; (3) Swaziland Electricity Board
SEBHy: Société d'Entreposage des Hydrocarbures du Burkina
SEBO: Sefalana Employees Provident Organisation [South Africa]
SEBOVIA: Société d'Exploitation de Bovins et de Viandes [Côte d'Ivoire]
SEBRIMA: Société d'Exploitation des Briqueteries du Mali
SEC: (1) Securities and Exchange Commission [Nigeria]; (2) Service d'Examens et de Concours [Chad]; (3) Société d'Échanges Commerciaux [Côte d'Ivoire etc.]; (4) Société d'Élevage et de Culture au Congo; (5) Société d'Élevage et de Culture au Congo Belge; (6) Stock Exchange Commission [Mauritius]
SECADEV: Secours Catholique et Développement [Chad]
SECALINE: Sécurité Alimentaire et Nutritionnelle Élargie [Madagascar]
SECAM: Symposium of Episcopal Conferences of Africa and Madagascar = SCEAM: Symposium des Conférences Épiscopales d'Afrique et de Madagascar
SECAP: Soil Erosion Control / Agroforestry Project [Tanzania]
SECC: Société d'Étude de la Cellulose du Congo [Congo Republic]
SECF: Somali Eastern and Central Front

SECLD: South-Eastern Cape Local Division
SECLI: Société Équatoriale Congolaise Lulonga-Ikelemba [Zaïre]
SECMA: Société d'Exploitation Cinématographique Africaine [France]
SECOM: Special Elections Commission [Liberia]
SECOREB: Secrétariat de la Conférence des Ordinaires du Rwanda et du Burundi
SECOSAF: Secretariat for Co-operation in Southern Africa *or* Secretariat for Multilateral Cooperation in Southern Africa
SECREN: Société d'Exploitation pour Constructions et Réparations Navales [Madagascar]
SEDA: Société d'Études pour le Développement de l'Afrique
SEDCO: (1) Small Enterprise [*or* Enterprises] Development Corporation [Zimbabwe]; (2) Small Enterprises Development Company [Swaziland] *or* Swaziland Enterprise Development Company
SEDEC: Société Anonyme d'Entreprises Commerciales au Congo Belge *or* Société d'Entreprises Commerciales
SEDES: Société d'Études pour le Développement Économique et Social [France]
SEDOC: Service de Documentation [Cameroun]
SEDOM: Small [*or* Smallscale] Enterprise Development Organisation of Malawi
SEDRE: Société d'Équipement du Département de La Réunion
SEE: (1) Sociétés et Entreprises d'État [Mali]; (2) [glossed as: External Education Service, Mozambique]
SEEE: Société Équatoriale d'Énergie Électrique
SEEE-CI: Société d'Études d'Entreprises et d'Équipement – Côte d'Ivoire
SEEF: Secrétariat d'État aux Eaux et Forêts [Senegal?]
SEEG: Société d'Énergie et d'Eau du Gabon *or* Société d'Énergie et Eaux du Gabon
SEENA: Syndicat des Enseignants de l'Éducation Nationale [Gabon]
SEERAT: Société d'Études et d'Exploitation de la Raffinerie du Tchad [Chad]
SEET: Société d'Exploitation des Eaux de Tadjoura [Djibouti]
SEF: (1) Saneamento Económico e Financeiro [Angola]; (2) State Employees Federation [Mauritius]; (3) Sugar Employees Fund [Mauritius]
SEFCO: Small Enterprise Finance Company [Kenya]
SEFI: Société d'Exploitations Forestières et Industrielles [Central African Republic]
SEFO: Small Enterprises Financing Organization
SEGA: South East Growers Association [Botswana]
SEGAZCAM: Société d'Étude pour la Mise en Valeur du Gaz Naturel Camerounais
SEGEFOM: [a business enterprise in La Réunion]
SEGENI: [an import-export company in Senegal]
SEGESA: [glossed as: Société équato-guinéenne d'électricité]
SEGMA: Société d'Émaillage et de Galvanisation du Mali
SEIB: Société Électrique et Industrielle du Baol [Senegal]
SEICI: Syndicat des Entrepreneurs et des Industriels de [*or* de la] Côte d'Ivoire
SEIFSA: Steel and Engineering Industries Federation of South Africa
SEILA: Secretaria de Estado da Indústria Ligeira e Alimentar [Mozambique]
SEIS: [glossed as: Italo-Somali Electric Society]
SEITA: Société d'Exploitation Industrielle du Tabac et des Allumettes [Central African Republic]
SEJZ: Société d'Études Juridiques du Zaïre
SEKRIMA: [Fivondronam-Ben'ny] Sendika Kristianina Malagasy,

formerly CCSM: Confédération Chrétienne des Syndicats Malgaches [Madagascar]

SEM: (1) Société d'Électricité et de Mécanique [Zaïre]; (2) Structures d'Éducation [*or* pour l'Éducation] des Masses [Mauritania]

SEMA: (1) Secteurs Expérimentaux de Modernisation Agricole [Chad; cp. SEMAA]; (2) Société d'Équipement du Mali

SEMAA: Secteurs Expérimentaux de Modernisation Agricole [Chad; cp. SEMA]

SEMAB: Secteur Expérimental de Modernisation Agricole de Bongor

SEMABLE: Secteur Expérimental de Modernisation Agricole du Blé [Chad]

SEMALK: Secteur Expérimental de Modernisation Agricole de Laï et Kelo

SEMAPESCA: [glossed as: national brewing and fishing enterprise] [Guiné-Bissau]

SEMC: Senegal Ecological Monitoring Centre

SEMCOM: see: SEMKOM

SEMICO: Société d'Économie Mixte de Construction [Congo Republic]

SEMKOM: Nasionale Staatkundige Ekonomiese en Maatskaplike Komitee [of the NJMC] = SEMCOM [South Africa]

SEMNORD: Secteur Expérimental de Modernisation de la Région Nord [Cameroun?]

SEMOC: Sementes do Moçambique Limitada

SEMPAO: Syndicat des Entreprises de Manutention des Ports d'Afrique Occidentale

SEMRY: Société d'Expansion et de Modernisation de la Riziculture de Yagoua [Cameroun]

SEMS: Société d'Exploitation des Magasins Score [La Réunion]

SEMU: Servicio Eléctrico Municipal [Equatorial Guinea]

SEN: Société Équatoriale de Navigation [Congo Republic?]

SENACOOP: Service National des Coopératives et Organisations Paysannes [Zaïre]

SENAFIC: Service National des Fertilisants et Intrants Connexes [Zaïre] [as given]

SENAM: Société Sénégalaise de Navigation Maritime

SENARAV: Service National de Recherche Agronomique Appliquée et Vulgarisation [Zaïre]

SENASEM: Service National Semencier [Zaïre]

SENCHIM: Société Sénégalaise de Commercialisation des Produits Chimiques

SENDA: Société Nationale de Développement Agricole [Senegal]

SENEGAM: Senegal-Gambia Confederation

SENELEC: Société Sénégalaise d'Électricité

SENOTEL: [a Senegalese business enterprise]

SENPRIM: Sénégal Primeurs *or* Société Sénégalaise des Primeurs

SEP: (1) Secretaria de Estado das Pescas [Cape Verde Islands]; (2) Secrétariat d'État au Plan [Algeria]; (3) Service d'Études et Planification [Zaïre]; (4) Service des Entreprises Pétrolières [Zaïre]; (5) Small [*or* Small-Scale] Enterprise Promotions [Zambia]

SEPA: Science Education Programme for Africa

SEPAC: Société Économique de Pêche, d'Armements et de Conserverie [Congo Republic?]

SEPAMA: Société d'Exploitation des Produits Arachidiers du Mali

SEPANI: Société d'Exploitation des Produits d'Arachide du Niger

SEPBA: Société d'Exploitation du Parc à Bois d'Abidjan [Côte d'Ivoire]

SEPBC: [Camerounian parastatal dealing with "parcs à bois"]

SEPCI: Secretaria de Estado de Planificação *or* Secretaria do Plano e Cooperação Internacional [Guiné-

Bissau]
SEPDC: Southern Ethiopia[n] People's Democratic Coalition
SEPEC: Seychelles Petroleum Corporation
SEPHA: Special Emergency Programmes for the Horn of Africa
SEPOGA: Société d'Exploitation des Produits Oléagineux du Gabon
SEPOM: Société d'Exploitation des Produits Oléagineux du Mali
SEPROB: Société d'Exploitation des Procédés Boussiron
SEPT: Syndicat des Enseignants Protestants du Togo
SEPU: Southern Ethiopian Peoples' Union
SEPYK: Société de Pyrotine de Kettara
SER: Secteurs d'Expansion Régionaux [Congo Republic]
SERAS: Société d'Exploitation des Ressources Animales du Sénégal
SERD: Socio-Economic Reconstruction and Development Committee [South Africa]
SERDI: (1) Service d'Appui au Développement Industriel [Rwanda?]; (2) Société d'Étude et de Réalisation pour le Développement Industriel *or* Société d'Études et de Recherches pour le Développement Industriel [Madagascar]
SEREMA: Sendika Revolisionera Malagasy [Madagascar]
SERG: Sudan Economy Research Group [University of Bremen]
SERIA: Société d'Études et de Réalisations Industrielles Africaines [Côte d'Ivoire]
SERISS: Sudan Emergency and Recovery Information and Surveillance System
SERMIKAT: Société d'Exploitation et de Recherches Minières au Katanga [Zaïre]
SERSID: [glossed as: Entreprise d'engineering et de réalisation sidérurgiques, Algeria]
SERST: Secrétariat d'État à la Recherche Scientifique et à la Technologie [Tunisia]
SES: (1) Somali Ecological Society; (2) Syndicat des Enseignants du Sénégal
SESA: Santé de l'Enfant de Sud et Adamaoua [Cameroun]
SESAF: Société Anonyme pour les Échanges entre la Suisse et l'Afrique
SESUC: Southern Free State Electricity Supply Utility Company [South Africa]
SESUCHARI: Société d'Études Sucrières du Tchad
SESU-HV: Société d'Études Sucrières – Haute-Volta
SET: Société d'Études Techniques [Algeria]
SETA: Société d'Études Techniques de Annaba [Algeria]
SETAO: Société d'Études et de Travaux pour l'Afrique de l'Ouest [Côte d'Ivoire etc.]
SETCI: Société d'Extrusion et de Tissage de Côte d'Ivoire
SETID: Société d'Expansion Touristique de l'Île de Djerba [Tunisia]
SETO: Société d'Études Techniques d'Oran [Algeria]
SETS: Société d'Études Techniques de Sétif [Algeria]
SETU: Société d'Équipement des Terrains Urbains [Côte d'Ivoire]
SEYO: Sekhukhune Youth Organisation [South Africa]
SEYTIM: Seychelles Timber Company
SFAA: Special Fund for Aid to Africa
SFAC: Société Forestière Algéro-Congolaise [Algeria, Congo Republic]
SFAWU: Sweet, Food and Allied Workers Union [South Africa]
SFB: Société Fiduciaire de Belgique [branches in Africa]
SFC: State Farms Corporation [Ghana; cp. STAFAMS]
SFCDD: State Forest Conservation Development Department [Ethiopia]
SFCT: Société Franco-Centrafricaine des Tabacs = FCT
SFE: (1) Société Forestière d'Ezanga; (2) [glossed as: coffee-plantation,

Burundi]
SFEM: Second-tier Foreign Exchange Market [Nigeria]
SFF: Strategic Fuel Fund [South Africa]
SFFRF: Smallholder Farmers Fertiliser Revolving Fund [Malawi]
SFID: Société Forestière et Industrielle de la Doumé
SFIO: Section Française de l'Internationale Ouvrière
SFJA: Service de Formation des Jeunes en Algérie
SFPI: Société de Fabrication des Portes Isolantes [Benin Republic]
SFPN: Service de la Faune et des Parcs Nationaux [Cameroun]
SFPOM: Société Financière pour les Pays d'Outre-Mer [based at Geneva]
SFPP: Supplementary Food Production Programme [Zimbabwe]
SFS: Société Forestière de la Sangha [Congo Republic]
SFTU: Swaziland Federation of Trade Unions
SG: (1) Secrétaire Général [various countries]; (2) Self-government [Ghana?]; (3) Servicio Geográfico [Equatorial Guinea]; (4) State Government [Nigeria]
SGA: Sesame Growers' Association [The Gambia]
SGB: Société Générale de Belgique
SGBC: (1) Société Générale de Banques au Cameroun; (2) Société Générale de Banques au Congo
SGBCI: Société Générale des Banques en Côte d'Ivoire
SGBG: Société Générale de Banque de Guinée [Guinea]
SGBS: Société Générale de Banques au Sénégal [or des Banques du Sénégal]
SGC: (1) Société de Géographie Commerciale [Paris]; (2) Société Générale de Culture [Zaïre]; (3) Société Guinéenne de Commerce [Guinea]
SGDA: Schéma Directeur du Grand Agadir [Morocco]
SGE: (1) Small Grower Entitlement [South Africa]; (2) Superintendant-General of Education [South Africa]
SGET: Société Gabonaise d'Entreprises et de Transports [Gabon]
SGH: Société Guinéenne des Hydrocarbures [Guinea]
SGM: Société Générale des Minerais [Zaïre]
SGMC: (1) Société Géologique et Minière du Congo [Zaïre]; (2) State Gold Mining Corporation [Ghana]
SGMT: Société Générale des Minoteries du Togo
SGN-CDR: Secrétaire Général National des Comités de Défense de la Révolution
SGRM: Société des Grands Régionaux du Maroc [Morocco]
SGS: (1) Société Générale de Surveillance [Zaïre]; (2) [a company in Mauritius]
SGSL: Société Générale Sangha-Likouala
SGT: (1) Self Governing Territories [South Africa]; (2) Statut Général du Travail [or Travailleur] [Algeria]
SGWTU: Sudan Government Workers' Trade Union
SGWTUF: Sudan Government Workers' Trade Union Federation
Sh.: Shilling
SHAC: Société Havraise Africaine de Commerce [Côte d'Ivoire etc.]
SHAK: Smallholder/Outgrower Association of the Ghana Oil Palm Corporation
SHAWCO: Student Health and Welfare Committee [South Africa]
SHC: State Housing Corporation [Ghana?]
SHHA: (1) Self-Help Housing Agency [Botswana]; (2) Self-Help Housing Areas
SHIHATA: Shirika la Habari la Tanzania
SHLMR: Société d'Habitation à Loyer Modéré de La Réunion
SHM: Société des Hôtelleries du Mali
SHN: Société des Huileries du Niger
SHO: (1) Société du Haut Ogooué [Gabon]; (2) [a company in Cameroun]
SHQ: Supreme Headquarters [Nigeria]

SHR: Shire Highlands Railway [Malawi]
SHRC: Shire Highlands Railway Company [Malawi]
SHRO: Sudan Human Rights Organisation [Sudan]
Shs.: Shillings
SHSB: Société des Huiles et Savons du Burkina
SHT: Société Hôtelière du Tchad
SHTT: Société des Hôtels Tunisiens Touristiques
SHUN: Société du Haut-Uele et du Nil [Zaïre]
SI: Service de l'Information et de la Propagande [Belgian Congo]
SIA: (1) Société d'Impression d'Alger [Algeria]; (2) Sudanese Industry Association [Sudan]
SIAC: Société Nationale des Industries Algériennes de la Chaussure
SIACA: Société Ivoiro-Allemande de Conserves d'Ananas [Côte d'Ivoire]
SIACIC: Société des Silos à Ciment du Congo [Congo Republic]
SIACONGO: Société Industrielle et Agricole du Congo
SIACRE: Société Inter-Africaine de Courtage de Réassurances [Senegal]
SIAD: Société d'Investissement et d'Aide au Développement
SIAE or **SIAEB:** Société Industrielle d'Agriculture et d'Élevage de Boumango [Gabon]
SIAG: Société Industrielle et Automobile de Guinée
SIALIM: Société des Industries Alimentaires et des Produits Laitiers [Côte d'Ivoire]
SIAM: Société Industrielle et Alimentaire de Magaria
SIAMO: Syndicat Interprofessionel pour l'Acheminement de la Main-d'Œuvre [Burkina Faso]
SIAN: Société Industrielle et Agricole du Niari [Congo Republic]
SIAO: Salon International de l'Artisanat de Ouagadougou [Burkina Faso]
SIAP: Société Industrielle d'Articles en Papier [Congo Republic?]
SIAS: (1) Scandinavian Institute of African Studies = NAI: Nordiska Afrikainstitut = Institut Scandinave des Études Africaines; (2) Société Industrielle d'Aménagement du Sénégal
SIAT: Société Industrielle et Agricole du Tabac Tropical [Congo Republic]
SIB: (1) Société Ivoirienne de Banque; (2) Special Investigations Board [Ghana]; (3) Sudanese Islamic Bank
SIBAM: Société Industrielle Burkinabè d'Armes et de Munitions
SIBEKA: Société Minière du Beceka [Zaïre]
SIBOM: Société Industrielle des Bois de Mossendjo [Congo Republic]
SIC: (1) Service Increment Certificate [South Africa]; (2) Société Immobilière du Cameroun; (3) Société Internationale de Commerce [Guinea]; (4) Société Ivoirienne de Cinéma; (5) Special Industrial Council [Zambia and Zimbabwe]; (6) State Insurance Corporation [Ghana?]; (7) State Investment Corporation [Mauritius]
SICA: (1) Service d'Images Chrétiennes Africaines; (2) Société d'Intérêt Collectif Agricole [La Réunion]; (3) Société Immobilière, Commerciale et Agricole au Congo Belge [Zaïre]
SICAI: Società Italo-Congolese Attività Industriali [Zaïre]
SICAP: Société Immobilière du Cap Vert [Senegal]
SICAPE: Société Italienne-Congolaise d'Armements et de Pêche [Congo Republic]
SIC-CACAO: Société Industrielle Camerounaise – Cacao or Société Industrielle Camerounaise des Cacaos
SICM: Société Ivoirienne de Ciments et Matériaux [Côte d'Ivoire]
SICN: Système Ivoirien de Comptabilité Nationale
SICOFREL: Société Ivoirienne pour la [or de] Commercialisation des Fruits et Légumes [Côte d'Ivoire]
SICOGI: Société Ivoirienne de

Construction et de Gestion Immobilière [Côte d'Ivoire]
SICOM: State Insurance Corporation of Mauritius
SICOMAC: Société Industrielle et Commerciale de l'Afrique Équatoriale [perhaps: de l'Afrique Centrale?]
SICOMAR: Société Ivoirienne de Consignation et d'Armement
SICONIGER: Société Industrielle et Commerciale du Niger
SICOR: (1) Société Industrielle de Conserves de l'Oriental; (2) Société Ivoirienne de Coco Râpé [Côte d'Ivoire]
SICOS: State Insurance Company of Somalia
SICP: Somali Independent Constitutional Party
SICPED: Société Centrafricaine de Produits Alimentaires et Dérivés [as given] [Central African Republic]
SICTA: [an enterprise in Côte d'Ivoire]
SIDA: (1) = AIDS; (2) Swedish International Development Authority
SIDAC: Société Industrielle de Détergents, d'Approvisionnement et d'Applications Chimiques [Gabon]
SIDAM: Somali Institute of Development, Administration and Management
SIDAM-MAT: Société Ivoirienne d'Assurances Mutuelles – Mutuelle d'Assurances Transports [Côte d'Ivoire]
SIDC or **SIDCO:** Swaziland Industrial Development Company
SIDEC: Société d'Importation de Distribution et d'Exploitation Cinématographique [Senegal]
SIDECO: Société Ivoirienne de Distribution Économique
SIDEM: [glossed as: Entreprise nationale d'études et de réalisation des projets de sidérurgie et de métallurgie, Algeria]
SIDER: [glossed as: Entreprise nationale de sidérurgie, Algeria]
SIDETRA: Société Industrielle du [*or* de] Déroulage et de Tranchage [Congo Republic]
SIDF: Sugar Industry Development Fund [Mauritius]
SIDICO: Société d'Importation et de Diffusion de Cola
SIDO: Small Industries Development Organisation [Tanzania, Zambia]
SIDR: Société Immobilière du Département de La Réunion
SIECI: see: SIERI
SIEFAC: Société Industrielle d'Exploitations Forestières au Congo [Zaïre]
SIEIB: Syndicat Interprofessionel des Entreprises Industrielles du Benin
SIER: Swaziland Institute for Educational Research
SIERI: Syndicats des Industriels et Entrepreneurs de Côte d'Ivoire [as given; error for SIECI?]
SIEROMCO: Sierra Leone Ore and Metal Company
SIES: Société Industrielle d'Engrais au Sénégal [*or* des Engrais du Sénégal]
SIETHO: Société Ivoirienne d'Expansion [*or* d'Entreprise] Touristique et Hôtelière [Côte d'Ivoire]
SIF: Swaziland Independent Front
SIFA: (1) Société Industrielle du Faso; (2) Société Industrielle et Forestière des Allumettes
SIFIDA: Société Internationale Financière pour les Investissements et le Développement en Afrique
SIFRA: Société Industrielle des Fruits Africains
SIGA: Sociedade Industrial de Grossarias [Angola]
SIGP: [glossed as: company in Mauritania]
SIL: (1) Société Internationale de Linguistique [Cameroun]; (2) Summer Institute of Linguistics [various countries]
SILABU: [glossed as: Labour Bureau of the Tanganyika Sisal Growers Association]
SILO: Sugar Industry Labour Organisation [South Africa]

SILU: Sugar Industry Labourers' Union [Mauritius]
SILUA: [glossed as: company dealing in industry and trade in Lualaba] [Zaïre]
SILWF: Sugar Industry Labour Welfare Fund [Mauritius]
SIM: (1) Society of International Missions; (2) Sudan Interior Mission; (3) Système d'Information sur le Marché Céréalier [Mali]
SIMACOAF: Société Immobilière Agricole et Commerciale d'Afrique [Zaïre]
SIMAF: [glossed as: International Symposium on African Music]
SIMAK: Société Immobilière au Kivu [Zaïre]
SIMAR: Société Mauritano-Roumaine de Pêche [as given]
SIMAT: Société Industrielle de Matériel Agricole du Tchad [Chad]
SIMBC: Seychelles International Mercantile Bank Corporation
SIMEXCO: Société Internationale pour le Commerce [Zaïre]
SIMKAT: Société Belge Industrielle et Minière du Katanga [Zaïre]
SIMO: Société Imprimerie de l'Ogooué [Gabon]
SIMPAFRIQUE: Société d'Impression d'Afrique
SIMPEX: Syndicat des Importateurs Exportateurs du Gabon
SINA: Société Ivoirienne de Navigation [Côte d'Ivoire]
SINAC: Société de l'Industrie Nationale de la Chaussure [Burkina Faso]
SINAPROF: [glossed as: professional trade union in Guiné-Bissau]
SINBA: [glossed as: Society for Brazilian-African Exchange]
SINDACO: Sindicato Angolano dos Camponeses e Operários
SINECOSSE: [glossed as: National trade union of commerce, insurance and services]
SINELAC: Société Internationale d'Électricité des Grands Lacs
SINELOKA: Syndicat d'Initiative des Exportateurs du Lomami-Kasaï [Zaïre]
SINFAD: Syndicat des Informaticiens de l'Administration [Senegal?]
SINKAFOR: Société Industrielle Katangaise pour l'Exploitation Forestière de la Culture et l'Élevage [Zaïre]
SINPA: Société d'Intérêt National des Produits Agricoles [Madagascar]
SINPOCAF: Sindicato Nacional dos Trabalhadores dos Portos e Caminhos de Ferro [Mozambique]
SINTAC: Sindicato Nacional dos Trabalhadores da Aviação Civil, Correios e Comunicações [Mozambique]
SINTAF: Sindicato Nacional dos Trabalhadores Agro-Pecuários e Florestais [Mozambique]
SINTAPA: Sindicato dos Trabalhadores dos Portos de Angola
SINTCOBASE: Sindicato Nacional dos Trabalhadores do Comércio, Banca e Seguros [Mozambique]
SINTEVEC: Sindicato Nacional dos Trabalhadores da Indústria Téxtil Vestuário, Couro e Calçado [Mozambique]
SINTEX: Service Intérieur et Extérieur [Madagascar; proposed new name of DGDIE]
SINTIA: Sindicato Nacional dos Trabalhadores da Indústria do Açúcar [Mozambique]
SINTIAB: Sindicato Nacional dos Trabalhadores da Indústria Alimentar e Bebidas [Mozambique]
SINTIC: Sindicato Nacional dos Trabalhadores da Indústria de Cajú [Mozambique]
SINTICIM: Sindicato Nacional dos Trabalhadores da Indústria de Construção Civil, Madeira e Minas [Mozambique]
SINTIHOTS: Sindicato Nacional dos Trabalhadores da Indústria Hoteleira, Turismo e Similares [Mozambique]
SINTIME: Sindicato Nacional dos

S

Trabalhadores da Indústria Metalúrgica, Metalomecânica e Energia [Mozambique]
SINTIQUIGRA: Sindicato Nacional dos Trabalhadores da Indústria Química, Borracha, Papel e Gráfica [Mozambique]
SINTMAP: Sindicato Nacional dos Trabalhadores da Marinha Mercante e Pesca [Mozambique]
SINTRAT: Sindicato Nacional dos Trabalhadores dos Transportes Rodoviários e Assistência Técnica [Mozambique]
SIP: (1) Service d'Informations Protestantes; (2) Service Inter-africain de Pédologie; (3) Société Indigène de Prévoyance [various countries]; (4) Société Industrielle des Plastiques [Mali]; (5) Special Import Programme [Uganda]
SIPA: Somali Institute of Public Administration
SIPAL: Société Industrielle de Préparations Alimentaires [Togo?]; (2) Société Industrielle de Produits Alimentaires [Mali]
SIPCO: Société Internationale pour le Commerce [based at Dakar]
SIPEC: [a company in Cameroun]
SIPEM: Société d'Investissement pour la Promotion des Entreprises à Madagascar
SIPEMO: Société des Pêcheries Boina [Madagascar]
SIPF: Sugar Industry Pension Fund [Mauritius?]
SIPRA: Société Ivoirienne de Production Animale [Côte d'Ivoire]
SIR: (1) Société des Industries Réunies [Zaïre]; (2) Société Ivoirienne de Raffinage; (3) Sudan Intelligence Report
SIRAMA: [state sugar corporation in Madagascar]
SIRIRI: [glossed as: Entreprise d'État d'Assurances et de Réassurances, in Central African Republic]
SIRU: Service de l'Information du Ruanda-Urundi
SIS: Secteur Industriel Socialiste [Algeria]
SISA: SITRAM International Shipping Agencies [Côte d'Ivoire]
SISCOMA: Société Industrielle Sénégalaise de Constructions Mécaniques et de Matériel Agricole
SISE: Serviço de Informação e Segurança do Estado [Mozambique]
SISMAR: Société Industrielle Sénégalaise de Matériel Aratoire [Senegal]
SIT: (1) Secrétariat d'État de l'Information et du Tourisme [Guinea]; (2) Sugar Investment Trust [Mauritius]; (3) Syndicat Islamiste du Travail [Algeria]
SITAB: Société Ivoirienne de Tabacs [Côte d'Ivoire]
SITABAC: Société Industrielle des Tabacs du Cameroun
SITAZ: [a bus company in Kinshasa, Zaïre]
SITET: Special Investigation Team for Economy and Trade [Zambia]
SITO: Société Immobilière Togolaise
SITP: Société Ivoirienne de Transports Publics [Côte d'Ivoire]
SITRACO: Société d'Importation Alimentaire du Congo
SITRAM: Société Ivoirienne de Transport Maritime [Côte d'Ivoire]
SITRASS: [an organisation concerned with transport in Africa]
SITS: Syndicat des Ingénieurs, Techniciens et Cadres du Sénégal
SIV: Société Industrielle de Vêtement [Senegal]
SIVELEC: Société Ivoirienne d'Électricité [Côte d'Ivoire]
SIVEM: Société Ivoirienne d'Emballages [Côte d'Ivoire]
SIVIE: Société Ivoirienne d'Installations Électriques [Côte d'Ivoire]
SIVIT: Société Industrielle de Viande du Tchad
SIVOCLIM: Société Ivoirienne de Climatisation [Côte d'Ivoire]
SIVOMAR: Société Ivoirienne de

Navigation Maritime [Côte d'Ivoire]
SIVOMR: Syndicat Intercommunal à Vocation Multiple de la Réunion
SIXS = 6S: Se Servir de la Saison Sèche en Savanne et au Sahel
SIZA: Soyikwa Institute of African Theatre
SK: Survey of Kenya
SKAAL: Solidaritätskomitee für Afrika, Asien, Lateinamerika
SKAZNA: Solidaritätskomitee Azania, Zimbabwe, Namibia
SKG: Süd-Kamerun-Gesellschaft
SL: Sierra Leone
SLA: (1) Sabi-Limpopo Authority; (2) Samuel Ladoke Akintola [Nigeria]; (3) Sierra Leone Airways; (4) Sierra Leone Association for the Improvement and Defence of Commerce, Agriculture and Industry; (5) Somali Liberation Army
SLAALIS: Sierra Leone Association of Archivists, Librarians and Information Scientists [Sierra Leone]
SLADD: Salima Agricultural Development Division [Malawi]
SLAPCO: [glossed as: Coffee and cocoa producing subsidiary of Sierra Leone Produce Marketing Board]
SLAS: Sierra Leone Aborigines Society
SLB: Subordinate Land Board
SLBA: Sierra Leone Booksellers Association
SLBS: Sierra Leone Broadcasting Service
SLCI: Syndicat des Libraires de Côte d'Ivoire
SLD: (1) Social-Liberal e Democrático [Mozambique]; (2) Surveys and Lands Department [Sierra Leone]
SLDP: Sierra Leone Democratic Party
SLEC: Sierra Leone Electricity Corporation
SLECG: Syndicat Libre des Enseignants et Chercheurs de Guinée
SLEF: Sierra Leone Evangelical Fellowship
SLEMSA: Soil Loss Estimation Model for Southern Africa
SLENA: Sierra Leone News Agency

SLET: Sierra Leone External Telecommunications = SLETL
SLETL: Sierra Leone External Telecommunications Limited = SLET
SLF: Sidama Liberation Front [Ethiopia]
SLFA: Sierra Leone Forest Authority
SLFC: Sierra Leone Finance Company
SLG: Sierra Leone Government
SLGFM: Sierra Leone Guardian and Foreign Mails
SLGR: Sierra Leone Government Railway
SLI: Société de Linéa-Idjwi [Zaïre]
SLIGA: Société Laitière Industrielle du Gabon
SLIM: Sierra Leone Independence Movement
SLIP: Sierra Leonean Initiative for Peace
SLIS: Special Libraries and Information Services Group [South Africa]
SLK: Société de Linéa-Kihumba [Zaïre]
SLM: (1) Sidamo [or Sidama] Liberation Movement [Ethiopia]; (2) Société de Linéa-Malambo [Zaïre]; (3) Syndicat des Libraires de Madagascar
SLMA: Sierra Leone Mercantile Association
SLMDA: Sierra Leone Medical and Dental Association
SLNA: Sierra Leone Native Association
SLNTC: Sierra Leone National Telecommunications Company
SLOCA: Services to Livestock Owners in Communal Areas [Botswana]
SLOS: Sierra Leone Organisation Society. Cp. SOS
SLPC: Section des Libraires et Papetiers de Côte d'Ivoire
SLPIM: Sierra Leone Progressive [or Peoples] Independence Movement
SLPMB: Sierra Leone Produce Marketing Board
SLPO: Sierra Leone Provincial Organisation
SLPP: Sierra Leone People's Party
SLPRC: Sierra Leone Petroleum Refinery Company
SLS: (1) Savings and Loan Society; (2) Sierra Leone Studies; (3) Syndicat des Libraires du Sénégal

SLS/NN: Swahili Language and Society / Notes and News
SLST: Sierra Leone Selection Trust
SLTB: Syndicat Libre des Travailleurs du Burundi
SLTU: Sierra Leone Teachers' Union
SLWN: Sierra Leone Weekly News
SM: Southern Cross Medal [South Africa]
SMA: (1) Scouts Musulmans Algériens; (2) Secteurs de Modernisation Agricole [Chad]; (3) Société des Missions Africaines = Society of African Missions
SMAG: (1) Salaire Minimum Agricole Garanti [various countries]; (2) Société Meunière et Avicole du Gabon
SMAR: Société Mauritanienne d'Assurances et de Réassurances
SMAWU: Swaziland Manufacturing and Allied Workers Union
SMB: (1) Schweizerische Missionsgesellschaft Bethlehem; (2) Seychelles Marketing Board; (3) Société Mauritanienne de Banque
SMC: (1) Serenje, Mpika, Chinsali [Zambia]; (2) State Motor Corporation [Tanzania]; (3) Sudan Mining Company; (4) Supreme Military Council [Ghana, Nigeria]
SMCD: Supreme Military Council Decree [Ghana]
SMCP: Société Mauritanienne de Commercialisation du Poisson
SMCPP: Société Mauritanienne de Commercialisation des Produits Pétroliers
SMD: (1) Société des Mines du Djado; (2) Surveys and Mapping Division [Tanzania]
SMDN: (1) Société Minière du Dahomey-Niger; (2) Société Minière du Niger [Niger]
SMDR: (1) Société Malienne de Secours Mutuel et de Développement Rural; (2) Société Mutuelle de Développement Rural [Mali, Niger; Central African Republic?, Guinea?]
SME: (1) Société des Missions Évangéliques [de Paris]; (2) Société Malgache d'Édition [Madagascar]
SMECMA: Société Malienne d'Étude et de Construction de Matériel Agricole *or* Société Malienne d'Études et de Construction de Matériels Agricoles
SMEO: Société Minière de l'Est Oubangui
SMEP: Société des Missions Évangéliques de Paris = SME: Société des Missions Évangéliques = MEP: Missions Évangéliques de Paris = PEMS: Paris Evangelical Missionary Society
SMER: Société Marocaine des Éditeurs Réunis
SMERT: Société Malienne d'Exploitation des Ressources Touristiques [Mali]
SMF: (1) Special Mobile Forces [Mauritius]; (2) Svenska Missionsförbundet
SMG: Société des Mines du Guiro
SMI: Service Médical Interentreprise [Djibouti]
SMIC: Société Mobilière et Immobilière Congolaise [Zaïre]
SMIDO: Small and Medium Industry Organisation [Mauritius] [as given]
SMIG: Salaire Minimum Interprofessionel Garanti [various countries]
SMK: (1) Six Mabona Kids [Cape Town youth gang]; (2) Société Minière de Kisenge [Zaïre]
SML: Sociedade Mineira de Lucapa [Angola]
SMLM: Selective Medical Library on Microfiche
SMLT: Société du Métro Léger de Tunis
SMM: (1) Société Minière de M'Passa [Congo Republic]; (2) Sucreries Marseillaises de Madagascar
SMNL: Sudanese [*or* Sudan] Movement for National Liberation
SMOL: Société Minière Ogooué-Lobaye
SMOTIG: Service de la Main-d'œuvre pour les [*or* des] Travaux d'Intérêt Général [Madagascar]
SMP: (1) Safe Motherhood Programme [Tanzania]; (2) Secondary Mathematics Project [Swaziland?]; (3) Secteurs de Modernisation du

Paysannat [Morocco]
SMPI: Société Mauritanienne de Presse et d'Impression
SMPL: Société Malgache de Produits Laitiers [Madagascar]
SMPR: (1) Société Mutuelle de Production Rurale [various countries]; (2) Société Mutuelle de Promotion Rurale [various countries]
SMR: Société Malgache de Raffinage [Madagascar]
SMRI: Sugar Milling Research Institute [South Africa]
SMRT: Sociétés Mutuelles Rurales Togolaises
SMT: (1) Service Municipal des Transports; (2) Sisters of the Mysterious Ten [Liberia]; (3) Special Military Tribunal [Ghana]
SMTF: Société Minière de Tenke-Fungurume
SMTH: Société Mauritanienne de Tourisme et d'Hôtellerie
SMTM: Société Malgache de[s] Transports Maritimes [Madagascar]
SMTT: Société Minière de Tassa N'Taghalgué
SMU: Seamen Maritime Union [South Africa]
SN: (1) Sindicato Nacional; (2) Superintendent of Natives [Zimbabwe]
SNA: (1) Secretary for Native Affairs [South Africa]; (2) Société Nationale d'Allumettes [Madagascar]; (3) Société Nationale d'Assurance [Guinea?]; (4) Sole Native Authority [Nigeria]; (5) Somali National Alliance [Somalia]; (6) Somali National Army; (7) Superintendent of Native Affairs [South Africa]; (8) Swaziland National Archives; (9) Syndicat National Autonome [Senegal]
SNAAD: Sistema Não-Administrativo de Alocação de Divisas [Mozambique?]
SNABT: Société Nationale d'Aménagement et la Baie de Tanger
SNAC: Société Nouvelle d'Assurances du Cameroun
SNACS: Swaziland National Administration of Civil Servants
SNAFIC: Seychelles National Fishing Company
SNAFOR: Société Nationale pour le Développement Forestier [Benin Republic]
SNAG: Syndicat National de l'Administration Générale [Niger]
SNAHDA: Société Nationale des Huileries du Dahomey
SNAI: Società Nazionale per l'Agricoltura e l'Industria [Somalia]
SNAR: Société Nationale d'Assurances et de Réassurances de la République de Guinée [Guinea]
SNAR-LEYMA: Société Nigérienne d'Assurances et de Réassurances 'Leyma' [Niger]
SNASP: Serviço Nacional de Segurança Popular [Mozambique]
SNAT: (1) Schéma National d'Aménagement du Territoire [Morocco]; (2) Société Nationale d'Acconage et de Transit [Gabon]; (3) Société Nationale de l'Artisanat Traditionnel [Algeria]; (4) Swaziland National Association of Teachers
SNBCE: Sucreries Nosy Bé, Côte Est [Madagascar]
SNBG: Société Nationale des Bois du Gabon
SNBTRAPAL: Société Nationale du Bâtiment et des Travaux Publics d'Alger [Algeria]
SNBTRAPCO: Société Nationale du Bâtiment et des Travaux Publics de Constantine [Algeria]
SNC: (1) Semaine Nationale de la Culture [Burkina Faso]; (2) Société en Nom Collectif; (3) Société Nationale de Comptabilité [Algeria]; (4) Société Nigérienne de Cimenterie; (5) Somali National Congress; (6) Sub-Native Commissioner; (7) Swazi National Council [Swaziland]
SNCC: Student Non-Violent Coordinating Committee [South Africa] ["Also called SNICK"]

SNCDS: Société Nouvelle des Conserveries du Sénégal
SNCDV: Société Navale et Commerciale Delmas-Vieljeux *or* Société de Navigation Delmas-Vieljeux [France]
SNCE: Société Nouvelle des Conduites d'Eau [Morocco]
SNCFA: Société Nationale des Chemins de Fer Algériens
SNCFT: Société Nationale des Chemins de Fer Tunisiens
SNCG: Société Nationale des Corps Gras [Algeria]
SNCI: Société Nouvelle de Construction Industrielle
SNCOTEC: Société de Commercialisation des Textiles et des Cuirs [Algeria]
SNCP: Société Nigérienne de Collecte des Cuirs et Peaux
SNCPT: (1) Société Nationale de Construction et de Travaux Publics [Algeria]; (2) Sudan National Committee on Traditional Practices
SNCTP: [glossed as: Sudan National IAC Committee]
SNCZ: Société Nationale des Chemins de Fer Zaïrois
SNDE: Société Nationale de Distribution d'Eau [*or* des Eaux *or* d'Eaux] [Congo Republic]
SNDP: (1) Second National Development Plan [Zambia?]; (2) Sixth National Development Plan
SNDU: Somali National Democratic Movement
SNE: (1) Société Nationale d'Électricité [Congo Republic]; (2) Société Nationale d'Énergie [Congo Republic]; (3) Société Nationale d'Équipement [Benin Republic?]; (4) Société Nationale des Eaux [Burkina Faso]; (5) Syndicat National des Étudiants [Morocco]; (6) [public utility concerned with water, Niger]
SNEA: (1) Société Nationale d'Exploitation Agricole [Central African Republic]; (2) Société Nationale Elf-Aquitaine [Congo Republic]
SNEAHV: Syndicat National des Enseignants Africains de Haute-Volta
SNEB: (1) Société Nationale d'Exploitation des Bois [Congo Republic]; (2) [glossed as: National trade union of banks, Mozambique]
SNEBA: Sindicato Nacional dos Empregados Bancários de Angola
SNEC: (1) Société Nationale des Eaux du Cameroun; (2) Syndicat des Enseignants et Chercheurs [Gabon]; (3) Syndicat National des Enseignants [Mali]; (4) [glossed as: agency concerned with urban development in Morocco]
SNECI: Syndicat National des Écoles en Côte d'Ivoire
SNECI *or* **SNECIA** *or* **SNECIPA:** Sindicato Nacional dos Empregados do Comércio e da Indústria da Província de Angola
SNECS: Syndicat National des Enseignants et Chercheurs du Supérieur [Niger]
SNED: Société Nationale [*or* Nouvelle] d'Édition et de Diffusion [Algeria]
SNEHM: Société Nationale d'Exploitation des Huileries du Mali
SNEL: Société Nationale d'Électricité [Zaïre]
SNEMA: Société Nationale des Eaux Minérales Algériennes [*or* d'Algérie] = EMA: Eaux Minérales Algériennes
SNEN: Syndicat National des Enseignants du Niger
SNERI: Société Nationale d'Études et de Recherches [*or* Réalisations] Industrielles [Algeria]
SNERIF: Société Nationale d'Études et de Réalisations de l'Infrastructure Ferroviaire [Algeria]
SNES: (1) Syndicat National des Enseignants du Sénégal; (2) Syndicat National de l'Enseignement Supérieur [Benin Republic]; (3) Syndicat National des Étudiants Secondaires [Morocco?]
SNESS: Syndicat National des Enseignants du Secondaire et du

Supérieur
SNF: Somali National Front [Somalia]
SNGA: Société Nationale des Galeries Algériennes
SNGTN: Société Nationale des Grands Travaux du Niger
SNH: (1) Société Nationale des Hydrocarbures [Cameroun]; (2) Société Nigérienne d'Hôtellerie
SNHFA: Service National "Hors Forces Armées" [Madagascar]
SNHR: Service National de l'Hydraulique Rurale [Zaïre]
SNHT: [glossed as: Société malgache (huile et savon), Madagascar]
SNI: (1) Service National d'Intelligence [Zaïre]; (2) Société Nationale d'Investissement [Cameroun]; (3) Société Nationale d'Investissements [Madagascar, Morocco]; (4) Société Nationale Immobilière [Gabon]
SNIB: Société Nationale des Industries du Bois [Algeria]
SNIC: (1) Seychelles National Investment Corporation; (2) Société Nationale des Industries Chimiques [Algeria]; (3) Société Nouvelle de l'Imprimerie Centrale [Madagascar]
SNICK: see: SNCC
SNICS: Société Nationale pour l'Industrie et le Commerce au Sénégal
SNIFA: Société Nationale d'Investissement et Fonds Annexes [Togo]
SNIM: Société Nationale Industrielle et Minière [Mauritania]
SNIM-SEM: Société Nationale Industrielle et Minière – Société d'Économie Mixte [Mauritania]
SNIP: Service National d'Intelligence et de Protection [Zaïre]
SNIT: (1) Société Nationale d'Investissement et Fonds Annexes du Togo; (2) Société Nationale Immobilière de Tunisie
SNL: (1) Société Nationale du Liège [Algeria]; (2) Somali National League, *alternatively* Somaliland National League; (3) Swazi Nation Land [Swaziland]
SNLB: Société Nationale des Industries des Lièges et Bois [*or* du Liège et du Bois] [Algeria]
SNM: Somali National Movement [Somalia]
SNMC: Société Nationale de [*or* des] Matériaux de Construction [Algeria]
SNMETAL: Société Nationale pour le Métal [Algeria]
SNMFMA *or* **SNMFM:** Sindicato Nacional dos Mecânicos, Ferroviários e Metalúrgicos (de Angola)
SNNGA: Société Nationale "Les Nouvelles Galéries Algériennes"
SNOA: Société Nationale d'Ouvrages d'Art [Algeria]
SNP: (1) Secretary, Northern Provinces [Nigeria]; (2) Service National Populaire; (3) Somali National Police; (4) Sudan [*or* Sudanese] National Party
SNPC: Société Nouvelle de Production Cinématographique [Senegal]
SNPP: Société Nigérienne de Produits Pétroliers
SNR: (1) Société Nationale de Recouvrement [Senegal]; (2) Sudan Notes and Records
SNRDA: Service National des Routes de Desserte Agricole [Zaïre]
SNREAH: Société Nationale de Recherche d'Eau et d'Aménagement Hydraulique [Algeria]
SNREGMA: Société Nationale de Promotion, de Réalisation et de Gestion des Marchés de Gros [Algeria]
SNREPAL: Société Nationale de Recherche et d'Exploitation des Pétroles en Algérie
SNS: (1) Service National de la Statistique [Congo Republic]; (2) Société Nationale de Sidérurgie [Algeria, Togo]; (3) Stock National de Sécurité [Mali]; (4) Syndicat National Solidarité [Zaïre]
SNSEMPAC: Société Nationale des Semouleries, Meuneries, Fabriques de Pâtes Alimentaires et Couscous

S

SNT: [Algeria]
SNT: Société Nationale des Transports [Tunisia]. Cp. STN
SNTA: Société Nationale des Tabacs et Allumettes [Algeria]
SNTB: Société Nationale de Transit du Burkina
SNTC: Syndicat National des Travailleurs Congolais [Zaïre]
SNTF: Société Nationale des Transports Ferroviaires [Algeria]
SNTFM: Société Nigérienne des Transports Fluviaux et Maritimes
SNTI: (1) Société Nationale de Tomate Industrielle [Senegal]; (2) Société Nationale de Transports Interrégionaux [Congo Republic?]
SNTM: Société Nationale de Transport Maritime [Algeria]
SNTN: Société Nationale des Transports Nigériens [Niger]
SNTP: Société Nationale de Travaux Publics [Algeria, Madagascar]
SNTPT: Syndicat National des Travailleurs des Postes et des Télécommunications [Senegal]
SNTR: Société Nationale des Transports Routiers [Algeria]
SNTRAV: Société Nationale de Travaux d'Aménagement et de Viabilité [Algeria]
SNTR TOGOROUTE: Société Nationale de Transports Routiers [Togo]
SNTS: Syndicat National des Travailleurs de la Santé [Senegal]
SNTV: Société Nationale des Transports des Voyageurs [Algeria]
SNU: Somali National University [Somalia]. In Italian: UNS: Università Nazionale Somala
SNUT: Swaziland National Union of Teachers
SNV: (1) Service National de Vulgarisation [Zaïre]; (2) [glossed as: Service néerlandais d'assistance au développement]
SNVI: Société Nationale des Véhicules Industriels [Algeria]
SNWA: Sudanese Nationals Working Abroad
So.sh: Somali shilling
SO: Special Order [Sudan]
SOADECO: Sociedad Anónima de Desarrollo del Comercio [Equatorial Guinea]
SOADIP: Société Africaine de Diffusion et de Promotion [Senegal]
SOAEM: Société Ouest-Africaine d'Entreprises Maritimes [West and West Central Africa]
SOALCO: Société Nationale des Conserveries Algériennes
SOAS: School of Oriental and African Studies [University of London]
SOATO: Société Africaine de Torréfaction [Mali]
SOBA: Société Barro [Burkina Faso?]
SOBAD: Société Béninoise d'Automobile et de Divers
SOBAKI: Société Belgo-Africaine du Kivu [Zaïre]
SOBECOV: Société Burundaise d'Entreposage et du Stockage des Produits Vivriers *or* Société de Stockage et de Commercialisation des Produits Vivriers [Burundi]
SOBEDI: Société Belge du Disque [Zaïre]
SOBEK: Société Beninoise du Kenaf
SOBELPAR: Société Belge de Participations [Zaïre]
SOBEMA: Société Burkinabè d'Émaillerie
SOBEMAC: Société Béninoise des Matériaux de Construction
SOBEMCO: Société Belge des Recherches Minières au Congo [Zaïre]
SOBEMI: Société Belge d'Emballages Métalliques Industriels [Zaïre]
SOBEPALH: Société Béninoise de Palmier à Huile
SOBETEX: Société Beninoise des Textiles
SOBIASCO: Société des Bitumes et Asphaltes du Congo [Zaïre]
SOBOCO: Société de Bonneterie et de Confection Dakaroise [Senegal]
SOBOGAR: Société des Boissons Gazeuzes du Gharb
SOBRA: Société Burkinabè de Brasseries [Burkina Faso]

SOBRABAND: Société des Brasseries de Bandundu [Zaïre]
SOBRADO: Société des Brasseries du Dahomey
SOBRICI: Société des Briqueteries de Côte-d'Ivoire
SOBUMINES: Société Burundaise des Mines [Burundi]
SOCAB: Société du Car du Benin
SOCABO: Société Coopérative Agricole de Bonoua [Côte d'Ivoire]
SOCABU: Société d'Assurances du Burundi
SOCACAO: Société Camerounaise de Cacao
SOCACI: Société Camerounaise de Commerce et d'Industrie
SOCAD: Société de Commercialisation et de Crédit Agricole Dahoméenne
SOCADA: Société Centrafricaine de Développement Agricole
SOCADRA: Société Camerounaise des Droits d'Auteurs
SOCAL: Sociedade Industrial de Calçado [Cape Verde Islands]
SOCALA: Société Congolaise Arabe Libyenne de l'Agriculture
SOCALZA: Société d'Allumettes du Zaïre
SOCAM: (1) Société de Commercialisation de Matériaux [Burkina Faso?]; (2) Société des Conserveries Alimentaires du Mali
SOCAMAC: Société Camerounaise de Manutention et d'Acconage [Cameroun]
SOCAME: Société Camerounaise des Engrais
SOCAPALM: Société Camerounaise de Palmeraies
SOCAR: Société Camerounaise d'Assurances
SOCAS: Société de Conserves Alimentaires du Sénégal
SOCATCI: Société des Caoutchoucs de Côte-d'Ivoire
SOCATOUR: Société Camerounaise de Tourisme
SOCATRA: Société Camerounaise de Transport
SOCATRAF: Société Centrafricaine des Transports Fluviaux [Central African Republic]
SOCATRAL: Société Camerounaise de Transformation de l'Aluminium
SOCATSI: [a state enterprise concerned with rubber, Côte d'Ivoire]
SOCAVER: Société Camerounaise de Verrerie
SOCCA: (1) Société Camerounaise de Crédit Automobile; (2) Société Commerciale du Centre Africain
SOCCER: Sports Organisation for Collective Contributions and Equal Rights [South Africa]
SOCESI: Société Sénégalaise pour le Commerce et l'Industrie
SOCICO: Société Cimentière du Congo [Congo Republic]
SOCIGA: see: SOGIGA
SOCIMA: Société des Ciments du Mali
SOCIR: Société Congo-Italienne de Raffinage [Zaïre]
SOCITO: [glossed as: soap manufacture in Togo]
SOCITURI: Société Industrielle et Commerciale de l'Ituri [Zaïre]
SOCOBAIL: Société Camerounaise de Crédit-Bail
SOCOBANQUE: Société Congolaise de Banque [Zaïre]
SOCOBELAM: Société Congolaise Belgo-Américaine pour la transformation du bois du Congo *or* Société de Construction Navale et de Lambrissage de Bois [Zaïre]
SOCOBIS: Société de Confiserie et de Biscuiterie [Madagascar]
SOCOBOIS: Société Congolaise de [*or* des] Bois [Congo Republic]
SOCOBOM: Société Cotonnière du [*or* de] Bomokandi [Zaïre]
SOCOCIM: Société Commerciale du Ciment [Senegal?]
SOCOCRAIE: Société Congolaise de Craie [Zaïre]
SOCODI: Société Congolaise du Disque
SOCOFIDE: Société Congolaise de Financement du Développement [*or* de

Financement et de Développement] [Zaïre]
SOCOFINCO: Société Commerciale et Financière Congolaise [Zaïre]
SOCOFROID: Société Congolaise de Conserverie et de Congélation [Congo Republic]
SOCOGEPAR: Société Congolaise de Gestions et de Participations [Zaïre]
SOCOGIB: Société de Construction et de Gestion Immobilière du Burkina
SOCOGIM: Société de Construction et de Gestion Immobilière [Benin Republic]
SOCOGUI: Sociedad Colonial de Guinea [Equatorial Guinea]
SOCOL: Société Coloniale de Construction [as given]
SOCOMA: Société des Conserveries du Mali
SOCOMAB: Société Congolaise de Manutention des Bois [Congo Republic]
SOCOME: Société Congolaise de Meubles
SOCOMEK: Société Commerciale et Agricole de l'Est du Kwango [as given] [Zaïre]
SOCOMEL: Société de Constructions Métalliques [Zaïre]
SOCOMIA: Société Commerciale Industrielle et Agricole de Luputa [Zaïre]
SOCOMINES: Société Congolaise de Mines [Zaïre]
SOCOODER: Société Coopérative de Développement Rural [Cameroun?]
SOCOPAO: Société de Consignation pour l'Afrique Occidentale
SOCOPED: Société Coopérative d'Épargne et de Développement [Cameroun?]
SOCOPETROL: [a petroleum company in Belgian Congo]
SOCOPHAR: Société Coloniale de Pharmacie et de Droguerie
SOCORAM: Société de Constructions Radioélectriques du Mali
SOCOREM: Société Congolaise de Recherches et d'Exploitation Minières [Congo Republic]
SOCOREP: Société Congolaise de Recherches et d'Exploitation de Pétrole [Zaïre]
SOCOTEC: [glossed as: "bureau d'études", La Réunion]
SOCOTEX: (1) Société Coloniale de Textiles [Zaïre]; (2) Société Congolaise de Textiles
SOCOTOLE: Société Coloniale de la Tôle
SOCOTON: Société Cotonnière Congolaise [Congo Republic]
SOCOTR: Société Congolaise de Transit
SOCOTRAM: [glossed as: a timber-enterprise, Guiné-Bissau]
SOCOTRANS: Société Congolaise de Transports [Congo Republic]
SOCOULOLE: Société Coopérative de l'Oubangui-Lobaye-Lessé. Cp. SOCOULOUE
SOCOULOUE: Société Coopérative de la Lobaye-Lessé [as given]. Cp. SOCOULOLE
SOCOVIA: Société Comorienne des Viandes
SOCUMA: Société de Cuivre de la Mauritanie
SODAF: Somali Democratic Action Front
SODAGRI: Société de Développement Agricole et Industriel du Sénégal
SODAIC: Société Dahoméenne d'Importation et du Commerce
SODAICA: Société de Développement Agricole et Industriel de Casamance
SODAK: Société Dahoméenne Agricole et Industrielle du Kenaf
SODATEX: Société Dahoméenne de Textiles
SODE: (1) Société[s] d'État [Côte d'Ivoire]; (2) [glossed as an informal abbreviation for SODERIZ, Côte d'Ivoire]
SODEA: [glossed as: société de développement, Morocco]
SODEBLE: Société de Développement du Blé *or* Société de Développement pour la Culture et la Transformation du Blé [Cameroun]
SODEC: Société pour le Développement

Économique des Comores
SODECAO: (1) Société de Développement du Cacao [Cameroun]; (2) Société pour le Développement du Cacao [Senegal]
SODECI: Société de Distribution d'Eau de Côte d'Ivoire
SODECOTON: (1) Société de Développement du Coton [Cameroun]; (2) Société pour le Développement du Coton [Senegal]
SODEFEL: Société pour le [*or* de] Développement des Fruits et Légumes [Côte d'Ivoire]
SODEFITEX: Société de Développement des Fibres Textiles [Senegal]
SODEFOR: Société de [*or* pour le] Développement des Plantations Forestières [Côte d'Ivoire]
SODELAC: Société pour le Développement de la Région du Lac *or* Société de Développement du Lac [Chad; given with many variants]
SODEMAC: Société d'Entretien et de Maintenance d'Avions au Congo [Zaïre]
SODEMI: Société pour le Développement Minier de la Côte d'Ivoire
SODEMO: [glossed as: company trading in the Morandava River basin, Madagascar]
SODENCAM: [a parastatal in Cameroun]
SODENKAM: Société du Développement du Nkam
SODEPA: Société de Développement et d'Exploitation des Productions Animales [Cameroun]
SODEPAC: Société de Développement de la Pêche Artisanale des Comores
SODEPALM: (1) Société de Développement des Palmeraies [Cameroun?] (2) Société pour le Développement et l'Exploitation du Palmier à l'Huile [Côte d'Ivoire]
SODEPAX: Society, Development and Peace Commission [of the Lesotho Christian Council of Churches]
SODEPRA: Société pour le Développement de la Production Animale [*or* des Productions Animales] [Côte d'Ivoire]
SODERE: Société de Développement Économique de la Réunion
SODERIM: Société de Développement de la Riziculture de [*or* dans] la Plaine des Mbo [Cameroun]
SODERIZ: (1) Société pour le Développement du Riz [Senegal]; (2) Société pour le Développement de la Riziculture [Côte d'Ivoire]
SODERS: Société des Dérivés du Sucre [Morocco]
SODESP: Société de Développement de l'Élevage dans la Zone Sylvo-Pastorale (Senegal)
SODESUCRE: Société pour le Développement des Plantations de Canne à Sucre, l'Industrialisation et la Commercialisation du Sucre [Côte d'Ivoire]
SODETO: Société des Détergents du Togo
SODETRAF: Société de Développement et Transport Aérien en Afrique *or* Société pour le Développement du Transport Aérien en Afrique
SODEVA: (1) Société de Développement de l'Élevage [Cameroun]; (2) Société de [*or* pour le] Développement et la Vulgarisation Agricole [Senegal]
SODEXCOM: Société d'Expansion Commerciale en Afrique [Zaïre]
SODHEVEA: Société de [*or* pour le] Développement d'Hévéa [Côte d'Ivoire]
SODIDA: Société du Domaine Industriel de Dakar [Senegal]
SODIM: Société de Développement Industriel de la Haute Moulouya
SODIMAS: Société de Distribution de Fournitures, Matériel Administratif et Scolaire [Benin Republic?]
SODIMCA: (1) Société d'Imprimerie du Courrier d'Afrique; (2) Société d'Imprimerie et de Cartonnage [Zaïre]
SODIMICO: Société de Développement Industriel et Minier du Congo [Zaïre]
SODIMIZA: Société de Développement

Industriel et Minier du Zaïre
SODIPACI: Société d'Investissement et de Participation Cinématographique [Senegal]
SODIVO: Société de Distribution Voltaïque
SOE: (1) Service Œcuménique d'Entraide; (2) State of Emergency [South Africa]
SOEC: Somaliland Oil Exploration Company
SOEKOR: Southern Oil Exploration Corporation [South Africa]
SOEPI: Service Œcuménique de Presse et d'Information
SOF: State Oil Fund [South Africa]
SOFACO: Société Franco-Africaine de Commercialisation [Burkina Faso?]
SOFAPIL: Société de Fabrication des Piles du Faso [Burkina Faso]
SOFIBEL: Société Forestière et Industrielle de Belabo [Cameroun]
SOFICOLA: Société Financière et Coloniale Anversoise [Belgium]
SOFIDE: Société Financière de Développement [Zaïre]
SOFINCO: Société Financière et Industrielle du Congo [Zaïre]
SOFISEDIT: Société Financière Sénégalaise pour le Développement de l'Industrie et du Tourisme
SOFITEX: (1) Société Burkinabè des Fibres Textiles; (2) Société des Fibres Textiles [Benin Republic]
SOFIVAR: Société de Financement et de Vulgarisation de l'Arachide [Burkina Faso]
SOFOLAC: Société Foncière des Grands Lacs Africains
SOFOREX: [glossed as: Société d'Exploitation Forestière, Guinea]
SOFORGA: Société Forestière du Gabon
SOFOSTAN: Société Forestière, Industrielle et Commerciale [Zaïre]
SOFRIMA: Société des Frigorifiques Mauritaniens
SOGABAIL: Société Gabonaise de Crédit Bail
SOGACA: Société Gabonaise de Crédit Automobile
SOGACEL: Société Gabonaise de Cellulose
SOGACOME: Société Gabonaise de Commerce et d'Exportation
SOGAFERRO: Société Gabonaise de Ferroalliage
SOGAFIBAIL: Société Gabonaise de Financement par le Crédit-Bail
SOGAKOR: Société des Boissons Gazeuses du Kasaï Oriental [Zaïre]
SOGANI: Société des Gaz Industriels du Niger
SOGAPAR: Société Gabonaise de Participations et de Développement
SOGARAF or **SOGARA:** Société Gabonaise de Raffinage
SOGAREM: Société Gabonaise de Recherches et d'Exploitations Minières
SOGATOR: Société Gabonaise de Torréfaction
SOGB: (1) Société des Caoutchoucs de Grand-Béréby [Côte d'Ivoire] [as given by two sources; but see: SCGB]; (2) Société des Plantations de Grand Béréby [Côte d'Ivoire]. Cp. SPGB
SOGEAC: Société de Gestion et d'Exploitation de l'Aéroport de Conakry [Guinea]
SOGECHIM: (1) Société Générale Industrielle et Chimique de Likasi [Zaïre]; (2) Société Générale Industrielle et Chimique du Katanga [Zaïre]
SOGECO: Société Générale de Consignation et d'Entreprises Maritimes [Mauritania]
SOGECOB: Société Générale du Commerce du Benin
SOGEDIA: Société [or Société Nationale] de Gestion et du Développement des Industries Alimentaires [Algeria]
SOGEDIS: Société Nationale de Gestion et de Développement des Industries du Sucre [Algeria]
SOGEFIHA: Société de Gestion Financière de l'Habitat [Côte d'Ivoire]
SOGEFINANCE: Société Générale de Financement et de Participations en

Côte d'Ivoire
SOGEFOR: Société Générale des Forces Hydroélectriques du Katanga [Zaïre]
SOGELEC: Société Générale Africaine d'Électricité
SOGEMA: Société de Gestion des Marchés Autonomes [Benin Republic?]
SOGESCOL: Société de Gestion d'Entreprises Coloniales [Belgium]
SOGETA: [glossed as: société de développement, Morocco]
SOGETAIN: Société Générale de l'Étain [Zaïre]
SOGETRAG: Société Générale des Transports de Guinée [Guinea]
SOGIEXCI: [glossed as: enterprise in Côte d'Ivoire]
SOGIGA: Société des Cigarettes Gabonaises [error for SOCIGA?]
SOGON: Society of Gynæcology and Obstetrics of Nigeria
SOGUIKOP: Société Guinée-Koweitienne de Pêche
SOGUINE: Société Guinéenne d'Exploitation du Diamant [as given]
SOGUIP: Société Guinéenne de Pétrole
SOHIZA: Société des Historiens Zaïrois
SOITEX: [glossed as: Entreprise nationale des industries textiles des soieries, Algeria]
SOIWDP: Southern Okavango Integrated Water Development Project [Botswana]
SOJUFA: Société de Jus de Fruits [as given; Madagascar]
SOKAMIN: Société Minière de Kasongo [Zaïre]
SOKIBOIS: Société Kinoise de Bois [Zaïre]
SOKIMIN: Société Minière de Kihembove
SOKINABU: Société d'Économie Mixte pour l'Exploitation du Quinquina au Burundi
SOKINEX: Société Kinoise d'Expansion [Zaïre]
SOKOTAN: Sokoto Tannery [Nigeria]
SOL: Solidarity [South Africa]
SOLIBRA: Société de Limonaderies et Brasseries d'Afrique [Côte d'Ivoire etc.]
SOLICAM: Société Textile du Cameroun pour le Linge de Maison
SOLIMA: (1) Société Libyo-Malienne de Développement de l'Élevage et d'Exploitation du Bétail; (2) Solitany Malagasy [Madagascar]
SOLT: Société des Oléagineux du Logone-Tchad
SOM: Society of Malawi
SOMABIPAL: Société Malienne de Biscuiterie [or de Biscuits] et de Pâtes Alimentaires
SOMAC: Somali Academy of Sciences and Arts
SOMACA: [glossed as: car assembly factory at Casablanca, Morocco]
SOMACI: Société Malienne Commerciale et Industrielle
SOMACODIS: Société Malgache de Commerce et de Distribution
SOMACOM: Société de Manutention et de Consignation Maritime [La Réunion etc.?]
SOMACUB: Société Malienne de Cubes
SOMADER: Société Mauritanienne de Développement Rural
SOMAFAM: Société Malienne de Fabrication d'Articles Métalliques
SOMAFCO: Solomon Mahlangu Freedom College
SOMAGAL: Société Malienne de Glace Alimentaire
SOMAGAZ: Société Mauritanienne de Gaz
SOMAIR: Société des Mines de l'Aïr *or* Société Minière d'Aïr [Niger]
SOMALAC: Société d'Aménagement du Lac Alaotra [Madagascar]
SOMALFISH: [glossed as: a joint Somali-Italian fishing company]
SOMALIBO: Société Malienne des Boissons Gazeuses
SOMAMER: Société Marocaine des Produits de la Mer
SOMANGOL: [glossed as: Angola National Oil Co.]
SOMAPA: Société Malienne de Parfumerie

SOMAPEC: Société Malienne de Peintures et Colorants
SOMAPECHE: Société Malgache de Pêche
SOMAPIL: Société Malienne de Piles Électriques
SOMASAC: Société Malienne de Sacherie
SOMAT: Société du Matériel Agricole du Tchad
SOMBEPEC: Société Malienne de Bétail, Peaux et Cuirs [*or* du Bétail et des Peaux et Cuirs]
SOMDIA: Société pour l'Organisation, l'Aménagement et le Développement des Industries Alimentaires et Agricoles [Equatorial Guinea]. Cp. SOMDIAA
SOMDIAA: Société Multinationale pour le Développement des Industries Alimentaires et Agricoles
SOMEA: Société Nationale de Constructions Mécaniques et Aéronautiques [Algeria]
SOMECA: Société pour la Mécanisation des Entreprises en Afrique [Zaïre]
SOMECOB: Société Mauritanienne d'Élevage et de Commercialisation du Bétail *or* Société Mauritanienne de la Commercialisation du Bétail [Mauritania]
SOMEPAC: Société Malienne des Emballages en Papier Carton
SOMHI: Société Malgache des Hôtels Internationaux [Madagascar]
SOMIBA: Société Minière de Bafwaboli
SOMIBUROM: Société Mixte, Minière et Industrielle Roumano-Burundaise
SOMIDO: Société Minière de Katando [Zaïre]
SOMIEX: Société Malienne d'Import-Export [*or* d'Importation et d'Exportation]
SOMIEY: [glossed as: employers' federation, Mali]
SOMIFER: Société des Mines de Fer de Mékambo
SOMIGA: Société Minière Guinée-Alu-Suisse
SOMIKA: (1) Société Minière de Kamola; (2) [glossed as: Karongo Mining Company] [Burundi]
SOMIKIN: Société Minière de Kindu [Zaïre]
SOMIKIVU: Société Minière du Kivu [Zaïre]
SOMIKUBI: Société Minière de Nyamukubi [Zaïre]
SOMILU: Société Minière du Lueshe [Zaïre]
SOMIMA: Société Minière de Mauritanie
SOMINAF: Société Minière de l'Afrique Centrale
SOMINKI: Société Minière et Industrielle du Kivu [Zaïre]
SOMINOR: Société Minière du Congo Septentrional [Zaïre]
SOMIRWA: Société des Mines de Rwanda
SOMITAM: Société Minière de Tambao [Burkina Faso]
SOMIVAC: Société de Mise en Valeur Agricole de la Casamance *or* Société pour la Mise en Valeur de la Casamance [Senegal]
SOMJ: Society of Malawi Journal
SOMREC: [a British organisation providing relief to Somali refugees in Somalia]
SOMUCAR: Société Minière Union Carbide Somukubi [Zaïre]
SOMUKI: Société Minière de Muhinga et de Kigali [Rwanda]
SON: Superintendent of Natives [Zimbabwe]
SONABEL: Société Nationale Burkinabè d'Électricité *or* Société Nationale d'Électricité du Burkina
SONABHY: Société Nationale Burkinabè des Hydrocarbures
SONAC: (1) Société Nationale de Céramique d'Art [Benin Republic]; (2) Société Nationale de Confection [Algeria]
SONACAT: Société Nationale de Commercialisation et d'Application Technique [Algeria]
SONACEB: (1) Société Nationale de Commercialisation et d'Exportation du Bénin; (2) Société Nationale des

Cartons et Emballages [Burkina Faso]
SONACI: Société Nationale de Ciment [Benin Republic?]
SONACIB: Société Nationale d'Exploitation et de Distribution Cinématographique du Burkina *or* Société Nationale du Cinéma du Burkina
SONACO: (1) Société Africaine de Navigation et de Commerce; (2) Société Nationale Agricole pour le Coton [Benin Republic?]; (3) Société Nationale de Commerce [Madagascar]; (4) Société Nationale de Conditionnement [Côte d'Ivoire]; (5) Société Nationale de Construction [Congo Republic]; (6) Société Nationale du Commerce [Burundi]; (7) Société Nouvelle Abidjanaise de Carton Ondulé [Côte d'Ivoire]
SONACOB: Société Nationale de Commercialisation des Bois et Dérivés [Algeria]
SONACOM: (1) Société Nationale de Commerce [Togo]; (2) Société Nationale de Commercialisation des Oléagineux de Sénégal [cp. SONACOS]; (3) Société Nationale pour la Construction Mécanique [Algeria]. Cp. SONACOME
SONACOME: Société Nationale des Constructions Mécaniques [Algeria]. Cp. SONACOM
SONACOP: Société Nationale de Commercialisation [*or* pour le Commerce] des Produits Pétroliers [Benin Republic]
SONACOS: (1) Société Nationale de Commercialisation des Oléagineux de [*or* du] Sénégal [cp. SONACOM]; (2) Société Nationale de Commercialisation des Semences [Morocco]
SONACOT: Société Nationale de Commercialisation du Tchad
SONACOTRA: Société Nationale de Construction pour les Travailleurs Algériens
SONACOTRAP: Société Nationale de Construction et des Travaux Publiques [Benin Republic?]
SONAD: Société Nationale de Développement [Togo]
SONADE: Société Nationale de Distribution des Eaux [Algeria]
SONADECI: Société Nationale de Développement des Cultures Industrielles [Gabon]
SONADER: (1) Société Nationale de [*or* pour le] Développement Rural [Mauritania]; (2) Société Nationale pour le Développement Rural [Benin Republic]
SONADIG: Société Nationale d'Investissements du Gabon
SONADIS: Société Nationale de Distribution au Sénégal
SONAE: Société Nationale d'Équipement [Benin Republic]
SONAFEL: Société Nationale pour le Développement des Fruits et Légumes [Benin Republic]
SONAFI: Société Nationale de Financement [Côte d'Ivoire]
SONAFOR: Société Nationale pour le Développement Forestier [Benin Republic?]
SONAGA: Société Nationale de Garantie et d'Assistance [au Commerce] [Senegal]
SONAGAR: Société Nationale Gabonaise d'Assurances et de Réassurances
SONAGECI: Société Nationale de Génie Civil [Côte d'Ivoire]
SONAGIM: Société Nationale de Gestion Immobilière [Benin Republic?]
SONAGRA: [glossed as: firm dealing in agricultural materials, Morocco]
SONAGTHER: Société Nationale des Grands Travaux Hydrauliques et d'Équipement Rural [Algeria]
SONAL: Société Nigéro-Arabe-Libyenne
SONALEC: Société Nationale d'Électricité [Algeria]
SONALGAZ: [a state enterprise dealing with domestic gas and electricity supplies, Algeria]
SONAM: (1) Société Nationale

d'Assurances Mutuelles [Senegal]; (2) Société Nationale Maritime [Togo?]; (3) Société Navale Malienne

SONAMA: Société Nationale de Manutention [Algeria]

SONAMEEN: Société Nationale de Matériel Électrique et Électro-Ménager [Benin Republic?]

SONAMIF: Société Nationale des Mines de Mfouati

SONAMINES: Société Nationale des Recherches et d'Exploitation Minières [Congo Republic?]

SONAMIS: Société Nationale de Sounda-Makamoueka

SONANDER: [a development agency in Mauritania]

SONANGOL: Sociedade Nacional de Combustíveis de Angola

SONAPA: Société Nationale pour la Production Animale [Benin Republic?]

SONAPAL: Société Nationale de Papeterie et de Librairie [Benin Republic?]

SONAPECHE: Société Nationale de Pêche [Benin Republic]

SONAPH: Société Nationale des Palmeraies et des Huileries *or* Société Nationale pour le Développement de la Palmeraie et des Huileries [Togo]

SONAPHARM: Société Nationale d'Approvisionnement Pharmaceutique [Burkina Faso]

SONAPRA: Société Nationale pour la Promotion Agricole [Benin Republic]

SONAPRESS: Société Nationale de Presse, d'Édition et de Publicité [Senegal]

SONAPRESSE: Société Nationale de Presse et d'Édition [Gabon]

SONAR: (1) Société Nationale d'Approvisionnement Rural [Senegal]; (2) Société Nationale d'Assurances et Réassurances [Benin Republic]; (3) Société Nationale d'Assurance et de Réassurance [*or* d'Assurances et de Réassurances] [Burkina Faso]

SONARA: (1) Société Nationale de Raffinage [Cameroun]; (2) Société Nigérienne de Commercialisation de l'Arachide *or* Société Nationale de l'Arachide [Niger]

SONARAF: Société Nationale de Raffinage [Benin Republic?]

SONAREM: (1) Société Nationale de Recherches et d'Exploitation des Ressources Minières du [*or* de] Mali; (2) Société Nationale [*or* Société Nouvelle] de Recherches et d'Exploitations Minières [Algeria]

SONAREP: Sociedade Nacional de Refinação de Petróleos [Mozambique?]

SONAREX: Société de Recherche et d'Exploitation Minière [Madagascar]

SONARIC: [glossed as: Entreprise socialiste de réalisation des industries connexes, Algeria]

SONARWA: Société Nationale d'Assurances du Rwanda

SONAS: Société Nationale d'Assurances [Zaïre]

SONASUT: Société Nationale Sucrière du Tchad

SONAT: Society of Natal Teachers

SONATA: Société Nationale de Transport Aérien [Benin Republic?]

SONATAM: Société Nationale des Tabacs et Allumettes du Mali

SONATEL: Société Nationale des Télécommunications [Senegal]

SONATEX: Société Nationale de Textiles

SONATHERM: Société Nationale Algérienne de Thermalisme

SONATHYD: Société Nationale de Travaux d'Hydraulique [Algeria]

SONATIBA: Société Nationale des Travaux d'Infrastructures et du Bâtiment [Algeria]

SONATITE: Société Nationale des Travaux d'Infrastructures des Télécommunications [Algeria]

SONATMAG: Société Nationale de Transit et de Magasins Généraux [Algeria]

SONATOUR: Société Nationale Algérienne du Tourisme et de l'Hôtellerie

SONATRAB: Société Nationale de

Transformation des Bois [Congo Republic]

SONATRAC: Société Nationale de Transit et Consignation [Benin Republic?]

SONATRACH: Société Nationale de Transport et de Commercialisation des Hydrocarbures *or* Société Nationale pour la Recherche, la Production, le Transport, la Transformation et la Commercialisation des Hydrocarbures [Algeria]

SONATRAM: (1) Société Nationale de Transports Maritimes [Gabon]; (2) Société Nationale de Travaux Maritimes [Algeria]

SONATRO: Société Nationale de Travaux Routiers [Algeria]

SONAVOCI: Société Nationale Voltaïque de Cinéma [Burkina Faso]

SONEA: Société Nationale d'Exploitation des Abattoirs [Mali]

SONECA: Société Nationale d'Éditeurs, Compositeurs et Auteurs [Zaïre]

SONED: Société Nationale d'Études [Senegal]

SONED-AFRIQUE: Société Nouvelle des Études de Développement en Afrique [Senegal]

SONEDE: Société Nationale d'Exploitation et de Distribution des Eaux

SONEES: Société Nationale d'Exploitation des Eaux du Sénégal

SONEFE: Sociedade Nacional de Estudos e Financiamento de Emprendimentos Ultramarinos [Mozambique?]

SONEL: (1) Société Nationale d'Électricité [Cameroun]; (2) Société Nationale d'Élevage [Congo Republic]

SONELEC: (1) Société Nationale de Fabrication et de Montage du Matériel Électrique et Électronique [Algeria]; (2) Société Nationale d'Eau et d'Électricité [Mauritania]; (3) Société Nationale de l'Eau et de l'Électricité

SONELGAZ: Société Nationale de l'Électricité et du Gaz [Algeria]

SONEPI: Société Nationale d'Études et de Promotion Industrielle [Senegal]

SONEPRESS: Société Nationale d'Édition et de Presse [Burkina Faso]

SONERAN: Société Nigérienne d'Exploitation des Ressources Animales

SONERGRA: Société Nationale d'Éditions et de Réalisations Graphiques

SONHOTEL: Société Nigérienne d'Hôtellerie [Niger]

SONIAH: Société Nationale d'Irrigation et d'Aménagement Hydro-agricole [Benin Republic]

SONIB: Société Nationale d'Importation du Benin

SONIBANQUE: Société Nigérienne de Banque [Niger]

SONIC: (1) Société Nationale d'Industrie et de Commerce; (2) Société Nationale des Industries de la Cellulose [Algeria]

SONICA: Société Nigérienne de Crédit Automobile

SONICHAR: Société Nigérienne du Charbon d'Anou Araren *or* Société Nigérienne de Charbonnages

SONICO: Société Nationale pour l'Industrie et le Commerce [Burkina Faso?]

SONICOG: Société Nationale pour l'Industrie des Corps Gras [Benin Republic]

SONIDEP: Société Nigérienne de Produits Pétroliers [Niger]

SONIFAME: Société Nigérienne de Fabrications Métalliques

SONIGUE: Société Nippo-Guinéenne de Pêche

SONIMAD: [glossed as: société de recherche du nickel, Madagascar]

SONIMEX: Société Nationale d'Importation et d'Exportation [Mauritania]

SONIPEC: Société Nationale des Industries des Peaux et Cuirs [Algeria]

SONIPRIM: Société Nigérienne des Primeurs

SONISALT: Société Nigérienne des Salines Tidekelt

SONITA: Société Nigérienne des Transports Aériens [Niger]

SONITAN: Société Nigérienne de Tannerie
SONITEX: Société Nationale des Industries Textiles [Algeria]
SONITEXTIL: Société Nigérienne de Textile
SONNA: Somali National News Agency
SONPEK: Société Nouvelle de Peinture de Kinshasa [Zaïre]
SONU: Student Organisation of Nairobi University [Kenya]
SONUCI: Société Nigérienne d'Urbanisme et de Construction Immobilière [Niger]
SONY: (1) South Nyanza [Kenya]; (2) South Nyanza Sugar Company [Kenya]
SOOP: Stedelike Ontwikkelingsondersteuningsprogram [South Africa]
SOPAL: (1) Société de Produits Alimentaires [Burkina Faso?]; (2) Société de Production d'Alcool
SOPARCAM: Société de Participation Camerounaise
SOPARCO: (1) Société Africaine de Parfumerie et de Conditionnement [Mali]; (2) Société Africaine des Participations et de Commerce [Zaïre]
SOPECAM: Société de Presse et d'Éditions du Cameroun
SOPHOSCO: Société Mixte Bulgaro-Congolaise de Recherche et d'Exploitation des Phosphates [Congo Republic]
SOPICOMA: Société pour la Production Industrielle et Commerciale de Madagascar
SOPRAL: Société de Produits Alimentaires [Cameroun]
SOPROCOL: Société Auxiliaire de Propagande Coloniale
SOPROGI: Société de Promotion et de Gestion Immobilière [Congo Republic?]
SOPROLAIT: Société de Produits Laitiers du Togo
SOPROTA: Société de Provende et d'Embouche du Tadla
SORAD: Sociétés Régionales d'Aménagement et de Développement [Togo]
SORAFOM: Société de Radiodiffusion de la France d'Outre-Mer
SORARAF: Société de Représentation d'Assurances et de Réassurances Africaines [various countries]
SORAS: Société Rwandaise d'Assurance
SORC: South Omo Research Centre [Ethiopia]
SORDA: Somaliland Rehabilitation and Development Agency [based in London]
SORDU: Southern Rangeland[s] Development Unit [Ethiopia]
SORECAL: Société Régionale de Construction – Alger [Algeria]
SORECCO: Société Régionale de Construction – Constantine [Algeria]
SORECO: Société de Réalisation des Constructions de l'Ouest [Algeria]
SORECOR: Société Régionale de Construction – Ouahran [Algeria]
SOREKAT: Société de Recherches et d'Exploitation Aurifères au Katanga [Zaïre]
SOREMIB: Société de Recherche Minière du Burkina *or* Société de Recherches et d'Exploitation Minières du Burkina
SORETRAS: Société Régionale de Transport de Sfax
SORKOM: Suidoosrandse Koördinerende Komitee [South Africa]
SORWAL: [glossed as: Rwandan match company]
SORWATHE: Société Rwandaise pour la Production et la Commercialisation du Thé
SOS: (1) Sierra Leone Organisation Society. Cp. SLOS; (2) Special Operations Section [of Umkhonto we Sizwe] [South Africa]
SOSAF: Somali Salvation Front
SOSAP: Société Sénégalaise d'Armement à la Pêche
SOSATCO: Société Sénégalaise d'Assistance Technique et de Conseil de Gestion
SOSBW: Society for the Oversea

Settlement of British Women [United Kingdom and South Africa]
SOSCO: Soweto Students Congress [South Africa]
SOSECI: Société Sénégalaise pour le Commerce et l'Industrie
SOSECOD: Société Sénégalaise pour le Commerce et le Développement
SOSEFIL: Société Sénégalaise de Filature
SOSEPRA: (1) Société Sénégalaise de Promotion de l'Arachide; (2) Société Sénégalaise pour la Promotion de l'Artisanat d'Art
SoSh: Somali shilling
Soshanguve: Sotho-Shangaan-Nguni-Venda [South Africa]
SOSIDER: Société d'Exploitation Sidérurgique [Zaïre]
SOSU: Société Sucrière de Haute-Volta
SOSUCAM: Société Sucrière du Cameroun
SOSUCO: Société Sucrière de la Comoé
SOSUHO: Société Sucrière du Haut Ogooué [Gabon]
SOSUHV: Société Sucrière de Haute-Volta
SOSUMAV: Société Sucrière de la Mahavavy [Madagascar]
SOSUMO: Société Sucrière de Mosso [or Moso] [Burundi]
SOSUNIARI: Société Sucrière du Niari or Société du Sucre du Niari [Congo Republic]
SOSUTCHAD: Société Sucrière du Tchad
SOTAB: Société des Tabacs du Bénin [Benin Republic]
SOTC: Service de l'Organisation des Travailleurs Coloniaux [French colonies]
SOTECO: Société de Travaux et d'Entreprises au Congo [Zaïre]
SOTEGA: Société Industrielle Textile du Gabon
SOTEHPA: Société Togolaise d'Extraction d'Huile de Palme
SOTEMA: Société Textile de Mahajanga [Madagascar]
SOTERA: Société Tchadienne d'Exploitation des Ressources Animales [Chad]
SOTEXCO: (1) Société des Textiles du Congo [Congo Republic]; (2) Société Textile Cotonnière et Agricole du Haut-Zaïre [Zaïre]
SOTEXI: Société Textile de Côte-d'Ivoire
SOTEXIM: Société Togolaise d'Exportation et d'Importation
SOTEXKA: Société des Textiles de Kaolack or Société Textile de Kaolack [Senegal]
SOTEXKI: Société de Textiles de Kisangani or Société Textile de Kisangani [Zaïre]
SOTEXMA: Société Togolaise d'Exploitation du Matériel Fruitier
SOTEXO: Société Textile du Congo [Congo Republic]
SOTIBA-SIMPAFRIC: Société de Teinture, Blanchiment et Apprêts et d'Impressions [Senegal]
SOTOCO: Société Togolaise du Coton
SOTOHOMA: Société Touristique et Hôtelière de Madagascar
SOTOMA: Société Togolaise de Marbrerie
SOTOMARIAUX: Société Togolaise des Matériaux
SOTONAM: Société Togolaise de Navigation Maritime [Togo]
SOTOPROMER: Société Togolaise des Produits du Mer
SOTOTOLES: [a manufacture of corrugated iron in Togo]
SOTRA: (1) Société de Transport Automobile [Tunisia]; (2) Société des Transports Abidjanais [Côte d'Ivoire]
SOTRAC: Société de Transports du Cap-Vert or Société de Transports en Commun du Cap-Vert [Senegal]
SOTRACA: Société de Transport des Trois Caïmans [Mali]
SOTRACOB: Société de Transit et de Consignation du Benin
SOTRAL: Société de Transformation de l'Aluminium [Zaïre]
SOTRAM: Société des Travaux Maritimes [Algeria]
SOTRAMAR: [glossed as: shipping company exporting bauxite, Guinea]

SOTRAMIL: Société de Transformation du Mil [Niger]
SOTRANSCONGO: (1) Société de Transports et de Commerce au Congo Belge; (2) Société de Transports et de Commerce au Congo [Zaïre]
SOTRAVIL: Société de Transport des Villes *or* Société des Transports de Voyageurs de Libreville [Gabon]
SOTRAZ: Société des Transports du Zaïre [*or* Zaïrois]
SOTRIPA: Société de Transformation Industrielle des Produits Agricoles [Côte d'Ivoire]
SOTROPAL: Société Tropicale des Allumettes [Côte d'Ivoire etc.]
SOTUC: Société des Transports Urbains du Cameroun
SOVECAR: Société Voltaïque d'Étanchéité et de Carrelage
SOVEMAN: Société de Vêtements Manufacturés [Gabon]
SOVERCO: Société des Verreries du Congo [Congo Republic]
SOVICA: Société Voltaïque Industrielle de Charrettes et de Matériel Agricole [Burkina Faso]
SOVOBIS: Société Voltaïque de Biscuiterie [Burkina Faso]
SOVOBRA: Société Voltaïque de Brasserie [Burkina Faso]
SOVOLCI: Société Voltaïque pour le Commerce et l'Industrie [Burkina Faso]
SOVOLCOM: Société Voltaïque de Commercialisation [Burkina Faso]
SOWEFCU: South West Farmer Cooperative Union [Cameroun]
SOWETO *or* **Soweto:** South Western Townships [South Africa]
SOWT: Stigting vir Onderwys, Wetenskap en Tegnologie = FEST: Foundation for Education, Science and Technology [South Africa]
SOYA: (1) Society of Young Africa [South Africa]; (2) Students of Young Azania [South Africa]
SOYCO: Soweto Youth Congress [South Africa]
SOYO: Sobantu Youth Organisation [South Africa]
SOZABAT: Société Zaïroise de Fabrication de Batteries
SOZACOM: (1) Société Zaïroise du Commerce; (2) Société Zaïroise pour la [*or* de] Commercialisation des Minerais
SOZAFIDE: Société Zaïroise de Financement du Développement
SOZALU: Société Zaïroise pour la Transformation de l'Aluminium
SOZAPLAST: Société Zaïroise des Plastiques
SOZATOLE: Société Zaïroise de la Tôle [Zaïre]
SOZEDIP: Société Zaïroise d'Édition et de Presse
SOZIR: Société Zaïro-Italienne de Raffinage
SP: (1) Secteur Privé [Algeria]; (2) Sécurité Présidentielle [Chad]; (3) Security Police [South Africa]; (4) Seoposengwe Party [Namibia]; (5) Sociétés de Prévoyance [various countries]; (6) Southern Province [Zambia]; (7) Syndicalist Party of South Africa
SPA: (1) Société des Produits Agricoles [Congo Republic?]; (2) Special Program of Assistance *or* Special Programme for Sub-Saharan Africa; (3) Swaziland Progressive Association
SPAAR: Special Program for African Agricultural Research
SPAEF: Société des Pétroles de l'Afrique Équatoriale Française
SPAF: (1) Seychelles People's Air Force; (2) Sudanese People's Armed Forces
SPAFE: Société des Pétroles d'Afrique Équatoriale
SPAG: Support Police Action Group [South Africa]
SPAN: (1) Scholarly Publishers Association of Nigeria; (2) Society of Professional Architects in Nigeria
SPAR: Sociétés Publiques d'Action Rurale [Togo?]
SPARA: Somali Professional and Research Association [Somalia]

SPARL: Sociétés par Actions à Responsabilité Limitée
SPAS: Syndicat des Professeurs Africains du Sénégal
SPAT: [glossed as: agricultural company in N.W. colonial Madagascar]
SPB: (1) Société des Plantations de la Busira [Zaïre]; (2) Société des Plantations de M'Bayo [Zaïre]; (3) Société des Produits Plastiques du Benin
SPBJAS: St. Petersburg Journal of African Studies
SPC: (1) Seychelles Petroleum Company; (2) Société des Potasses du Congo [Congo Republic]; (3) Southern People's Congress [Nigeria ?]
SPCA: Secrétariat Permanent du Clergé Africain
SPCA73: International Convention on the Suppression and Punishment of the Crime of Apartheid of 30 November 1973
SPCC: Soweto Parents' Crisis Committee [South Africa]
SPCK: Syndicat des Paysans du Cercle de Kita [Mali]
SPCN: Société de Produits Chimiques du Niger
SPCSA: Système Permanent de Collecte des Statistiques Agricoles [Zaïre]
SPCSC: Secrétariat Permanent de la Coopération Syndicale Congolaise [Congo Republic]
SPCV: Société de Produits Chimiques Voltaïque
SPD: Soweto People's Delegation
SPDI: Système Panafricain de Documentation et d'Information = PADIS: Pan-African Documentation and Information Service [or System]
SPE: Service Présidentiel d'Études [Zaïre]
SPEIN: Syndicat Patronal des Entreprises et Industries du Niger [Niger]
SPEK: Société de Plantations et d'Élevages du Kivu [Zaïre]
SPELI: Société Coloniale de Plantations et d'Élevage de l'Ituri [Zaïre]
SPELM: Sociedade de Promoção Empresarial Luso-Moçambicana
SPES: [glossed as: Syndicat des enseignants, colonial Morocco]
SPF: (1) Secretariat Progressive Fronts; (2) Somali Patriotic Front; (3) Sugar Planters Fund [Mauritius]
SPFP: Sudanese People's Federal Party
SPFS: Société des Plantations [or Palmeraies] de la Ferme Suisse [Cameroun]
SPG: Society for the Propagation of the Gospel
SPGA/CTUB: [a transport company in Mali]
SPGB: Cp. SOGB: Société des Plantations de Grand Béréby
SPI: (1) Service Pédagogique Interafricain; (2) Société des Plantations d'Irabata [Zaïre]
SPIDS: Syndicat Professionnel des Industries du Sénégal
SPIM: Syndicat Professionel des Imprimeurs à Madagascar
SPIZ: Service Présidentiel de l'Informatique du Zaïre
SPLA: (1) Saharawi Popular Liberation Army = ALPS: Armée de Libération Populaire Sahraoui; (2) Sudanese [or Sudan] People's Liberation Army
SPLA/DUP: Sudanese [or Sudan] People's Liberation Army – Democratic Unionist Party
SPLA/M: Sudanese [or Sudan] People's Liberation Army / Movement
SPLC: (1) Second Panel of Legal Consultants; (2) Southern Province Land Commission [Zambia]
SPLM: (1) Sidamo People's Liberation Movement [Ethiopia]; (2) Sudan People's Liberation Movement
SPM: Somali Patriotic Movement [Somalia]
SPMC: Syndicat des Petits et Moyens Commerçants du Niger
SPMP: Sugar Planters Mechanical Pool [Mauritius]
SPMPC: Sugar Planters' Mechanical Pool Corporation [Mauritius]

SPONG: Secrétariat des Organisations Non-Gouvernementales
SPP: (1) Surplus People Project [South Africa]; (2) Swaziland Progressive Party
SPPF: Seychelles People's Progressive Front
SPPG: Société Préhistorique et Protohistorique du Gabon
SPR: (1) Solidarité Parti pour le Renouveau [Mali]; (2) States / Provinces / Regions [South Africa]
SPRDP: Selebi-Phikwe Regional Development Programme [Botswana]
SPROA: (1) Société des Palmeraies de l'Ouest Africain [as given]; (2) Société des Plantations Réunies de l'Ouest Africain
SPROCAS 1 or **Spro-cas 1:** Study Project on Christianity in Apartheid Society
SPROCAS 2 or **Spro-cas 2:** Special Programme for Christian Action in Society
SPROLS: Société de Promotion des Logements Sociaux
SPRP: Soil Productivity Research Programme [Zambia]
SPSA: Système Permanent de Statistiques Agricoles [Guinea]
SPSC: Saharan Peoples Support Committee
SPSE: Service de la Protection des Sites et de l'Environnement [Djibouti]
SPT: [a Senegalese business enterprise]
SPU: (1) Seedling Production Unit [Kenya]; (2) Self-Protection Unit [South Africa]; (3) Sudanese Publishers Union
SPUP: Seychelles People's United Party
SPV: Service de la Protection des Végétaux [Togo]
SPWYF: Socialist Party of Workers, Youths and Farmers [Nigeria]
SR: (1) Seychelles Rupee; (2) Southern Rhodesia; (3) Southern Rhodesian; (4) Special Representative [Namibia]
SRAFA: Southern Rhodesia Amateur Football Association
SRALB: Southern Rhodesia African Literature Bureau
SRAM: Secrétariat Régional pour l'Afrique et Madagascar
SRANC: Southern Rhodesia African National Congress = CNARM: Congrès National Africain de la Rhodésie Méridionale
SRAS: Southern Rhodesia Air Services
SRAT: Service de Recherches et d'Applications Techniques [Burkina Faso]
SRATUC: Southern Rhodesia African Trade Union Congress
SRB: (1) Special Reserve Battalion [Ghana?]; (2) State Research Bureau [Uganda]
SRBDA: Sokoto-Rima Basin Development Authority [Nigeria]
SRBMA: Senegal River Basin Monitoring Activity
SRC: (1) Société des Recherches Congolaises or Société de Recherche Congolaise [Congo Republic]; (2) Students Representative Council [South Africa]; (3) Sudan Railways Corporation [Sudan]; (4) Sudanese Red Crescent; (5) Supreme Revolutionary Council = CSR: Conseil Suprême de la Révolution [Madagascar]; (6) Supreme Revolutionary Council [Somalia, Tanzania]
SRCC: (1) Société de Rénovation de la Caféière et de la Cacaoyère; (2) Société de Rénovation des Caféiers et des Cacaoyers or Société Nationale pour la Rénovation et le Développement de la Cacaoyère et de la Caféière Togolaises [Togo]
SRCS: Somali Red Crescent Society
SRD: Société Régionale de Développement [Burundi]
SRDA: Southern Rural Development Association [Botswana]
SRDC: Sudan Rural Development Company
SRDFC: Sudan Rural Development Finance Company
SRDI or **SRD-Imbo:** Société Régionale de

Développement de l'Imbo [Burundi]
SRDP: (1) Small-Holder Rehabilitation and Development Programme [Ghana]; (2) Special Rural Development Programme[s]; (3) Special Rural Development Projects [Kenya]
SRDR: (1) Secteurs Régionaux de Développement Rural [Chad]; (2) Société Régionale de Développement Rural [Senegal]
SRG: Service des Renseignements Généraux = RG: Renseignements Généraux [Morocco]
SRMA: Service de Renseignements Militaires et d'Action [Zaïre]
SRMC: Southern Rhodesian Missionary Conference
SRN Hospital: Sir Seewoosagur Ramgoolam National Hospital [Mauritius]
SRNC: Southern Rhodesia National Congress
SRP: (1) Scattered Rural Population [Botswana]; (2) Service de Renseignements Préfectoraux [Burundi]; (3) Socialist Republican Party [Sudan]
SRPO: Senior Regional Planning Officer [Zambia]
SRPP: Société Réunionnaise de Produits Pétroliers
SRRA: Sudan Relief and Rehabilitation Association *or* Sudan Relief and Reconstruction Agency
SRRC: Sudanese Rehabilitation and Resettlement Committee
SRS: Special Resources for Sub-Saharan Africa
SRSP: Somali [*or* Somalia] Revolutionary Socialist Party
SRT: Shashi River Textiles [Botswana]
SRTG: Sociétés Régionales de Transport des Gouvernorats [Tunisia]
SRTGS: Société Régionale de Transport du Gouvernorat de Sousse
SRTUC: Southern Rhodesia Trade Union Congress
SRV: Southern Rhodesian Volunteers [Zimbabwe]
SRWAZ: Self-Reliance Workers Association of Zambia
SRWU: Sudan Railway Workers' Union
SRYLOG: Socialist Revolutionary Youth League of Ghana
SRYO: Somali Revolutionary Youth Organisation
SS: (1) Secondary School; (2) Secteur Socialiste [Algeria]; (3) Selous Scouts [Zimbabwe]; (4) Service de la Statistique [Congo Republic]
SSA: (1) Star of South Africa; (2) Sub-Saharan Africa; (3) Sudan Studies Association
SSAC: Squatter Settlement Abolishment Committee [Sudan]
SSATP: Sub-Saharan Africa Transport Program
SSAUTHRIA: Senior Staff Association of Universities, Teaching Hospitals, Research Institutes and Associated Institutions [Nigeria?]
SSB: (1) Social Security Bank [Ghana]; (2) Special Service Battalion [South Africa]; (3) Sudanese Savings Bank [Sudan]
SSC: (1) SACTU Solidarity Committee [South Africa]; (2) State Security Council [South Africa]; (3) Sudanese Studies Centre [registered in Egypt]
SSCF: Small Scale Commercial Farming [*or* Farms] [Zimbabwe]
SSCFA: Small-Scale Commercial Farming Area [Zimbabwe]
SSCFS: Small Scale Commercial Farming Sector [Zimbabwe]
SSCN: Social Science Council of Nigeria
SSD: Special Security Division [Sierra Leone]
SSDF: Somali Salvation Democratic Front [Somalia]
SSEA: Société Suisse d'Études Africaines = SAG: Schweizerische Afrika-Gesellschaft
SSEPC: Société Sénégalaise d'Engrais et de Produits Chimiques
SSF: Somali Salvation Front [Somalia]
SSG: Service de la Statistique Générale

S [Congo Republic]
SSGT: Six Self-Governing Territories
SSh: Somali shillings
SSI: Specialist Services International
SSKA: Sir Seretse Khama Airport [Botswana]
SSL: Sudan Shipping Lines
SSLM: South [or Southern] Sudan Liberation Movement
SSM: Second-Tier Securities Market
SSMS: Smallholder Seed Multiplication Scheme [Malawi]
SSNIT: Social Security and National Insurance Trust [Ghana]
SSNM: Southern Somali National Movement
SSPA: Southern Sudan [or Sudanese] Political Association
SSPF: Sudanese Socialist Popular Front
SSPG: South [or Southern] Sudan Provisional Government
SSPP: Société Sénégalaise de Presse et de Publications
SSPT: Société Sénégalaise des Phosphates de Thiès
SSRC: (1) Société Sucrière de la Région Centrale [Togo?]; (2) Soweto Students' Representative Council [South Africa]
SSRO: Southern Sudan Relief Operation
SSRP: Somali Socialist Revolutionary Party [Somalia]
SSRU: Social Science Research Unit [University of Swaziland]
SSS: (1) Section Sociale et du Suivi [sc. of the PRM: Projet pour la Réinstallation des Populations de Manantali, Mali]; (2) Senior Secondary School [Botswana]; (3) Société Sucrière de Savé; (4) Special Security Service [Liberia]; (5) State Security Service [Nigeria]; (6) State Security Services [Mauritius?]; (7) [glossed as a new educational system in Ghana]
SSSSSS or **Six-S** or **6S:** Se Servir de la Saison Sèche en Savane et au Sahel
SSSUK: Sudan Studies Society of the United Kingdom
SSU: (1) Sudanese Socialist Union; (2) Swaziland Students Union

STA: (1) Smallholder Tea Authority; (2) Société de Travail Aérien [Algeria]; (3) Société des Tramways Algérois [Algeria]; (4) Société des Transports Aériens [Mali]
STAB: (1) Services des Transports Aériens du Burundi; (2) Société Togolaise des Attapulgites et Bentonite
STAC: Soweto Teachers' Action Committee
STAFAMS: State Farms Corporation [Ghana; cp. SFC]
STAFRUIT: Station Fruitière de Loudima [Congo Republic]
STALPECHE: Société Togolo-Arabe-Libyenne de Pêche
STAMICO: State Mining Corporation [Tanzania]
STAMVIE: Société Tropicale d'Assurances Mutuelles Vie [Côte d'Ivoire]
STANN: Service des Transports Automobiles et de Navigation du Niger [Niger]
STAR: (1) Service Technique Africain de Radiodiffusion; (2) Société Tchadienne d'Assurances et de Réassurances
STB: (1) Société de Transport Brazzavillois [Congo Republic]; (2) Société Togolaise de [or des] Boissons
STBFA: Southern Transvaal Bantu Football Association
STC: (1) Secondary Tax on Companies [South Africa]; (2) Secondary Teachers' Certificate [Swaziland?]; (3) Société Tchadienne de Crédit; (4) State Trading Corporation [Tanzania; Mauritius?]; (5) State Transport Corporation [Ghana]
STCC: State Tele-communication Corporation [Ghana?]
STD: Standard
STEE: Société Tchadienne d'Énergie Électrique or Société Tchadienne d'Eau et d'Électricité [Chad]
STEG: Société Tunisienne d'Électricité et de Gaz
STF: Special Task Force [South Africa]

STH: (1) Société Togolaise de l'Hôtellerie; (2) Société Togolaise des Hydrocarbures
STHC: Sudan Tourist and Hotels Corporation
STHU: Société Tunisienne des Historiens Universitaires
STI: Société Tchadienne d'Investissement
STIA: Société Tunisienne d'Industries Automobiles
STICS: Syndicat des Travailleurs Indigènes Congolais Spécialisés
STID: Société des Télécommunications Internationales de Djibouti
STIL: Société Tunisienne d'Industries Laitières
STIMAD: Société des Télécommunications Internationales de Madagascar
STIN: Service Temporaire d'Irrigation du Niger [Mali]
STIR: Société des Transports Internationaux du Rwanda
STIT: Société de Télécommunications Internationales du Tchad [Chad]
STK: Société des Transports de Kinshasa [Zaïre]
STM: Service des Transports Maritimes [Mayotte]
STN: (1) Société des Terres Neuves [Senegal]; (2) Société Nigérienne de Télévision [as given]
STO: Senior Technical Officer [Botswana]
STOV: Syndicats des Techniciens et Ouvriers Voltaïques
STPA: (1) Seychelles Taxpayers' and Producers' Association; (2) Statistical Training Programme for Africa
STPC: Société des [or de] Tanneries et Peausseries du Cameroun
STPN: Société des Transports de Pointe Noire [Congo Republic]
STR: Société des Travaux Routiers [Algeria]
STRADA: Southern Transvaal Regional Development Association [South Africa]
STRC: see: OAU/STRC
STS: (1) Société de Transport du Sahel [Tunisia]; (2) Société Textile Sénégalaise; (3) Société Togolaise de Sidérurgie; (4) Sudan Television Service [Sudan]
STT: (1) Société Tchadienne de Textile or Société Textile du Tchad; (2) Syndicat de Travailleurs du Tchad
STTAS: Société Tunisienne de Transport Automobile du Sahel
STTTP: Science and Technology Terms Translation Project [Ethiopia]
STU: Seed Technology Unit [The Gambia, Malawi]
STUB: [Société des Transports Urbains à Brazzaville?]
STZ: Sauti ya Tanzania Zanzibar [Radio Zanzibar]
SU: (1) Scripture Union [Calabar, Nigeria]; (2) Socialist Union
SUA: Sokoine University of Agriculture [Tanzania]
SUAD: Société Utilitaire d'Aménagement Départemental [La Réunion]
SUCH: Service de l'Urbanisme, de la Construction et de l'Habitat [Algeria]
SUCO: Sucrerie [or Sucreries] du Congo [Congo Republic]
SUCRAF: Sucrerie et Raffinerie Centre-Afrique [or de l'Afrique Centrale] [Zaïre]
SUCSEL: Syndicat Unifié [or Unique] des Cadres de la Santé et de l'Élevage [Senegal]
SUDES: Syndicat Unique et Démocratique des Enseignants du Sénégal
SUDKAT or **SUD-KAT:** Société de Recherche Minière du Sud Katanga [Zaïre]
SUEL: Syndicat Unique des Enseignants Laïcs or Syndicat Unique de l'Enseignement Laïque [Senegal]
SUF: (1) Students Unity Front; (2) Swaziland United Front
SUGIA: Sprache und Geschichte in Afrika [published Cologne]
SUKOBA: Sucrerie de Koba [Guinea]
SUKOVS: Streekrad vir Uitvoerende Kunste [Oranje-Vrystaat, South Africa]

SUM: (1) Save Uganda Movement; (2) Sudan United Mission [Nigeria etc.; London based]
SUMATEX: Sud-Malgache Textile
SUNA: Sudan [*or* Sudanese] News Agency
SUP: (1) Somali United Party; (2) Student Unification Party [Liberia?]; (3) Sudan Unity Party
SUS: Sudan Union Society
SUST: Sudan University of Science and Technology
SUT: Sociedade Unificada de Tabacos de Angola
SUTELEC: Syndicat Unique des Travailleurs de l'Électricité [Senegal]
SUTH: Sokoto University Teaching Hospital [Nigeria]
SUTS: Syndicat Unique des Travailleurs de la SOTRAC [Senegal]
SUTSAS: Syndicat Unique des Travailleurs de la Santé et de l'Action Sociale [Senegal]
SUVESS: Syndicat Unique [*or* Unifié] Voltaïque des Enseignants du Secondaire et du Supérieur
SUWATA: Shirika la Uchumi la Wanawake Tanzania *or* Shirika la Uchumi wa Wanawake katika Tanzania
SV: Sections Villageoises [Senegal]
SVHA: Société Voltaïque d'Hydraulique et d'Assainissement
SVMS: Société Voltaïque de Matelas Synthétiques
SVPS: Suid-Afrikaanse Vereniging vir Politieke Studies
SVTCS: Syndicat Voltaïque des Travailleurs de la Canne à Sucre
SVTP: Société Voltaïque de Travaux Publics
SWA: South West Africa
SWAA: (1) Society for Women and AIDS in Africa; (2) South West Africa Administration
SWABC: South West Africa Broadcasting Corporation = SWAUK: Suidwes-Afrikaanse Uitsaaikorporasie [Namibia]
SWAFP: Socialist Workers' and Farmers' Party [Nigeria]
SWAFT: South West African Troops
SWAGM: Suidwes-Afrika Gebiedsmag = SWATF: South West Africa Territorial Force
SWAKARA: South West Africa Karakul Association
SWALIMO: Swaziland Liberation Movement
SWAMDP: Swaziland Manpower Development Project [Swaziland]
SWAMEAT: [glossed as: Meat Corporation of Namibia]
SWANA: South West African Nurses Association
SWANAFRO: Swaziland National Front
SWANLA: South West Africa Native Labour Association [Namibia]
SWANLIF: South West Africa National Liberation Front [Namibia]
SWANP: South West Africa National Party [Namibia]
SWANS: South African Women's Auxiliary Naval Service
SWANU: South West Africa[n] National Union
SWANUF: South West Africa National United Front
SWANU-P: SWANU-Progressives [Namibia]
SWAOU: Suidwes-Afrikaanse Onderwysersunie [Namibia]
SWAPA: South West African Progressive Association
SWAPAB: South-West African Planning Advisory Board [Namibia]
SWAPAC: South-West African Performing Arts Council [Namibia]
SWAPDUF: South West Africa People's Democratic United Front [Namibia]
SWAPO: South West African [*or* Africa] People's Organisation
SWAPO-D: South West Africa People's Organisation – Democrats
SWAPOL: South West Africa [*or* African] Police
SWASB: South West Africa [*or* African] Student Body
SWATF: South West African Territorial Force [*or* Territory Force] = SWAGM:

Suidwes-Afrika Gebiedsmag
SWAUK: Suidwes-Afrikaanse Uitsaaikorporasie [Namibia] = SWABC: South West Africa Broadcasting Corporation
SWAVV: Suidwes-Afrika Vissermanvereniging [Namibia]
SWAWEC *or* **SWAWEK:** South West Africa Water and Electricity Corporation
SWAYOCO: Swaziland Youth Congress
SWC: SWAPO Women's Council [Namibia]
SWCB: Soil and Water Conservation Board [Kenya]
SWD: Society for Women's Development
SWDO: Somali Women's Democratic Organisation
SWELA: South West Elite Association [Cameroun]
SWF: Students' Welfare Front
SWFC: Swaziland War Fund Committees
SWO: Sentrum vir Wetenskapontwikkeling [South Africa]
SWP: Somali Workers' Party
SWPA: Special War Production Areas [Swaziland]
SWTUF: Sudan [*or* Sudanese] Workers Trade Unions Federation
SWU: (1) Sudanese Women's Union [Sudan]; (2) Sweet Workers' Union [South Africa]
SWVK: Streeks-Werk-Verskafings-Kommisaris [South Africa]
SWVR: Society of Women Vanguards of Renaissance [Sudan]
SYBACO: Syndicat du Bâtiment du Congo [Zaïre]
SYCOMIMPEX: Syndicat des Commerçants Importateurs – Exportateurs [Central African Republic, Congo Republic]
SYCOV: Syndicat National des Cotonniers et Vivriers [Mali]
SYDELCO: Syndicat pour le Développement de l'Électrification du Bas-Congo [Zaïre]
SYDELKIR: Syndicat pour l'Électrification du Kivu et du Ruanda-Urundi

SYDELRAL: Syndicat pour l'Électrification de la Région d'Albertville [Zaïre]
SYDELSTAN: Syndicat pour l'Électrification de Stanleyville [Zaïre]
SYL: (1) Somali Youth League [Somalia]; (2) SWAPO Youth League [Namibia]
SYLUMA: Société Minière de la Luama [Zaïre]
SYMAF: Syndicat Minier Africain [Zaïre]
SYMEVETOPHARSA: Syndicat des Médecins, Vétérinaires, Pharmaciens et Sages-Femmes Africains [Senegal?]
SYNABEIFNI: Syndicat National des Banques et Institutions Financières du Niger
SYNACAM: Syndicat National des Cadres et Agents de Maîtrise [Burkina Faso?]
SYNACIB: Syndicat National des Commerçants et Industriels Africains du Benin
SYNACID: Syndicat National des Commerçants et Industriels Africains du Dahomey
SYNAGCI: Syndicat des Agriculteurs de Côte d'Ivoire
SYNAGRI: Syndicat National de l'Agriculture
SYNAPEMEIN: Syndicat National des Petites et Moyennes Entreprises et Industries Nigériennes
SYNAPOSTEL: Syndicat National des Travailleurs des Postes et Télécommunications [Benin Republic]
SYNARES: Syndicat National de la Recherche et de l'Enseignement Supérieur [Côte d'Ivoire]
SYNDAGRI: Syndicat des Employeurs Agricoles [Côte d'Ivoire]
SYNDIMINES: Syndicat des Entreprises Minières du Gabon
SYNDUSTREF: Syndicat des Industries [Central African Republic, Congo Republic]
SYNELS: Syndicat National des Enseignants Laïcs du Sénégal
SYNENCO: Syndicat d'Entreprises Coloniales
SYNES: (1) Syndicat des Enseignants du

Supérieur [Benin Republic]; (2) Syndicat National des Enseignants du Supérieur [Cameroun]
SYNESCI: Syndicat des Enseignants du Secondaire de Côte-d'Ivoire
SYNINDUSTRICAM: Syndicat des Industriels du Cameroun.
SYNJAMAR: Syndicat des Jardiniers et des Maraîchers du Cap Vert [Senegal]. Cp. SYNJARMAR
SYNJARMAR: Syndicat des Jardiniers et Marécageurs du Cap Vert [Senegal]. Cp. SYNJAMAR
SYNPICS: Syndicat des Professionels de l'Information et de la Communication du Sénégal
SYNPRORU: Syndicat Professionnel du Ruanda-Urundi
SYNTCAS: Syndicat des Travailleurs de la Canne à Sucre [Burkina Faso?]
SYNTER: Syndicat National des Travailleurs de l'Enseignement [*or* Éducation] et de la Recherche
SYNTRACOM: Syndicat National des Transporteurs et Commerçants [Niger?]
SYNTRAGA: Syndicat National des Transporteurs Urbains et Routiers du Gabon
SYNTRAGMIH: Syndicat National des Travailleurs de la Géologie, des Mines et des Hydrocarbures
SYNTRAMIN: Syndicat des Travailleurs des Mines [du Niger]
SYNTSHA: Syndicat [National] des Travailleurs de la Santé Humaine et Animale
SYPAOA: Syndicat Patronal Ouest Africain
SYPINCI: Syndicat des Personnels de l'Imprimerie Nationale [de la Côte d'Ivoire]
SYPROCOM: Syndicat des Professionnels de la Communication [Gabon]
SYTBEFS: Syndicat des Travailleurs des Banques et Établissements Financiers [Senegal]
SYTS: Syndicat des Travailleurs de la SONATEL [Senegal]
SYTTPBHA: Syndicat des Travailleurs des Travaux Publics, du Bâtiment, de l'Hydraulique et Assimilés
SZARL: Société Zaïroise par Actions à Responsabilité Limitée

t

TA: (1) Tana – Antsirabe [Madagascar]; (2) Traditional Authority [Malawi]; (3) Transvaal Archives [South Africa]; (4) Tribal Administration [Botswana]
TAA: Tanganyika African Association
TAAG: (1) Transportes Aéreos de Angola; (2) Tropical Africa [Area] Advisory Group
TAAP: Tamale Archdiocese Agricultural Programme [Ghana]
TAAT: Tanganyika Association Against Tuberculosis
TAB: (1) Société Nationale de Transport Aérien du Benin; (2) Transvaalse Argiefbewaarplek [South Africa]
TAC: (1) Tanganyika Agricultural Corporation; (2) Tanzania Audit Corporation; (3) Teachers Association of Cameroon; (4) Technical Aid Corps [Nigeria]; (5) Transkei Airways Corporation; (6) Transports Automobiles Communaux [Tunisia]; (7) Transvaal African Congress; (8) Tropical Africa Committee
TACEW or **TaCEW:** Task Force on City Environment and Waste [Kenya]
TACOS: Transport Auto Communal de Sfax [Tunisia]
TACRESOC: Transkei and Ciskei Research Society [South Africa]
TACS: Technical Aid Corps Scheme [Nigeria]
TACTA: Tanganyika Cooperative Trading Agency [Tanzania]
TACV: Transportes Aéreos de Cabo Verde [Cape Verde Islands]
TAD: Transvaal Archives Depot [South Africa]
TADEA: Tanzanian Democratic Alliance Party
TADREG: Tanzania [or Tanzanian] Development Research Group
TAEBLA: Transvaal Association of Employees of Black Local Authorities
TAF: (1) Technical Assistance Fund [affiliated to the African Development Bank]; (2) Ten-Acre Farmers [Tanzania]; (3) The Athletics Federation [Nigeria]
TAFCO: Tanzania Finance Company
TAFICO: Tanzania Fishing Corporation
TAFIRI: Tanzania Fisheries Research Institute
TAG: Tanzania Advisory Group
TAGB: Transportes Aéreos da Guiné-Bissau
TAGSA: Tanganyika African Government Servants [or Services] Association
TAHA: Trans-African Highway Authority
TAHEA: Tanzania Home Economics Association
TAJ: Transvaal Agricultural Journal
TAJA: Tanzania Journalists Association
TAL: Société des Tanneries Algériennes or Société Nationale des Tanneries Algériennes
TALA: [a Berber association in Marseille?]
TAMACO: Tanneries et Maroquinerie Congolaises [Zaïre]
TAMALI: Société des Tanneries Maliennes or Société des Tanneries du Mali
TAMCO: Tanzania Automobiles Manufacturing Company
TAMP: Tanzania Association of Master Printers
TAMTU: Tanzanian Agricultural Machinery Project

TAMWA: Tanzania Media Women's Association
TANAPA: Tanzania National Parks
TANCUT: Tanzania Diamond Cutting Company
TANDU: Tanganyika National Democratic Union
TANELEC: Tanzania Electrical Goods Manufacturing Company
TANESCO: Tanzania Electric [or Electrical or Electricity] Supply Company
TANGO: (1) Tanzania Association of Non-Governmental Organisations; (2) The Association of Non-Governmental Organisations [The Gambia]
TANMOT: [glossed as: Tanzania-Soviet Trucking Company]
TANSEED: Tanzania Seed Company
TANTIMBERS: Tanzania Timbers Company
TANU: Tanganyika African National Union; (2) Tanzanian African National Union
TANWAT: Tanzania Wattle Company
TANZAM: Tanzania-Zambia Railway. See also: TAZARA
TAO: [glossed as: Transvaal Afrikaans Parents' Association, South Africa]
TAP: [a Tunisian news agency]
TAPA: Tanganyika African Parents' Association
TAPROMA: Tannerie Providence Malienne
TARC: Train Apartheid Resistance Committee [South Africa]
TARDA: Tana and Athi River [or Rivers] Development Authority [Kenya]
TARECU: Tanga Region [or Regional] Cooperative Union [Tanzania]
TARO: Tanzania Agricultural Research Organization
TASA: Teachers' Association of South Africa
TASIT: Traffic and Sanitation Improvement Task Force [Ghana]
TASMA: Tanzania Sisal Marketing Association
TASO: The AIDS Support Organisation [Uganda]
TASTA: Tanzania Award for Scientific and Technological Achievement
TAT: (1) Tobacco Authority of Tanzania; (2) Transvaal Association of Teachers
TATA: Transvaal African Teachers' Association
TATOO: Tomori, Ajayi, Teriba, Ojo, Odama [Nigeria]
TATU: (1) Transkei Appropriate Technology Unit [South Africa]; (2) Transvaal African Teachers' Union [South Africa]
TAU: Transvaal Agricultural Union [South Africa]
TAWA: Tanganyika African Welfare Association [Tanzania]
TAWESTE: Tanzania Association of Women Professionals in Science and Technology
TAWU: (1) Textile and Allied Workers' Union [South Africa]; (2) Transnet Allied Workers' Union [South Africa]; (3) Transport and Allied Workers Union [South Africa]
TAWUSA: Transport and Allied Workers' Union of South Africa
TAZAMA: Tanzania-Zambia Pipelines
TAZARA: Tanzania-Zambia Railway Authority. See also: TANZAM
TBA: Traditional Birth Attendant [various countries]
TBC: Tanzania Broadcasting Corporation
TBL: Tanzania Breweries Limited
TBP: Transvaal Bewaar Plek
TBRC: Thuto Boswa Rehabilitation Centre [Botswana]
TBS: (1) Tanzania Bureau of Standards; (2) Tébessa-Batna-Skikda [Algeria]
TBVC: Transkei, Bophuthatswana, Venda, Ciskei [South Africa]
TBVCSA: Transkei, Bophuthatswana, Venda, Ciskei, South Africa
TBZ: Tobacco Board of Zambia
TC: (1) Togoland Congress [Ghana]; (2) Travailleurs Coloniaux [French colonial]
TC Lands: Transvaal Consolidated Land and Exploration Company

TCA: (1) Tanzania Cotton Authority; (2) Tanzanian Ceramic Association; (3) Tembisa Civic Association [South Africa]
TCC: (1) Tanzania Cigarette Company; (2) Technology Consultancy Centre [Ghana]; (3) Transkei Council of Churches; (4) Trust Feed Crisis Committee [South Africa?]
TCCB: Touring Club du Congo Belge
TCCIA: Tanzania Chamber of Commerce Industries and Agriculture
TCCS: Technical Committee for Constitutional Studies [Sudan?]
TCD: Tsetse Control Division [Botswana]
TCE: Tananarive Côte Est [Madagascar]
TCI: Transvaal Chamber of Industry [South Africa]
TCL: (1) Société de Transports en Commun de Léopoldville [Zaïre]; (2) Tanganyika Concessions Limited [Zaïre]; (3) Tsumeb Corporation Limited [Namibia]
TCMA: Transvaal Clothing Manufacturers' Association
TCMB: Tanzania [*or* Tanzanian] Coffee Marketing Board
TCNN: Theological College of Northern Nigeria
TCOR: Trusteeship Council Official Records [Ghana?]
TCOT: Transports Congo-Oubangui-Tchad
TCP: (1) Togoland Congress Party [Ghana]; (2) Tunisian Communist Party
TCPC: Technical Committee on Privatisation and Commercialisation [Nigeria]
TCPP: Technical Committee on Produce Prices [Nigeria]
TCR: Taxe de Coopération Régionale [CEAO states]
TCRS: (1) Tanganyika Christian Refugee Service; (2) Tanzanian Christian Refugee Service
TCV: Train du Cap Vert [Senegal]
TCWP: Tanzania Canada Wheat Programme

TD: Tunisian Dinars = DT: Dinar Tunisien
TDA: (1) Tanzania Democratic Alliance; (2) Tea Development Authority [Mauritius]
TDAU: Technology Development and Advisory Unit [University of Zambia]
TDC: (1) Technicien de Développement Communautaire [Mali]; (2) Technology Development Centre [Nigeria]; (3) Tema Development Corporation; (4) Town Development Committee [Ghana]; (5) Transkei Development Corporation
TDF: (1) Township Defence Force; (2) Transkei Defence Force [South Africa]
TDFC: (1) Tanganyika Development Finance Company; (2) Tanzania Development Finance Company
TDHS: Tanzania Demographic and Health Survey
TDIC: Tourism Development and Investment Company [Malawi]
TDL: Tanzania Dairy Limited
TDP: (1) Tanzania Democratic Party; (2) Transitional Development Plan [Zambia]
TDRL: Taxe de Développement Régional et Local [Mali]
TDU: Tropical Disease Unit [Zimbabwe]
TEA: Tsitsikama Exiles Association [South Africa]
TEAFAC *or* **TeaFac:** Mauritius Tea Factories Company
TEASA: Trust for Educational Advancement in South Africa
TEBA: The Employment Bureau of Africa [South Africa]
TEC: (1) Tanzania Episcopal Conference; (2) Tertiary Education Commission [Mauritius]; (3) Transitional Executive Council [South Africa]
TECHER: [a business enterprise in La Réunion?]
TECON: Theatre Council of Natal [South Africa]
TED: Transvaal Education Department = TOD: Transvaals Onderwys-departement [South Africa]

TEE: Theological Education by Extension
TEEM: Theological Education by Extension in Malawi
TEKAS: Tarayyar Ekklesiyoyyin Kristi A Sudan [Nigeria?]
TELS: Transvaal Education Department Library Service [South Africa]
TEMDO: Tanzania Engineering and Manufacturing Design Organisation *or* Tanzania Engineering and Metal Development Organisation
TEMO: Tanganyika Elected Members' Organisation
TEPA: Teachers' Educational and Professional Association [South Africa]
TERP: Teacher Education Reform Programme [Namibia]
TESCA: Tanganyika European Civil Servants' Association [as given]
TET: Tanzanian Economic Trends [periodical]
TEU: Transnet Employees' Union [South Africa]
TEWU: Teachers and Educational Workers Union [Ghana]
TEXAF: Société Textile Africaine [Zaïre]
TEXCO: (1) Société Textile Congolaise [Zaïre]; (2) [glossed as: Tanzania Textile Corporation]
TEXINDAF: [Société des] Textiles Industriels Africains [Zaïre]
TEXSTAN: Textile de Stanleyville [Zaïre]
TEXTANG: Empresa de Tecidos de Angola [Angola]
TF: Third Force = TFP: Third Force Party [Ghana]
TFA: (1) Tanganyika Farmers' Association; (2) Tuna Fishing Association [Seychelles / Mauritius / Madagascar]
TFAI: Territoire Français des Afars et des Issas [Djibouti]
TFC: (1) Tanzania Fertilizer Company; (2) Tanzania Film Company; (3) Teachers' Federal Council [South Africa]
TFCC: Tema Food Complex Corporation [Ghana]

TFD: Theatre for Development [Zimbabwe]
TFDL: Tanzania Finance Development Ltd.
TFL: (1) Tanganyika Federation of Labour; (2) Tanzania Federation of Labour
TFNC: Tanzania Food and Nutrition Centre
TFP: (1) Third Force Party = TF: Third Force [Ghana]; (2) Tropical Forest Products [Zambia]
TFSN: Taxe Forfaitaire de Solidarité Nationale [Gabon]
TG: (1) Toekomsgesprek [South Africa]; (2) Transitional Government [Ethiopia]
TGCTHS: Transactions of the Gold Coast and Togoland Historical Society
TGE: Transitional Government of Ethiopia; in French: GTE: Gouvernement de Transition Éthiopien
TGLP: Tribal Grazing Land Policy [Botswana]
TGME: Transvaal Gold Mining Estates
TGNP: Tanzania Gender Networking Programme
TGNU: Transitional Government of National Unity [Namibia]
TGP: [a political party, Ghana]
TGWU: Transport and General Workers' Union [South Africa]
THA: (1) Tanzania Harbours Authority; (2) Transvaal Horse Artillery [South Africa]
THAM: Tshukudu Horticultural Agricultural Management [Botswana]
THB: (1) Tanzania Housing Bank; (2) Three Horse Beer [Madagascar]
THEKI: Plantations de Thé au Kivu [Zaïre]
THONAPECHE: Société Marocaine de Pêches au Thon
THRHR: Tydskrif vir Hedendaagse Romeins-Hollandse Reg [published Pretoria]
THS: Tractor Hiring Service [Nigeria]
THSG: Transactions of the Historical Society of Ghana

THU: Tractor Hiring Units [Nigeria]
TIB: Tanzania Investment Bank
TIC: Transvaal Indian Congress [South Africa]
TIEC: Training, Information, Education, Communication [Nigeria]
TIIS: Trade and Investment Information Service [Botswana]
TILCOR: Tribal Trust Land Development Corporation [Zimbabwe] [as given]
TILL: The Institute of Liberian Languages
TIMDO: Tanzania Engineering and Manufacturing Organisation [as given]
TIMMD: Tanzania Islamic Movement for Multiparty Party Democracy
TIN: Teeninsurgensie Eenheid = COIN: Counter-Insurgency Unit
TIP: Trade and Investment Programme [Ghana]
TIPA: Trade and Investment Promotion Agency [Botswana]
TIPD: Trade and Investment Promotion Department [Nigeria]
TIPER: Tanzanian and Italian Petroleum Refinery Company
TIRDEP: Tanga Integrated Rural Development Programme [or Project] [Tanzania]
TIRDO: Tanzania Industrial Research and Development Institute
TIS: Tanzania Information Services / Maelezo
TISCO: Tanzania Industrial Studies and Consulting Organisation
TISMA: [glossed as: Société de coton, Madagascar]
TISSACO: Filatures et Tissages de Fibres au Congo [Zaïre]
TJS: Terrible Josters [Cape Town youth gang]
TKD: Transkei Defence Force [South Africa]
TKM: Tovovavy Katolika Malagasy [Madagascar]
TKR: Trans-Kalahari Railway
TkSC: Transkei Supreme Court
TL: Thusano Lefatsheng (Terre Aide Botswana)
TLA: (1) Tanora Liam-pivoarana d'Antalaha [Madagascar]; (2) Tanzania Licensing Authority; (3) Transitional Liberian Assembly; (4) Transkei Legislative Assembly [South Africa]
TLATIU: Transvaal Leather and Allied Trades' Industrial Union [South Africa]
TLC: (1) Tanzania Legal Corporation [Mamuya]; (2) Trades and Labour Council [South Africa]
TLDP: Third Livestock Development Project [Ethiopia]
TLF: Tigrai [or Tigray or Tigre] Liberation Front
TLFU: Trawler and Line Fishermen's Union [South Africa]
TLJ: The Lawyers' Journal [published in Orlu]
TLL: Triomphe pour la Liberté et la Légalité [Algeria]
TLOA: Transvaal Land Owners' Association
TLS: (1) Tanganyika Library Services; (2) Tanzania Library Service
TLSA: Teachers League of South Africa
TLU: Testing Liaison Unit [Cameroun]
TM: (1) Tantsaha Mitolona [Madagascar]; (2) Thomas Mapfumo [Zimbabwe]; (3) Tovavavy Marialy [Madagascar]
TMA: (1) Tanzanian Military Academy; (2) Transvaal Miners' Association; (3) Transvaal Municipal Association [South Africa]; (4) Tripartite Monetary Area [Namibia, Lesotho, South Africa, Swaziland]
TMB: (1) Timber Marketing Board [Ghana?]; (2) Tobacco Marketing Board [Zimbabwe]
TMC: (1) Tanzania Mennonite Church = KMT: Kanisa la Mennonite Tanzania; (2) Transitional Military Council [Sudan]; (3) Transkei Military Council [South Africa]
TME: Travailleurs Marocains à l'Étranger or Travailleurs Marocains Émigrés [Morocco]
TMK: Société de Transports et

Messageries du Kivu [Zaïre]
TMMA: Tanganyika Mozambique Makonde Association
TMMU: Tanganyika Mozambique Makonde Union
TMP: Tanganyika Mission Press
TMRU: Traditional Medicine Research Unit
TMS: (1) Société des Transports et Messageries du Sahel [Algeria]; (2) Tricotages Mécaniques du Sénégal
TMSA: Telephone Manufacturers of South Africa
TNA: (1) Tanzania National Archives; (2) Théâtre National Algérien [Algeria]; (3) Transitional National Assembly [Sudan]
TNC: Transitional National Council [Somalia]
TNCV: Televisão Nacional de Cabo Verde [Cape Verde Islands]
TNDP: Transitional National Development Plan [Zimbabwe?]
TNE: Terres Nues Extensives [Algeria]
TNF: Theatre Nuclear Forces
TNI: Terres Nues Intensives [Algeria]
TNIMA: Tubman National Institute of Medical Arts
TNIP: Transkei National Independence Party
TNO: Tigray National Union
TNP: Transkei National Party
TNPP: Tanzanian National Population Policy
TNR: Tanganyika Notes and Records, *later*: Tanzania Notes and Records
TNS: (1) Tanganyika National Society; (2) Total National Strategy [South Africa]
TNU: Cp. TNO
TNUT: Tanzania National Union of Teachers
TNVA: Transvaal Natives' Vigilance Association
TO: Transvaalse Onderwysersvercniging [South Africa]
TOB: Transkeian Organized Bodies
TOD: Transvaals Onderwysdepartement = TED: Transvaal Education Department
TODY: Tanzania Organisation of Democratic Youths
TOGOCERAM: [a manufacturer of ceramics in Togo]
TOGOFRUIT: Société Togolaise pour le Développement de Culture Fruitière
TOGOGAZ: Société Togolaise de Gaz Industriels
TOGOGRAIN: Office National des Produits Vivriers [Togo]
TOGOPROM: Société Togolaise de Promotion pour le Développement
TOGOROUTE: Société Nationale de Transports Routiers
TOGOTABAC: Régie Togolaise des Tabacs
TOGOTEX: Compagnie Togolaise des Textiles
TOIA: Tramway and Omnibus Inspectors' Association [South Africa]
TOL: Taux d'Occupation du Logement [Algeria]
TOLIMO: Togoland Liberation Movement
TOLINKI: Tôlerie Industrielle du Kivu [Zaïre]
TOLMALI: Société de Fabrication de Tôles du Mali
TOM: Territoire d'Outre-Mer
TOMD: Transvaalse Onderwysmediadiens = Transvaal Education Media Service
TOMI: [a business enterprise in La Réunion]
TOOL: Stichting Technische Ontwikkeling Ontwikkelings Landen
TOPCO: Texaco Overseas Petroleum Co.
TOPCON: Texaco Overseas (Nigeria) Petroleum Company
TOPP: Twifo Oil Palm Plantation Limited [Ghana]
TOSCO: Tanzania Overseas Shipping Company
TOWU: Transport and Omnibus Workers' Union [South Africa]
TP: (1) Togoland Party [Ghana]; (2) Travaux Publics [various countries]
TPA: (1) Televisão Popular de Angola; (2) Transvaalse Provinsiale Administrasie

= Transvaal Provincial Administration [South Africa]
TPC: Tribunal Populaire de Conciliation [Burkina Faso?]
TPD: Transvaal Provincial Division
TPDC: Tanzanian Petroleum Development Corporation
TPDF: Tanzania People's Defence Force [*or* Forces]
TPDM: Tigray People's Democratic Movement [Ethiopia]
TPFLM: Trano Printy Fiangonana Loterana Malagasy [Madagascar]
TPFP: Transkei People's Freedom Party
TPH: Tanzania Publishing House
TPL: [glossed as: Entreprise nationale de transformation des projets longs, Algeria]
TPLF: Tigray People's Liberation Front [also cited as: Tigrai..., Tigre..., Tigrayan..., Tigrean...] [Ethiopia]
TPLS: Transvaal Provincial Library Service [South Africa]
TPN: (1) Textile Printers of Nigeria; (2) True Party of Nigeria
TPOSB: Tanganyika Post Office Savings Bank
TPP: (1) Tanganyika People's Party; (2) Tanzania Peoples Party; (3) Ten Point Programme [Uganda]
TPR: Tribunaux Populaires de la Révolution [Burkina Faso]
TPRI: Tropical Pesticides Research Institute [British East Africa]
TPS: Taxe sur la Prestation de Services [Côte d'Ivoire?]
TPSC: Tendaho Plantation Share Company [Ethiopia]
TPTC: (1) Tanzania Posts and Telecommunications Corporation; (2) Tanzania Printing Trading Committee
TR: Treasury Registrar [Tanzania]
TRABEKA: Société d'Entreprises de Travaux en Béton au Katanga *or* Société d'Entreprise des Travaux Publics en Béton au Katanga [Zaïre]
TRABEZA: Traverses Béton Zaïre
TRAC: Transvaal Rural Action Committee [South Africa]

TRACOMA: Société de Transports et de Commerce en Afrique
TRADEV: Trade Development Company [Nigeria]
TRADEVCO: Liberian Trading and Development Bank
TRADP: Transvaal Rural and Development Programme
TRAFIPRO: [glossed as: Rwanda's first state-run marketing system]
TRALSO: Transkei Land Service Organisation [South Africa]
TRAMA: Tanzania Tractors Manufacturing Company
TRANS-BENIN: Société de Transports Routiers du Bénin
TRANSACO: [glossed as a company dealing with: Transit, achat et commerce] [Zaïre]
TRANSAM: Société de Transport Zaïro-Marocaine [as given]
TRANSCEA: Transcontinental Evangelistic Association [Liberia]
TRANSCOMIN: Transports Fluviaux Rapides de Commerce et de Mines
TRANSIDO: Transkei Small Industries Development Organisation
TRANSKAT: Compagnie Générale de Transports au Katanga [Zaïre]
TRANSMAC: Transports et Manutentions en Afrique Centrale [Zaïre]
TRAPOWA: Transkei Post Office Workers' Association [South Africa]
TRASCO: Transvaal Students' Congress [South Africa]
TRAYO: Transvaal Youth Congress
TRC: (1) Tanzania Railways Corporation; (2) Transport Research and Consultancy [South Africa]
TRD: Tana River District [Kenya]
TRDB: Tanzania Rural Development Bank
TRDC: (1) Tana River Development Company [Kenya]; (2) Tlokweng Rural Development Centre [Botswana]
TRDP: (1) Tabora Rural Development Project [Tanzania]; (2) Training for Rural Development Project

[Tanzania]; (3) Turkana Rural Development Programme
TRF: Tea Research Foundation of Central Africa
TRITURAF: Société Ivoirienne pour la Trituration des Graines Oléagineuses et le Raffinage d'Huile Végétale
TRMTEU: Transvaal Retail Meat Trade Employees' Union
TRNPR: Tana River National Primate Reserve [Kenya]
TRO: Tembisa Residents' Organisation [South Africa]
TROMBOCAM: [company manufacturing "attaches dites trombones"] [Cameroun]
TRP: (1) Transport Rehabilitation Project [Ghana]; (2) Turkana Rehabilitation Programme
TRTEAWU: Transvaal Radio, Television, Electronic and Allied Workers Union [South Africa]
TRUK: Transvaalse Raad vir Uitvoerende Kunste [South Africa]
TS: Tirelo Setshaba [Botswana]
TSA: (1) Tanzania Sisal Authority; (2) Tribunal Supérieur d'Appel, Mamadzou
TSC: (1) Tanzania Sisal Corporation; (2) Teachers Service Commission [Kenya; Uganda]; (3) Teaching Service Commission [Swaziland?]; (4) Technical Supervisory Committee [Cameroun]
TSDB: Tanzania Sisal Development Board
TSEA: Tirelo Sechaba Ex-participants Association [Botswana]
TSGA: Tanganyika Sisal Growers' Association
TSh: Tanzanian shilling
TShs: Tanzanian shillings
TSJ: Tanzania School of Journalism
TSLDC: Transvaal Strike Legal Defence Committee
TSMB: Tanzania Sisal Marketing Board
TSN: Tanzania Standard Newspapers
TSP: Theocracy Spiritual Party [Zambia]
TSS: Tropical Shelterwood System [Nigeria]
TTA: (1) Tanganyika Tea Authority; (2) Tanzania Tea Authority; (3) Transporte e Trabalho Aéreo [Mozambique]; (4) Transvaal Teachers' Association
TTAC: Tigray Transport and Agricultural Consortium [Ethiopia]
TTACSA: Tanganyika Territory African Civil Service Association
TTB: Tanzania Tobacco Board
TTC: (1) Tanzania Tourist Corporation; (2) Teacher Training College [Botswana]; (3) Technology Transfer Centre [Ghana]; (4) Tlhwaafalo Training Centre [Botswana]
TTCC: Thaba-Tseka Coordinating Committee
TTDC: Tanzania Tourist Development Corporation
TTDP: Thaba-Tseka Development Project
TTE: Tigray-Tigrigny Ethiopia
TTGA: [Tanzania tea-growers association]
TTGC: Transkeian Territories General Council [South Africa]
TTGCS: Tabora Tobacco Growers Cooperative Society [Tanzania]
TTL: Tribal Trust Land [Zimbabwe]
TTLA: Transkei Traditional Leaders Association [South Africa]
TTLCOR: Cp. TILCOR
TTM: Telegu, Tamil, and Marathi Movement *or* Tamil Telegu Marathi Movement [Mauritius]
TTRDP: Thaba-Tseka Rural Development Programme
TTS: Tanora Tonga Saina [Madagascar]
TTT: (1) Teacher-Text-Technology Program; (2) Trans-Tugela Transport Company [South Africa]
TTU: Transvaal Transportwerkers Unie
TUACC: Trade Union Advisory [and] Co-ordinating Council [South Africa]
TUATA: Transvaal United African Teachers' Association
TUB: Transport Urbain de Bamako [Mali]
TUBSIS: Tuyauterie et Chaudronnerie du

Secteur Industriel Socialiste [Algeria]
TUC: Trade Union Congress *or* Trades Union Congress [various countries]
TUCM: Trades Union Congress of Malawi
TUCN: Trade Union Congress of Nigeria
TUCR: Trades Union Congress of Rhodesia
TUCSA: Trade Union Council of South Africa
TUCZ: Trade Union Congress of Zimbabwe
TUESATS: Trade Union for Employees of South African Transport Services
TUG: Trade Union Gathering [Sudan?]
TULRB: Trade Union and Labour Relations Bill [Mauritius]
TUSA: Transnet Union of South Africa
T&V: Training and Visit Extension System
TVA: Transkei Vigilance Association [South Africa]
TVE: Televisão Experimental [Mozambique]
TVG: [television service in Guiné-Bissau]
TVL *or* **Tvl:** Transvaal [South Africa]
TVT: (1) Television Tanzania; (2) Transvolta Togoland *or* Trans-Volta-Togoland [Ghana]
TVZ: Television Zanzibar
TWA: Tropical West Africa
TWICO: Tanzania Wood Industry Corporation *or* Tanzanian Wood Industries Corporation
TWIU: Textile Workers' Industrial Union [South Africa]
TWIUSA: Textile Workers' Independent Union (South Africa)
TWLA: Tanzania Women Lawyers Association
TWP: True Whig Party [Liberia]
TWU: (1) Teammates Workers' Union [South Africa]; (2) Timber and Woodworkers' Union [Ghana; cp. TWWU]
TWUT: Textile Workers' Union (Transvaal)
TWWU: Timber and Wood Workers Union [Ghana; cp. TWU]
TY: Teyateyaneng [Lesotho]
TYL: Tanganyika African National Union Youth League
TYM: Tanzania Youth Movement
TYPP: Ten Year Perspective Plan [Ethiopia]
TZR: Trans-Zambesia Railway

u

UA: Unit of Account
UAA: (1) Union des Architectes Africains; (2) United African Airlines [Libya]; (3) [glossed as: Arab-African Union, Libya-Morocco]
UAAL: Union Africaine des Arts et des Lettres
UAC: (1) Uganda Airlines Corporation; (2) Union Africaine de Cinéma; (3) Union Africaine des Chemins de Fer [cp. UACF]; (4) United Africa Company
UACE: Uganda Advanced Certificate of Education
UACF: Union Africaine des Chemins de Fer [cp. UAC]
UACN: United Africa Company of Nigeria
UACPB: Union Apostolique et Culturelle de Prêtres Burundais
UADE: Union Africaine des Distributeurs d'Eau = UAWS: Union of African Water Suppliers
UAF: (1) Union de l'Action Féminine [Morocco]; (2) United Action Front [Ghana]
UAFL: Union Africaine de la France Libre
UAG: Union des Assurances du Gabon
UAI: Unité Autonome d'Irrigation
UAIC: Unité d'Afforestation Industrielle du Congo [Congo Republic]
UAJ: Union of African Journalists
UALC: Uganda African Literature Committee
UAM: (1) Unevangelized Africa Mission; (2) Union Africaine et Malgache
UAMA: Union des Artisans Malagasy [Madagascar]
UAMAWUSA: United African Motor and Allied Workers' Union of South Africa
UAMBD: (1) Union Africaine et Malgache des Banques de Développement; (2) Union Africaine et Mauricienne de Banques pour le Développement
UAMCE: Union Africaine et Malgache de Coopération Économique
UAMD: Union Africaine et Malgache de Défense [former French African colonies except Guinea, Mali and Upper Volta]
UAMPT: Union Africaine et Malgache des Postes et Télécommunications [based in Brazzaville]
UANA: Union of African News Agencies [based in Alger]
UANC: United African National Council [Zimbabwe]
UANRT: Union of African National Radios and Televisions = URTNA: Union des Radios et Télévisions Nationales d'Afrique
UAP: Union of African Parliaments = UPA: Union des Parlements Africains
UAPAM: União Africana dos Povos Angolanos e Moçambicanos
UAPS: Union for African Population Studies
UAPT: Union Africaine des Postes et Télécommunications = APTU: African Postal and Telecommunications Union
UAPTA: Unit of Account of the Preferential Trade Area for Eastern and Southern Africa
UAR: (1) Union of African Railways; (2) United Arab Republic

UAS: Union of African States
UASI: Union of Artisans of the Sugar Industry [Mauritius]
UASS: Uganda Agricultural Sector Survey
UASU: University Academic Staff Union [Kenya]
UAT: (1) Union Africaine des Télécommunications = ATU: African Telecommunications Union; (2) Union of African Towns; (3) United Africa Trust [Ghana?]
UAVEC: Union des Associations Voltaïques d'Épargne et de Crédit [Burkina Faso]
UAW: Union of Automobile Workers *or* United Automobile, Rubber and Allied Workers Union of South Africa
UAWS: Union of African Water Suppliers = UADE: Union Africaine des Distributeurs d'Eau
UB: (1) Université du Bénin [Togo]; (2) University of Botswana
UBA: United Bank for Africa [Nigeria]
UBAC: Union Bancaire de l'Afrique Centrale
UBAN: University Booksellers Association of Nigeria
UBBS: University of Basutoland, Bechuanaland Protectorate and Swaziland
UBC: (1) Union pour la Bienveillance du Cameroun; (2) Uplands Bacon Company [Kenya]; (3) Usine de Broyage de Calcaire [Congo Republic?]
UBCO: Uitenhage Black Civic Organisation [South Africa]
UBCS: Union Belgo-Congolaise de Stanleyville [Zaïre]
UBD: Union des Banques de Développement [Mauritania]
UBF: United Brothers of Friendship [Liberia]
UBIW: Union of Bus Industry Workers [Mauritius]
UBJ: Union of Black Journalists
UBLS: University of Botswana, Lesotho and Swaziland
UBN: Union Bank of Nigeria
UBRBRDA: Upper Benue River Basin and Rural Development Authority [Nigeria]
UBS: United Bus Service [Mauritius?]
UBTH: University of Benin Teaching Hospital [Nigeria]
UBU: Ubumwe b'abakozi b'Uburundi [Burundi; cp. UTB: Union des Travailleurs du Burundi]
UBZ: United Bus Company of Zambia
UC: (1) Union Camerounaise; (2) Union Congolaise [Zaïre]; (3) Union Constitutionnelle [Morocco]
UCA: [glossed as: African commercial union]
UCAC: Union des Coopératives Agricoles du Centre [Cameroun]
UCAD: Université Cheikh Anta Diop [Senegal]
UCAEST: Union des Coopératives de la Province de l'Est [Cameroun]
UCAF: Union Cotonnière de l'Afrique Française
UCAL: Union des Coopératives Agricoles du Littoral [Cameroun]
UCAP: Union Catholique Africaine de Presse
UCAR: Union Commerciale d'Assurances et de Réassurance [Burundi]
UCASA: Urban Councils Association of South Africa
UCB: (1) Société Africaine de l'Union Chimique Belge [Zaïre]; (2) Uganda Commercial Bank; (3) Uganda Cooperative Bank; (4) Union des Communistes Burkinabè; (5) Union Congolaise des Banques [Congo Republic]
UCBWM: United Church Board for World Ministries
UCC: (1) United Church of Christ; (2) United Committee of Concern [South Africa]; (3) University of Cape Coast [Ghana]
UCCA: (1) Union Commerciale Cotonnière Centrafricaine; (2) Union Cotonnière Centrafricaine [Central African Republic]
UCCAO: (1) Union Centrale des

Coopératives Agricoles de l'Ouest [Cameroun]; (2) Union des Coopératives Caféières de l'Ouest *or* Union des Coopératives de Café Arabica de l'Ouest [Cameroun]
UCCAR: United Church of Central Africa in Rhodesia [Zambia]
UCCEC: Union Centrale de Coopératives d'Épargne et de Crédit [Zaïre]
UCCP: United Christian Conciliation Party [South Africa]
UCCSA: United Congregational Church of Southern Africa
UCCSL: United Christian Council of Sierra Leone
UCD: Unión de Centro Democrático
UCDA: Uganda Coffee Development Authority
UCE: Uganda Certificate of Education
UCEC: Union Camerounaise des Étudiants Catholiques
UCECB: Union des Coopératives d'Épargne et de Crédit du Burkina
UCEMA: Usine Céramique du Mali
UCEW: University College of Winneba [Ghana]
UCF: Union Coloniale Française
UCFA: Union pour la Communauté Franco-Africaine [Niger]
UCFASSCGC: Union Coloniale Française – Association Syndicale des Sociétés Concessionnaires du Gouvernement du Congo [Congo Republic]
UCFB: Union Culturelle de la Femme au Burundi
UCH: University College Hospital [Ibadan]
UCID: União Caboverdiana Independente e Democrática *or* União Caboverdiana Independente para a Democracia *or* União Caboverdeana para a Independência e Democracia [Cape Verde Islands]
UCJAB: [glossed as: Burundian African youth cultural union]
UCM: (1) Union Culturelle Musulmane [Senegal]; (2) University Christian Movement [South Africa]

UCOA: Union Cinématographique Ouest-Africaine
UCOBAM: Union des Coopératives Agricoles et Maraîchières du Burkina [as given]
UCODA: Union Coopérative Dahoméenne
UCODEP: Union des Comités pour le Développement des Peuples [Burkina Faso]
UCOL: Union pour la Colonisation [Zaïre]
UCOR: Uranium Enrichment Corporation of South Africa
UCP: (1) Union Comorienne pour le Progrès; (2) Union des Chefs et des Populations [Togo]; (3) United Christian Party [South Africa]
UCPI: Unidade de Coordinação de Programas de Importação [Mozambique?]
UCPN: Union des Chefs et des Populations du Nord [Togo]
UCPP: Union Commerciale des Produits Pétroliers [Mauritania]
UCR: University College of Rhodesia
UCRN: University College of Rhodesia and Nyasaland
UCRT: Union des Coopératives de la Région de Tori
UCS: Usine Chimique de Shiteru [Zaïre]
UCT: University of Cape Town [South Africa]
UCTMASA: University of Cape Town Maintenance Artisans Staff Association
UCTT: Unions des Chefs Traditionnels du Togo
UCTU: Union Camerounaise des Travailleurs Croyants
UCW: Uganda Council of Women
UCZ: United Church of Zambia
UDA: (1) Uganda Democratic Alliance; (2) Unilateral Declaration of Autonomy [Namibia/South Africa]; (3) Union Démocratique Afare [Djibouti]; (4) Urban Dwellers Association [Ethiopia]; (5) Shirika la Usafiri Dar Es Salaam; (6) [glossed as:

Angolan Democratic Unification]
UDAO: Union Douanière de l'Afrique de l'Ouest = UDEAO: Union Douanière des États de l'Afrique de l'Ouest = WACU: West African Customs Union
UDASA: University of Dar es Salaam [Academic] Staff Assembly
UDB: (1) Uganda Development Bank; (2) Université du Burundi
UDC: (1) Uganda Democratic Coalition; (2) Uganda Development Corporation; (3) Union Démocratique Centrafricaine; (4) Union Démocratique Côtière [Madagascar]; (5) Union Démocratique des Comores; (6) Union Démocratique du Cameroun; (7) Union pour la Démocratie Congolaise [Congo Republic]; (8) Union pour le Développement Culturel [Djibouti]
UDCI: Union Démocratique de la Côte d'Ivoire
UDCV: União Democrática de Cabo Verde
UDD: (1) Union Démocratique Dahoméenne; (2) Union Démocratique Djiboutienne; (3) Union pour la Démocratie et le Développement [Mali]; (4) Union pour la Démocratie et le Développement Mayumba [Gabon]; (5) Club Unité, Dialogue et Développement; (6) [glossed as: A political party in Comoros]
UDD-RDA: Union Démocratique du Dahomey – Rassemblement Démocratique Africain
UDDIA: Union Démocratique pour la [*or* de] Défense des Intérêts Africains [Congo Republic]
UDDS: Unión para la Democracia y el Desarrollo Social [Equatorial Guinea]
UDE: Union Douanière Équatoriale [Central Africa]
UDEAC: Union Douanière et Économique de l'Afrique Centrale
UDEAO: Union Douanière des États de l'Afrique de l'Ouest = WACU: West African Customs Union. Cp. UDAO
UDECI: Union pour le Développement Économique de la Côte d'Ivoire
UDECMA *or* **UDECMA-KMPT:** Union de[s] Démocrates Chrétiens de Madagascar *or* Union Démocratique Chrétienne Malgache [Madagascar]
UDEFEC: Union Démocratique des Femmes du Cameroun
UDEMA: [glossed as: Union of Democratic Women of Angola]
UDEMO: União Democrática de Moçambique
UDEMU: União Democrática das Mulheres [Cape Verde Islands?; Guiné-Bissau]
UDEN: Union Démocratique des Enseignants [du Sénégal]
UDENAMO: União Democrática Nacional de Moçambique
UDES: Union Démocratique des Étudiants Sénégalais
UDETA: Umoja wa Demokrasia Tanzania
UDF: (1) Union Defence Forces = UVM: Unie-Verdedigingsmagte [South Africa]; (2) Union of Democratic Forces = Union des Forces Démocratiques; (3) Union pour [*or* de] la Démocratie Française [La Réunion]; (4) United Democratic Front [Malawi, Namibia, South Africa]
UDFC: Union Démocratique des Femmes Camerounaises
UDF-NE: [glossed as: Union of Democratic Forces – New Era, Mauritania]
UDFP: (1) Union Démocratique des Forces Populaires [Niger]; (2) Union Démocratique des Forces du Progrès [Benin Republic]
UDG: Union Démocratique de Guinée [Guinea]
UDHS: Uganda Demographic and Health Survey
UDI: (1) Unilateral Declaration of Independence [Zimbabwe]; (2) Union des Démocrates Indépendants [Zaïre]
UDIEA: Union pour la Défense des Intérêts Économiques Africains
UDIHV: Union pour la Défense des

U

Intérêts de la Haute-Volta
UDIM: (1) Union pour la Défense des Intérêts de Mayotte; (2) Union de Défense des Intérêts Malgaches [Madagascar]
UDISTP: União Democrática Independente de São Tomé e Príncipe
UDIT: (1) Union Démocratique Indépendante du Tchad; (2) Union des Défenses Intérieures Tchadiennes
UDJV: Union Démocratique de la Jeunesse Voltaïque
UDL: Union pour la Démocratie et les Libertés [Algérie]
UDM: (1) Union Démocratique de Mayotte; (2) Union Démocratique Mauricienne [in English: Mauritian Democratic Union]; (3) Union pour la Démocratie en Mauritanie *or* Union Démocratique Mauritanienne; (4) United Democratic Movement [Ethiopia, Nigeria, Seychelles]
UDMA: Union Démocratique du Manifeste Algérien
UDMEA: Uitenhage and District Municipal Employees' Association [South Africa]
UDN: (1) Union Démocratique Nigérienne; (2) United Democratic Nationals [Ethiopia]
UDOA: Union Douanière entre les États de l'Ouest Africain [as given]
UDP: (1) Union Démocrate Paysanne [Burundi?]; (2) Union pour la Démocratie et le Progrès [Niger]; (3) Union pour la Démocratie Populaire [Senegal?]; (4) United Democratic Party [Lesotho, Namibia, Sierra Leone, South Africa, Tanzania, Zambia]
UDPB: Union des Démocrates et Patriotes Burkinabè [Burkina Faso]
UDPC: União Democrática dos Povos do Cabinda
UDPM: Union Démocratique du Peuple Malien
UDPS: (1) Union pour la Démocratie et le Progrès Social [Zaïre]; (2) Union pour la Démocratie et le Progrès Social [Niger]; (3) Union pour le Développement et le Progrès Social [Congo Republic, Zaïre]
UDPT: (1) Union Démocratique des Peuples Togolais *or* Union Démocratique du Peuple Togolais *or* Union Démocratique des Populations Togolaises; (2) Union Démocratique pour le Progrès Tchadien
UDR: (1) Union pour la Démocratie et la Reconstruction *or* Union pour le Développement et la Reconstruction [Guinea]; (2) Union pour la Démocratie et la République [Chad]
UDR-Muinda *or* **UDR-Mwinda:** Union pour la Démocratie et la République – Muinda [*or* Mwinda] [Congo Republic]
UDRA: [glossed as: Food Branch Management Unit, Mozambique]
UDRN: Union pour la Démocratie et la Reconstruction Nationale [Benin Republic]
UDRS: (1) Union Démocratique pour le Renouveau Social [Benin Republic]; (2) Union pour la [*or* de] Défense de la Révolution Socialiste [Algeria]
UDS: (1) Union Démocratique Sénégalaise *or* Union Démocratique du Sénégal *or* Union de la Démocratie Sénégalaise; (2) Union Démocratique pour le Salut [Mali]; (3) Union pour la Démocratie et la Solidarité [Guinea]; (4) Union pour la Démocratie et la Solidarité Nationale [Benin Republic]
UDSG: Union Démocratique et Sociale Gabonaise
UDSGE: Unión Democrática y Social de Guinea Ecuatorial [Equatorial Guinea]
UDSM: (1) Union des Démocrates Sociaux de Madagascar; (2) Union des Socialistes Malgaches [Madagascar]; (3) University of Dar es Salaam [Tanzania]
UDSR: Union Démocratique Sénégalaise – Renouveau *or* Union Démocratique du Sénégal – Renouveau *or* Union de la Démocratie Sénégalaise – Renouveau
UDS-RDA: Union Démocratique

Sénégalaise [*or* Union Démocratique du Sénégal *or* Union de la Démocratie Sénégalaise] – Rassemblement Démocratique Africain

UDT: (1) Unidade de Direcção Têxtil [Mozambique?]; (2) Union Démocratique du Travail [Djibouti]; (3) Union Démocratique Tchadienne [*or* du Tchad]

UDTS: Union Démocratique des Travailleurs Sénégalais

UDU: Union Démocratique Unioniste [Tunisia]

UDUSA: Union of Democratic University Staff Associations [South Africa]

UDV: (1) Unidade de Direcção do Vestuário [Mozambique?]; (2) Union Démocratique Voltaïque [Burkina Faso]

UDV-RDA: Union Démocratique Voltaïque – Rassemblement Démocratique Africain [Burkina Faso]

UDW: University of Durban-Westville [South Africa]

UDZIMA: Union Comorienne pour le Progrès [Comoros]

UEA: União dos Escritores Angolanos [*or* de Angola]

UEAC: Union des États de l'Afrique Centrale [*or* d'Afrique Centrale] [Chad and Zaïre]

UEAFCI: Union des Employeurs de Côte d'Ivoire [as given]

UEB: (1) Uganda Electricity Board; (2) Union d'Exploitation des Bois *or* Unité d'Exploitation du Bois [Congo Republic]

UEC: (1) Uganda Episcopal Conference; (2) Unités Économiques Communales [Algeria]

UECA: Union des Étudiants Catholiques Africains

UED: (1) Union des Étudiants Dakarois *or* Union des Étudiants de Dakar; (2) Union Department of Education [South Africa]

UELCO: Compagnie de l'Uele [Zaïre]

UELCSWA: United Evangelical Lutheran Church of South West Africa

UEM: (1) Union des Écrivains Maliens; (2) United Evangelical Mission; (3) Universidade Eduardo Mondlane [Mozambique]

UEMOA: Union Économique et Monétaire Ouest-Africaine

UER: Unité d'Enseignement et de Recherche [Madagascar]

UESM: Union des Étudiants Socialistes Malgaches [Madagascar]

UESMY: Union des Élèves et Scolaires Maliens de Yougoslavie [Mali]

UESTOF: Union des Étudiants et Stagiaires Togolais en France

UEU: Unemployed Ex-Servicemen's Union

UF: (1) United Front [Ghana]; (2) Urban Foundation [South Africa]

UFA: (1) Uganda Freedom Army; (2) Unités Forestières d'Aménagements [Congo Republic?]

UFAC: Union des Forces Requises au Changement [Central African Republic]

UFB: (1) Union des Femmes Burkinabè [*or* du Burkina]; (2) Union des Femmes du Burundi

UFC: (1) Uganda Freedom Conventions; (2) Union des Forces du Changement [Togo]

UFD: Union des Forces Démocratiques [Algeria, Chad, Congo Republic, Guinea, Mali, Mauritania]

UFDC: Union des Forces Démocratiques du Cameroun *or* Union des Forces pour la Démocratie au Cameroun

UFDP: (1) Union des Forces Démocratiques pour le Progrès [Mali]; (2) Union des Forces pour la Démocratie et le Progrès [Niger]

UFE: [glossed as: a French expatriate organisation, in Comoros]

UFERI: Union des Fédéralistes et [des] Républicains Indépendants *or* Union des Fédéralistes Républicains [et] Indépendants [Zaïre]

UFF: United Fatherland Front [Lesotho]

UFFB: United Front from Below

UFH: University of Fort Hare [South

Africa]
UFI: Ubungo Farm Implements [Tanzania]
UFK: Union Franco-Kanembou
UFLS: United Front for the Liberation of Sudan
UFM: (1) Uganda Freedom Movement; (2) Unevangelized Fields Mission; (3) Union du Fleuve Mano = MRU
UFMD: United Front for Multi-party Democracy [Malawi]
UFN: (1) Union des Femmes du Niger *or* Union des Femmes Nigériennes; (2) United Front of Nigeria
UFNA: Union Française Nord-Africaine
UFOCI: Union Fraternelle des Originaires de la Côte d'Ivoire
UFODP: Union des Forces Démocratiques pour le Progrès [Mali]
UFP: (1) Union des Forces pour le Progrès [Algérie?]; (2) Union des Forces du Progrès [Benin Republic]; (3) United Federal Party [Federation of Rhodesia and Nyasaland; Malawi, Zambia, Zimbabwe]
UFPDG: Union des Femmes du Parti Démocratique Gabonais
UFPDP-Sawaba: Union des Forces Populaires pour la Démocratie et le Progrès – Sawaba [Niger]
UFR: Union des Forces Républicaines [Guinea]
UFSYCA: Union Fédérale des Syndicats du Commerce, de l'Industrie et de l'Artisanat d'Afrique Occidentale Française
UFU: Uganda Freedom Union
UFVD: Union des Fonctionnaires Volontaires pour le Développement [Guinea]
UGAN: Union Générale des Assurances du Niger [Niger]
UGAR: Union Guinéenne d'Assurances et de Réassurances [Guinea]
UGB: Union Gabonaise de Banques
UGCA: Union Générale des Commerçants Algériens
UGCAA: Union Générale des Commerçants et des Artisans Algériens
UGCAN: União Geral das Cooperativas Agrícolas de Nampula [Mozambique]
UGCC: United Gold Coast Convention [Ghana]
UGD: Union des Guinéens pour le Développement
UGDOF: [a Senegalese political organisation]
UGEAN: União Geral dos Estudantes da África Negra
UGEAO: Union Générale des Étudiants d'Afrique Occidentale [de l'Afrique de l'Ouest]
UGEB: Union Générale des Étudiants Burkinabè
UGEC: Union Générale des Étudiants Congolais [Zaïre?]
UGECI: Union Générale des Étudiants de la Côte d'Ivoire
UGEEC: Union Générale des Élèves et Étudiants Congolais [Congo Republic]
UGEED: Union Générale des Étudiants et Élèves Dahoméens
UGEEG: Union Générale des Étudiants et Élèves de Guinée
UGEM: Union Générale des Étudiants du Maroc
UGEMA: Union Générale des Étudiants Musulmans Algériens
UGES: Union Générale des Étudiants Sénégalais
UGESARIO: Unión General de los Estudiantes de Saguia el-Hamra y Río de Oro [Western Sahara]
UGET: Union Générale des Étudiants de Tunisie
UGEV: Union Générale des Étudiants Voltaïques
UGFC: United Ghana Farmers' Council
UGFCC: United Ghana Farmers Co-operative Council
UGFOVF: [a Senegalese political organisation]
UGFT: Union Générale des Fils du Tchad
UGOMS: Union Générale des Originaires de la Mauritanie du Sud
UGOVF: Union Générale des Originaires de la Vallée du Fleuve [Senegal]

UGSA: Union Générale des Syndicats Algériens
UGSC: Union Gabonaise des Syndicats Croyants
UGSCM: Union Générale des Syndicats Confédérés du Maroc
UGSD: Union Générale des Syndicats du Dahomey
UGSEL: Union Gymnique et Sportive de l'Enseignement Libre
UGSM: (1) Union Générale des Scolaires Maliens [Mali]; (2) Union Gymnique et Sportive de Madagascar
UGT: Unión General de Trabajadores [Equatorial Guinea]
UGTA: (1) União Geral dos Trabalhadores Angolanos; (2) Union Générale des Travailleurs Algériens
UGTAN: Union Générale des Travailleurs d'Afrique Noire
UGTAN-S: Union Générale des Travailleurs d'Afrique Noire – Sénégal
UGTC: (1) Union Générale des Travailleurs Camerounais; (2) Union Générale des Travailleurs Centrafricains. Cp. UGTCA
UGTCA: Union Générale des Travailleurs Centrafricains. Cp. UGTC
UGTCI: Union Générale des Travailleurs de Côte-d'Ivoire
UGTCS: Union Générale des Travailleurs de la Canne à Sucre [Burkina Faso?]
UGTD: Union Générale des Travailleurs du Dahomey *or* Union Générale des Travailleurs Dahoméens
UGTE: Union Générale Tunisienne des Étudiants
UGTG: (1) União Geral dos Trabalhadores da Guiné [Guiné-Bissau]; (2) Union Générale des Travailleurs de Guinée
UGTGE: Unión General de Trabajadores de Guinea Ecuatorial
UGTM: Union Générale des Travailleurs Marocains
UGTS: (1) Unión General de Trabajadores de Saguia el-Hamra y Río de Oro [cp. UGTSario]; (2) Union Générale des Travailleurs Sénégalais [*or* du Sénégal]
UGTSario: Union Générale des Travailleurs de la Saguiat al Hamra et du Río de Oro. Cp. UGTS
UGTT: Union Générale des Travailleurs Tunisiens
UHEA: Union Hydro-Électrique Africaine
UHEB: Uganda Higher Education Board
UHTTB: Union des Hutu, Tutsi, Twa du Burundi
UI: University of Ibadan
UIA: Unemployment Insurance Act [South Africa]
UIB: Uganda Institute of Bankers
UIBG: Union Internationale des Banques de Guinée [Guinea]
UIDC: Cp. ULDC
UIDH: Union Interafricaine de Droits de l'Homme
UIDIC: Union Indépendante pour la Défense des Intérêts Communaux [Chad]
UIEA: União das Igrejas Evangélicas de Angola
UIEN: Union des Initiatives pour l'Entente Nationale [Cameroun]
UIF: Unemployment Insurance Fund [South Africa]
UIPL: Union des Indépendants du Pays Lobi
UIT: Union des Indépendants de Tananarive [Madagascar]
UJA: Union des Journalistes Africains
UJAO: Union des Journalistes de l'Afrique de l'Ouest = WAJA: West Africa Journalists' Association
UJBPS: Union des Jeunes du Bloc Populaire Sénégalais
UJC: Union de la Jeunesse Congolaise [Congo Republic]
UJCI: Union de la Jeunesse de la Côte d'Ivoire
UJD: [glossed as: Union for Justice and Democracy, Togo]
UJEI: Union des Journalistes, Écrivains et Interprètes [Algeria]
UJIT: Union des Journalistes Indépendants du Togo

UJMT: Union des Jeunes Musulmans du Tchad
UJMW: Union of Johannesburg Municipal Workers [South Africa]
UJPDG: Union des Jeunes du Parti Démocratique Gabonais
UJRB: Union de la Jeunesse Révolutionnaire du Burundi
UJSC: Union de la Jeunesse Socialiste Congolaise [Congo Republic]
UJTLS: Union des Jeunes Travaillistes du Sénégal
UKRTF: University of Khartoum Rehabilitation Task Force [Sudan]
UKWAC: United Kingdom – West Africa Conference
UKWAL: United Kingdom – West Africa Line [or Lines]
UL: University of Liberia
ULAA: Union of Liberian Associations in the Americas
ULB: Union Laitière de Bamako
ULC: (1) Uganda Labour Congress; (2) Union des Luttes Communistes or Union de Lutte Communiste [Burkina Faso]; (3) United Labour Congress = ULCN [Nigeria]
ULCN: United Labour Congress of Nigeria = ULC: United Labour Congress
ULCR or **ULC(R):** Union des Luttes Communistes – Reconstruite or Union de Lutte Communiste – Reconstruite
ULD: Union pour la Liberté et le Développement [Benin Republic]
ULDC: Uganda Industrial Development Corporation [as given]
ULGS: Unified Local Government Service [Botswana]
ULGW: Union of Local Government Workers [Botswana]
ULIC: United Liberia Inland Church
ULIMO: United Liberation Movement or United Liberation Movement for Democracy [in Liberia]
ULIR: Unit for Library and Information Research [South Africa]
ULM: United Liberation Movement [Namibia]

ULMSA: University of Liberia Muslim Students' Association
ULPP: Urban Labour Preference Policy [South Africa]
ULSC: Union Locale des Syndicats Confédérés [Côte d'Ivoire?]
ULVS: Unesco Libyan Valleys Survey
UM: (1) Uqîya mauritanien or Ouguiya mauritanien; (2) Unité Maritime [French]; (3) Unity Movement [South Africa]
UMA: (1) Ukama Members Association; (2) Union des Mathématiciens Africains; (3) Union du Maghreb Arabe; in Spanish: Unión del Magreb Arabe; in English: MAU: Maghreb Arab Union; (4) United Muslims of Africa
UMAD-Aiki: Union des Masses pour l'Action Démocratique [Niger]
UMADD: Union Malienne pour la Démocratie et le Développement [Mali]
UMAEC: Union Monétaire de l'Afrique Équatoriale et du Cameroun
UMATI: [glossed as: Tanzania Family Planning Association (Chama cha Uzazi na Malezi Bora cha Tanzania)]
UMAWATA: [glossed as: Association of Diocesan Priests of Tanzania]
UMAZ: Usine de Matériel Agricole du Zaïre or Usine de Matériels Agricoles du Zaïre
UMBC: United Middle Belt Congress [Nigeria]
UMC: (1) Uganda Muslim Community; (2) United Methodist Church
UMCA: (1) United Missionary Church of Africa; (2) Universities' Mission to Central Africa
UMCB: United Missions in [or to or on] the Copperbelt [Zambia]
UMCC-DPP: Upper Mille and Cheleka Catchments Disaster Prevention Programme [Ethiopia]
UMD: (1) Union de [or des] Mouvements Démocratiques [Djibouti]; (2) Union for Multi-Party Democracy [Tanzania]
UMDD: Union Malienne pour la

Démocratie et le Développement
UME: Union Monétaire Équatoriale
UMHODEP: Upper Mgeta Horticulture Development Project [Tanzania]
UMHK: Union Minière du Haut-Katanga [Zaïre]
UMMAWUSA: United Metal, Mining and Allied Workers' Union of South Africa [South Africa]
UMOA: Union Monétaire Ouest-Africaine = WAMU: West African Monetary Union
UMP: United Muslim Party
UMSA: (1) United Municipalities of South Africa; (2) Unity Movement of South Africa
UMSC: Uganda Muslim Supreme Council
UMT: (1) Union Marocaine du Travail; (2) Union Musulmane du Togo *or* Union des Musulmans du Togo
UMU: United Mineworkers' Union [Zambia]
UN: (1) Union Nationale [Chad]; (2) Unité Nationale [Cameroun]; (3) University of Natal; (3) University of Nigeria
UNA: (1) Uganda News Agency; (2) União Nacional [*or* Nacionalista] Angolana
UNAAB: University of Agriculture, Abeokuta [Nigeria]
UNAAC: Union d'Avocats d'Afrique Centrale
UNAB: Union des Anciens du Burkina *or* Union Nationale des Anciens Burkinabè *or* Union Nationale des Anciens du Burkina
UNACA: União Nacional dos Camponeses Angolanos
UNACO: Union Nationale Congolaise [Zaïre]
UNACOBE: Union Nationale des Commerçantes du Bénin [Benin Republic]
UNACOIS: Union Nationale des Commerçants et Industriels du Sénégal [*or* Sénégalais]
UNAD: Union Nationale des Associations Diocésaines de Secours et de Développement [Chad]
UNAEG: União Nacional dos Artistas e Escritores Guineenses [Guiné-Bissau]
UNAJOC: Union Nationale des Journalistes Congolais
UNALBA: Union Algérienne des Syndicats des Travaux Publics et du Bâtiment
UNAM: (1) Union Nationale Malgache [Madagascar]; (2) [glossed as: a multi-disciplinary research centre in Namibia]
UNAMI: União Africana de Moçambique Independente *or* União Nacional Africana de Moçambique Independente *or* União Nacional de Moçambique Independente
UNAMIR: United Nations Assistance Mission in [*or* for] Rwanda
UNAMO: União Nacional de Moçambique [*or* Moçambicana]
UNANGOLA: [glossed as: Union of Angolans Abroad]
UNAPASYFTUROGA: Union Nationale du Patronat Syndical des Transports Urbains, Routiers et Fluviaux du Gabon
UNAR: (1) União Nacional Africana da [*or* de] Rombézia [Mozambique]; (2): Union Nationale du Ruanda; (3) Union Nationale Rwandaise
UNARU: Union Nationale Africaine du Ruanda-Urundi
UNATRA: (1) Union Nationale des Associations Traditionelles du Cameroun; (2) Union Nationale des Transports Fluviaux [Zaïre]
UNATRAT: Union Nationale des Travailleurs du Tchad [*or* Tchadiens]
UNAVEM: United Nations Angola [*or* Angolan] Verification Mission
UNAZA: Université Nationale du Zaïre
UNB: (1) Union Nationale du Burundi-Abadahemuka; (2) Université Nationale du Bénin [Benin Republic]
UNC: (1) Uganda National Congress; (2) Union Nationale Camerounaise = CNU: Cameroon National Union; (3) Union Nationale Congolaise; (4)

United National Convention [Ghana]
UNCAC: Union Nationale des Coopératives Agricoles de Commercialisation *or* Union Nationale des Coopératives de Commercialisation [Algeria]
UNCB: Union Nationale des Cinéastes Burkinabè
UNCC: Union Nigérienne [*or* Nationale] de Crédit et de Coopération [Niger]
UNCI: Université Nationale de Côte-d'Ivoire
UNCS: Uganda Nature Conservation Society
UNCTADA: United Nations Conference on Trade and Development for Africa
UNCTT: Union Nationale des Chefs Traditionnels du Togo [*or* au Togo]
UND: (1) Union Nationale Dahoméenne; (2) Union Nationale Démocratique [Chad?]; (3) Union Nationale pour la Démocratie [Guinea, Mauritania]; (4) Union Nigérienne Démocratique [Niger]; (5) Unité Nationale et Démocratie [Guinea; cp. Union Nationale pour la Démocratie, *supra*]; (6) [glossed as: National Union for Democracy, Angola]
UNDA: United Democratic Alliance [Kenya]
UNDC: (1) Union Nationale Démocratique Camerounaise; (2) Union Nationale pour la Démocratie aux Comores
UNDD: (1) Union Nationale pour la Défense de la Démocratie [Burkina Faso]; (2) Union Nationale pour la Démocratie et le Développement [Congo Republic]; (3) Union Nationale pour le Développement et la Démocratie [Madagascar]
UNDEMO: [glossed as: Unión Democrática Fernandina, Equatorial Guinea]
UNDENAMO: (1) União Democrática Nacional de Moçambique; (2) [glossed as: Monomotapa National Democratic Union, Mozambique]
UNDG: Union Nationale Démocratique de Guinée [Guinea]
UNDMIL: [glossed as: Liberia Trust Fund for Mobilisation]
UNDP: (1) Union Nationale pour la Démocratie et le Progrès [Benin Republic, Cameroun, Congo Republic, Mali]; (2) United Nations Development Program[me] = PNUD: Programme des Nations-Unies pour le Développement; (3) United Nigeria Democratic Party
UNDP(C): Union Nationale pour la Démocratie et le Progrès (au Cameroun)
UNDR: Union Nationale pour le Développement et le Renouveau [Chad]
UNE: Union des Nigériens de l'Est
UNEA: (1) União Nacional dos Estudantes Angolanos; (2) Union Nationale des Étudiants Algériens
UNEAC: Union Nationale des Éditeurs, Auteurs et Compositeurs du Congo
UNEB: Uganda National Examinations Board
UNEBA: Union Nationale des Étudiants Barundi
UNECA: United Nations Economic Commission for Africa = ECA: Economic Commission for Africa = CEA: Commission Économique pour l'Afrique des Nations Unies
UNECAS: Union Nationale des Étudiants de la Côte Afar et Somalie [Djibouti]
UNECI: Union Nationale des Élèves et Étudiants de Côte d'Ivoire *or* Union Nationale des Étudiants de la Côte d'Ivoire
UNECRU: Union Nationale des Étudiants du Congo et du Ruanda-Urundi
UNEDO: (1) Uganda National Energy Development Organisation; (2) Union des Ensembles Dramatiques de Ouagadougou [Burkina Faso]
UNEED: Union Nationale des Étudiants et Élèves Dahoméens
UNEEM: Union Nationale des Étudiants et Élèves du Mali

UNEEP: Union Nationale des Élèves et Étudiants Patriotes [Guinea]
UNEF: (1) Union Nationale des Étudiants Français [Algeria]; (2) United Nations Emergency Force. Cp. ONUC
UNEK: Union Nationale des Étudiants Kamerunais [*or* Kamerounais] [Cameroun]
UNELCO: (1) Union des Sociétés Électriques Coloniales; (2) Union Électrique Coloniale; (3) Union Professionnelle des Éleveurs du Congo Belge
UNELMA: Union des Anciens Élèves des Frères Maristes [Zaïre]
UNEM: (1) Union Nationale des Étudiants du Mali; (2) Union Nationale des Étudiants Marocains
UNEMAF: Union des Employeurs Agricoles et Forestiers [Côte d'Ivoire]
UNEMO: União dos Estudantes Moçambicanos
UNEOS: United Nations Office of Emergency Operation in Sudan
UNEP: United Nations Environment Programme
UNEPSA: United Nations Education and Training Program[me] for Southern Africans
UNES: Union Nationale des Étudiants Sénégalais
UNETO: Union Nationale des Étudiants Togolais [*or* du Togo]
UNEZ: Union Nationale des Étudiants Zaïrois
UNFA: Union Nationale des Femmes Algériennes
UNFD: (1) Union des Forces Démocratiques [Algeria]; (2) Union Nationale des Femmes Djiboutiennes [*or* de Djibouti]
UNFM: (1) Union Nationale des Femmes Maliennes *or* Union Nationale des Femmes du Mali; (2) Union Nationale des Femmes Marocaines; (3) Union Nationale des Femmes Mauritaniennes
UNFP: (1) Union Nationale des Forces Populaires [Morocco]; (2) Union Nationale des Forces pour le Progrès [Algeria]; (3) United National Federal Party [Zimbabwe]
UNFPA: United Nations Fund for Population Activities
UNFPPO: United National Front of Parties and Professional Organisations
UNFT: (1) Union Nationale des Femmes de Tunisie *or* Union Nationale des Femmes Tunisiennes; (2) Union Nationale des Femmes du Togo
UNGZAMI: University of Nottingham's Farm Management Investigations for Zambia
UNHCR: United Nations High Commission[er] for Refugees = HCR: High Commission[er] for Refugees
UNI: (1) Union Nationale des Indépendants [Burkina Faso]; (2) Union Nationale pour l'Indépendance [Djibouti]
UNIA: Universal Negro Improvement Association [USA and Liberia]
UNIAS: Union of Non-Independent African States
UNIATF: United Nations Inter-Agency Task Force
UNIBEN: University of Benin [Nigeria]
UNIBO: University of Bophuthatswana [South Africa]
UNICAFRA: Union Camerounaise Française
UNICAL: University of Calabar [Nigeria]
UNICAT: Union Catalogue of Monographs Held in South African Libraries
UNICEMA: Union des Industriels, Commerçants et Entrepreneurs de Mauritanie
UNICONGO: (1) Union Patronale Interprofessionelle du Congo; (2) Union Pharmaceutique Congolaise [Zaïre]
UNICOOP: Union des Coopératives [Mali?]
UNICROSS: University of Cross River State
UNIDAHO: Union des Indépendants du

Dahomey
UNIEMA: Union Nationale des Industries et Entreprises de Mauritanie
UNIFE: University of Ife [Nigeria]
UNIFLEC: [glossed as: combination of UNITA and FLEC in Cabinda, Angola]
UNIFOM: United Front of Political Movements [Sierra Leone]
UNIGABON: Union Interprofessionnelle, Économique et Sociale de Gabon
UNIGES: Union des Groupements Économiques Sénégalais *or* Union Nationale des Groupements Économiques du Sénégal
UNIGM: Union Nationale des Industries Graphiques de Madagascar
UNIGOV: Union Government [Ghana]
UNIJOS: University of Jos [Nigeria]
UNIKIN: Université de Kinshasa [Zaïre]
UNIKIS: Université de Kisangani [Zaïre]
UNIKOM: Union des Komoriens. Cp. FNUK-UNIKOM: Front National pour l'Unification des Komoros – Union Comorien
UNIL: Union des Industries du Liège [Algeria]
UNILAG: University of Lagos [Nigeria]
UNILORIN: University of Ilorin [Nigeria]
UNILU: Université de Lubumbashi [Zaïre]
UNIMES: Union Nationale des Industries Métallurgiques et Électriques Socialistes [Algeria]
UNIMO: Union des Mongo *or* Union Mongo [Zaïre]
UNIN: (1) United Nations Institute for Namibia; (2) University of the North [South Africa]
UNIP: (1) United National [*or* Nigerian] Independence Party [Nigeria]; (2) United National Independence Party [Zambia]
UNIPOMO: [glossed as: Mozambique Peoples Union]
UNIPORT: University of Port Harcourt [Nigeria]
UNIR: Union Nationale pour l'Indépendance et la Révolution [Chad]
UNIRIZ: Union Industrielle du Riz [Côte d'Ivoire]
UNIROUTE: Union Routière Centre-Africaine [Cameroun, Central African Republic, Chad]
UNIS: Union Nigérienne des Indépendants et Sympathisants [Niger]
UNISA: University of South Africa
UNISCO: Union des Intérêts Sociaux Congolais [Zaïre]
UNISWA: University of Swaziland
UNISYNDI: Union Intersyndicale d'Entreprises et d'Industries *or* Union Syndicale des Industriels [Senegal]
UNITA: União Nacional para a Independência Total de Angola
UNITAF: United Task-Force [Somalia]
UNITRA: University of Transkei [South Africa]
UNIUM: Union des Intellectuels et Universitaires Malgaches [Madagascar]
UNIWARRANT: Mutuelle Universelle de Garantie [Côte d'Ivoire]
UNIYAO: Université de Yaoundé
UNJA: Union Nationale de la Jeunesse Algérienne
UNJB: Union Nationale de la Jeunesse Burkinabè *or* Union Nationale des Jeunes du Burkina
UNJM: Union Nationale des Jeunes du Mali *or* Union Nationale des Jeunes Maliens
UNJS: Union Nationale de la Jeunesse au Sénégal
UNJSC: Union Nationale de la Jeunesse Socialiste Congolaise
UNJT: Union Nationale de la Jeunesse Togolaise
UNLA: Uganda National Liberation Army
UNLCA: Union des Libraires Catholiques de l'Afrique de l'Ouest
UNLD: Union Nationale pour la Liberté et la Démocratie [Algeria]

UNLDDA: [glossed as: National Union for the Light of Democracy and Development in Angola]
UNLF: Uganda National Liberation Front
UNM: (1) Uganda National Movement; (2) Union des Nationalistes Mauritaniens; (3) Union Nationale Mauritanienne
UNMD: United Nations Mission on Detainees [Namibia]
UNMFREO: Union Nationale des Maisons Familiales Rurales d'Éducation et d'Orientation
UNMS: Unión Nacional de Mujeres Saharauis [Western Sahara]
UNN: University of Nigeria, Nsukka campus
UN-NADAF: United Nations New Agenda for the Development of Africa
UNOB: Université Nationale Omar Bongo [Gabon]
UNOC: United Nations Operation in the Congo = ONUC: Opération des Nations Unies au Congo [Zaïre]
UNOEOA: United Nations Office for Emergency Operations in Africa
UNOEOE: United Nations Office for Emergency Operations in Ethiopia
UNOHAC: [glossed as: the United Nations Office for Humanitarian Coordination in Mozambique]
UNOMIL: United Nations Observer Mission [Liberia]
UNOMOZ: United Nations Operation in Mozambique = ONUMOZ: Operação das Nações Unidas em Moçambique
UNOMUR: United Nations Observer Mission Uganda-Rwanda = MONUOR: Mission d'Observation des Nations Unies Ouganda-Rwanda
UNOSOM: United Nations Operation in Somalia = UNSOM
UNOVER: United Nations Mission to Observe and Verify the Referendum in Eritrea
UNP: (1) Uganda National Party; (2) Union Nationale pour le Progrès [Guinea]; (3) United Nationalist Party [Ghana]; (4) [glossed as: National Union for Prosperity, Guinea]
UNPA: Union Nationale des Paysans Algériens
UNPAAERD *alternatively* **UN-PAAERD:** United Nations Programme of Action for African Economic Recovery and Development = PANUREDA: Programme d'Action des Nations Unies pour le Redressement [*or* la Récupération] Économique et le Développement de l'Afrique
UNPB: Union Nationale des Paysans Burkinabè [*or* du Burkina]
UNPC: Union Nationale du Peuple Camerounais
UNPO: Unrepresented Nations and People's Organisation [South Africa]
UNPP: United People's Party [Namibia]
UNR: (1) Union pour la Nouvelle République [Guinea]; (2) Université Nationale du Rwanda
UNRF: (1) Uganda National Rescue Front; (2) United National Recovery Force [Uganda]
UNRFC: Union Nationale Révolutionnaire des Femmes Congolaises
UNRM: Uganda National Resistance Movement. Cp. NRM: National Resistance Movement
UNRV: Union pour la Nouvelle République Voltaïque [Burkina Faso]
UNS: (1) United News Services [Cameroun]; (2) Università Nazionale Somala = SNU: Somali National University
UNSC: Union Nationale des Syndicats Croyants [Gabon]
UNSCERO: United Nations Special Coordinator for Emergency Relief Operations in Mozambique
UNSIT: Union Nationale des Syndicats Indépendants du Togo
UNSO: United Nations Sudano-Sahelian Office
UNSOM: United Nations Operation in Somalia = UNOSOM
UNSP: Union Nationale pour la

Solidarité et le Progrès [Benin Republic]
UNST: Union Nationale des Syndicats du Tchad
UNSTB: Union Nationale des Syndicats des Travailleurs du Bénin [Benin Republic]
UNSTD: Union Nationale des Syndicats des Travailleurs du Dahomey [Benin Republic]
UNSTHV: Union Nationale des Syndicats des Travailleurs de Haute-Volta
UNSWP: United National South-West Party [Namibia]
UNT: (1) Union Nationale de Textile [Algeria?]; (2) Union Nationale Tchadienne
UNTA: União Nacional dos Trabalhadores Angolanos
UNTACDA: United Nations Transport and Communications Decade in Africa
UNTAG: United Nations Transition [or Transitional] Assistance Group [Namibia]
UNTC: (1) Union Nationale des Travailleurs du Cameroun; (2) Union Nationale des Travailleurs Congolais [or du Congo] [Zaïre]; (3) Union Nationale des Tradipraticiens Congolais
UNTC-CS: União Nacional dos Trabalhadores de Cabo Verde – Central Sindical [Cape Verde Islands]
UNTCI: Union Nationale des Travailleurs de Côte d'Ivoire
UNTG: União Nacional dos Trabalhadores da Guiné [Guiné-Bissau]
UNTM: Union Nationale des Travailleurs Maliens [or du Mali]
UNTN: Union Nationale des Travailleurs du Niger [Niger]
UNTS: Union Nationale des Travailleurs Sénégalais
UNTT: (1) Union Nationale des Travailleurs du Togo; (2) Union Nationale des Travailleurs Tchadiens or Union Nationale de Travailleurs du Tchad; (3) Union Nationale Tunisienne du Travail
UNTZA or **UNTZa:** Union Nationale des Travailleurs du Zaïre [or Zaïrois]
UNVDA: Upper Noun Valley Development Authority
UNWTOE: United Nations WFP Transport Operation in Ethiopia
UNZA: University of Zambia
UNZADRAMS: University of Zambia's Dramatic Society
UNZALPI: [glossed as: University of Nottingham's Farm Labour Productivity Investigations for Zambia]
UNSWP: United National South-West Party [Namibia]
UOASA: Underground Officials' Association of South Africa
UOB: (1) Université Officielle de Bujumbura; (2) Université Omar Bongo = UNOB: Université Nationale Omar Bongo [Gabon]
UOC: Université Officielle du Congo
UOCOCI: Union des Originaires des Six Cercles de l'Ouest de la Côte d'Ivoire
UOF: United Opposition Front [Kenya]
UOFS: University of the Orange Free State = UOVS: Universiteit van die Oranje-Vrystaat
UOIF: Union des Organisations Islamiques de France
UOM: University of Mauritius
UOME: Union des Opposants Malgaches Extérieurs [Madagascar]
UOMS: Union des Originaires de la Mauritanie du Sud
UOPLF: United Oromo People's Liberation Front [Ethiopia]
UOPLO: United Oromo People's Liberation Organisation
UOSR: Union des Œuvres Sociales Réunionnaises
UOVF: Union des Originaires de la Vallée du Fleuve [Mauritanian minorities in Senegal]
UOVS: Universiteit van die Oranje-Vrystaat = UOFS: University of the Orange Free State
UP: (1) Umma Party [Sudan]; (2) Unión

Popular [Equatorial Guinea]; (3) Unionist Party [Eritrea when part of Ethiopia]; (4) Unité de Planification [Burkina Faso]; (5) United Party [The Gambia, Ghana, Lesotho, Namibia, South Africa, Zambia, Zimbabwe]; (6) Unity Party [Liberia, Sierra Leone]; (7) University of Pretoria = Universiteit van Pretoria [South Africa]

UPA: (1) Uganda [*or* Ugandan] People's Army; (2) União das Populações de Angola; (3) Union des Parlements Africains = UAP: Union of African Parliaments; (4) Union du Peuple Amazigh [Paris]; (5) Union Populaire Africaine [Djibouti]; (6) Union Populaire Algérienne *or* Union du Peuple Algérien; (7) Union Progressiste Altogoouéenne [Gabon]

UPACI: Union Patronale de Côte d'Ivoire

UPADS: Union Panafricaine pour la Démocratie Sociale [Congo Republic]

UPAF: Union Postale Africaine = APU: African Postal Union

UPAK: Usine de Panification de Kinshasa [Zaïre]

UPAM: Union des Pêcheurs de Madagascar

UPANE: Uganda Pasture Network

UPAP: Union Panafricaine des Postes = PAPU: Pan-African Postal Union

UPAT: Union Panafricaine des Télécommunications = PATU: Pan-African Telecommunications Union

UPB: Union Populaire du Burundi

UPC: (1) Uganda People's Congress; (2) Union des Populations du Cameroun [in English: Union of the Populations of the Cameroons], *later*: Union des Populations du Kamerun, retaining the abbreviation UPC; (3) Union du Progrès Comorien; (4) United Pentecostal Church

UPCC: Union des Producteurs de Café du Congo Belge

UPCDA: Uganda People's Christian Democratic Army

UPCo: Union Progressiste Congolaise [Zaïre]

UPD: (1) Union Progressiste Dahoméenne [*or* du Dahomey]; (2) Unité Population et Développement [Madagascar]

UPDA: Uganda People's Democratic Army

UPDEA: Union of Producers and Distributors of Electric Power in Africa *or* Union of Producers, Conveyors, and Distributors of Electric Power in Africa = Union des Producteurs Transporteurs et Distributeurs d'Énergie Électrique des Pays d'Afrique

UPDIOM: Union Populaire pour la Défense des Intérêts de l'Ogooué Maritime [Gabon]

UPDM: Uganda People's Democratic Movement

UPDP: (1) Union des Patriotes Démocrates et Progressistes [Niger]; (2) United People's Development Party [Tanzania]

UPDS: [glossed as: Union for Democracy and Social Progress]

UPE: (1) Universal Primary Education [various countries]; (2) University of Port Elizabeth [South Africa]

UPEZA: [glossed as: Progressive union of Zairian students and pupils]

UPF: (1) Uganda Patriotic Front [Uganda]; (2) Uganda People's Front; (3) Uganda Popular Front; (4) Union pour la France [La Réunion]; (5) Union pour le Progrès et la Fraternité [Mauritania]; (6) United People's Front [South Africa]

UPFM: Union Progressive des Femmes Marocaines

UPFT: Union Progressiste Franco-Tchadienne

UPG: (1) Union des Populations de Guinée dite portugaise [based in Dakar]; (2) Union du Peuple Gabonais; (3) Union pour le Progrès de la [*or* de] Guinée [Guinea]

UPGA: United Progressive Grand Alliance [Nigeria]

UPI: Unitário pela Independência [Angola]
UPICV: União para a Independência de Cabo Verde *or* União das Populações das Ilhas de Cabo Verde *or* União do Povo para a Independência de Cabo Verde
UPICV-R: União do Povo para a Independência de Cabo Verde – Ressuscitação
UPINAC: Union Professionnelle des Importateurs, Négociants en Gros et Agents en Bois du Congo Belge
UPIS: Union pour le Progrès Islamique au Sénégal
UPLANCO: Union Professionnelle des Planteurs de Cacao au Congo Belge
UPLGE: [glossed as: Popular Union for the Liberation of Equatorial Guinea]
UPM: (1) Uganda Patriotic Movement; (2) Ugandan People's Movement; (3) Union des Populations Malgaches [Madagascar]; (4) Union du Peuple Malgache; (5) Union Progressiste Mauritanienne; (6) [glossed as: Union of Pentecostal Missionaries of Great Britain and Ireland]
UPMTC: Union Panafricaine et Malgache des Travailleurs Croyants
UPMW: Union of Pretoria Municipal Workers [South Africa]
UPN: (1) Union et Progrès National [Burundi]; (2) Union pour le Progrès National [Guinea]; (3) Union Progressiste Nigérienne; (4) United Party of Nigeria; (5) Unity Party of Nigeria
UPNA: União das Populações do Norte de Angola
UPP: (1) Union des Partis Populaires [Burundi]; (2) Union pour le Progrès [Mauritania]; (3) United People's Party [Liberia, Nigeria, Zambia, Zimbabwe]; (4) United Progressive Party [Sierra Leone, Zambia, Rhodesia and Zimbabwe]
UPPBCB: Union Professionnelle des Producteurs et Importateurs de Bois du Congo Belge
UPPI: United Progress Party International
UPPIM: Union Professionnelle de la Presse Indépendante en Mauritanie
UPR: (1) Union du Peuple Rwandais; (2) Union pour la République [Mali]; (3) Union pour le Renouveau [Mauritania]
UPROCA: Union Professionnelle des Producteurs de Caoutchouc du Congo Belge
UPROHUTU: Union pour la Promotion Hutu
UPRONA: Parti de l'Unité et du Progrès National du Burundi *or* Union pour le Progrès National *or* Union, Progrès, Nation *or* Unité et Progrès National *or* Unité pour le Progrès National [Burundi; given with many variants]
UPRU: Urban Problems Research Unit [South Africa]
UPS: Union Progressiste Sénégalaise
UPSD: (1) Union Populaire Socialiste et Démocratique [Mauritania]; (2) Union pour le Progrès Social et la Démocratie [Congo Republic]
UPST: Union Panafricaine de la Science et de la Technologie [based at Brazzaville?]
UPT: (1) Union Panafricaine des Télécommunications; (2) Union pour le Progrès du Tchad
UPTC: Union Panafricaine des Travailleurs Croyants
UPTEAO: Union des Postes et Télécommunications des États de l'Afrique de l'Ouest
UPTRN: Union du Peuple Tchadien pour la Reconstruction Nationale
UPU: Uganda People's Union
UPUSA: United Peoples Union of South Africa
UPV: Union Progressiste Voltaïque [Burkina Faso]
UPZA: Union de la Presse du Zaïre
UR: (1) Union Régionale [Gabon]; (2) Union Républicaine [French Somaliland]; (3) University of Rhodesia [Zimbabwe]; (4) Upper Region [Ghana]

URAC: Union des Républiques de l'Afrique Centrale

URADEP: Upper Region [or Regional] Agricultural Development Programme [Ghana]

URAI: Union des Représentations Automobiles et Industrielles [Gabon]

URAMA: Urunana rw'abanyarwandakazi mu guharanira amajyambere (Organisation des femmes rwandaises pour le développement)

URANIGER: Office National de Recherches, d'Exploitation et de Commercialisation de l'Uranium [Niger]

URC: (1) Uganda Railways Corporation; (2) Umbrella Rentals Committee [South Africa?]; (3) Union des Républicains du Cameroun; (4) Union du Rassemblement du Centre [La Réunion]; (5) Unions Rurales Communautaires [Niger]

URCPB: Union Régionale des Caisses Populaires de la Bougouriba [Burkina Faso]

URD: (1) Union pour le Renouveau Démocratique [Congo Republic]; (2) Union pour le Renouveau du Dahomey; (3) Union pour le Renouveau et la Démocratie [Chad]; (4) Unités Régionales de Développement [Tunisia]; (5) Upper River Division [The Gambia]

URDC: Union pour la [or une] République Démocratique des Comores

URDECO: Upper Regional Development Corporation [Ghana]

UREBA: Union Révolutionnaire des Banques [Burkina Faso]

URER: Unité Régionale d'Expansion Rurale [Madagascar]

URF: United Revolutionary Front [Ghana]

URGE: Unión Revolucionaria de Guinea Ecuatorial

URICA: Universal Real-Time Information Control and Administration [South Africa]

URM: Union des Religieuses de Madagascar

URN: [a political party in Congo Republic]

URP: (1) Union Républicaine du Peuple [Benin Republic]; (2) Union Républicaine pour le Progrès [Congo Republic]; (3) United Rhodesia [or Rhodesian] Party [Zimbabwe]

URPT: Union Républicaine et Progressiste du Tchad

URT: (1) Union Républicaine du Tchad; (2) United Republic of Tanzania

URTNA: Union des Radiodiffusions et Télévisions Nationales d'Afrique or Union des Radios et Télévisions Nationales de l'Afrique = UANRT: Union of African National Radios and Televisions

US: (1) Union Soudanaise; (2) University of Stellenbosch = Universiteit van Stellenbosch [South Africa]

USA: (1) Unit for Statistical Analysis = ESA: Eenheid vir Statistiese Analise; (2) United Staff Association [South Africa]; (3) United Swaziland Association

USAC: Union des Syndicats Autonomes Camerounais [or du Cameroun]

USADECO: Usambara Development Corporation [Tanzania]

USAFA: United Support of Artists for Africa

USAID: United States Agency for International Development = AID: Agency for International Development

USAID/E: United States Agency for International Development in Ethiopia

USAM: Union des Syndicats Autonomes de Madagascar

USAP: Union of Sudan [or Sudanese] African Parties

USARF: University Students African Revolutionary Front

USATU: United South African Trade Unions

USB: Union Sénégalaise de Banque [or des Banques]

USC: (1) Union des Syndicats Confédérés [Gabon]; (2) Union Socialiste Camerounaise; (3) Union Sociale Camerounaise; (4) United Somali Congress = CSU: Congrès de la Somalie Unifiée [Somalia]
USCA: Union des Scolaires Centrafricains
USCC: (1) Union des Syndicats Confédérés du Cameroun; (2) Union des Syndicats Croyants du Cameroun
USCG: Union des Syndicats Confédérés de Guinée
USC-CGT-AOF: Union des Syndicats Confédérés – Confédération Générale du Travail – Afrique Occidentale Française
USCO: Union Steel Corporation [South Africa]
USCS: Union des Syndicats Confédérés du Sénégal
USD: (1) Union des Sociaux-Démocrates [Burkina Faso, Côte d'Ivoire]; (2) Union Social-Démocrate [Congo Republic]; (3) Union Sociale Démocrate [or Démocratique] [Cameroun]
USDD: Union des Syndicats de Dakar et Dépendances
USDESA: University Staff Development in Eastern and Southern Africa Network
USDI: Union des Sociaux-Démocrates Indépendants [Burkina Faso]
USE: [glossed as: Union for Solidarity and Inter-Aid, Senegal]
USECOM: Union Sénégalaise pour le Commerce
USF: United Somali Front [Somalia]
USFP: Union Socialiste des Forces Populaires [Morocco]
USG: Union Socialiste Gabonais
USh: Uganda shilling
UShs: Uganda shillings
USIEM: Union des Syndicats d'Intérêt Économique de Madagascar
USIMA: Union Sénégalaise d'Industries Maritimes
USL: University of Sierra Leone
USMDC: Union des Supérieures Majeures et Déléguées du Cameroun
USMM: (1) Union des Supérieurs Majeurs de Madagascar; (2) Union Socialiste des Musulmans Mauritaniens
USN: (1) Union des Scolaires Nigériens [Niger]; (2) Union Syndicale Nationale [Benin Republic?]
USNA: Under Secretary for Native Affairs [South Africa]
USOR: Union Sacrée de l'Opposition Radicale [Zaïre]
USORAS: Union Sacrée de l'Opposition Radicale, Alliées et Société Civile [Zaïre]
USP: United Somali Party [Somalia]
USPC: Union des Syndicats Professionnels du Cameroun
USPG: United Society for Propagation of the Gospel
USPM: Union des Syndicats Patronaux de Madagascar
USRDA or **US-RDA:** (1) Union Sénégalaise – Rassemblement Démocratique Africain; (2) Union Soudanaise – Rassemblement Démocratique Africain
USSALEP: United States-South Africa [or South African] Leadership Exchange Programme
USSASA: University Science Students Association of South Africa
USSM-CGT: Union des Syndicats du Sénégal et de la Mauritanie – Confédération Générale du Travail
USSU: Unified Statistical Service Unit [Zambia]
UST: (1) Union Sénégalaise du Travail; (2) Union Socialiste Tchadienne; (3) Union Syndicats du Tchad; (4) University of Science and Technology [Kumase, Ghana]
USTA: Union des Syndicats [or Union Syndicale] des Travailleurs Algériens
USTB: Union Syndicale des Travailleurs Burkinabè [or du Burkina]
USTC: (1) Union Seychelloise des Travailleurs Chrétiens; (2) Union Syndicale des Travailleurs de la

Centrafrique [Central African Republic]; (3) [glossed as: Union of Central African Workers, Equatorial Guinea]
USTHB: [an institution in Algeria]
USTM: [a higher educational entity in Gabon]
USTN: Union des Syndicats de [*or* des] Travailleurs du Niger
USTO: Université des Sciences et de la Technologie d'Oran [Algeria]
USTT: Union Syndicale des Travailleurs de Tunisie
USTV: Union Syndicale [*or* Union des Syndicats] des Travailleurs Voltaïques [Burkina Faso]
USUAA: University Students' Union of Addis Ababa [Ethiopia]
USUCA: United Steelworkers' Union of Central Africa
USUMA: (1) Union des Supérieures Majeures du Burundi; (2) Union des Supérieures Majeures du Zaïre
USWE: Use Speak and Write English [South Africa]
USYNDICTO: [glossed as: Drivers' union, Togo]
UT: (1) Union Tchadienne; (2) Unité Togolaise; (3) Unités Territoriales [Algeria]
UTA: (1) Union des Transports Aériens; (2) University Teachers Association [Ghana]
UTAG: University Teachers' Association of Ghana
UTANO/IMPILO-Zimbabwe: [glossed as: University of Zimbabwe Medical Library's data-base]
UTASA: Union of Teachers' Associations of South Africa
UTATA: United Transkeian African Teachers' Association [South Africa]
UTB: (1) Uganda Tourist Board; (2) Union des Travailleurs du Burundi. Cp. UBU: Ubumwe b'abakozi b'Uburundi; (3) Union Togolaise de Banque
UTC: (1) Union des Travailleurs Camerounais; (2) Union des Travailleurs Congolais [Zaïre]; (3) Union of Tally Clerks of Nigeria; (4) Union Trading Company; (5) United Trading Company [Nigeria]
UTCI: Union des Travailleurs de Côte d'Ivoire
UTD: Union Togolaise pour la Démocratie
UTEXAFRICA: Usines Textiles Africaines [Zaïre]
UTEXCO: Usines Textiles Cotonnières de Kinshasa [Zaïre]
UTEXLEO: Usines Textiles de Léopoldville [Zaïre]
UTH: University Teaching Hospital [Lusaka, Zambia]
UTICA: Union Tunisienne de l'Industrie, du Commerce et de l'Artisanat
UTLS: Union des Travailleurs Libres du Sénégal *or* Union des Travailleurs Libres Sénégalais
UTM: (1) Unevangelized Tribes Mission; (2) Union des Travailleurs Mauritaniens; (3) [a transport company in Malawi]
UTN: Usine Textile de N'Sangui [Zaïre]
UTNK: Union Tribale Ntem-Kribi [Cameroun]
UTP: (1) Union Training Project [South Africa]; (2) Union Travailliste et Paysanne [Madagascar]; (3) United Tanganyika [*or* Tanganyikan] Party; (4) Urban Trading Project; (5) Urban Training Project [South Africa?]
UTPA: Usines de Traitement des Produits Agricoles [Côte d'Ivoire etc.]
UTR: (1) Union des Travailleurs du Rwanda; (2) Union Togolaise pour la Réconciliation
UTS: (1) Unified Teaching Service [Botswana, Tanzania]; (2) Union des Travailleurs Sénégalais *or* Union des Travailleurs du Sénégal
UTS-CGT-SM: Union Territoriale des Syndicats – Confédération Générale du Travail – du Sénégal et de la Mauritanie
UTSF-AR: Union des Travailleurs Sénégalais en France – Action Revendicative

UTT: (1) Union Tunisienne du Travail; (2) University Travelling Theatre [University of Malawi]
UTTGC: United Transkeian Territories General Council [South Africa]
UTUC: (1) Uganda Trade Union Congress; (2) United Trade [*or* Trades] Union Congress [Zambia]
UTUMISHI: [glossed as: Ministry of Manpower, Tanzania]
UTUZ: United Trade Unions of Zimbabwe
UUJJ: Union Universelle de la Jeunesse Juive [Tunisia]
UV: Union Voltaïque [Burkina Faso]
UVA: Union des Villes Africaines
UVBEJ: Union des Volontaires pour le Bien Être Juvénile [Guinea]
UVDB: Union des Verts pour le Développement du Burkina
UVM: Unie-Verdedigingsmagte = UDF: Union Defence Forces [South Africa]
UW: University of the Witwatersrand [South Africa]
UWAMDI: Umoja wa Wahubiri wa Kiislamu wa Mlingano wa Dini
UWATA: Umoja wa Waganga Tanzania
UWC: (1) United Workers Congress [Liberia]; (2) University of the Western Cape = UWK: Universiteit van Wes-Kaapland [South Africa]
UWCO: United Women's Congress [South Africa]
UWESO: Ugandan Women's Efforts to Save Orphans [Uganda]
UWK: Universiteit van Wes-Kaapland = UWC: University of the Western Cape [South Africa]
UWO: United Women's Organization
UWP: University of Witwatersrand Press = WUP: Witwatersrand University Press
UWPP: United Working Peoples Party [Nigeria]
UWT: Umoja wa Wanawake [wa] Tanzania
UWTSA: University of the Witwatersrand Technical Staff Association [South Africa]
UWUSA: United Workers' Union of South Africa
UZ: (1) University of Zimbabwe; (2) University of Zululand [South Africa]
UZB: Union Zaïroise de Banques
UZK: Usine Zaïroise de Zinc
UZML: University of Zimbabwe Medical Library
UZP: University of Zimbabwe Publications

V

VA: (1) Veterinary Assistant [Botswana]; (2) Voluntary Agency [Tanzania]
VAB: Vrystaatse Argiefbewaarplek [South Africa]
VAD: Vereinigung von Afrikanisten in Deutschland
VADA: Valleys Agricultural Development Authority [Ethiopia]
VADP: Village Area Development Programme [Botswana]
VAHPO: Vereniging van Administratiewe Hoofamptenare van Plaaslike Owerhede [South Africa]
VALCO: Volta Aluminium Company [Ghana]
VALHYD: Valorisation des Hydrocarbures [Algeria]
VAN: [glossed as: Société Nationale des Industries du Verre] [Algeria]
VAP: (1) Vehicle Assembly Plant [Nigeria]; (2) Victoria Assorted Products [Zaïre]; (3) Village Agricultural Programme [Zambia]
VAPS: Vaal-triangle Air Pollution Study [South Africa]
VARA: [glossed as: Umtata-based town planning firm, Transkei, South Africa]
VAT: Victims Against Terrorism [South Africa]
VAU: Vuk Africa Union [South Africa]
VAV: Volkskas Amptenare Vakbond [South Africa]
VBKFM: Vita Batemy, Komonio, Konfirmasio, Mariazy [Madagascar]
VBRP: Volta Basin Research Project
VC: La Voix du Congolais [Zaïre]
VCA: (1) Vaal Civic Association [South Africa]; (2) Village Council Area [Mauritius?]
VCC: Villagisation Coordination Committee [Ethiopia]
VCW: Village Community Worker
VDC: Village Development Committee [Botswana, The Gambia, Lesotho, Tanzania]
VDF: (1) Venda Defence Force [South Africa]; (2) Village Development Foundation [Zambia]
VDO: Volunteer Development Organisation
VE: Vergeldingseenheid [South Africa]
VEA: Veterinary Extension Assistant [Zimbabwe]
VEB: Villages d'Enfants de Bourguiba [Tunisia]
VEC: Venda Electricity Corporation [South Africa]
VEIKOM: Veiligheidskomitee [South Africa]
VEKOM: Volkseenheidskomitee [South Africa]
VELKSWA: Vereinigte Evangelisch-Lutherische Kirche Südwestafrikas [Namibia]
VENPLANTA: Société des Entreprises et Plantations Alwin Vendelmans [Zaïre]
VERRUNDI: Verrerie du Burundi
VESCO: Vanderbijlpark Eiendomsmaatskappy [South Africa]
VET: Village Extension Team [Botswana]
VETNORD: Vêtements du Nord [Morocco]
VF: Vryheidsfront = FF: Freedom Front [South Africa]
VFCU: Victoria Federation of Cooperative Unions [Tanzania]
VFP: Victoria Falls Power *or* Victoria Falls and Transvaal Power Company

[South Africa]
VGAWU: Vukani Guards and Allied Workers Union [South Africa]
VGG: Vice-Gouverneur Général
VGK: [glossed as: Danish West Indies and Guinea Company; cp. WIGC]
VGN: Vereniging van Gesalarieerde Nywerheidspersoneel [South Africa]
VHC: Village Health Committees [Malawi]
VHP: Village Health Project [Tanzania]
VHW: Village Health Worker [The Gambia]
VICICONGO: Société des Chemins de Fer Vicinaux du Congo [Zaïre]
VIDCO: Village Development Committee [Zimbabwe]
VIF: Vuvulane Irrigated Farms
VIGS = AIDS
VIH = HIV
VIM: Vehivavy Ivonia Miray [Madagascar]
VIPP: Vendaland Independence People's Party [South Africa]
VIS: Village Industry Service [*or* Services] [Zambia]
VISA: Village Initiative Supported Action [The Gambia]
VIT: Vetting, Investigations and Tribunals [Ghana]
VITM: Vonjy Iray tsy Mivaky [usually called Vonjy] (Élan Populaire pour l'Unité Nationale) [Madagascar]
VKA: Vrystaatse Kerkargief [South Africa]
VLDA: Venda Long Distance Association [South Africa]
VMEA: Verulam Municipal Employees' Association [South Africa]
VMP: Vuga Mission Press
VNP: Venda National Party [South Africa]
VO: Veterinary Officer [Kenya]
VOB: Voice of Biafra [Nigeria]
VOBI: Volksbioskope Maatskappy Beperk [South Africa]
VOC: Vereenigde Oost-Indische Compagnie
VOCO: Voix de la Classe Ouvrière [Congo Republic]

VOK: Voice of Kenya
VOLPAP: [glossed as: Société Voltaïque de Prêt-à-Porter, Burkina Faso]
VOLTEX: Société Voltaïque de Textiles [Burkina Faso]
VON: Voice of Nigeria
VONJY *or* **VONJY-ITM:** see: VITM
VORADEC: Volta Regional Development Corporation
VORADEP: Volta Regional Agricultural Development Project
VOTR: [a political movement in Tigre, Ethiopia]
VOW: Voice of Women [Zambia; periodical]
VP: (1) Voice of the People [Namibia]; (2) [glossed as: United Party (Vereenigde Party?)]
VPE: Valorisation du Potentiel Existant [Algeria]
VPM: Voix du Peuple Murundi
VR: Volta Region [Ghana]
VRA: Volta River Authority [Ghana]
VRF: Volta River Federation
VRG: Valid Re-engagement Guarantee [South Africa]
VRI: Virus Research Institute [British East Africa]
VRS: Van Riebeeck Society
VSASA: Voluntary Sterilisation Association of South Africa
VSF: Vétérinaires Sans Frontières
VSM: Vondrona Sosialista Monima (Parti Socialiste Monima) [Madagascar]
VS MONIMA: Vondrona Sosialista Monima = VSM [Madagascar]
VSS: (1) Village Settlement Scheme [Tanzania]; (2) Volunteer Service Scheme [Nigeria]
VTC: Vocational Training Centre [Botswana]
VTUCC: Vaal Trade Union Co-ordinating Committee [South Africa]
VVB: Vereniging vir die Vrye Boek [South Africa]
VVC: Village-level Villagisation Committee [Ethiopia]
VVOOZAR: Vereniging van Onderwijzers en Onderwijzeressen in

Zuid-Afrikaansche Republiek [South Africa]
VVPP: Vukani Vulimehlo People's Party
VVS: Vy, Vato, Sakelika [Madagascar]
VVSV: [political party in Madagascar]
VWAG: Voluntary Workcamps Association of Ghana
VWSP: Village Water Supply Project [*or* Programme] [Botswana]

W

WA: (1) Water Affairs Division [Namibia]; (2) West Africa
WAA: Workers' Affairs Association [Sudan]
WAAC: (1) West African Agricultural Corporation [Liberia]; (2) West African Airways Corporation
WAACLALS: West African Association for Commonwealth Language and Literary Studies
WAAM: West African Advent Messenger
WAAS: Women's Auxiliary Army Services [South Africa]
WAATI: West Africa Association of Theological Institutions
WABA: West African Banks Association = ABAO: Association des Banques de l'Afrique de l'Ouest
WABEDA: [glossed as: Liaison committee made up of the municipalities of Benoni, Daveyton, Wattville and Actonville] [South Africa]
WAC: West Africa Committee
WACA: (1) West African Commission for Agriculture; (2) West African Court of Appeal
WACAP: William Amo Centre for African Philosophy
WACB: West African Currency Board
WACC: West African Cricket Confederation
WACCB: West African Cocoa Control Board
WACCC: West Africa Council of Christian Churches
WACH: West African Clearing House = CCAO: Chambre de Compensation de l'Afrique de l'Ouest
WACMR: West African Council for Medical Research
WACRI: West African [or West Africa] Cocoa Research Institute
WACS: West Africa Cold Storage Company
WACU: West African Customs Union = UDAO: Union Douanière de l'Afrique de l'Ouest = UDEAO: Union Douanière des États de l'Afrique de l'Ouest
WADB: West African Development Bank = BOAD: Banque Ouest-Africaine de Développement
WADCO: Ward Development Committee [Zimbabwe]
WADU: (1) Walayita Agricultural Development Unit [Ethiopia]; (2) Wolamo Agricultural Development Unit [Ethiopia] [(1) = (2) ?]
WAEC: (1) West African Economic Community = ECWA: Economic Community of West Africa = CEAO: Communauté Économique de l'Afrique de l'Ouest; (2) West African Episcopal Church; (3) West African Examinations Council
WAECO: West African Economic Cooperation Organisation
WAF: West African Fisheries
WAFAL: West African Aluminium Company
WAFCO: West African Film Corporation
WAFF: (1) West Africa Field Force; (2) West African [or West Africa] Frontier Force
WAFRI: West African Fishery Research Institute
WAFU: West Africa [or West African] Football Union

WAGFEI: Women's Action Group on Excision and Infibulation [Kenya] [as given]
WAHC: West African Health Community
WAHSC: West African Heads of State Club
WAI: War Against Indiscipline [Nigeria]
WAICA: West African Insurance Companies Association
WAIFOR: West African Institute For Oil-palm Research
WAIS: West African Inter-territorial Secretariat
WAISER: West African Institute of Social and Economic Research
WAITR: West African Institute for Trypanosomiasis Research
WAJA: (1) West Africa Journalists' Association = UJAO: Union des Journalistes de l'Afrique de l'Ouest; (2) West African Journal of Archaeology
WALA: West African Library Association
WALCON: West African Lines Conference
WALFOUGUI: Front de Lutte Armée pour l'Autodétermination des Populations Négro-Africaines des Régions Sud-Mauritaniennes du Wâlo, du Fouta et du Guidimakha
WALS: West African Linguistics Society
WAM: World Apartheid Movement
WAMCO: West African Milk Company
WAMP: West African Museums Project
WAMS: West African Meteorological Services
WAMU: West African Monetary Union = UMOA: Union Monétaire Ouest-Africaine
WANAD: West and Central Africa News Agencies Development [as given]
WANS: West African National Secretariat
WAPCB: West African Produce Control Board
WAPCO: West African Portland Cement Company
WAPV: Westafrikanische Pflanzungsgesellschaft Victoria
WAR: Women Against Repression [South Africa]
WARCORP: West African Regional Cooperative for Research on Plantain
WARDA: West Africa Rice Development Association = ADRAO: Association pour le Développement de la Riziculture en Afrique de l'Ouest
WARDI: Wamama African Research and Documentation Institute
WARGSN: West African Research Group on Sexual Networking
WARO: West African Research Organisation
WARRO: West African Regional Research Office
WARRS: West African Rice Research Station
WASA: (1) West African Science Association; (2) Writers' Association of South Africa
WASAT: West African Semi-Arid Tropics
WASC: (1) West African School Certificate; (2) West African Shipping Conference; (3) West African Supply Centre
WASCE: West African School Certificate Examination
WASCO: West African Soap Company
WASI: Writers and Artists Services International [Zimbabwe]
WASIP: West African Sorghum Improvement Program
WASPRU: West African Stored Products Research Unit
WASU: West African Students' Union
WAT: Woordeboek van die Afrikaanse Taal [South Africa]
WATERLIT: Computerised Database of Water Literature [South Africa]
WATP: West African Trade Project
WAUBA: West African University Booksellers Association
WAWC: West African War Council
WAYL: West African Youth League
WAZOBIA: Hausa-Yoruba-Igbo [acronym formed from greetings in the three languages. See also: WDP: Wazobia Democratic Party] [Nigeria]
WB: (1) Workers Brigade [Ghana]; (2) Workers' Bureau

WBL: Wit Bevrydingsleër [South Africa]
WBS: Woodstock Boys [Cape Town youth gang]
WBYA: W. Biney Youth Association [Nigeria]
WC: Works Council [Zambia?; etc.?]
WCACC: Western Cape African Chamber of Commerce [South Africa]
WCALNA: Western Cape Association for Local Native Administration [South Africa]
WCAM: West Central Africa Mission
WCARO: West and Central Africa Regional Office
WCATE: Witwatersrand College for Advanced Technical Education [South Africa]
WCC: (1) Ward Community Co-ordinator [Zimbabwe]; (2) Witwatersrand Council of Churches [South Africa]; (3) Workmen's Compensation Commissioner; (4) World Council of Churches
WCCA: Western Cape Civic Association [South Africa]
WCCI: Windhoek Chamber of Commerce and Industry [Namibia]
WCCLNA: Western Cape Committee for Local Native Administration [South Africa]
WCD: Wildlife Conservation Department [The Gambia]
WCE: Wildlife Clubs of Ethiopia
WCEA: West Cameroon Employers' Association
WCHDA: Western Cape Hostel Dwellers' Association [South Africa]
WCK: Wildlife Clubs of Kenya
WCNU: Women's Cameroon National Union
WCOZ: Women Catholic Organisation Zambia [as given]
WCRC: Wattville Concerned Residents Committee [South Africa]
WCSC: Western Cape Students Council [South Africa]
WCST: Wildlife Conservation Society of Tanzania
WCSZ: Wildlife Conservation Society of Zambia
WCTA: Western Cape Traders Association [South Africa]
WCTUC: West Cameroon Trade Union Congress
WCU: Wildlife Clubs of Uganda
WCYO: Western Cape Youth Organisation
WD: Wildlife Division [Sierra Leone]
WDC: (1) Ward Development Committee [Zambia]; (2) Workers' Defence Committees [Ghana]; (3) Workers' Development Corporation [Tanzania]
WDP: Wazobia Democratic Party [Nigeria; see also: WAZOBIA]
WEAC: West African Examinations Council = Conseil des Examens de l'Afrique Occidentale
WECCO: Western Cape Civics Association *or* Western Cape Community Organisation [South Africa]
WECO: Western College of Arts and Applied Sciences [Kenya]
WECSCO: Western Cape Schools' Congress *or* Western Cape Students Congress [South Africa]
WECTU: Western Cape Teachers' Union [South Africa]
WECUCO: Western Cape United Civic Organisation [South Africa]
WECUSA: Western Cape United Squatter Association [South Africa]
WECUWU: Western Cape Unemployed Workers' Union [South Africa]
WED: Women, Education, Development [Tanzania]
WEDNET: Women, Environment and Development Network
WEG: Women Expert Group [Tanzania]
WENELA: Witwatersrand Native Labour Association
WEP: Wildlife Extension Project [Kenya]
WEPATA: Welfare Party of Tanzania
WEPAZ: World Entertainment Promotions A to Z band [Malawi]
WES: Weekend Spoilers [Cape Town youth gang]
WESGRO: Association for the Promotion

of the Western Cape's Economic Growth
WESSA: White English-Speaking South African
WET: (1) Wakhumbata Ensemble Theatre [Malawi]; (2) Wildlife Extension Team [Kenya]
WEWU: Women Engineering Workers' Union [South Africa]
WFCC: Wolseley Fruit Canning Co.
WFL: White Flag League [Sudan]
WFP: World Food Program[me] = PAM: Programme Alimentaire Mondial
WFSP: Wamba Food Security Programme
WG: Women Gathering [Sudan?]
WGI: Western Goals Institute [South Africa]
WHAM: Winning Hearts and Minds [South Africa]
WI: Workers' International to Rebuild the Fourth International SA [as given]
WIC: West India Company = Nederlandsche West-Indische Maatschappij
WID: Women in Development
WIF: Worldview International Foundation [Botswana]
WIG: Women's Income Generating Projects [Kenya]
WIGC: West India and Guinea Company [cp. VGK]
WIKA: [glossed as: Windhoeker Karnevals-Gesellschaft] [Namibia]
WILDAF: Women in Law and Development in Africa
WIN: Women in Nigeria
WIR: West India Regiment
WITED: Women in Technical Education and Training Project
WITS *or* **Wits:** University of the Witwatersrand [South Africa]
WK: Wenkommando [South Africa]
WKPCOV: Wes-Kaapse Plofstof- en Chemiese Operateurs Vakbond [South Africa]
WLD: Witwatersrand Local Division [South Africa]
WLP: Workers List Party [South Africa]

WLSA: Women and Law in Southern Africa
WM: Westcott Mission
WMA: (1) Wetland Management Authorities [Zambia]; (2) Wildlife Management Areas [Botswana]
WMBC: World Miracle Bible Church [Ghana]
WMIDPP: West Marsabit Integrated Development Pilot Project
WML: Witwatersrand Medical Library [South Africa]
WMMS: Wesleyan Methodist Missionary Society
WMOAS: Women's Migration and Oversea Appointments Society [United Kingdom and South Africa]
WMP: Wildlife Management Project [Kenya]
WMPV: Walvisbaai Munisipale Personeel Vereniging
WNBS: Western Nigeria Broadcasting Service
WNC: Women's National Coalition [South Africa]
WNCC: Women's National Charter Campaign [South Africa]
WNDC: Western Nigeria Development Corporation
WNLA: Witwatersrand Native Labour Association [South Africa and Southern Africa]
WNP: Wildlife and National Parks Division [Liberia]
WNTV: Western Nigeria Television [Service]
WOCALA: Women's Caucus of the African Literature Association [U.S.A.]
WODSTA: Women Development for Science and Technology Association [Tanzania]
WORDOC: Women [*or* Women's] Research and Documentation Centre [University of Ibadan, Nigeria]
WOSA: Workers' Organisation for Socialist Action [South Africa]
WP: Western Province [Zambia]
WPA: Women Promotion Activities [Tanzania]

WPBTU: Western Province Building and Allied Trades Union
WPC: Wages Policy Committee [Botswana]
WPCC: Western Province Council of Churches
WPE: Workers' Party of Ethiopia = ESP
WPF: Western Province Federation [South Africa]
WPFLU: Western Provinces Federation of Labour Unions [South Africa]
WPGWU: Western Province General Workers' Union [South Africa]
WPK: Working papers in Kiswahili [published Gent and Cologne]
WPLAWA: Western Province Local Authority Workers' Association [South Africa]
WPMAWU: Western Province Motor Assemblies Workers Union [South Africa]
WPRDP: (1) Western Province Rural Development Programme [Zambia]; (2) Women's Participation in Rural Development Programme [Zambia]
WPSWU: Western Province Sweet Workers' Union [South Africa]
WPWAB: Western Province Workers' Advice Bureau
WR: Western Region [Ghana]
WRC: Water Research Commission [South Africa]
WRCG: Women Research and Consultancy Group [Tanzania]
WRDA: Water Resources Development Authority [Ethiopia]
WRDB: Western Regional Development Board [Nigeria]
WRDP: Women's Research and Documentation Project [Tanzania]
WRECA: Water Resources and Engineering Construction Agency [Kano State, Nigeria]
WREDEC: Western Regional Development Corporation [Ghana?]
WRLC: Western Region Literature Committee
WRMB: Western Regional Marketing Board [Nigeria]
WRP: Workers' Revolutionary Party [Namibia]
WRPC: Warri Refinery and Petrochemicals Company [Nigeria]
WRPP: Women's Rights Peace Party [South Africa]
WRTTI: Webo Rural Teacher Training Institute [Liberia]
WSARP: Western Sudan Agricultural Research Project
WSC: Water Services Commission [Ethiopia]
WSDC: (1) Western Savannah Development Corporation; (2) Western Sudan Development Corporation
WSG: Women Study Group [Tanzania]
WSG: Woodburning Stoves Group [Zambia?]
WSLF: Western Somali [*or* Somalia] Liberation Front [Ethiopia]
WSO: Water Supply Operators [Botswana]
WSP: Western Savannah Project
WSSA: Water Supply and Sewerage Authority [Ethiopia]
WTA: Witwatersrand Tailors' Association
WTC: World Trade Centre [South Africa]
WTOE: World Food Programme's Transport Operation in Ethiopia
WU: Women's Union [Sudan?]
WUC: Water Utilities Corporation [Botswana]
WUCOMAT: Wurno Construction Materials Limited [Nigeria]
WUP: Witwatersrand University Press = UWP: University of Witwatersrand Press
WUWCC: Witsieshoek Unemployed Workers Coordinating Committee [South Africa]
WVU: Weskus Vissers Unie [South Africa]
WWU: Women Workers' Union [South Africa?]
WYA: Wassa Youth Association [Ghana?]

X

XAYCO: Xalanga Youth Congress Organisation [South Africa]
XCAC: Xalanga Campaigns Action Committee [South Africa]
XPP: Ximoko Progressive Party [South Africa]
XWB: Xhosa Weerstand Beweging [South Africa]
XYC: Xalanga Youth Club [South Africa]

Y

YARD: Youth Associated with the Restoration of Democracy [Kenya]
YCNU: Youth's Cameroon National Union
YCS: Young Christian Students [South Africa]
YCW: Young Christian Workers [South Africa]
YFL: Young Farmers League [Ghana]
YKA: Young Kavirondo Association
YKK: [a Japanese-owned subsidiary in Swaziland]
YL: Youth League [Zimbabwe]
YMAN: Young Muslim Association of Nigeria
YMC: Young Managers Competition [Nigeria]
YMV: Yam Mosaic Virus
YP: Malawi Young Pioneers
YPM: Young Pioneers [*or* Pioneer] Movement [Ghana]
YPP: Youth Polytechnic Programme
YSG: Youth Study Group [Ghana]
YSTF: Youth and Students Task Force

Z

Z: (1) Zaïre; (2) Zaïre [unit of currency]; (3) Zaïrois
Z$ *or* **$Z:** Zimbabwe Dollar = ZD: Zimbabwe Dollar
ZA: Zone Artisanale [La Réunion]
ZAA: Zone Autonome d'Alger
ZABBV: Zuid-Afrikaansche Boerenbeschermingsvereeniging = BBV: Boerenbeschermingsvereeniging = FPA: Farmers Protection Association [South Africa]
ZABO: Zimbabwe Association of Business Organisations
ZABPA: Zambia Booksellers and Publishers Association
ZAC: (1) Zambia Airways Corporation; (2) Zambia Anglican Council; (3) Zion Apostolic Church [South Africa]; (4) Zone d'Aménagement Concerté [La Réunion]
ZACPLAN: Zambezi Action Plan
ZACT: Zimbabwe Association of Community Theatre
ZACU: Zimbabwe African Congress of Unions
ZAD: Zones d'Aménagement Différé [La Réunion]
ZADA: Zanzibar Democratic Alternative [Tanzania]
ZADL: Zambia Agricultural Development Limited
ZAER: Zone d'Animation et d'Expansion Rurale [Mali]
ZAF: Zone d'Alphabétisation Fonctionnelle [Mali]
ZAFFICO: Zambia Forest and Forestry Industries Corporation
ZAFM: Zion Apostolic Faith Mission [South Africa]
ZAIREP: [a Belgian-Zaïrean oil consortium]
ZAIRETAIN: [a tin-mining enterprise?, Zaïre]
ZAITEX: Zaïroise des Textiles [Zaïre]
ZALO: Zimbabwe African Labour Organisation
ZAMCO: Zambéze Consorcio Hidro-Electrico [Mozambique]
ZAMCOM: Zambia Institution of Mass Communication
ZAMEFA: [glossed as: Metal Fabricators of Zambia]
ZAMHORT: Zambia Horticultural Products Board
ZAMSEED: Zambia Seed Company
ZANA: Zambia News Agency
ZANC: Zambia African National Congress
ZANDU: Zambia African National Democratic Union
ZANLA: Zimbabwe African National Liberation Army
ZANU: Zimbabwe African National Union
ZANU-PF: Zimbabwe African National Union – Patriotic Front
ZANU-S: Zimbabwe African National Union – Sithole
ZAP: Zones d'Action Prioritaires [Morocco]
ZAPI: Zone d'Actions Prioritaires Intégrées
ZAPIEST: Zones d'Action Prioritaire et Intégrée de l'Est Cameroun
ZAPU: Zimbabwe African People's Union
ZAPU-PF: Zimbabwe African People's Union – Patriotic Front
ZAPWU: Zimbabwe Agricultural and

Plantation Workers' Union
ZAR: (1) Zentralafrikanische Republik = RCA: République Centrafricaine = CAR: Central African Republic; (2) Zuid Afrikaansche Republiek [South Africa]
ZARD: Zambia Association for Research and Development
ZAREC: Zambia Agricultural Research and Extension Council
ZARI: Zairian-American Research Institute
ZARP: (1) Zuid-Afrikaansche Republiek Politie [South Africa]; (2) Zuid-Afrikaansche Rijdende Politie [South Africa]
ZASA: Zimbabwe Agricultural Sector Assistance programme
ZASM: Zuid-Afrikaansche Stichting Moederland [South Africa]
ZASP: Zimbabwe Aerial Survey Project
ZAST: Zeitschrift für Afrika-Studien [published Vienna/Wien]
ZATPID: Zambian Agricultural Training, Planning and Institutional Development Project
ZBA: (1) Zimbabwe Booksellers Association; (2) Zoutpansberg Balemi Association [South Africa]
ZBC: Zimbabwe Broadcasting Corporation
ZBDC: Zimbabwe Book Development Council
ZBS: Zambia Broadcasting Services
ZCA: (1) Zambia College of Agriculture; (2) Zoutpansberg Cultural Association [South Africa]
ZCBC: Zimbabwe Catholic Bishops' Conference
ZCC: (1) Zimbabwe Council of Churches; (2) Zion Christian Church [South Africa]
ZCCD: Zambia Christian Commission for Development
ZCCM: Zambia Consolidated Copper Mines
ZCF: Zambian [or Zambia] Cooperative Federation
ZCHWU: Zimbabwe Catering and Hotel Workers' Union
ZCI: Zambia Copper Investments
ZCIWU: Zimbabwe Clothing Industry Workers' Union
ZCPA: Zimbabwe Cane Planters Association
ZCTU: (1) Zambia Congress of Trade Unions; (2) Zimbabwe Congress of Trade Unions
ZCWC: Zimbabwe Council for the Welfare of Children
ZD: Zimbabwe dollar [Z$ *or* $Z]
ZDAWU: Zimbabwe Domestic and Allied Workers' Union
ZDB: Zimbabwe Development Bank
ZDDC: Zimbabwe Directory of Development Consultants
ZDP: Zimbabwe Democratic Party
ZE: Zone Éparse [Algeria]
ZEC: (1) Zambia Episcopal Conference; (2) Zone d'Entrepôt et de Commerce [La Réunion]
ZECCO: Zambia Engineering and Contracting Company
ZECWU: Zimbabwe Explosives and Chemicals Workers' Union
ZEM: Zaire Evangelistic Mission
ZEMA: Zambia Expatriate Miners' Association
ZEMCC: Zambia Elections Monitoring Coordinating Committee
ZEP: Zone d'Échanges Préférentiels = PTA: Preferential Trade Area
ZEPH: Zambia Educational Publishing House
ZERO: Zimbabwe Energy Research Organisation
ZES: Zones Économiques Spéciales [Madagascar]
ZESA: Zimbabwe Electricity Supply Authority
ZESCO: Zambia Electricity Supply Corporation
ZFE: Zambia Federation of Employers
ZFI: Zone Franche Industrielle [Djibouti, Madagascar, Senegal; etc.?]
ZFL: Zimbabwe Federation of Labour
ZFU: Zimbabwe Farmers' Union
ZFVA: Zimbabwe Film and Video

Association
ZGCP: Zaire Gorilla Conservation Project
ZHS: Zones d'Habitat Spontané [Tunisia]
ZHUN: Zones d'Habitat Urbain Nouvelles *or* Zones d'Habitat Urbain Nouveau *or* Zone d'Habitations et d'Urbanisation Nouvelle [Algeria]
ZI: Zone Industrielle [La Réunion]
ZIANA: Zimbabwe Inter-Africa[n] News Agency
ZIBF: Zimbabwe International Book Fair
ZIBFT: Zimbabwe International Book Fair Trust
ZIC: Zimbabwe Investment Centre
ZIDC: Zimbabwe Industrial Development Corporation
ZIDS: Zimbabwe Institute of Development Studies
ZIF: Zones d'Intervention Foncière [La Réunion]
ZIFTAWU: Zimbabwe Film / Television Allied Workers' Union
ZIM: Zambezi Industrial Mission [Malawi]
ZIMASCO: Zimbabwe Mining and Smelting Company
ZIMBANK: Zimbabwe Banking Corporation
ZIMCO: Zambia Industrial and Mining Corporation
ZIMCORD: Zimbabwe Conference on Reconstruction and Development
ZIMFEP: Zimbabwe Foundation for Education and Production
ZIMOFA: Zimbabwe Mozambique Friendship Association
ZIMRIGHTS: Zimbabwe Human Right Association
ZIMT: Zambia Independent Monitoring Team
ZIN: Zona de Intervenção do Norte [Mozambique?]
ZINATHA: Zimbabwe National Traditional Healers Association
ZINTEC: Zimbabwe Integrated [National] Teacher Education Course
ZIPA: Zimbabwe People's Army *or* Zimbabwe Independence People's Army
ZIPA/ZANLA: Zimbabwe Peoples Army / Zimbabwe African National Liberation Army
ZIPRA: Zimbabwe People's Revolutionary Army
ZIRRCON: Zimbabwe Institute of Religious Research and Ecological Conservation
ZIS: Zambia Information Services
ZISCO: Zimbabwe Iron and Steel Company [*or* Corporation]
ZITF: Zimbabwe International Trade Fair
ZIWU: Zimbabwe Writers' Union
ZJER: Zimbabwe Journal of Educational Research
ZJNSP: Zanzibar Joint Nutrition Support Programme [Tanzania]
ZK: Zambian Kwacha
ZLA: (1) Zimbabwe Liberation Army; (2) Zimbabwe Library Association
ZLC: Zimbabwe Liberation Council
ZMDC: Zimbabwe Mining Development Corporation
ZMFS: Zimbabwe Male Fertility Survey
ZMIWU: Zimbabwe Motor Industry Workers' Union
ZMM: (1) Zanak'i Masina Maria [Madagascar]; (2) Zion Methodist Mission
ZMMT: Zimbabwe Mass Media Trust
ZMMMU: Zanzibar and Pemba Mozambique Makonde Union [as given]
ZMP: Zambezi Mission Press
ZMR: Zambesi Mission Record
ZMU: Zambia Mineworkers' Union
ZNA: Zimbabwe National Army
ZNB: (1) Zimbabwe National Bibliography; (2) [call-sign of Bechuanaland Government Radio – Mafeking] [Botswana]
ZNBC: Zambia National Broadcasting Corporation
ZNC: (1) Zambia National Congress; (2) [call-sign of Bechuanaland Government Radio – Maun] [Botswana]
ZNCC: Zimbabwe National Chamber of

Commerce
ZNCS: Zimbabwe National Conservation Strategy
ZNFU: Zimbabwe National Farmers' Union
ZNP: (1) Zanzibar National [or Nationalist] Party; (2) Zimbabwe National Party
ZNPF: Zambia National Provident Fund
ZNU: Zanzibar National Union [Tanzania]
ZNUT: Zambia National Union of Teachers
ZOAM: Zatovo ori-asa Anivon'i Madagasikara [Madagascar]
ZOCA: Zone des Cultures Annuelles [Benin Republic?]
ZOFI: Zone Franche d'Inga [Zaïre]
ZOGID: Zone of/for Guided Integrated Development
ZOIA: Zones d'Organisation Industrielles et Stratégiques en Afrique
ZOPAC: Zone de Pacification [Cameroun]
ZOR: Zones d'Organisation Rurale [Algeria, colonial]
ZP: (1) Zandarimariam-Pirenena [Madagascar]; (2) KwaZulu Police = KZP: KwaZulu Police
ZPA: (1) Zambia Privatisation Agency; (2) Zimbabwe Publishers Association; (3) Zimbabwean Peoples' Army
ZPB: Zambia Publications Bureau
ZPC: Zambia Printing Company
ZPH: Zimbabwe Publishing House
ZPMMU: Cp. ZMMMU
ZPPAU: Zone de Protection du Patrimoine Architectural et Urbain [La Réunion]
ZPPP: Zanzibar and Pemba People's Party [Tanzania]
ZPS: Zimbabwe Pressespiegel
ZPTWU: Zimbabwe Posts and Telecommunications Workers' Union
ZRANC: [a Zimbabwean nationalist movement]
ZRF: Zambia Research Foundation
ZRHI: Zones de Rénovation de l'Habitat Insalubre [La Réunion]
ZRP: Zimbabwe Republic Police
ZRTTI: Zoror Rural Teacher Training Institute [Liberia]
ZSA: (1) Zimbabwe Stationers Association; (2) Zimbabwe Sugar Association
ZSAN: Zimbabwe Seeds Action Network
ZSBO: Zimbabwe Society of Bank Officials
ZSC: Zambia Sugar Company
ZSFPC: Zanzibar State Fuel and Power Corporation [Tanzania]
ZSIC: Zambia State Insurance Corporation
ZSIS: Zambia Security and Intelligence Service
ZSR: (1) Zimbabwe Sugar Refineries; (2) Zone de Santé Rurale [Zaïre]
ZSTC: Zanzibar State Trading Corporation
ZTC: (1) Zanzibar Tourist Corporation [Tanzania]; (2) Zomba Theological College [Malawi]
ZTDC: Zimbabwe Tourist Development Corporation
ZTE: Zaire Trading and Engineerings
ZTRS: Zambia-Tanzania Road Services
ZTUC: (1) Zambia Trade Union Congress; (2) Zimbabwe Trade Union Congress
ZULOP: Zimbabwe Union List of Periodicals
ZUM: Zimbabwe Unity Movement
ZUP: Zones à Urbaniser en Priorité [La Réunion]
ZUPCO: Zimbabwe United Passenger Company
ZUPO: Zimbabwe United People's Organisation
Z-Vote: Zambia Voting Observation Team
ZWA: Zambia Women's Association
ZWAM: Zale/Zatova Western Anivonny Madagasikara [Madagascar]
ZWP: Zambian Wetland Project
ZWRCN: Zimbabwe Women's Resource Centre and Network
ZWRP: Zvishavane Water Resources Project [Zimbabwe]
ZWW: Zimbabwe Women Writers

ZYS: Zambia Youth Service

3B *or* **3 Bs**: Banjul, Bignona, Bissau
6S *or* **Six-S:** Se Servir de la Saison Sèche en Savane et au Sahel
31st. DWM *or* **31DWM:** December 31st Women's Movement [Ghana]